Romanistische
Arbeitshefte 31

Herausgegeben von
Volker Noll und Georgia Veldre-Gerner

Peter Koch / Wulf Oesterreicher

Gesprochene Sprache in der Romania

Französisch, Italienisch, Spanisch

2., aktualisierte und erweiterte Auflage

De Gruyter

Für Alma und Johannes

ISBN 978-3-11-025261-3
e-ISBN 978-3-11-025260-6
ISSN 0344-676X

Library of Congress Cataloging-in-Publication Data

Koch, Peter, 1951-
　Gesprochene Sprache in der Romania : Französisch, Italienisch, Spanisch / by Peter Koch, Wulf Oesterreicher. -- 2., aktualisierte und erw. Aufl.
　　p. cm. -- (Romanistische Arbeitshefte ; 31)
　Includes bibliographical references.
　ISBN 978-3-11-025261-3 (alk. paper)
　1. Romance languages--Dialects. I. Oesterreicher, Wulf. II. Title.
　PC355.K6 2011
　440.045--dc22
　　　　　　　　　　　　　　　　　　　　　　　　　　2011014717

Bibliografische Information der Deutschen Nationalbibliothek
Die Deutsche Nationalbibliothek verzeichnet diese Publikation in der Deutschen Nationalbibliografie; detaillierte bibliografische Daten sind im Internet über http://dnb.d-nb.de abrufbar.

© 2011 Walter de Gruyter GmbH & Co. KG, Berlin/New York

Gesamtherstellung: Hubert & Co. GmbH & Co. KG, Göttingen
∞ Gedruckt auf säurefreiem Papier

Printed in Germany

www.degruyter.com

Vorwort zur 2. deutschen Auflage (2011)

Das Buch *Gesprochene Sprache in der Romania*, das 1990 im Tübinger Niemeyer-Verlag in der Reihe *Romanistische Arbeitshefte* als Nummer 31 erschien, ist zur Freude der Autoren auf ein sehr positives Echo gestoßen und war relativ bald vergriffen. Eine vom Verlag immer wieder angeregte Neuauflage wurde lange Zeit nicht ernstlich erwogen. Auf Drängen spanischer Kollegen wurde vor einigen Jahren eine Übersetzung ins Spanische vorbereitet, die die Kollegin Araceli López Serena (Universität Sevilla) mit großer linguistischer Kompetenz und bemerkenswertem sprachlichem Einfühlungsvermögen ausführte. Dafür sei ihr an dieser Stelle nochmals ganz herzlich gedankt.

Rund fünfzehn Jahre nach dem Ersterscheinen erforderte die Übersetzung allerdings eine besonders intensive Berücksichtigung der Bedürfnisse der spanischsprachigen Leserschaft; die damit einhergehenden beträchtlichen Aktualisierungen und Erweiterungen ließen die spanische Version zu einer völligen Neubearbeitung werden. Das Vorliegen dieser spanischen Neuauflage (*Lengua hablada en la Romania: Español, francés, italiano*, Madrid: Gredos 2007) und die darin investierte Arbeit erleichterten uns den Entschluss, nun doch auch eine deutsche Neufassung zu erstellen. Diese deutsche Neuauflage führte zu beträchtlichen Erweiterungen und Neujustierungen im Blick nun auch auf das Französische und das Italienische. Damit ist die zweite deutsche *de facto* bereits eine dritte Auflage des Buches. Die in der spanischen Version herausgenommenen Arbeitsaufgaben erscheinen neu konzipiert wieder in den entsprechenden Kapiteln und auch die Abschnitte zur Corpuslinguistik haben, gegenüber der spanischen Übersetzung, wichtige Ergänzungen und Präzisierungen erfahren. Die für die Darstellung zentralen Corpus-Beispiele aus der 1. Auflage werden im Wesentlichen beibehalten und hier wieder in der Reihenfolge F (Französich), I (Italienisch) und S (Spanisch) dargeboten

Die Arbeit an dieser deutschen Neuauflage machte um so mehr Spaß, als schon von der ersten Auflage her bekannt war, dass die Publikation sowohl für die universitäre Fachdiskussion als auch für die akademische Lehre hilfreiche begriffliche Klärungen und wichtige Materialien geboten hatte, die nicht nur innerhalb der Romanistik, sondern auch in Nachbarphilologien wie vor allem der Germanistik und der Anglistik und sogar in der Klassischen Philologie rezipiert wurden. Gerade in einer Zeit, in der sich die Linguistik in einem Feld offener Möglichkeiten und interdisziplinärer Anforderungen und Anstrengungen bewegt, scheint es den Autoren wichtig, über das *Nähe-Distanz-Konzept* innerhalb der Linguistik einen Ansatz zu verfolgen, der Anschlussflächen zu den unterschiedlichsten Themenbereiche bietet: zur Sprachgeschichte, zur Literaturwissenschaft und Kulturwissenschaft, zur Sprachsoziologie, zur Sprachpolitik, zur Sprachnormendiskussion und Sprachkritik, zur Sprachdidaktik und zur Sprachpsychologie. Eine solche Interdisziplinarität ist jedoch nur möglich, wenn man einen sprachtheoretisch fundierten Ansatz in den Mittelpunkt stellt, wie er uns vor allem in Form der Unterscheidung zwischen Medium und Konzeption und zwischen universalen und einzelsprachlichen Phänomenen von Mündlichkeit und Schriftlichkeit gegeben scheint. Das daraus resultierende Nähe-Distanz-Modell hat sich, wie wir meinen, für synchronische wie diachronische, für sprachinterne wie sprachexterne Fragestellungen als höchst fruchtbar erwiesen. Auch ist zu hoffen, dass in der gegenwärtigen Fassung erfahrbar wird, wie sich die Thematik 'Mündlichkeit/Schriftlichkeit' herausgebildet hat und wie sie in den letzten etwa drei Jahrzehnten weiterentwickelt, teilweise auch neu perspektiviert wurde.

Wie schon bei der ersten Auflage und vielen anderen gemeinsamen Publikationen, ist auch der vorliegende Text wieder das Ergebnis einer freundschaftlich-intensiven Zusammenarbeit der Autoren, bei der jedes Wort gemeinsam formuliert wird.

Wir freuen uns, dass die erste Auflage des Buches romanistische Kolleginnen und Kollegen motiviert hat, das Modell auf zwei weitere, von uns nicht behandelte romanische Sprachen anzuwenden: Frau Fátima Brauer-Figueiredo (Portugiesisch) und unser allzu früh verstorbener Freund Andreas Wesch (Katalanisch).

Anregend war für uns das große, auch kritische Interesse verschiedener Kolleginnen und Kollegen für das Nähe-Distanz-Modell. Wir nennen hier vor allem die schon erwähnte Araceli López Serena (Sevilla) sowie Ursula Schaefer (Dresden), Françoise Gadet (Paris X), Monique Krötsch (München), Johannes Schwitalla (Würzburg) und Mathilde Hennig (Giessen) sowie Vilmos Ágel (Kassel). Wir danken auch besonders den Rezensentinnen und Rezensenten der 1. Auflage für Kritik und Anregungen.[1]

Die deutsche Neuauflage im Abgleich mit der bereits vorliegenden spanischen Auflage stellte uns vor erhebliche organisatorische und redaktionelle Schwierigkeiten, die wir nur dank der tatkräftigen Hilfe kompetenter Mitarbeiter bewältigen konnten. In erster Linie ist hier Reinhild Steinberg (Tübingen) zu nennen, die uns mit ihrer linguistischen Kompetenz, ihrem Engagement und ihrer Genauigkeit eine unschätzbare Hilfe war. Großen Dank schulden wir auch den Münchner und Tübinger Hilfskräften Charlotte Coy, Patricia de Crignis, Judith Huber, Markus Ising, Ulrike Kolbinger, Mariela Peschke, Hanna Scheck, Magnus Schöller, Lisa Stengel, Martina Sturainer, Christina Tonnier und Tina West.

---

[1] Uns sind folgende Rezensionen bekannt geworden: Heidi Aschenberg in: *Romanische Forschungen* 103 (1991), 268–270; Joachim Christl in: *Lebende Sprachen* 38 (1993), 89–91; Franz Josef Hausmann in: *Lexique* 11 (1993), 260–261; Klaus Hunnius in: *Zeitschrift für französische Sprache und Literatur* 101 (1991), 303–306; Heinz Kröll in: *Iberoromania* 38 (1993), 151–153; Ángel López García in: *Lynx* (Valencia) 6 (2007), 51–59; Araceli López Serena in: *Lexis. Revista de lingüística y literatura* (Lima) 26/1 (2002), 255–271; Elmar Schafroth in: *Zeitschrift für Dialektologie und Linguistik* 61 (1994), 93–97; Johannes Schwitalla in: *Freiburger Universitätsblätter* 116 (1992), 103; außerdem eine Kurzanzeige in: *Anregung* (Bayerischer Schulbuchverlag) 1993, Heft 3.

Frau Ulrike Krauss vom de Gruyter-Verlag sind wir dankbar für die verständnisvolle Zusammenarbeit. Volker Noll als Herausgeber der Reihe *Romanistische Arbeitshefte* danken wir für sein geduldiges, nachdrückliches Interesse.

Peter Koch und Wulf Oesterreicher
Tübingen und München im März 2011

Vorwort zur spanischen Neuauflage (2007)

Los autores se complacen enormemente en poder ofrecer ahora a los lectores hispanohablantes, no sólo una traducción, sino también una segunda edición actualizada de un trabajo que, en los años 90, en Alemania, disfrutó de una notable y muy positiva recepción. La obra original apareció en 1990, en un momento en el que la investigación sobre la cuestión de la oralidad y la escrituralidad, así como sobre la lengua hablada, se encontraba en un estado de total ebullición. Por una parte, nos pareció entonces indicado contribuir a proporcionar una orientación teórica en este campo y, por otra, parecía necesaria una presentación panorámica que abarcara las tres lenguas románicas más importantes, situación de la que en la primera edición nos hacíamos eco tanto en el prefacio como en el capítulo 1.

Los últimos quince años se han caracterizado por una intensificación de la investigación en el terreno de la lengua hablada. La lingüística hispánica, para la que a finales de los años 80 constatábamos aún grandes carencias en este ámbito (cf. 1. y 3.1.5.), ha ido, en el ínterin, recobrando terreno con gran fuerza.

Sin embargo, a pesar de los múltiples progresos que, a este respecto, se han producido en relación con cada una de las tres lenguas de las que nos ocupamos, nos sigue pareciendo que el planteamiento fundamental de esta obra continúa teniendo vigencia. Éste se asienta, por un lado, en la distinción sistemática entre oralidad y escrituralidad en los sentidos medial y concepcional de los términos, y, por otro, hace hincapié en el estatus diferenciado, dentro de la oralidad, de los fenómenos universales e idiomáticos, que pertenecen a distintos niveles de categorización. La rentabilidad de este aparato conceptual ha sido puesta de manifiesto durante este tiempo, no sólo en el ámbito idiomático, sino también en relación con las tradiciones discursivas; no exclusivamente en la descripción sincrónica de la lengua, sino justamente también en la diacrónica; y, dentro de la diacronía, no sólo con respecto a la historia externa de la lengua, sino también en relación con la teoría del cambio lingüístico. En general, surgen zonas de contacto no sólo con investigaciones de corte cognitivista o con propuestas de análisis del discurso, sino también con cuestiones relacionadas con la teoría de la literatura.

Con respecto a la primera edición, se han llevado a cabo las siguientes modificaciones:

1. Se han incorporado numerosas publicaciones recientes –así como sus resultados–, producto de lo cual ha sido una ampliación considerable de la bibliografía. Al mismo tiempo, se ha reducido en parte la bibliografía alemana citada.
2. En el capítulo 2, dedicado a la cuestión de la oralidad y la escrituralidad a la luz de la teoría del lenguaje, se ha precisado e ilustrado con mayor detalle la caracterización comunicativo-concepcional de determinadas formas de comunicación y tradiciones discursivas.

3. En el capítulo 5, el concepto de pluricentrismo, que en la edición original de 1990 aún se mantenía en un segundo plano, ha sido aplicado ahora al español de forma consecuente, a la vez que se discute también, brevemente, en relación con el francés.
4. Los apartados dedicados a la descripción histórica del capítulo 5 (5.1., 5.2., 5.4. y 5.6.) han sido actualizados de acuerdo con los avances producidos, en estos quince años, en la investigación.
5. Debido al impetuoso desarrollo de la llamada lingüística de corpus en los últimos años, este campo de investigación ha cobrado tal grado de autonomía y ha suministrado una cantidad tan ingente de material que no hemos podido seguir integrando la totalidad de sus avances. Con todo, proporcionamos indicaciones al respecto en el capítulo 3.2. Este capítulo contiene también una lista de los criterios que estructuraron, en la primera edición, la presentación de los 36 corpus, cuya descripción detallada no aparece aquí, ya que reflejaban el estado de la cuestión a finales de los años 80.
6. Para mantener, como se hizo en la primera edición alemana, el criterio de presentar las tres lenguas de las que nos ocupamos siempre en riguroso orden alfabético, hemos debido alterar la numeración de los capítulos 5.1. a 5.7. y de los ejemplos; el orden es ahora español / francés / italiano.
7. Los ejercicios que en la edición original alemana se incluían al final de cada uno de los capítulos han sido completamente eliminados en la presente edición.

Queremos agradecer a todos los lectores críticos y a los numerosos recensores de la primera edición sus observaciones. Damos las gracias también a los colegas de Múnich y Tubinga que nos han ayudado en la revisión, actualización y corrección del texto, especialmente a Sebastian Greusslich, Teresa Gruber, Martha Guzmán, Katharina Hahnel, Stefan Hofstetter, Eberhard Matt, así como a Lola Pons, de la Universidad de Sevilla.

A nuestros lectores y lectoras nos gustaría pedirles que nos hagan llegar posibles críticas y sugerencias

Un reconocimiento especial merece, asimismo, nuestra traductora, Araceli López Serena, sin cuya competencia científica y compenetración con la traducción no habría sido posible realizar la presente versión.

Por último, agradecemos a la Editorial Gredos la inclusión de esta obra en la serie Biblioteca Románica Hispánica y la ayuda que nos ha brindado en todo momento.

Peter Koch y Wulf Oesterreicher
Tubinga y Múnich, marzo de 2006

Vorwort zur 1. deutschen Auflage (1990)

Das Thema 'gesprochene Sprache' erfreut sich schon traditionell großer Beliebtheit in der Sprachwissenschaft und ist auch in der Romanistik nach wie vor hoch aktuell. Es liegen inzwischen wichtige Arbeiten zum gesprochenen Französisch, Italienisch und auch Spanisch vor, die eine Fülle von Materialien und interessante Ergebnisse erbracht haben.

Nachdem wir uns in den letzten Jahren in Seminaren und Veröffentlichungen mit dem Thema intensiv beschäftigt haben, schien es uns an der Zeit, für die genannten drei Sprachen eine Synthese zu wagen. Eine solche Darstellung kann aus mehreren Gründen als Desiderat gelten. Das Thema ist – und das zu Recht – absolut zentral für die universitäre Lehre in den drei Sprachen. Die Zusammenschau dreier so eng verwandter und doch so verschiedener Sprachen bietet den unschätzbaren Vorteil eines vertieften Verständnisses der jeweiligen Einzelsprache in synchronischer, aber auch in historischer Sicht. Es fehlt schließlich eine umfassende und einheitlich angelegte Dokumentation der Phänomene des gesprochenen Französisch/Italienisch/Spanisch, die authentisches Sprachmaterial vorführt und interpretiert.

Unsere Darstellung verharrt jedoch nicht bei der empirischen Bestandsaufnahme der sprachlichen Phänomene, sondern sie versucht, diese in ein sprachtheoretisch fundiertes Gesamtkonzept von Mündlichkeit und Schriftlichkeit einzubetten. Wir bitten die Leserinnen und Leser, sich auf die dazu notwendige Anstrengung des Begriffs und gewisse unerläßliche terminologische Neuerungen einzulassen.

Dieses Buch ist das Ergebnis einer Zusammenarbeit, die beiden Autoren viel Freude gemacht hat: es hat sich dabei eine besondere Art der Kooperation eingespielt, bei der jedes Detail diskutiert und sogar, wenn man von den Abschnitten 5.4/5 (Koch) und 5.6/7 (Oesterreicher) absieht, jedes Wort gemeinsam formuliert wurde.

Unsere Leser und Leserinnen möchten wir bitten, uns eventuelle Anregungen und Kritikpunkte mitzuteilen.

Wir danken herzlich unseren Informanten Gilles Buscot, Mercedes Figueras, Daniela Pirazzini, Carmen Rodríguez de Gauger, Jean Savarit, Romilda Scaldaferri, Alberto Tettamanti, Amador Vega i Esquerra, unseren kritisch lesenden Freunden Eugen Bader, Hans-Martin Gauger, Thomas Krefeld, Bettina Reccius, Theresia Saame, Martje Saxen-Hansen, Kekke Schmidt, Achim Steiger und Judith Zimpelmann sowie, für die Hilfe bei der Manuskriptherstellung, Béatrice Jurick, Theresia Saame, Günay Sarı und Raymund Wilhelm. Zu besonderem Dank verpflichtet sind wir Thomas Koch für die exzellente *mise en pages*. Den Herausgebern Gustav Ineichen und Bernd Kielhöfer danken wir für die Bereitschaft, das Buch trotz seines Umfangs in die Reihe 'Romanistische Arbeitshefte' aufzunehmen. An die Zusammenarbeit mit Manfred Korn-Weller vom Max Niemeyer Verlag, der Anfang September 1989 tödlich verunglückt ist, erinnern wir uns mit Dankbarkeit.

Freiburg und Mainz, im Oktober 1989

Erklärung der Zeichen und Abkürzungen

afr.	altfranzösisch
ait.	altitalienisch
asp.	altspanisch
dt.	deutsch
fr.	französisch
it.	italienisch
lat.	lateinisch
nfr.	neufranzösisch
sp.	spanisch
Akt.	Aktiv
Fem.	Femininum
Ind.	Indikativ
Mask.	Maskulinum
Pers.	Person
Pl.	Plural
Präs.	Präsens
Sg.	Singular
>	'wird in der Diachronie zu'
<	'ist diachronisch entstanden aus'
/ /	phonologische Transkription
[ ]	phonetische Transkription (API)
< >	Graphie

Inhalt

Vorworte	V
Vorwort zur 2. deutschen Auflage (2011) – Vorwort zur spanischen Neuauflage (2007) – Vorwort zur 1. deutschen Auflage (1990)	
Erklärung der Zeichen und Abkürzungen	XI
Inhaltsverzeichnis	XIII
Abbildungs- und Tabellenverzeichnis	XVII
1 Einleitung und Hinweise zur Benutzung	1
2 Mündlichkeit und Schriftlichkeit in sprachtheoretischer Sicht	3
2.1 Mündlichkeit und Schriftlichkeit: Konzeption und Medium	3
2.2 Universale und einzelsprachliche Aspekte gesprochener Sprache	4
2.3 Kommunikationsbedingungen und Versprachlichungsstrategien in gesprochener vs. geschriebener Sprache	6
2.3.1 Kommunikationsbedingungen	7
2.3.2 Versprachlichungsstrategien	10
2.4 Einzelsprachliche Varietäten und gesprochene Sprache	14
2.4.1 Historizität und Sprachvariation	15
2.4.2 Vier Dimensionen der Sprachvarietät	16
2.4.3 Mündlichkeit/Schriftlichkeit, Sprachvarietät und Norm	18
2.5 Arbeitsaufgaben	19
3 Gesprochene Sprache: Hinweise zur Forschungsgeschichte und Überlegungen zur Corpusproblematik	21
3.1 Zur Forschungsgeschichte	21
3.1.1 Die Sprachbetrachtung bis 1800	21
3.1.2 Die Sprachbetrachtung des 19. Jahrhunderts	22
3.1.3 Von Saussure bis Chomsky	24
3.1.4 Neuere Ansätze	25
3.1.5 Bemerkungen zur romanistischen Forschung	30
3.2 Charakterisierung der Corpora und Überlegungen zur Corpuslinguistik ...	31
3.2.1 Zur Beurteilung von Corpora und zu den von uns verwendeten Transkriptionsprinzipien	31
3.2.2 Bemerkungen zur heutigen Corpuslinguistik	37

XIV

    3.3 Arbeitsaufgaben 39

4 Universale Merkmale des gesprochenen Französisch, Italienisch und Spanisch . 41
    4.1 Textuell-pragmatischer Bereich: Gesprächswörter und
         äquivalente Verfahren 42
        4.1.1 Gliederungssignale 43
        4.1.2 Turn-taking-Signale 47
        4.1.3 Kontaktsignale (Sprecher- und Hörersignale) 50
        4.1.4 Überbrückungsphänomene (*hesitation phenomena*) 54
        4.1.5 Korrektursignale 56
        4.1.6 Interjektionen 60
        4.1.7 Abtönungsphänomene 63
        4.1.8 Zur Gesamtproblematik der 'Gesprächswörter' 68
        4.1.9 Arbeitsaufgaben 69
    4.2 Textuell-pragmatischer Bereich: Makrostrukturen 70
        4.2.1 Kohärenz und Aufbau von Nähediskursen 70
        4.2.2 Mündliches Erzählen: narrative Nähediskurse 74
        4.2.3 Mündliche Redewiedergabe 78
        4.2.4 Arbeitsaufgaben 80
    4.3 Syntaktischer Bereich 80
        4.3.1 Kongruenz-'Schwächen' und *constructio ad sensum* 82
        4.3.2 Anakoluthe, Kontaminationen, Nachträge, Engführungen 84
        4.3.3 'Unvollständige' Sätze 86
        4.3.4 Segmentierungserscheinungen und Rhema-Thema-Abfolge 90
        4.3.5 Syntaktische Komplexität: Parataxe und Hypotaxe 99
        4.3.6 Arbeitsaufgaben 104
    4.4 Semantischer Bereich 105
        4.4.1 Geringe syntagmatische Lexemvariation: 'Wort-Iteration' 106
        4.4.2 Geringe paradigmatische Differenzierung und Unschärfen in der
              Referentialisierung: *passe-partout*-Wörter 108
        4.4.3 Präsentative in der Perspektive nähesprachlicher Semantik 114
        4.4.4 Deiktika zwischen Sparsamkeit und Expressivität 116
        4.4.5 Expressiv-affektive Ausdrucksverfahren bei starker Emotionalität .. 120
        4.4.6 Arbeitsaufgaben 129
    4.5 Lautlicher Bereich 129
    4.6 Universale Merkmale gesprochener Sprache:
         Abgrenzung des Forschungsbereichs 133

5　Die einzelsprachlichen Merkmale des gesprochenen Französisch,
　　Italienisch und Spanisch in diachronischer und synchronischer Perspektive 135
　　5.1　Konzeptionelle Aspekte von Sprachgeschichte und Sprachvarietät 135
　　　　5.1.1　Ausbau, Standardisierung und Distanzsprache 136
　　　　5.1.2　Das Verhältnis von Nähesprache und Distanzsprache
　　　　　　　in der lateinisch-romanischen Diachronie 137
　　　　5.1.3　Nähe- und Distanzsprache im Varietätenraum der romanischen
　　　　　　　Einzelsprachen 140
　　　　5.1.4　Arbeitsaufgaben 142
　　5.2　Die Diachronie des französischen Varietätenraums und
　　　　des gesprochenen Französisch 142
　　　　5.2.1　Expansion in den Distanzbereich hinein 142
　　　　5.2.2　Konsolidierung des Verhältnisses von Distanz- und Nähebereich ... 145
　　　　5.2.3　Die Reorganisation des Nähebereichs 149
　　　　5.2.4　Arbeitsaufgaben 153
　　5.3　Das heutige gesprochene Französisch und seine Stellung
　　　　im Varietätenraum: lautlich, morphosyntaktisch und lexikalisch 154
　　　　5.3.1　Französische Nähesprache im weiteren Sinne:
　　　　　　　diatopische Merkmale 155
　　　　5.3.2　Französische Nähesprache im weiteren Sinne:
　　　　　　　diastratische und diaphasische Merkmale 159
　　　　5.3.3　Französische Nähesprache im engeren Sinne:
　　　　　　　Merkmale der Varietät 'gesprochen' 164
　　　　5.3.4　Arbeitsaufgaben 182
　　5.4　Die Diachronie des italienischen Varietätenraums und
　　　　des gesprochenen Italienisch 183
　　　　5.4.1　Expansion in den Distanzbereich hinein 183
　　　　5.4.2　Konsolidierung des Verhältnisses von Distanz- und Nähebereich ... 187
　　　　5.4.3　Die Reorganisation des Nähebereichs 191
　　　　5.4.4　Arbeitsaufgaben 196
　　5.5　Das heutige gesprochene Italienisch und seine Stellung
　　　　im Varietätenraum: lautlich, morphosyntaktisch und lexikalisch 197
　　　　5.5.1　Italienische Nähesprache im weiteren Sinne: diatopische Merkmale . 198
　　　　5.5.2　Italienische Nähesprache im weiteren Sinne:
　　　　　　　diastratische und diaphasische Merkmale 208
　　　　5.5.3　Italienische Nähesprache im engeren Sinne:
　　　　　　　Merkmale der Varietät 'gesprochen' 213
　　　　5.5.4　Arbeitsaufgaben 223

5.6 Die Diachronie des spanischen Varietätenraums und
   des gesprochenen Spanisch 223
   5.6.1 Expansion in den Distanzbereich hinein 223
   5.6.2 Konsolidierung des Verhältnisses von Distanz- und Nähebereich ... 227
   5.6.3 Die Reorganisation des Nähebereichs 233
   5.6.4 Arbeitsaufgaben 236
5.7 Das heutige gesprochene Spanisch und seine Stellung
   im Varietätenraum: lautlich, morphosyntaktisch und lexikalisch 236
   5.7.1 Spanische Nähesprache im weiteren Sinne: diatopische Merkmale . 238
   5.7.2 Spanische Nähesprache im weiteren Sinne:
         diastratische und diaphasische Merkmale 249
   5.7.3 Spanische Nähesprache im engeren Sinne:
         Merkmale der Varietät 'gesprochen'? 264
   5.7.4 Arbeitsaufgaben 268
5.8 Versuch einer Konklusion 268
   5.8.1 Die einzelsprachlichen Merkmale des gesprochenen Französisch,
         Italienisch und Spanisch im Vergleich 268
   5.8.2 Arbeitsaufgaben 271

6 Ausblick 273

7 Referenz-Corpora 279
   7.1 Französisches Referenz-Corpus 279
   7.2 Italienisches Referenz-Corpus 281
   7.3 Spanisches Referenz-Corpus 283

8 Bibliographie 285

Abbildungs- und Tabellenverzeichnis

Abb. 1: Mündlichkeit und Schriftlichkeit – konzeptionell und medial	3
Abb. 2: Konzeptionelles Relief des Privatbriefes	8
Abb. 3: Konzeptionelles Relief der Predigt	9
Abb. 4: Konzeptionelles Relief des Vorstellungsgesprächs	9
Abb. 5: Das Nähe/Distanz-Kontinuum; konzeptionell-mediale Affinitäten; konzeptionelles Profil ausgewählter Diskurstraditionen	13
Abb. 6: Der einzelsprachliche Varietätenraum zwischen Nähe und Distanz	17
Abb. 7: Die Auslastung der Varietätendimensionen im Französischen, Italienischen und Spanischen	269
Tab. 1: Notationskonventionen für Corpusausschnitte in diesem Band	34–35

1 Einleitung und Hinweise zur Benutzung

Wer sich über das gesprochene Französisch, Italienisch oder Spanisch informieren möchte, kann auf eine beachtliche Anzahl von Arbeiten zurückgreifen, wobei das Französische immer noch am besten erschlossen ist, während das Italienische seit den achtziger und das Spanische vor allem seit den neunziger Jahren des letzten Jahrhunderts kräftig aufgeholt haben. Diese Arbeiten präsentieren die wichtigsten Fakten und bieten viele anregende Gesichtspunkte. Hinderlich ist allerdings, dass die Beobachtungen häufig einfach nur 'gesammelt' werden, dass unzureichende theoretische Durchdringung ihre Interpretation teilweise fehlleitet und dass unterschiedliche linguistische Teildisziplinen am Gegenstand 'gesprochene' Sprache arbeiten, ohne recht voneinander Notiz zu nehmen. So bleibt vielfach der sprachtheoretische Status der einzelnen Erscheinungen in der Schwebe: Handelt es sich um Phänomene, die die gesprochene Sprache in allen menschlichen Gemeinschaften kennzeichnen? Geht es um Spezifika der gesprochenen Varietät einer bestimmten Einzelsprache? Welche Stellung nimmt die gesprochene Sprache im Verhältnis zu anderen Varietäten ein (Dialekt, Regionalsprache, Unterschichtsprache, Umgangssprache etc.)? Was geschieht, wenn 'gesprochene' Sprache auch 'geschrieben' wird (und umgekehrt)? etc.

Derartigen Unklarheiten wird im Folgenden mit Hilfe eines einheitlichen, sprachtheoretisch fundierten Modells begegnet, das wir in **Kapitel 2** zusammen mit einer kohärenten Terminologie entwickeln. Durch die Anwendung dieses Modells wird ein Interpretationsrahmen für die Probleme von Mündlichkeit und Schriftlichkeit geschaffen, der es erlaubt, die oben aufgeführten Fragen präziser zu beantworten, bekannte Fakten in neuem Licht zu sehen, aber auch neue Faktenbereiche zu erschließen. Dadurch dass wir das Problem der gesprochenen Sprache konsequent als ein Varietätenproblem behandeln, lösen wir uns von einer immer noch allzu verbreiteten, stark auf das Verhältnis von Phonie und Graphie fixierten Betrachtungsweise, die besonders bei der Beschreibung des Französischen zu beobachten ist. (Man erwarte von uns also keine systematische Berücksichtigung des Orthographieproblems!)

In **Kapitel 3** geben wir zunächst (3.1) knappe Hinweise zur Geschichte der Erforschung gesprochener Sprache. Es geht uns dabei nicht um eine Art Forschungsbericht, sondern lediglich um einen kurzen kritischen Durchgang durch die Geschichte der Sprachbetrachtung auf dem Hintergrund der in Kapitel 2 entwickelten Maßstäbe. Abschnitt 3.2 enthält wichtige Überlegungen zum Problem der Corpora und der Corpuslinguistik allgemein sowie zu den Notationskonventionen, an die wir uns bei den zur Veranschaulichung verwendeten Corpus-Ausschnitten in Kapitel 4 und 5 halten.

Kapitel 4 dokumentiert die starke Beachtung, die wir gerade auch den universalen Merkmalen gesprochener Sprache schenken. Diese Perspektive schafft eine Verbindung zwischen der Varietäten- und Soziolinguistik einerseits und Disziplinen wie Gesprächsanalyse, Pragmatik, Textlinguistik, Psycholinguistik sowie der neueren theoretischen

Diskussion von Mündlichkeit und Schriftlichkeit andererseits. Erfreulicherweise ist die Übertragbarkeit der Ergebnisse dieses Kapitels auf andere Sprachen bereits gesehen und fruchtbar gemacht worden.[1]

Unser Interpretationsrahmen leistet auch eine Integration synchronischer und diachronischer Fragestellungen, was in **Kapitel 5** deutlich wird. Die Tatsache, dass in dem von uns betrachteten Sprachraum seit der Antike gesprochene und geschriebene Varietäten nebeneinander existiert haben, ermöglicht es uns nämlich, auch die Sprachgeschichte mit unserem begrifflichen Instrumentarium neu zu perspektivieren und die Entwicklung des Verhältnisses von gesprochener und geschriebener Sprache im Französischen, Italienischen und Spanischen zu skizzieren (5.1, 5.2, 5.4 und 5.6). Für jede unserer drei Sprachen ist hier erkennbar, in welchem Ausmaß die je eigene Sprachgeschichte auch die individuelle Physiognomie der heutigen gesprochenen Sprache geprägt hat. Die daraus resultierende Inkommensurabilität der einzelsprachlichen Merkmale des heutigen gesprochenen Französisch, Italienisch und Spanisch wird dann in 5.3, 5.5 und 5.7 erkennbar. Hier werden – immer im Blick auf den jeweiligen Varietätenraum – die wichtigsten Phänomene des (im engeren wie auch in einem weiteren Sinne) gesprochenen Französisch, Italienisch und Spanisch vorgestellt. Die hier entwickelte Systematik versetzt uns schließlich in die Lage, eine vergleichende Sicht auf die Varietätenräume dieser drei Sprachen zu eröffnen (5.8).

Einen abschließenden Ausblick enthält **Kapitel 6**, und in **Kapitel 7** haben wir für jede unserer Sprachen ein umfangreiches Referenz-Corpus abgedruckt, auf das sich einige der Arbeitsaufgaben beziehen. Diese Corpora vermitteln zugleich einen Eindruck von längeren Sequenzen des spontan gesprochenen Französisch, Italienisch und Spanisch.

Hinweise zur Benutzung

1. Die bibliographischen Angaben, die innerhalb des Darstellungstextes in der Form "Söll 1985, 114–117" gegeben werden, sind in der Bibliographie aufgelöst.
2. In den Kap. 4 und 5 werden die diskutierten sprachlichen Phänomene mit Hilfe authentischer Corpus-Ausschnitte des gesprochenen Französisch, Italienisch und Spanisch veranschaulicht. Diese Ausschnitte werden nach dem Schema 1*F, 1*I, 1*S durchgezählt; die Zeilen sind mit kleinen Zahlen 1, 2, 3 etc. nummeriert (zur Notation im Einzelnen cf. 3.2.1). Die jeweils zur Diskussion stehenden Phänomene werden im Corpus-Ausschnitt fett hervorgehoben. Auf weitere im Corpus-Ausschnitt enthaltene Phänomene, die an anderer Stelle besprochen werden, wird dort immer in der Form "$45*F_{,6}$", "$53*I_{,3-4}$", "$34*S_{,4/6}$" etc. vor- bzw. zurückverwiesen.

---

[1] Cf. Wesch 1994; Brauer-Figueiredo 1999; Hennig 2006; Ágel/Hennig 2006 und 2007.

2 Mündlichkeit und Schriftlichkeit in sprachtheoretischer Sicht

2.1 Mündlichkeit und Schriftlichkeit: Konzeption und Medium

Für den unbefangenen Beobachter, aber auch vielfach in der Sprachwissenschaft selbst, wird mit den Termini 'gesprochen/mündlich' und 'geschrieben/schriftlich' in erster Linie die Art der materiellen Realisierung sprachlicher Äußerungen bezeichnet, die Tatsache also, dass diese sich entweder in Form von Lauten (**phonisch**) oder in Form von Schriftzeichen (**graphisch**) manifestieren. So evident die Berechtigung dieser Unterscheidung auch ist, so wenig wird sie allein jedoch dem Problemkomplex Mündlichkeit/Schriftlichkeit gerecht: wir alle kennen phonisch realisierte Äußerungen, deren sprachlicher Duktus kaum unserer 'Intuition' von 'Mündlichkeit' entspricht (z.B. Grabrede, Erklärungen bei einer Schlossführung oder Festvortrag); andererseits gibt es aber auch graphisch realisierte Äußerungen, die sich schwerlich mit unseren Vorstellungen von 'Schriftlichkeit' decken (z.B. Privatbrief, oder neuerdings besser noch *chat*, ferner 'Sprechblasen' (!) in Comics).

Diese Widersprüchlichkeiten, die selbstverständlich schon verschiedentlich Sprachwissenschaftlern aufgefallen sind (cf. etwa Behaghel 1927, 24, 27; De Mauro 1970c, 176; Nencioni 1976; Polo 1995), hat Ludwig Söll 1974 durch eine begriffliche und terminologische Klarstellung aus der Welt geschafft (^{3}1985, 17–25). Er unterscheidet, wie Abb. 1 zeigt, zwei Aspekte des Problems: einerseits das **Medium** der Realisierung (**phonisch/graphisch**); andererseits die **Konzeption** (**gesprochen/geschrieben**), die den sprachlichen Duktus von Äußerungen betrifft (z.B. syntaktische Planung, Textkohärenz, verwendete Varietäten etc.). Die vier sich aus dieser Doppelunterscheidung ergebenden logischen Möglichkeiten seien hier für unsere drei Sprachen mit je einem einfachen Beispiel illustriert:

		KONZEPTION	
		gesprochen	geschrieben
MEDIUM	graphischer Kode	fr. *faut pas le dire* it. *lui non ce l'aveva* sp. *¡decirme la verdad!*	fr. *il ne faut pas le dire* it. *egli non l'aveva* sp. *¡decidme la verdad!*
	phonischer Kode	fr. [fopal'diːʀ] it. [ˈluinontʃelaˈveːva] sp. [deˈθirmelaβerˈða]	fr. [ilnəfopaləˈdiːʀ] it. [ˈeʎʎinonlaˈveːva] sp. [deˈθiðmelaβerˈðað]

Abb. 1: Mündlichkeit und Schriftlichkeit – konzeptionell und medial

Ein entscheidender Punkt, der an der Abb. 1 erläuterungsbedürftig ist, besteht darin, dass die durchgezogene Trennlinie zwischen dem phonischen und dem graphischen Medium ein ENTWEDER/ODER, also eine strikte **Dichotomie** darstellt; die gestrichelte Trennlinie soll dagegen andeuten, dass das Verhältnis von 'gesprochen' und 'geschrieben' nur als **Kontinuum** zwischen extremen Ausprägungen der Konzeption begriffen werden kann (cf. dazu genauer 2.3 und Abb. 2).

Mit dem 'Vierfelderschema' (Abb. 1) wird keineswegs eine 'Gleichberechtigung' der vier Kombinationsmöglichkeiten von Medium und Konzeption postuliert. Unbestritten sind nämlich die Affinitäten, d.h. die bevorzugten Beziehungen, die jeweils zwischen 'gesprochen' und 'phonisch' (z.B. vertrautes Gespräch) sowie zwischen 'geschrieben' und 'graphisch' (z.B. Zeitungsartikel) bestehen. Nichtsdestoweniger gibt es natürlich auch die Kombinationen 'geschrieben' + 'phonisch' (z.B. Festvortrag) und 'gesprochen' + 'graphisch' (z.B. *chat*). Prinzipiell gilt sogar, dass alle Äußerungsformen, gleich welcher Konzeption, aus der für sie typischen medialen Realisierung in das jeweils andere Medium 'transferiert' werden können.[1] So kann etwa der Zeitungsartikel (geschrieben + graphisch) auch vorgelesen, ja sogar ein vertrautes Gespräch (gesprochen + phonisch) schriftlich fixiert werden. Dass der Privatbrief (gesprochen + graphisch) vorgelesen und der Festvortrag (geschrieben + phonisch) auch niedergeschrieben werden kann, bedarf keiner weiteren Erläuterung.

Schon an dieser Stelle sei darauf hingewiesen, dass gerade die 'gegenläufigen' Kombinationstypen von Medium und Konzeption in kultur- und sprachgeschichtlicher Perspektive höchst bedeutsam sind. Außerdem sind noch 'Kommunikationstechniken' wie Diktieren, Protokollieren, Vorlesen etc. zu berücksichtigen, die einen Medienwechsel beinhalten (cf. dazu genauer Kap. 5.1.2).

Da uns die Unterschiede zwischen Mündlichkeit und Schriftlichkeit vornehmlich als Problem der sprachlichen Varietät im Französischen, Italienischen und Spanischen interessieren, stehen für uns in den folgenden Kapiteln die **konzeptionellen** Aspekte von Mündlichkeit und Schriftlichkeit im Vordergrund. An bestimmten Punkten der Darstellung werden jedoch auch Probleme des Mediums wichtig.[2]

2.2 Universale und einzelsprachliche Aspekte gesprochener Sprache

Wir haben in 2.1 die Unterscheidung zwischen dem konzeptionellen und dem medialen Aspekt von Mündlichkeit und Schriftlichkeit völlig unabhängig von unseren drei Sprachen entwickelt (die Beispiele in Abb. 1 dienten allein der Illustration). Obschon der vergleichende Blick auf mehrere Sprachen durchaus die Einsicht in die übereinzelsprachlichen Merkmale mündlicher Sprachformen fördert, ebenso wie er natürlich auch

---

[1] Cf. den Begriff der *medium transferability* bei Lyons 1981, 11.
[2] Cf. etwa 5.1.1, 5.2.1, 5.4.1, 5.6.1; auch 5.5.3, b12. Das Verhältnis von medialen und konzeptionellen Fragestellungen ist selbstverständlich auch Gegenstand der Forschungsgeschichte (cf. 3.1). – Probleme des Verhältnisses von Medium und Konzeption werden verhandelt in Ferreiro (ed.) 2002.

unterschiedliche historische Ausprägungen von Mündlichkeit in den Einzelsprachen verdeutlicht, benötigen wir noch ein begriffliches Instrumentarium, das es uns erlaubt, den sprachtheoretischen **Status** einzelner Phänomene konzeptioneller Mündlichkeit genauer zu bestimmen und ihre Eigenart schärfer herauszuarbeiten.

Wir gehen aus von Eugenio Coserius Definition der menschlichen Sprache (*langage*) "als einer universellen menschlichen Tätigkeit, die unter Befolgung historisch vorgegebener Normen individuell ausgeübt wird" (1981, 7). Aus dieser Definition, deren Hintergründe und Konsequenzen Coseriu verschiedentlich dargelegt hat, folgt, dass Sprachliches grundsätzlich auf drei Ebenen betrachtet werden kann:[3]

a) Die **universale** Ebene betrifft das **Sprechen**, das die allgemeinen, nicht historisch spezifizierten Vollzüge sprechender Subjekte umfasst: also etwa Sprechleistungen, die darin bestehen, dass wir sprachlich Bezug nehmen auf Gegenstände (Referentialisierung), dass wir über diese etwas aussagen (Prädikation), dass wir unsere Äußerungen raum-zeitlich situieren (deiktische Orientierung), dass wir Sprechrollen einnehmen/verteilen, dass wir unsere Äußerungen in Kontexte einbetten (cf. 2.3.2), dass wir unseren Äußerungen im Rahmen pragmatischer Zielsetzungen 'Sinn' zuschreiben (Finalisierung) etc. (cf. insgesamt den Anfang von 2.3).

b) Die **historische** Ebene betrifft zweierlei. Erstens – und dieser Aspekt ist für unsere Fragestellung vorrangig – geht es hier um die **Einzelsprachen** als historische Normgefüge (cf. 2.4.3), also etwa Latein, Französisch, Italienisch, Spanisch, Deutsch, Englisch, Türkisch etc.; zweitens sind hier aber auch die von Einzelsprachen unabhängigen **Diskurstraditionen**[4] zu berücksichtigen, die prinzipiell in verschiedenen Sprachgemeinschaften praktiziert werden können: Gattungen (Rätsel, Volkslied, Novelle, Sonett, Gesetzestext, Essay, Trauerrede etc.), Gesprächsformen (höfische Konversation, Beichtgespräch, Wegauskunft, Verkaufsgespräch etc.), Stile (Manierismus; *genus humile/mediocre/sublime*; *trobar clus*; *dolce stil novo*; etc.). Obwohl die Diskurstraditionen für unsere einzelsprachlich orientierte Fragestellung nicht zentral sind, müssen wir sie dennoch im Blick auf die unterschiedlichen konzeptionellen Profile der Diskurse und ihre Interaktion mit der Geschichte der Einzelsprachen diskutieren (cf. vor allem Kap. 5.2, 5.4 und 5.6).

c) Die **individuelle** bzw. **aktuelle** Ebene betrifft den **Diskurs** als einzelne, einmalige Äußerung im *hic et nunc*. Für die Sprachwissenschaft – anders als etwa für die Literaturwissenschaft – sind die Phänomene dieser Ebene allerdings nur insofern relevant, als solche singulären Sprechereignisse das Material zur Erschließung überindividueller Regeln und Normen der in b) skizzierten Art abgeben. In eben diesem

---

[3] Cf. genauer Coseriu 1981, 35–47; zur Relevanz dieser Ebenenunterscheidung cf. Oesterreicher 1979; 1988.

[4] Zu den Begriffen 'Texttradition' bzw. 'Diskurstradition' cf. Schlieben-Lange 1983, 138–148; Koch 1997b; Oesterreicher 1997b und 2002b; Wilhelm 2001.

Sinne stellen unsere Corpora Diskurse dar (cf. 3.2). Von entscheidender Bedeutung ist die Ebene des Diskurses selbstverständlich insofern für das Problem des Sprachwandels, als Innovationen hier ihren Ausgang nehmen.

Auf dem Hintergrund dieser sprachtheoretischen Systematik wollen wir nun einerseits die für den konzeptionellen Aspekt relevanten universalen Charakteristika von Mündlichkeit und Schriftlichkeit diskutieren (2.3). Die Manifestation der **universalen** Merkmale der Mündlichkeit in unseren drei Sprachen werden dann in Kap. 4 behandelt. Andererseits stellen wir in 2.4 die Kriterien für die Analyse von Mündlichkeit und Schriftlichkeit in historisch-einzelsprachlicher Perspektive vor. Auf dieser Grundlage können dann in Kap. 5 die **einzelsprachlichen** Merkmale des heutigen gesprochenen Französisch, Italienisch und Spanisch auf einem diachronischen Hintergrund präsentiert werden.

2.3 Kommunikationsbedingungen und Versprachlichungsstrategien in gesprochener vs. geschriebener Sprache

Gerade die universalen Aspekte konzeptioneller Mündlichkeit und Schriftlichkeit können aus einer rein sprachimmanenten Betrachtungsweise heraus nicht adäquat verstanden werden, da sie wesenhaft bezogen sind auf zwar kommunikativ relevante, aber eben außersprachliche Gegebenheiten.

Vergegenwärtigen wir uns kurz die wichtigsten Instanzen und Faktoren der sprachlichen Kommunikation. Mindestens zwei Interaktionspartner treten miteinander in **Kontakt**, wobei sie – gegebenenfalls im Wechsel – die **Gesprächsrollen** des **Produzenten** und des **Rezipienten** einnehmen. Dabei entsteht eine Nachricht, ein **Diskurs/Text**, der sich auf **Gegenstände** und **Sachverhalte** der außersprachlichen Wirklichkeit bezieht. Die Produktion des Diskurses/Textes stellt eine schwierige **Formulierungsaufgabe** dar, da sie im Spannungsfeld steht zwischen der **Linearität** sprachlicher Zeichen, den Vorgaben der **Einzelsprache** und der komplexen, **vieldimensionalen** außersprachlichen Wirklichkeit. Produzent und Rezipient sind eingebunden in personale, räumliche und zeitliche Zeigfelder (**Deixis**), in bestimmte **Kontexte** und in bestimmte **emotionale** und **soziale** Bezüge.

Es ist evident, dass in all diesen Instanzen und Faktoren der sprachlichen Kommunikation Möglichkeiten der Varianz angelegt sind. Diese Varianz ergibt eine Skala von Kommunikationsbedingungen und entsprechenden Versprachlichungsstrategien, die dem konzeptionellen Kontinuum zwischen Mündlichkeit und Schriftlichkeit zugrunde liegt.

2.3.1 Kommunikationsbedingungen

Für die Charakterisierung von Äußerungsformen im Rahmen des konzeptionellen 'gesprochen/geschrieben'-Kontinuums spielen unseres Erachtens mindestens die folgenden Parameter, die sich mühelos aus den oben genannten Instanzen und Faktoren der sprachlichen Kommunikation erschließen lassen, eine wichtige Rolle:[5]

a) der Grad der **Öffentlichkeit**, für den die **Zahl der Rezipienten** (vom Zweiergespräch bis hin zur Massenkommunikation) sowie die Existenz und Größe eines Publikums relevant ist.
b) der Grad der **Vertrautheit der Partner**, der von der vorgängigen gemeinsamen Kommunikationserfahrung, dem gemeinsamen Wissen, dem Ausmaß an Institutionalisierung der Kommunikation etc. abhängt.
c) der Grad der **emotionalen Beteiligung**, die sich auf den/die Partner (Affektivität) und/oder auf den Kommunikationsgegenstand (Expressivität) richten kann.
d) der Grad der **Situations-** und **Handlungseinbindung** von Kommunikationsakten.
e) der **Referenzbezug**, bei dem entscheidend ist, wie nahe die bezeichneten Gegenstände und Personen der Sprecher-*origo* (*ego-hic-nunc*) sind (cf. Bühler 1965, 102ss.).
f) die **physische Nähe der Kommunikationspartner** (*face-to-face*-Kommunikation) vs. physische Distanz in räumlicher und zeitlicher Hinsicht.
g) der Grad der **Kooperation**, der sich nach den direkten Mitwirkungsmöglichkeiten des/der Rezipienten bei der Produktion des Diskurses bemisst.
h) der Grad der **Dialogizität**, für den in erster Linie die Möglichkeit und Häufigkeit einer spontanen Übernahme der Produzentenrolle bestimmend ist; der Dialogizität in einem weiteren Sinne können Phänomene wie 'Partnerzuwendung' etc. subsumiert werden (s. auch c) und e)).
i) der Grad der **Spontaneität** der Kommunikation.
j) der Grad der **Themenfixierung**.

Offensichtlich sind alle hier aufgeführten Parameter außer e) und f)[6] – jeder für sich – gradueller Natur. So geht es etwa bei a) um Abstufungen zwischen Privatheit und totaler Öffentlichkeit, bei b) um Abstufungen zwischen großer Vertrautheit und völliger

---

[5] Cf. etwa Steger et al. 1974, 76–95; Lorenzo 1980, 39ss.; Chafe 1982 und 1985; Koch/Oesterreicher 1985, 19–23; 2001, 586ss.; 2007; Biber 1988 und 1995; Raible 1994; Ehlich 1994; Briz 1996 und 1998; Poyatos 1996; Henne/Rehbock 2001, 32ss.; López Serena 2002 und 2005; Koch 2005a, 41–43, bes. Anm. 3, wo die Einwände von Radtke (2001) bezüglich des Status der Parameter c), e) und j) diskutiert werden.
[6] Bei der Anwendbarkeit deiktischer Referenzmitteln zählt in aller Regel die 'Anwesenheit' vs. 'Abwesenheit' des Referenzgegenstandes und nicht der Grad der Entfernung; auch bei der *face-to-face*-Situation geht es allein um die Anwesenheit vs. Abwesenheit der Kommunikationspartner, also nicht etwa um deren räumliche Entfernung oder Anzahl.

Fremdheit der Partner etc. Jede denkbare Kommunikationsform ist nun notwendigerweise charakterisiert durch ein Bündel konkreter Kommunikationsbedingungen, die mit den genannten Parametern beschrieben werden können. So ließen sich etwa für einen Privatbrief – idealtypisch – folgende Parameterwerte nennen:

a) Privatheit; b) Vertrautheit der Partner; c) relativ starke emotionale Beteiligung; d) keine Situationseinbindung/eventuell begrenzte Handlungseinbindung; e) Referenzbezug auf die Sprecher-*origo* nicht ohne weiteres möglich; f) physische Distanz; g) keine Kooperationsmöglichkeit bei der Produktion; h) streng geregelte Dialogizität (Brief*wechsel*!); i) relative Spontaneität; j) freie Themenentwicklung.

Dies ließe sich graphisch folgendermaßen veranschaulichen.

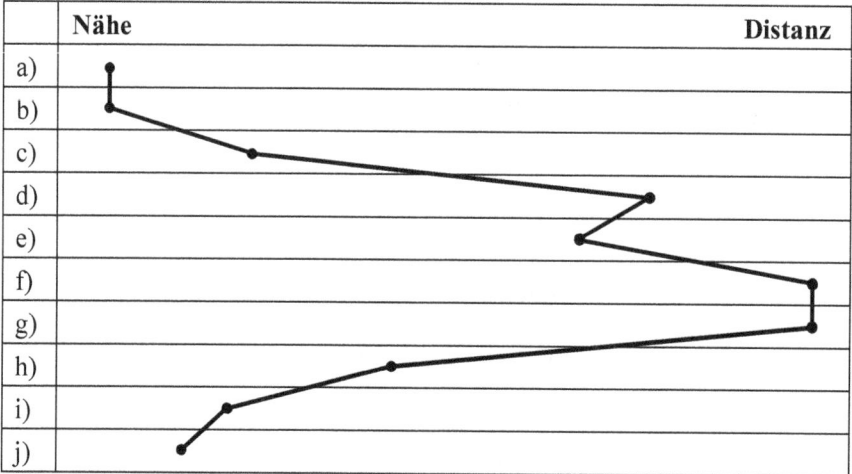

Abb. 2: Konzeptionelles Relief des Privatbriefes

Für eine Predigt etwa würden demgegenüber die folgenden Parameterwerte gelten:

a) Öffentlichkeit; b) keine absolute Fremdheit; c) klar emotionale Komponenten; d) kaum Situations- und Handlungseinbindung; e) geringer Referenzbezug auf die Sprecher-*origo*; f) physische Nähe; g) keine Kooperationsmöglichkeit bei der Produktion; h) Monologizität; i) geringere Spontaneität; j) Themenfixierung.

Graphisch ergäbe dies:

	Nähe	**Distanz**
a)		
b)		
c)		
d)		
e)		
f)		
g)		
h)		
i)		
j)		

Abb. 3: Konzeptionelles Relief der Predigt

Als letztes Beispiel sei die Diskurstradition des Vorstellungsgesprächs ohne weiteren Kommentar graphisch dargestellt:

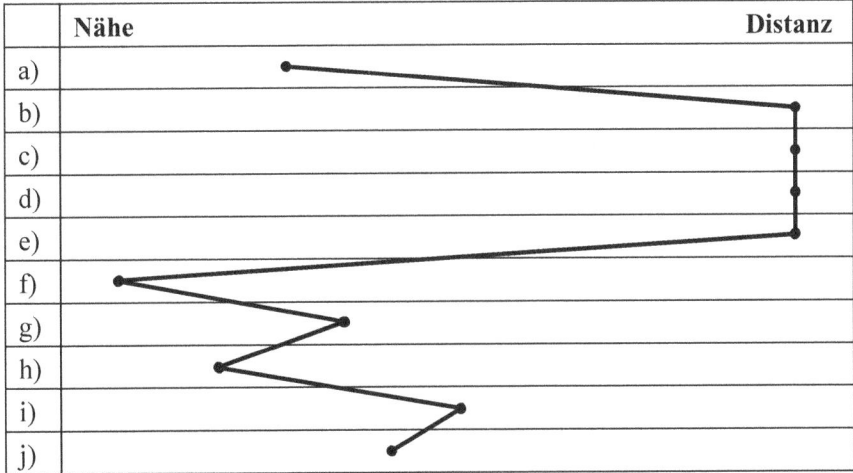

Abb. 4: Konzeptionelles Relief des Vorstellungsgesprächs

Unter Verwendung solcher Kriterien lässt sich eine Vielzahl von Kommunikationsformen bestimmen, die definiert sind durch unterschiedliche Mischungsverhältnisse der Kommunikationsbedingungen in den Parametern a) bis j) und die ein 'gesprochen/geschrieben'-Kontinuum zwischen zwei Polen ergeben. Der eine Pol vereint in sich die Kommunikationsbedingungen: 'Privatheit', 'Vertrautheit', 'starke emotionale Beteiligung', 'Situations- und Handlungseinbindung', 'Referenzbezug auf die Sprecher-*origo*', 'physische Nähe', 'maximale Kooperation bei der Produktion', 'hoher Grad der Dialogizität', 'freie Themenentwicklung' und 'maximale Spontaneität'. Der andere Pol vereint in sich die Bedingungen: 'Öffentlichkeit', 'Fremdheit', 'keine emotionale Beteiligung', 'Situations- und Handlungsentbindung', 'kein Referenzbezug auf die Sprecher-*origo*', 'physische Distanz', 'keinerlei Kooperation bei der Produktion', 'reine Monologizität', 'Themenfixierung' und 'maximale Reflektiertheit'.

Nachdem wir oben in einem ganz konkreten Sinne von 'physischer Nähe/Distanz' (Parameter f)) gesprochen haben, ist es naheliegend, diesen Terminus metaphorisch auszuweiten und etwa auch von 'sozialer Nähe/Distanz' (cf. die Parameter a)–d), auch g) und h)) oder von 'referenzieller Nähe/Distanz' (Parameter e)) zu sprechen. Es erscheint uns sogar erhellend, sämtliche Kommunikationsbedingungen, die aus den genannten Parametern resultieren, und ihre Kombination und Gewichtung mit Hilfe der Begriffe **kommunikative Nähe** und **kommunikative Distanz** zu fassen.[7]

Es lässt sich also sagen: Die beiden oben beschriebenen Extrempole des 'gesprochen/geschrieben'-Kontinuums entsprechen Kommunikationsformen, die in allen Parametern einerseits maximale kommunikative Nähe ('gesprochen'), andererseits maximale kommunikative Distanz ('geschrieben') verkörpern. In dem vieldimensionalen Raum, der von diesen beiden extremen Formen sprachlicher Kommunikation begrenzt wird, sind alle konzeptionellen Möglichkeiten zwischen 'Mündlichkeit' und 'Schriftlichkeit' lokalisierbar. Dieses Nähe/Distanz-Kontinuum ist unten in Abb. 5 dargestellt. Die geschilderten Parameter und Kommunikationsbedingungen sind der Rahmen für universale Variationsmöglichkeiten auf der Ebene des Sprechens im Sinne von 2.2, die über jeder historisch-einzelsprachlichen Konkretisierung stehen. Auf diese universal variierenden Bedingungen 'reagiert' das sprechende Subjekt mit bestimmten ebenfalls universalen Versprachlichungsstrategien, die im Folgenden charakterisiert werden.

2.3.2 Versprachlichungsstrategien

Während es im vorhergehenden Abschnitt um die außersprachlichen Bedingungen ging, die die Konzeption sprachlicher Kommunikationsakte steuern, wollen wir nun auf die konzeptionell bedeutsamen Aspekte dieser Kommunikationsakte selbst eingehen (zusammengefasst ebenfalls in Abb. 5). Auch hier darf man freilich nicht nur sprachliche Fakten berücksichtigen, da sprachliche Kommunikation – gleich welcher Konzeption – stets in Abhängigkeit von nichtsprachlichen Kontexten stattfindet.

---

[7] Cf. dazu Koch/Oesterreicher 1985; 1994; 2001; 2007; Koch 1986. – Als Termini in anderen wichtigen Sprachen verwenden wir in unseren Publikationen die folgenden Äquivalente für 'Nähe/Distanz': fr. *immédiat/distance*, it. *immediatezza/distanza*, sp. *inmediatez/distancia*, pg. *imediato/distância*, engl. *immediacy/distance*.

Ein erster Punkt, in dem sich die Versprachlichungsstrategien der Nähe und der Distanz unterscheiden – im Folgenden auch **Nähesprechen** und **Distanzsprechen** genannt – betrifft gerade das Ausmaß, in dem sprachliche Äußerungen auf eine 'Stützung' durch unterschiedliche Kontexttypen angewiesen sind. Es sind hierbei mindestens folgende Arten von Kontexten zu unterscheiden:[8]

1. **situativer Kontext**: in der Kommunikationssituation wahrnehmbare Personen, Gegenstände und Sachverhalte.
2. **Wissenskontext**:
   a) einerseits ein individueller Wissenskontext (gemeinsame Erlebnisse der Partner, Wissen übereinander etc.);
   b) andererseits ein allgemeiner Wissenskontext, der soziokulturelle und universal menschliche Wissensbestände umfasst (kulturelle Tatsachen, Werte etc.; logische Relationen, physikalische und biologische Gesetzmäßigkeiten etc.).
3. **sprachlich-kommunikativer Kontext**: vorherige und folgende Äußerungen und Äußerungsteile, auch 'Ko-Text' genannt.
4. andere kommunikative Kontexte:
   a) **parasprachlich-kommunikativer Kontext**: intonatorische Phänomene; Sprechgeschwindigkeit, Lautstärke etc.;
   b) **nichtsprachlich-kommunikativer Kontext**: begleitende Gestik, Mimik, Körperhaltung, Proxemik etc.

Der sprachliche Kontext, wie alles Sprachliche überhaupt, zeichnet sich durch seinen **digitalen** Charakter aus, das heißt, dass hier Kommunikation mit Hilfe klar identifizierbarer, 'diskreter' Einheiten vollzogen wird. Dagegen weisen alle anderen genannten Kontextarten einen ganzheitlich-kontinuierlichen, **analogen** Charakter auf.[9]

Es ist klar erkennbar, dass beim Nähesprechen im Prinzip **alle** genannten Kontexttypen zum Einsatz kommen können, während beim Distanzsprechen tendenziell mit Einschränkungen zu rechnen ist; diese betreffen vor allem die analogen Kontexte. So können beispielsweise bei physischer Distanz der Kommunikationspartner sowie bei Situations- und Handlungsentbindung weder der situative (1.) noch der parasprachliche/nichtsprachliche Kontext (4.a, 4.b) zum Tragen kommen; logischerweise scheidet bei Fremdheit der Partner der individuelle Wissenskontext (2.a) aus. Daraus ergibt sich zwingend, dass bei extremer kommunikativer Distanz dieser 'Kontextmangel' nur durch verstärkten Einsatz des *sprachlichen* Kontextes (3.) kompensiert werden kann, d.h. durch die Überführung kontextueller Information in den Ko-Text; bei extremer kommunikativer Nähe tritt hingegen gerade der sprachliche Kontext/Ko-Text zurück. Was den allgemeinen Wissenskontext angeht – dieser Punkt wird häufig übersehen –, so stellt er

---

[8] Cf. vor allem Coseriu 1955/56; Aschenberg 1999, 73–76; verschiedene Artikel in Ehlich 2007, vol 1.
[9] Cf. Watzlawick et al. 1967, 61–68.

in *allen* Kommunikationsformen im Nähe/Distanz-Kontinuum einen unabdingbaren analogen Bestandteil dar.

Nach diesem Blick auf die Kontexte geht es im Folgenden um die konzeptionell relevanten Eigenschaften der sprachlichen Äußerungen selbst.

Während Distanzäußerungen einen hohen Planungsgrad aufweisen und damit als elaboriert gelten können, ermöglichen/erzwingen nahezu alle Kommunikationsbedingungen der Nähe (nicht jedoch 'physische Nähe'!) einen vergleichsweise **geringen Planungsgrad** bei der Formulierung der Äußerung (cf. besonders 1*F*I*S; 29*I; 30*F; 31*S; 32*F*I*S; 33*F*I).

Aus dem geringen Planungsgrad folgen weitere Merkmale des Diskurses in konzeptioneller Mündlichkeit. Der Diskurs zeichnet sich hier durch Prozesshaftigkeit und **Vorläufigkeit** aus. Dies führt zum einen zu sparsamer Versprachlichung, zum anderen zu einer häufig **extensiven, linearen** und **aggregativen** Gestaltung ('unvollständige' Äußerungen, Parataxe etc.).[10] Hierdurch ergibt sich in kommunikativer Nähe eine vergleichsweise geringe Informationsdichte des Diskurses. Damit kontrastieren die hohe Informationsdichte und der rasche Informationsfortschritt, die unter den Bedingungen kommunikativer Distanz erreicht werden, wo aus der intensiven und kompakten Versprachlichung ein hohes Maß an Integration und Komplexität sprachlicher Einheiten resultiert. Es ist nicht verwunderlich, dass gerade die dabei entstehenden Diskurse in ihrer Endgültigkeit und 'Verdinglichung' weithin als Prototyp des 'Textes' gelten. Wir verwenden daher im Folgenden 'Text' nur im Sinne von 'Distanzdiskurs'.

Der letztgenannte Punkt erweist sich auch als hilfreich für das Verständnis der Affinitäten, die einerseits zwischen dem allein schon materiell 'verdinglichenden' graphischen Medium und konzeptioneller Schriftlichkeit (Distanz), andererseits zwischen dem materiell 'flüchtigen' phonischen Medium und konzeptioneller Mündlichkeit (Nähe) bestehen. Diese Affinitäten kommen in Abb. 5, die die Ergebnisse von 2.3 zusammenfasst, in der gegenläufig-dreieckigen Gestaltung der beiden medialen 'Hälften' zum Ausdruck.

In den Abbildungen 2, 3 und 4 wurden beispielhaft die internen Kennzeichen von Kommunikationsformen und Diskurstraditionen mit Hilfe konzeptionell relevanter Parameterwerte dargestellt. Komplementär dazu zeigt Abb. 5 in einem globalen Zugriff sowohl mediale als auch konzeptionelle Aspekte sowie die relative Lokalisierung von Kommunikationsformen und Diskurstraditionen im Nähe/Distanz-Kontinuum. Konkret geht es um die familiäre Unterhaltung (I), das private Telefongespräch (II), den Privatbrief (III), das Vorstellungsgespräch (IV), das Zeitungsinterview (V), die Predigt (VI), den wissenschaftlichen Vortrag (VII), den Leitartikel (VIII) und den Gesetzestext (IX).

Die völlig neuen Kommunikationsformen, die sich vor unseren Augen im Bereich der computergestützten Medien inzwischen eingebürgert haben (*E-mail, SMS, chat* etc.),

---

[10] Cf. Raible 1992; Koch 1995a; auch Ludwig, R. 1986, 27–32.

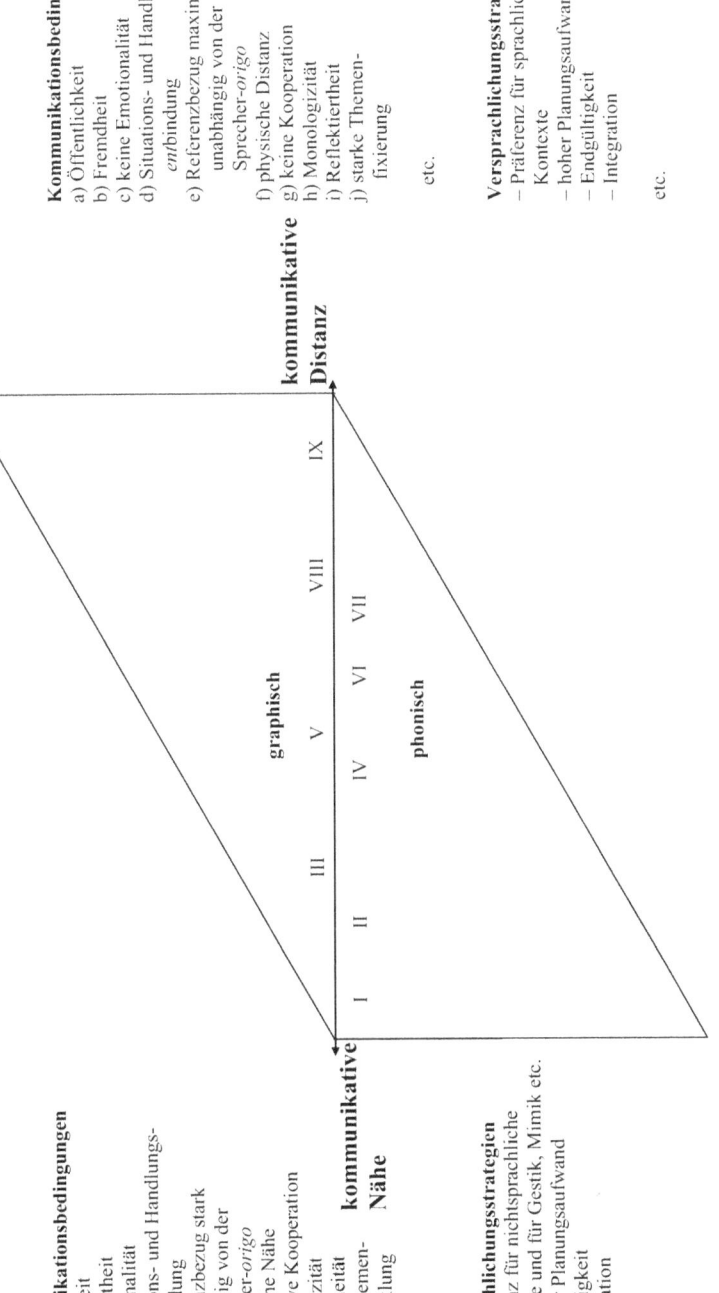

Abb. 5: Das Nähe/Distanz-Kontinuum; konzeptionell-mediale Affinitäten; konzeptionelles Profil ausgewählter Diskurstraditionen

sind längst auch auf das Interesse der Linguisten gestoßen.[11] Man könnte nun auf den Gedanken kommen, dass das Schema in Abb. 5, das allein die Medien Phonie und Graphie berücksichtigt, nicht ausreicht, die Komplexität dieser neuesten medialen Entwicklungen zu erfassen. Einer solchen Einschätzung ist jedoch entschieden zu widersprechen. Es muss nämlich klar getrennt werden zwischen 'Medien' als physikalischen Manifestationen, die bestimmte sensorische Modalitäten ansprechen (Phonie → akustisch, Graphie → visuell), und 'technischen' Speicher- und Übertragungsmedien, wie Telephon, Internet etc. (cf. auch Raible 2006, 11–22). Selbst die neuesten Entwicklungen in der Elektronik bei Speicherung und Übertragung bauen im sensorischen Bereich letztlich immer nur auf dem akustischen Prinzip der Phonie oder auf dem visuellen Prinzip der Graphie auf. Es können daher selbstverständlich auch diese neuesten Kommunikationsformen und Diskurstraditionen mit unseren anthropologisch fundierten Kategorien erfasst werden. Der *chat* ist sogar eines der schönsten Beispiele dafür, dass im graphischen Medium eine relative, allerdings auch in diesem Falle noch limitierte Annäherung[12] an dialogische, spontane Nähesprachlichkeit möglich ist. Was die durchaus innovativen, rein graphischen Verfahren, also Abkürzungen und Emoticons, wie etwa (deutsch) *hdl* oder :-) angeht, so sind diese varietätenlinguistisch völlig irrelevant, konzeptionell aber immerhin im Blick auf die spontaneitätsfördernde Schreibgeschwindigkeit von Belang.

2.4 Einzelsprachliche Varietäten und gesprochene Sprache

Wir haben in 2.3.2 die Variation der Sprechleistungen auf universaler Ebene als Kontinuum zwischen den Polen 'Nähesprechen' und 'Distanzsprechen' gefasst. Eine konzeptionelle Variation existiert natürlich auf allen in 2.2 genannten Ebenen des Sprachlichen. Aus diesem Grunde kann man nun ganz parallel das Kontinuum 'gesprochen/geschrieben' auf der historischen Ebene der Einzelsprache als **Nähesprache/Distanzsprache**, auf der historischen Ebene der Diskurstradition als **Nähediskurstradition/Distanzdiskurstradition** und schließlich auf der aktuellen Ebene als **Nähediskurs/Distanzdiskurs** bezeichnen.[13] Herkömmlicherweise werden Probleme konzeptioneller Mündlichkeit und Schriftlichkeit allein auf der historisch-einzelsprachlichen Ebene behandelt. In 2.3 haben wir jedoch gezeigt, wie wichtig gerade auch die universale Ebene für die Probleme von Mündlichkeit und Schriftlichkeit ist. Jetzt ist es allerdings unerlässlich, auf der historisch-einzelsprachlichen Ebene die Nähesprache und

---

[11] Cf. Dürscheid 2003; Pistolesi 2004; Berruto 2005; Gadet 2008; Ágel/Hennig 2007; Koch/Oesterreicher 2007, bes. 358s.; Kailuweit 2009.
[12] Zu Details cf. Ágel/Hennig 2007, 202, 206–214.
[13] Cf. Oesterreicher 1988, 370–380.

die Distanzsprache sowie ihr Verhältnis zum einzelsprachlichen Varietätengefüge zu betrachten.

2.4.1 Historizität und Sprachvariation

Wir können ausgehen von dem Faktum, dass Sprachliches sich immer nur in Form einzelner Sprachen manifestiert, was – neben der Tatsache des Sprachwandels – als deutlichster Ausdruck der **Historizität** von Sprache (*langage*) betrachtet werden kann. Die Historizität von Sprache hat zwei eng miteinander verbundene Aspekte.[14] Von 'außen' betrachtet, stellen wir **Sprachverschiedenheit** zwischen historischen Einzelsprachen fest (z.B. Französisch vs. Italienisch vs. Spanisch vs. Rumänisch vs. Finnisch vs. Suaheli etc.). Von 'innen' betrachtet, stoßen wir auf das Faktum der **Sprachvarietät** (z.B. Dialekte, Gruppensprachen, schichtenspezifische Sprachformen, Sprachstile etc.). Im Allgemeinen werden drei Dimensionen der Sprachvarietät unterschieden:[15]

- Die **diatopische** Variation bezieht sich auf Unterschiede in räumlicher Hinsicht (z.B. beim Französischen: *picard, poitevin, québécois* etc.; beim Italienischen: *piemontese, toscano, lucano* etc.; beim Spanischen: *leonés, andaluz, chileno* etc.).
- Die **diastratische** Variation betrifft Unterschiede, die mit der Zugehörigkeit zu sozialen Gruppen und Schichten korrespondieren (z.B. beim Französischen: *argot des malfaiteurs* etc.; beim Italienischen: *italiano popolare* etc.; beim Spanischen: *caló* etc.).
- Bei der **diaphasischen** Variation schließlich geht es um so genannte Sprachstile, die mit bestimmten Bewertungen in Sprechsituationen korrespondieren (z.B. im Französischen: *français littéraire, familier* etc.; im Italienischen: *italiano letterario, familiare* etc.; im Spanischen: *español literario, coloquial* etc.).

Die Summe der diatopischen, diastratischen und diaphasischen Varietäten einer Einzelsprache stellt in dieser Sicht ein Gefüge von sprachlichen Traditionen und Normen dar: ein **Diasystem**. Die je spezifische historische Ausprägung des Varietätengefüges wird auch **Architektur** genannt.

---

[14] Cf. insbesondere Oesterreicher 2001.
[15] Cf. etwa Coseriu 1980, 49–52. – Zur Problematik des Begriffs 'Umgangssprache', mit dem hier teilweise gearbeitet wird, cf. Holtus/Radtke 1984b; zur Diskussion um den Begriff *español coloquial* cf. Beinhauer 1978; Vigara Tauste 1992; Briz 1996 und 1998; Briz/Grupo Val.Es.Co 1995; (eds.) 2002; 2003; besonders López Serena 2007b und c.

2.4.2 Vier Dimensionen der Sprachvarietät

In der skizzierten Diasystematik vermisst man den Unterschied zwischen Mündlichkeit und Schriftlichkeit, der unseres Erachtens in seinen konzeptionellen Aspekten für eine adäquate Modellierung des einzelsprachlichen Varietätenraums fundamental ist. Eigenständige Phänomene einer Varietätendimension 'gesprochen/geschrieben' liegen überall dort vor, wo wir es mit sprachlichen Fakten zu tun haben, die weder diatopisch noch diastratisch noch diaphasisch festgelegt sind. So wäre es etwa in unseren drei Sprachen beim segmentierten Satz (z.B. fr. *Je ne l'ai pas lu, le livre*; it. *Non l'ho letto il libro*; sp. *No lo he leído el libro*) völlig verfehlt, eine der drei erwähnten diasystematischen Markierungen anzusetzen. Es handelt sich vielmehr um eine lediglich als 'gesprochen' qualifizierbare Erscheinung, da sie durch nichts anderes als durch Kommunikationsbedingungen der Nähe (cf. 2.3.1 und 4.3.4) motiviert ist, was bedeutet, dass es sich nicht einfach nur um eine syntaktische Regel derjenigen Einzelsprachen handelt, die wir als Französisch, Italienisch oder Spanisch kennen.

Bei näherer Betrachtung erweist sich die einzelsprachliche Ausprägung des Nähe/Distanz-Kontinuums (Nähesprache/Distanzsprache) als zentraler Bestandteil des Varietätengefüges. Wie wir sehen werden, gibt dieses Kontinuum sogar das Prinzip ab, nach dem der ganze Varietätenraum strukturiert ist. Diese im Folgenden zu diskutierenden Zusammenhänge werden weiter unten in Abb. 6 schematisch dargestellt.

Bisherige Untersuchungen zu den drei diasystematischen Varietätendimensionen haben immer wieder gezeigt, dass die diatopischen, diastratischen und diaphasischen Unterschiede innerhalb einer Einzelsprache nicht zusammenhanglos nebeneinander stehen. Dabei ist die Einsicht wichtig, dass zwischen Dimensionen der Sprachvarietät gerichtete Beziehungen derart bestehen, dass – in der Synchronie – Diatopisches als Diastratisches und Diastratisches als Diaphasisches funktionieren kann (nicht aber umgekehrt).[16] So kann eine stark dialektal markierte Äußerung eines Sprechers als diastratisch niedrig bewertet werden; des Weiteren kann ein an sich als diastratisch niedrig markierter Ausdruck von Sprechern ganz unterschiedlicher sozialer Herkunft in locker-informeller Situation (= diaphasisch niedrig) verwendet werden. Wir bezeichnen diesen rein synchronischen Zusammenhang von jetzt an als **Varietätenkette**.

Bemerkenswert ist nun die Tatsache, dass es in der Varietätenlinguistik nicht als selbstverständlich gilt, eine eigenständige Dimension **gesprochen/geschrieben** anzuerkennen.[17] Diese Varietätendimension, die direkter Ausdruck des universalen Nähe/Distanz-Kontinuums ist, erweist sich aber gerade als die eigentlich zentrale Varietät, da sie natürlich auf jeden Fall all jene einzelsprachlichen Fakten enthält, die sich aus den in 2.3 geschilderten einzelsprachunabhängigen Kommunikationsbedingungen und Versprachlichungsstrategien ergeben (cf. 1a in Abb. 6): linear-einfacher vs. hierar-

---

[16] Cf. Coseriu 1980, 50s.
[17] Cf. dazu Kap. 5, Anm. 48.

chisch-durchstrukturierter Aufbau der Diskurse, schlichte vs. komplexe Syntax, 'ungenaue' vs. präzise Wortwahl etc. Phänomene dieser Art werden wir in Kap. 4 erläutern.

Neben solchen universalen Merkmalen gesprochener vs. geschriebener Sprache umfasst die Varietätendimension 1 aber auch einzelsprachliche Fakten, deren Verwendungsbedingungen sich nicht – wie es häufig geschieht – im Rahmen der Diaphasik erfassen lassen: Fakten, die sich nicht anders als mit den Termini 'gesprochen/ geschrieben' bzw. 'Nähe/Distanz' bezeichnen lassen (cf. 1b in Abb. 6; cf. auch die Beispiele in Abb. 1). Phänomene dieser Art werden in den Abschnitten 5.3.3, 5.5.3 und 5.7.3 präsentiert.

Die zentrale Stellung der Varietätendimension 1 ('gesprochen/geschrieben') ergibt sich ganz offensichtlich daraus, dass sie, als eigentlicher Endpunkt der Varietätenkette, Elemente aller drei anderen Dimensionen sekundär aufnehmen kann (cf. 5.3.1/2, 5.5.1/2, 5.7.1/2)[18] und dass demzufolge die drei diasystematischen Dimensionen sich in ihrer inneren Markiertheitsabstufung nach dem Nähe/Distanz-Kontinuum ausrichten. Insofern können wir einerseits von **gesprochener Sprache** im **engeren** Sinne (linker Teilbereich der Dimension 1 in Abb. 6), andererseits von gesprochener Sprache im **weiteren** Sinne sprechen (linke Teilbereiche der Dimensionen 1, 2, 3 und 4 in Abb. 6). All dies fassen wir im Folgenden unter dem Begriff 'Nähebereich' zusammen:[19]

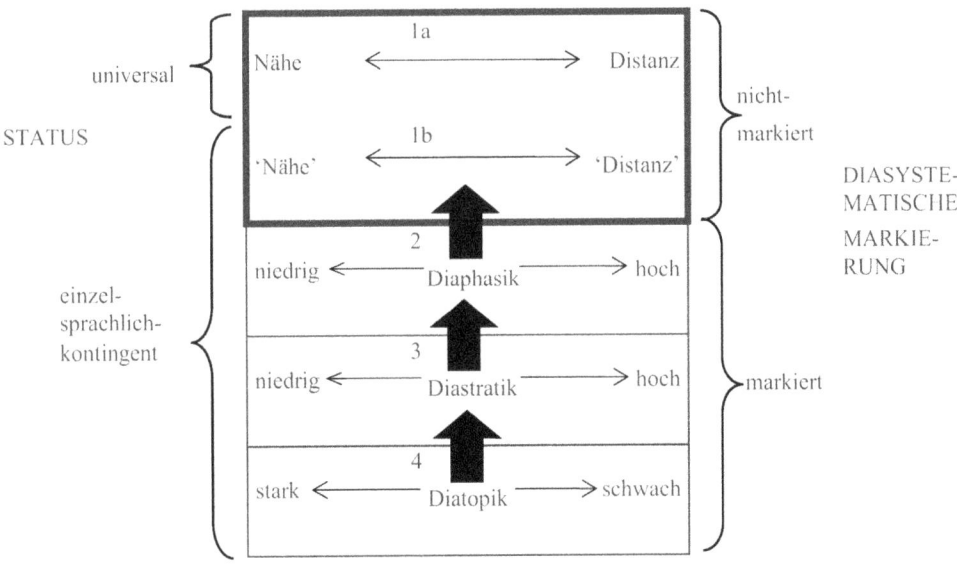

Abb. 6: Der einzelsprachliche Varietätenraum zwischen Nähe und Distanz

---

[18] Cf. auch Berruto 1993a, 10s.
[19] Cf. Oesterreicher 1988, bes. 376–378.

Dieses Modell sagt zunächst noch nichts darüber aus, **wie** unsere drei Einzelsprachen diesen Varietätenraum jeweils 'auslegen', wie sie die einzelnen Dimensionen 'auslasten' (darüber hinaus gilt es schon anzumerken, dass diesbezüglich gerade die so genannten plurizentrischen Sprachen besondere Problemfälle darstellen; cf. Kap. 5, bes. 5.2 und 5.4 sowie Abb. 7 in 5.8).

2.4.3 Mündlichkeit/Schriftlichkeit, Sprachvarietät und Norm

Wenn von sprachlichen Varietäten gesprochen wird, stößt man unausweichlich auf den Begriff der sprachlichen Norm. Zu diesem Problem sollen am Ende unserer sprachtheoretischen Betrachtungen noch einige kurze Hinweise gegeben werden.

In der Sprachwissenschaft hat sich die Unterscheidung zwischen **deskriptiver Norm** und **präskriptiver Norm** als notwendig und fruchtbar erwiesen.[20] Auf diesem Hintergrund können wir **jede** Varietät der in 2.4.2 angesprochenen vier Varietätendimensionen einer deskriptiven Norm zuordnen. Auch ein *français populaire*, ein *dialetto lucano* oder ein *caló* stellen normative Größen insofern dar, als sie in bestimmten Kommunikationssituationen von bestimmten Sprechern und Hörern reziprok erwartet und dann in der Regel auch realisiert werden ('Erwartungserwartungen').[21] Dementsprechend präsentiert sich jede historische Einzelsprache als ein komplexes, vierdimensionales, historisch variables Gefüge von Normen mit begrenzter Gültigkeit.

Im Gegensatz dazu ist die präskriptive Norm eine Art 'Über-Norm', die sich durch einen prinzipiellen Ausschließlichkeitsanspruch und durch hohe Stabilität ('Konservatismus') auszeichnet. Durch Kodifizierung und institutionelle Absicherung wird hier die innere Historizität von Sprache (cf. 2.4.2) ein Stück weit 'aufgehoben': zum einen erhält in der Regel je Einzelsprache nur **eine** Varietät den Modellcharakter einer präskriptiven Norm, zum anderen wird der Sprachwandel durch die Kodifizierung retardiert. Nichtsdestoweniger ist jede präskriptive Norm bis zum Zeitpunkt ihrer Fixierung und Durchsetzung ein Resultat bestimmter historischer – vor allem sprachextern motivierter – Prozesse und Transformationen innerhalb des Gefüges deskriptiver Normen; auch nach ihrer Fixierung bleibt sie freilich vom historischen Wandel nicht unberührt.

Eine ausgezeichnete Interpretationsbasis für diesen Prozess der präskriptiven Normierung bietet nun gerade das Nähe/Distanz-Kontinuum. Aus den universalen Kommunikationsbedingungen der Distanz (2.3.1) ergeben sich nämlich nicht nur bestimmte einzelsprachübergreifende Versprachlichungsstrategien (Distanzsprechen; cf. 2.3.2), sondern auch bestimmte Anforderungen auf einzelsprachlicher Ebene (Distanzsprache), und zwar gerade hinsichtlich der verwendbaren Varietäten. So erfordert die Kommunikation

---

[20] Cf. etwa François 1972; Müller 1975, 216–243; Koch 1988a, 327–333; Settekorn 1988, 1–18, 29–37; cf. auch Koch/Oesterreicher 1994, 598–600, und 2001, 610–612.
[21] Cf. etwa Gloy 1975, 38–59; Berger/Luckmann 1966, 149–157, bes. 152s.; Lara 1999 und 2004.

über sehr große Zeiträume hinweg (zeitliche Distanz) eine erhebliche Stabilität der sprachlichen Regeln; ein sehr großer Kommunikationsradius (räumliche Distanz) und eine breite Öffentlichkeit machen die Setzung einer diatopisch 'neutralen' Sprachvarietät wünschenswert; physische (räumliche und zeitliche) Distanz und Fremdheit der Kommunikationspartner verlagern die Möglichkeiten der Selbstdarstellung des Produzenten ganz ins Sprachliche, so dass sich die Verwendung diastratisch und diaphasisch höher bewerteter Varietäten anbietet. Diesen Anforderungen entsprechen nun genau die Merkmale der präskriptiven Norm, die somit in gewissem Sinne Distanzsprache *par excellence* ist. Bei allen Detailunterschieden von Sprache zu Sprache ist die präskriptive Norm in Abb. 6 auf jeden Fall im rechten Bereich des Schemas zu lokalisieren. Die historische Genese der präskriptiven Normen in unseren drei Sprachen wird in Kap. 5.2, 5.4 und 5.6 behandelt.

Neben dem deskriptiven und dem präskriptiven gibt es noch einen dritten Normbegriff, den wir Coseriu verdanken.[22] Er zielt in eine völlig andere Richtung als die beiden anderen Normbegriffe und ist hinsichtlich der Spannung zwischen Nähe und Distanz völlig indifferent. 'Norm' im Sinne Coserius meint nämlich die in irgendeiner Sprachform 'normalen Realisierungen' in Abgrenzung 1. von der 'Rede', zu der auch alle individuellen und einmaligen Merkmale eines sprachlichen Ereignisses gehören, 2. vom 'System' als dem engen Bereich dessen, was in einer Sprachform funktionell relevant ist.

An bestimmten Punkten unserer Darstellung wird gerade die Divergenzen zwischen den funktionellen Kategorien des 'Systems' und den materiellen Fakten, die nur der 'Norm' angehören, für die Beurteilung der Unterschiede zwischen Varietäten unserer drei Sprachen wichtig werden (cf. 4.6; 5.8).

2.5 Arbeitsaufgaben

1. Kennzeichnen Sie das Verhältnis von Medium und Konzeption bei den nachstehend aufgeführten (und weiteren) Kommunikationsformen und Diskurs-/Textarten; situieren Sie diese – unter Berücksichtigung der in 2.3.1 erläuterten Parameter (cf. die Beispiele 'Privatbrief', 'Predigt' und 'Vorstellungsgespräch') – innerhalb des Nähe/Distanz-Kontinuums (berücksichtigen Sie dabei auch den Anteil des nichtsprachlichen Kontextes): Streit zwischen Autofahrern; Beratungsgespräch eines Versicherungsvertreters; Nachruf auf einen berühmten Künstler; Vorlesen eines Märchenbuchs; Zeugenvernehmung vor Gericht; Notizen für eine Diskussion; *chat*; Prüfungsgespräch; Tischrede; Kommunikation im Operationssaal; etc.
2. Charakterisieren Sie in medialer und konzeptioneller Hinsicht Werke verschiedener literarischer und künstlerischer Gattungen und berücksichtigen Sie dabei gegebenenfalls die Verwendung unterschiedlicher einzelsprachlicher Varietäten (im Sinne von 2.4): Komödie, Bou-

---

[22] Cf. etwa Coseriu 1973. – 'Norm' im Sinne Coserius wird oft nicht deutlich genug von 'deskriptiver Norm' unterschieden, was aber unerlässlich ist (cf. Koch 1988a, 333–336).

levardstück, Tragödie; Kabarett; Epos, Roman und Erzählung; Briefroman; Tagebuch; Lyrik; Volkslied; Schlager; Comic etc. Wo ließe sich bei den angeführten Beispielen der Begriff 'fingierte Mündlichkeit' anwenden (cf. Goetsch 1985; auch Gil/Scherer 1984; López Serena 2007a)?

3. Diskutieren Sie die Lausbergschen Begriffe 'Verbrauchsrede' vs. 'Wiedergebrauchsrede' (Lausberg 1979, §§ 10–19) unter medialen und konzeptionellen Gesichtspunkten. Schließen Sie hier das Problem der Einschätzung der Rhetorik ('Rede'-kunst!) und ihrer Verfahren an.

4. Beziehen Sie die Diskussion um den schichtenspezifischen Sprachgebrauch und die Sprachbarrieren auf die Problematik von Mündlichkeit und Schriftlichkeit (Nähe und Distanz). Welche Rolle spielen in der Argumentation unterschiedlicher Autoren (etwa: Bernstein 1960/61 vs. Labov 1970) universale und einzelsprachliche Gesichtspunkte?

5. Beziehen Sie die Ziele des muttersprachlichen Schulunterrichts auf das Spannungsfeld zwischen Nähesprechen und Distanzsprechen sowie zwischen Nähesprache und Distanzsprache; interpretieren Sie auf diesem Hintergrund auch die bekannten Klagen der Sprachkritiker und Puristen über den Sprachverfall.

6. Wie stellt sich das Problem des Spracherwerbs von Migranten in ihrem Aufnahmeland unter konzeptionellen (und medialen) Gesichtspunkten dar?

7. Diskutieren Sie die 'Norm'-Begriffe, die im Kontext der Fragen (4), (5) und (6) berücksichtigt werden (müssen).

8. Illustrieren Sie die gerichteten Beziehungen zwischen den vier Dimensionen einzelsprachlicher Varietät anhand Ihnen geläufiger Fakten aus dem Deutschen sowie aus dem Französischen, Italienischen und Spanischen.

3 Gesprochene Sprache: Hinweise zur Forschungsgeschichte und Überlegungen zur Corpusproblematik

Auf den ersten Blick ist in der abendländischen Sprachbetrachtung von Anfang an ein Interesse für 'gesprochene Sprache' feststellbar; in den neueren Richtungen der Sprachbetrachtung seit 1800 beruft man sich, schon gleichsam topisch, auf den Primat der gesprochenen Sprache; viele neue Ansätze der Sprachwissenschaft kreisen in irgendeiner Weise auch um das Problem der gesprochenen Sprache. All dies ist nun aber auf dem Hintergrund der in Kapitel 2 entwickelten Begrifflichkeit zu differenzieren und zu präzisieren (3.1). Resultat der unstrittigen Fortschritte bei der Erforschung der gesprochenen Sprache ist das Bemühen um brauchbare, authentische Corpora. Daher werden wir uns auch mit der neu entstandenen Corpuslinguistik beschäftigen (3.2).

3.1 Zur Forschungsgeschichte

3.1.1 Die Sprachbetrachtung bis 1800

Von der griechisch-römischen Antike bis zur Aufklärung reicht das Repertoire an Zitaten, die in heutigen Publikationen zur Problematik der gesprochenen Sprache, sei es als Argumentationshilfe, sei es als schmückendes Element, eingeflochten werden; schnell kommt es dabei zu Pauschalisierungen. Wir wollen an wenigen exemplarischen Fällen aufzeigen, dass man ohne die begrifflichen Differenzierungen aus Kapitel 2 die verschiedenen Positionen und Zusammenhänge nicht adäquat erfassen kann. Zunächst muss der mediale Aspekt (phonisch/graphisch) strikt vom konzeptionellen Aspekt (Nähe/Distanz) unterschieden werden. Innerhalb des konzeptionellen Aspekts ist sodann die universale von der einzelsprachlichen Betrachtungsebene zu trennen. Außerdem sind explizit-theoretische Stellungnahmen von rekonstruierbaren, impliziten Grundannahmen abzuheben.

Es kann kein Zweifel bestehen, dass von Anfang an explizit der Primat der **medial** phonischen Realisierung von Sprache betont worden ist: die Schrift als Abbild, als sekundäre Repräsentation des Lautes. Diese Sicht ist als Tradition von Aristoteles (*De interpretatione* I, 16a) bis Humboldt wirksam.

Interessant sind die Autoren, bei denen sich dem Interesse für Phonie und Graphie ein konzeptioneller Aspekt unterschiebt, der allerdings ganz unterschiedlich akzentuiert werden kann. Eine schriftskeptische Haltung, verkörpert durch Plato (*Phaidros*, 274b–275b), betont u.a. diejenige Funktion des graphischen Mediums, die zu Indirektheit, Monologizität, Endgültigkeit etc. führt und damit die lebendige Rede verfälscht; man denke auch an Augustins bekannte Gegenüberstellung *ratio scripta* und *viva vox* (*Doctrina Christiana*, 44) sowie seinen Begriff des *verbum cordis*. Dem steht eine optimistische Haltung gegenüber, die im Schriftgebrauch eine Errungenschaft des Menschengeschlechts erblickt, welche kognitiven und wissenschaftlichen sowie sozialen Fortschritt garantiert (Condillac, Condorcet); hier werden im Grunde distanzsprachliche Qualitäten hervorgehoben.

Ausgeprägt konzeptionelle Erwägungen spielen in der abendländischen Rhetorik und Poetik seit Aristoteles (etwa *Rhetorica*, III, 1413b) dort eine Rolle, wo man Gattungen und Stile, also Diskurstraditionen, zu charakterisieren und differenzieren versucht (die drei Stile *genus humile/mediocre/sublime*, die Gattungen der Rede, poetische Gattungen, Rhetorik des Briefes etc.). Ganz selbstverständlich wird dabei allerdings immer nur ein schmaler Ausschnitt des konzeptionellen Kontinuums betrachtet, der eindeutig auf der Seite des Distanzsprechens liegt, Ausnahmen stellen allenfalls Diskurstraditionen auf der Linie des *genus humile* wie die Komödie oder der 'Brief als Gespräch' dar, in denen Mündlichkeit bewusst hergestellt wird.

Während die bisher skizzierten Sichtweisen Mündlichkeit, sei es medial, sei es konzeptionell, **explizit** thematisieren und sie stets **universalistisch** begreifen, findet eine **einzelsprachlich**-konzeptionelle Auseinandersetzung mit der Mündlichkeit nur **implizit** in Form einer normativ orientierten Sprachlehre (Grammatik und Lexikographie) statt. Diese brandmarkt die Varietäten des Nähebereichs (im Sinne von 2.4.2) in ihrer Abweichung von der präskriptiven Norm (cf. schon die *Appendix Probi*; ferner 5.2.2, 5.4.2 und 5.6.2); sie ist damit Ausdruck eines nie hinterfragten **Skriptismus**, der auf die Anfänge und Bedingungen der abendländischen Sprachbetrachtung zurückgeht: So wie die mediale Errungenschaft der Schrift diese Sprachbetrachtung überhaupt erst produziert hat, so befördert sie – in konzeptioneller Hinsicht – deren strikt distanzsprachliche Ausrichtung, die die Würdigung nähesprachlicher Varietäten und Idiome verhindert.[1]

3.1.2 Die Sprachbetrachtung des 19. Jahrhunderts

Ein deutlicher Neueinsatz innerhalb der Sprachbetrachtung vollzieht sich bekanntlich kurz nach 1800 mit der Begründung einer eigentlichen **Sprachwissenschaft**, die erst durch die Entstehung eines historischen Bewusstseins ermöglicht wurde, das sich jetzt massiv in den verschiedensten Wissensbereichen durchsetzt (Geschichte, Philologie, Archäologie und Kunstgeschichte, Theologie, Jurisprudenz etc.). Im Rahmen der Sprachphilosophie ist hier Humboldt wichtig, aber auch Herder, der die romantische Hinwendung zu Märchen, Volksliedern etc. als Ausdruck 'lebendiger', 'unverfälschter' Sprache machtvoll angeregt hat (cf. auch die Gebrüder Grimm). Was nun die Sprachwissenschaft betrifft, so ist für unsere Fragestellung weniger die epochale Entwicklung der historisch-vergleichenden Methode von Bedeutung als vielmehr die ihr zugrundeliegende neue

---

[1] Cf. Harris, R. 1980, 6; Illich 1984, 14, 27ss.; López Serena 2005.

Sicht von Sprachlichem, die allen Sprachformen, auch dem **Dialekt**, der **Volkssprache**, der **Umgangssprache** etc., als historischen 'Gestalten' eine eigene Dignität zuerkennt.[2]

In der sich konstituierenden romanischen Sprachwissenschaft wird diese Neuorientierung schlaglichtartig an einem methodologisch zentralen Punkt, nämlich beim Konzept des sog. **Vulgärlateins**, deutlich. Im Gegensatz zu Raynouard u.a. ist für Diez nunmehr eine direkte Kontinuität zwischen diatopisch verschiedenen Formen des gesprochenen 'Volks'-Lateins und den romanischen Sprachen vorstellbar. Es ist auch bezeichnend, dass seit Diez die Lokalisierung des 'Vulgärlateins' innerhalb des (lateinischen) Varietätenraums im Sinne von Abb. 6 entlang der Varietätenkette 3-2-1b sukzessive präzisiert werden konnte (cf. auch 5.1.2).

Die im letzten Drittel des Jahrhunderts dominierende Schule der **Junggrammatiker** unterstreicht geradezu programmatisch die Wichtigkeit mündlicher Sprache. Ohne dass die Junggrammatiker schon differenzieren würden, entwickeln sie starkes Interesse einerseits für mediale Mündlichkeit (Phonie, Aussprache), andererseits für konzeptionelle Mündlichkeit (nähesprachliche Varietäten vor allem auf diatopischer und diastratischer Ebene). Während die **Dialektologie** des 19. Jahrhunderts als Materialien zunächst diatopisch markierte Diskurse/Texte mit konzeptionell ganz unterschiedlichem Profil verwendete (und sogar Übersetzungen in Dialekte 'fabrizierte'[3]), vollzieht die **Sprachgeographie** an der Schwelle zum 20. Jahrhundert mit ihrer Feldforschung (Informantenbefragung in der alltäglichen Lebenswelt) den Schritt zu einer relativen Authentizität der Materialien (cf. auch 3.1.4). Daneben verfeinert sich natürlich das Instrumentarium zur Erfassung der phonischen Realisierung (Transkriptionssysteme).

Innerhalb der im 19. Jahrhundert weitestgehend einzelsprachlich zentrierten Forschung zur Nähe**sprache** i.w.S. nimmt der Germanist Wunderlich (1894) eine Sonderstellung ein, insofern er unter dem Etikett 'Umgangsprache' [sic!] wesentliche Aspekte des Nähe**sprechens** herausstellt (ähnlich später Hofmann ^{1}1926 (^{3}1951) und Havers 1931, auch Spitzer 1922).

Zum Abschluss sei darauf hingewiesen, dass dann 1899 Behaghel in einem Vortrag "Geschriebenes Deutsch und gesprochenes Deutsch" die in 2.1 herausgestellte Unabhängigkeit von Phonie und Nähe sowie von Graphie und Distanz – wenn auch in anderen Termini – unseres Wissens als erster mit der nötigen Deutlichkeit zur Sprache bringt (1927, 24, 27).

---

[2] Zu den Entstehungsbedingungen der Sprachwissenschaft cf. Gauger et al. 1981; zur Einschätzung von Sprachvarietäten vor und nach 1800 cf. Oesterreicher 1983 und vor allem Beiträge in Auroux (ed.) 1992 und (ed.) 2000; zum 19. Jahrhundert insgesamt Christmann 1978.

[3] Cf. dazu Pop 1950, 477–486; Grassi et al. 1997, 271s.

3.1.3 Von Saussure bis Chomsky

Trotz aller Abgrenzungen von der Sprachwissenschaft des 19. Jahrhunderts übernimmt der Strukturalismus im Prinzip die junggrammatische Vorstellung vom Primat mündlicher Sprachformen. So thematisiert **Saussure** das Problem verschiedentlich, allerdings weiterhin ohne Differenzierungen zwischen konzeptionellen und medialen Aspekten.[4] In der Nachfolge Saussures wird der konzeptionelle Aspekt des Problems in zwei der Schulen des Strukturalismus vertieft. In der **Genfer Schule** betont Bally die theoretisch-methodische Relevanz des Konzepts 'gesprochene Sprache' (^{4}1965, 24); eine gelungene Veranschaulichung am Französischen leistet Frei mit seiner materialreichen *Grammaire des fautes* (1929). In der **Prager Schule** zielen die Erforschung der so genannten Funktionalstile sowie die 'Theorie der Schriftsprache' auf eine Differenzierung konzeptioneller Zusammenhänge.[5] Trotz aller Fortschritte wird aber in beiden Schulen die Eigenständigkeit konzeptioneller gegenüber medialen Aspekten der Mündlichkeit letztlich nicht erfasst.[6] Während die beiden genannten Schulen durch die massive Einbeziehung konzeptioneller Aspekte das Varietätenproblem im Blick behalten, müssen die anderen Schulen des Strukturalismus, die einen rigiden, unhistorischen Systembegriff favorisieren, das Varietätenproblem verdrängen und damit die Spezifik konzeptioneller Fakten zugunsten einer **Verengung zum Medialen** hin ausblenden. Hier einige typische Positionen:

Die **Kopenhagener Schule** gibt den Gedanken eines Primats des Mündlichen auf, so dass die phonische und die graphische Realisierung einer Äußerung als gleichberechtigt angesehen werden.[7]

Der empiristische **amerikanische Strukturalismus** radikalisiert den Primat des Mündlichen im Sinne einer ausschließlichen Beschäftigung mit der phonischen Realisierung; graphische Probleme werden für irrelevant erklärt.[8] Zu vermerken bleibt immerhin die wichtige Grundüberzeugung, dass die linguistische Analyse (*description*) auf einer möglichst exakten Aufzeichnung individueller Sprechereignisse (**Corpus**) basieren muss (cf. auch 3.1.4 und 3.2).

Der **französische Strukturalismus** der Nachkriegszeit meint mit 'Primat des Mündlichen' ebenfalls in erster Linie den Vorrang der phonischen Realisierung, lässt aber die Grenze zu den im Französischen besonders handgreiflichen Fakten der konzeptionellen Mündlichkeit (cf. 5.3.3) verschwimmen.[9]

---

[4] Cf. Saussure 1916, 14, 20, 41, 45, 47, 51s.
[5] Cf. etwa Havránek 1971.
[6] Bezeichnend etwa die Argumentation in Vachek 1976, 234s., die sich unterschiedslos auf mediale und konzeptionelle Gesichtspunkte stützt.
[7] Cf. Uldall 1944, 16.
[8] Cf. Bloomfield 1935, 21, 282.
[9] Cf. Dubois 1967, 59; differenzierter allerdings Martinet 1980, 160s.

Die Tradition der von Chomsky begründeten **generativen Grammatik** ist schließlich durch einen Verlust des Problembewusstseins hinsichtlich aller Aspekte von Mündlichkeit und Schriftlichkeit gekennzeichnet. Als Medium wird zwar nur die Phonie in Betracht gezogen – scheinbar ganz auf der Linie der oben beschriebenen Position (b) –, in Wirklichkeit wird die phonologische Beschreibung aber massiv durch die Graphie beeinflusst.[10] Was die Konzeption betrifft, so zwingt die empiriferne rigorose Idealisierung, die dem Kompetenz- und Grammatikalitätsbegriff zugrunde liegt, zur Beschreibung einer homogenen Form der Einzelsprache, die nicht anders als distanzsprachlich gedacht werden kann (anakoluthfreie, vollständige Sätze mit perfekter Beachtung der Kongruenz etc.). Sprachliche Variabilität im Sinne von 2.3 und 2.4 wird als Störfaktor in den Bereich der Performanz verbannt.[11]

3.1.4 Neuere Ansätze

Seit den siebziger Jahren des letzten Jahrhunderts treten sprachwissenschaftliche Forschungsrichtungen in den Vordergrund, die von den 'Rändern' der Linguistik her den strukturalistischen und transformationalistischen Immanentismus aufbrechen und damit direkt oder indirekt der Forschung gerade im Bereich **konzeptioneller** Mündlichkeit/Schriftlichkeit neue Impulse gegeben haben: Zu nennen sind psycholinguistische, soziolinguistische, textlinguistische, pragmalinguistische und gesprächsanalytische Ansätze.

In der – an sich schon länger etablierten – **Psycholinguistik** ist der Spracherwerb ein traditionelles Thema. Hier wird sichtbar, dass in frühen Phasen der Ontogenese Kommunikationsbedingungen und Versprachlichungsstrategien existieren, die dem Nähesprechen ähneln (Handlungseinbettung, emotionale Beteiligung und Spontaneität; starke Nutzung von Gestik, Mimik etc.; sparsame Versprachlichung durch 'minimale' Syntax und durch bloße Deixis). Weiterhin nimmt die Psycholinguistik den prozessualen Charakter von Sprachproduktion und -rezeption ernst; dadurch wird der Blick frei auch für die Reflexe des Formulierungsvorgangs, der Sprecher-Hörer-Dynamik etc. im Diskurs. Insofern sich schließlich die Psychologie mit kognitiven Leistungen beschäftigt, interessiert sie sich auch für unterschiedliche Versprachlichungs- und Verstehensleistungen (Implizitheit/Explizitheit; Grade der Komplexität; Aufbau und Aktualisierung von Wissensbeständen etc.), die je nach dem konzeptionellen Profil der Äußerung variieren. Selbstverständlich kann es in der Psycholinguistik nur um universale Aspekte von Nähe und Distanz gehen (cf. 2.3 und 4).[12]

---

[10] Cf. Hausmann 1975, 26ss.; Harris, R. 1980, 6, 8, 11; Linell 2005; Street 1984, 66; Toolan 1996, 13; López Serena 2005.
[11] Cf. Oesterreicher 1979, 131–141, 154, 165, 247s.
[12] Klassisch ist hier Hörmann 1976.

Die **Soziolinguistik** löste in den sechziger und siebziger Jahren erregte Diskussionen über schichtenspezifischen Sprachgebrauch, Sprachbarrieren, Chancengleichheit etc. aus. Erst im Nachhinein ist deutlich geworden, dass es auch hier vorwiegend um Probleme konzeptioneller Mündlichkeit und Schriftlichkeit geht. So wird etwa die von Bernstein entwickelte so genannte Defizithypothese (Gegensatz zwischen einem *restricted code* der Unterschichtsprecher und einem *elaborated code* der Mittelschichtsprecher) erst aus der universalen Sicht des Nähesprechens vs. Distanzsprechens völlig verständlich. Es ist sinnlos, dagegen die so genannte Differenzhypothese Labovs auszuspielen (Vollwertigkeit auch niedrig bewerteter Varietäten), da diese auf die diastratische Variation innerhalb der Einzelsprache zielt.[13] Die von der Soziolinguistik ins Zentrum gestellte diastratische Variation bietet Anschlussflächen zu anderen Dimensionen der Sprachvarietät (cf. Abb. 6), wodurch sich wichtige Ansätze zu einer **Varietätenlinguistik** ergeben haben.[14] So war für die italienische Dialektologie ganz zwanglos der Brückenschlag von der Diatopik zur Diastratik möglich (Migration von Dialektsprechern, Stadtsprachenproblematik etc.). Weder die Dialektologie noch die Soziolinguistik kommt an der Tatsache vorbei, dass Sprecher in unterschiedlichen Situationen unterschiedlich sprechen. Damit ist der Ausgriff auf konzeptionelle Aspekte unvermeidlich. Die mehrdimensionale Variation bei sprachlichen Äußerungen und die Suche nach einschlägigen Variablen musste fast notwendig zu einer Perfektionierung der Erhebungsmethoden in der Feldforschung und zum Bemühen um möglichst authentische Materialien führen. Inzwischen hatten sich gegenüber der traditionellen Dialektgeographie auch die technischen Aufnahmemöglichkeiten verbessert (Tonband, sogar Video). Viele der in diesem Buch verwendeten Corpora verdanken ihre Existenz vorwiegend einem soziolinguistischen Interesse (A, BD, CP, HCBA, HCBo, HCC, HCM, HCMex, HCS, HUS, Ro)[15]. Da die Corpora alle im mehr oder minder nähesprachlichen Bereich (i.w.S.) angesiedelt sind, können sie natürlich auch zur Nähesprache i.e.S. führen, also zur Varietät 'gesprochen'.

Schließlich sei noch auf den Begriff der **Diglossie** verwiesen, den wir der Soziolinguistik verdanken.[16] Er meint die strikte Funktionstrennung zweier weit voneinander entfernter Varietäten einer Sprache (*low* vs. *high variety*), zielt also – was nie so deutlich gesehen wurde – genau auf extreme einzelsprachliche Unterschiede zwischen Nähesprache und Distanzsprache i.e.S. (cf. 5.1.2; 5.2.1/3; 5.4.1; 5.6.1; 5.8).

Die **Textlinguistik** sanktioniert in gewisser Weise die Öffnungsbemühungen der Sprachwissenschaft hin zu nähesprachlicher Kommunikation: Sie dehnt den Begriff

---

[13] Cf. etwa Bernstein 1960/61; Labov 1970; Schlieben-Lange 1983, 87s.
[14] Cf. zum Folgenden etwa Cortelazzo, M. 1969/72, I, bes. 138–228; De Mauro 1970a; Beiträge in Dittmar/Schlieben-Lange (eds.) 1982; Grassi et al. 1997, 161–269; Marcato 2002, 81–132.
[15] Die Auflösung der Siglen, die sich auf diejenigen Corpora beziehen, die wir in diesem Buch benutzen oder auf die wir lediglich verweisen, findet sich in der Bibliographie.
[16] Cf. Ferguson 1959.

'Text' – entgegen seiner traditionellen Bedeutung – aus auf alle Äußerungstypen, gleich welcher Extension und welcher medialen und konzeptionellen Beschaffenheit (obwohl wir diese Gegenstandsbestimmung akzeptieren, schließen wir uns der terminologischen Regelung nicht an und reservieren den Terminus 'Text' für Distanzdiskurse; cf. 2.3.2). Überraschenderweise wurde diese programmatische Festlegung *de facto* vielfach dadurch unterlaufen, dass man 'Texte' auf 'Satzsequenzen' reduzierte (Transphrastik) und Kohärenz- und Kohäsionsmaßstäbe ansetzte, die nur für Distanzdiskurse volle Gültigkeit beanspruchen können (cf. 4.2.1). Wertvolle Ergebnisse zeitigte hingegen die **Textsorten**-Diskussion, die unweigerlich auch die universalen konzeptionellen Abstufungen von Äußerungsformen zwischen Nähe und Distanz sichtbar machte (etwa im Sinne der in 2.3 vorgestellten Parameter). Es ist allerdings zu beachten, dass unter dem Etikett 'Textsorte' zugleich auch historische Unterschiede zwischen Nähe- und Distanzdiskurstraditionen behandelt werden (cf. 2.4).[17] Bei der zuletzt erwähnten Textsorten-Problematik konvergiert die Textlinguistik in starkem Maße mit Fragestellungen der sog. **Pragmalinguistik**.[18] Diese interessiert sich in besonderem Maße für die Einbettung sprachlicher Äußerungen in Handlungszusammenhänge und allgemein für die Kommunikationsbedingungen, die zum Gelingen oder Misslingen von Sprechakten beitragen (Rollen von Sprechern und Hörern, Situationen und Kontexte, Wissensbestände etc.). Kontextabhängige Varianzen in der Versprachlichung werden insbesondere in der lebhaften Diskussion um die so genannten indirekten Sprechakte greifbar. Die weithin universalistische Akzentuierung dieser Probleme hätte durchaus zu einer Präzisierung von Versprachlichungsstrategien zwischen Nähe und Distanz führen können. Leider ließ in der nunmehr 'klassischen' Sprechakttheorie die Behandlung pragmatischer Fragestellungen aber hinsichtlich ihrer empirischen Füllung zu wünschen übrig: Vielfach begnügte man sich mit isolierten, nichtauthentischen Beispielen. Vielversprechend und stärker empirisch ausgerichtet ist allerdings die Forschung zu den so genannten Abtönungspartikeln und allgemein zu den Gesprächswörtern ('Diskursmarkern'), die ihre befriedigendste Fundierung wohl im Rahmen der Pragmalinguistik erfahren haben und zugleich für die Charakterisierung des Nähesprechens höchst bedeutsam sind (cf. insgesamt 4.1).

Der Versuch, soziolinguistische, textlinguistische und pragmalinguistische Gesichtspunkte zu synthetisieren, führte zu dem von Steger et al. (1974) erarbeiteten 'Sprachverhaltensmodell': mit Hilfe von **Redekonstellationstypen** wird sprachliche Varianz aufgeschlüsselt und nach Kategorien faktorisiert, die bei der Formulierung der konzep-

---

[17] Cf. insgesamt zu den hier angeschnittenen Fragen: Beaugrande/Dressler 1981; Kalverkämper 1981; Coseriu 1981; Koch 1997b; Oesterreicher 1997a; 1997b; 2002b; 2005; Koch/Oesterreicher 2007 und 2008b; Wilhelm 2001.

[18] Cf. hierzu etwa Austin 1962; Searle 1969; Grice 1975; Schlieben-Lange 1983, 138–144; Hindelang 1994; Sperber/Wilson 1995; Levinson 1997; Meibauer 2008; Horn/Ward (eds.) 2004; Ehlich 2007, vol. 1.

tionell relevanten Parameter zur Bestimmung des Nähe/Distanz-Kontinuums in 2.3.1 in starkem Maße zu berücksichtigen waren.

Die in den siebziger Jahren entstandene **Gesprächsanalyse** (Konversationsanalyse)[19], die soziolinguistische, textlinguistische, pragmalinguistische und auch psycholinguistische Methoden und Ergebnisse integriert, ist durch eine neuerliche massive Hinwendung zur Empirie und Corpusgewinnung gekennzeichnet. Unabdingbare Grundlage der Forschung ist hier die Gewinnung absolut authentischen Materials in Form von Diskurs(teil)en, die weithin im Bereich des Nähesprechens angesiedelt sind. Um nun bei der Beobachtung natürlichen Sprachverhaltens dieses nicht zu verfälschen (hier wird das auch in der Soziolinguistik diskutierte **Beobachterparadoxon** relevant), hat man immer raffiniertere Aufnahmetechniken und Versuchsanordnungen entwickelt.[20] Gleichzeitig verfeinerten sich die Transkriptionssysteme (Partiturschreibweise; Berücksichtigung begleitender Gestik, Mimik etc. und begleitenden nichtsprachlichen Handelns; Notierung von Intonation, Pausen, Sprechgeschwindigkeit etc.). Hier ist inzwischen ein Notationsstandard erreicht, an dem sich alle vorliegenden Corpora messen lassen müssen (cf. 3.2.1). Trotz aller Perfektionierung darf man sich jedoch nicht der Illusion hingeben, dass das konkrete Kommunikationsgeschehen mit technischen Mitteln jemals völlig einholbar sei.[21]

Eine Schwäche der gesprächsanalytischen Ansätze stellt die Zurückhaltung hinsichtlich theoretischer Systematisierung dar. Die Analysen zerfließen leicht im Partikulären, oder aber es wird vorschnell generalisiert; der Status der analysierten Phänomene wird kaum reflektiert (universal, einzelsprachlich, diskurstraditionell, individuell; cf. besonders 2.2 und 2.4).

Nach der nunmehr rigoros vollzogenen Hinwendung der Sprachwissenschaft zur Mündlichkeit im weitesten Sinne ist inzwischen auch wieder ein erneutes Interesse an der Schriftlichkeit zu verzeichnen.[22] Es handelte sich dabei freilich nicht mehr um einen naiven Umgang mit einer 'selbstverständlichen' Schriftlichkeit. Vielmehr wurde nunmehr für den durch die Beschäftigung mit der Mündlichkeit geschärften Blick die **Schriftlichkeit in ihrer Spezifik** begreifbar.

So entdeckte man etwa in medialer Hinsicht den Eigenwert der Orthographie im Rahmen eines durch Schriftgebrauch geprägten Bewusstseins.[23] Weiterhin diskutierte

---

[19] Cf. vor allem Henne/Rehbock 2001.
[20] Eine interessante Alternative entwickelt Reich (2002), der die in der Soziolinguistik ritualisierte Forderung nach 'Authentizität' dadurch relativiert, dass er kommunikative Konstellationen konstruiert, in denen dann authentische Daten elizitiert werden.
[21] Cf. López Serena 2006.
[22] Cf. vor allem die von Günther/Ludwig herausgegebenen Bände (1994/1996); cf. auch Derrida 1967; Trabant 1986; Glück 1987; Koch 1997c; Oesterreicher 1998. Besonders hervorzuheben sind die Aktivitäten des Freiburger Sonderforschungsbereichs 123 *Übergänge und Spannungsfelder zwischen Mündlichkeit und Schriftlichkeit* (zur Dokumentation cf. Raible 1998).
[23] Cf. etwa Coulmas 1982; Günther 1988.

man die Konsequenzen des Übergangs zur Schrift in ursprünglich rein oral geprägten Gesellschaften, also die allgemeinen Kennzeichen von Schriftkulturen;[24] dabei wurde allerdings das Verhältnis von Medium und Konzeption oft zu mechanistisch gesehen, also nicht berücksichtigt, dass auch in oralen Gesellschaften eine beträchtliche konzeptionelle Variation existiert: vom alltäglichen Gespräch bis hin zu dem, was man als 'elaborierte Mündlichkeit'[25] bezeichnen kann (Sprichwörter, mündliche Dichtung, rituelles Sprechen etc.).

Erwähnenswert ist schließlich auch ein ausgeprägt konzeptioneller Zugriff auf das Problem der Verschriftlichung von Nähesprachen innerhalb bestehender Schriftkulturen; man denke etwa an das Althochdeutsche, Altenglische, Irische, an die Kreolsprachen[26] und nicht zuletzt an die romanischen Volkssprachen des Mittelalters (dazu genauer 5.1; 5.2.1; 5.4.1; 5.6.1).

Im Zusammenhang mit den angeführten Punkten spielen ältere Sprachstufen eine entscheidende Rolle. Es ist jedoch zu betonen, dass hier nicht allein die Schriftlichkeit bedeutsam ist, denn die vergangenen Epochen besitzen, unabhängig von der Existenz eines Schriftsystems, eine konzeptionelle und mediale Mündlichkeit. Dabei stoßen wir auf das schwierige Problem der Dokumentation und Erfassung der damaligen nähesprachlichen Varietäten, die uns Heutigen natürlich nur noch im Medium der Schrift zugänglich sind. Letzten Endes ist die im Wesentlichen historisch ausgerichtete Romanistik mit dieser Frage ausgesprochen vertraut, nachdem sie sich seit ihrer Begründung im 19. Jahrhundert mit dem so genannten Vulgärlatein beschäftigen musste (cf. 3.1.2 und 5.1). Anders perspektiviert, sind derartige Probleme seit den achtziger Jahren des letzten Jahrhunderts nicht nur innerhalb der historischen Diskursanalyse bedeutsam geworden, sondern auch im Rahmen des wiedererwachten Interesses für die ältesten Schriftdokumente sowie innerhalb der diachronischen Varietätenlinguistik, die mit derartigen Textmaterialien arbeiten muss.[27]

---

[24] Cf. etwa Ong 1982; Schlieben-Lange 1983, 45–64; Illich 1984; Havelock 1986.
[25] Cf. Duggan 1973 und 1989; Montgomery 1977; Zumthor 1983; Koch/Oesterreicher 1985, 29–31; Oesterreicher 1997a und 2002b.
[26] Cf. Zumthor 1983 und 1987; Wolf, A. 1988; Tristram 1988; Schaefer 1992; Hazaël-Massieux 1993; Ludwig, R. 1996a.
[27] Zur historischen Diskursanalyse cf. Henne 1980; Schlieben-Lange 1983; Radtke 1994; Oesterreicher 1994; 1996a; 1997a; 2002b; 2005; Beiträge in Jucker/Fritz/Lebsanft (eds.) 1999 und Schrott/Völker (eds.) 2005. – Zu den ältesten Sprachdenkmälern cf. Tagliavini 1998, §§ 75–87; Radtke 1984; Beiträge in Selig/Frank/Hartmann (eds.) 1993; Frank/Hartmann (eds.) 1997; Selig 2006. – Zur diachronischen Varietätenlinguistik cf. Stimm (ed.) 1980; Bruni 1984; Ernst 1985; Holtus/Schweickard 1991; Lodge 1993 und 2004; Wüest 2002; Oesterreicher 1997a und 2004a; sowie Beiträge in Lüdtke, J. (ed.) 1994; Kotschi/Oesterreicher/Zimmermann (eds.) 1996; Oesterreicher/Stoll/Wesch (eds.) 1998; Brumme/Wesch (eds.) 1999; cf. auch Koch 2003a, 106–113.

Die neunziger Jahre charakterisiert ein Aufschwung der Corpuslinguistik, der bis heute andauert und den wir ausführlich in 3.2.2 besprechen. Ganz neu ist innerhalb der Corpuslinguistik jetzt die diachronische Ausrichtung, bei der sich Berührungspunkte mit allen oben angesprochenen Fragen ergeben (cf. Pusch/Kabatek/Raible 2005 und unten 3.2.2).

3.1.5 Bemerkungen zur romanistischen Forschung

Wenn man nun rückblickend fragt, an welchen Stellen der bisher skizzierten Forschungsgeschichte die Romanische Sprachwissenschaft Beiträge geleistet hat, so ergibt sich etwa folgendes Bild.

Das Bewusstsein von der Bedeutung nähesprachlicher Varietäten ist in der Romanistik des 20. Jahrhunderts von Anfang an stark ausgeprägt. Man denke etwa an: Bauche 1920 (^{2}1946); Spitzer 1922; Frei 1929; Beinhauer 1930 (^{3}1978); Bally 1932 (^{4}1965); Sauvageot 1962; Cortelazzo, M. 1969/1972, III. Die reifste Frucht dieser romanistischen Varietätenlinguistik ist eindeutig Ludwig Sölls Buch *Gesprochenes und geschriebenes Französisch* (^{1}1974, ^{3}1985), das nicht nur die einschlägigen Fakten des Französischen umfassend dokumentiert, sondern auch theoretisch richtungsweisend wurde (cf. besonders oben die Abschnitte 2.1 und 2.4).

Gerade in der Romanistik sind nun Arbeiten zu verzeichnen, die eine textlinguistische, pragmalinguistische oder gesprächsanalytische Betrachtung gesprochener Sprache in einzelnen Punkten vorwegnehmen (cf. Weydt 1969; Gülich 1970; hinsichtlich der Transkription gesprochener Sprache auch Stammerjohann 1970). Allerdings gingen die entscheidenden Impulse in der Folgezeit eher von Amerika und von der deutschen Germanistik aus; die Romanistik rezipierte diese Anregungen mit einem gewissen zeitlichen Abstand (cf. etwa Criado de Val (ed.) 1980; Gülich/Kotschi (eds.) 1985; Roulet et al. 1985; hinsichtlich der Transkriptionstechnik auch Scherer 1984; Ludwig, R. (ed.) 1988b). In die späteren, von Franz Josef Hausmann besorgten Auflagen von Sölls Standardwerk (^{2}1980, ^{3}1985) sind Erkenntnisse dieser Forschungsrichtungen sukzessive eingeflossen.

Innerhalb der Romanistik existiert freilich eine beträchtliche Phasenverschiebung bei der Erforschung der einzelnen Sprachen, die leider häufig auch in anderen Forschungsgebieten zu beobachten ist: Während das Französische die Vorreiterrolle einnahm, setzte die Beschäftigung mit dem gesprochenen Italienisch systematisch erst in den achtziger Jahren des letzten Jahrhunderts ein (cf. etwa Sornicola 1981; Beiträge in Holtus/Radtke (eds.) 1983 und 1985; Accademia della Crusca (ed.) 1987). Auch für das Spanische existieren seit den achtziger Jahren interessante Projekte, die vor allem der *norma lingüística culta* in verschiedenen spanischsprachigen Metropolen gewidmet sind (cf. Lope Blanch 1986). Erst ab den neunziger Jahren verzeichnen wir eine darüber hinausgehende ertragreiche Gesprochene-Sprache-Forschung für das Spanische (cf. etwa Narbona Jiménez 1991; 1996a; 1996b; Briz 1996 und 1998; López Morales 1996; Poyatos 1996; Alcoba (ed.) 2000; López Serena 2006; wissenschaftsgeschichtlich orientiert ist Cortés Rodríguez 2002).

Auch für die anderen romanischen Sprachen, die wir nicht behandeln, gibt es wichtige Untersuchungen zur gesprochenen Sprache im weiteren und engeren Sinne. Wir nennen hier nur für das Portugiesische, das Rumänische und das Katalanische die folgenden Titel: Castilho/Preti (eds.) 1986/87; Preti/Urbano (eds.) 1988; Scotti-Rosin 1994; Duarte/Callou (eds.) 2002; Marcuschi 2003; Brauer-Figueiredo 1999; Berkenbusch 1988, 334–446; Vulpe 1980 und 1989; Bochmann/Dumbrava (eds.) 2000; Merlan 2001; Wesch 1994; Miralles 1995, 76–427; Payrató 1996; Briz et al. (eds.) 1997.

3.2 Charakterisierung der Corpora und Überlegungen zur Corpuslinguistik

Seit sich die Gesprächsanalyse als Disziplin konstituiert hat (cf. 3.1.4), ist eine Beschäftigung mit gesprochener Sprache ohne empirische Absicherung durch authentische **Corpora** nicht mehr denkbar. Bevor man jedoch an ein bestimmtes Corpus herangeht, muss man sich darüber im Klaren sein, was man von ihm erwarten kann. Dazu geben wir in 3.2.1 einige allgemeine Hinweise, begleitet von Überlegungen zu unseren eigenen Transkriptions- und Notationsprinzipien. In 3.2.2 gehen wir kurz auf den Stand der so genannten Corpuslinguistik ein.

3.2.1 Zur Beurteilung von Corpora und zu den von uns verwendeten Transkriptionsprinzipien

Bevor man technische Hilfsmittel zur Aufnahme spontaner mündlicher Kommunikation (Tonband, Video, digitale Aufnahmetechniken) einsetzen konnte, war man auf Quellen wie Theater- und Romandialoge angewiesen, um sich Informationen über 'gesprochene Sprache' zu verschaffen (cf. Wunderlich 1894; Spitzer 1922; auch Beinhauer 1978; noch González Ollé 1982). So verdienstvoll derartige Materialsammlungen seinerzeit waren, so wenig können sie jedoch den Anspruch erheben, **die** gesprochene Sprache zu dokumentieren; sie geben allenfalls ein getreues Bild einer durchaus interessanten Sonderform von – literarisch stilisierter – Mündlichkeit, d.h. dessen, was man 'fingierte Mündlichkeit' in der Literatur nennt (cf. Gil/Scherer 1984; Goetsch 1985; Oesterreicher 1996a; 1997a; 2004a; König 2002; López Serena 2007a; zum literarisch-kommunikationstheoretischen Hintergrund cf. auch Warning 1983).

Zufällig gehörte spontane Äußerungen, die von Linguisten bisweilen angeführt werden, haben bei aller Authentizität unvermeidlich den Mangel, zu punktuell zu sein; man denke etwa an das schöne, von Lucien Tesnière angeführte *"Il la lui a donnée, à Jean, son père, sa moto* (entendu dans la bouche d'un étudiant en 1936)" (Tesnière 1969, 175).

Zur systematischen und verlässlichen Dokumentation gesprochener Sprache sind heute also authentische Corpora spontaner Alltagssprache unerlässlich. Dabei kann allerdings die Gewinnung dieser Materialien einer ganz unterschiedlichen **Finalität** entsprechen. Nicht alle für Corpora verwendbaren Materialien sind mit linguistischer Zielsetzung gesammelt worden. So verdanken wir etwa manche gut verwendbaren Aufzeichnungen einem primär volkskundlich-historischen Interesse (Erinnerungen von Kriegsteilnehmern wie bei FP und FMR).[28] Ingeniös ist der Gedanke, Fernsehaufzeichnungen des Typs 'Versteckte Kamera' in Corpora zu 'verwandeln' (cf. Sch; auch Lo). Bei den eigentlich linguistisch motivierten Corpora lassen sich etwa phonetische, varietäten- und soziolinguistische sowie gesprächsanalytische Zielsetzungen unterscheiden, die natürlich nicht ohne Auswirkung auf die Ausrichtung und Gestaltung der Materialien bleiben. Die dabei zu beobachtenden Unterschiede betreffen quantitative und qualitative Aspekte.

In quantitativer Hinsicht unterscheiden sich die existierenden Corpora beträchtlich in ihrem **Umfang**. Während für eine phonetische Bestandsaufnahme schon relativ kurze Proben ausreichen, braucht der Varietätenlinguist und insbesondere der Gesprächsanalytiker in jedem Fall größere Materialmengen, die nicht allein isolierte Äußerungen, sondern ganze Gesprächssituationen in ihrer vollen Komplexität festhalten.

In qualitativer Hinsicht ist zunächst einmal die **konzeptionelle Beschaffenheit** des dokumentierten kommunikativen Geschehens entscheidend. So besteht natürlich ein erheblicher Unterschied etwa zwischen einem familiären Gespräch als ausgeprägtem Nähesprechen und einem Radiointerview, das bereits eine ganze Reihe von Parameterwerten der Distanz enthält. Dies wird keineswegs von allen Corpus-Editoren reflektiert, ist aber vom Benutzer der Corpora stets mitzubedenken. Hieraus ergibt sich des Weiteren, dass der Wert eines Corpus durch die Erfassung **konzeptioneller Varianz** ungemein gesteigert wird. Wünschenswert ist innerhalb ein und desselben Corpus eine maximale Streuung hinsichtlich der Parameter von Nähe und Distanz (cf. 2.3.1), der Sprechergruppen und einzelsprachlichen Varietäten (cf. 2.4.2) und/oder der Kommunikationsformen und Diskurstraditionen (handlungsbegleitendes Sprechen, spontane Unterhaltung, Wegauskunft, Erlebniserzählung, Witz, Interview etc.; cf. 2.3.2, Abb. 5). Besonders interessant ist folglich die Bereitstellung von Gesamtcorpora mit einer möglichst systematischen Streuung der Teilcorpora im Hinblick auf die konzeptionellen Parameterwerte. Relativ früh wird dies greifbar für das Spanische im Corpus CV (1980). Interessant sind in dieser Hinsicht dann auch L (1988) für das Französische und LIP (1993) für das Italienische. Markant ist eine konzeptionelle Streuung auch in C-ORAL-ROM für Französisch, Italienisch, Spanisch und Portugiesisch.

---

[28] Es sei noch einmal daran erinnert, dass die von uns benutzten Siglen für Corpora in der Bibliographie aufgelöst werden.

In Anbetracht des schon erwähnten Beobachterparadoxons (cf. 3.1.4) erhöht sich die Qualität eines Corpus, wenn die Aufnahmen mit **versteckten** Geräten oder aber, wo dies nicht möglich ist, unter Angabe einer nichtlinguistischen Zielsetzung (Meinungsumfrage etc.) gemacht werden. Neben möglichen Verfälschungen, die bei der Datengewinnung selbst entstehen, gibt es auch Eingriffe der Herausgeber bei der Datenaufbereitung (Glättungen, Auslassungen etc.; cf. die Corpora FP und Lo). Zum Glück kommt dies bei linguistisch motivierten Corpora in der Regel nicht vor.

Was nun die Qualität der **Dokumentation** des Materials betrifft, so begegnen uns in den vorhandenen Corpora völlig unterschiedliche Transkriptions- und Präsentationsverfahren.

Einerseits besteht die Möglichkeit, die Äußerungen in **phonetischer** Umschrift festzuhalten (was für den Herausgeber sehr aufwändig und für den Benutzer nicht leicht lesbar ist); andererseits kann man sich auf eine **orthographische** Repräsentation beschränken. Beide Transkriptionsweisen sind legitim, entsprechen aber unterschiedlichen Erkenntnisinteressen (phonetisch-phonologische Analyse? syntaktische, lexikalische und/oder textpragmatische Auswertung?). Inakzeptabel scheint uns eine willkürlich-partielle Hereinnahme phonetischer Besonderheiten in die orthographische Transkription (z.B. fr. *j'parle, quat'*; it. *c'er'una volta*; sp. *pensao*). Wünschenswert wäre im Prinzip eine doppelte, parallele Wiedergabe jedes Corpus in phonetischer und orthographischer Form (cf. das Corpus BB). Da unser Interesse in diesem Buch zum geringsten Teil lautlichen Problemen gilt, haben wir alle in den Kapiteln 4 und 5 verwendeten Corpusausschnitte rigoros orthographisch transkribiert und nur bei Bedarf die phonische Realisierung eigens vermerkt.[29]

Von besonderer Bedeutung ist die **Reichhaltigkeit** des verwendeten Transkriptionssystems: Werden Pausen und Abbrüche vermerkt? Ist simultanes Sprechen mehrerer Partner als solches erkennbar? Ist die Intonation oder gar die Sprechgeschwindigkeit erfasst? Sind sprechzeitbegleitende Ereignisse (Lachen, Schnalzen, Gläserklingen etc.) berücksichtigt? Werden Mimik, Gestik etc. (im Idealfall nach Videoaufnahmen) festgehalten? Wie reich sind die zusätzlichen Informationen zu den Akteuren, zur Situation, zur Thematik, zu angesprochenen sachlichen Details? Leider gibt es gerade in diesen Punkten gewaltige Unterschiede zwischen den von uns verwendeten Corpora.

Es versteht sich von selbst, dass wir uns bei unseren Corpusausschnitten in den Kapiteln 4 und 5 strikt an die in den Original-Corpora verzeichneten Informationen gehalten haben: Unsere Transkription kann also immer nur so genau sein wie das Original (aber niemals genauer!).[30] Traditionelle Satzzeichen, die leider in vielen Corpora beibe-

---

[29] Der Akzentgebrauch in Wörtern wie it. *cosí* und *piú* wird einheitlich zu *così* und *più* regularisiert.

[30] Wenn wir beispielsweise einen Ausschnitt aus einem Corpus bringen, das keine Pausen oder kein Simultansprechen berücksichtigt, so können wir diese Phänomene selbstverständlich nicht notieren, selbst dort nicht, wo sie (vermutlich) vorliegen!

halten werden, aber in gesprächsanalytischer Hinsicht weitestgehend verzichtbar sind (insbesondere Punkt, Komma, Semikolon, Gedankenstrich), werden von uns grundsätzlich getilgt; lediglich die für das Verständnis der Textkonstitution wichtigen Anführungsstriche bei direkter Rede haben wir beibehalten. Im Bereich der Intonation haben wir nur auffällige Phänomene, soweit aus den Corpora ersichtlich, verzeichnet; diese Beschränkung war notwendig, da die allerwenigsten Corpora die Intonation systematisch erfassen (außer Sch, MH, DC und Ber).

Wir haben unsere Corpusausschnitte im Sinne der so genannten **Partiturschreibung** regularisiert, die simultanes Sprechen genau festhält. Gestik, Mimik etc. erscheinen in der Regel nicht,[31] da sie in kaum einem der Corpora Berücksichtigung finden (einzige Ausnahmen sind CV, Sch, in gewisser Weise auch Lo).

Es herrscht eine große Uneinheitlichkeit hinsichtlich der in den existierenden Corpora verwendeten Notationskonventionen für identische Phänomene: z.B. wird eine Pause je nach Corpus etwa als ".", als "//", als "/", als "," oder als "^" notiert; bisweilen steht "..." sowohl für Pausen als auch für Abbrüche und sogar für simultanes Sprechen; teilweise ist die Notation nicht einmal explizit erklärt. Um der Lesbarkeit und Vergleichbarkeit des Materials willen sahen wir uns gezwungen, alle verwendeten Ausschnitte, soweit möglich, in eine einheitliche Notation zu überführen, deren Regelungen in der folgenden Tabelle zusammengestellt sind (für die Veranschaulichung benutzen wir deutsche Beispiele):

A ⌈ ich B ｜ nicht doch C ⌊ von wegen	=	Die 'Partiturklammer' verbindet die Beiträge der Sprecher A, B und C, wobei B an den Beitrag von A anschließt und C simultan mit dem *doch* von B zu sprechen beginnt.
A ⌈ ich geh' jetzt ⌉ B ⌊ jaja ⌈	=	simultanes Ende der Beiträge von A und B
als<u>o</u>	=	Dehnung
.	=	kurze Pause
...	=	längere Pause
ich w/ ich möchte wegen dem/ weil er	=	Abbruch ⌈ im Wort ⌊ in der Konstruktion

---

[31] Lediglich in 30*F sind diese Phänomene aus gutem Grund lückenlos notiert.

UNmöglich WUMM	=	starke Betonung, Hervorhebung
(ich weiß nicht)	=	undeutliche Passage
(xxx)	=	unverständliche Passage
((Gläserklingen))	=	redebegleitende Ereignisse
A [<nein>³	=	Element der Rede, das am Ende des Corpusausschnitts einen durch Nummerierung erkennbaren Kommentar erhält, wie zum Beispiel:
< ! >³	=	Ausrufintonation
< ? >³	=	Frageintonation
< erstaunt >³ etc.		
"ich komme" sagt er	=	direkte Rede
kennst du 'Ben Hur'	=	Titel von Büchern, Filmen etc.
X, Y, Z	=	anonymisierte Eigennamen
A [[...]	=	Auslassung am Anfang und Ende eines Gesprächsbeitrags; Auslassung einer längeren Passage im Text
hör **doch** auf	=	sprachliches Phänomen, das jeweils exemplifiziert wird

Tab. 1: Notationskonventionen für Corpusausschnitte in diesem Band

Aus den vorausgehenden Überlegungen resultiert eine Reihe von Gesichtspunkten, die bei einer Charakterisierung und Bewertung der Corpora berücksichtigt werden müssen:

1) **Umfang** des Corpus (in Seiten oder besser: in Wörtern).

2) **Zahl der Teil-Corpora**.

3) **Interesse**: Forschungsrichtung und Erkenntnisinteresse, die zur Erstellung des Corpus geführt haben.

4) **Aufnahmebedingungen**: wissen die Informanten von der Aufzeichnung? von ihrem Zweck? wie unbefangen sind sie?

5) **Informanten**: Charakterisierung nach Alter, Geschlecht, Beruf, Bildung etc., soweit bekannt.

6) **Konzeption**: Situierung der Äußerungen auf dem Nähe/Distanz-Kontinuum; eventuelle konzeptionelle Varianz zwischen den Teil-Corpora.

7) **Diskurstradition/Thema**: diskurstraditionelle und thematische Charakterisierung der Teil-Corpora und ihrer Varianz untereinander.

8) **Diatopik/Diastratik**: liegt eine auffällige diatopische und/oder diastratische Markierung vor?

9) **Transkription**: phonetische oder orthographische Fixierung des Materials; etwaige Verwendung der Interpunktion.

10) **Notation**:

   a) Werden nähesprachlich relevante Besonderheiten vermerkt (simultanes Sprechen; Dehnungen, Pausen, Abbrüche, Hervorhebungen; Intonation (Einzelphänomene, Konturen und Phrasierung))? Sind Sprechgeschwindigkeit und Lautstärke vermerkt? Sind undeutliche und unverständliche Passagen als solche gekennzeichnet?

   b) Welche parasprachlichen und redebegleitenden akustischen und sonstigen Ereignisse werden festgehalten (Lachen, Geräusche, Mimik, Gestik etc., begleitendes Handeln)?

   c) Existieren eigene Kommentarspalten, -leisten oder -blöcke, in denen phonetische, intonatorische, situationelle, sachliche u.a. Erläuterungen gegeben werden?

11) **Hintergrundinformationen**: welche Typen von zusätzlicher Information werden über die Informanten und die Situation gegeben?

12) **Besonderheiten der Datenerfassung und -präsentation**:

   a) nur akustische oder auch visuelle Erfassung (Video)?

   b) Druckfassung oder auch audiovisuelle Darbietung (Band, Kassette, CD, CD-ROM, DVD)?

c) reine Lektüreversion oder elektronisch bearbeitbare Version?

d) Erlaubt die elektronische Version einen Zugriff auf den Gesamttext oder nur auf einen Teil der Datenbasis?

e) Kann man die Daten nur anschauen oder herunterladen?

3.2.2 Bemerkungen zur heutigen Corpuslinguistik

Während in den 70er und 80er Jahren des vergangenen Jahrhunderts bei der Erstellung von Corpora das Augenmerk auf die technische Realisierung und die Transkription der Aufnahmen gerichtet war sowie auf die Ausarbeitung eines linguistischen Transkriptionsstandards, kam ab den 90er Jahren infolge der Fortschritte im EDV-Bereich vor allem die Frage nach der Aufbereitung und der Verarbeitung der Transkriptionen für weitere Nutzungsmöglichkeiten auf. Die elektronische Annotierung von Corpora ermöglicht eine quasi automatische Auswertung von enormen Textmengen in relativ kurzer Zeit. Im Gegensatz zu traditionellen Untersuchungen zur gesprochenen Sprache und zur Konversation, die sich oft mit dem Auffinden von Beispielen begnügen mussten und die nur mit einem enormen manuellen Arbeitsaufwand statistische Nachweise erbringen konnten, ist es heute möglich, schnell und zuverlässig riesige Datenmengen zusammenzuführen. Dies erklärt den gewaltigen Aufschwung der Corpuslinguistik seit den 90er Jahren, und zwar nicht nur im Bereich der synchronen Gesprochene-Sprache-Forschung, sondern auch in diachronen Untersuchungen gesprochener wie geschriebener Sprache (cf. 3.1.4).

Die angelsächsische Forschung hat hier zunächst den Ton angegeben (cf. hierzu z.B. die folgenden Referenzwerke und Sammelbände: Svartvik (ed.) 1992; Stubbs 1996; Biber et al. (eds.) 1998; Kennedy 1998; McEnery/Wilson 2001; Lüdeling/Kytö (eds.) 2008/09. Inzwischen wurde auch in der Romanistik in diesem Bereich viel geleistet (cf. De Mauro et al. 1993 [mit dem Corpus LIP]; Sánchez (ed.) 1995; Habert et al. 1997; Caravedo 1999; Cresti (ed.) 2000; Bilger (ed.) 2000 und 2002; Alvar Ezquerra (ed.) 2001; Briz/Grupo Val.Es.Co 1995 und (eds.) 2002; Blanche-Benveniste et al. 2002; Sinner 2002). Es gibt bereits eine Fülle methodologischer Überlegungen, vor allem in den von Pusch/Raible (eds.) (2002) und Pusch/Kabatek/Raible (eds.) (2005) herausgegebenen Kongressakten, die einen ersten, weiten Überblick über die synchronische und diachronische internationale romanistische Forschung bieten.

Allerdings ist, wie Pusch (2002) betont, erst ein kleiner Teil der zahlreichen existierenden romanischsprachigen Corpora elektronisch ediert und zugänglich, sei es auf Diskette, sei es auf CD-ROM, sei es *online*: Von den dort aufgeführten (249–251) insgesamt 32 französischen Corpora (Europa und Übersee) sind allein 3 digital verschriftet zugänglich, darunter auch unser Corpus ETL; bei den 14 italienischen Corpora (259–261) – rein dialektale Materialien bleiben hier außer Betracht – sind es nur 4, darunter

Cresti (ed.) 2000 und das konsequent konzeptionell gestaffelte LIP-Corpus (De Mauro et al. 1993), das zunächst auf Disketten vorlag und inzwischen sogar als *online*-Datenbank zur Verfügung steht (cf. Schneider 2002). Von den 29 für das Spanische (253–256) angegebenen Corpora sind nur die folgenden maschinenlesbar: Marcos Marín et al. (eds.) 1992; Samper Padilla et al. (eds.) 1998; Sánchez/Cantos (eds.) 2001. Was das CREA (*Corpus de Referencia del Español Actual*) der Real Academia betrifft, so ist es nur als Datenbank *online* zugänglich; der Gesamttext kann jedoch nicht heruntergeladen werden. Anzumerken bleibt, dass nicht alle elektronisch zugänglichen Corpora notwendigerweise Texte ursprünglich phonisch realisierter und/oder 'gesprochener' Sprache enthalten.

Einen bemerkenswerten Schritt nach vorn stellt das *C-ORAL-ROM* dar (= Cresti/Moneglia (eds.) 2005), das Corpora des phonisch realisierten Französisch, Spanisch, Italienisch und Portugiesisch in doppelter digitaler Version, zum Anhören und zum Lesen bereitstellt. Es wird, bezogen auf jede einzelne der Sprachen, bewusst für konzeptionelle Streuung gesorgt, wobei allerdings die – ansonsten sehr feinrastrige – Kategorisierung der Corpustypen nicht immer eindeutig konzeptuell interpretierbar ist; zur Ermittlung der konzeptionellen Streuung in italienischen Corpora cf. Koch 2009.

Abschließend sei noch darauf hingewiesen, dass die Corpuslinguistik als neue Forschungsrichtung selbstverständlich eine ganze Reihe von schwerwiegenden Problemen mit sich bringt, sowohl allgemeiner Art als auch hinsichtlich der varietätenlinguistischen Perspektive. Festzuhalten ist zunächst einmal, dass das automatische Lesen von Texten lediglich eine Verarbeitung der graphischen Formen von Signifikanten erlaubt; diesbezüglich stellt sich nun die heikle Frage nach einer Standardisierung der Graphie: Wenn der Herausgeber sich zu eng an die phonischen Varianten hält, weiß der Benutzer nicht, wonach er zu suchen hat; wenn der Herausgeber hingegen zu stark standardisiert, hat man keinen Zugang mehr zu den Varianten. Zudem bleibt die transkribierte Form der Corpora im Anfangsstadium allein an der 'sprachlichen Oberfläche', insofern nur die lineare Abfolge von Wörtern angeboten wird, was aber teilweise durch Annotationen (*tagging*) ausgeglichen werden kann. Im semantischen Bereich stoßen wir jedoch diesbezüglich sofort auf Einschränkungen, nachdem onomasiologische Abfragen nicht möglich sind. Schon in 3.1.4 hatten wir darauf hingewiesen, dass die kommunikativ relevanten Interaktionen auf Grund ihrer kontextuellen Verankerung grundsätzlich nie vollständig in der Transkription erfasst werden können; noch gravierender ist dies natürlich im Falle der elektronischen Corpora, in denen die Kontextelemente (cf. 2.3.2) in eine schematisierte Form zu überführen sind, damit sie überhaupt mechanisch abgefragt werden können (cf. hierzu Bosco/Bazzanella 2002). Schließlich ist zu beachten, dass alles Material, das einer rein quantitativ-statistischen Datensammlung entstammt, immer noch aus qualitativer Hinsicht (etwa aus varietätenlinguistischem, diskurstraditionellem, pragmatisch-textuellem Blickwinkel) überprüft werden muss, wenn es irgendeinen Informationswert beanspruchen soll. Es gibt also keinen Anlass zu vorschneller Euphorie:

Auf die Corpuslinguisten warten noch viele reizvolle, aber auch schwierige Herausforderungen.[32]

Aus dem Gesagten geht hervor, dass die Methodologie der neuen Corpuslinguistik einen ganz eigenen Zuschnitt aufweist; daher müssen wir uns im Rahmen dieses Buches mit diesen knappen Hinweisen begnügen. Um Missverständnisse zu vermeiden, ist ganz deutlich zu sagen, dass die Corpusbelege, die in den folgenden Kapiteln Verwendung finden, nicht in elektronischer Form vorlagen und zunächst einmal rein illustrativen Wert haben. Sie beziehen sich auf Phänomene, für deren Frequenz gerade noch keine belastbaren, corpuslinguistisch gestützten Ergebnisse vorliegen.[33] Angesichts der Tatsache, dass Corpuslinguisten oftmals vergeblich in ihren Materialien nach Belegen für Phänomene fahnden, von denen sie zu wissen glauben, dass es sie gibt, ist es immerhin beruhigend zu wissen, dass die vielfältigen Phänomene, die in diesem Buch behandelt werden, in ihrer ganz überwiegenden Mehrzahl tatsächlich in Corpora belegt sind...

3.3   Arbeitsaufgaben

1. Lesen Sie kritisch Handbücher, Einführungen und Grammatiken sowie Sprachgeschichten daraufhin durch, wie die Problematik von 'gesprochener' und 'geschriebener' Sprache begrifflich gefasst wird. An welchen Punkten der jeweiligen Darstellung werden Begriffe wie 'gesprochen/geschrieben', 'mündlich/schriftlich', 'Umgangssprache/Schriftsprache', 'Volkssprache/Hochsprache' etc. bemüht?
2. Charakterisieren Sie kontrastierend drei der in diesem Buch verwendeten bzw. oben besprochenen Corpora eigener Wahl.
3. Machen Sie eine eigene Aufnahme gesprochener Äußerungen Ihrer romanischen Sprache und erstellen Sie durch Transkription ein kleines Corpus; beachten Sie bei Ihrem Vorgehen die methodischen Kriterien, die Sie in 3.2.1 kennengelernt haben.

---

[32] Cf. Klöden 2002; auch Koch/Oesterreicher 2007, 367–369.
[33] Immerhin konnten wir in den Kap. 5.3.3, b4, 5.5.3, b10, 5.5.3, b12, 5.7.3, b9 und 5.7.3, c Ergebnisse aus corpusgestützten Untersuchungen einbauen.

4 Universale Merkmale des gesprochenen Französisch, Italienisch und Spanisch

Die sprachtheoretischen Überlegungen zu Mündlichkeit und Schriftlichkeit in Kap. 2, bei denen wir den Akzent auf den universalen Bereich des Nähesprechens (vs. Distanzsprechens) sowie auf den historisch-einzelsprachlichen Bereich der Nähesprache (vs. Distanzsprache) gelegt hatten, wollen wir nun zusammenführen mit dem Bereich der Nähediskurse (vs. Distanzdiskurse), also mit dem Material, das in den in 3.2 präsentierten Corpora enthalten ist. Entsprechend unserer bisherigen Vorgehensweise, bei der wir vom Universalen zum Einzelsprachlichen vorangeschritten sind, bietet es sich auch hier an, mit den universalen Merkmalen des gesprochenen Französisch, Italienisch und Spanisch *qua* Nähesprachen zu beginnen. Diese Vorgehensweise verspricht in der Tat ein vertieftes Verständnis der konzeptionellen Fakten unserer drei Sprachen insofern, als die universal-nähesprachlichen Merkmale (entsprechend dem linken Teilbereich von la in Abb. 6) unmittelbar an die in 2.3.1 und 2.3.2 skizzierten Kommunikationsbedingungen und Versprachlichungsstrategien anschließbar und damit für konzeptionelle Mündlichkeit – sei es im Lateinischen, im Französischen, Italienischen, Spanischen oder im Deutschen, Finnischen, Suaheli etc. – **essentiell** sind. Demgegenüber führt kein direkter Weg von den Kommunikationsbedingungen und Versprachlichungsstrategien der Nähe zu den historisch-einzelsprachlichen Merkmalen des gesprochenen Französisch, Italienisch und Spanisch (entsprechend dem linken Teilbereich von lb in Abb. 6; cf. dazu Kap. 5).

Wenn hier von 'universalen' Merkmalen der Nähesprache die Rede ist, so darf dies nicht missverstanden werden. Die im Verlauf dieses Kapitels zu behandelnden Erscheinungen, z.B. 'Abtönung' (4.1.7), 'mündliches Erzählen im Präsens' (4.2.2) oder bestimmte 'Segmentierungsphänomene' (4.3.4), sind nämlich streng genommen nur in dem Sinne universal, dass sie sich von den universalen Kommunikationsbedingungen und Versprachlichungsstrategien her begründen lassen, die das Nähesprechen fundieren, und nicht von historisch-kontingenten einzelsprachlichen Regeln. Damit ist erstens nicht ausgeschlossen, dass der entsprechende Phänomenbereich einzelsprachlich unterschiedlich realisiert und strukturiert ist (cf. etwa: die 'Vorliebe' des Deutschen für Abtönungs**partikeln** gegenüber anderen abtönenden Verfahren in den romanischen Sprachen oder die unterschiedlichen Segmentierungsmöglichkeiten in unseren drei romanischen Sprachen). Zweitens gilt sogar, dass die Möglichkeit des Vorliegens eines universal begründbaren Phänomens von der Existenz bestimmter einzelsprachlicher Kategorien abhängt (so gibt es das 'mündliche Erzählen im Präsens' natürlich nur in Sprachen mit einem Tempussystem). Da wir in der Perspektive dieses 4. Kapitels gerade von solchen einzelsprachlichen Varianzen absehen müssen, werden sich unsere drei Sprachen hier also weitestgehend gleich präsentieren. In der Darstellung bieten wir deshalb für die behandelten universalen Phänomene Beispiele aus allen drei Sprachen. Die Stichhaltigkeit der universalen Perspektive könnte natürlich an jeder beliebigen Sprache exemplifiziert werden.

Das vorliegende Kapitel gliedert sich nach den Bereichen, die für die universale konzeptionelle Variation relevant sind. Wir beginnen mit dem textuell-pragmatischen als dem umfassendsten Bereich (4.1 und 4.2); es folgen der syntaktische (4.3) und der lexikalisch-semantische Bereich (4.4); kurze Bemerkungen zum lautlichen Bereich schließen sich an (4.5).

Es versteht sich von selbst, dass bei unserer Darstellung der nähesprachlichen Phänomene die distanzsprachlichen Gegenstücke in ihrer Andersartigkeit jeweils mitgedacht werden müssen und nicht mehr eigens exemplifiziert zu werden brauchen.

4.1 Textuell-pragmatischer Bereich: Gesprächswörter und äquivalente Verfahren

Im Rückgriff auf das zu Beginn von 2.3 skizzierte Modell sprachlicher Kommunikation kann der textuell-pragmatische Bereich bestimmt werden als der Bereich derjenigen sprachlichen Elemente, die ausschließlich auf Instanzen und Faktoren der Kommunikation verweisen (Kontakt zwischen Produzent und Rezipient, ihre Gesprächsrollen, Diskurs/Text, 'Formulierung', deiktische Konstellationen, verschiedene Kontexte und Emotionen). In diesem Sinne gehört z.B. eine Interjektion *ah!* (4.1.6), also ein einfaches 'Wort', zum textuell-pragmatischen Bereich, da sie ausschließlich auf Faktoren der Kommunikation (etwa diskursrelevante Emotionen) verweist. Derartige 'Wörter', die direkt auf Instanzen und Faktoren der Kommunikation verweisen, nennen wir **Gesprächswörter**.[1] Sie stehen im Zentrum dieses Abschnitts 4.1, sind jedoch, wie man sehen wird, durch eine Reihe anderer, funktional äquivalenter Elemente und Verfahren zu ergänzen (dazu genauer 4.1.8).

---

[1] Cf. dazu allgemein das Material in Spitzer 1922 und Vigara Tauste 1980, 39–81. – In systematischerer Perspektive etwa: Criado de Val (ed.) 1980, 45–61; Burkhardt 1982; Koch 1986, 121ss., und 1988b, 191; Cosnier/Kerbrat-Orecchioni (eds.) 1987; Schiffrin 1988; Martín Zorraquino 1992; Portolés 1993 und 1995; Briz 1994 und 1996; Bustos Tovar 1996; Mosegaard Hansen 1998; Martín Zorraquino/Portolés Lázaro 1999; Blakemore 2002; Drescher/Frank-Job (eds.) 2006; Loureda Lamas/Acín Villa (eds.) 2010. Heutzutage wird hierfür häufig, nach englischem Vorbild, auch der Terminus 'Diskursmarker' verwendet.

4.1.1 Gliederungssignale[2]

Einer derjenigen Phänomenbereiche gesprochener Sprache, die in der Forschung am frühesten Beachtung gefunden haben und gerade in der Romanistik zuerst untersucht worden sind (Gülich 1970), ist das Feld der sogenannten **Gliederungssignale**. Sie sind zu betrachten als ein charakteristisches Verfahren zur Markierung des Aufbaus mündlicher Diskurse; sie betreffen also die Kommunikationsinstanz Diskurs/Text im Sinne von 2.3.

Im Distanzsprechen ist es auf Grund der geringen Spontaneität, der Fremdheit der Partner und des eher monologischen Charakters der Kommunikation möglich bzw. notwendig, Diskurse (Texte!) zu produzieren und auch zu rezipieren, die ein hohes Maß an Informationsdichte sowie an sprachlicher Integration und Komplexität aufweisen (cf. 2.3). Nur unter diesen Bedingungen lassen sich Texte produzieren und rezipieren, in denen die prinzipielle Linearität sprachlicher Ausdrucksgestaltungen 'überspielt' wird durch einen hierarchisch-komplexen, mehrfach gestaffelten Aufbau (cf. 4.2.1). Zur Markierung dieses Aufbaus werden inhaltlich präzise Elemente verwendet (z.B. fr./it./sp. *premièrement / in primo luogo / primero*; *de plus / inoltre / además*; *en guise de conclusion / come conclusione / en conclusión* etc.).

Im Nähediskurs, für den die genannten Produktions- und Rezeptionsbedingungen nicht gelten, überwiegt hingegen eine stärker lineare, aggregative Gestaltung, wobei charakteristischerweise durch Gliederungssignale nur markiert wird, **dass** ein Diskursabschnitt anfängt oder aufhört, nicht aber immer eindeutig präzisiert wird, **welcher**. So werden in den folgenden Beispielen fr. *alors, puis*, it. *e, allora*, sp. *entonces, y, luego, ahora, pues* in dieser typisch mündlich gliedernden Funktion verwendet:

(1*F)

A [non non ça c'était au Grand Palais à l'Odéon j'y suis pas allée		1
A [je suis allée à la Sorbonne . tout à fait . à peu près une		2
A [semaine après qu'elle était rouverte **alors** dans le grand		3
A [amphithéâtre <c'était sale>[1] y avait de la fumée moi qui		4
A [supporte pas la fumeé . **alors** dans les petites loges les gens		5
A [étaient bien installés assis les pieds sur les bancs de devant		6
A [y en avait qui dormaient les mieux organisés avaient des		7
A [couvertures **alors** ceux-là ils étaient vraiment bien heureux .		8
A [**puis** comme l'on entendait rien parce que la . la sonorisation		9
A [. avait été cassée la veille paraît-il des porte-voix ils en		10
A [avaient pas **alors** on est descendu pour/ euh . près de la		11

---

[2] Cf. etwa Gülich 1970; Scherer 1984, 149–153; Söll 1985, 162–172; Stammerjohann 1977; Lichem 1981, 69–77; Beinhauer 1978, 423–434; Feldmann 1984, 68–127; Bazzanella 1994, 145–174; Schwitalla 1997, 54s.

A [tribune **alors** sur la tribune y avait . une vingtaine euh . oh		12
A [non cinq ou six mettons en blue-jeans fallait bien pour avoir		13
A [l'air euh révolutionnaire avec de la barbe dans la mesure du		14
A [possible les cheveux . un peu longs et légèrement ébouriffés		15
A [qui discutaient à la tribune **alors** y avait le président de la		16
A [séance qui tapait de temps en temps sur la table pour euh .		17
A [faire euh . respecter un semblant d'autorité [...]		18
< ! >[1]	(E, 20s.)	

Der Lehrer (B) lässt den Schüler (A) das Märchen von Rotkäppchen erzählen und unterbricht die Erzählung des Schülers verschiedentlich:

(1*I)

```
A ⌈ c'era una volta    una bambina            piccina che ha/ che         1
B ⌊           sì                più forte (xx)                            2
A [ aveva i capelli biondi e e la mamma gli fece un cappottino tutto      3
A [ rosso e l'indoman giorno la chiamavan tutti Cappucetto rosso          4
A ⌈ un bel giorno la su' mamma gli disse     "va' dalla nonna a           5
B ⌊                                       <forte>[1]                      6
A [ portagli la merenda però un passare dal bosco perché c'è i' lupo      7
A ⌈ cattivo e non ti fermare" "sì sì mamma"        **allora** lei         8
B ⌊                                       <forte>[2]                      9
A [ va e la vede tutti fiorellini "uh belli li voglio cogliere"          10
A [ mentre si mette a cogliere la sente dire "oh piccina <dove           11
A [ vai>[3]" "ora vado dalla nonna" "<posso venire anch'io con te>[4]"   12
A [ "sì te passa dalla strada di là che è la più orta e io passo         13
A [ da questa che è la più lung/ lunga" ma invece i' lupo aveva          14
A [ preso la più corta e lei quella più lunga **allora** arriva prima    15
A [ lui e la nonna la mangia (xxx) si mette a letto **allora** dopo      16
A [ arriva Cappuccetto rosso "<nonna tira giù la corda e vieni>[5]"      17
A [ dopo il lupo la gli dice la bambina "tieni (xxx) nonna <che          18
A [ orecchioni che nasone che occhioni che boccone>[6]" "<per            19
A [ mangiarti meglio>[7]" e la mangia **allora** dopo hn la mamma non    20
A ⌈ vede arrivar l/ arrivare a casa la ba/ la bamb/ **allora**           21
B ⌊                                                 non                  22
A ⌈                           la mamma non vede arrivare a casa la      23
B ⌊ ho mica capito <la mamma>[8]                                        24
```

45

A [bambina **allora** sta in pensiero **allora** manda un cacciatore il   25
A [lupo l'ammazza e la nonna e la bambina le stanno bene.   26
<!>[1,2,5,6,7]   <?>[3,4,8]   (St, 364s.)

(1*S)

A [[...] por ejemplo un estudiante que salió el otro día en   1
A [televisión también que por lo visto se dedica a estudiar esto .   2
A [dice que hay un estrato de la Era Terciaria en Inglaterra y en   3
A [medio de ese estrato ha aparecido un clavo **entonces** él dice que   4
A [. una de las hipótesis que se han dado es que lo hayan podido   5
A [poner los extraterrestres . en primer lugar <qué pintaban aquí   6
A [los extraterrestres en la Era Terciaria cuando esto estaba de   7
A [asco>[1] **y luego** después que/ . puede perfectamente por un   8
A [corrimiento de tierras . pasar el clavo al estrato terciario .   9
A [yo no creo que/ . **ahora** a mí lo que me pega es que tienen que   10
A [existir y que además que/ . yo le he pedido a Dios muchas veces   11
A [que si vienen a la tierra que yo los vea de verdad te lo digo .   12
A [sí sí sí sí me hace mucha ilusión este verano se marcharon   13
A [mis padres de Madrid y me dejaron sola . **entonces** resulta que   14
A [yo . lo primero/ ... era miércoles **entonces** puse la película   15
A ['Los invasores' . **y** . en vez/ . y dije después "mira que si   16
A [ahora me viniese aquí un invasor <qué horror qué barbaridad>[2]   17
A [si me cayeran en la terraza" **pues** me empezó a entrar tanto   18
A [miedo . que me encerré en una habitación con llave en la del   19
A [cuarto de mi hermana que tiene llave [...]   20
<?>[1]   <!>[2]   (HCM, 50s.)

Interessanterweise können auch mehrere Gliederungssignale miteinander kombiniert werden, wie die folgenden Beispiele zeigen:

(2*F)

A [[...] on ne nous a jamais parlé de stages **alors tu vois**   1
A [conditions de travail difficiles euh . salaires trop bas [...]   2
(E, 76)

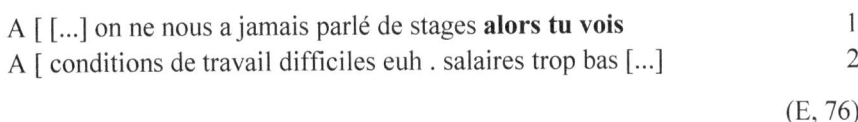

(2*I)

	A [io stavo sopra il mercatino . salivo ... due sulla motocicletta	1
	A [era una povera vecchiarella . **ma senta** io/ . Loro vedono . io	2
	A [sto scossa propio [...]	3

(So, 246)

(2*S)

	A ⌈ vamos a ver qué eh qué habéis hecho hoy	1
	B ⌊ **pues mira** . por la	2
	B [mañana los niños han ido con mi marido a pasear [...]	3

(Fe, 77)

Es ist zu beachten, dass die diskursbezogene Verwendung von Gliederungssignalen keinesfalls mit der 'gängigen' Funktion dieser Elemente als Adverb, Konjunktion etc. identifiziert werden darf. Dies wird besonders dort deutlich, wo sie mit 'normalen' Adverbien, Konjunktionen etc. kombiniert sind. So liegt in 3*F,$_2$ in der Verbindung fr. *puis après alors* (häufiger übrigens in der Abfolge *(et) puis alors après*) **nur** bei *après* ein temporales Adverb vor, während *puis* und *alors* reine Gliederungssignale sind:

(3*F)

	A [alors nous on avait fait le plein ça va on en a pas trop manqué	1
	A [**puis après alors** pendant une semaine y en a plus eu [...]	2

(E, 19)

Man vergleiche damit die Verwendung von *puis* und *alors* als echten Temporaladverbien in Sätzen wie *Des gens entraient, puis resortaient* und *La France était alors en guerre*. In ähnlicher Weise sind zu konfrontieren: einerseits it. *allora* als Gliederungssignal in Verbindung mit dem echten Temporaladverb *dopo* in 1*I,$_{16,20}$, andererseits das Temporaladverb *allora* in einem Satz wie *Quando avrai la mia età, allora capirai*. Was sp. *ahora* angeht, so fungiert es im Beispiel 1*S einmal als Gliederungssignal ($_{10}$) und einmal als echtes Temporaladverb ($_{17}$).

    Das Feld der Gliederungssignale hat man in der Forschung zunächst sehr weit gefasst, so dass auch *turn-taking*-Signale (4.1.2), Kontaktsignale (4.1.3), *hesitation phenomena* oder auch Überbrückungsphänomene (4.1.4), Korrektursignale (4.1.5), ja sogar Abtönungselemente (4.1.7) einbezogen wurden. Wenn man sich auf den Gliederungsaspekt im strengen, oben skizzierten Sinne bezieht, so lassen sich zumindest folgende Funktionen von Gliederungssignalen unterscheiden (die allerdings häufig auch noch – gleichzeitig – als Signale für das *turn-taking*, die Kontaktherstellung, die Überbrückung etc. funktionieren; cf. 4.1.8):

a) **Anfangssignale** in dialogischen Diskursen: fr. *et, mais, alors, oui/ouais, eh bien, écoute, tu sais/tu vois* etc.; it. *e, ma, allora, sì, be', senti, guarda, sai* etc.; sp. *y, pero, pues, sí, bueno, oye, mira, sabes* etc.
b) **Schlusssignale** in dialogischen Diskursen: fr. *non, n'est-ce pas, hein, quoi, tu sais* etc.; it. *no, vero, eh, sai* etc.; sp. *no, verdad, eh, sabes* etc.
c) **Anfangssignale** in erzählenden Diskursen: fr. *et, alors, puis* etc.; it. *e, allora, poi* etc.; sp. *y, entonces, luego* etc.

Alle diese Elemente können auch **innerhalb** eines Redebeitrags, teilweise sogar iterierend (cf. 1*F*I*S), verwendet werden.

4.1.2 Turn-taking-Signale[3]

Bezogen auf den Kommunikationsfaktor 'Gesprächsrolle' haben wir in 2.3.1 bereits festgestellt, dass Nähesprechen durch ein hohes Maß an Dialogizität konstituiert ist. Hier ist der im Rahmen der Konversationsanalyse entwickelte Begriff des *turn* wichtig, der jeweils einen Redebeitrag (Gesprächsschritt) eines Partners meint. Je stärker eine Kommunikation zum Pol der Nähe tendiert, desto rascher und unvermittelter kann sich der Sprecherwechsel (*turn-taking*) vollziehen. Dies ist notwendig auf Grund der hohen Spontaneität und der emotionalen Beteiligung; ermöglicht wird es durch die Vertrautheit und physische Nähe der Partner; rasche Sprecherwechsel werden schließlich die geringe Themenfixierung im Nähediskurs ermöglicht, ja sogar erfordert.

Gerade bei dem *ad hoc* vollzogenen Sprecherwechsel werden in der gesprochenen Sprache häufig, wenn auch nicht immer, bestimmte **turn-taking-Signale** verwendet. Diese können zunächst einmal parasprachlicher oder sogar nichtsprachlicher Art sein (Lautstärke; Gestik, Mimik). Eine erste Klasse von sprachlichen *turn-taking*-Signalen markiert die *turn*-Übernahme, die unter Umständen sogar in Form einer Unterbrechung mit simultanem Sprechen beider (oder mehrerer) Partner (4*I,2,3) geschieht:

(4*F)

```
A [ [...] si je m'étais fiée mais comme tu es toujours en retard je         1
A ⌈ me suis fiée à ça . je me suis dit "je mets pas les trucs"              2
B ⌊                                                     écoute              3
B [ je suis pas beaucoup en retard hein . quand même on a dix               4
A ⌈                il est huit heures moins huit                            5
B ⌊ minutes de retard                              on est arrivé à          6
```

---

[3] Cf. etwa Sacks/Schegloff/Jefferson 1974; Henne/Rehbock 2001, 17s., 184–195; teilweise auch die in Anm. 2 dieses Kapitels genannten Arbeiten.

```
A ⌈         ouais quand c'est sept heures et demie c'est pas       7
B ⌊ moins vingt                                                     8
A ⌈ moins vingt    le train il serait parti      et si j'avais      9
B ⌊         hmm                  ouais ben si ça avait été         10
A ⌈ mis ⌊ mes mes tartes là à cuire elles seraient desséchées .    11
B ⌊ un train ⌉                                                     12
A [ <vrai ou faux>¹ [...]                                          13
< ? >¹
                                                        (L, 25s.)
```

(4*I)

```
A [ <è anche logico capito>¹ ... tu . a/ abbiamo un paio di minuti    1
A ⌈  ancora . e volevo                                                2
B ⌊     dài Luciano vorrei u/ eh usare un minuto solo per             3
B [ dire quel che hai detto tu . allora . è un argomento . che        4
B [ riguarda lo stile di vita . eh del nostro tempo [...]             5
< ? >¹
                                                        (Ra, 176s.)
```

(4*S)

```
A ⌈ a mí me gustan más estas galerías que las del centro             1
B ⌊                                      mire usted                  2
B [ ahí en Galerías Preciados hay una cuna muy bonita [...]          3
                                                        (CV, 80s.)
```

Es versteht sich von selbst, dass derartige Elemente immer auch als dialogische Gliederungssignale (Anfang) im Sinne von 4.1.1, a funktionieren. Nur insofern sie den Sprecherwechsel (*turn-taking*) betreffen, sollten sie als Eröffnungssignale bezeichnet werden. Wenn Gliederungssignale im Sinne von 4.1.1, c iterierend innerhalb eines – längeren – Redebeitrags vorkommen (cf. die Beispiele 1*F, 1*I, 1*S), dienen sie außer zur Gliederung zweifellos auch der *turn*-Beibehaltung; sie müssten also in diesem Fall strenggenommen als *turn-maintaining*-Signale bezeichnet werden.

Eine zweite Klasse von Signalen markiert das (potentielle) *turn*-Ende und damit die Abgabe des 'Rederechts' an den Partner:

(5*F)

```
A [ bon merci madame dites-lui que j'arrive dans trois minutes      1
A ⌈ n'est-ce pas          merci madame merci monsieur               2
B |        bien . entendu monsieur                                  3
C ⌊                        entendu (xxx)                            4
                                                        (Sch, 207s.)
```

(5*I)
```
A [ eh Renato quando tu ti alzi del letto un po' di lezione tu le    1
A [ farai eh <eh>¹                                                    2
B [              <bisogna vede' se sto bene>²                         3
    < ? >¹    < ! >²                                          (St, 382)
```

(5*S)
```
A [ eh que tengas suerte otra semana <eh>¹                            1
B [                     ay que eso espero eso espero                  2
    < ! >¹                                                    (Fe, 164)
```

Auch hier gilt, dass die entsprechenden Elemente gleichzeitig als dialogische Gliederung, d.h. als Schlusssignale im Sinne von 4.1.1, b funktionieren.

Darüber hinaus gibt es bei den *turn-taking*-Signalen beider Klassen Überschneidungen mit Sprechersignalen (4.1.3) und Überbrückungsphänomenen (4.1.4), ja sogar mit Abtönungselementen (4.1.7). Trotz der materiellen Identitäten und funktionellen Verquickungen (die eine Auflistung weiterer Elemente hier erübrigen) handelt es sich beim *turn-taking* um einen klar umrissenen Funktionsbereich. Dies veranschaulicht sehr schön unser letztes Beispiel, in dem der Sprecher B mit Hilfe der Elemente *ecco, appunto, sì* letztlich – zweimal vergeblich – um die Übernahme des *turn* 'kämpft':

(6*I)
```
A [ io studiavo qui quando c'era il professor Z (xxx)                  1
B [                                       ecco appunto il              2
A [       potrebbe dir qualcosa su quei professori a/ vecchi che       3
B [ professor Z                                                        4
A [ eran tanto diversi da quelli di ora non so anche come              5
B [                                           ecco                     6
A [                 Lei come Lei <come li ricorda>¹                    7
B [ i professori i professori più         sì ecco  i professori        8
B [ eh di/ più vecchi più che altro avevano l'aspetto forse un         9
B [ pochettino più distaccato dallo studente un pochino più burbero   10
B [ ma erano sempre professori così così alla buona lo stesso come    11
A [                 [. . . . . . . .]                                 12
B [ adesso sempre così cari agli studenti                             13
    < ? >¹                                                    (St, 376)
```

4.1.3 Kontaktsignale (Sprecher- und Hörersignale)[4]

Fundamental für **jede** Art sprachlicher Kommunikation ist der Kontakt zwischen den Partnern (cf. dazu den Begriff der 'phatischen' Funktion der Sprache). Unter den Bedingungen der kommunikativen Nähe (2.3.1) wird dieser Kontakt immer wieder auf besonders deutliche Weise zum Ausdruck gebracht. Das kommunikative Geschehen ist unter diesen Bedingungen angewiesen auf eine Kooperation **beider** Partner, die sich laufend gegenseitig vergewissern, dass der 'Kontakt' (akustische Wahrnehmung, Verständnis, Aufmerksamkeit, Interesse, Zuwendung etc.) aufrechterhalten wird. Dieses Bedürfnis verstärkt sich noch bei emotionaler Beteiligung (Affektivität, Expressivität). Ermöglicht wird der Austausch der hierzu notwendigen **Kontaktsignale** zunächst einmal durch die physische Nähe (*face-to-face*-Situation mit der Möglichkeit der Rückkopplung), die nicht nur die Signalisierung, sondern auch die unmittelbare Kontrolle des Kontaktes erlaubt. Auch Vertrautheit der Partner und große Spontaneität steigern die Bereitschaft zur Verwendung von Kontaktsignalen.

Die Kontaktsignale sind natürlich weithin parasprachlicher und nichtsprachlicher Natur (Intonation; Lachen, Pfeifen; Blickkontakt; Gestik, Mimik etc.; cf. Kontextarten 4a) und b) in 2.3.2). Es gibt aber auch einen reichen Vorrat an sprachlichen Mitteln zur Herstellung und Aufrechterhaltung des kommunikativen Kontaktes. Nur um diese geht es uns im Folgenden.

Besonders augenfällig sind die sog. **Sprechersignale**, die der Produzent an den Rezipienten richtet; z.B. fr. *hein, non, n'est-ce pas, tu sais, tu vois, écoute, dis donc*, etc.; it. *eh, no, vero, capito, sai, guarda, senti, figurati*, etc.; sp. *eh, no, verdad, venga, sabes, mira, oye, fíjate*, etc. Am deutlichsten sind diese Signale dort, wo der Produzent dem Rezipienten eine Reaktion förmlich nahelegt, wie in den folgenden Beispielen:

(7*F)

A [[...] alors **dites** euh c'est pas loin on peut y aller à pied   1
A [c'est pas/ il y en a pour une demi/ (xxx)   2
B [oh non   3

(Sch, 240)

(7*I)

A [**senti un po'** ma allora icché te ci <hai>[1] da fa' domani <si <può>[2]   1
A [sapere>[3]   2

< realisiert als [a] >[1]   < realisiert als [pɔ] >[2]   < ? >[3]   (St, 380)

---

[4] Cf. etwa Henne/Rehbock 2001, 170–175, 287s.; Lichem 1981, 77; Steel 1976, 28–34; Feldmann 1984, 149–168; Bazzanella 1990; Christl 1992; Schwitalla 1997, 173–175. – Zu dem von Malinowski stammenden Begriff der 'phatischen Funktion' cf. Jakobson 1981, 24.

(7*S)

A [	[...] me ha dicho que pasa las vacaciones por Oviedo eso me	1
A ⌈	interesa <por qué>[1]	2
B ⌊	bueno pues vamos a ver yo tengo/ . una de mis	3
B [	hermanas se casó con . con mi cuñado <**entiende**>[2] y mi cuñado	4
B [	cuando acabó la carrera lo destinaron a Oviedo [...]	5

<?>[1,2] (HCM, 24)

Man vergleiche auch das besonders 'starke' *vrai ou faux* in 4*F,[13]. Es ist offensichtlich, dass von diesen 'stark' verwendeten Sprechersignalen auch das *turn-taking* berührt wird (Beginn des eigenen *turn* in 7*I,[1]; Weiterführung des eigenen *turn* in 2*I,[2]; Eröffnung der Möglichkeit einer späteren *turn*-Übernahme durch den Rezipienten in 7*F,[1] und 7*S,[4]). Diese Bedingung trifft nicht zu für die – ausgesprochen häufigen – 'schwach' verwendeten Sprechersignale, die bezeichnenderweise an jeder beliebigen Stelle des Diskurses/Satzes erscheinen können und nicht direkt auf eine sprachliche Reaktion des Rezipienten zielen:

(8*F)

A [eh ben eh ben nous et cet après-midi **hein** on était bien aussi   1

(L, 45)

(8*I)

A [	<cosa ne pensa dell'attuale situazione politica italiana>[1]	1
B [	attualmente è proprio proprio un disastro mi sembra no si sa cosa	2
B [	dire io dico la verità non sono mai stato iscritto a nessun	3
B [	partito ma sono stato diverse volte a votare ma ad	4
B [	andare adesso a votare non si saprebbe per chi	5
B [	votare <**eh**>[1] perché è una situazione proprio difficile e la	6
B [	libertà va bene la libertà ma è una libertà che prendono con con	7
B [	nome di libertà e fanno ciò che vogliono <**eh**>[2] questo che	8
B [	purtroppo/ . e in causa di quelle cose li anche noi qua in	9
B [	Svizzera ci sentiamo qualche volta malguardati <**eh**>[3] perché	10
B [	dicono "cosa ((risas)) volete parlate non sapete dirigersi voi	11
B [	stessi in Italia allora che cosa ((risas)) volete dire qua	12
B [	come volete esprimervi" <**no**>[4] è una situazione un po' difficile	13
B [	[...]	14

<?>[1,2,3,4] (Ro, 152)

(8*S)

    A [[...] sobre todo me gusta asistir a . a obras nuevas <**no**>[1] por   1
    A [ver lo que representan [...]   2

< ? >[1]   (HCM, 76s.)

Nicht weniger wichtig, aber 'unauffälliger' sind die sog. **Hörersignale**, die dem Produzenten während seines *turn* Aufmerksamkeit, Zustimmung, Erstaunen etc. signalisieren: fr. *hm, oui, ouais, d'accord, voilà, tiens, voyons, c'est vrai, sans blague* etc.; it. *hm, sì, ecco, già, certo, vero, appunto* etc.; sp. *hm, sí, ya, vale, claro, verdad, no me digas* etc. (ferner alle Arten von Interjektionen; cf. 4.1.6). Auch hier ist zwischen 'starken' und 'schwachen' Verwendungen zu unterscheiden. Bei 'starken' Hörersignalen erfolgt über den Kontakt hinaus eine klare inhaltliche Stellungnahme zum Gesagten:

(9*F)

    A [et puis euh bon ben il y a les piquets de grève qui sont venus   1
    A ⌈ pour empêcher de faire cours   qui ont envahi l'amphi   2
    B ⌊   **ah dis donc**   3
    A [complètement [...]   4

(L, 34)

(9*I)

    A ⌈ [...] io dico come lui n'esisterà pochi ecco così   1
    B ⌊   <**vero vero**>[1] **ah sì ah sì veramente** [...]   2

< ? >[1]   (St, 377)

(9*S)

    A [[...] aquí . enterarse quién es el que . el que lo había .   1
    A ⌈ comprado primero y entonces a lo mejor .   ellos es que lo   2
    B ⌊   <**claro**>[1]   3
    A [que deben de hacer para que nadie compre los que están así .   4
    A ⌈   que le salió a un librero de allá de/ . y era el que me   5
    B ⌊ **pues sí**   6
    A [lo ofrecía/ de/ por/ . en la calle de Alcalá a la derecha que hay   7
    A [una librería chiquitina y filatelia [...]   8

< ! >[1]   (CV, 86s.)

In ihrer 'schwachen' Verwendung haben Hörersignale – soweit sie nicht ohnehin nur noch 'Schwundformen' an der Grenze des Sprachlichen darstellen (cf. *hm* in 10*I,$_7$) –

gerade keinen vollen inhaltlichen Wert, sondern dienen nur noch der permanent-begleitenden kommunikativen Rückkopplung:

(10*F)

A ⌈ [...] nous faisons ça pour la caméra invisible alors vous		1
B ⌊ [...] (xxxxxxxx) **oui oui d'accord**		2
A ⌈ répondez la caméra invisible (xxxx) c'est très simple [...]		3
B ⌊ **oui oui** [...]		4

(Sch, 225)

(10*I)

A ⌈ [...] poi anche per chiudere/ per le chiavi perché sennò	1
B ⌊ **ecco**	2
A ⌈ anche/ ogni professore ha quasi un istituto e quest'istituto	3
B ⌊ **ecco**	4
A [c'è un posto dove stanno le chiavi e queste chavi ci <vuole>[1]	5
A ⌈ un posto dove uno le tiene conservate [...]	6
B ⌊ **hm**	7

< realisiert als [ˈvɔːle] >[1]   (St, 374)

(10*S)

A ⌈ el me ha dicho que <Labor>[1] tiene uno pero que está en español	1
B ⌊ **sí sí**	2
A ⌈ y él lo quería en italiano y entonces yo le he buscado éste	3
B ⌊ **eso**	4
A ⌈ que **sí**	5
B ⌊ el de Labor es una traducción del mío exactamente [...]	6

< spanischer Verlag >[1]   (CV, 88–90)

Alle Hörersignale sind dadurch gekennzeichnet, dass ihre Verwendung keinen eigenen *turn* ausmacht, also die Verteilung der Gesprächsrollen im Prinzip nicht berührt. Interessant ist allerdings der Grenzfall 6*I,2,6,8, in dem Sprecher B mit den Elementen *ecco*, *appunto* und *sì*, die zugleich als Hörersignale fungieren, mehrmals versucht, das Rederecht zu bekommen.

4.1.4 Überbrückungsphänomene (*hesitation phenomena*)[5]

Wie schon in 2.3.2 ausgeführt, unterscheiden sich die Formulierungsleistungen in kommunikativer Nähe und in kommunikativer Distanz grundlegend. Der durchgeplante, 'endgültige' Charakter der Distanzdiskurse (oder Texte) mit ihrem raschen, gleichmäßigen Informationsfortschritt ist unter den Bedingungen der Nähe weder erreichbar noch wünschenswert: Große Spontaneität und emotionale Beteiligung erlauben keine langfristige Planung und keinen gleichmäßigen Informationsfortschritt – Eigenschaften, die in der privaten Kommunikation unter vertrauten Partnern auch gar nicht erwartet werden. Der Produzent kann sich daher damit begnügen, einen weniger geplanten, 'vorläufigen' Diskurs mit ungleichmäßigem Informationsfortschritt zu formulieren. Dies liegt aber auch im Interesse des Rezipienten, der bei simultaner Produktion und Rezeption (physische Nähe in zeitlicher Hinsicht) einen zu raschen Informationsfluss nur mit erhöhtem 'Aufwand' verarbeiten kann.

Es gibt nun in allen Sprachen Verfahren und Elemente, die es erlauben, den Formulierungsvorgang in den Diskurs hineinzutragen, sobald in der 'Prospektive' Formulierungsschwierigkeiten auftreten (zu Formulierungsschwierigkeiten in der 'Retrospektive', cf. 4.1.5). Durch diese Verzögerungen wird nicht nur Planungszeit gewonnen, sondern auch die Rezeption erleichtert. Man spricht hier von **Überbrückungsphänomenen** (*hesitation phenomena*): sog. leere Pausen, gefüllte Pausen, lautliche Dehnungen und Wiederholungen (daneben gibt es natürlich auch hier gestisch-mimische Verfahren und nichtsprachlich-akustische Signale wie 'Pusten', 'Schnaufen' etc.). Hier zunächst ein Beispiel für eine leere Pause mitten im syntaktischen Zusammenhang *sono gustosi*:

(11*I)

A [[...] quelli non divertono . ma son**o** ... gustosi a vederli più	1
A [che altri [...]	2

(So, 47)

Vergleiche auch 1*F,$_{9-10,12}$ und 12*S,$_1$.

Die einfachste Möglichkeit, eine Pause zu füllen, besteht darin, einen einfachen Laut, meist fr. *euh*, it. *eh*, sp. *eh*, zu artikulieren (cf. 2*F,$_2$; 6*I,$_9$; 2*S,$_1$; cf. außerdem 19*F,$_1$: *hm hm*; 1*I,$_{20}$: *hn*). Die Pause kann aber auch mit einem 'Wort' gefüllt werden:

---

[5] Cf. etwa Gülich 1970, 263–296; Söll 1985, 173–179; Vick 1985, 5–81, 109–146, 156–171; Lichem 1981, 77ss.; Feldmann 1984, 128–148; Schwitalla 1997, 55s., 84s.

(12*S)

    A [[...] porque yo soy un romántico ... un tremendo romántico   1
    A [<no>[1] y entonces cuando yo leo **pues** . estoy dentro [...]   2
    < ? >[1]   (HCM, 293)

Vergleiche auch 9*F,$_1$: *bon, ben* und 4*I,$_4$: *allora*. Wie aus diesen Beispielen ersichtlich, fallen solche Pausenfüller materiell sehr häufig mit Gliederungssignalen bzw. *turn-taking*-Signalen zusammen. In funktioneller Hinsicht gilt, dass zwar Überbrückungsphänomene nicht immer gleichzeitig auch für Gliederung und *turn-taking* relevant sind (so grundsätzlich fr. *je sais pas*, it. *non so, diciamo*, sp. *no sé, digamos*; cf. aber auch 4*I,$_4$: *allora*; 12*S,$_2$: *pues*), dass aber Gliederungs- bzw. *turn-taking*-Signale sehr häufig eine Überbrückungsfunktion haben und/oder sogar von Überbrückungsphänomenen begleitet sind (9*F,$_1$: *et puis euh bon ben*; 33*F,$_8$: *bon alors euh . et puis bon mais*; 1*I,$_3$: *e e*; $_{20}$: *allora* [...] *hn*; 1*S,$_{16}$: *y .* ; 2*S,$_2$: *pues mira .*).

Ein weiteres Verfahren zur Vermeidung einer ungefüllten Pause ist die gedehnte lautliche Realisierung eines Wortes, insbesondere die Dehnung des Endvokals:

(13*F)

    A [[...] tiens je lisais **ton**/ euh le truc que tu m'as passé là [...]   1
                                                                                                   (L, 38)

(13*S)

    A ⌈ [...] te resulta un poco cara   1
    B ⌊   ya ya lo sé pero . parece qu**e**   2
    B [esté obligado a comprar uno nuevo <no>[1]   3
    < ? >[1]   (Fe, 84)

In Verbindung mit einer Pause ist uns dieses Phänomen bereits in 11*I,$_1$: *sono ... gustosi*, begegnet.

Das letzte hier zu betrachtende Überbrückungsphänomen, die Wiederholung von Wortteilen, ganzen Wörtern oder Sequenzen, liegt etwa vor in 16*F,$_1$: *j'ai j'ai*; 6*I,$_7$: *Lei come Lei come*; 6*I,$_8$: *i professori i professori*, 6*I,$_{11}$: *così così*; 7*S,$_4$: *con . con*; 8*S,$_1$: *a . a*. Selbstverständlich lassen sich die verschiedenen Typen von Überbrückungsphänomenen auch mehrfach miteinander kombinieren (cf. 2*F,$_2$: *euh .* ; 4*I,$_3$: *u/ eh usare*; 7*S,$_4$: *con . con*; 11*I,$_1$: *son*o *...*;12*S,$_2$: *pues .* ; 13*F,$_1$: *ton euh*).

4.1.5 Korrektursignale[6]

Zu Beginn von 4.1.4 haben wir deutlich gemacht, warum in allen Sprachen Verfahren und Elemente existieren, die bei kommunikativer Nähe Spuren des Formulierungsvorgangs im Diskurs hinterlassen. Während nun Formulierungsschwierigkeiten in der 'Prospektive' durch Überbrückungsphänomene begleitet werden, greift der Produzent bei Formulierungsschwierigkeiten in der 'Retrospektive' auf bestimmte Korrektur- oder Reformulierungsverfahren zurück. In beiden Fällen entstehen übrigens Äußerungen, die zwar nicht distanzsprachlicher 'Wohlgeformtheit' genügen, aber unter den Bedingungen der kommunikativen Nähe völlig akzeptabel sind.

Die Korrektur kann zunächst einmal ohne explizites Signal durch bloßen **Abbruch** erfolgen (wobei auch eine gestisch-mimische Unterstützung hinzukommen kann):

(14*F)

A [[...] quand on voit ces pays-là que les gens se soumettent et		1
A [ACCEPTENT des situations . inacceptables et qu'on voit en		2
A [France comme on est libre **comme on a/** je sais pas **je comprends/**		3
A [je peux pas comprendre **qui/** qu'ils osent parler . qu'ils osent		4
A [rouspéter pf [...]		5

(L, 38)

(14*S)

A [[...] ahora el matrimonio ... **es una/** . es un defecto creo		1
A [bastante grande en la mujer española <en muchos casos>[1] vamos		2
A [no diré en muchos pero sí en bastantes la mujer lo toma como un		3
A [fin y un recurso [...]		4

< ! >[1]   (HCM, 68)

Vergleiche auch 1*I,$_{21}$: *vede arrivar l/ arrivare a casa la ba/ la bamb/ allora*; 6*I,$_3$: *quei professori a/ vecchi*; 10*I,$_1$ *per chiudere/ per le chiavi*; $_3$: *anche/ ogni professore*; 9*S,$_{5/7}$: *un librero de allá de/ y era el que me lo ofrecía/ de/ por/ en la calle de Alcalá*; 15*S,$_2$: *los éxitos/ auténticos éxitos*. Man beachte auch die Fälle, in denen die Korrektur von Überbrückungsphänomenen begleitet wird (1*F,$_{11}$; 7*F,$_2$; 13*F,$_1$; 2*I,$_2$; 1*S,$_{8,10,11,15}$; 7*S,$_3$). Wie die Beispiele zeigen, entsteht überall dort, wo die Korrektur nicht innerhalb eines Wortes erfolgt, eine Art von syntaktischem Anakoluth (cf. 4.3.2).

---

[6] Cf. etwa Schegloff/Jefferson/Sacks 1977; Gülich 1970, 175–200, und 2008; Gülich/Kotschi 1986; Vick 1985, 82–109, 147–171; Lichem 1981, 73ss.; Rossari 1994; Schwitalla 1997, 85–93; Henne/Rehbock 2001, 290.

Häufig ist die explizite Korrektur mit Hilfe sog. **Korrektursignale** (z.B. fr. *enfin, non, bon* etc.; it. *insomma, cioè, diciamo, eh* etc.; sp. *vamos, bueno, en fin, eh* etc.; sie können ebenfalls von Überbrückungsphänomenen begleitet sein):

(15*F)

	A [[...] je voudrais que les . mécanos ils viennent euh au	1
	A [terminus là pour euh . **enfin** euh à huit heures et demie là	2
	A [pour me purger ma flotte là pour me purger mon circuit d'eau	3
		(E, 60)

(15*I)

	A [le scuole a Napoli si chiusero per la questione delle **cioè**	1
	A [c'erano o non c'erano . ma insomma noi eravamo sfollati tutti	2
		(So, 53)

(15*S)

	A [[...] porque además hasta la fecha quitando este médico Bernard	1
	A [ninguno . **en fin** los éxitos/ auténticos éxitos no ha habido	2
	A [ninguno <no>[1] [...]	3
	< ? >[1]	(HCM, 76)

Von 'Korrektur' im engeren Sinne sprechen wir dort, wo lautliche, morphosyntaktische oder lexikalische, also rein sprachliche 'Fehlgriffe' rückgängig gemacht werden (so in allen bisherigen Beispielen). Wo hingegen sachlich-inhaltliche Klarstellungen erfolgen, sprechen wir von **Präzisierung** (mit gleitendem Übergang zu lexikalischen Korrekturen). Eine solche liegt in 14*S,$_{2-3}$ vor (*en muchos casos* **vamos no diré** *en muchos pero sí en bastantes*); vergleiche auch 1*F,$_{12-13}$ (*y avait . une vingtaine euh .* **oh non** *cinq ou six mettons*). Hier noch ein französisches und ein italienisches Beispiel (letzteres mit Rücknahme der Präzisierung):

(16*F)

	A [[...] ah puis c'est/ je sais pas quoi j'ai j'ai dû avoir la	1
	A [tête ailleurs alors j'ai complètement oublié euh mes outils	2
	A [**enfin je veux dire** mes clés quoi [...]	3
		(Sch, 255s.)

(16*I)

A [[...] e quasi con una frequenza direi ... di ogni quindici		1
A [minuti <eh>[1] ... **se non** quindici ... venti ... **no . no**		2
A [quindici minuti ... ogni quindici minuti interrompono [...]		3
< ? >[1]	(So, 255)	

Wie aus den Beispielen ersichtlich, bedient man sich bei Präzisierungen häufig deutlicherer Signale als im Falle der einfachen Korrektur.

Offenbar hat im Dialog der Produzent, der ja bemüht ist, seinen *turn* beizubehalten, ein vorrangiges Recht auf **Selbstkorrektur** (und Selbstpräzisierung). Die Selbstkorrektur kann in der *face-to-face*-Situation unter Umständen auch auf eine Reaktion des/der Rezipienten hin erfolgen, die freilich nicht als Versuch der *turn*-Übernahme zu werten ist. Im folgenden Gesprächsausschnitt ist diese Reaktion sogar nichtsprachlicher Art (Gelächter!):

(17*F)

A [ah ça le chapeau tout dans le chapeau et l'air aimable quand		1
A ⌈ j'ai vu que mon mari me . me téléphonait je me		2
B ⌊ ((Gelächter))		3
A [photographiait [...]		4
	(E, 33)	

Während hier die Korrektur durch eine Hörerreaktion **ausgelöst** wird, **erfolgt** in anderen Fällen die Korrektur sogar durch den Hörer, so dass man von **Fremdkorrektur** oder, wie im folgenden Beispiel, von **Fremdpräzisierung** sprechen muss:

(18*F)

A [[...] dans le collège où Z se trouve sur quarante-cinq		1
A ⌈ sur cinquante⌊six à faire grève [...]		2
B ⌊ **oh sur cinquante** cinquante que six ⌉		3
	(E, 77)	

Das oben angesprochene Recht des Produzenten auf Selbstkorrektur/Selbstpräzisierung beinhaltet keineswegs eine Verpflichtung, in dieser Weise die Formulierungsschwierigkeiten auch zu lösen. Die häufig auftretenden **Unsicherheits-** bzw. **Ungenauigkeitssignale** (z.B. fr. *je sais pas, enfin, quoi*[7] etc.; it. *non so, insomma, e cosa* etc.; sp. *no sé, o*

---

[7]   Eine Besonderheit von *quoi* besteht darin, dass der Sprecher darauf verzichtet, weiter zu versprachlichen (insofern handelt es sich um eine Art Schlusssignal), ohne jedoch, wie etwa

sea, o así etc.) sind geradezu ein Eingeständnis des Produzenten, dass er seine Formulierungsschwierigkeiten nicht beheben **kann** oder **will**. Auch dieses Phänomen ist angesichts der 'Vorläufigkeit' von Nähediskursen (cf. 2.3.2) völlig akzeptabel:

(19*F)

A [[...] alors sur ce Cohn-Bendit n'est-ce pas le fameux hm hm .		1
A [a monté un mouvement de/ . révolutionnaire je sais pas comment		2
A ⌈ il a appelé ça **peu importe**		3
B | mouvement du vingt-deux mars		4
C ⌊ mouvement		5
A ⌈ ah non il avait un nom un nom des		6
C ⌊ du vingt-deux mars je crois		7
A [initiales . révolutionnaire nanterrois ou un truc comme ça je		8
A [**sais pas <enfin>**[1] bref peut importe [...]		9
< realisiert als [fɛ̃] >[1]		(E, 96)

(19*I)

A [[...] perché il socialismo è quello più vicino . che vuole il	1
A [bene di tutta quanta l<u>a</u> la società **e cosa**	2
(So, 52s.)	

(19*S)

A [[...] eso es cuestión de de coger un truquillo y mirar de	1
A [insistir **no sé** [...]	2
(Fe, 130)	

Vergleiche auch 16*F,₃: *quoi*; 6*I,₅: *non so*; 31*S,₁₃: *y todas estas cosas* (zur Verwendung von Wörtern des Typs fr./it./sp. *truc / cosa / cosa* als Ungenauigkeitssignale cf. 4.4.2).[8]

---

    bei *je sais pas*, Unzufriedenheit mit seiner Formulierung zu bekunden. – Cf. zu *quoi* auch Hölker 1988.

[8]   Zu den so genannten Approximatoren cf. Mihatsch 2010.

4.1.6 Interjektionen[9]

Zweifellos gehört zu den auffälligsten Eigenschaften des Nähesprechens die Verwendung von **Interjektionen**. Die gängigen Versuche, das Feld der Interjektionen inhaltlich zu ordnen, bedienen sich folgender Kriterien: Aufforderung und Frage, Zustimmung, Ablehnung und Widerspruch, positive oder negative Bewertungen, Indifferenz, Gefühle wie Schmerz, Trauer, Empörung, Enttäuschung, Überraschung, Freude etc., körperliche Empfindungen wie Schmerz, Müdigkeit, Frieren, Ekel etc. Diese Kriterien lassen bereits erkennen, dass bei Interjektionen der Ausdruck von Emotionen des Sprechers hinsichtlich seines Partners (Affektivität) oder hinsichtlich des Gesprächsgegenstandes (Expressivität) ganz im Zentrum steht (cf. 2.3, Anfang und 2.3.1).

Das Spezifikum der Interjektionen besteht gerade in ihrem inhaltlich wie ausdrucksmäßig knapp-synthetischen Charakter: sie erlauben zum einen maximale Spontaneität und fördern Dialogizität im weitesten Sinne; zum anderen sind sie nur bei starker Situationseinbindung und bei Vertrautheit der Partner kommunikativ akzeptabel. Da sie des Weiteren in der Regel mit intonatorischem sowie gestischem und mimischem Ausdruck eine unauflösliche Einheit bilden, die nur in der *face-to-face*-Situation voll zur Geltung kommt, kann ihre hohe Frequenz im Nähediskurs keinesfalls verwundern. Diese Verwendungstypik von Interjektionen veranschaulichen die folgenden Beispiele (in 20*F mit Ausblendung gestisch-mimischer Elemente, die im Originalcorpus notiert sind):

(20*F)

A [[...] il y a une tache dans la robe	**zut**	1
B [	mais vous voulez pas ...	2
B [<vous voulez pas essayer de . de la lav<u>e</u>r>[1] [...]		3
< ? >[1]		(Sch, 304)

(20*I)

A [<mi dici se questa figliola la partorisce>[1] lei la un ha che		1
A [la speranza mia io ci ho questo figliolo in letto <**boh**>[2] si		2
A [starà a vedere <eh>[3] qualche santo ci aiuterà		3
< ? >[1,3] < ! >[2]		(St, 386)

(20*S)

A ⌈ <cómo ves la universidad . y el plan de estudios>[1]		1
B ⌊	<**huy huy**>[2]	2

---

[9] Cf. Steel 1976, 67–77; Beinhauer 1978, 72–118; Poggi 1981; Buridant/Demonet (eds.) 2006; vor allem Ehlich 1986.

```
        B [ eso es un tema dificilísimo realmente lo que has planteado me        3
        B [ parece <no>³                                                          4

        < ? >¹,³              < ! >²                                      (HCM, 62)
```

Status und Umfang der Kategorie 'Interjektion' ist nach wie vor umstritten (eigene Wortklasse? satzwertig? ins Sprachsystem integriert? konventionalisiert vs. motiviert? etc.). Typische Interjektionen sind sicherlich: fr. *ah, aie, bah, bof, fi, hop, oh, oh là là, ouf, ouïe, pst, zut* etc.; it. *ah, ahi, bah, bèh, dài, dèh, neh, öh, oh, puah, tòh, uffa* etc.; sp. *ah, ajá, ay, bah, caramba, carajo, hala, hola, huy, jo, oh, olé, uf* etc.

Wie die Beispiele 20*F*I*S zeigen, sind Interjektionen kommunikativ vollwertig und eigenständig (hier liegt ein Berührungspunkt mit den holophrastischen Äußerungen vor; cf. 4.3.3), syntaktisch nicht in Sätze integrierbar und nach 'innen' – außer in ihrer Lautgestalt – nicht weiter segmentierbar. Alle diese Bestimmungen gelten auch für sog. sekundäre Interjektionen, die aus Wortmaterial der Einzelsprachen gebildet sind, wie etwa: fr. *la barbe, gare, ma foi, mon oeil, merde, mon dieu, punaise, putain, (et) ta soeur* etc.; it. *accidenti, altro che, cavolo, cazzo, macché, madonna, mamma mia, merda, ostia, ragazzi, va bè, vai via* etc.; sp. *ahí va, ay de mí, anda, coño, cojones, demonios, hostias, joder, jolín/jolines, joroba, leche, madre mía, majo, mujer, ojo, toma, vaya, vamos* etc. Dass es sich auch hierbei um Interjektionen handelt, erhellt aus der Tatsache, dass sie ebenso konventionalisiert und synthetisiert sind wie etwa fr./it./sp. *bof / öh / hala* etc., dass ihre Funktion also gar nicht mehr von der Semantik der Lexeme her verstanden werden kann, aus denen sie, diachronisch gesehen, natürlich gebildet worden sind.[10] Dies zeigt sehr schön der folgende Gesprächsausschnitt (insbesondere bei *hombre* (₇); A, B und C sind Frauen, dennoch ist auch *hija* (₄) natürlich nicht 'wörtlich' gemeint):

(21*S)

```
        A ⌈ [...] <todo todo y la colchita y todo>¹                                1
        B |                            <ah>² <y el colchón>³                      2
        C ⌊                                                  tal                  3
        B ⌈                     <pues hija no es cara>⁴ <qué va a                 4
        C ⌊ como viene dos mil quinientas                                          5
        A ⌈         <barata>⁶                                                      6
        B ⌊ ser cara>⁵        <baratísima>⁷ <hombre>⁸ <yo creí que les había      7
        B [ costado unas cuatro mil pesetas>⁹                                     8

        < ! >¹,²,⁴,⁵,⁶,⁷,⁸,⁹           < ? >³                             (CV, 80s.)
```

---

[10] Insofern ist es auch nicht überraschend, dass sekundäre Interjektionen diachronisch in primäre übergehen können: z.B. it. *bene > bèh*; sp. *joder > jo*.

Des Weiteren sind – ebenso wie fr./it./sp. *bof / öh / hala* etc. – die sekundären Interjektionen des Typs *ma foi / mamma mia / ay de mí* syntaktisch nicht segmentierbar (hierin **unterscheiden** sie sich von Holophrasen; cf. 4.3.3).

Eine genauere Analyse der Interjektionen auf einzelsprachlicher Ebene müsste natürlich die Markierungsabstufungen in **diastratisch-diaphasischer** Hinsicht berücksichtigen (man beachte den Unterschied zwischen fr. *ma foi* und *putain*; it. *mamma mia* und *cazzo*; sp. *demonios* und *joder*; cf. 5.3.2, 5.5.2 und besonders 5.7.2).

Umstritten ist die Zuordnung bestimmter **onomatopoetischer** Elemente zur Kategorie 'Interjektion', weil bloße Imitation noch nicht die für Interjektionen definitorische Emotionalität gewährleistet. So unterschiedlich der jeweilige Anteil an emotionalen Komponenten (relativ hoch etwa bei fr. *berk* in 22*F,$_5$) oder an imitativen Komponenten (so bei sp. *zas* in 22*S,$_1$ und erst recht bei it. *gnam* in 22*I,$_3$) auch sein mag, so steht doch außer Zweifel, dass auch stark imitative Elemente in ganz anderer Hinsicht typisch für kommunikative Nähe sind: in ihnen kommt nämlich die Bevorzugung **analoger** Kommunikationsverfahren zur Geltung (cf. 2.3.2).

(22*F)

```
A [ c'est pas des pizzas qu'on achète dans le commerce ça hein         1
A ⌈                                             oh je                  2
B ⌊ . ah non elles sont dégueulasses celles de de <Genthy              3
A ⌈ pense bien                                                          4
B ⌊ Cathiard>¹ quand tu les vois ah berk [...]                         5
```

< französische Supermarktkette >[1]   (L, 33)

(22*I)

```
A ⌈ quello per mangiare l'osso                                         1
B ⌊              l'osso/ dopo ti si dà tutti gli ossolini              2
B [ gnam gnam gnam [...]                                                3
```

(Cr, 72)

(22*S)

```
A [ [...] entonces íbamos al colegio y llegaba junio y <zas>¹ todo     1
A [ el mundo al Instituto se examinaba libre [...]                      2
```

< ! >[1]   (HCM, 323)

4.1.7 Abtönungsphänomene[11]

Die Forschungen zur linguistischen Pragmatik und Sprechakttheorie haben unter anderem gezeigt, dass wir, wenn wir sprechen/schreiben, nicht nur Sachverhalte darstellen, sondern immer auch bestimmte sprachliche 'Handlungen' vollziehen. Entscheidend sind hier die sog. illokutionären Akte wie Feststellen, Behaupten, Fragen, Bitten, Befehlen, Versprechen, Warnen, Danken, Beglückwünschen, Sich-Entschuldigen, Grüßen, Wetten, Ernennen, Enterben etc. Bei diesen Illokutionen (und ihren Nuancierungen) handelt es sich gerade nicht um einzelsprachliche Kategorien; sie beruhen nämlich auf fundamentalen, universalen Interaktionsmustern, die sich wiederum auf historischer Ebene als nicht einzelsprachlich gebundene, diskurstraditionelle Schemata ausprägen (cf. 2.2, a/b). Insofern ist nicht damit zu rechnen, dass Einzelsprachen bereits über eindeutige Zuordnungen von Ausdrucksverfahren und illokutionären Akten verfügen. So kann bekanntlich die Aussageform eines Satzes fr./it./sp. *Il pleut / Piove / Llueve* in unterschiedlichen Kontexten für ganz unterschiedliche Sprechakte stehen: Feststellung, Behauptung, Bedauern, indirekte Bitte (den Schirm mitzunehmen), indirekte Warnung (aus dem Haus zu gehen), indirektes Verbot (aus dem Haus zu gehen) etc.[12]

Unter den Bedingungen der kommunikativen Distanz werden vielfach Verfahren favorisiert, die die Illokution einer Äußerung und eventuelle Nuancierungen sprachlich so explizit wie möglich machen. Insbesondere werden umfangreichere, stärker durchstrukturierte Äußerungen produziert, in denen zahlreiche Aspekte des pragmatisch relevanten nichtsprachlichen Kontexts versprachlicht werden: z.B. *Comme il pleut, je vous conseille de ne pas sortir à moins que vous ne veuillez prendre froid / Giacché piove, Le consiglio di non uscire a meno che non voglia prendere un raffreddore / Como llueve, le aconsejo no salir a menos que (no) quiera resfriarse*.

Unter den Bedingungen kommunikativer Nähe hingegen bleiben viele Aspekte der Illokutionen dem nichtsprachlichen Kontext überlassen. Dies legt allein schon die starke Situations- und Handlungseinbindung nahe, verstärkt noch durch Privatheit der Kommunikation und Vertrautheit der Partner. Im Übrigen steht auch die Spontaneität einer umfangreichen, durchstrukturierten Versprachlichung illokutionärer Akte entgegen. Ein besonders interessantes, im weiteren Sinne dialogisches Verfahren nähesprachlicher Kommunikation besteht nun darin, bestimmte interaktionell relevante Kontextbedingungen illokutionärer Akte lediglich durch äußerst sparsame sprachliche Elemente anzudeuten. Man kann hier von **Abtönung** sprechen.

---

[11] Cf. etwa Weydt 1969 und (ed.) 1983; Söll 1985, 179–185; Albrecht 1977; Stammerjohann 1980; Held 1983; Schwitalla 1997, 172; Henne/Rehbock 2001, 279, 285, 288s.; Waltereit 2001, vor allem 2006.

[12] Zum Phänomen der Sprechakte cf. vor allem Austin 1962 und Searle 1969; ferner etwa Levinson 1997; Henne/Rehbock 2001, 9–22; Sadock 2004; Meibauer 2008.

Das markanteste Ausdrucksverfahren in diesem Bereich sind die sog. **Abtönungspartikeln** oder auch Modalpartikeln. Sie gelten als besonders typisch für das Altgriechische und das Deutsche (cf. *Das ist **aber** schön!*; *Geh **doch** weg!*; *Wo wohnst Du **eigentlich**?*; cf. ferner etwa *auch, bloß, denn, eben, einfach, etwa, erst, halt, ja, mal, ruhig, schon* etc.). Abtönungspartikeln im strengen Sinne sind unflektierbare, syntaktisch in den Satz voll integrierte, in Initialstellung ausgeschlossene, nicht erfragbare Elemente, die bestimmte an illokutionäre Akte gebundene kontextuell-interaktionale Bedingungen und Erwartungen andeuten (ohne sie wirklich zu explizieren). In unseren romanischen Sprachen gibt es – wenn auch in deutlich geringerem Ausmaß – ebenfalls Abtönungspartikeln, wie die folgenden Beispiele zeigen.

A hat B auf ihr neues, helles Kleid einen hässlichen Fleck gemacht:

(23*F)

```
A ⌈ ça se voit pas tellement <hein>¹                    [...]        1
B ⌊                    ça se voit pas <monsieur>² [...]              2
A [ ça choque peut-être un peu . si j'en faisais un peu sur les/ .   3
A ⌈ un peu au/ partout autour comme ça . <hein>³                     4
B ⌊                                    <faut quand même              5
B [ pas exagérer monsieur>⁴                                          6

< ? >¹,³    < senkt die Stimme >²        < ! >⁴           (Sch, 300s.)
```

In einem Sprechakt 'Vorwurf' (₅₋₆: *faut ... pas exagérer*) wird hier mit *quand même* eindeutig, aber äußerst sparsam, auf die situativen und interaktionalen Gegebenheiten (schönes Kleid, Fleck, Verharmlosung des Vorfalls durch A) Bezug genommen. Dadurch wird der Vorwurf gerechtfertigt und zugleich mit einer abtönenden Nuance 'Entrüstung' versehen. – In 76*F,₂ wird mit *quand même* im Rahmen eines Sprechakts 'Behauptung' auf das Wissen des Gegenübers Bezug genommen und damit Zustimmung erheischt.

In der folgenden Szene richtet die Kundin A an den Metzger B einen Sprechakt 'Aufforderung', wobei sie mit *pure* andeutet, daß die Handlung (genauer: die Wahl des Handlungsobjektes *prosciutto nostrano*), zu der sie den Metzger auffordert, nicht unbedingt zu erwarten war (A wohnt erst seit kurzem im Ort). So wird durch *pure* die Aufforderung abgetönt in Richtung auf eine Nuance 'Nachdruck':

(23*I)

```
A ⌈ e un etto di prosciutto crudo              no mi dia pure    1
B ⌊                       <nostran o parma>¹,²                   2
A [ il nostrano                                                  3

< ? >¹    < B spricht Tessiner Dialekt >²              (CP, 271)
```

Vergleiche auch 33*I,₇: *fammi un po' vedere*. – Im folgenden Beispiel wird mit *ya* nicht auf Elemente des Situationskontexts, sondern des allgemeinen Wissenskontexts (cf. 2.3.2, 2b) Bezug genommen. Damit erhält der Aussagesatz *eso sí ... conoce* den pragmatischen Wert einer Frage, die dahingehend nuanciert ist, dass eine positive Antwort erwartet wird; dabei ist tatsächlich der Wissenskontext (Salamanca kennt 'man' auch in Hispanoamerika!) entscheidender als die Tatsache, dass unmittelbar vorher (₃) schon *sí* gesagt wird:

(23*S)

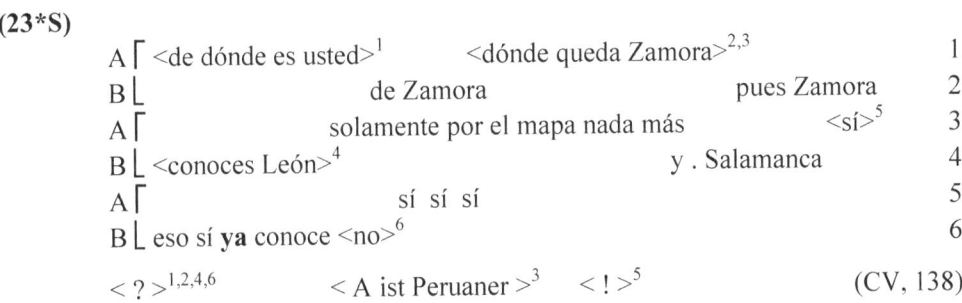

Wie ersichtlich, ist die abtönende Verwendung dieser Elemente nicht gleichzusetzen mit ihrer 'gängigen' Funktion als Adverbien etc. (fr. *Il était malade, mais il est venu **quand même***; it. *Loro sono partiti, e poi siamo partiti **pure** noi*; sp. ***Ya** ha llegado mi hermano*). Dies veranschaulichen auch abtönend verwendete Partikeln und Adverbien wie in den folgenden Beispielen: fr. *Regardez **donc**!*; it. *Sai **proprio** leggere*; sp. *¡Hágalo **pues**!*. Dennoch muss eingeräumt werden, dass Abtönungs**partikeln** in unseren drei Sprachen wenig zahlreich und nicht sehr frequent sind. Diese einzelsprachlich sicher relevante Tatsache tritt jedoch in ihrer Bedeutung zurück, wenn man 'Abtönung' als typisch nähesprachlichen, inhaltlich-pragmatischen Funktionsbereich im oben skizzierten Sinne sieht (cf. auch 4.1.8). Dann stößt man nämlich unweigerlich auf eine Fülle anderer Ausdrucksverfahren der Abtönung.

Zum Teil decken diese Abtönungsverfahren sich materiell mit schon behandelten Typen von Gesprächswörtern, wobei auch mehrere Funktionen gleichzeitig aktualisiert und mehrere Ausdrucksmittel miteinander kombiniert werden können. So können etwa Sprechersignale auch abtönende Aspekte aufweisen (cf. 24*F,₁: *(ah) dites*; 5*I,₂: *eh*; 20*I,₃: *eh*; 15*S,₃: *no*; cf. auch 23*S,₆ und 26*S,₇: *no*). Ähnliches gilt bisweilen auch für Interjektionen: so in 28*I,₁ (*vai*), 21*S,₄ (*(pues) hija*) und in folgendem Beispiel, wo B und C der Person A Urlaubsfotos zeigen:

(24*F)

```
A ⌈ ah dites votre appareil il est sensationnel             1
B |                                    ça c'est .           2
C ⌊                                              hou        3
C [ c'est mon mari qui est sensationnel                     4
```

(E, 27)

Auch Gliederungssignale und *turn-taking*-Signale können zugleich abtönende Funktionen übernehmen, wie wiederum 21*S,4 (*pues (hija)*) zeigt. Im folgenden Gesprächsausschnitt geht es um eine Szene, die einige Schüler spielen sollen. Nachdem Einigung über den Spielverlauf erzielt ist ($_{7-8}$), ist eine Situation erreicht, aus der die Aufforderung mit dem Spiel zu beginnen, abgeleitet werden kann. Diese Abtönung in Richtung 'begründete Aufforderung' leistet *alors*:

(25*F)

```
A [ [...] donc le/ l'heure du crime c'est à . neuf heures et demie   1
A ⌈ disons                                                           2
B ⌊       ouais . ouais (vous) . ouais neuf heures et demie ah non   3
B [ faudrait que ça soit plus tard peut-être le temps qu'elle        4
A ⌈                                     (xxxxx)                      5
B ⌊ rentre elle trouve son mari assassiné . lui son ami arrive et    6
B [ il croit que c'est elle tandis que c'était lui qui l'aurait      7
B ⌈ assassiné bon vas-y alors . alors vas-y tu dis ça s'est passé    8
C ⌊       hm                                                         9
B [ que . attends . dix heures dix heures et demie onze heures [...] 10
```

(E, 54)

Die bei der abtönenden Funktion von *alors* möglichen Platzierungen (Anfang oder Ende) finden im Italienischen ihre Entsprechungen bei *allora* (cf. etwa *Allora lavora* und *Lavora allora*). Als weitere wichtige Gliederungssignale, die ebenfalls häufig in Abtönungsfunktion vorkommen, seien hier genannt: fr. **Mais** assieds-toi!; it. **Ma** sediti!; sp. ¡**Pero** siéntate!.

Bei einer einseitig auf Partikeln und Gesprächswörter fixierten Abtönungsforschung wird übersehen, dass in unseren drei Sprachen Abtönungseffekte mit einer Vielzahl von völlig andersgearteten materiellen Verfahren erzielt werden können. Aus diesem Grund soll hier wenigstens an einigen Beispielen die Verschiedenheit möglicher Verfahren angedeutet werden.

Der im gesprochenen Spanisch sehr häufigen Konstruktion *es que (...)* muss bei Fragen oft abtönende Funktion zugesprochen werden:

(26*S)

A [[...] entonces cogí Historia Social por el profesor más que		1
A [por la asignatura y ahora me arrepiento un poco porque		2
A [resulta que es un poco agria está dando toda la parte de la		3
A ⌈ Reconquista que a mí no me gusta nada y toda la cuestión de		4
B ⌊	claro	5
A ⌈ las repoblaciones		6
B ⌊	**es que** es la Edad Media <no>[1]	7
<?>[1]		(HCM, 429)

Der Sprechakt 'Frage' wird hier – unterstützt durch das Sprechersignal *no* – dahingehend nuanciert, dass der Fragende einen Sachverhalt, den er bereits zu wissen glaubt, in der Antwort bestätigt haben möchte. Offensichtlich besteht keine direkte Verbindung zu *es que* als Überbrückungsphänomen; vergleiche 31*S,17–18: *no se puede comparar* **es que** *como se vive en España*.

Ein eigenartiges Verfahren des Französischen, das wohl nur als abtönend verstanden werden kann, stellt die Kombination der Imperative bestimmter Verben mit der erstarrten Form *voir* dar (cf. *voyons voir, attends voir, dites voir, montre voir, regarde voir, explique voir, essaie voir*, in einem bekannten Trinklied *"goûtons voir si le vin est bon"* etc.). Das folgende Beispiel bietet die Eröffnungssequenz eines Funkgesprächs der Omnibuszentrale (A) mit einem Busfahrer (B):

(27*F)

A ⌈ oui parle **voir**	1
B ⌊ bon dis euh . il manque de la flotte hein mais	2
B [euh . demande (**voir**) au garage si je peux aller à Z hein [...]	3
	(E, 61)

Dass die Ausdrucksverfahren für die Abtönung unter Umständen in völlig unerwartete Gebiete der Syntax hineinreichen, soll das folgende Beispiel belegen. Man muss sich hier fragen, ob nicht außer der Interjektion *vai* (s.o.) auch die Rechtsversetzung (cf. 4.3.4) zur Abtönung der Aufforderung entscheidend beiträgt, weil durch die Rhematisierung des imperativischen Verbs der Sprechakt selbst ins Zentrum des Interesses rückt (cf. demgegenüber *spengi il registratore*):

(28*I)

A [spengilo i'registratore vai	1
	(Cr, 88)

Die hier angedeutete Ausweitung des Feldes der Abtönungsverfahren darf nun aber nicht dazu verleiten, dass man alle möglichen Ausdrucksmittel für quantitative, modale und pragmatische Relationen zur Abtönung zählt. Nach unseren oben angegebenen Definitionskriterien gehören nicht zur Abtönung Satzadverbien wie fr./it./sp. *peut-être / forse / tal vez, probablement / probabilmente / probablemente, malheureusement / purtroppo / por desgracia* etc.; Verstärkungen bzw. Abschwächungen wie *très bien / benissimo / muy bien* bzw. *pratiquement / praticamente / prácticamente, plus ou moins / più o meno / más o menos* etc. Sie sind im Übrigen keineswegs beschränkt auf kommunikative Nähe.

Worauf es hier allein ankommt, ist die Tatsache, dass die Abtönung als deutlich abgegrenzte pragmatische Funktion ein universal nähesprachliches Phänomen ist. Davon unberührt bleibt die – in unserer Darstellung auch schon teilweise sichtbare – unterschiedliche Ausgestaltung dieses Funktionsbereichs auf der Ausdrucksebene (materielle Verfahren) in den Einzelsprachen. Weniger spezifisch für die Problematik der gesprochenen Sprache, dafür aber umso bedeutsamer für den Sprachvergleich ist sodann die Frage nach der inhaltlich-einzelsprachlichen Strukturierung des Funktionsbereichs 'Abtönung'.

4.1.8 Zur Gesamtproblematik der 'Gesprächswörter'

Es dürfte aus der vorausgehenden Zusammenstellung klar geworden sein, dass es sich bei der Mehrzahl der diskutierten textuell-pragmatischen Signalisierungen um Elemente handelt, die kaum in die traditionelle Wortartensystematik passen. Deshalb wurde sogar als neue Wortart die Kategorie **Gesprächswort** vorgeschlagen (cf. Burkhardt 1982). In diese neue Kategorie lassen sich mühelos einordnen: alle Gliederungssignale und damit materiell identische *turn-taking*-Signale, Kontaktsignale und Überbrückungselemente, Korrektursignale wie fr./it./sp. *enfin / insomma / vamos*, Interjektionen wie *ouf / uffa / uf*, alle Abtönungs**partikeln**. Unsere Darstellung hat aber zugleich gezeigt, dass nicht alle in den genannten Funktionsbereichen vorhandenen Ausdrucksmittel den Status von Gesprächs**wörtern** haben. Dies gilt – abgesehen von sämtlichen schon erwähnten nichtsprachlichen und parasprachlichen Verfahren – für Kontaktsignale wie *hm*, für Überbrückungsphänomene wie Pausen und Dehnungen, für Korrektursignale wie fr./it./sp. *je veux dire / voglio dire / quiero decir*, für Interjektionen des Typs *ma foi / mamma mia / ay de mí* und für sämtliche nicht auf Partikeln basierende Abtönungsverfahren (cf. etwa 26*S, 27*F, 28*I): Sie alle sind Gesprächswörtern lediglich äquivalent. Nichtsdestoweniger stellen die Gesprächswörter das Zentrum der in 4.1 diskutierten textuell-pragmatischen Funktionsbereiche dar.

Im Grunde lassen sich die in 4.1.1–4.1.7 vorgestellten Phänomene nicht nach materiellen Kriterien gruppieren, sondern nur – wie wir es getan haben – sieben fundamentalen, nähesprachlichen Funktionsbereichen zuordnen: **Gliederung**, *turn-taking*, **Kontakt**, **Überbrückung**, **Korrektur**, **Emotionalität** (Interjektionen), **Abtönung**. Wie immer wieder deutlich geworden ist, weisen viele Gesprächswörter – und einige äquivalente Ausdrucksmittel – eine beachtliche **Polyfunktionalität** auf (was nicht bedeutet, dass ein bestimmtes Gesprächswort etwa alle genannten Funktionen kumulieren könnte). So dienen fr./it./sp. *alors / allora / pues* der Gliederung, dem *turn-taking*, der Überbrückung und/oder der Abtönung; fr. *hein* der Gliederung, dem *turn-taking* und/oder dem Kontakt; it. *insomma* der Gliederung, der Korrektur oder der Überbrückung; sp. *vamos* dem Kontakt, der Korrektur und/oder als Interjektion. Gesprächswörter stellen also ausgesprochen **sparsame**, auf kommunikative Nähe zugeschnittene Versprachlichungsmittel dar (cf. 2.3.2), die entweder in verschiedenen Kontexten oder sogar gleichzeitig mehrere typisch nähesprachliche textuell-pragmatische Funktionen übernehmen.[13]

Insofern hat die neuere Forschung zu Recht herausgearbeitet, dass es sich bei Gesprächswörtern (und äquivalenten Ausdrucksmitteln) nicht etwa um Erscheinungen handelt, die negativ bewertet und vernachlässigt werden dürfen. Abwertende (traditionelle) Bezeichnungen wie 'Füllwörter', 'Flickwörter', *'explétifs'*, *'riempitivi'*, *'muletillas'* etc. sind lediglich Ausfluss eines Sprachverständnisses, das sich einseitig am Distanzsprechen orientiert (cf. 3.1).

4.1.9 Arbeitsaufgaben

1. Werten Sie die Referenz-Corpora in Kap. 7 im Hinblick auf Gesprächswörter aus; erläutern Sie deren Funktion und versuchen Sie gegebenenfalls, ihre Polyfunktionalität zu erfassen.
2. Vergleichen Sie verschiedene Vorschläge zur Beschreibung und Klassifikation von Gesprächswörtern in unseren drei Sprachen (cf. die einschlägigen Literaturangaben in diesem Abschnitt 4.1). – Überprüfen Sie auch, inwieweit Grammatiken oder Wörterbücher der drei Sprachen Gesprächswörter berücksichtigen und adäquat beschreiben.
3. In unserer Darstellung ist der kommunikative Wert der Gesprächswörter (und äquivalenter Verfahren) anerkannt worden. Bekanntlich werden demgegenüber derartige Elemente im muttersprachlichen Unterricht meist ohne Begründung 'geächtet'. Könnte man konkrete kommunikative Lernziele angeben, die den Verzicht auf Gesprächswörter (und äquivalente Verfahren) wünschenswert erscheinen lassen?
4. In welchem Ausmaß finden Gesprächswörter und äquivalente Verfahren Anwendung in Kommunikationsformen/Diskursarten wie: Privatbrief, Werbetext, Comics, Nachrichtensendung (Radio/Fernsehen), Interview (Fernsehen/Zeitung), Theaterstück (Komödie/Tragödie; Theatermonolog: fr. *hélas!*), Filmdialog, Podiumsdiskussion, Prüfungsgespräch, Vortrag etc.? Überprüfen Sie dies an selbstgewählten Beispielen und versuchen Sie jeweils, die Funktion und den Effekt dieser Elemente herauszuarbeiten (achten Sie dabei auch auf den Unterschied zwischen echter und fingierter Mündlichkeit; cf. 2.5, (2)).

---

[13] Cf. jetzt zahlreiche Beiträge in Loureda Lamas/Acín Villa (eds.) 2010.

5. Überprüfen Sie romanisch-deutsche und deutsch-romanische Übersetzungen von Theaterstücken, Romanen, Filmdrehbüchern, Comics, die deutlich zu kommunikativer Nähe tendieren, auf die Adäquatheit der Wiedergabe von Gesprächswörtern hin.

4.2 Textuell-pragmatischer Bereich: Makrostrukturen

Nachdem in 4.1 diejenigen textuell-pragmatischen Phänomene des Nähesprechens vorgestellt wurden, die direkt auf Instanzen und Faktoren der Kommunikation verweisen, sollen nun Kennzeichen des Nähediskurses als einer Instanz der Kommunikation diskutiert werden (cf. Beginn von 4.1). Dabei werden drei Problemkomplexe behandelt, die zweifellos für die Makrostruktur aller Diskurse/Texte entscheidend sind und gerade im Bereich kommunikativer Nähe charakteristische Aspekte aufweisen. Das generelle Problem der 'Kohärenz' in Nähediskursen, unabhängig von der jeweiligen Diskursart, ist Gegenstand von 4.2.1. Um eine spezifische Diskursart, nämlich um narrative Nähediskurse, geht es in 4.2.2; in 4.2.3 wenden wir uns schließlich dem Sonderfall der Redewiedergabe im Nähediskurs zu.

4.2.1 Kohärenz und Aufbau von Nähediskursen

Ein für die textlinguistische Forschung zentraler Begriff ist derjenige der 'Textkohärenz'. Dabei wurden zunächst in undifferenzierter Weise einheitliche, rein sprachlich definierte Kohärenzmaßstäbe formuliert, die prinzipiell für jede Art von Text gelten sollten: Vollständigkeit, semantische Isotopie, Thema-Kontinuität, pronominale Verkettung, klar identifizierbare Teiltexte mit geregelter semantischer Progression etc.[14] Ein solcher Begriff von Kohärenz ist eindeutig am Ideal des Distanzsprechens ausgerichtet, ist also nur gültig für den 'Text' im eingeschränkten, in 2.3.2 definierten Sinne. Sobald man Äußerungen aus dem Bereich des Nähesprechens in die Betrachtung einbezieht, erweist sich angesichts der Vielgestaltigkeit von Diskursen ein derart enger Kohärenzbegriff als inadäquat. Rein sprachlich enthalten Nähediskurse nämlich Brüche, Sprünge, Inkonsequenzen, 'Widersprüche', Unvollständigkeiten etc. Dennoch sind solche Äußerungsformen mitnichten sinnlos oder unverständlich. Unter den Bedingungen kommunikativer Nähe entsprechen sie nämlich einem andersartigen Kohärenztyp. Sie erhalten ihre Verständlichkeit und ihre inhaltliche Bestimmtheit nicht allein aus dem (digitalen) sprachlichen Kontext, sondern gerade aus analogen Kontextarten: situativer Kontext, (insbeson-

---

[14] Cf. etwa Dressler 1973, 16; Beaugrande/Dressler 1981; auch van Dijk 1986.

dere individuelle) Wissenskontexte, nichtsprachliche und parasprachliche kommunikative Kontexte (cf. 2.3.2).[15]

Dies sei hier an drei verschiedenartigen Beispielen verdeutlicht, deren einzelsprachliche Zugehörigkeit in diesem Fall insofern belanglos ist, als die durch sie exemplifizierten universalen Kontextualisierungstypen unspezifisch bezüglich irgendwelcher einzelsprachlichen Fakten sind.

Einen Extremfall stellt der folgende Ausschnitt aus dem 'verbalen Geschehen' bei einer *colazione d'estate* von Erwachsenen mit Kindern dar. Die sprachlichen Äußerungen, für sich betrachtet, machen einen chaotischen Eindruck. Für die Personen, die an der sich interaktionell definierenden Situation beteiligt sind, ergibt das Neben-, Bei- und Miteinander aber einen Sinn. Aus dem Transkript der sprachlichen Äußerungen allein lässt sich die volle Kohärenz selbstverständlich nicht erschließen (zumal hier – anders als in 30*F – nur wenige Hinweise auf nichtsprachliche Kommunikation im Transkript erscheinen).

(29*I)

```
A ⌈  <aah>¹  <le chiocciole>²                                          1
B |              no le ha girate le chiocciole                         2
C ⌊                                       <le ho girate>³              3
C ⌈  ma un mi sembra umh              <ah ah>⁴                         4
D |            una gran cosa l'è troiaio via                           5
E ⌊              <ci ha una scarpa sciolta ci ha una                   6
A ⌈              no no mi sembra                                       7
C |                                       a parte tutto                8
E ⌊ scarpa sciolta te la lego Fanny>⁵                                  9
C ⌈                            passatemi la tazza                     10
D |  a parte tutto eh eh <va benino>⁶                                 11
E ⌊              te la lego Fanny                                     12
B ⌈              no                                                   13
D |  vieni . <su>⁷           senti te la lego . ce l'ha               14
E ⌊            Fanny . <te la lego>⁸                                  15
C ⌈                       mi va bene il bicchiere a me                16
D |  sciolta . no no io no                                            17
E ⌊                                       <mamma>⁹                    18
```

< aufheulend >¹ < ! >²,⁷ < ? >³ < lachend >⁴,⁶ < singend; genauer Zeitpunkt aus Transkript nicht ersichtlich >⁵ < mit Nachdruck >⁸ < jammernd >⁹

(Cr, 72s.)

---

[15] Cf. etwa Fritz 1982; Sornicola 1981, 241–272; Bustos Tovar 1997; cf. vor allem Koch/Oesterreicher 2008b.

In der folgenden Situation geht A auf C zu, der nicht weiß, dass direkt hinter ihm B geht, der ein Bekannter von A ist. A grüßt B jedoch so, dass C den Gruß auf sich bezieht (es handelt sich um eine gestellte Szene, in der C getäuscht werden soll: *Caméra invisible!*). Weil hier der nichtsprachliche Kontext für das Verständnis unerlässlich ist (und im Transkript der Videoaufnahme auch minutiös notiert ist), markieren wir in diesem Fall die nichtsprachlichen Ereignisse in einer Kopfleiste (Δ) und erläutern sie, wie üblich, im Anschluss an den Textausschnitt; wo es sich nicht um punktuelle Ereignisse handelt, markieren wir die Dauer mit (⁼⁾) = Anfang und (⁽⁼) = Ende:

(30*F)

Δ	⁼⁾¹/²/³/⁴		⟨ ⟩⁵ ⁼⁾⁶⁽⁼⁾⁴ ⁼⁾⁷ ⁽⁼⁾¹/⟨ ⟩⁸/⁽⁼⁾⁷/	
A [		comment ça va … ah c'est extraordinaire		1

Δ	⁼⁾⁹/¹⁰		⁽⁼⁾¹⁰⟨ ⟩¹¹ ⁽⁼⁾⁶/⁼⁾¹²⁽⁼⁾⁸/⁹⟨ ⟩¹³⁼⁾³/⁽⁼⁾³/⟨ ⟩¹⁴	
A ⌈		mais oui ça fait		2
B |	(xxxxxx) il y a deux jours que (xxxxxxxxxxxx)			3
C ⌊		je croyais que c'était à moi		4

Δ	⟨ ⟩¹⁵/¹⁶	⁽⁼⁾²/¹²	
A ⌈	ah ben		5
B ⌊	ah ben		6

< A blickt C an >¹   < A hebt linken Arm mit Tasche nach vorn >²   < B blickt A an >³   < B hebt und senkt Arme >⁴   < A bleibt stehen >⁵   < A streckt Hand aus >⁶   < C blickt A an >⁷   < C bleibt stehen >⁸   < A blickt B an >⁹   < C blickt zu B zurück >¹⁰   < C blickt A an >¹¹   < A und B reichen sich die Hand >¹²   < B wendet Blick von A nach links zu C >¹³   < A wendet sich zu C um >¹⁴   < C wendet sich wieder nach vorn und geht weiter >¹⁵   < A wendet sich wieder B zu >¹⁶
(Sch, 320)

Verglichen mit den nichtsprachlichen, sind die sprachlichen Ereignisse in dieser Szene äußerst dürftig und unvollständig. Die sprachlichen 'Brocken' bilden jedoch im Verein vor allem mit Blickkontakt und Gestik eine – für C freilich zunächst verwirrende – sinnvolle, kohärente Interaktion.

In unserem dritten Beispiel (31*S) ist zwar der sprachliche Anteil am kommunikativen Geschehen so hoch, dass keinerlei situative Kontexthilfen für das Verständnis des Diskurses notwendig sind. Dennoch genügt auch dieser Diskursausschnitt nicht den Anforderungen kommunikativer Distanz: keine völlig logische Progression und stringente Argumentation, assoziative 'Abschweifungen', kreisende Themenentwicklung (cf. $_{5,29}$: *oxígeno*; $_{14,21}$: *debemos / se debe de salir*), nivellierende Reihung hierarchisch ungleicher Diskursteile, inhaltliche Abbrüche und Vorwegnahmen etc. Die Spontaneität und Unvorbereitetheit der Antwort von A erlaubt hier keine systematische, weiträumige Planung des Diskursaufbaus; die Gedanken müssen *ad hoc* versprachlicht werden, was auf Grund der Privatheit der Situation ohne Weiteres möglich ist. Der Diskurs gewinnt hier seine 'Kohärenz' aus der unmittelbaren Anwesenheit des Gesprächspartners B (*face-to-face*) und dessen kooperativem Interesse, das sich aus seiner Interviewer-Rolle ergibt (Dialogizität). Dass A laufend ein Interesse auf Seiten von B unterstellt, zeigen auch die häufigen Sprechersignale: (*pues*) *mira* ($_3$), *sabes* ($_5$), *no* ($_{10,14,17,20,23}$), *ya te digo* ($_{28}$).

(31*S)

A	[[...] me has preguntado de pasada el tema de los viajes pero .	1
A	[me debías de haber preguntado <qué va>[1] <por qué yo viajaba al	2
A	⌈ extranjero>[2] muy bien pues te lo voy a decir pues mira	3
B	⌊ dímelo ahora	4
A	[viajo al extranjero porque es como tomas el oxígeno . <sabes>[3]	5
A	[cuando uno vive en un país en un país como el nuestro en el que	6
A	[estamos en un rinconcito de Europa que los franceses dicen que	7
A	[España empieza en los/ . que África empieza en los Pirineos y en	8
A	[cambio nosotros no nos sentimos africanos y no somos/ . me	9
A	[recuerda mucho a Turquía <no>[4] mi país vamos nuestro país y	10
A	[Turquía . me parecen dos países/ . <que es una pena>[5] pero son	11
A	[países hermanos ahora que tanto se lleva esta palabra del país	12
A	[hermano y todas estas cosas . entonces creo que ... cada vez más	13
A	[debemos de salir al extranjero <no>[6] cada vez más . porque los	14
A	[españoles hablando en general hemos tenido un complejo de	15
A	[superioridad tremendo o de inferioridad como quieras es un	16
A	[complejo <no>[7] de que o éramos lo mejor del mundo <vamos>[8] no se	17
A	[puede comparar es que como se vive en España o como lo que se	18
A	[hace en España o como es España . o todo lo contrario o es que	19
A	[no se puede comparar España con Alemania . con lo que sea <no>[9]	20
A	[entonces creo que . se debe de salir . y . sin comparar ir	21
A	[tomando ideas ir asimilando y no tener un espíritu hipercrítico	22
A	[<no>[10] contra los países a los que se va o al contrario y	23
A	[hipereufórico todo es bueno fuera y todo es malo dentro o al	24
A	[revés ninguna de las dos cosas pero yo creo que nos ayudaría	25
A	[muchísimo si saliéramos cada vez más a comprender . mejor la	26
A	[coyuntura que estamos pasando o que/ . en la que está España en	27

A [una palabra y creo que ya te digo a mí me parece interesantísimo   28
A [y para mí es oxígeno [...]   29
< ! >^{1,5,8} < ? >^{2,3,4,6,7,9,10} (HCM, 82s.)

4.2.2 Mündliches Erzählen: narrative Nähediskurse

Die in 4.2.1 erläuterten Charakteristika gelten für **alle** Nähediskurse. Jetzt wenden wir uns einer besonderen Art von Nähediskursen zu: den mündlichen Erzählungen.

Das Erzählen ist in alltäglicher, spontaner Kommunikation und Interaktion allgegenwärtig, da es eine ganze Reihe wichtiger Zwecke erfüllt: es entlastet von konkreten Handlungszwängen, unterhält den/die Partner, befriedigt das Informationsbedürfnis (auch die Neugier) der Zuhörer und das Mitteilungsbedürfnis des Erzählers, erlaubt diesem die Verarbeitung von Erlebnissen, gibt Handlungsmodelle vor und dient zur quasiargumentativen Stützung oder Widerlegung von Meinungen, Thesen etc.; es bestärkt die gemeinsamen Überzeugungen, die Vertrautheit und die affektiven Beziehungen zwischen den Partnern, wobei allerdings die Bedeutung des Erzählens gerade für die Selbstdarstellung des Erzählenden nicht übersehen werden darf.[16]

Mündliches Erzählen beinhaltet nun aber insofern ein 'Paradox', als das Erzählen prinzipiell wichtigen Definitionsstücken kommunikativer Nähe zu widersprechen scheint (cf. 2.3.1). Erzählen ist *per definitionem* eine Form der Kommunikation, die a) im Kern monologisch konstituiert ist und deshalb auch die Kooperationsmöglichkeiten der Zuhörer einschränkt; b) in ihrem temporalen und lokalen, teilweise auch personalen Referenzbezug von der Sprecher-*origo* entfernt und damit aus unmittelbaren Situations- und Handlungszusammenhängen entbunden ist; c) auf eine gewisse Themenfixierung nicht verzichten kann.

Es ist daher naheliegend, dass Erzähler unter den Bedingungen kommunikativer Nähe ganz bestimmte Verfahren der **Vergegenwärtigung** und **Verlebendigung** des Diskurses nutzen, die sich an unseren Beispielen 32*F*I*S beobachten lassen. Wahrnehmungserlebnisse und Gefühlseindrücke werden durch Onomatopoetika und Interjektionen (cf. 4.1.6) kompakt und expressiv vermittelt (32*F,$_1$: *pa ta ta ta ta*; $_2$: *crrc boum*; *vou*; $_3$: *crac*; $_4$: *ouh*). Parasprachliche Mittel wie Betonung und Dehnung etc. finden verstärkten Einsatz (32*F,$_2$: *boum*; *UN BRUIT*; *VOU*; $_3$: *CRAC*). Besondere Darstellungseffekte erbringt auch die expressive Syntax (32*F,$_2$: *un bruit dans la bagnole*; $_3$: *je soulève*; $_4$: *plus de moteur*; 32*I,$_6$: *l'altro lì l'altro là*; $_{6-7}$: *e poi io davanti*; cf. 4.3.4, I). Prominentester Ausdruck mündlichen Erzählens ist aber die Verwendung des **Präsens**

---

[16] Cf. Stempel 1987 und insgesamt Erzgräber/Goetsch (eds.) 1987; cf. die Artikel in Ehlich 2007, vol. 3, 359–401.

als **Erzähltempus**[17] (cf. alle (fett) hervorgehobenen Formen in 32*F*I*S; ferner die Tempusverwendung in 1*I,$_{10-26}$).

(32*F)

A [	[...] puis elle **continue** pa ta ta ta ta au bout d'un moment .	1
A [	crrc b<u>ou</u>m . UN BR<u>UIT</u> dans la bagnole . V<u>OU</u> . ça commençait à	2
A [	(xxx) une fumée pas possible . CRAC je me **gare** . je **soulève** .	3
A ⌈	ouh plus de moteur ... <u>alors euh</u> on **sort** au péage et puis (vou/)	4
B ⌊	((fragt nach dem Wagentyp))	5
A [.	une Jaguar . et puis ((verhaltenes Lachen und Gluckern aus der	6
A [	Weinflasche)) on **continue** ... (ha ha) oui théoriquement ça tient	7
A [.	<u>hein</u> mais alors là ça avait lâché ... ((Gelächter)) alors on	8
A [	**continue** euh on **continue** à à rouler alors j'étais en . ben je	9
A [	sais pas (je crois que je devais être) en première ou en seconde	10
A [	c'est une boîte automatique alors je sais plus je sais plus trop	11
A [	<u>hein</u> . je crois que j'étais en première parce qu'elle tournait	12
A [	pas assez pour euh déclencher la seconde . DINGUE hein ce truc .	13
A [	alors finalement . on **arrive** dans un petit village . il y avait	14
A [	un hôtel là . alors je **coupe** tout [...]	15

(IS, 128s.)

(32*I)

A [	[...] là c'era Gorizia alla distanza di 500 metri lì c'era la	1
A [	ferrovia che era rialzata aveva degli archi come a S. Giacomo del	2
A [	Martignone allora si andava lì sotto a ripartirsi il rancio	3
A [	**partiamo** perché si doveva far presto allora chi da una parte chi	4
A [	dall'altra "tu prendi questo tu prendi quell'altro tu prendi il	5
A [	barile del vino <l'altro la carne" l'altro lì l'altro là>[1] e poi	6
A [	io davanti e **andiamo** su quando **siamo** a metà monte **fanno** una	7
A [	scarica di artiglierie una cosa dell'altro mondo allora i soldati	8
A [	quello che hanno lo **gettano** via tutto per tentare d'andarsi a	9
A [	nascondere allora lì **perdiamo** tutto il rancio ma quello è il	10
A [	meno e **continuano** e **continuano** e non c'è modo di scappare perché	11
A [	**tirano** dietro e anche davanti allora quando si erano calmati	12
A [	quelli che eravamo idionei eravamo in otto sette o otto erano	13
A [	morti gli altri feriti gravemente e così [...]	14

< das Ende der direkten Rede liegt außerhalb dieses Bereichs; das Anführungszeichen nach *carne* ist nur tentativ; cf. 4.2.3) >[1]   (FMR, 55)

---

[17] Cf. Havers 1931, 153s.; Quasthoff 1980, 226–230; Koch 1985, 61; 1986, 136s.

Im folgenden Beispiel berichtet A, wie er durch die Unvorsichtigkeit eines Kommilitonen wegen Täuschungsversuchs in einer schriftlichen Prüfung vom Examen ausgeschlossen wurde.

(32*S)

A [nos dividían por apellidos no coincidí con nadie del apellido		1
A [entonces . nada salí y había un chico que estaba que por cier/ .		2
A [me dijo que estaba sentado detrás de mí **dice** "has escrito mucho		3
A [te he copiado el problema me parece que <le>[1] tienes bien" **digo**		4
A ["pues sí creo o sea me daba bien" **dice** "<qué tal llevas la		5
A [Física y Química>[2]" **digo** "pues la llevo . no sé un problema a lo		6
A [mejor no <le>[3] sé hacer pero vamos los temas creo que . creo que		7
A [los podré hacer bien" **dice** "bueno pues no te preocupes porque . el		8
A [problema lo sacamos entre los dos y los temas yo los llevo yo los		9
A [llevo . llevo chuletas de todos los temas y te los paso" **digo** "no		10
A [déjalo si no me sale ya te diría <no>[4]" nos **dan** el . nos **dan** el		11
A [papelito de exa/ . **entramos** al examen nos **dan** el papelito y de		12
A ⌈ buenas a primeras me **encuentro**		13
B ⌊ <todavía te anulan la convocatoria te		14
A ⌈ <no si me suspendieron majo>[6] aquella		15
B ⌊ te echan para atrás>[5] <otra vez>[7]		16
A [vez toma claro y me **encuentro** un montón de papeles completamente		17
A [así completamente . arrugados y rebujados así en la mano . el		18
A [chiquillo aquel se puso de pie era en un aula de Filosofía		19
A ⌈ precisamente de estos escalonados y el chico se puso de pie		20
B ⌊ sí		21
A [me lo dejó justo encima de mi . encima de mi mesa [...]		22

< leísmo; cf. 5.3.2, b >[1,3]   < ? >[2,4,7]   < ! >[5,6]   (HCM, 327s.)

Das Phänomen des **narrativen Präsens** (sog. *praesens historicum*) kann zum einen bezogen werden auf die Tatsache, dass das Präsens, als am wenigsten markiertes Tempus, das sparsamste Mittel darstellt, um auch auf Vergangenes zu referieren – vorausgesetzt allerdings immer, dass der Zuhörer, sei es aus dem sprachlichen, sei es aus dem nichtsprachlichen Kontext, den Vergangenheitsbezug erschließen kann. Typisch für die romanischen Sprachen ist dabei beispielsweise, dass das narrative Präsens eindeutig als Vordergrundtempus fungiert und dabei in erster Linie das *passé simple / passé composé*, *passato remoto / passato prossimo* und *pretérito indefinido* ersetzt, während als Hintergrundtempora weiterhin – oft im selben Satz – Imperfekt und Plusquamperfekt gebraucht werden[18] (beispielsweise 32*F,$_2$: *commençait*; $_8$: *avait lâché*; $_{12}$: *j'étais* etc.; 33*F,$_1$: *je voulais*; $_{1-2}$: *il devait*; 32*I,$_1$: *c'era*; $_4$: *doveva*; $_{12}$: *erano* etc.; 33*I,$_3$: *mandava*; $_5$: *sapevo, erano* etc.; 32*S,$_1$: *dividían*; $_2$: *había*; $_3$: *estaba*). Aber auch das 'normale' narrative Vordergrundtempus kann als Rahmen für eine mündliche Erzählung im Präsens erscheinen (cf. 33*F,$_{8-9}$: *j'ai pas réalisé*; 33*I,$_{2-3}$: *ho chiesto*; $_3$: *ha messo* etc.; 32*S,$_1$: *coincidí*; $_2$: *salí*; $_3$: *dijo*; $_{19}$: *se puso* etc.).

Dieser letzte Punkt deutet darauf hin, dass man nun andererseits den Gebrauch des narrativen Präsens auf das schon genannte Prinzip der Verlebendigung in mündlichen Erzählungen beziehen muss. In denjenigen Passagen, in denen die Erzählung besonders dicht und intensiv angelegt ist, wird gewissermaßen fiktiv die referentielle Differenz zwischen Vergangenem und Gegenwärtigem zum Verschwinden gebracht und damit Nähe nicht nur in temporaler, sondern auch in erlebnismäßiger Hinsicht hergestellt. Der Erzähler 'spielt' förmlich bestimmte Szenen nach, wobei auch die direkte Rede ganz besonders wirkungsvoll ist (cf. 4.2.3).[19]

Ein geballter Einsatz verlebendigender Verfahren liegt vor in dem extremen Beispiel 32*F. Diese Erzählung hat nicht nur großen Unterhaltungswert (Lachen und Gelächter in $_6$ und $_8$), sondern sie dient offensichtlich auch in hohem Maße der Selbstdarstellung des Erzählers.

Wie der Vergleich der drei hier gewählten Beispiele zeigt, kann der Erzähler vergegenwärtigende und verlebendigende Versprachlichungsmittel in unterschiedlichem Ausmaß einsetzen. 32*F, 32*I und 32*S weisen in dieser Reihenfolge – natürlich völlig unabhängig von der jeweiligen Einzelsprache – einen abnehmenden Grad an Expressivität auf.

Ein besonders schönes Beispiel lebendiger mündlicher Erzählung und auch Redewiedergabe findet sich im spanischen Referenztext in 7.3.

---

[18] Cf. Weinrich 1977, 91–107, 273–281; Schwitalla 1997, 100–103. – Zur einzelsprachlichen Problematik der Verteilung von *passé simple* und *passé composé* im Französischen bzw. von *passato remoto* und *passato prossimo* im Italienischen cf. 5.3.3, b7 bzw. 5.5.1, b; Bres 1999 weist zu Recht auf diskurstraditionelle Affinitäten bei der Verteilung der Vergangenheitstempora und des Präsens in der Narration hin.

[19] Hier wird übrigens ein wichtiger Unterschied zu dem Phänomen des *praesens pro futuro* sichtbar (cf. etwa 5*F,$_1$: *j'arrive dans trois minutes*; 22*I,$_2$: *dopo ti si da tutti gli ossolini*; 34*S,$_1$: *yo me caso*; zum Italienischen cf. jedoch auch 5.5.3, b7). Das *praesens pro futuro* scheint zwar auch universal nähesprachlich zu sein (in Sprachen mit einem Futur) und ist in seiner Sparsamkeit stark kontextabhängig, doch geht ihm die Verlebendigungsfunktion des narrativen Präsens ab. Da es außerdem in keiner Weise konstitutiv für ganze Diskursteile ist, müsste es wohl eher im Bereich der Semantik diskutiert werden.

4.2.3 Mündliche Redewiedergabe

Es gehört zu den Spezifika menschlichen Sprechens (im Sinn von 2.2), dass in einen Diskurs prinzipiell ein anderer Diskurs 'eingelassen' werden kann. Üblicherweise werden hierfür die Bezeichnungen 'direkte/indirekte Rede', 'berichtete Rede', 'Redewiedergabe' oder 'Redeerwähnung' verwendet. Das Grundproblem der Redewiedergabe besteht darin, dass die Sprecher-*origo* des aktuellen Diskurses und diejenige des in ihn eingelassenen Diskurses in temporaler, lokaler und/oder personaler Hinsicht differieren.[20] Es gibt hierfür zwei Lösungsmöglichkeiten: a) der eingelassene Diskurs wird einfach 'zitiert' (direkte Rede), sodass sein deiktisches Bezugssystem von dem des übergeordneten Diskurses differiert (fr./it./sp. *Charles a dit: "**Je viendrai**" / Carlo ha detto: "**Verrò**" / Carlos ha dicho: "**Vendré**"*); b) der eingelassene Diskurs wird in den übergeordneten Diskurs syntaktisch voll integriert und an dessen deiktisches Bezugssystem angepasst (indirekte Rede; cf. fr./it./sp. *Charles a dit qu'**il viendrait** / Carlo ha detto che **sarebbe** venuto / Carlos ha dicho que **vendría***).

Die integrative Anpassung des eingelassenen Diskurses an das deiktische Bezugssystem des übergeordneten Diskurses erfordert einen hohen Planungsaufwand. Dies erklärt, warum im Distanzsprechen die Möglichkeiten indirekter Rede voll ausgeschöpft werden können. Da demgegenüber die starke Spontaneität des **Nähesprechens** die volle syntaktische Integration und die temporale, lokale und personale Anpassung der Redewiedergabe erschwert, ist es verständlich, dass hier die **direkte Rede** bevorzugt wird, wie unsere Beispiele 32*S,$_{3-11}$; 33*F; 1*I,$_{5-20}$; 32*I,$_{5-6}$; 33*I zeigen.[21] Der geringe Planungsaufwand ist im Übrigen auch verantwortlich für gleitende Übergänge zwischen direkter und indirekter Rede (cf. etwa 32*I,$_6$).

(33*F)

A [[...] alors je voulais y aller cet après-midi puis euh Z il	1
A [devait venir avec moi pour m'aider pour que ça aille plus vite	2
A [CRAC la grand-mère qui s'amène . elle me **dit** "TIENS j'ai pensé	3
A [comme tu m'as dit que qu'on irait euh que vous iriez à la fac .	4
A [euh comme moi je dois aller à <Darty>[1] j'ai pensé que tu	5
A ⌈ pourrais m'amener bon ben je lui ai **dit** "moi je veux bien je	6
B ⌊ <mhm>[2]	7
A [veux bien t'amener" bon alors euh . et puis bon mais moi j'ai	8
A [pas réalisé quoi c'est tout hein puis elle me **dit** euh "oui mais	9
A [alors euh moi j'en ai pour une demi-heure une heure alors faudra	10

---

[20] Cf. etwa Bühler 1965, 102ss.; auch Maldonado 1999.
[21] Cf. hierzu und zum Folgenden Gülich 1970, 101ss.; Quasthoff 1980, 231–245; Stempel 1980; Koch 1985, 61s.; 1986, 137s.; Schwitalla 1997, 139.

A [que tu viennes me <rechercher" mais je **dis** "ça va pas je peux   11
A [pas venir te rechercher [...]>³"   12

< Kaufhaus >¹   < bejahend >²   < lachend >³   (L, 46)

(33*I)

A [[...] in infermeria arriva il tenente medico "<sei di nuovo   1
A [qua>¹" . e mi manda all'ospedale io un po' confuso non ci ho   2
A [chiesto perché che mi mandava ha messo sopra 'dolori arti   3
A [diffusi' e io ci **pensavo** "ma che cosa sono 'sti dolori arti   4
A [diffusi" e non sapevo cos'erano . al mattino presto passa il   5
A [maggiore medico arriva dove me nel letto guarda la mia cartella   6
A [e mi dice "fammi un po' vedere 'ste ginocchia" allora ho capito   7
A ["signor maggiore io coricato sto bene ma in piedi no ce la   8
A [faccio" . e mi **dicevo** "adesso ritorno al corpo con otto giorni   9
A [di riga" . la suora si fa avanti e dice "maggiore questo è molto   10
A [deperito" . allora lui prende la cartella scrive e lei mi faceva   11
A [dietro/ faceva con la bocca segno e io capivo quaranta .   12
A ["ma quaranta giorni di riga no neh" che io **pensavo** invece erano   13
A [quaranta giorni di convalescenza [...]   14

< ? >¹   (A, 102)

Die syntaktische Integration und die deiktische Anpassung des eingelassenen Diskurses bei indirekter Rede signalisieren deutlich, wenn auch in planungsaufwendiger Weise, dass es sich um eine Redewiedergabe handelt. Bei der direkten Rede bedarf es demgegenüber anderer, sparsamerer Signale. Große Bedeutung kommt hier dem 'obstinaten' Einsatz mehr oder weniger stereotypisierter Formen der Redeverben zu (vor allem fr. *je dis / il dit, elle dit / qu'il dit*; it. *dico / dice*; sp. *digo / dice*; dies sind die in 32*S,$_{3,4,5,6,8,10}$; 33*F,$_{3,6,9,11}$; 33*I,$_{4,7,9,10,13}$ hervorgehobenen Elemente; cf. auch *pensavo*). Nicht zufällig erscheinen die stereotypisierten Formen der Redeverben zumeist im narrativen Präsens (in den genannten Beispielen sogar zusammen mit narrativen Präsentia anderer Verben wie: *dan, entramos, encuentro* (32*S,$_{11,12,13,17}$); *s'amène* (33*F,$_3$); *arriva, manda, passa, guarda* etc. (33*I,$_{1,2,5,6}$ etc.)).

Ein weiteres wichtiges Verfahren der Markierung direkter Rede stellen in Nähediskursen bestimmte Gliederungssignale dar (dialogische Anfangssignale im Sinne von 4.1.1, a): 32*S,$_{5,6}$: *pues*; $_8$: *bueno pues*; 33*F,$_3$: *tiens*; $_{9-10}$: *oui mais alors*; 33*I,$_{4,13}$: *ma*. Sie verleihen, so wie überhaupt die direkte Rede, dem mündlichen Erzählen ein Höchstmaß an Vergegenwärtigung und Verlebendigung (cf. 4.2.2). Da in der direkten Rede die *origo* des zitierten Sprechers und diejenige des aktuellen Sprechers 'fiktiv' zur Deckung gebracht werden, kann der Erzähler gleichsam die Rolle der 'erzählten' Person

spielen. Ein guter Erzähler bedient sich dabei aller sprachlichen, parasprachlichen und nichtsprachlichen Mittel, die er auch in realen Dialogen einsetzen würde.

4.2.4 Arbeitsaufgaben

1. Untersuchen Sie im Kontrast zu den nähesprachlichen Referenz-Corpora in Kap. 7 sowie 29*I, 30*F, 31*S selbstgewählte Texte (z.B. Zeitungskommentar, wissenschaftlicher Aufsatz, Gesetzestext, Gebrauchsanweisung, literarische Personencharakterisierung, Landschaftsbeschreibung etc.) im Hinblick auf Merkmale typisch distanzsprachlicher Textkohärenz.
2. Verdeutlichen Sie die Komplexität des Verfahrens der indirekten Rede: zeigen Sie an verwickelteren Beispielen, als wir sie in 4.2.3 geben konnten, welche Veränderungen in den drei Dimensionen der Deixis bei der Umformung der direkten in die indirekte Rede vorgenommen werden müssen.
3. Führen Sie mit Ihnen bekannten Muttersprachlern des Französischen/Italienischen/Spanischen einen kleinen Test durch: lassen Sie sich ein nur kurze Zeit zurückliegendes Erlebnis unvorbereitet mündlich erzählen und nehmen Sie diese Erzählung auf Tonband auf, um sie transkribieren zu können; bitten Sie ihre 'Versuchsperson' anschließend um eine schriftliche Version ihres Erlebnisses. Werten Sie die Ergebnisse im Blick auf Erzähltempora und Redewiedergabe aus. – Überlegen Sie (oder testen Sie, wenn möglich), welche Auswirkungen Veränderungen der Versuchsanordnung haben können: mit/ohne Vorbereitungszeit, kleiner/großer Zuhörerkreis, unbekannte/bekannte Zuhörer, sichtbares/verstecktes Mikrophon bei mündlicher Erzählung; kurze/lange Schreibzeit, hohe/keine Leistungsanforderungen bei schriftlicher Erzählung; länger zurückliegendes, häufig erzähltes/'frisches' Erlebnis bei mündlicher und schriftlicher Erzählung; erst mündliche, dann schriftliche Erzählung (s.o.); erst schriftliche, dann mündliche Erzählung.

4.3 Syntaktischer Bereich

Wie zu Beginn von 2.3 ausgeführt, stellt die Produktion eines Diskurses/Textes eine **Formulierungsaufgabe**[22] dar, bei der, im Rahmen der einzelsprachlichen Vorgaben und im Blick auf komplexe Zusammenhänge der außersprachlichen Wirklichkeit, sprachliche **Zeichen linear** geordnet werden müssen. Die Kombinatorik sprachlicher Zeichen von der Wortebene an aufwärts wird als das Gebiet der **Syntax** angesehen, in dem traditionell die Einheit **Satz** als Bezugsgröße gilt. Wir wollen den 'Satz' hier verstehen als die umfassendste Sequenz, deren Elemente über Dependenz- und Valenzrelationen letztlich an ein zentrales Prädikat gebunden sind.[23]

---

[22] Cf. Antos 1982; Schwitalla 1997, 113–133.
[23] Cf. z.B. Gülich/Raible 1977, 49. Ein derartiger Satzbegriff schließt sich an Tesnières (1959, 102–107) Konzept der Zentralität des Verbs gegenüber den nominalen Satzgliedern (Aktanten und Zirkumstanten) an; cf. jetzt Ágel 2000.

Auch wenn die Einheit 'Satz' für diese Auffassung von Syntax ('Satzlehre'!) zentral ist, muss zweierlei festgehalten werden: 1) sprachliche Äußerungen sind in ihrer Struktur nicht notwendig satzförmig bzw. enthalten nicht immer nur Sätze (cf. vor allem 4.3.3); 2) man muss nach heutiger Auffassung bei bestimmten Problemen (Pronominalisierung und Artikelgebrauch, *consecutio temporum*, Koordination von Sätzen etc.) die Satzgrenze überschreiten ('transphrastische' Syntax). Obwohl unter diesen Bedingungen bestimmte syntaktische Phänomene nur auf einer Diskurs-Textebene verstanden werden können, geht es dabei aber *nicht* um den Diskurs/Text als Instanz der Kommunikation (der ja in den textuell-pragmatischen Bereich gehört; cf. 4.1/2), sondern um den Diskurs/Text als höchste konstruktionelle Ebene sprachlicher Zeichenfolgen.[24] Wie wir sehen werden, wird die Einheit 'Satz' bei der Beschreibung der Nähesprache gerade in ihrem problematischen Verhältnis zum Diskurs/Text interessant.

Im Folgenden behandeln wir eine Reihe von – im eben angedeuteten Sinne – syntaktischen Erscheinungen, die sich aus den Bedingungen des Nähesprechens als universale Merkmale gesprochener Sprache ergeben: Kongruenz-'Schwächen', *constructio ad sensum* (4.3.1); Anakoluthe, Kontaminationen, Nachträge, Engführungen (4.3.2); 'unvollständige' Sätze (4.3.3); Segmentierungserscheinungen und Rhema-Thema-Abfolge (4.3.4); geringe syntaktische Komplexität (4.3.5).[25]

Diese Phänomene haben – im Unterschied etwa zu Gliederungssignalen oder dem narrativen Präsens, die auf Instanzen und Faktoren der Kommunikation verweisen oder den Diskurs als Instanz der Kommunikation betreffen – 'nur' als syntaktisch im oben beschriebenen Sinne zu gelten. Dennoch sind sie gerade im Rahmen der 'Nähe-Distanz-Problematik' allein dann zu verstehen, wenn man sie auf Faktoren der Kommunikation wie Formulierung, emotionale und soziale Bezüge und Kontexteinbettung bezieht. Es kann hier also keineswegs um eine rein formale Beschreibung dieser Phänomene gehen.

Einige der im Folgenden behandelten Phänomene (Kongruenz-'Schwächen', Anakoluthe, Kontaminationen, Nachträge) sind insofern relativ 'oberflächlicher' Natur, als sie lediglich Reflexe des **Formulierungsvorgangs** in der Syntax darstellen. Die anderen, bei denen der Formulierungsvorgang durchaus auch eine Rolle spielt, entsprechen hingegen eindeutig verschiedenen **semantisch** motivierten Mustern (*constructio ad sensum*, Engführung, 'unvollständige' Sätze, Segmentierungen, Rhema-Thema-Abfolge, geringe syntaktische Komplexität).

---

[24] Zur Hierarchisierung der Ebenen Wort – Syntagma – Proposition – Satz – Diskurs/Text cf. etwa Coseriu 1981, 22–24, 34; Agard 1984, 5; auch Heger 1976, 70–74, 330–333; Koch/Oesterreicher 2008b, 202–203; Oesterreicher 2010.

[25] Wir geben in der Regel zu jedem Einzelthema spezielle Literaturhinweise; allgemein von Interesse sind jedoch auch die folgenden Arbeiten: Havers 1931; Sauvageot 1962; Müller 1985, 95–111; Söll 1985, 54–67; Spitzer 1922; Berruto 1985a; Berretta 1988, 770s.; Beinhauer 1978; Vigara Tauste 1980 und 1992; Briz 1996; Briz et al. (eds.) 1996; Blanche-Benveniste et al. 1990, 39–57 und Blanche-Benveniste 1997, 87–123; cf. auch Schwitalla 1997, 66–100.

4.3.1 Kongruenz-'Schwächen' und *constructio ad sensum*[26]

In der textlinguistischen Forschung geht man vielfach davon aus, dass bei bestimmten Relationen zwischen Zeichen im Satz und im Text (Subjekt-Prädikat, Substantiv-Adjektiv, Ana-/Kataphorik etc.) strikte Kongruenz in den grammatischen Kategorien 'Numerus', 'Genus', 'Kasus/Aktantenfunktion'[27] und 'Person' herrschen muss. Dies gilt bei genauer Betrachtung jedoch nur für Distanzdiskurse ('Texte'), in denen der Formulierung äußerste Aufmerksamkeit geschenkt werden kann (häufig, aber nicht notwendigerweise wegen reichlicher Planungszeit). Bestimmte Kommunikationsbedingungen der Nähe (Nicht-Öffentlichkeit, Vertrautheit, emotionale Beteiligung, Situations- und Handlungseinbindung, *origo*-nahe Referenz, Spontaneität; cf. 2.3.1) ermöglichen/erfordern demgegenüber eine weniger aufwendige Formulierung mit geringerer Planungszeit und begrenzterer 'Prospektive' und 'Retrospektive'. Bezüglich der syntaktischen Kongruenz bestehen deshalb weit größere Toleranzen, solange die semantische Kohärenz und die Verständlichkeit gewahrt ist.

So setzt sich in dem folgenden spanischen Beispiel die Sprecherin (unter anderem!) über die **Numerus**-Kongruenz hinweg:

(34*S)

```
A ⎡ yo me caso                    <claro>²                                1
B ⎣        <aquí con un español>¹         <con un argentino o un          2
A ⎡       con un español                                                  3
B ⎣ español>³        <<la>⁴ gusta a usted <la>⁴ gusta usted               4
A ⎡              claro que sí que me gustan                               5
B ⎣ los españoles>⁵                                                       6
```

< ? >^{1,3,5}   < !; nickt zustimmend >²   < laísmo; cf. 5.7.2, b >⁴   (CV, 104s.)

Entsprechendes gilt für it. *io dico come lui n'esisterà, pochi* (9*I,$_1$). Im folgenden französischen Beispiel wird mit der Kategorie **Genus** großzügig verfahren: *j'ai repiqué les* ***tomates ils** n'ont pas/ **ils** ont pas/ ça va **ils** sont encore verts* etc. (55*F,$_{5/7}$).[28]

---

[26] Cf. Havers 1931, 150; Sornicola 1981, 57–59, 167–182; cf. auch Quilis 1983.
[27] Zum Begriff der Aktantenfunktion cf. etwa Bossong 1980.
[28] Fehlende Kongruenzen können in bestimmten Fällen eine mehr oder weniger starke, dann allerdings einzelsprachliche Grammatikalisierung erfahren. Dies deutet sich bei der fehlenden Numeruskongruenz in Fällen wie *c'era dei contadini* im gesprochenen Italienisch an (cf. 5.5.2, b) und ist bei dem Typ ***c'est des petits rigolos*** des gesprochenen Französisch praktisch abgeschlossen (cf. 5.3.3, b5). – Ein rein einzelsprachliches, nach Sprachen und Varietäten ganz unterschiedlich geregeltes Phänomen stellt demgegenüber etwa die vorhandene oder fehlende Kongruenz beim Partizip des zusammengesetzten Perfekts dar (zum Französischen cf. 5.3.3, b6).

Ein Verzicht auf die Kongruenz im Bereich der **Aktantenfunktion** liegt möglicherweise in 34*S,$_4$ vor: *la gusta _ usted* (wobei allerdings mit einer rein phonischen Verschleifung *gusta-a* zu rechnen ist, die in der Transkription des Corpus CV nicht zum Ausdruck kommt). Extrem ist sicherlich ein Beispiel wie das folgende, in dem die Kongruenz in der Kategorie **Person** vernachlässigt wird:

(35*S)

A [bueno pues mi vida de estudiante . pues es bastante normal		1
A [<no>[1] no **es** un estudiante completamente nato ya que no		2
A [solamente estudi**o** sino trabaj**o** también [...]		3
< ? >[1]		(HCM, 88)

Im Unterschied zu rein planungsmäßig bedingten Fällen wie 34*S,$_{4/6}$ und 9*I,$_1$ ist die fehlende Numeruskongruenz bei Kollektivbezeichnungen eindeutig semantisch motiviert (*constructio ad sensum*, 'Sinnkongruenz'):

(36*F)

A ⌈ <y avait une soirée de danse>[1]		1
B ⌊ oui ... oui ... ah oui (xxx)		2
B [**tout le monde sont** bien amusés j'ai l'impression [...]		3
< ? >[1]		(ETL, VI, 141)

(36*I)

A [[...] c'è sempre della **gente** che pesc**ano**		1
		(A, 103)

(36*S)

A [[...] hemos estado atados a una serie de convencionalismos en		1
A [los cuales no estoy segura de que ninguno cre**yéramos** pero que		2
A [nos lo hemos planteado bastante más tarde de lo que se lo		3
A [plant**ean** ahora la **juventud** actual [...]		4
		(HCM, 64)

Kurios ist die Uneinheitlichkeit der Behandlung des Problems in ein und derselben Passage in 46*S,$_{1,2-3/5}$: *la gente lee / leen*.

Bei genauerer Betrachtung lässt sich allerdings nicht übersehen, dass die – an sich universalen Tendenzen gehorchende – *constructio ad sensum* erhebliche Unterschiede in der einzelsprachlichen Akzeptanz aufweist, wobei das Spanische unter unseren drei Sprachen am tolerantesten ist (bis hinein in die präskriptive Norm).[29]

4.3.2 Anakoluthe, Kontaminationen, Nachträge, Engführungen[30]

Die nähesprachliche Toleranz im Umgang mit syntaktischen Regeln richtet sich nicht nur auf Kongruenzphänomene, sondern auf die verschiedensten Arten syntaktischer Relationen: Verb-Aktanten, Substantiv-Attribut, Artikel-Nomen, Präposition-Nomen etc. Es ist also in Nähediskursen mit häufigen Planänderungen zu rechnen.

Schon in 4.1.5 wurde daraufhingewiesen, dass überall dort, wo eine Planänderung durch Korrektur nicht innerhalb eines Wortes erfolgt, ein syntaktischer **Anakoluth** entsteht, also ein Bruch in der Konstruktion: 14*F,$_{3-4}$: *je comprends/ je peux comprendre*; 55*F,$_{5/7}$: *ils n'ont pas/ ils ont pas/ ça va ils sont encore verts*; 10*I,$_1$: *poi anche per chiudere/ per le chiavi*; $_{1/3}$: *perché sennò anche/ ogni professore ha quasi un istituto*; 9*S,$_{5/7}$: *que le salió a un librero de allá de/ y era el que me lo ofrecía/ de/ por/ en la calle de Alcalá a la derecha*; 14*S,$_{1-2}$: *es una/ . es un defecto creo bastante grande en la mujer española*; 31*S,$_{10-11}$: *mi país vamos nuestro país y Turquía . me parecen dos países/ . que es una pena*.

Ein Sonderfall des Anakoluths liegt dort vor, wo die Planänderung nicht durch Korrektur erfolgt, sondern wo eine bestimmte Konstruktion fließend in eine andere überführt wird; cf. 11*I,$_{1-2}$: *quelli non divertono . ma **sono** ... gustosi a vederli più che altri*. Man spricht hier von **Kontamination**:

(37*F)

A [[...] il il crie pas mais je crois que ça doit être **de** sa voix   1

A [aussi un petit peu **qui** doit **jouer**   2

(E, 49)

---

[29] Die relative Seltenheit der *constructio* sogar in der gesprochenen Norm des Französischen mag dadurch zu erklären sein, dass hier zum einen bei sehr vielen Verben die dritte Person Singular und Plural phonisch nicht unterschieden werden und dass zum anderen gerade eines der für die *constructio* besonders typischen Substantive im Neufranzösischen grammatisch ein Plural ist (*les gens*; cf. demgegenüber 36*I,$_1$ *la gente*, ebenso sp. *la gente*).

[30] Cf. Hofmann 1951, 163s.; Rath 1979, 177–180, 217–225; Sornicola 1981, 49–57, 59–61; Schwitalla 1997, 83ss., 94–96; Krötsch 1998.

(37*S)

A	[[...] pues a mí aunque me gusten los argentinos los italianos	1
A	⌈ no me gustan nada nada ah **los italianos** mire usted **es**	2
B	⌊ <nada>[1]	3
A	[**un país** que no ya ve usted yo no lo conozco [...]	4

< ? >[1]   (CV, 104s.)

Eine Form der Planänderung, bei der nicht eigentlich die Konstruktion, sondern nur die lineare Abfolge von Konstituenten im Satz betroffen ist, stellt der **Nachtrag** dar; cf. 10*S,6: *el de Labor es una traducción del mío* **exactamente**. Vergleiche ferner:

(38*F)

A	[[...] le plus qu'on a eu c'est soixante-dix à peu près **des**	1
A	[**abricots** dessus	2

(F, 778)

(38*I)

A	[[...] perché adesso ho iniziato un <concorso>[1] qui **di**	1
A	[**terza media** [...]	2

< = corso >[1]   (Ro, 263)

Vom Nachtrag zu unterscheiden ist ein typisch nähesprachliches syntaktisches Verfahren, bei dem nicht eine fehlende Konstituente nachgeliefert wird, sondern durch Doppelung ein und derselben syntaktischen Konstituente eine semantische Präzisierung erfolgt. Dieses Verfahren, das wir **Engführung**[31] nennen wollen, erbringt zwar auch Formulierungserleichterungen, muss jedoch als primär semantisch und expressiv motiviert verstanden werden:

(39*F)

A [oui elle a une robe une petite robe jaune là en toile [...]   1

(E, 36)

(39*I)

A [[...] io spero sempre che . la gente **legga** . **legga molto** [...]   1

(Ra, 173)

---

[31] Herbert Pilch (1979) sprich hier von *construction à redoublement* oder von *funnel technique*.

(39*S)

    A [[...] a eso llegaremos es sin duda alguna **lo mejor lo más**   1
    A [**emocionante** [...]   2

                                                                                              (HCM, 7)

Man vergleiche auch 15*F,$_3$: *pour me purger ma flotte là pour me purger mon circuit d'eau*; 33*F,$_{1-2}$: *Z il devait venir avec moi pour m'aider pour que ça aille plus vite*; 6*I,$_{9-10}$: *un pochettino più distaccato dallo studente un pochino più burbero*; 12*S,$_1$: *un romántico. [...] un tremendo romántico.*

4.3.3 'Unvollständige' Sätze

Zu den Hauptmerkmalen gesprochener Sprache zählt man im Allgemeinen die syntaktische 'Unvollständigkeit'. In diesem Zusammenhang wird auch gern auf den Begriff Ellipse zurückgegriffen, der dabei allerdings erheblich überdehnt zu werden droht. Mit Karl Bühler möchten wir den Begriff 'Ellipse' auf jene Fälle eingeschränkt wissen, in denen tatsächlich – ganz im Sinne der Etymologie des Terminus (griech. *élleipsis* 'Auslassung') – eine Satzkonstituente eingespart wird, die im Wortlaut (also nicht nur dem Sinn nach) eindeutig aus dem unmittelbaren sprachlichen Kontext heraus rekonstruierbar ist. So kann im folgenden Beispiel in $_2$ mühelos (***nous sommes***) *du Puy même* ergänzt werden:

(40*F)

    A [<vous êtes toutes deux de la région>[1]   1
    B [ah oui . **du Puy même**   2
    < ? >[1]   (E, 88)

Analoges gilt für 14*F,$_1$: (***quand on voit***) *que les gens se soumettent*; 1*I,$_{15}$: *la* (***strada***) *più corta*; 32*I,$_6$: *l'altro* (***prende***) *la carne*; 34*S,$_2$: (***usted se casa***) *aquí con un español*; 23*S,$_{2,3}$: (***soy***) *de Zamora*; (***conozco León***) *solamente por el mapa nada más.* Diese echten Ellipsen sind mitnichten beschränkt auf das Nähesprechen.

    Auf den ersten Blick scheinen auch 'Unvollständigkeiten' wie die folgende unter diesen Ellipsenbegriff zu fallen. Im folgenden Beispiel sehen A und B bei einer Marktfrau C Rettiche ausliegen:

(41*S)

    A ⌈ yo tengo ganas de probar   1
    B ⌊   sí sí <a qué sabe cómo sabe ácido   2

```
B ⌈ dulce>¹           pican <no>²                              3
C ⌊      pican pican         sí es como una cosa que se come    4
A ⌈                          bueno <tú quieres llevar>³         5
C ⌊ cruda pero que luego pica                                   6
  < ? >¹,²,³
```
                                                                    (CV, 116s.)

Derartige Fälle sind jedoch insofern bereits anders zu beurteilen, als hier ein von der Valenz des Verbs (*llevar*) her obligatorischer Aktant nicht neben diesem Verb im Diskurs erscheint, aber auch nicht aus dem unmittelbaren sprachlichen Kontext im Wortlaut rekonstruierbar ist (*-(te)los? éstos? un rábano? unos rábanos? un kilo de / un manojo de rábanos? unos cuantos?* etc.). Eine so radikal ungesättigte Verbvalenz trifft man nur unter den Bedingungen kommunikativer Nähe an – in 41*S,₅ insbesondere auf Grund der Situations- und Handlungseinbettung und des Referenzbezugs auf das *hic* (cf. auch 79*F,₄: *pour **faciliter** n'est-ce pas*).³²

Bei solchen ungesättigten Valenzen muss es nicht einmal immer ein realer Situations- und Handlungskontext sein, der die Leerstelle des Verbs nichtsprachlich 'auffüllt'; vielmehr kann dasselbe auch ein Situations- und Handlungskontext leisten, der nur in einer lebhaften mündlichen Erzählung (cf. 4.2.2) evoziert wird, wie 32*F,₃ (*je soulève*) zeigt. Selbst in Nähediskursen, in denen die massive Stützung durch einen Situations- und Handlungskontext nicht zu erkennen ist, kann die gestisch-mimische Begleitung und die thematische Zentrierung so stark sein, dass auf Grund der hohen Kooperationsbereitschaft des Partners der Produzent obligatorische Verbvalenzen ignorieren darf. So fehlt etwa in dem folgenden Fragment aus einem Interview über Fernsehsendungen (*davanti al(la)) televisore/televisione/tivu* etc., das als Direktionalergänzung zu *mettersi* zu erwarten wäre:

(41*I)
```
A ⌈ <ha mai seguito quelle trasmissioni che fanno di pomeriggio   1
A ⌈ sulle lingue straniere>¹                                       2
B ⌊                no . io non ho avuto l'opportunità .            3
B ⌈ perché . come ripeto . ho sempre da fare in casa . quindi non  4
```

---

³² Fälle wie 41*S,₅ (und ebenso die im Folgenden angesprochenen Fälle 32*F,₃ und 41*I,₅/₆) sind also zu unterscheiden: 1. von dem in der Valenztheorie hinreichend diskutierten Phänomen der Ellipse in der *parole*, bei der, unabhängig von Nähe und Distanz, ein fehlender Aktant aus dem unmittelbaren sprachlichen Kontext wörtlich erschlossen werden kann; 2. von der prinzipiellen Fakultativität von Aktanten wie bei *manger (un petit pain), mangiare (un panino), comer (un bocadillo)*. Zu diesen Problemen und allgemein zu den Grundbegriffen der Valenztheorie cf. Tesnière 1969, 102–129, 238–282; Báez San José 1988 und 2002; Ágel 2000; Kotschi 2001, insbesondere 340–361.

```
B [ mi so' mai me/ ... potuta mettere proprio . altrimenti mi        5
B [ sarei messa                                                      6
 < ? >¹                                                         (So, 88)
```

Wir kommen nun zu einem zentralen Phänomenbereich mündlicher Syntax, in dem die Bezeichnung 'Ellipse' völlig fehl am Platze – wenn auch weit verbreitet – ist. Spätestens seit Karl Bühlers Frontalangriff gegen die 'Elliptiker' (1934, ²1965) wissen wir, dass es müßig ist, jeweils vollständige Sätze um "Sprachinseln [...] im Meere des schweigsamen, aber eindeutigen Verkehrs" (156) "herumkonstruieren" (157) zu wollen. Gerade höchst 'fragmentarische', sog. **holophrastische** Äußerungen werden nämlich **empraktisch** (Bühler), d.h. eingebunden in Situations- und Handlungskontexte, gebraucht; sie kommen der emotionalen Beteiligung und/oder der Spontaneität entgegen und funktionieren problemlos in eindeutigen Wissens- und Erfahrungskontexten, bei *origo*-naher Referenz und/oder Nachfragemöglichkeiten von seiten des Partners. Im Nähediskurs sind sie mit anderen Worten völlig adäquate und selbstverständliche Äußerungsformen, auch wenn sie keine 'Sätze' in dem zu Beginn von 4.3 ausgeführten Sinne darstellen:[33]

(42*F)

```
A [ ((hinter der Theke eines Bistros stehend wendet sich B zu,       1
A [  der ihn um Wechselgeld bittet))                                 2
B [ deux pièces de vingt s'il vous plaît                             3
```
                                                                (Sch, 287)

Die holophrastische Äußerung *deux pièces de vingt* ohne finites Verb ist zwar noch 'bruchstückhafter' als der in 41*S,₅ vorgeführte Fall von ungesättigter Verbvalenz (*tú quieres llevar*), doch ähneln sich beide auf Grund der starken empraktischen Einbettung. Vergleiche auch 63*F,₄: *joli hein*.

Der Handlungsrahmen kann nun bei holophrastischen Äußerungen auch – ebenso wie in *je soulève* (32*F,₃) – innerhalb einer mündlichen Erzählung evoziert werden: cf. 1*I,₁₀, wo sich *belli* in der lebhaften direkten Rede (cf. 4.2.3) auf den in der Rahmenerzählung aktivierten Kontext stützen kann (*e la vede tutti fiorellini*); cf. auch 25*F,₄/₆: *le temps qu'elle rentre*.

---

[33] Cf. Bühler 1965, 154–168; Brinkmann 1974; Rath 1979, 132–159; Sornicola 1981, 74–127; Koch 1986, 126–129; Voghera 1992, 175–190; Beiträge in Meyer-Hermann/Rieser (eds.) 1985; Schwitalla 1997, 67–76; Brucart 1999; cf. auch Stainton 2004. Die schwerwiegenden Probleme, die eine reine Syntaxtheorie mit dem Versuch hat, *holophrastische* Äußerungen im Sinne von *Ellipsen* zu rekonstruieren, zeigen die Diskussionen zwischen mehr oder weniger formal argumentierenden generativen Linguisten, z.B. Merchant 2008; Hardt 2008; Frazier 2009.

Schließlich können – in gewisser Weise wiederum vergleichbar mit 41*I,$_5$ und $_6$ – holophrastische Äußerungen auch ohne unmittelbaren Situations- und Handlungsbezug aus anderen Elementen kommunikativer Nähe heraus adäquat sein (Emotionalität, physische Nähe, parasprachlicher und nichtsprachlicher kommunikativer Kontext, Vertrautheit, Kooperationsbereitschaft des Partners):

(42*S)

A [[...] ya que en un principio intenté ser torero pero . un **poco**	1
A [**de miedo** no solamente miedo al toro sino más bien un miedo a la	2
A [vida [...]	3

(HCM, 91)

Schon an dieser Stelle ist erkennbar, dass im Nähesprechen der Ausdruck der syntaktischen Beziehungen häufig zurücktritt gegenüber einem eher **semantischen** Prinzip, das in der neueren Linguistik mit Begriffen wie 'Informationsstruktur' oder 'Thema-Rhema-Gliederung' gefasst wird.[34] Als 'thematisch' gelten dabei die Bestandteile eines Diskurses, die vorerwähnt, bekannt und/oder Ausgangspunkt der Mitteilung sind; als 'rhematisch' gilt das Neue, das Nichtvorerwähnte, das Mitteilungsziel etc.[35] Offensichtlich haben nun die holophrastischen Äußerungen, wie unsere Beispiele zeigen (42*F,$_3$; 1*I,$_{10}$; 42*S,$_{1-2}$), den Charakter eines isolierten **Rhemas** (im Sinne von 'Mitteilungsziel'). In äußerst sparsamer Weise wird hier mit massiver Stützung durch verschiedene Kontexte nur das Allernötigste und Wichtigste versprachlicht, ohne Rücksicht auf seinen syntaktischen Status.

Das Nähesprechen kennt aber auch ein genau spiegelbildliches Verfahren, nämlich die Unterdrückung des Rhemas und die Verbalisierung allein **thematischer** Elemente ohne Rücksicht auf syntaktische 'Vollständigkeit'. Wir sprechen hier von **Aposiopesen**.[36]

Dieses Phänomen wird in besonderem Maße der emotionalen Beteiligung und der Spontaneität gerecht; es entfaltet seine Wirkung gerade bei physischer Nähe und Stützung durch den parasprachlichen und nichtsprachlichen kommunikativen Kontext (Intonation, Schnalzen, Gestik, Mimik etc.). Die Reaktionen der Partner in 43*F*I zeigen, dass das Verständnis in keiner Weise beeinträchtigt wird (cf. auch 125*I,$_3$: *perché se no*):

---

[34] Andere Benennungen sind in diesem Zusammenhang 'Funktionale Satzperspektive' oder das Begriffspaar 'Topic/Comment', wobei keineswegs immer eine identische Begrifflichkeit vorliegt.

[35] Cf. etwa Gülich/Raible 1977, 60–89; Heidolph et al. 1981, bes. 42s.; Oesterreicher 1991 und 1992; 1996c, 339–344; Lambrecht 1981 und 1994; Tschida 1995; Perrot 1998; Gabriel 2007; Stark 2008; Meier 2008; Beiträge in Dufter/Jacob (eds.) 2010.

[36] Cf. Spitzer 1922, 134ss.; Hofmann 1951, 53–55; Lorenzo 1980, 42s.

(43*F)

A ⌈ [...] faut reconnaître **que dans le calcul** hein (Schnalzen)		1
B ⌊ ah oui		2
B [ça oui		3

(F, 773)

(43*I)

A ⌈ **io ho una sensazione**		1
B ⌊ anch'io		2

(Cr, 80)

(43*S)

A ⌈ <y por qué son tan celosos>[1]		1
B ⌊ yo qué sé yo de esto . mire usted		2
B [en España es que se vive sola en España es toda la vida el		3
B [hombre **es un hombre que su novia vaya con otro** . <ufff>[2]		4
< ? ; 'fragende' Geste >[1] < Geste >[2]		(CV, 106s.)

4.3.4 Segmentierungserscheinungen und Rhema-Thema-Abfolge[37]

Wie schon im letzten Abschnitt angesprochen, tritt im Nähesprechen das Prinzip der satzsyntaktischen Strukturierung häufig gegenüber dem semantischen Thema-Rhema-Prinzip zurück. Dabei stellen holophrastische Äußerungen und Aposiopesen zweifellos diejenigen Versprachlichungsmuster dar, die am weitesten von einer syntaktisch integrierten Satzform entfernt sind. Zwischen den Extremen minimaler vs. maximaler syntaktischer **Integration** gibt es nun mehrfach abgestufte Versprachlichungsmuster, die – im Unterschied zu holophrastischen Äußerungen und Aposiopesen – alle eine Thema-Rhema-Artikulation aufweisen. Je geringer dabei die syntaktische Integration zwischen thematischen und rhematischen Elementen ist, desto nähesprachlicher ist das jeweilige Muster. Bei den im Folgenden unter (b), (c), (d) und (d'), möglicherweise auch (a) und (a'), diskutierten Mustern spricht man von **Segmentierungen**.
(I) Wir beginnen mit denjenigen Mustern, die der Abfolge **Thema–Rhema** entsprechen. Für die fehlende oder geringere syntaktische Integration ist hierbei vor allem die Spon-

---

[37] Cf. Altmann 1981; Henry 1977, 155–169; Vigara Tauste 1992, 72-129; Lambrecht 1994; Sornicola 1981, 127–141, 182–189; Seelbach 1982; Gülich 1982; Söll 1985, 58–60, 148–159; Ulrich 1985; Berruto 1985b und 1986; Koch 1986, 129–132; Fradin 1990; Oesterreicher 1991; 1996c, 339–344; Blasco 1995; Schwitalla 1997, 76–81; Stark 1997; Zubizarreta 1999; Benincà et al. 2001; Hidalgo 2003; Meier 2008; Ewert-Kling 2010.

taneität verantwortlich, die es dem Produzenten nahelegt, rasch ein thematisches Element in den Diskurs einzuführen, ohne dass die syntaktische Verbindung zum Folgenden schon planungsmäßig (völlig) abgesichert wäre. Die Skala der Möglichkeiten reicht von einer rein aggregativen (a) bis zu einer relativ integrativen Gestaltung (d) (cf. 2.3.2). Außer dem Aspekt der Planung spielen hier in unterschiedlicher Gewichtung weitere nähesprachliche Parameter eine Rolle: vor allem der oft schnelle *turn*-Wechsel bei Dialogizität, die Expressivität und bei ausgeprägterer Aggregation unter Umständen die Situations- und Handlungseinbindung.

(a) Es stehen zwei verblose Informationsblöcke (Thema + Rhema) syntaktisch unverbunden nebeneinander (im folgenden Beispiel Thema *su hermano* und Rhema *igual*):

(44*S)

A ⌈	<vivía en Teherán o . >[1]	en Teherán	1
B ⌊	sí	y **su hermano igual** [...]	2
< ? >[1]			
		(HCM, 379s.)	

Vergleiche auch: 18*F,₂: *sur cinquante – six à faire grève*; 32*1,₇: *io – davanti*; 59*S,₃/₅: *y los tíos – nada*.

(b) Ein isoliertes thematisches Element steht syntaktisch unverbunden neben einer satzförmigen Sequenz. So wird in den folgenden Beispielen die logisch-semantische Beziehung zwischen dem Thema (*nous* bzw. *los toros*) und dem anschließenden Satz sprachlich nicht expliziert:

(45*F)

A [[...] ah oui les les poubelles ça c'était/ . ça ç'a duré/ .	1
A [chez nous dans notre quartier ça a duré une semaine à peu près	2
A [les poub/ les poubelles pas ramassées mais y avait d'autres	3
A [quartiers qui s'étaient très bien débrouillés ça avait duré	4
A [moins longtemps puis y en a d'autres . dans les quartiers	5
A [populaires ça a duré bien plus longtemps alors **nous** c'est les	6
A [les militaires au bout d'une semaine qui l'ont rammassée [...]	7
	(E, 19)

(45*S)

	A [[...] **los toros** he ido . no con mucha frecuencia pero sí he	1
	A [ido [...]	2

(HCM, 77)

Vergleiche auch 46*F,$_{1-2}$: ***nous*** *de toute façon le Grand palais personne ne sait que ça existe*; 10*I,$_{3/5}$: *e **quest'istituto** c'è un posto dove stanno le chiavi*.

(c) Eine etwas stärkere syntaktische Integration liegt beim sogenannten **freien Thema** (*hanging topic*) vor, das zwar zunächst in seiner syntaktischen Funktion nicht festgelegt ist, im Nachhinein aber in die syntaktische Funktion eines koreferenten Pronominalelements 'eingeklinkt' wird (pronominale Wiederaufnahme). Am augenfälligsten ist dies in unseren drei Sprachen bei syntaktischen Funktionen wie dem indirekten Objekt mit *à / a* oder anderen präpositional markierten nominalen Satzgliedern:[38]

(46*S)

	A [[...] estoy de acuerdo es decir la gente no lee he tenido	1
	A [compañeros en . la Facultad no porque la gente que hace	2
	A [Literatura normalmente leen bueno pero digo en	3
	B [tampoco <eh>[1]	4
	A [general <no>[2] en general lee ahora yo tengo compañeros o sea	5
	A [amigos ... no son de la Universidad pero fuera de los amigos	6
	A [y **la gente** no **le** gusta leer	7
	< ? >[1,2]	

(HCM, 297)

Vergleiche auch 1*I,$_{18}$: *dopo **i'lupo** la **gli** dice la bambina* (zu *la ... la bambina* cf. 5.5.3, b9); hier wird erst durch *gli* die Funktion 'indirektes Objekt' auf das Thema *i'lupo* projiziert. Häufig gestaltet sich der syntaktische Bezug des freien Themas zu den wiederaufnehmenden Pronomina äußerst indirekt:

(46*F)

	A [[...] nous de toute façon **le Grand Palais** personne ne sait que	1
	A [**ça** existe à peu près ce qui fait que . notre bâtiment n'a pas	2
	A [été fermé le lundi [...]	3

(E, 18)

---

[38] In Sprachen mit morphologischem Kasus spricht man hier von *nominativus pendens*; cf. Havers 1925; Altmann 1981, 48ss.; Stark 1997, 27–33; Hidalgo 2003, 141; Gabriel 2007, 25; Ewert-Kling 2010, 127–130.

Das wiederaufnehmende Pronomen erscheint hier erst in einem untergeordneten Satz (cf. 51*F,$_1$: **les Allemands** tu crois qu'**ils** en ont pas des facs; auch 55*F,$_{2-3}$: ce matin **la laitue** ça fait . huit . huit . jours qu'**elle** est sortie; 10*I,$_{5-6}$: e **queste chiavi ci** vuole un posto dove uno **le** tiene conservate; 32*S,$_{7-8}$: **los temas** creo que **los** podré hacer bien). Typisch ist auch die starke Isolierung des Themas durch einen folgenden Relativ- oder Konjunktionalsatz (cf. 32*I,$_{8-9}$: allora i soldati **quello** che hanno **lo** gettano via tutto; 7*S,$_{4-5}$: y **mi cuñado** cuando acabó la carrera **lo** destinaron a Oviedo).

Einen Sonderfall stellt die 'freie Thematisierung' eines Verbs in Form eines Infinitivs dar, bei dem die Wiederaufnahme mit Hilfe einer finiten Form desselben Verbs vollzogen wird:

(47*I)

A [[...] i'babbo un ci ha mica orario <quande>^{1} tornerà da		1
A ⌈ lavorare		2
B | si mangia anche alle cinque		3
C ⌊ <quande>^{2} sa che un torna a		4
C [mezzogiorno mezzogiorno un quarto va a mangiare ma <quande>^{3}		5
C [sa che che che <insomma>^{4} e' tornerà a casa a volte mangia		6
C [ai'tocco a volte mangia ai'tocco e mezzo a volte mangia alle		7
C [due no alle cinque alle cinque alle cinque mangio <quande		8
B ⌈ e te <quande		9
C ⌊ quande>^{5} ceno sennò <quande>^{6} torno da lavorare		10
B ⌈ tu ceni alle cinque>^{7} normalmente tu ceni alle otto		11
C ⌊ **cenare** <un>^{8} **ho** mai **cenato** alle		12
C [cinque [...]		13

< zu interpretieren als quand'e' ? >^{1,2,3,5,6} < realisiert als ['somma] >^{4}
< ? >^{7} < realisiert als [n] >^{8} (St, 387s.)

(d) Ein zusätzlicher Integrationsgrad wird erreicht bei der Linksversetzung im engeren Sinn. Hier ist eine bestimmte syntaktische Funktion des vorangestellten Themas von vornherein geplant und wird in der pronominalen Wiederaufnahme bestätigt:

(48*I)

A ⌈ <quanto tempo è stato in Albania>^{1}		1
B ⌊ dunque sono andato il		2
B [18 genaio del '19 e sono venuto a casa il 28 gennaio del '20		3
B [**in Albania ci** sono stato circa un anno [...]		4

< ? >^{1} (FMR, 86)

Im folgenden Beispiel geht es darum, wie die Kinder in einer Familie auf ein neugeborenes Geschwisterchen reagieren:

(48*S)

A [[...] todo lo encuentran muy mal **a la pequeña** en cambio **le**		1
A [hace mucha ilusión como eso como un muñeco [...]		2

(HM, 200)

Vergleiche auch 1*F,$_{10-11}$: *des **porte-voix** ils **en** avaient pas*. Ausdruck des relativ hohen Integrationsgrades ist in diesen Fällen die Kongruenz zwischen der Präposition des thematischen Elements und dem Pronomen; sie kommt allerdings beim präpositionslosen Subjekt und direkten Objekt nicht zum Ausdruck: 32*S,$_{8-9}$: ***el problema lo*** *sacamos entre los dos y **los temas** yo **los** llevo*.

(e) Die volle syntaktische Integration thematischer und rhematischer Elemente ist im 'normalen' Satz ohne Segmentierungen und pronominale Wiederaufnahmen erreicht. Dieses Muster ist gegenüber Nähe und Distanz völlig neutral, während (d), (c), (b) und (a) in dieser Reihenfolge als zunehmend nähesprachlich zu gelten haben.

Die Muster (a) bis (d) enthalten gegenüber (e) auffällige Thematisierungen, die zudem noch aus der integrierten Satzsyntax mehr oder weniger herausfallen. Dabei darf nicht vergessen werden, dass es noch eine ganze Reihe anderer markierter Thematisierungsverfahren gibt, die jedoch syntaktisch völlig integriert sind und insofern keine Segmentierungen darstellen.[39] So verfügt im Französischen, Italienischen und Spanischen gerade die Distanzsprache über Thema-Kennzeichnungen wie fr. *quant à ...*, it. *per quanto riguarda ...*, sp. *en cuanto a, en lo tocante a ...* etc. Eine Mittelstellung zwischen den mit diesen Mitteln erreichten stark distanzsprachlichen und voll integrierten Thematisierungen und den Segmentierungen nehmen nähesprachliche Konstruktionen folgenden Typs ein:

(49*I)

A [dunque Lei pensa che vi potete integrare di nuovo facilmente		1
A [lì nella vita		2
B [sì per me sì per me non c'è problema per me no		3
B [no no **per questo fatto** qui **dell'**integrare nella vita al mio		4
B [paese come prima non c'è problema [...]		5

(Ro, 209)

---

[39] Cf. 5.3.3, b12; 5.5.3, b9; für das Spanische cf. dazu 5.7.3, Ende von b.

(49*S)

    A [[...] y . **lo de** las gorras a mí las cosas en la cabeza no me   1
    A [gustan [...]   2

    (HCM, 70)

Ein völlig integriertes Verfahren, das auffällige Thematisierungen herstellt, ist selbstverständlich die Passivtransformation eines 'normalen' Satzes des Typs (e). Da es sich hierbei aber um ein relativ aufwendiges Verfahren handelt, ist es im Nähesprechen erheblich weniger frequent als im Distanzsprechen. Diese **Passivschwäche** ist insofern unproblematisch, als gerade im Nähesprechen die entsprechenden auffälligen Thematisierungen mühelos durch Linksversetzungen des Typs (d) produziert werden können.

(II) Wir wenden uns nun denjenigen Versprachlichungsmustern zu, die der Abfolge **Rhema-Thema** entsprechen. Sie sind gerade nicht nur als Spiegelbilder der Thema-Rhema-Artikulationsmuster (a)–(e) zu sehen, da bei der Voranstellung des Rhemas – im Unterschied zu (I) – ein neuer Faktor hinzukommt, der schon für sich genommen typisch nähesprachlich ist. Die Voranstellung des Rhemas – häufig regelrecht als expressive Syntax gewertet – ist Ausdruck hoher emotionaler Beteiligung: aus der Sicht des Produzenten drängt sich das Mitteilungsziel in der Formulierung nach vorn, und die restliche Information wird – anders als bei holophrastischen Äußerungen (cf. 4.3.3) – nachgeliefert; aus der Sicht des Rezipienten ist die Abfolge Rhema-Thema, unterstützt durch besondere intonatorische Hervorhebung des Rhemas, **markiert** gegenüber der unmarkierten Abfolge Thema-Rhema, die einen gleichmäßigen Informationszuwachs gewährleistet.

Auch die Rhema-Thema-Muster sind ihrerseits wieder abgestuft nach Graden der syntaktischen Integration (cf. I):

(a') Zwei verblose Informationsblöcke (Rhema + Thema) stehen syntaktisch unverbunden nebeneinander. Die Erhöhung der Expressivität geht Hand in Hand mit einer Verminderung des Planungsaufwands:

(50*I)

    A [allora vedi tu sei una bambin$\underline{a}$ <gli piace la frutta> .^{1} 1
    A ⌈ <vuoi>^{2} un/ una/ ((Seufzer)) invece della prugn$\underline{a}$ <un'   2
    B ⌊   <Fanny>^{3} <la   3
    A ⌈ albicocchina>^{6} <**buon$\underline{a}$**>^{7} l'albicocchina   4
    B | <vuoi>^{4}>^{5} 5
    C ⌊   <bell'e <mangiata>^{8}>^{9} 6

< ! >^{1} < realisiert als [ˈvɔi] >^{2,4} < befehlend >^{3} < ? >^{5,6,9}
<realisiert als [ˈbɔna] >^{7} < realisiert als [manˈdʒaːθa] >^{8} (Cr, 83)

(50*S)

```
A ⌈ <tú viste 'Perdidos en la Noche'>[1]          <viste la otra .        1
B ⌊                                    no no la vi                         2
A ⌈ <cómo se llama>[2] . del otro canal>[3] andan en moto                  3
B ⌊                                         no <ah sí>[4]                  4
A ⌈              'Busco mi destino'          grandes éxitos                5
B ⌊ 'Busco mi destino'                       caro                          6
A [ la/ . las películas ahí le enseñan perfectamente bien a los            7
A [ que están todavía dudosos respecto a cómo hacerlo cómo actúa           8
A [ un hippie con el amor libre y todo lo demás [...]                      9
   < ? >[1,2,3]       < ! >[4]
                                                                 (HCS, 168s.)
```

Vergleiche auch 32*F,[13]: *DINGUE hein ce truc*.

(b'/c') Rhema-Thema-Muster, die vom syntaktischen Integrationsgrad her den Typen b) und c) entsprechen, sind uns bisher nicht begegnet und in der Tat auch schwer vorstellbar. In konstruierten Äußerungen wie *HE IDO **los toros*** (b') oder *cuando acabó la carrera **LO DESTINARON A OVIEDO** mi cuñado* (c') würde der Produzent gewissermaßen sich selbst desavouieren, insofern er hinter bereits erbrachte Formulierungsleistungen 'zurückfiele' (es geht ja nicht um Korrekturen, die in der Retrospektive angebracht werden; cf. 4.1.5).

(d') Ein gängiges Rhema-Thema-Muster besteht darin, dass in einem Satz ein nominales Glied zunächst nur pronominal repräsentiert, anschließend dann aber als ausführlichere thematische Information nachgereicht wird. In diesem Fall spricht man von **Rechtsversetzung**. Im Gegensatz zu (b'/c') ist dies ein leistungsfähiges Versprachlichungsmuster, das schon erbrachte Formulierungsresultate nicht zurücknimmt, sondern präzisierend bestätigt:

(51*F)

```
A [ [...] et les Allemands <tu crois qu'ils en ont pas des facs>[1] [...]   1
< ? >[1]
                                                                    (L, 41)
```

(51*I)

```
A [ [...] gli ho dato un spintone alla barca [...]                         1
                                                                    (A, 96)
```

Es liegt in der Logik dieses Verfahrens, dass bei nominalen Satzgliedern mit Präpositionen die Kongruenz zwischen Pronomen und thematischem Element eingehalten wird. Beim präpositionslosen Subjekt und direkten Objekt tritt dieses Problem gar nicht auf:

(52*S)

A [<televisión tienes>[1]		1
B [	no la voy a comprar el mes que viene	2
B [porque **la** odio **la** odio cordialmente **la televisión** [...]		3
< ? >[1]		(HCM, 120)

Vergleiche auch 22*F,[3/5]: *elles sont dégueulasses **celles de de Genthy Cathiard***; 29*1,[2]: *no **le** ha girate **le chiocciole***; 20*S,[3]: *eso es un problema dificilísimo realmente **lo que has planteado***.

Im Italienischen und Spanischen, den beiden Sprachen mit suffixaler Subjektkonjugation (flexivischer Personenmarkierung am Verb), ist natürlich bei Rechtsversetzungen eine pronominale Vorwegnahme des thematischen Elements nicht notwendig, da die Personalkennzeichen des Verbs diese Funktion schon erfüllen:

(53*I)

A [eh li studenti chiedano tutte l'informazioni dagli esami da	1
A [quando si deve fare/ quando c'è una lezione quando manca un	2
A [professore un insieme di cose è indispensabile **la funzione del**	3
A [**bidello**	4
	(St, 373)

(53*S)

A ⌈	<te vas a Alemania>[1]	<a casarse>[2]		1
B |		sí	exacto	2
C |			<fíjate qué mal	3
D ⌊		sí se va		4
A ⌈	<qué buen gusto>[4]		<cuéntame>[6]	5
B |			((lacht))	6
C | gusto>[3]				7
D ⌊		<es maravilloso>[5]		8
A ⌈			<protestante>[8]	9
B | ((lacht noch stärker)) <genial>[7]				10
D ⌊		es un protestante		11
B ⌈		se muere de risa **la condenada**		12
D ⌊ <no es maravilloso>[9]				13
< ? >[1,2,8,9] < ! >[3,4,5,6,7]				(CV, 124s.)

(e') Auch für die Rhema-Thema-Abfolge gibt es einen voll integrierten Satztyp, der damit nicht in den Bereich der Segmentierungserscheinungen gehört. Im Gegensatz zu (e) ist er aber immer noch insofern typisch nähesprachlich, als er der weiter oben erwähnten expressiven Syntax mit Voranstellung des Rhemas entspricht (in 54*I hat A der Person B gerade einen Witz, *barzelletta*, erzählt):

(54*I)

A [<piaciuta>[1]		1
B [	**bellina** l'è [...]	2
< ? >[1]		(St, 390)

(54*S)

A [[...] tengo que hacer más . más jaleos de éstos entonces me he		1
A [ido en el autobús y en el autobús nada . el autobús para ahí		2
A ⌈ en . en la plaza esa	no el 34	3
B ⌊	<**el 45** has cogido>[1]	4
< ? >[1]		(HCM, 362)

Im Französischen erschwert die rigide Thema-Rhema-Abfolge im Satz[40] die Realisierung derartiger Muster. Wo sie dennoch erscheinen, sind sie dort auch in einzelsprachlicher Hinsicht als stark 'gesprochen' markiert (cf. 5.3.3, b13):

(54*F)

A ⌈ euh dites-moi <je peux en avoir cinq comme euh comme hier>[1]		1
B ⌊	oui	2
A ⌈	oui des voltaire	3
B ⌊ <**des** <**voltaire**>[2] vous voulez>[3]		4
< ? >[1,3] < ehemalige 10-Francs-Scheine mit einem Bild von Voltaire >[2]		
		(Sch, 272s.)

Wir hatten gesagt, dass die Muster (a) bis (d) in (I) auffällige Thematisierungen erbringen; hinsichtlich der Muster (a'), (d') und (e') in II ist demgegenüber hervorzuheben, dass das Auffällige bei ihnen gerade in der **Rhematisierung** liegt (selbst dort, wo thematische Elemente nach rechts segmentiert werden: (a', d')). Hier ist daran zu erinnern, dass es neben diesen eher nähesprachlichen, weil stark affektiven, teilweise syntaktisch desintegrierten Rhematisierungsmustern selbstverständlich auch syntaktisch vollinteg-

---

[40] Cf. dazu etwa Raible 1971; Oesterreicher 1991, 372ss.; Stark 2008, 312.

rierte Muster der Rhematisierung gibt, die nicht auf das Nähesprechen festgelegt sind: fr./it./sp. *c'est Paul **qui** a payé* / *è Paolo **che** ha pagato* / *es Pablo **el que** ha pagado*.[41]

Segmentierungen, wie wir sie in diesem Abschnitt behandelt haben, stellen ein universales nähesprachliches Phänomen dar. Sie existieren etwa auch im Englischen, Deutschen, Lateinischen, Finnischen und anderen Sprachen. Selbstverständlich ist in jeder Einzelsprache gesondert zu prüfen, wie sich das Phänomen der Segmentierung in die jeweilige verbale Morphosyntax einpaßt (cf. etwa 53*I,$_{3-4}$; 53*S,$_{12}$). Bei unseren drei romanischen Sprachen ist nun beispielsweise zu prüfen, inwieweit (und in welchen ihrer Varietäten) sich die relativ integriertesten Segmentierungen der Typen (d) und (d') bereits einer grammatikalisierten Objektkonjugation, im Französischen auch einer präfixalen Subjektkonjugation annähern (cf. zur Relevanz dieser Fragestellung für das gesprochene Französisch bzw. Italienisch: 5.3.3, b12 bzw. 5.5.3, b9).

4.3.5 Syntaktische Komplexität: Parataxe und Hypotaxe[42]

Zu den komplexesten und planungsintensivsten Verfahren der Syntax gehört zweifellos die **Hypotaxe**. Während bei der **Parataxe** gleichrangige Sätze auf der Diskursebene aneinandergereiht werden (Koordination ohne verbindende Konjunktion (asyndetisch) oder mit Konjunktionen wie fr./it./sp. *et* / *e* / *y*; *mais* / *ma* / *pero* etc.), ermöglichen hypotaktische Verfahren (Subordination mit Konjunktionen wie fr./it./sp. *que* / *che* / *que*; *quand* / *quando* / *cuando* etc.) die Einbettung ganzer Satzstrukturen ('Nebensätze' = NS) in einen hierarchisch höheren Satzrahmen ('Hauptsatz' = HS). Die so entstehenden Satzgefüge mit ihrem ausgeprägt **integrativen** Charakter setzen bei der Formulierung des Diskurses einen erhöhten Planungsaufwand voraus (cf. 2.3.2). Der eher **aggregative** Charakter der Parataxe kommt demgegenüber der Spontaneität und den geringen Planungsmöglichkeiten des Nähesprechens entgegen. Insofern ist es nicht verwunderlich, dass in Nähediskursen mitunter extreme Häufungen der Parataxe auftreten (in den folgenden Beispielen werden zur Verdeutlichung der relativen Verteilung alle parataktischen Einschnitte mit * markiert, alle parataktischen Konjunktionen **fett** wiedergegeben und alle hypotaktischen Konstruktionen *kursiv* gedruckt):

---

[41] Cf. Moreno Cabrera 1999; da diese Konstruktion einen nicht affektiven und rein kontrastiven Charakter hat, ist sie konzeptionell als neutral zu betrachten; zu diesem und anderen Problemen der Thema-Rhema-Strukturierung in romanischen Sprachen cf. Oesterreicher 1991.

[42] Cf. etwa Hofmann 1951, 105–113; Ochs 1979; Beaman 1984; Koch 1986, 132–135; Ludwig, R. 1986, 28s; Morel 1991; Voghera 1992, 190–205, 214–218; López García 1999; zu einer kontinualen Modellierung des 'Raums' zwischen Koordination und Subordination cf. insbesondere Raible 1992 und, im Anschluss daran, Koch 1995a.

(55*F)

A [[...] il fait un froid de canard en ce moment * je regarde dans	1
A [le jardin * je regarde la salade * ce matin la laitue ça fait	2
A [. huit . huit . jours *qu'*elle est sortie * elle est <comme	3
A [ça>¹ * elle a pas bougé du tout hein * elle bouge pas d'un	4
A ⌈ poil * j'ai repiqué j'ai repiqué les tomates * ils	5
B ⌊ bien sûr y a pas de soleil	6
A ⌈ n'ont pas/ ils ont pas/ ça va ils sont encore verts * ils sont	7
C ⌊ oui ils sont	8
A ⌈ pas crevés hein * **mais** ils n'ont pas bougé * RIEN RIEN RIEN	9
C ⌊ oui oui	10
A [hein * tu sais hein en ce moment c'est un petit peu/ . ah y a	11
A [*qu'*une chose *que* j'ai cette année dans mon arbre * JAmais j'ai	12
A [vu mon abricotier aussi beau	13

< Geste >¹   (F, 778)

(55*I)

A [[...] sono andato a fare il falegname * ho lavorato ancora	1
A [* intanto sono arrivato a quindici anni * ha fatto di nuovo	2
A [fallimento anche quel padrone lì * allora oramai io/ era il	3
A [mio mestiere * ero già falegname * via ero finito * oramai il	4
A [mio conto lo sapevo * mi son messo a lavorare da solo * mi son	5
A [messo a lavorare da solo lì * ho lavorato per sette anni	6
A [* facevo di tutto serramenti per i muratori un po' di mobili .	7
A [* e poi l'invidia del paese non mi son messo d'accordo con la	8
A [tassa . * ho fatto altri sette anni a lavorare in una segheria .	9
A [* e poi mio figlio oramai aveva già dieci anni * e volevo	10
A [tirarlo su e ingrandirmi * **ma** mio figlio non ha voluto * non	11
A [voleva lavorare con me *perché* ci aveva un po'<suggestione>¹	12
A [di me * insomma non voleva [...]	13

< eigentlich *soggezione* >¹   (A, 100s.)

(55*S)

A [<y cómo se une el espectador con el actor en ese otro teatro>¹	1
B [claro ahora fíjate este/ . yo he hecho los dos tipos de teatro	2
A [<no>² * sin embargo yo no he llegado al extremo del teatro	3
B [comercial * yo no estoy de acuerdo con eso o sea el teatro	4
B [comercial * tú te sientas * lo ves * lo disfrutas en el momento	5
B [* te ríes * <porque>³ sí te puedes reír * **pero** igual uno se	6

B [ríe en <Radio Rochela>⁴ <no>⁵ * y después sales del teatro	7
B [* y eso quedó atrás totalmente * eso no te dejó absolutamente nada .	8
B [<no>⁶ * yo entiendo que sí/ o sea el teatro es una diversión	9
B [* **pero** . el teatro es . este/ . necesariamente . el reflejo	10
B [de la vida . <mm>⁷ * entonces en el . en el teatro uno siempre	11
B [tiene que plantear cosas a través de seres humanos o sea	12
B [*porque* no son entes abstractos <no>⁸ * **y** . eh . el problema	13
B [es un problema de estilo de forma <no>⁹ [...]	14

< ? >¹,²,⁵,⁶,⁷,⁸,⁹   < *porque* ist hier keine Konjunktion, sondern Gliederungssignal; cf. 4.1.1 >³   < Radiostation in Caracas >⁴   (HCC, 402)

Die Beispiele zeigen, dass die extrem gehäufte Parataxe ein generell nähesprachliches Phänomen darstellt, das nicht nur bei niedrigerem, sondern auch bei höherem Bildungsgrad und Sozialstatus vorkommt. So ist der Sprecher von 55*I Arbeiter/Handwerker in einer ländlichen Gegend des Piemont (Basso Monferrato), der Sprecher von 55*F Auto- und Flugzeugmechaniker im Großraum Paris (Argenteuil), der Sprecher von 55*S Theaterdirektor in Caracas (Venezuela).

Dennoch ist natürlich nicht zu übersehen, dass die zitierten parataktischen Passagen keineswegs den gleichen Duktus aufweisen. Während die parataktische – weithin sogar asyndetische – Organisation des Diskurses in 55*I als 'stilistisch' anspruchslos lediglich auf die lockere, nichtöffentliche Erzählsituation verweist, spiegelt sie in 55*F und noch stärker in 55*S (und dort besonders in $_{5-9}$) emotionale Beteiligung wider.

Was nun die Hypotaxe betrifft, so kommt sie zweifellos den Erfordernissen und Möglichkeiten des Distanzsprechens besonders entgegen. Die ausgeprägte Situations- und Handlungsentbindung muss hier kompensiert werden durch die Integration pragmatischer Informationen in den Diskurs. Für diese Überführung von Situations- und Handlungsaspekten in den sprachlich-kommunikativen Kontext stellt die Hypotaxe ein ausgezeichnetes Mittel dar, das bei ausreichender Reflektiertheit und Planungszeit in – im Prinzip – beliebig komplexer Weise eingesetzt werden kann.

Es darf jedoch nicht der Eindruck entstehen, dass das Nähesprechen kaum Hypotaxe kennt. Ein Blick auf unsere bislang zitierten Corpusausschnitte zeigt, dass immer wieder auch Relativsätze, Subjekt- und Objektsätze sowie verschiedene temporale, konditionale, kausale, finale und andere Konjunktionalsätze vorkommen. Selbst die stark parataktischen Passagen in 55*F*I*S sind nicht frei von Hypotaxe (cf. die jeweils kursiv gesetzten Konjunktionen).

Es findet sich in Nähediskursen durchaus auch mehrfache Hypotaxe:

(56*I)

A [[...] invece eravamo in altri posti <**che**>¹ c'era dei contadini	1
A [della gente **che** ci davano proprio il latte **che** mungevano loro	2

A [e noi altri gli davamo lo zucchero il caffè quella roba lì la 3
A [cambiavamo [...] 4

< entspricht *dove*; cf. 5.5.2, b >[1] (FMR, 87)

Vergleiche auch 32*F,$_{12-13}$: *je crois **que** j'étais en première **parce qu**'elle tournait pas assez **pour** euh déclencher la seconde*; 31*S,$_{25-27}$: *pero yo creo **que** nos ayudaría muchísimo **si** saliéramos cada vez más a comprender . mejor la coyuntura **que** estamos pasando*. Auffällig an diesen Beispielen für dreifache Hypotaxe ist allerdings, dass die Nebensätze in der Weise auf den Hauptsatz folgen, dass jeweils zuerst der hierarchisch höhere und anschließend der hierarchisch niedrigere Teilsatz erscheint. Dies symbolisieren wir in folgendem Strukturschema:

[HS [NS$_1$ [NS$_2$ [NS$_3$]]]]

Die in den zitierten Beispielen vorliegende Form der Linearisierung entspricht einem Formulierungsprinzip, das Marcello Durante sehr anschaulich beschrieben hat als:[43]

BASIS ^ ENTWICKLUNG ^ ENTWICKLUNG

Für unsere Beispiele dreifacher Hypotaxe ergäbe dies folgende Schemata: 56*I,$_{1-2}$: *invece ... posti ^ che ...gente ^ che ... latte ^ che ...*; 32*F,$_{12-13}$: *je crois ^ que ... ^ parce que ... ^ pour ...*; 31*S,$_{25-27}$: *yo creo ^ que ... ^si ... coyuntura ^ que ...*; zusammenfassend lassen sie sich somit folgendermaßen darstellen:

HS ^ NS$_1$ ^ NS$_2$ ^ NS$_3$

Insofern derartige reihende Linearisierungen dem Formulierungsprinzip BASIS ^ ENTWICKLUNG gehorchen, passen sie gut zu den Bedingungen nähesprachlicher Planung. Sie unterscheiden sich nämlich im Hinblick auf die Formulierung nicht wesentlich von einer vorwiegend parataktischen Reihung, wie sie besonders deutlich in 10*I,$_{3/5-6}$ hervortritt: *ogni professore ... un istituto ^ e quest'istituto ... un posto ^ dove ... le chiavi ^ e queste chiavi ... un posto ^ dove ...* (schematisch: HS ^ HS ^ NS ^ HS ^ NS).

An dieser Stelle verdient auch ein Verfahren Beachtung, das in der italianistischen Forschung seit geraumer Zeit unter dem Etikett *che* **polivalente** mitbehandelt worden ist:[44]

---

[43] Cf. Durante 1981, 53ss.; ferner Chafe 1982; 1985, 104–113.
[44] Cf. Alisova 1965; Cortelazzo, M. 1972, 97; vor allem Sornicola 1981, 61–74; Koch 1988b, 192; zum Spanischen auch Beinhauer 1978, 400, 414; zum Französischen Koch 1986, 134.

(57*I)

    A [[...] tienla un po' su/ sul/ su i'coso . Fanny <lo <vuoi>[1]   1
    A [finire questo **che** ce n'è un gocciolino solo>[2]   2

    < realisiert als [ˈvɔi] >[1]   < ? >[2]   (Cr, 86)

Diese Erscheinung begegnet uns aber auch im gesprochenen Spanisch (31*S,$_{6-8}$: *cuando uno vive en un país en un país como el nuestro en el que estamos en un rinconcito de Europa* **que** *los franceses dicen que España empieza en los/ . que Africa empieza en los Pirineos*; 58*S,$_{4-5}$: *he dicho que me gusta la música que no quiere decir que entienda la música* **que** *eso es otra cosa*). Ebenso existiert sie, wenn auch vielleicht mit geringerer Frequenz, im gesprochenen Französisch:

(57*F)

    A [[...] il a été éjecté de sa voiture par le choc qu'il y a eu là   1
    A [**que** ça a ouvert la portière par le choc des trottoirs [...]   2

    (F, 820)

Die Bezeichnung dieses *que* / *che* als 'polyvalent' rechtfertigt sich durch die Tatsache, dass diese Konjunktion keine bestimmte semantisch-logische Relation explizit macht (***passe-partout*-Konjunktion**). Ihr genauer Wert (kausal, temporal, konsekutiv etc.) bestimmt sich allein aus dem Kontext, insbesondere – typisch nähesprachlich – aus dem Situations- und Handlungskontext.

Darüber hinaus ist das polyvalente *que* / *che* aber eine klare einzelsprachliche Manifestation des universalen Formulierungsprinzips BASIS ∧ ENTWICKLUNG. Man beachte, dass die durch polyvalentes *que* / *che* eingeleiteten Sequenzen **nur** in nachgeschalteter Form, also nur als ENTWICKLUNG einer BASIS (schematisch: BASIS ∧ *que* / *che*) vorkommen. Hinsichtlich ihres syntaktischen Status bewegen sie sich in einer für nähesprachliche Formulierung willkommenen 'Grauzone' zwischen Hypotaxe und Parataxe (dies unterscheidet sie deutlich von durch *que* / *che* / *que* eingeleiteten Relativsätzen und natürlich Subjekt- und Objektsätzen).

Die Orientierung des Nähesprechens am Formulierungsprinzip BASIS ∧ ENTWICKLUNG schließt nun aber nicht aus, dass in Nähediskursen auch **vorgeschaltete Nebensätze** vorkommen. Mustert man daraufhin unsere bisherigen Corpusausschnitte durch, so fällt jedoch auf, dass die vorgeschalteten Nebensätze eindeutig auf bestimmte semantische Typen beschränkt sind: Konditionalsätze (cf. 1*S,$_{16-17}$: [[*si ahora me viniese aquí un invasor*] *qué horror qué barbaridad*]); Temporalsätze (cf. 32*I,$_{7-8}$: [[*quando siamo a metà monte*] *fanno una scarica di artiglierie*]); bestimmte Kausalsätze (cf. 33*F,$_{5-6}$: [[*comme moi je dois aller à Darty*] *j'ai pensé que tu pourrais m'amener*]). Es handelt sich hier um Satztypen, bei denen die Abfolge NS + HS die Richtung der jeweiligen logisch-semantischen Relation abbildet; sie darf also als ikonisch gelten (Bedingung–Folge; Zeitrahmen–Zustand/Ereignis; Begründungsrahmen–Zustand/Ereignis).[45] Das Prinzip der Ikonizität wird in diesen Fällen auch im Nähesprechen offenbar über das Formulierungsprinzip BASIS ^ ENTWICKLUNG gestellt.

Dass die beiden Prinzipien aber auch in Konflikt geraten können, zeigen Formulierungsschwierigkeiten bei zusätzlich erhöhter syntaktischer Komplexität, wie sie in den folgenden beiden Beispielen vorliegt: 1*F,$_{9-11}$: [[*comme l'on entendait rien* [*parce que la sonorisation avait été cassée la veille paraît-il*]] *des porte-voix ils en avaient pas*] (Logik!); 1*S,$_{11-12}$: [*yo le he pedido a Dios muchas veces* [que [*si vienen a la tierra*] *que yo los vea*]] (verdeutlichende Wiederaufnahme des *que*).

Ganz unabhängig vom Problem der Ikonizität ergibt sich bei bestimmten Arten von Nebensätzen, besonders bei Relativsätzen, die Notwendigkeit, sie an einer bestimmten Stelle des übergeordneten Satzes 'dazwischenzuschalten': vergleiche 1*S,$_5$: [*una de las hipótesis* [*que se han dado*] *es* ...]. Während in diesem Beispiel das Formulierungsproblem einwandfrei gelöst ist, ist es sicher kein Zufall, dass gerade in solchen Fällen auch Reflexe der Planungsschwierigkeiten sichtbar werden; vergleiche 32*I,$_{8-9}$: [*allora i soldati* **quello** [**che** *hanno*] *lo gettano via tutto*]; 7*S,$_{4-5}$: [*y* **mi cuñado** [**cuando** *acabó la carrera*] *lo destinaron a Oviedo*] (beide Corpusbelege sind uns bereits in 4.3.4, I, c als Beispiele für das Phänomen 'freies Thema' begegnet).

4.3.6 Arbeitsaufgaben

1. Werten Sie die Referenz-Corpora in Kap. 7 im Hinblick auf Merkmale mündlicher Syntax aus und bestimmen Sie die jeweilige Funktion der betreffenden Erscheinungen.
2. Überprüfen Sie, ob und in welcher Weise die in 4.3.1, 4.3.2 und 4.3.3 behandelten Phänomene mündlicher Syntax auch als Stilmittel der klassischen Rhetorik fungieren. – Diskutieren Sie anhand von Lausberg ^{6}1979 (§§ 504, 690, 887–889, 1069,$_{1-2a}$) die 'konzeptionelle Ambivalenz' der von der Rhetorik empfohlenen Stilmittel.
3. Vertiefen Sie den Aspekt der Kontexteinbettung holophrastischer Äußerungen im Hinblick auf möglichst verschiedene (mehr oder weniger) nähesprachliche Kommunikationsformen: Verkaufsgespräch; Dialog in der Werkstatt; Anweisungen eines Fahrlehrers; Werbetexte; Comics (Rolle der Bilder!); Theateraufführung, Film (berücksichtigen Sie aber auch die Manuskripte bzw. Drehbücher und die Rolle der Regieanweisungen!) etc.
4. Lesen Sie: Bühler 1965, 154–159; Hörmann 1977, 164, 174s.; Ochs 1979. Charakterisieren Sie unter konzeptionellem Aspekt das Verhältnis von holophrastischen Äußerungen und komplexeren syntaktischen Gestaltungen in der Ontogenese.

---

[45] Cf. vor allem Dardel 1983, 104s.; ferner Greenberg 1966, 84, 103; Durante 1981, 55.

5. Wir haben uns in Abschnitt 4.3.5 ('Syntaktische Komplexität') konzentriert auf das Gegenüber von paratraktischer Reihung einerseits und konjunktionalen Nebensätzen bzw. Relativsätzen andererseits. Beziehen Sie in die Überlegungen auch Gerundial- und Partizipialkonstruktionen (einschließlich absoluter Partizipien) mit ein. Wie ist die Verträglichkeit mit bzw. die Nützlichkeit für unterschiedliche(n) konzeptionelle(n) Anforderungen bei diesen Konstruktionen zu beurteilen? Belegen Sie Ihre Einschätzung anhand selbstgewählter Passagen aus konzeptionell breit gestreutem Material.

4.4 Semantischer Bereich

Ein Aspekt sprachlicher Kommunikation, der schon zu Beginn von 2.3 als fundamental herausgestellt wurde, betrifft das Verhältnis zwischen **sprachlichen Zeichen** (vom Morphem bis hinauf zum Diskurs/Text) und den von ihnen bezeichneten **Gegenständen** und **Sachverhalten**. Dabei verstehen wir unter einem sprachlichen Zeichen eine durch eine Ausdrucksseite (Signifikant) und eine Inhaltsseite (Signifikat) konstituierte Einheit. Wie uns verschiedene gängige Zeichenmodelle demonstrieren,[46] kann im aktuellen Diskurs/Text ein bestimmter Gegenstand oder Sachverhalt (z.B. WIEN) unter die Signifikate ganz unterschiedlicher sprachlicher Zeichen subsumiert werden (*Wien, es, dort, (in) Dings, die Stadt, die Donaumetropole, die Hauptstadt Österreichs, die Stadt des Heurigen, das 1½-Millionen-Dorf, das Häusermeer* etc.). Es geht hier um eine **Variabilität**, die dem Produzenten bei der **Referentialisierung** – als universaler menschlicher Sprechleistung (2.2, a) – einen großen **Formulierungsspielraum** einräumt. So wie der Produzent sich sehr unterschiedlichen Formulierungsanforderungen stellen kann, werden dem Rezipienten entsprechend unterschiedliche Verstehensleistungen abverlangt.

Die Tendenz des Nähesprechens zu sparsamer Versprachlichung – als Ausfluss der Vertrautheit der Partner, der Situations- und Handlungseinbindung, des *origo*-nahen Referenzbezugs, der physischen Nähe, der intensiven Kooperation und der großen Spontaneität (cf. 2.3.1/2) – lässt erwarten, dass bei der Auswahl sprachlicher Zeichen für bestimmte Gegenstände/Sachverhalte der Formulierungsaufwand, wo dies möglich ist, niedrig gehalten wird (cf. 4.4.1, 4.4.2, 4.4.3 und 4.4.4). Interessanterweise lässt sich nun allerdings im Bereich der Semantik – anders als im textuell-pragmatischen und syntaktischen Bereich – feststellen, dass kommunikative Nähe nicht nur zu sparsamer Formulierung führt, sondern den Produzenten auch zu deutlich erhöhtem Formulierungsaufwand anspornen kann (cf. vor allem 4.4.5). Dies ist in erster Linie bedingt durch die emotionale Beteiligung, die Dialogizität im weiteren Sinne (Partnerzuwendung) und die Vertrautheit der Partner; bezeichnenderweise widerspricht der Formulierungsaufwand in diesem Fall **nicht** der Spontaneität.

---

[46] Cf. etwa Baldinger 1977 (1984); Raible 1983, 1–9.

Die Phänomene, die in diesem Abschnitt zur Sprache kommen, werden bewusst unspezifisch als 'semantisch' bezeichnet, weil sie sowohl die lexikalisch-semantische als auch die grammatisch-semantische und die satzsemantische Ebene betreffen.

4.4.1   Geringe syntagmatische Lexemvariation: 'Wort-Iteration'

Es ist von der Informationsübermittlung her unproblematisch und von der Formulierung her unaufwendig, wenn im Nähesprechen ein Referenzobjekt, das einmal mit einem bestimmten Lexem bezeichnet wurde, innerhalb der **Syntagmatik des Diskurses** 'obstinat' mit demselben Lexem weiter bezeichnet wird:

(58*F)

A ⌈ qu'est-ce que c'est que son histoire de **chaise** là		1
B ⌊ [...] oui bon		2
A ⌈ . <la **chaise** d'enfant>[1]		3
B ⎮ ((Zungenschnalzen)) la **chaise** d'enfant oui		4
C ⌊ oui		5
A ⌈ ah le truc là ouais		6
B ⎮ ma **chaise** d'enfant qui est ma **chaise** à		7
C ⌊ oui		8
A ⌈ ouais ((Lachen))		9
B ⌊ MOI qu'on m'a offert quand on/ j'étais tout <JEUNE>[2]		10
B ⌈ hein bon cette **chaise**-là qui a servi à toute la		11
C ⌊ ((Lachen))		12
A ⌈ ouais		13
B ⌊ famille ... hein c'est-à-dire MaRYSE et tout le restant		14
A ⌈ ouais		15
B ⌊ de la famille Maryse Pierre mes enfants les enfants de		16
B [Maryse bref tout le monde y est/ c'est vrai y a deux		17
A ⌈ ((Lachen))		18
B ⎮ générations qui sont passées dessus		19
C ⌊ ouais toi aussi ((Lachen))		20
B [alors résultat . cette **chaise**-là avait le truc euh ... a euh		21
A ⌈ elle avait le dossier qu'<u>était</u> qu'était fendu (xxx)		22
B ⌊ le s/ le non quoi le ouais le dossier		23
B [était un peu esquinté [...]		24

<?>[1]   < deformiert: [ʒøn] >[2]   (L, 49s.)

(58*S)

A ⌈	<te **gusta** la música>[1] <qué tienes que decirme de la	1
B ⌊	sí bastante	2
A ⌈	música>[2]	3
B ⌊	bueno he dicho que me **gusta** la música que no quiere	4
B [	decir que entienda de música que eso es otra cosa me parece	5
B [	entonces me **gusta** la clásica me **gusta** la moderna y me **gusta** el	6
B [	jazz no me **gusta** la ópera en absoluto y eso es porque soy de	7
B [	Madrid estoy convencida <cómo me va a **gustar** la ópera si yo	8
B [	nunca he asistido a una ópera>[3] <no>[4] la zarzuela tampoco me	9
B [	**gusta** nada ahora la música clásica la música clásica de	10
B [	concierto me **gusta** mucho me **gusta** me **gusta** mucho Mozart .	11
B [	Beethoven <cómo no>[5] son creo los . los dos que más me **gustan**	12
B [	me **gusta** mucho Vivaldi también me **gusta** mucho . esa música así	13
B [	un poco íntima . y luego de los/ . de la música moderna pues me	14
B [	**gusta** desde luego para mí el conjunto por excelencia son los	15
B [	Beatles me **gustan** muchísimo me **gustan** mucho y . el jazz los	16
B [	dos tipos <no>[6] eso que llaman el old-jazz en los blancos y	17
B [	también el negro me **gusta** mucho [...]	18

<?>[1,2,3,4,6]   <!>[5]   (HCM, 74s.)

Vergleiche auch 55*I,1,5,6(2x),9,12: *lavorare*; 46*S,1,3,5,7: *leer*. – Die Wiederholungen der Lexeme *chiavi*, *istituto* und *posto* in 10*I,1,3,5,6 ist, von der Thema-Rhema-Strukturierung her gesehen, für die sukzessive Entfaltung des Gedankens sogar ausgesprochen funktionell (zur aggregativen Syntax dieses Passus cf. auch 4.3.5).

Es ist offensichtlich, dass derartige **Wort-Iterationen** lediglich unter den Bedingungen kommunikativer Distanz vermieden werden können, wobei der zur Abwechslung in der Wortwahl notwendige Formulierungsaufwand durch stärkere Reflektiertheit und/oder ausreichende Planungszeit gewährleistet wird.

Das daraus resultierende distanzsprachliche Prinzip der **syntagmatischen Lexemvariation**[47] wird in seiner Realisierung eigentlich nur unter den Bedingungen reflektierter Rezeption – zumal ohne Zeitdruck – wahrgenommen und goutiert (*variatio delectat!*); die Lexemvariation kann sich als somit rein ästhetisch gerechtfertigte Qualität von Texten auch leicht verselbständigen.

Ein empirischer Indikator für den Grad syntagmatischer Variation ist die ***type:token*-Relation**. Sie ist in Nähediskursen niedrig, weil ein und dasselbe Lexem (als *langue*-Einheit = *type*) hier im Durchschnitt häufiger wiederholt erscheint als in Distanzdiskur-

---

[47] Dieses Prinzip gilt allerdings nicht absolut: Für bestimmte Distanzdiskurstraditionen mit starker affektiver Komponente (politische Rede, Predigt etc.) wäre es wohl eher dysfunktional.

sen (viele *tokens* für einen *type*).⁴⁸ Da nun Distanzdiskurse demgegenüber im Durchschnitt mehr verschiedene lexikalische *types*, bezogen auf die Gesamtzahl der *tokens*, enthalten, weisen sie nicht nur syntagmatisch eine höhere Variation auf, sondern spiegeln zugleich auch eine reichere Nutzung **paradigmatischer Differenzierungen** im Lexikon der Distanzsprache wider, worauf wir im Folgenden zurückkommen werden.

4.4.2 Geringe paradigmatische Differenzierung und Unschärfen in der Referentialisierung: *passe-partout*-Wörter

Es gehört zu den auffälligsten und am besten bekannten Besonderheiten nähesprachlicher Semantik, dass auf ein präzises Referenzobjekt Bezug genommen wird mit Hilfe eines Lexems, dessen Signifikat lediglich einige der allgemeinsten semantischen Merkmale wie '(physisches) Objekt', 'menschlich', 'Handlung' etc. aufweist (fr. *truc, machin, bidule, chose, type, mec, faire* etc.; it. *cosa, coso, roba, fatto, tizio, fare, cosare* etc.; sp. *cosa, coso, chisme, hecho, tío, fulano, hacer* etc.). Derartige Lexeme verbinden also minimale **Intension** (geringe inhaltliche Bestimmtheit) mit maximaler **Extension** (große Klasse von Denotaten).⁴⁹ Sie werden anschaulich als 'Allerweltswörter', *nomi/verbi tutto fare, palabras ómnibus*, **'*passe-partout*-Wörter'** bezeichnet.⁵⁰

Wenn wir hier den gängigen Terminus *passe-partout*-Wörter übernehmen, so darf dies nicht dahingehend missverstanden werden, dass es sich um völlig beliebig einsetzbare Sprachzeichen handelt. Bemerkenswerterweise verfügen die Sprachen nämlich mit ihren *passe-partout*-Wörtern über Markierungen einiger fundamentaler semantischer Kategorien (allerdings in einzelsprachlich unterschiedlicher Ausgestaltung).

Die für unsere drei Sprachen wichtigste Differenzierung ist diejenige zwischen Substantiven ('Gegenstände' im weitesten Sinne) und Verben ('Prädikate', die Gegenständen zugesprochen werden).

Innerhalb der ***passe-partout*-Substantive** gibt es eine klar identifizierbare Gruppe, die das Merkmal 'menschlich' aufweist (in 59*F kommentiert A Urlaubsfotos):

---

[48] Cf. Söll 1985, 63–65.
[49] Zum Verhältnis von Intension und Extension cf. Lyons 1977, vol. 1, 146, 291s.
[50] Cf. Havers 1931, 167s.; Hofmann 1951, 165–167; Frei 1929, 142s., 152s.; Spitzer 1922, 165–167; Beinhauer 1978, 401–410; Sornicola 1981, 149–162; Schwitalla 1997, 179s.; zur Semantik und Pragmatik der *passe-partout*-Wörter, auch in diachronischer Hinsicht, cf. Mihatsch 2006, 191–215.

(59*F)

	A [alors là c'est Crikvenica regardez l'illusion on a l'impression	1
	A [que ce **type** est en train de se déculotter gentiment et en/ .	2
	A [et sous la douche [...]	3

(E, 30)

(59*I)

	A [effettivamente il motore ad acqua è stato scoperto in Italia	1
	A [da un genovese esattamente . si basa sulla scissione della	2
	A [molecola dell'acqua 'acca due o' e più precisamente	3
	A [dell'idrogeno . bene questo **tizio** è stato dichiarato pazzo	4
	A [perché buttava in crisi non solo l'economia italiana ma	5
	A [addirittura l'economia mondiale per il fatto del petroleo	6
	A [americano . e aveva fatto una scoperta al di sopra delle	7
	A [possibilità umane . far funzionare un motore con la propulsione	8
	A [dell'atomo di idrogeno . e invece gli hanno tolto il brevetto .	9
	A ⌈ no . il brevetto è	10
	B ⌊ non ce l'ha ancora nessuno il brevetto .	11
	A ⌈ stato cosato è stato .	12
	B ⌊ sono andati da lui a ripigliare tutto	13
	B [il lavoro pronto con il motore tutto ma il brevetto non	14
	B [l'hanno preso perché lui insomma intelligentemente l'aveva	15
	B [truccato [...]	16

(Lo, 38)

(59*S)

	A [[...] <tú hiciste el bachillerato de Letras o no>[1] bueno pues	1
	A [me parece que era el Libro segundo de 'La Eneida' que vamos	2
	A ⌈ no tenía ni el más/ la más mínima complicación <no>[2] y los	3
	B ⌊ sí sí sí	4
	A [**tíos** nada en el examen de Historia ... era una pregunta . sobre	5
	A [sobre . la guerra de la Independencia [...]	6
	< ? >[1,2]	(HCM, 305)

Vergleiche auch 65*I,1: *questo tizia qua*. – Bei den *passe-partout*-Substantiven mit dem Merkmal 'unbelebt' gibt es in allen drei Sprachen sehr breit verwendbare Lexeme:

(60*F)

>   A [< [...] mais qu'est-ce que t'as or/ oreilles d'abric/ oreillons   1
>   A ⌈ d'abricots au sirop>[1]   <ah parce que ça se mange avec   2
>   B ⌊   eh ben oui   3
>   A [du **machin**>[2]   4
>
>   < ? >[1]   < erstaunt >[2]   (L, 24s.)

Vergleiche auch 4*F,[2]: *je me suis dit je mets pas les **trucs***; 13*F,[1]: *tiens je lisais ton/ euh le **truc** que tu m'as passé là*; 19*F,[8]: *ou un **truc** comme ça*. Mit Lexemen dieser Gruppe können sogar 'abstrakte Referenzobjekte' bezeichnet werden:

(60*S)

>   A [[...] es que bueno llegué a casa tarde eran las tres de la   1
>   A ⌈ mañana   y claro no tuve la   2
>   B ⌊   <y te quedaste hasta las tres>[1]   3
>   A [**cosa** de llamar y decirles "oye bajar a abrirme el portal"   4
>   A [<no>[2] [...]   5
>
>   < ? >[1,2]   (HCM, 435)

Vergleiche auch 55*F,[11–12]: *y a qu'une **chose** que j'ai cette année dans mon arbre*; auch 32*F,[13]: *dingue hein ce **truc***; 8*I,[9]: *in causa di quelle **cose** lì*; 49*S,[1]: *las **cosas** en la cabeza*; 55*S,[11–12]: *uno siempre tiene que plantear **cosas***.

Ansonsten ist im Detail die einzelsprachliche Verteilung der *passe-partout*-Substantive bezüglich der Merkmale 'konkret' vs. 'abstrakt' und 'zählbar' vs. 'nicht-zählbar' recht unterschiedlich. So verfügt etwa das Italienische mit *coso* über ein Substantiv, das spezialisiert ist auf das Merkmal 'konkret'; vergleiche 57*I,[1]: *tienla un po' su/ sul/ su i'coso*. Während, wie das Beispiel 60*F,[4] zeigt, fr. *machin* mit Hilfe des Teilungsartikels auch auf 'unzählbare' Referenzobjekte anwendbar ist, besitzt das Italienische mit *roba* ein auf 'nichtzählbare' Referenzobjekte zugeschnittenes *passe-partout*-Substantiv, wie 56*I,[3] zeigt: *e noi altri gli davamo lo zucchero il caffè quella **roba lì***.

Im **verbalen** Bereich ist offenbar der Bedarf für ein *passe-partout*-Wort der Kategorie 'Tun/Handlung' besonders ausgeprägt. Hier haben fr./it./sp. *faire / fare / hacer* ihren Platz:

(61*F)

>   A [[...] c'est drôle qu'on ait pas encore **fait** une gare dans ce   1
>   A [coin-là y a pas encore une gare de construit [...]   2
>
>   (F, 768)

(61*I)

A [	(xxxx) che si lavorava all'altezza dell'autostrada da Zurigo	1
A [	a Schaffhausen Winterthur quel pezzo d'autostrada che si fece	2
A [	là eh immaginate cogli alberi che erano erano a 12 15 20 metri	3
A [	non so nemmeno io quelle quelle scavatrici che facevano tutto	4
A [	quel fango in mezzo a quel bosco i stivali che li portavo qua	5
A [	((Geste)) fin qua per tirare una gamba sopra quando cadeva la	6
A [	neve insomma in 4 mesi ho preso la senosite mi dovette **fare**	7
A [	la penicillina [...]	8

(Ro, 176)

(61*S)

A [	[...] éste es el primer tomo en los otros tomos nosotros pensamos	1
A [	hacer cosas digamos ya trabajar en profundidad tomando por	2
A [	ejemplo las riquezas de Chile o fauna y flora de Chile o si no	3
A [	algunas cosas como . ehm . los premios nacionales de literatura	4
A [	grandes . eh . cronistas cronistas de/ . sobre la conquista de	5
A [	Chile es decir algunos aspectos ya un poco más profundos y más	6
A [	directos de . del estudio de nuestra nacionalidad el/ . eh .	7
A [	espero que si tiene éxito este primer álbum éxito comercial digo	8
A [	entonces tendré la posibilidad de **hacer** los otros dos [...]	9

(HCS, 249)

Hinzuweisen ist auch auf das – allerdings auf die Mitte Italiens beschränkte – *cosare* (cf. 59*I,$_{10/12}$: *il brevetto è stato* **cosato**).[51]

Eine weitere semantische Kategorie, bei der ein hoher Bedarf an verbalen *passe-partout*-Elementen besteht, ist das 'Präsentieren eines neuen Referenzobjektes': 1*F,$_{12-13}$: *sur la tribune* **y avait** . *une vingtaine* [...] *en blue jeans*; 6*I,$_1$: *io studiavo qui quando c'era il professor Z*; 4*S,$_3$: *ahí en Galerías Preciados* **hay** *una cuna muy bonita*; zu diesen **Präsentativen** vergleiche jedoch genauer 4.4.3.

Die semantisch kategoriale Auffächerung des Feldes der *passe-partout*-Wörter wurde hier nur skizziert, um zu zeigen, dass die geringe inhaltliche Bestimmtheit dieser Elemente im Sprachsystem verankert ist. Die Leistungsfähigkeit dieser Wörter, die in distanzsprachlicher Perspektive gern stigmatisiert werden ('Schwammwörter' etc.), beruht gerade auf ihrer – universal-kommunikativ motivierten – geringen semantischen Konkretion, die allerdings nur in Nähediskursen voll genutzt werden kann.

---

[51] Cf. dazu Dressler 1973, 25 n. 70; Sornicola 1981, 161 n. 19. – Im Deutschen gibt es hierzu Parallelen: *Der Burgunderbraten ist mir ange***dingst** (Originalzitat).

So erlaubt dem Rezipienten etwa eine starke Einbettung in den Situations- und Handlungskontext (cf. 2.3.1, d und 2.3.2, 1), das mit einem *passe-partout*-Wort bezeichnete Referenzobjekt zweifelsfrei zu identifizieren: etwa in 4*F,$_2$: *je me suis dit je mets pas les* **trucs** (Kontext: 'Essensvorbereitung und gemeinsames Abendessen mit Pizza'); 59*F,$_2$: *ce **type** est en train de se déculotter* (Kontext: 'gemeinsam betrachtetes Urlaubsdia'); 57*I,$_1$: *tienla un po' su/ sul/ su i '**coso*** (Kontext: 'gemeinsames Essen, Geschirr, Speisen, Getränke etc.') – wobei in den beiden letzten Beispielen der *origo*-nahe Referenzbezug das Verständnis zusätzlich erleichtert (cf. 2.3.1, e). Bezeichnenderweise tut sich der Leser des Transkripts, der nicht über die Totalität der situativ und pragmatisch gegebenen Information verfügt, mit seinen Hypothesen über die gemeinten Gegenstände wesentlich schwerer ...

In bestimmten Fällen erhält der Rezipient – und damit natürlich auch der Leser des Transkripts – aus dem sprachlichen Kontext (cf. 2.3.2, 3) zusätzlich Aufschluss über das Referenzobjekt; vergleiche 32*F,$_{13}$: *dingue hein ce **truc*** (Kontext: 'Erzählung von einer Autopanne'); 61*I,$_{7-8}$: *mi dovette **fare** la penicillina* (Kontext: 'Erzählung von einer Krankheit'); 59*S,$_{3/5}$: *y los **tíos** nada* (Kontext: 'Bericht über das Verhalten der Professoren in einer Prüfung'); 60*S,$_{2/4}$: *no tuve la **cosa** de llamar* (Kontext: 'Erzählung vom späten nächtlichen Heimkommen').

Unabhängig von der Frage nach dem gemeinten Referenzobjekt ist in diesen wie auch in den weiter oben zitierten, stärker situativ eingebetteten Fällen die Frage nach dem 'eigentlich' zu verwendenden Lexem meist schwer entscheidbar (*truc* in 4*F,$_2$ = *tartes* (cf. 4*F,$_{11}$)*? pizzas? plats?*; *fare* in 61*I,$_7$ = *dare? iniettare? fare iniezioni di?*; *tíos* in 59*S,$_5$ = *profesores? examinadores?*). Wie bei den holophrastischen Äußerungen (4.3.3) sind derartige Rekonstruktionsversuche aber letztlich müßig.

Bei den zitierten Beispielen für die Verwendung von *passe-partout*-Wörtern werden in unterschiedlicher Verteilung weitere Bedingungen kommunikativer Nähe wirksam: z.B. Vertrautheit der Partner (individueller Wissenskontext, 2.3.2, 2a) und vor allem Spontaneität (2.3.1, (i)). Typisch für Schwierigkeiten in der spontanen Formulierung ist das gemeinsame Auftreten von *passe-partout*-Wörtern mit Überbrückungsphänomenen (4.1.4), Korrekturen (4.1.5), Planänderungen (4.3.2) und syntaktisch weniger integrierten Äußerungstypen; vergleiche zusätzlich zu zitiertem 57*I,$_1$ (*tienla un po' su/ sul/ su i'**coso***) vor allem 13*F,$_1$: ***ton/ euh le truc***; 59*I,$_{10/12}$: *il brevetto è stato **cosato** è stato .* ; 61*S,$_{1-2}$: *nosotros pensamos hacer **cosas** digamos ya trabajar en profundidad*; $_4$: ***algunas cosas** como . **ehm** . los premios nacionales de literatura*; 62*S,$_1$: *sácale **los** . **los** tres **esos** de la Austral*.[52]

Vergleiche auch 49*I,$_{4-5}$: ***per questo fatto** qui dell'integrare nella vita al mio paese come prima non c'è problema*. Besonders instruktiv sind 58*F,$_{21-23}$ und 61*F,$_1$: In 61*F,$_1$ wird das vorläufige ***faire** une gare* vom Produzenten selbst im Nachhinein – mit

---

[52] Fr. *machin, chose* (cf. 109*F,$_1$), it. *coso, cosa*, sp. *fulano* (*y mengano*) werden auch anstelle von Personennamen verwendet, die dem Produzenten nicht einfallen.

Hilfe einer typisch französischen Konstruktion – durch *une gare de* **construit** lexikalisch präzisiert; in 58*F,$_{21-23}$ hilft der Rezipient, indem er statt *truc* das passende *dossier* einbringt, das dann vom Produzenten übernommen wird.

Es ist nicht überraschend, dass *passe-partout*-Wörter auch die Basis für Unsicherheits- oder Ungenauigkeitssignale (cf. 4.1.5) abgeben können. Man vergleiche 19*F,$_{6/8}$: *il avait un nom un nom des initiales . révolutionnaire nanterrois* **ou un truc comme ça**; 19*I,$_2$: *tutta quanta la società* **e cosa**; 56*I,$_3$: *lo zucchero il caffè* **quella roba lì**; 31*S,$_{12-13}$: *esta palabra del país hermano* **y todas estas cosas**.

Zweifellos korrespondiert in Nähediskursen mit dem verstärkten Einsatz von *passe-partout*-Wörtern ein gewisser **Verzicht** auf die Nutzung **paradigmatischer Differenzierungen** des Wortschatzes. Dennoch wäre es verfehlt, der Nähesprache generell 'lexikalische Armut' zuzuschreiben, da bestimmte Themenbereiche lexikalisch sogar ausgesprochen 'reich' bestückt sind (cf. 4.4.5, A)–E)).

Was die geringe paradigmatische Differenzierung betrifft, so könnte man auf den Gedanken kommen, dass Lexeme wie dt./fr./it./sp. *Gegenstand / objet / oggetto / objeto* etc. wegen ihrer geringen Intension und hohen Extension mit *passe-partout*-Wörtern wie fr./it./sp. *chose(s) / cosa/e / cosa(s)* auf einer Stufe stehen. Es ist jedoch zu beachten, dass beide Typen von Lexemen völlig verschieden verwendet werden: Ein Lexem des Typs *Gegenstand* gibt dem Rezipienten zu verstehen, dass er – unabhängig von der Konzeption – ein Referenzobjekt zu identifizieren hat, das gerade auf der durch die Kombination weniger semantischer Merkmale definierten Abstraktionsebene angesiedelt ist.[53] Im Gegensatz dazu gibt ein Lexem des Typs *Ding(s)*[54] dem Rezipienten zu verstehen, dass er ein Referenzobjekt zu identifizieren hat, das durch die Kombination weniger semantischer Merkmale sprachlich nur ganz grob gekennzeichnet ist, aber unter den Bedingungen kommunikativer Nähe mühelos identifiziert werden kann. Ohne die Grenze zwischen lexikalisch-semantischen und grammatisch-semantischen Fakten verwischen zu wollen, können wir also von den *passe-partout*-Wörtern eine Querverbindung zu den Deiktika ziehen, die ja ebenfalls die Identifizierung von Referenzobjekten nur auf Grund allgemeinster morphologischer und/oder semantischer Merkmale wie 'Belebtheit', 'Zählbarkeit', 'Genus/Sexus', 'Numerus' etc. ermöglichen (zur Rolle der Deiktika im Nähesprechen cf. 4.4.4).

Gerade dieser letzte Punkt macht klar, dass die spezifisch nähesprachliche Semantik der *passe-partout*-Wörter nichts mit dem angeblich abstrakten Charakter einzelner Sprachen zu tun hat (*"Le français langue abstraite"*[55]). Auch mit dem generellen Phänomen der 'Polysemie' darf sie freilich nicht identifiziert werden. So entspricht beispielsweise die *passe-partout*-Verwendung von fr./it./sp. *type / tizio / tío* **einer** einheitlichen Systembedeutung, während etwa polyseme Wörter wie fr./it./sp. *homme / uomo / hombre* –

---

[53] Hier wäre etwa an den philosophischen *Ding*-Begriff Heideggers zu denken...
[54] Man beachte hier den dazugehörigen Plural *Dinger*.
[55] Cf. zur Diskussion dieses Topos Albrecht 1970.

und dies ist konzeptionell völlig irrelevant – schon im System mindestens zwei klar umrissene Inhalte haben, die sich über Oppositionen in unterschiedlichen Paradigmen definieren (1. 'Mensch' gegenüber *ange / angelo / ángel, animal / animale / animal* etc.; 2. 'Mann' gegenüber *femme / donna / mujer, enfant / bambino / niño* etc.).[56]

4.4.3 Präsentative in der Perspektive nähesprachlicher Semantik

In der Forschung zum gesprochenen Französisch ist die hohe Frequenz der sog. Präsentative (fr. *(il) y a, c'est*, eventuell auch *voilà*) ein Standardthema.[57] Es stellt sich im Rahmen dieses Kapitels 4 natürlich die Frage, ob sich im gesprochenen Italienisch und Spanisch Vergleichbares beobachten lässt. Gerade diese vergleichende Perspektive zeigt aber sofort, dass unter der Rubrik 'Frequenz von Präsentativen in der gesprochenen Sprache' ganz Unterschiedliches vermischt wird.

So ist die Existenz von fr. *c'est* (gegenüber *(il) est*; cf. etwa 7*F,$_1$: *c'est pas loin*) ein rein einzelsprachliches Problem (cf. 5.3.3, b5), das im Italienischen und Spanischen keine Entsprechung hat. Davon unberührt ist die Tatsache, dass die Verben fr./it./sp. *être / essere / ser* bzw. *estar* – allerdings nicht unbedingt als Präsentative – in Nähediskursen merklich häufiger sind; dies betrifft dann aber die Tendenz zur geringen paradigmatischen Differenzierung (4.4.2).

In dieser Hinsicht noch interessanter ist zweifellos die Frequenz von fr. *(il) y a / (il) y avait* etc. mit den Entsprechungen it. *c'è / ci sono / c'era(no)* etc. und sp. *hay / había* etc. Aber auch hier ist zu warnen vor einer bloßen Addition von Verwendungsweisen, die unterschiedlichen kommunikativen Funktionsbereichen zugehören und/oder einen unterschiedlichen einzelsprachlichen Status besitzen.[58] Ergiebig für die **Semantik des Nähesprechens** sind allein die Verwendungen von fr./it./sp. *(il) y a / c'è / hay* etc. als einer Art *passe-partout*-Verb (cf. 4.4.2). So in 1*F,$_4$: ***y avait** de la fumée*; 32*F,$_{14-15}$: ***il y avait** un hôtel là*; 55*F,$_6$: ***y a** pas de soleil*; 57*F,$_1$: *le choc qu'il **y a eu** là*; 6*I,$_1$: ***c'era** il professor Z*; 10*I,$_5$: ***c'è** un posto dove stanno le chiavi*; 32*I,$_{1-2}$: *là **c'era** Gorizia [...] li*

---

[56] Dass fr. *type* und sp. *tío* ihrerseits wiederum polysem sind, ist rein zufällig (*type* 1. 'Typ', 2. *passe-partout*-Bedeutung; *tío* 1. 'Onkel', 2. *passe-partout*-Bedeutung).
[57] Cf. François 1975; Söll 1985, 159–162; Schiller 1992.
[58] Nicht universal nähesprachlich ist selbstverständlich it. *c'era* in 1*I,$_1$: *c'era una volta una bambina*; hier liegt ein einzelsprachliches Verfahren vor, dessen Vorkommen diskurstraditionell bedingt ist (Märchen!). – Fr. *(il) y a* + definites Substantiv + *qui* (cf. 1*F,$_{16-17}$: *y avait le président de la séance qui tapait [...] sur la table*; 9*F,$_1$: *il y a les piquets de grève qui sont venus*) ist eine rein einzelsprachliche, freilich für die nähesprachliche Syntax (nicht die Lexik!) typische Konstruktion zur Thematisierung eines Aktanten (cf. Oesterreicher 1991, im Gegensatz zu Söll 1985, 161, wo von 'Rhematisierung' gesprochen wird). – Völlig idiomatisch-lexikalisiert und nicht nähesprachlich markiert ist fr. *(il) y en a ... qui* (cf. 1*F,$_7$: *y en avait qui dormaient*).

c'era la ferroviaria; 36*I,₁: ***c'è*** *sempre della gente che pescano*; 53*I,₂: *quando **c'è** una lezione*; 56*1,₁: *c'era dei contadini* [...]; 4*S,₃: *ahí en Galerías Preciados* **hay** *una cuna muy bonita*; 15*S,₂₋₃: *auténticos éxitos no* **ha habido** *ninguno*; 32*S,₂: *y* **había** *un chico que* [...]. Auch wenn hier häufig die semantische Kategorie 'Lokalisierung' im Spiel ist, kann als gemeinsamer Nenner **aller** Verwendungen von *(il) y a / c'è / hay* nur noch die **Präsentierung eines neuen Referenzobjekts** angesehen werden. Das Einführen eines neuen 'Gegenstandes' in den Diskurs ist zwar an sich ein konzeptionell völlig neutrales Phänomen, es geschieht hier aber in der paradigmatisch (und syntagmatisch) sparsamen, typisch nähesprachlichen Form des *passe-partout*-Verbs.[59]

Im Distanzsprechen werden demgegenüber paradigmatisch differenziertere und syntagmatisch variierende Verblexeme bevorzugt: cf. etwa die für fr. *Dans le jardin,* ***il y a*** *beaucoup de jolies fleurs* alternativen Verbalisierungen: *Dans le jardin* **poussent** */* ***il pousse*** *beaucoup de jolies fleurs*; *Le jardin* **est plein** */* **foisonne de** *jolies fleurs*; *Dans le jardin, les fleurs* **abondent**; *Le jardin est* **très fleuri**; zur syntagmatischen Variation cf. etwa fr. *Dans le jardin,* ***il y a*** *de vieux arbres* ***et il y a*** *beaucoup de jolies fleurs* gegenüber fr. *Le jardin* **planté** *de vieux arbres* **foisonne** *de jolies fleurs* etc.

Die 'Sparsamkeit' der Präsentative als *passe-partout*-Verben wird nicht nur in ihrer semantischen Qualität sichtbar, sondern manifestiert sich auch auf der Ebene der Morphosyntax. So kennt fr. *(il) y a* / sp. *hay* keine morphologische Veränderung hinsichtlich der Kategorien Numerus (und Genus), da der präsentierte Referenzgegenstand syntaktisch nicht Subjekt (mit Kongruenz), sondern direktes Objekt ist. Es ist sicherlich nicht zufällig, dass auch im Italienischen, wo der präsentierte Referenzgegenstand als Subjekt von *c'è / ci sono* erscheint, in gesprochenen Varietäten eine Tendenz zum Verzicht auf die Kongruenz zu beobachten ist (56*I,₁: *c'era dei contadini*; cf. 5.5.2, b).

Zum Schluss eine Bemerkung zu fr. *voilà*, das ebenfalls als typisch sprechsprachliches Präsentativ genannt wird. Ohne Zweifel weist auch *voilà* die oben beschriebene morphosyntaktische 'Sparsamkeit' auf (Verzicht auf Kongruenz, da der Referenzgegenstand direktes Objekt ist). Die Tatsache aber, dass nur bestimmte Sprachen und Sprachstufen ein Pendant zu *voilà* besitzen (lat. *ecce*; afr. *ez*; asp. *afé*; it. *ecco*), legt den Schluss nahe, dass es sich dabei in lexikalisch-semantischer Hinsicht um konzeptionell neutrale, bloß einzelsprachliche Phänomene handelt. Die höhere Frequenz von fr./it. *voilà / ecco* in Nähediskursen könnte aber in referenzsemantischer Perspektive 'universalistisch' er

---

[59] Cf. schon Spitzer 1922, 168. – Neben der *passe-partout*-Verwendung behalten *il y a / c'è* natürlich die Bedeutung 'Existenz' bei (cf. 1*S,₃: *hay un estrato* [...]); sie sind also polysem in demselben Sinne wie fr. *type* und sp. *tío* (cf. die Diskussion am Ende von 4.4.2).

klärt werden durch die deiktische Komponente, die diesen verbähnlichen[60] Elementen inhärent ist und die, wie in 4.4.4 gezeigt wird, dem Nähesprechen besonders entgegenkommt.

4.4.4 Deiktika zwischen Sparsamkeit und Expressivität

Es ist in 4.4.2 bereits eine Ähnlichkeit zwischen *passe-partout*-Wörtern und **Deiktika** angesprochen worden. Zwar ist nicht zu übersehen, dass *passe-partout*-Wörter als lexikalische Einheiten dem Symbolfeld der Sprache zuzurechnen sind, während die deiktischen grammatischen Morpheme dem **Zeigfeld** der Sprache angehören.[61] Dennoch haben beide Arten von Elementen als wichtige Gemeinsamkeit die geringe semantische Intension. Diese Verwandtschaft macht verständlich, dass *passe-partout*-Wörter als semantisch fast leere Stützelemente (*dummies*) zu demonstrativ-deiktischen Pronomina hinzutreten; vergleiche 59*F,$_{1-2}$: *on a l'impression que **ce type** est en train de se déculotter gentiment*; 8*I,$_9$: *in causa di **quelle cose** lì*; 59*I,$_4$: ***questo tizio** è stato dichiarato pazzo*; 65*I,$_{1-2}$: *perchè **questo tizio** qua [...] è molto spontaneo*.

Gleichsam umgekehrt kann auf Grund der skizzierten Ähnlichkeit auch – einzelsprachlich – ein Demonstrativum regelrecht als *passe-partout*-Wort fungieren:

(62*S)

```
       A [ <sácale los . los tres esos de la <Austral>²>¹  <el de <Rialp>²         1
       A ⌈ está agotado>³                    sí [...]                              2
       B ⌊            <el de Rialp está agotado>⁴                                  3
```

< Buchhändlerin A spricht mit ihrer Angestellten >¹   < spanische Verlage >²
< Buchhändlerin an den Kunden B >³   < ? >⁴   (CV, 85)

Vergleiche auch 48*S,$_2$: *como eso*.

In einer allgemeineren Perspektive ist nun bezüglich der Deiktika festzustellen, dass sie gerade wegen ihrer spezifischen Zeigfunktion (die den *passe-partout*-Wörtern abgeht) dem Nähesprechen in hohem Maße entgegenkommen.[62] Bei *origo*-nahem Refe-

---

[60] Cf. die Analyse in Genaust 1975. – *Voilà* / *ecco* können nicht ohne deiktische Verankerung im (außersprachlichen oder sprachlichen) Kontext verstanden werden. Am stärksten tritt diese deiktische Komponente in dem Fall hervor, wo jegliche nominale Ergänzung fehlt: *"Voilà!"* / *"Ecco!"*. Diese Verwendung ist nur im Nähesprechen, bei Verankerung im außersprachlichen Kontext, möglich. – Eine einzelsprachliche Besonderheit des Französischen ist die zusätzliche Existenz von *voici*, das jedoch eine isolierte, typisch nähesprachliche Verwendung (**"Voici!"*) nicht kennt.

[61] Zur Unterscheidung zwischen Symbolfeld und Zeigfeld cf. Bühler 1965, 149–153.

[62] Cf. zum Beispiel Vigara Tauste 1996.

renzbezug, vor allem zusammen mit physischer Nähe und starker Situationseinbindung (cf. 2.3.1, d, e, f), stellen Demonstrativa, außendeiktisch[63] verwendet, äußerst **sparsame** Versprachlichungsmittel dar, die dem Rezipienten dennoch die genaue Identifizierung von Gegenständen ermöglichen (in 63*F werden, wie auch in 17*F, 24*F und 59*F, Urlaubsfotos angeschaut):[64]

(63*F)

A ⌈ **là** c'est bien ça hein			1
B |	alors **là** on l'a bien le bleu **là**		2
C ⌊		hein oui	3
A ⌈	<joli hein>[1]		4
B |		oh	5
C |	alors **ça** c'est un pin up qui m'appartient		6
D ⌊ ah oh			7
A ⌈ <comment>[2]			8
B |		<alors c'était où **ça**>[3]	9
C |	juste un petit peu		10
D ⌊		un petit peu	11

< ? >[1,2,3] (E, 24)

(63*I)

A ⌈ va su **quell'**altro posto **là** e		**là** ... è libero	1
B ⌊		c'è la Fanny	2
A ⌈	sulla poltrona **là** dove c'è la scarpina/		3
B ⌊	<**questo** è libero>[1]		4
A ⌈	<**quello** è libero eh>[2]		5

< singend >[1]   < ? >[2] (Cr, 78)

Im folgenden Beispiel ist der Parkwächter A der Person B beim Einstellen der Parkscheibe behilflich:

(63*S)

A ⌈ porque **ese** disco es extranjero **ahí** lo marca usted **esta**		1
B ⌊	<**así**>[1] no	2

---

[63] Zur Unterscheidung von Außendeixis und Innendeixis cf. Heger 1963, 19s., der sich auf Bühler 1965, 121–140, bezieht.
[64] Cf. Hofmann 1951, 167s.; Koch 1986, 135.

```
A ⌈ no vea usted esas son las/ esta hora        aquí lo marca        3
B ⌊                       sí         sí de once y media              4
A [ usted [...]                                                      5

    < B dreht an der Parkscheibe >[1]                        (CV, 114s.)
```

Vergleiche auch 23*F,$_{1-4}$: ça (3x), comme ça; 60*F,$_{,2}$: ça; 57*I,$_{,2}$: questo. — In diesem Zusammenhang ist sicherlich auch die höhere Frequenz der schon erwähnten Elemente fr./it. *voilà / ecco* in der Nähesprache zu sehen, die eine deiktische Komponente enthalten.

Außendeiktisch verwendbar sind neben den Demonstrativa im Übrigen alle personaldeiktischen Morpheme. Ein typisches Beispiel für die nähesprachliche Verwendung der bloßen **verbalen Personalmarkierungen** zum Zwecke des außendeiktischen Bezugs auf einen Gegenstand (Rettiche) ist uns in 41*S,$_4$ begegnet (*pican pican*; ganz offensichtlich liegt hier kein anaphorisch-innendeiktischer Bezug vor).

Während bei allen bisher genannten außendeiktischen Verwendungen der Demonstrativa und Personalmorpheme die sprachlich sparsame, aber zugleich präzise Identifizierung von Gegenständen beabsichtigt ist, begegnet uns daneben im Nähesprechen aber auch eine sprachlich sparsame und zugleich bewusst **'unpräzise' Referentialisierung**, vornehmlich mit Hilfe der 3. Person Plural des Verbs:

(64*F)
```
A [ [...] alors je dis je me suis dit je me suis dit "mais                    1
A [ qu'est-ce qu'il fait <celui-là>[1] le pauvre malheureux dis il va         2
A [ se noyer <là-dedans>[2]" et puis total on a appris qu'il avait été        3
A [ arrivé à être éjecté pour être éjecté comme ça tu sais le choc            4
A ⌈ que ça a dû donner oui                                                    5
B ⌊                    oui c'est pour ça que maintenant ils vont              6
B [ obliger les ceintures hein dans les voitures oui                          7

   < realisiert als [sɥi'la] >[1]     < realisiert als [lan'dã̃] >[2]    (F, 820)
```

(64*I)
```
A ⌈ del 1940 mi hanno richiamato a far la guerra/ per la Francia          1
A [ via e sono andato nella valle Stura [...]                             2
                                                                       (A, 98)
```

(64*S)
```
A [ [...] antes de la Lautaro el buque-escuela haciendo un poco de         1
A [ historia el buque-escuela chileno era la . la famosa Baquedano         2
A [ que se daba la vuelta al mundo y qué sé yo y que era una               3
```

```
A [ combinación de buque a vapor y buque a la vela era una especie      4
A [ de/ . digamos tenía velas para el entrenamiento marinero y/         5
A [ qué sé yo pero básicamente tenía máquinas después jubiló lo         6
A [ reemplazaron por viejo [...]                                        7
```
(HCS, 254)

Vergleiche auch 8*I,$_{7-8,11}$: *prendono, fanno, vogliono, dicono*; 114*I,$_6$: *dicono* (dazu auch 5.5.3, c).

Ermöglicht wird diese Verwendung der 3. Person Plural gerade nicht durch die Situationseinbindung und den *origo*-nahen Referenzbezug, sondern vor allem durch die Vertrautheit der Partner und den Rekurs auf individuelle und allgemeine Wissenskontexte (cf. 2.3.1, b; 2.3.2, 2).

Alle in diesem Abschnitt bisher erörterten Verwendungen von Deiktika kommen in ihrer Sparsamkeit immer auch der nähesprachlichen Spontaneität entgegen (2.3.1, i). Tritt zur Spontaneität ein hohes Maß an Expressivität hinzu (2.3.1, c), so können einfache Deiktika auch **expressive Werte** (bezüglich Dimension, Intensität, Gefühl und Einschätzung etc.) annehmen und dem Produzenten lexikalischen Formulierungsaufwand ersparen, sofern dieser gleichzeitig weitere kommunikative Kontexte aktiviert (die aus unseren Transkripten 65*F*I und 66*F*I allerdings indirekt erschlossen werden müssen).[65] Zum einen steht dem Produzenten hier der parasprachlich kommunikative Kontext (Intonation; cf. 2.3.2, 4a) zur Verfügung:

(65*F)

```
A ⌈ [...] bah réellement quand on est par/      quand euh à Mégève/     1
B ⌊                                c'était à Mégève                     2
A [ hein quand on a/ je suis arrivé là-bas j'ai vu cette vallée         3
A [ hein eh bah j'ai dit "c'est beau" [...]                             4
```
(F, 797s.)

(65*I)

```
A [ perché questo tizio qua è più come dire ... insomma è molto         1
A [ spontaneo sai . <come dire>¹ . è un papà di tutti quanti . [...]    2
A [ cioè ci sta quella communicabilità . lui vorrebbe infatti [...] fare 3
A [ incontrare delle persone                                            4
< ? >¹
```
(So, 156)

Vergleiche auch 20*I,$_{1,2}$: **questa** *figliola* und **questo** *figliolo*.

---

[65] Cf. Sornicola 1981, 156–159.

Gleichzeitig oder alternativ wird zum anderen auch häufig der nichtsprachlich kommunikative Kontext eingesetzt (cf. 2.3.2, 4b), so mit Sicherheit in den folgenden Ausschnitten die Gestik:

(66*F)

A [[...] bon ben c'était presque le dernier jour aujourd'hui		1
A ⌈ puisque demain je vais chez le dentiste avec mes		2
B ⌊ ouais la bibliothèque		3
A ⌈ anesthésies je repars avec une tête **comme ça** avec une tête		4
B ⌊ fermait		5
A [**comme ça** [...]		6

(L, 45s.)

(66*I)

A [[...] io ho resistito ma ho bevuto dell'acqua che c'erano dei		1
A [vermi lunghi **così** in una botte . calda [...]		2

(FMR, 63)

Vergleiche auch 55*F,$_{3-4}$: *elle est **comme ça***; 32*S,$_{18}$: *arrugados y rebujados **así** en la mano*. Hier und in 65*F*I werden deiktische Ausdrucksmittel in expressiver Funktion eingesetzt. Man kann sich nun fragen, ob dieser enge Zusammenhang zwischen Deixis und Expressivität im Nähesprechen es nicht umgekehrt auch ermöglicht, dass eindeutig deiktische Funktionen einen expressiv verstärkten Ausdruck erhalten: Demonstrativum statt Personalpronomen (64*F,$_2$: *qu'est-ce qu'il fait **celui-là***); Demonstrativum statt bestimmtem Artikel (61*I,$_{4-5}$: ***quelle** scavatrici* etc.); Lokaladverb zur weiteren Verstärkung des Demonstrativums (8*I,$_9$: ***quelle** cose **lì***; 56*I,$_3$: ***quella** roba **lì***; 65*I,$_1$: ***questo** tizio **qua***; 115*I,$_6$: *'**sta** gara **qua***).

4.4.5 Expressiv-affektive Ausdrucksverfahren bei starker Emotionalität

Zu Beginn von 2.3 und in 2.3.1, c haben wir die **Emotionalität** als **Faktor** der Kommunikation und als konzeptionell relevanten Parameter herausgestellt (Affektivität und Expressivität).[66]

Der auf den Rezipienten gerichteten **Affektivität** kommt gerade in der *face-to-face*-Situation besondere Bedeutung zu. In reziproker Weise (Dialogizität im weiteren Sinne)

---

[66] Es geht hier also nicht um das Sprechen über Emotionen (was ein in anderer Hinsicht intessantes Thema ist; cf. etwa Fiehler 2011), sondern um die Rolle von Emotionalität beim Sprechen über ganz unterschiedliche 'Gegenstände'.

vergewissern sich die Partner ihres (positiven oder negativen) emotionalen Verhältnisses zueinander und stecken den Bereich der Gemeinsamkeit ihrer Bewertungen, Erlebnisse, Erfahrungen etc. ab – kurz: sie bestätigen sich ihre Vertrautheit. Dazu gehört auch, dass der Produzent fortwährend die Wirkung seiner Selbstdarstellung 'testet'.[67]

Der zweite Aspekt der Emotionalität, die auf Gegenstände und Sachverhalte gerichtete **Expressivität**, ist eng verknüpft mit alltagsweltlichen Relevanzstrukturen; diese geben der 'Lebenswelt' ein Profil, in dem bestimmte emotional besetzte Themenzentren und Interessenschwerpunkte herausragen, die im Nähesprechen besonders häufig und intensiv besprochen und qualifiziert werden. Zu diesen *centres d'intérêt* gehören etwa:[68]

A) Gefühle und Bewertungen (Liebe, Hass, Freude, Ärger, Angst; Schönheit, Hässlichkeit; Glück, Unglück; Solidarität, Aggression etc.).
B) Handlungsentwürfe, Planungen, Hoffnungen etc.
C) Auffällige Intensitäten und Quantitäten (Menge, Raum, Zeit); bis hin zur Negation.
D) 'Lebensgrundlagen': Essen, Trinken, Schlafen; Sexualität und Körperlichkeit; Ausscheidungen; Tod, Krankheit und körperliches Befinden; Wetter; geistige Fähigkeiten (Klugheit/Dummheit); Arbeit; Geld; Nichtfunktionieren, Zerstörung; Kampf etc.
E) Das Fremde (gegenüber dem Eigenen): Völker, physische Eigenschaften, Lebensgewohnheiten etc.

Bei genauer Betrachtung dieser *centres d'intérêt* ist erkennbar, dass sie in anderer Hinsicht keineswegs gleichwertig nebeneinander stehen. Bestimmte Themenzentren sind nämlich mehr oder weniger deutlich als **Tabubereiche** markiert (mit erheblichen historisch-gesellschaftlichen Schwankungen): Sexualität, Ausscheidungen, Tod, Krankheit, Dummheit etc.; bestimmte Arten des Sprechens über negative Bewertungen, Ärger etc. (Flüche, Verwünschungen).

Für die unter A)–E) genannten *centres d'intérêt* (einschließlich der tabuisierten Bereiche) gibt es im Nähesprechen **auffällige** sprachliche Verarbeitungsmuster, in denen sich die Emotionalität voll 'ausleben' kann. Da eine brauchbare Systematisierung dieses Feldes bisher fehlt, wollen wir hier nur einige vorläufige Hinweise auf uns wichtig erscheinende Aspekte geben:

---

[67] Cf. Stempel 1983. Zur diesbezüglichen Funktion des mündlichen Erzählens cf. auch 4.2.2.
[68] Die hohe semantische Relevanz dieser *centres d'intérêt* wird mehr oder weniger direkt deutlich in Arbeiten wie: Hofmann 1951, 70–89; Deutschmann 1953; Sperber 1965, passim; Beinhauer 1978, 234–338; cf. Koch/Oesterreicher 1996, 73s., 79–89; Oesterreicher 2006.

1) Die Auffälligkeit wird durch unterschiedliche **Mittel** erreicht, die aus den Bereichen Lexikon, Wortbildung, Morphologie und Syntax stammen können.
2) Als **semantische Relationen**, die zur Herstellung von Auffälligkeit genutzt werden, kommen in Frage: die **Kontiguität** (Metonymien) und die **Similarität** (Metaphern/Vergleiche; Hyperbeln; und als Grenzfall: Identität).[69]
3) Die beiden fundamentalen semantischen **Ziele**, die mit der auffälligen Versprachlichung verfolgt werden, wollen wir mit den Stichworten **'Steigerung'** ('Verstärkung') einerseits und **'Drastik'** ('Anschaulichkeit') andererseits kennzeichnen.

Wir versuchen im Folgenden, an ausgewählten Beispielen die Bedeutung und das Zusammenspiel der unter A)–E) und 1)–3) angeführten Gesichtspunkte zu veranschaulichen.

Eine leicht identifizierbare Erscheinung, mit der in der nähesprachlichen Semantik Auffälligkeit hergestellt wird, ist die **Metonymie**. Sie stellt eine mit lexikalischen Mitteln hergestellte 'Figur' dar, die zwischen dem im Diskurs verwendeten Zeichen (Lexem oder Lexemkombination) und dem intendierten Referenten nur eine indirekte, über semantische Kontiguität vermittelte Beziehung stiftet. Sie wird – hier bezogen auf das Thema 'Arbeit' – mit dem Ziel drastisch-anschaulicher Darstellung verwendet:

(67*S)

A ⌈	<y de la cocina y del hogar qué piensas>[1]	1
B ⌊	pues mira de la/ . del	2
B [	hogar lo único que me gusta es la cocina personalmente porque .	3
B [	**limpiar el polvo todos los días** la verdad es que es un rollazo	4
B [	increíble [...]	5
	<?>[1]	(HCM, 71)

Vergleiche auch 134*S,$_{3-4}$: *eso del mandilito de todos los americanos* (Themenbereich D) 'Küchenarbeit').

Einen problematischen Bereich sprachlicher Referenz stellen erwartungsgemäß die weiter oben genannten Tabuthemen dar. Hier verfügt das Nähesprechen unter anderem[70]

---

[69] Cf. etwa Jakobson 1974, bes. 133–139; Ullmann 1957, 220–234; Koch/Oesterreicher 1996; Blank 1997.

[70] In jedem Fall kann man im Nähesprechen – eher als im Distanzsprechen – die 'normalen' Wörter dieser Tabubereiche ohne Scheu verwenden. – Eine andere wohlbekannte Möglichkeit besteht darin, das 'normale' Wort durch einen **Euphemismus** zu ersetzen. Für die Verwendung von Euphemismen sind allerdings gerade bestimmte Bedingungen kommunikativer Distanz ausschlaggebend (Reflektiertheit, eher geringere Vertrautheit, eher Öffentlichkeit; emotionale Beteiligung wird 'unterdrückt'; auch der Zusammenhang zwischen Euphemismen und Höflichkeit sowie zwischen Höflichkeit und Distanz ist mitzubedenken). Es scheint uns daher

über die Möglichkeit, so genannte **Dysphemismen** einzusetzen, bei denen auf einen tabuisierten Gegenstand mit einem expressiv-verstärkten Lexem in bewusst drastischer Weise referiert wird. Hier kommt natürlich der Metonymie (neben der Metapher) eine zentrale Rolle zu. In 68*I berichtet die Mutter eines unehelichen Kindes, wie der Vater ihr seinerzeit zur Abtreibung geraten hat:

(68*I)

A [[…] ne ho parlato anche con lui è chiaro ma lui <cosa mi ha		1
A [consigliato>[1] . <di **buttarlo**>[2] . m'ha detto "io <cosa ci posso		2
A [fare>[3]" e io "<come cosa ci puoi fare>[4]" lui era anche molto		3
A [più grande di me aveva dodici anni più di me e lui <sa come se		4
A [n'è uscito>[5] . <con dodicimila lire>[6] . e mi dice		5
A ["<vai a **buttarlo** il figlio>[7]" […]		6

< ? >[1,3,4,5]   < ! >[2,6,7]   (Lo, 31)

Die wohl bekannteste Erscheinung, mit der in der nähesprachlichen Semantik Auffälligkeit produziert wird, ist die **Metapher**. Als semantische Verschiebung, die auf einer Similaritätsrelation beruht, stellt sie eine mit lexikalischen Mitteln hergestellte 'Figur' dar. Sie kann – zumal in den Themenzentren von D) – dem Ziel der Drastik dienen (69*F,[8]; 69*I,[12]) oder aber – zumal in den Themenzentren von A) und C) – zum Ziel der Steigerung eingesetzt werden:

(69*F)

A [[…] je t'ai regardé nager tu fais plus de quinze mètres		1
A ⌈ quand même oui		2
B ⌊ oui (xxxxxxx) mettons mais enfin je fais pas une nageuse		3
B ⌈ euh . non ah non		4
C ⌊ oui pas aller vers la haute mer pour euh vraiment		5
A ⌈ ah oui <c'est vrai>[2]		6
B │ <et toi>[1]		7
C ⌊ oh moi non plus oh là là **un vrai caillou** moi		8
A ⌈ ((Lachen))		9
C ⌊ moi au bout de au bout de dix mètres <jjj>[3]		10

< ? >[1,2]   < [333] = Geräusch des Ertrinkens >[3]   (F, 794)

---

nicht vertretbar, Euphemismen generell als genuinen Bestandteil nähesprachlicher Semantik einzustufen (so etwa bei: Havers 1931, 190; Hofmann, 1951, 144–152; Beinhauer 1978, 172–184). – Zu Tabu und Euphemismus cf. auch Ullmann 1972, passim und Allan/Burridge 1991.

(69*I)

A [ma tu ci hai questa opposizione forte te alle ciliege		1
B [<acc(iden)ti>[1] ma la mattina ne ha mangiata una ton/ una		2
B ⌈ tonnellata		3
C ⌊ <la Martina>[2]		4
D ⌊ comunque ne ha mangiate ne ha mangiate		5
C [a lei gli fanno l'effetto un po' di/ sono abbastanza . <mh>[3]		6
A ⌈ sinceramente se mangiate con noccioli		7
D ⌊ <si>[4]		8
E ⌊ per la/ anch'io le		9
A ⌈ decisamente		10
C ⌊ (xxx)		11
D ⌊ diventa un/ **una mitraglatrice** quando (xxx)		12
E ⌊ anch'io le ⌈ le ciliege		13
A [(xxx) lassativo se uno un prende peso del tutto mh uno va via		14
A [velocissimo/		15

< ! >[1]   < sehr leise >[2]   < ? >[3,4]   (Cr, 79)

Ebenfalls auf der Similaritätsrelation basiert der **Vergleich**, der mit dem Ziel der Steigerung/Verstärkung durch lexikalische und syntaktische Mittel hergestellt wird. So machen sich in 70*S drei Freundinnen über die anwesende Marta lustig, die sich heftig verliebt hat:

(70*S)

A [[...] yo nunca he oído a Marta así <eh>[1] es la primera vez en	1
A ⌈ mi vida y mira que la conozco la conozco	2
B ⌊ <está rematadísima>[2]	3
A ⌈ desde que tenemos . trece años querida	4
B ⌊ ella siempre tan positiva	5
A ⌈ y nunca la he visto	6
B ⌊ tan yo no yo no se ha caído **como un demonio**	7
A ⌈ ha caído <pero **como un pajarito**>[3] <buein>[5]	8
C ⌊ <es que está amando>[4]	9

< ? >[1]   < ! >[2,3,4]   < macht, lachend, den Absturz eines Vogels nach >[5]
                                                                                        (CV, 128s.)

Vergleiche auch 152*S,$_5$: *como una bruja* (Themenbereich A) 'Schönheit, Hässlichkeit').

Eine weitere, mit lexikalischen Mitteln erreichte Steigerung erfolgt bei der **Hyperbel**. Es handelt sich hier lediglich um graduelle Verschiebungen ('Übertreibungen'), die natürlich Similarität voraussetzen (hier beim Thema D) 'Nichtfunktionieren' bzw. A) 'Angst'):

(71*F)

A [	**j'ai plus rien** j'ai plus . les clignotants j'ai les manomètres	1
A ⎡	qui sont à zéro j'ai plus d'éclairage **j'ai plus rien**	2
B ⎣	bon on arrive	3

(E, 63)

(71*S)

A [	[...] regreso también en avión que es la primera vez que yo	1
A ⎡	subo . <he he he>[1] <y entonces tengo un	2
B ⎣	<sí>[2] <y tienes miedo>[3]	3
A [	miedo ESPANTOSO>[4] yo no sé si **me voy a morir** antes de llegar	4
A [	a Mallorca	5

< lachend >[1]   < ? >[2,3]   < ! >[4]   (CV, 110s.)

Vergleiche auch 69*I,$_{2-3}$: *una tonnellata* (Themenbereich C) 'Quantität'.

Schließlich muss auch auf die Rolle der Wortbildungsmittel eingegangen werden; hier ist zu denken an Modifikationssuffixe (für Diminutive, Augmentative, Pejorative etc.), die ebenfalls auf der Grundlage einer Similaritätsrelation expressiv – und nur dieser Fall interessiert hier – eingesetzt werden. Die **modifizierten Wörter** können zum einen eine Steigerung erbringen (auch Diminutive und Pejorative!):

(72*I)

A [	[...] <oh>[1] ora mi metto **un minutino** a sedere	1

< ! >[1]   (Cr, 87)

(72*S)

A [	[...] mire usted un chico que esté bien de estos **altotes**	1
A [	**majotes** que tengan buena posición claro pues no le voy a decir	2
A [	a usted un gañán	3

(CV, 106s.)

Zum anderen bringen sie eine drastische Nuance zum Ausdruck; vergleiche etwa 2*I,$_2$: *era una povera **vecchiarella*** (man beachte auch *povera*); 31*S,$_7$: *estamos en un **rinconcito** de Europa* (zu weiteren expressiven Werten der Modifikation/Alteration, zum Beispiel 'Ironie', vergleiche 73*S,₃: *mis dos **kilitos***). Das (Neu-)Französische, dem bekanntlich Modifikationssuffixe weitestgehend fehlen, muss hier andere Wege beschreiten; vergleiche 64*F,₂: *qu'est-ce qu'il fait celui-là le **pauvre malheureux*** (it./sp. etwa *poverino / pobrecito*).

Ein hinsichtlich der Formulierung äußerst sparsames syntaktisches Mittel, das semantisch dem Ziel der Steigerung zugute kommt, ist die schlichte expressive **Wiederholung** (Identität als Grenzfall der Similarität):

(73*S)

A [[...] tiene unos alrededores ideales pues mira está sí está		1
A [hacia el norte está cerca de <Casla>¹ y todo esto y es		2
A [**precioso precioso precioso** allí engordé mis mis dos kilitos		3
A [porque se come muy bien muy sano una vida muy tranquila muy		4
A [sedentaria [...]		5

< kleiner Ort in der Provinz Segovia >¹ (HCM, 117s.)

Vergleiche auch 66*F,₄/₆: *avec une tête comme ça avec une tête comme ça*; 32*I,₁₁: *e continuano e continuano*; 5*S,₂: *ay que eso espero eso espero*.

Die semantischen Ziele der Steigerung und der Drastik, die der Produzent mit den bisher erörterten sprachlichen Gestaltungen auf Wort- und Syntagmen-Ebene verfolgt, sind nicht Selbstzweck. Vielmehr zielt er durch die Steigerung oder Drastik in bestimmten Themenbereichen auf bestimmte Effekte ab, die eigentlich schon textuell-pragmatisch sind: Sie markieren Geltungsansprüche, stützen Argumente, helfen dem Rezipienten, den Wert der Äußerung – Spaß, Ironie, Entschuldigung, Vorwurf etc. – zu erfassen (cf. 72*I,₁: *un minutino*; 71*S,₄: *yo no sé si me voy a morir*).

Auch unabhängig von der Themenzentrierung entsprechend A)–E) verfügt das Nähesprechen über Mittel, die die genannten textuell-pragmatischen Effekte ermöglichen – allerdings stets auf der Ebene des Satzes insgesamt.

Dies kann mit Hilfe lexikalischer Mittel geschehen wie in 115*I,₄: *io **veramente** sapevo nuotare benino **proprio***.[71] Daneben werden bestimmte syntaktische 'Figuren' eingesetzt. Wir nennen hier nur drei Fälle.

Von extremer Sparsamkeit ist die **Tautologie** (Identität als Grenzfall der Similarität auf Satzebene), die als Steigerung gern zur Stützung der Argumentation eingesetzt wird. In Beispiel 74*S versucht A, seinen Freund B zu beruhigen, der seine für eine Auslandsarbeitsgenehmigung notwendigen Dokumente verloren hat:

---

[71] Cf. Held 1985.

(74*S)

```
A [ que te sientes aquí con nosotros <me cago en el copón>¹ que vamos a         1
A [ mira tú estás <preocupado>² porque se te han perdido los papeles <no>³      2
A ⌈      eso es                              pero eso <tiene solución           3
B ⌊ eso es      se me han <perdido>⁴ de aquí a                                  4
A [ que tiene solución>⁵ se te <haigan>⁶ <perdido>⁷ donde se te                  5
A ⌈ <haigan>⁸<perdido>⁹           <me cago en la hostia>¹⁰ pero mira a mí       6
B ⌊                   es un crimen                                              7
A [ me se murió el año <pasado>¹¹ mi padre y fíjate tú si . eso sí que no       8
A ⌈ lo voy a encontrar más                                    los papeles se    9
B ⌊                    pero bueno pero es que no es lo mismo                    10
A ⌈ encuentran              sí se encuentran                                    11
B ⌊          no se encuentran              porque yo me tengo que               12
A ⌈                        lo mismo      un papel se encuentra                  13
B ⌊ ir <cómo me va a dar igual>¹²      no                                       14
A ⌈                                      un papel se encuentra                  15
B ⌊ ahí yo ... ya veremos a ver si se encuentran                                16
A [ lo que no se encuentra es lo que no se encuentra es lo que se ha            17
A [ <perdido>¹³ para siempre ... pero ... un papel ... <me cago en la           18
A [ leche>¹⁴ pero <volado>¹⁵ que lo encuentras <que no>¹⁶                        19
```

< ! >¹,⁵,¹⁰,¹²,¹⁴   < = [preoku'pao] >²   < ? >³,¹⁶   < = [per'djo] >⁴,⁷,⁹,¹³
< = hayan >⁶,⁸   < = [pa'sao] >¹¹   < = [βo'lao] >¹⁵   (Na, 233s.)

(74*F)

```
A [ [...] celui qui pense qui fait le/ . qui fait la politique                  1
A [ c'est Pompidou et toute la/ . et tout ce qu'y a derrière enfin              2
A [ Rothschild et compagnie quoi . bon Pompidou c'est Rothschild                3
A [ et Rothschild c'est Pompidou enfin (tu vois) tu vois le bazar               4
A ⌈ mais                                                                        5
B ⌊      non moi je suis pas d'accord je crois que Pompidou c'est               6
B [ Pompidou                                                                    7
```

(E, 103)

(74*I)

```
A [ [...] perché io dico il partito è partito ma la persona è la                1
A [ persona se una persona merita di essere <logiata>¹ io do                    2
A [ l'alloggio a un socialista lo do a un comunista lo do a un                  3
A [ democristiano purché facciano bene [...]                                    4
```

< Regionalismus; cf. 5.5.1, c >¹   (PS, 82)

Vergleiche auch 4*F,$_{7/9}$: *quand c'est sept heures et demie c'est pas moins vingt*; 147*S,$_{1-3}$: *vamos a llamarle al pan pan y al vino vino ... y a las putas putas*.

Die im Nähesprechen beliebten – streng logisch natürlich jederzeit falsifizierbaren – **Allaussagen** des Typs *ich vergesse alles* (oder ihnen gleichwertige rhetorische Fragen) stellen sehr wirkungsvolle Hyperbeln auf Satzebene dar; sie können zu Zwecken der Selbstdarstellung, der Bewertung von Sachverhalten oder – wie hier – der argumentativen Stützung von Äußerungen dienen:

(75*I)

A ⌈ <e non ha idea di tornare in Italia>^{1}		1
B ⌊	**<chi sarebbe quello che**	2
B [non ci ha idea di tornare in Italia>^{2}		3
< ? >^{1} < ! >^{2}		(Ro, 161)

Bei der stark an dialogische Situationen gebundenen Verwendung der **generalisierenden 2. Person Singular** (statt generischem Pronomen 'man'), die mit syntaktischen Mitteln auf Satzebene Anschaulichkeit erzeugt, handelt es sich um eine metonymische Verschiebung (gleichsam ein *pars pro toto*):

(76*F)

A [si **t'achètes** un bon bout de macreuse eh ben **tu veux** de la bonne		1
A ⌈ macreuse **tu** la **payes** quand même/ hein faut compter quand même		2
B ⌊	oui	3
A ⌈ huit à neuf cents Francs le kilo de la bonne macreuse		4
B ⌊	bien sûr	5
		(F, 777)

Vergleiche auch 31*S,$_5$: *viajo al extranjero porque es como **tomas** el oxígeno*. – Zwei wichtige abschließende Bemerkungen:
a. Wenn in diesem Abschnitt von Metonymien, Metaphern, Vergleichen und Hyperbeln die Rede war, so ist dies nicht in dem Sinne zu verstehen, dass diese *per se* genuin nähesprachliche Phänomene darstellten. Vielmehr ging es uns darum zu zeigen, dass Metonymien, Metaphern, Vergleiche und Hyperbeln ebenso wie Wiederholungen, Tautologien, Allaussagen etc. im Rahmen einer **Alltagsrhetorik** in ganz besonderer Weise nähesprachlicher Affektivität und Expressivität dienen.
b. Die Corpus-Beispiele 67*F bis 76*F stellen – zumindest zu dem Zeitpunkt, an dem sie dokumentiert wurden – weder völlig spontane *ad hoc*-Kreationen dar noch auch verfestigte rhetorische Muster. Es ist jedoch evident, dass derartige typisch nähesprachlich-expressive Ausdrucksweisen häufig Sprachwandel auslösen und dann in

konventionalisierter, möglicherweise sogar lexikalisierter oder grammatikalisierter Form erscheinen.[72]

4.4.6 Arbeitsaufgaben

1. Untersuchen Sie die Referenz-Corpora in Kap. 7 im Hinblick auf die in diesem Abschnitt vorgestellten Phänomene nähesprachlicher Semantik.
2. Berechnen und vergleichen Sie die *type : token*-Relation für einen ausgeprägten Nähediskurs und einen Distanztext eigener Wahl. Überprüfen Sie auch jeweils den Grad lexikalischer Variation und paradigmatischer Differenzierung.
3. Zeigen Sie, in welcher Weise Bedeutungs-/Bezeichnungswandel häufig unter den Bedingungen nähesprachlicher Semantik **ausgelöst** wird. Etymologisieren und interpretieren Sie unter Berücksichtigung der in 4.4.5 aufgeführten Themenzentren (A)–(E) und Verfahren (1)–(3) die folgenden Beispiele: fr./it. *tête / testa*; *manger / mangiare*; fr./sp. *travailler / trabajar*; fr./it./sp. *gau* (Argot) */ grana / tela* 'Geld, Zaster'; fr./it./sp. *Pleurer / piangere / llorar*; fr. *formidable* 'toll'; it./sp. *bestiale / bestial*; fr. *beaucoup*; fr./it./sp. *un tas de / un mucchio di / un montón de*; fr. *ne ... pas, ne ... point*; it. *non ... mica; niente*; sp. *nada*; sp. *se fueron*; it. *matto, sciocco*; fr. *bête comme un âne / une oie / ses pieds, bête à manger du foin; sec comme un hareng; maigre comme un clou*; it. *magro / secco come un chiodo*; sp. *delgado como un fideo*. – Charakterisieren Sie den heutigen Status dieser Erscheinungen im Vergleich zu ihrer nähesprachlichen Ursprungsverwendung. – Suchen Sie Ihrerseits aus den Themenbereichen (A)–(E) lexikalisches Material, das einen den angeführten Beispielen ähnlichen Bedeutungswandel hinter sich hat.
4. Problematisieren Sie die in 4.4.5 vorgeführten Verfahren nähesprachlicher Semantik und Alltagsrhetorik im Verhältnis zu den Grice'schen Konversationsmaximen 'be true', 'be relevant', 'be brief' etc. (cf. Grice 1975 und besonders Stempel 1983).

4.5 Lautlicher Bereich

In unserer Darstellung zu Beginn von 2.3 ist als grundlegender Faktor der sprachlichen Kommunikation der **Kontakt** zwischen Produzent und Rezipient genannt worden. Der Kontakt erfolgt durch ein **Medium**, das im Falle der Sprache, wie wir wissen, phonischer oder graphischer Natur sein kann. In diesen beiden Medien materialisieren sich die Signifikanten sprachlicher Zeichen unterschiedlicher Hierarchiestufen (vom Morphem bis hinauf zum Diskurs/Text).

Wie in 2.1 und 2.3.2 gezeigt, begegnet uns in beiden medialen Bereichen – freilich mit den in Abb. 2 dargestellten Affinitäten – im Prinzip die gesamte Bandbreite konzeptioneller Möglichkeiten zwischen Nähe und Distanz. Es ist nun aber interessant, dass die Konzeption ihrerseits Auswirkungen auf bestimmte Aspekte der phonischen bzw. graphischen Realisierung hat. So begünstigt im phonischen Medium – ganz vorläufig for-

---

[72] Cf. Mair 1992; Koch/Oesterreicher 1996; Oesterreicher 2006.

muliert – kommunikative Nähe 'nachlässige' Artikulationen, während bei kommunikativer Distanz lediglich 'exakte' Artikulation zugelassen ist. Man könnte nun meinen, dass dem im graphischen Medium die Skala von unleserlicher 'Schmierschrift' über saubere Handschrift bis zum sorgfältigen Druck entspricht. Eine solche Analogisierung der beiden medialen Bereiche verdeckt jedoch eine wichtige Tatsache. Die Sorgfalt der graphischen Gestaltung bleibt der Sprache völlig äußerlich, denn sie ist nicht mit der orthographischen Struktur des graphischen Signifikanten zu verwechseln, der ja seinerseits den primären phonischen Signifikanten sprachlicher Zeichen überhaupt erst abbildet. Ganz anders im phonischen Bereich, dem allein wir uns deshalb hier zuwenden. Die Nachlässigkeit oder Sorgfalt der Artikulation tangiert *eo ipso* die lautliche Substanz der phonischen Zeichensignifikanten. In allen Sprachen lässt sich eine Varianz der Artikulation von Zeichensignifikanten beobachten, in der man nicht den Effekt bloßer Versprecher erblicken darf, sondern die sich mit der Sprechgeschwindigkeit korrelieren lässt. Den genau artikulierten **Lento**formen stehen hier die weniger sorgfältig artikulierten **Allegro**- oder gar **Presto**formen gegenüber, bei denen Teile des Zeichensignifikanten lautlich 'schrumpfen'. So treffen wir auf Prozesse der sog. **Entdeutlichung**, wie sie in neuerer Zeit im Rahmen der Natürlichen Phonologie diskutiert werden: Es ist selbstverständlich nicht zu übersehen, dass solche Entdeutlichungsprozesse – diachronisch gesehen – für den Lautwandel von größter Bedeutung sind.[73]

Intervokalische Konsonanten sind anfällig für Artikulationsschwächungen bis hin zum Schwund wie im Folgenden in fr. [ʁeai'ze] statt [ʁeali'ze], in it. [pretʃ$^{ed\prime}$ɛnte] statt [pretʃe'dɛnte] und sp. ['toes] für *(en)tonces*:

(77*F)

A [[...] l<u>e</u> travail . c'est quelque chose de très continu avec	1
A [toutes ses surprises étant donné que cette section . non	2
A [seulement <elle>^{1} exécute de<u>s</u> outillages neufs pour des	3
A [fabrications . futures . mais il faut **<réaliser>**^{2} aussi	4
A [l'entretien [...]	5

< realisiert als [l] >^{1} < realisiert als [ʁeai'ze] >^{2} (BD, 54)

Im folgenden Beispiel geht es um Wiederholungssendungen im Fernsehen:

---

[73] Cf. zur Natürlichen Phonologie etwa Donegan/Stampe 1979; zu den Allegroformen cf. Dressler 1975.

(77*I)

    A [[...] tanto vale che uno non l'accende perché già sape la   1
    A [<**precedente**>[1] . già sape tutt<u>a</u> la tragedia e tutte le cose [...]   2

    < realisiert als [pretʃ^{edi}ɛnte] >[1]   (So, 243)

In 77*S geht es um die kolumbianische Frauenzeitschrift *Laura*, bei der B Redakteurin ist:

(77*S)

    A [entonces <en realidad va orientada hacia cierto grupo de   1
    A ⌈ mujeres con cierto nivel intelectual>[1]   2
    B ⌊   sí sí sí   intelectual es verdad   3
    B [que desde todo punto/ . que lo buscamos un poquito bajito para   4
    B [hacer labor y educar y elevar <**entonces**>[2] a las/ . al tratar   5
    B [uno/ . nosotros temas serios pues también estamos interesando   6
    B [otros núcleos de personas que . que ya son un poco más cultas   7
    B [y que les gusta leer temas así <ves>[3]   8

    < ? >[1,3]   < realisiert als ['toes] >[2]   (HCBo, 74)

Wie schon das Beispiel [pretʃ^{edi}ɛnte] in 77*I,₂ andeutet, kann die Lautreduktion bei Allegro- oder Prestoformen sogar zum **Silbenschwund** führen. Abgeschlossen ist dieser Prozess etwa in 87*F,₂₋₃: [ttãʀa'pɛl] für [tytãʀa'pɛl]; 88*F,₁: [tse] für [ty'se] (cf. 5.3.3, b2); 158*S,₇: [spaβi'lo] für [se(e)spaβi'lo]. Betroffen sind hiervon auch Silben am Wortanfang (**Aphärese**): 19*F,₉: [fɛ̃] für [ɑ'fɛ̃]; 77*F,₃: [lɛgze'kyt] für [ɛlɛgze'kyt]; 47*I,₆: ['somma] für [in'somma][74]; 104*I,₁: ['ndzomma] für [in'dzomma]; 77*S,₅: ['toes] für [en'tonθes]. Andererseits können auch Endsilben schwinden (**Apokope**) wie im Folgenden [in'tso] für [in'tsomma] (in diesem Beispiel lassen sich sogar Etappen des Schwunds erkennen):

(78*I)

    A [[...] 'na precisio<u>ne</u> 'na precisione bestiale insomma . sempre   1
    A [precisi . poi sempre compiti <**insomma**>[1] è chiaro . la Germania   2
    A [. la Francia . l'Olanda <**insomma**>[2] . tutti quanti così [...]   3

    < realisiert als [in'tso] >[1]   < realisiert als [in'tso^{mma}] >[2]   (So, 247)

---

[74] Gerade die Realisierungen von *insomma* zeigen, dass die universal lautlichen Prozesse des Nähesprechens über die unterschiedlichen regionalen Lautungen (etwa [in'tsomma] oder [in'dzomma] neben der Standardform [in'somma]) hinweg wirksam werden; zu den rein einzelsprachlichen Regionalismen im gesprochenen Italienisch cf. 5.5.1, a.

Bei Allegro- und Prestoformen verringert sich die Distinktivität des lautlichen Materials, das die betreffenden Signifikanten bildet. Darunter leidet die Zuordnung des Signifikanten zu seinem Signifikat bzw. zu den gemeinten Gegenständen und Sachverhalten, was wiederum den Kontakt zwischen Produzent und Rezipient behindern kann. Dies ist unter den Bedingungen kommunikativer Distanz natürlich nicht akzeptabel. Unter den Bedingungen kommunikativer Nähe sind hingegen derartige Reduktionsformen einfach nicht zu vermeiden, weil die Sprechgeschwindigkeit, bedingt durch hohe Spontaneität und Emotionalität, größten Schwankungen unterworfen ist. Die Reduktionsformen beeinträchtigen jedoch im Nähesprechen die Kommunikation nicht notwendig, da etwaige Informations-'Lücken' leicht durch die Aktualisierung verschiedener außersprachlicher Kontexte aufgefüllt werden können (Einbindung in den Situations- und Handlungskontext; gemeinsame Wissenskontexte bei Vertrautheit der Partner; nichtsprachlich-kommunikativer Kontext).

Im Übrigen lässt die Nichtöffentlichkeit der Kommunikation dem Produzenten einen großen Spielraum bei der Artikulation. Wir sehen: Zwischen Reduktionsformen der hier angedeuteten Art und kommunikativer Nähe besteht eine klare Affinität.

Die angesprochenen Zusammenhänge zwischen Konzeption und artikulatorischen Varianten können hier nur angedeutet werden, da dazu eine systematische Forschung auf der Ebene der **Sprechtätigkeit** fehlt.[75] Prozesse phonologischer Natürlichkeit sind nämlich bisher fast ausschließlich im Rahmen der **einzelsprachlichen** historischen Lautlehre berücksichtigt worden. Sicherlich ist eine ganze Reihe lautlicher Phänomene, die einzelsprachliche Varietäten unterscheiden, mit dem Instrumentarium der Natürlichen Phonologie beschreibbar (cf. etwa fr. *ça* neben *cela*, *çui* neben *celui* (5.3.3, b1); it. *'sto* neben *questo* (5.5.3, b4) oder [nonɔˈmiːhahaˈɸiːθo] neben [nonɔˈmiːkakaˈpiːto] (5.5.1, a: *gorgia toscana*); sp. *comprao* neben *comprado* (5.7.1, 5.7.2, 5.7.3, a) oder *to* neben *esto* (5.7.2, b)). Sicherlich ist die Entstehung solcher Varietätenmerkmale **letztendlich** auch irgendwie durch universal nähesprachliche Allegro- und Prestoartikulationen ausgelöst worden. Trotzdem wäre es in synchronischer Perspektive verfehlt, im Nähesprechen mögliche Allegro- und Prestoformen (z.B. fr. [ʁeaiˈze], it. [pretʃedˈente], sp. [spaβiˈlo]) mit inzwischen konventionalisierten Lautungen in einzelsprachlichen Nähevarietäten (z.B. fr. *ça*, it. [nonɔˈmiːhahaˈɸiːθo], sp. *comprao*) zu identifizieren.

Wie erwähnt, harrt der lautliche Bereich der universalen Tendenzen des Nähesprechens (in Abhebung von der einzelsprachlichen Diachronie der Lautphänomene der Nähesprache) bislang einer gründlichen Erforschung. Zu diskutieren wäre hier vor allem, wieweit neben Prozesse der Entdeutlichung auch solche der **Verdeutlichung** treten, wie sie ebenfalls in der Natürlichen Phonologie (allerdings wiederum nur mit einzelsprachlicher Ausrichtung) beschrieben worden sind.[76] Um hinsichtlich dieser Probleme des laut

---

[75] Cf. immerhin Hinweise in Hofmann 1951, 37.
[76] Zu lautlichen Verdeutlichungs- und Entdeutlichungsprozessen cf. Back 1991.

lichen Bereichs wesentliche Fortschritte zu erzielen, wäre es allerdings dringend notwendig, dass umfangreicheres, phonetisch genauestens transkribiertes Corpus-Material zur Verfügung stünde.

4.6 Universale Merkmale gesprochener Sprache: Abgrenzung des Forschungsbereichs

Dieses Kapitel hat gezeigt, dass die universalen Merkmale des gesprochenen Französisch/Italienisch/Spanisch, die sich zwingend aus den Kommunikationsbedingungen der Nähe ergeben, einen Forschungsbereich ganz spezifischen Zuschnitts konstituieren. Es dürfte im Übrigen deutlich geworden sein, dass die Kategorien, die zur Interpretation der betreffenden Fakten notwendig sind, sich auf jede beliebige Sprache übertragen lassen.

In vielen herkömmlichen Darstellungen werden freilich die universalen Erscheinungen der Nähesprache nicht klar genug von den einzelsprachlichen Phänomenen abgehoben, deren völlig andersartiger Status in Kap. 5 deutlich werden wird.

Wie sich herausgestellt hat, liegen universale Merkmale gesprochener Sprache nicht nur im textuell-pragmatischen und im syntaktischen Bereich vor (4.1, 4.2, 4.3), wo uns auch die traditionelle Forschung schon viel Material bereitstellt; vielmehr ist gerade auch der semantische Bereich sehr ergiebig (4.4). Dass auf dieser universalen Ebene der lautliche Bereich ebenfalls interessante Fragestellungen eröffnet, haben wir in 4.5 wenigstens angedeutet.

Es mag verwundern, dass der Bereich der **Morphologie** hier völlig fehlt. Die Frage, ob nicht universale Merkmale der Morphologie gesprochener Sprache erkennbar sind, lässt sich nämlich in mindestens drei Richtungen diskutieren.

So könnte man, erstens, den Eindruck gewinnen, dass der Bestand der morphologischen Kategorien eines Sprach**systems** in der gesprochenen Sprache spezifischen Reduktionen unterliegt (klassisches Beispiel: das Fehlen des *passé simple* im gesprochenen Französisch; cf. 5.3.3, b7). Solche Reduktionen sind zwar verschiedentlich zu beobachten, die Sprachgeschichte zeigt jedoch, dass immer wieder auch mündliche Varietäten einen Zuwachs an Kategorien im morphologischen System zu verzeichnen haben (man denke etwa an das vulgärlateinische Futur der Vergangenheit *cantār-ēbam*, das in der Morphologie des zeitgenössischen Schriftlateins inexistent war).

An dieser Stelle wird im Übrigen deutlich, dass die universalen Merkmale des Nähesprechens das System der Einzelsprache selbst gar nicht berühren. Dies zeigt eine genaue Betrachtung der von uns behandelten textuell-pragmatischen, syntaktischen und semantischen – auch lautlichen – Phänomene. Es werden im Distanzsprechen lediglich andere Optionen auf der **Norm**ebene (im Sinne von 2.4.3) getroffen als im Nähesprechen: 'Abwählen' (von Gesprächswörtern, Segmentierungen etc.), aber auch intensivere Nutzung bestimmter einzelsprachlich gegebener Möglichkeiten (Hypotaxe, genaue

Wortwahl etc.).[77] Damit bliebe also immer noch die Möglichkeit, auf der Normebene universale morphologische Tendenzen zu vermuten.

Man könnte etwa, zweitens, auf den Gedanken kommen, dass die gesprochene Sprache eine Präferenz für **unmarkierte** morphologische Kategorien habe, beispielsweise für das Präsens gegenüber allen anderen Tempora (cf. etwa zum *praesens historicum* und *praesens pro futuro* 4.2.2). Nun ist aber nicht zu übersehen, dass derartige Probleme eigentlich gar nicht mehr morphologischer Natur sind, denn es geht in solchen Fällen ja nicht um die morphologischen Kategorien als solche, sondern um ihren textuell-pragmatischen, syntaktischen und semantischen Einsatz (z.B. Präsens in narrativen Diskursteilen, unbetonte Personalpronomina beim Verb im Rahmen der Segmentierung, deiktische Pronomina in expressiver Funktion etc.).[78]

Schließlich könnte man, drittens, die Morphologie der gesprochenen Sprache gegenüber derjenigen der geschriebenen Sprache auf der Normebene als prinzipiell 'einfacher' ansehen, also als ärmer an Allomorphien, 'Unregelmäßigkeiten' etc. (z.B. fr. ***des** bons vins* analog zu *des vins* gegenüber *de bons vins* (cf. 90*F,$_{3/5}$); Konj. Präs. it. *tu vadi* (112*I,$_1$) analogisch zu *tu canti* gegenüber *tu vada*; sp. *hicistes* (136*S,$_1$) analogisch zu *haces, hacías, hicieras* etc. gegenüber *hiciste*). Hier geht es um die Gleichsetzung von 'mündlich' und 'vereinfacht', aus der häufig ein allgemeines Prinzip des Sprachwandels abgeleitet wird. Wie wir aber in Kap. 6 sehen werden, ist eine solche Generalisierung unzulässig. Ein Prinzip 'morphologische Vereinfachung' kann damit auch keine universale Tendenz mündlicher Morphologie begründen. Es wäre im Übrigen ohnehin nicht auf (isolierende) Sprachen ohne Morphologie wie z.B. Chinesisch oder Vietnamesisch anwendbar (Sprachen ohne Textpragmatik, Syntax, Semantik und Lautebene sind demgegenüber schlechterdings nicht vorstellbar).

Insgesamt können wir also mit universal nähesprachlichen Merkmalen nur auf textuell-pragmatischer, syntaktischer, semantischer und lautlicher Ebene rechnen.

---

[77] Cf. zum ontogenetischen Hintergrund Ochs 1979, 51ss.

[78] Analoges gilt im Übrigen für die Lexik, die ja wie die Morphologie der Ebene 'minimaler' sprachlicher Zeichen zugehört. Man beachte, dass es in Abschnitt 4.4 konsequenterweise nicht um 'lexikalische' Universalien des Nähesprechens gehen konnte, sondern nur um den semantischen Einsatz lexikalischer (und anderer) Elemente (z.B. metaphorischer oder metonymischer Gebrauch von Lexemen).

5 Die einzelsprachlichen Merkmale des gesprochenen Französisch, Italienisch und Spanisch in diachronischer und synchronischer Perspektive

5.1 Konzeptionelle Aspekte von Sprachgeschichte und Sprachvarietät

Es ist unbestritten, dass in kultureller und zivilisatorischer Hinsicht der geschriebenen Sprache (als Distanzsprechen) auf Grund ihrer Situationsentbindung, Reflektiertheit, 'Kohärenz', Syntaktisierung etc. ein Primat gegenüber der gesprochenen Sprache (als Nähesprechen) zukommt. Diese Tatsache impliziert jedoch umgekehrt – und dies ist gerade kein Widerspruch – einen phylo- und ontogenetischen Primat der Kommunikationsbedingungen und Versprachlichungsstrategien der Nähe.[1] Letzteres bedeutet, dass in allen Sprachgemeinschaften und Kulturen Varietäten und Idiome existieren müssen, die den Nähe-Pol besetzen, während Gestaltung und Inanspruchnahme des Distanzbereichs erheblichen historischen Schwankungen unterliegen.[2] So muss man davon ausgehen, dass in der lateinisch-romanischen Welt in dieser universalen Hinsicht (Nähe**sprechen** vs. Distanz**sprechen**) eine durchgehende funktional-kommunikative Linie vom Vulgärlateinischen vs. klassischen Latein zum heutigen gesprochenen vs. geschriebenen Französisch/Italienisch/Spanisch verläuft.

Vertauschen wir dagegen die universale mit der historisch-einzelsprachlichen Sicht, so stellt sich die Diachronie des Nähe/Distanz-Kontinuums vom Lateinischen bis zum heutigen Französisch/Italienisch/Spanisch keineswegs als rein lineare, sondern eher als 'mäandrierende', auch gegenläufige Tendenzen aufweisende Entwicklung dar. Wenn wir somit jetzt unser Augenmerk auf die unverwechselbaren einzelsprachlichen Merkmale der nähesprachlichen Varietäten richten (Nähe**sprache**; cf. 2.4), so wird damit gegenüber Kapitel 4 (entsprechend 1a in Abb. 3) ein radikaler Perspektivenwechsel vollzogen: in Kapitel 5 geht es uns allein um die einzelsprachlichen Phänomene des gesprochenen Französisch/Italienisch/Spanisch i.w.S., die ausschließlich der historischen Ebene zuzuweisen sind (1b, aber auch 2, 3, 4 in Abb. 3; cf. 2.2, b) und die nicht direkt aus den Fakten der universalen Ebene des Sprechens (cf. 2.2, a) ableitbar sind. Sie müssen vielmehr als **historisch wandelbar**, also als **kontingent** betrachtet werden, wobei wir betonen wollen, dass gerade sie die historische Individualität unserer Sprachen entscheidend prägen.

Bevor wir uns den drei Sprachen jeweils getrennt zuwenden, sind einige systematische und historische Klarstellungen notwendig.

---

[1] Cf. Hörmann 1976, 394–424; Ochs 1979; Givon 1979, 207–233, 290–309; Koch/Oesterreicher 1985, 25s.

[2] Cf. das Ende von 3.1.4. – Für das hier interessierende lateinisch-romanische Mittelalter ist allerdings immer schon von der Existenz einer in der Regel lateinischen Schriftkultur auszugehen. Cf. auch Koch 2003a, 113–117 und Koch/Oesterreicher 2008a, 2577–2580.

5.1.1 Ausbau, Standardisierung und Distanzsprache

Um die historische Dynamik innerhalb einzelsprachlicher Nähe/Distanz-Kontinuen zu systematisieren, bietet sich als Rahmen die soziolinguistische Begrifflichkeit von Heinz Kloss an, die es ermöglicht, eine Brücke zu schlagen zwischen den sprachexternen, historisch-institutionellen Faktoren (Nationalstaatlichkeit, Verwaltung, Hof, Kirche, Schule, Wissenschaft, Literatur etc.) und den sprachinternen Veränderungen und Verschiebungen innerhalb des Nähe/Distanz-Kontinuums. In Anlehnung an Kloss lassen sich beim Prozess der **Verschriftlichung** einer bislang der Schriftkultur fernstehenden Sprachform (in unserem Fall also: der romanischen 'Volkssprachen' des frühen Mittelalters) folgende Aspekte unterscheiden:[3]

(a) **Ausbau:** Die noch nicht verschriftlichte Sprachform muss sich den gesamten Distanzbereich erschließen. Dies bedeutet zunächst in sprachexterner Hinsicht, dass sie in sämtlichen **Distanzdiskurstraditionen** der jeweiligen Kulturgemeinschaft verwendbar werden muss (**extensiver** Ausbau). In sprachinterner Hinsicht muss – komplementär dazu – die betreffende Sprachform Sprachmittel entwickeln, die den universalen Anforderungen des **Distanzsprechens** voll genügen (**intensiver** Ausbau). Der intensive Ausbau beinhaltet beispielsweise: Zentrierung der 'Textkohärenz' auf den sprachlichen Kontext, stärkere Syntaktisierung mit Ausrichtung auf den 'Satz' als kanonisierte Ausdrucksform, Intensivierung der Hypotaxe, lexikalische Variation und Präzision, Bevorzugung des Symbolfelds gegenüber dem Zeigfeld etc. (cf. kontrastierend die entsprechenden Tendenzen des Nähesprechens, die in Kapitel 4 zusammengestellt sind).[4]

(b) **Standardisierung:** Wie in 2.4.3 angedeutet, macht die Verschriftlichung auf einzelsprachlicher Ebene eine präskriptive Normierung notwendig, also die Institutionalisierung eines Standards für die **Distanzsprache**. In sprachexterner Hinsicht geht es um die **Selektion** einer bestimmten Varietät (oder auch nur bestimmter einzelsprachlicher Merkmale), die damit letztendlich den Status 'diatopisch neutral', 'diastratisch-diaphasisch hoch bewertet' und 'geschrieben' ('Schriftsprache'!) erhält (cf. den jeweils rechten Pol von 1b, 2, 3, 4 in Abb. 3). In sprachinterner Hinsicht geht es um die **Kodifizierung** der Sprachmittel, die Stabilität garantiert und weite Verbreitung durch Modellhaftigkeit erleichtert. Die Kodifizierung betrifft die lautliche, morphosyntaktische und lexikalische Ebene ('Orthoepie', normative Grammatik und normatives Lexikon).[5]

---

[3] Cf. Kloss 1978, 37ss.; Haugen 1983; Muljačić 1986. Die Bedeutungs solcher Überlegungen für die Sprachgeschichtsschreibung wird deutlich in Vàrvaro 1972.

[4] Cf. Kloss 1978, 46–55; Koch 1988c, 344; Koch/Oesterreicher 1994, 589–594; 2001, 600s.; 2008a, 2585s.

[5] Cf. Scaglione (ed.) 1984; Coulmas 1985; Baum 1987; Joseph 1987; Mattheier (ed.) 1988 (darin bes. Haarmann 1988 und Schmitt 1988); Lüdi (ed.) 1994; Ammon (ed.) 2003 (darin bes.

(c) **Regularisierung der Orthographie:** Gegenüber den konzeptionell relevanten Aspekten (a) und (b) handelt es sich hier um ein rein mediales Problem, das, so bedeutsam es für die Sprachgeschichte ist, in unserem Zusammenhang nicht weiter verfolgt zu werden braucht.[6]

Aus der Komplexität der unter (a) und (b) skizzierten sprachinternen Prozesse ergibt sich, dass in keinem Fall einfach nur eine schon existierende (Nähe-)Varietät als Distanzsprache eingesetzt wird, sondern dass – freilich auf der Basis der vorhandenen Varietäten – strenggenommen eine neue (Standard-)Varietät entsteht.

In sprachexterner Hinsicht bewährt sich eine neue Distanzsprache erst dadurch, dass sie **Verbreitung** in einem bestimmten Kreis von Sprechern findet und für diese dadurch einen größeren Kommunikationsradius eröffnet. Der Kreis von Sprechern, den die neue Distanzsprache erreicht, definiert sich zum einen soziokulturell (wobei selbstverständlich die Verbreitung des graphischen Mediums, also die Alphabetisierung eine ausschlaggebende Rolle spielt), zum anderen geographisch: die betreffende Distanzsprache überdacht notwendigerweise eine bestimmte Anzahl lokaler Varietäten oder Idiome, die damit in den Nähebereich zurückgedrängt werden. Eigentlich ist es erst die **Überdachung** durch eine bestimmte Distanzsprache, die die Einheit einer historischen Einzelsprache konstituiert (cf. genauer 5.1.3).

5.1.2 Das Verhältnis von Nähesprache und Distanzsprache in der lateinisch-romanischen Diachronie

Die in 5.1.1 vorgestellten Kategorien sind selbstverständlich für die Beschreibung der Herausbildung des klassischen Lateins als Distanzsprache von großem Nutzen. Wir begnügen uns hier aber mit der für die Romanistik relevanten Ausgangssituation, dass sich innerhalb des lateinischen Varietätenraums das **klassische Latein** als Distanzsprache und das **'Vulgärlatein'** als (Komplex von Varietäten der) Nähesprache gegenüberstehen. Die lateinische Distanzsprache ist seit den ersten nachchristlichen Jahrhunderten gekennzeichnet durch eine andauernde relative Erstarrung und Abkopplung von der Nähesprache. Bedingt durch Faktoren wie Expansion des Imperiums, Kolonialisierung und Sprachkontakt sowie Zusammenbruch des Imperiums, erlebte die Nähesprache, also das lebendige Vulgärlatein, das natürlich nie kodifiziert und homogen gewesen war, einerseits eine **Akzeleration** des sprachlichen Wandels, der die Kluft zum klassischen La-

---

Albrecht 2003); cf. auch Kabatek 1994; Lüdtke, H. 2005, 746–778; cf. insgesamt Koch/Oesterreicher 1994, 589–600; 2001, 610–612; 2008a, 2582–2589; Koch 2010, 169–172.

[6] Cf. Meisenburg 1996.

tein bzw. zum Spätlatein vertiefte, andererseits eine Zunahme der **zentrifugalen** Entwicklungen, die eine starke diatopische Differenzierung zur Folge hatten.[7]

Bekanntlich gehen die diatopischen Varietäten des Vulgärlateins fließend in die gesprochenen **romanischen 'Volkssprachen'** über, die einen bunten Teppich nähesprachlicher Idiome mit begrenztem Kommunikationsradius bilden.[8] **Überdacht** werden diese Sprachformen im frühen Mittelalter überall von deutlich abgehobenen Distanzsprachen, so dass eine strikte Sprach- und Funktionstrennung vorliegt. Im extremsten Falle handelt es sich um mit dem Latein nicht oder nicht direkt verwandte Sprachen wie Griechisch (Sardinien, dauerhaft in Sizilien, Kalabrien und Südapulien), Arabisch/Hebräisch (Iberische Halbinsel, Sizilien) und Altkirchenslawisch (Rumänien); hier spricht man von **Bilingualismus**.[9] Im Laufe der Jahrhunderte tat sich, im größten Teil des lateinischen Sprachgebiets, zunehmend eine immer tiefere Kluft auf zwischen dem Nähe- und dem Distanzbereich. Wie der Varietätenraum des Lateinischen in diesen Jahrhunderten genauer zu bestimmen ist, wird kontrovers diskutiert. Wright (1982) geht davon aus, dass bis ca. 800 in Nordgallien und bis zum 11. Jahrhundert in Spanien eine einheitliche lateinische Sprache existierte, wobei die unbestreitbaren Unterschiede vor allem die Beziehungen zwischen Phonie und Graphie betrafen.[10] Demgegenüber betont Banniard (1992) die Komplexität des lateinischen Varietätensystems, nicht ohne auf seinen inneren Zusammenhalt bis ca. 800/950 abzuheben (freilich mit den bekannten Divergenzen im Raum). Der von ihm als *communication verticale* bezeichnete Kontakt – vor allem etwa in der Predigt – zwischen Laien und Klerikern (*litterati*), die hierbei ein tendenziell distanzsprachliches Latein praktizierten, funktionierte noch bis zu einem gewissen Grade. Die Tatsache, dass sich zwischen Nähe- und Distanzbereich eine immer deutlichere Funktionstrennung ergab und der Abstand zwischen den Varietäten beider Bereiche immer weiter wuchs, scheint uns allerdings dafür zu sprechen, dass sich in diesem Zusammenhang sicherlich schon ab einem etwas früheren Zeitpunkt der Begriff der Diglossie im Sinne von Ferguson (1959; cf. 3.1.4) verwenden lässt. Dabei entspricht der Nähebereich der *low variety* und der Distanzbereich der *high variety*.[11] Diese Sprachsituation

---

[7] Cf. Reichenkron 1965; Coseriu 1978; 2008; Herman 1996; Kiesler 2006; Müller-Lancé 2006, 21–70.

[8] Die Begriffe 'Volkssprache', 'Vulgärlatein', *volgare* dürfen nicht missverstanden werden: es geht gerade nicht allein um diastratisch niedrige Varietäten, sondern eben um 'gesprochene' Sprache i.w.S.

[9] Cf. Ferguson 1959; cf. 3.1.4. – Außerhalb der Romania herrschte im Mittelalter zwischen Deutsch, Ungarisch, Polnisch etc. einerseits und dem Lateinischen andererseits natürlich auch Bilingualismus.

[10] Kritisch hierzu Berschin/Berschin 1987, 1–7.

[11] Cf. dazu Menéndez Pidal 1964, V–VIII und 2005, vol. 1, 319–358; Pulgram 1950; Lüdtke, H. 1968, II, 98–101 und 2005, 100–108, 550–567; Richter 1983; Selig 1992, 2–14; Uytfanghe 1999; Bustos Tovar 2004a, bes. 279–283; Koch 1997a, 228–233. Skeptischer gegenüber der Anwendung des Diglossiebegriffs: Banniard 1992; Hunnius 2003; Van Acker 2010. Hilfreich

ist jeweils nach Epoche und Sprachraum genauer zu spezifizieren (cf. die Hinweise in 5.2.1; 5.4.1; 5.6.1).

Die diglossische Funktionsteilung impliziert, dass das graphische Medium den romanischen Idiomen zunächst verschlossen bleibt. Dies bedeutet aber keineswegs, dass sie nicht innerhalb der phonischen Realisierung sehr wohl ein gewisses konzeptionelles Relief aufweisen; man denke nur an Formen mündlicher Dichtung, die von der lateinischen Schrifttradition unabhängig sind und erst später im graphischen Medium erscheinen, etwa die Heldenepik. Auf der anderen Seite ist zu berücksichtigen, dass innerhalb des graphischen Mediums – und ganz abgesehen von Formen des 'verderbten' Lateins (z.B. Merowingerlatein) – Nähediskurs(teil)e existieren, in denen unvermeidlich die romanische Nähesprache punktuell durchschimmert (*latinum circa romançum* oder *scripta latina rustica*, z.B. in nichtformelhaften Urkundenteilen ab dem 6. Jhdt.[12]).

Zwischen 800 und 1100/1200 – je nach dem Sprachgebiet – löst sich die Diglossiesituation auf, die ja immer noch den internen Zusammenhalt der Sprache voraussetzt; damit 'emanzipieren' sich die bisherigen Varietäten des Nähebereichs vom Distanzlatein und können eine Identität als **romanische Idiome** gewinnen. Mit signifikanten Phasenverschiebungen dringen sie allmählich in bestimmte Distanzdiskurstraditionen vor. Die dabei entstehenden 'ältesten romanischen Sprachdenkmäler'[13] gehören bezeichnenderweise Distanzdiskurstraditionen mit ganz spezifischen institutionellen und medialen Charakteristika an. Am ehesten wird die romanische Volkssprache in den Distanzbereich überführt, wenn bei Kontakt mit lateinunkundigen Laien im juristischen und kirchlichen Bereich ein **Medienwechsel**[14] diskurstraditionell vorgegeben ist: vorrangig beim Vorlesen – mit Nachsprechen – und Vortragen (z.B. Eidesformeln, Predigten, Dichtung etc. oder Zeugenaussagen etc.).[15] Diese anfangs verstreuten, vereinzelten Ansätze zu Formen romanischer Distanzsprache ('älteste romanische Sprachdenkmäler') sind der erste Schritt zu einem extensiven wie auch intensiven Ausbau. Ab dem 12./13. Jahrhundert konsolidieren sich plurizentrisch in bestimmten politischen, wirtschaftlichen und kulturellen Räumen (etwa Pikardie, Umbrien, León etc.) verschiedene Traditionen romanischer Distanzsprache, die man als *scriptae* bezeichnet.[16] Die frühen romanischen *scrip-*

---

ist in diesem Diskussionszusammenhang zweifellos der flexible Diglossiebegriff von Lüdi 1990, der von Ferguson 1959 ausgehend einen umfassenderen Ansatz entwickelt; zur Anwendung auf das Lateinische cf. Koch 2004, 619–622; 2008a und 2008b.

[12] Cf. Menéndez Pidal 1964, 459 Anm. 1; Avalle (ed.) 1965; Sabatini 1968. Daneben wird natürlich auch in metasprachlichen Distanzdiskurs(teil)en auf nähesprachliche Elemente hingewiesen; cf. Uytfanghe 1989.

[13] Cf. Tagliavini 1998, §§ 75–87; Textsammlungen: Moreno/Peira (eds.) 1979; Sampson (ed.) 1980.

[14] Cf. Oesterreicher 1993 und 2002b.

[15] Cf. die Diskussion in Lüdtke, H. 1964; Wunderli 1965; Sabatini 1968. Genauer Koch 1993a; Selig 1993 und 2006; Lüdtke, H. 2005, 585–592, 616–636.

[16] Zum Begriff der *scripta* cf. Gossen 1967; Goebl 1970.

tae geraten allerdings – unterschiedlich schnell – in den Sog von Vereinheitlichungs- und Selektionstendenzen, die nur noch von wenigen, weit ausstrahlenden, politischen, wirtschaftlichen und/oder kulturellen Zentren bestimmt werden. Damit zeichnet sich die Standardisierung ab, die zu den uns heute bekannten romanischen (National-)Sprachen führt.

Zunächst bleibt das Latein im Distanzbereich absolut beherrschend, es erhält jedoch in immer mehr Distanzdiskurstraditionen 'volkssprachliche Konkurrenz' und weicht, vor allem ab der Renaissance und den von ihr initiierten kulturellen Veränderungen, sukzessive zurück. Hier kann die Bedeutung der neuen medialen Technik des **Buchdrucks** nicht überschätzt werden, der sich auch aus ökonomischen Gründen der Volkssprache zuwendet und durch die Erschließung neuer Leserschichten zu einem entscheidenden kulturpolitischen Faktor wird.[17] Hand in Hand mit dieser Entwicklung wird der extensive Ausbau der romanischen Distanzsprachen vorangetrieben, so dass nun die romanischen Nähesprachen eine romanische Überdachung bekommen. Der das Mittelalter kennzeichnende, die Romania bei weitem überschreitende distanzsprachliche Status des Lateins ist in seiner Reichweite und Ausschließlichkeit natürlich durch keine der entstehenden romanischen Distanzsprachen einholbar.

5.1.3 Nähe- und Distanzsprache im Varietätenraum der romanischen Einzelsprachen

Die romanischen Sprachen Französisch, Italienisch, Spanisch etc. konstituieren sich als **historische Einzelsprachen** erst im Verlauf der in 5.1.1 und 5.1.2 geschilderten Prozesse des Ausbaus, der Herausbildung einer präskriptiven Norm (die kodifiziert wird) und der Überdachung eines umfangreichen Territoriums. Die überdachten Idiome sinken damit mehr oder weniger in den Nähebereich zurück.

Im extremsten Falle werden sie zu bloßen **primären Dialekten**[18], die völlig im Nähebereich des Varietätenraums der betreffenden Einzelsprachen aufgehen, unbeschadet der Tatsache, dass solche nunmehr als Dialekte eingestuften Idiome ursprünglich gleichrangig neben der zur präskriptiven Norm entwickelten Sprachform standen und möglicherweise einen vorübergehenden Ausbau erfuhren (vielleicht sogar mit einem gewissen Vorsprung). Man kann hier etwa an das Verhältnis des Pikardischen oder Poitevinischen zum Französischen, des Sizilianischen oder Abruzzischen zum Toskanischen oder des Leonesischen und Aragonesischen zum Kastilischen denken (cf. 5.2.2; 5.4.2; 5.6.2).

Unter bestimmten Bedingungen behalten oder erwerben überdachte Idiome jedoch einen gewissen Grad des Ausbaus, der ihnen eine relative Unabhängigkeit verleiht; sie sind mithin nicht als Dialekte der Dachsprache zu betrachten. So befinden sich – neben

---

[17] Cf. etwa Eisenstein 1979; Schlieben-Lange 1983, 49s.; Giesecke 1991; Ludwig, O. 2005; cf. auch Raible 2006.
[18] Zu den Begriffen 'primärer/sekundärer/tertiärer Dialekt' cf. Coseriu 1980.

anderen nichtromanischen Idiomen – heute unter dem 'französischen Dach' das Okzitanische und Korsische (auch katalanische und italienische Varietäten); unter dem 'italienischen Dach' das Sardische, Ladinische und Friaulische (auch okzitanische und frankoprovenzalische Varietäten); unter dem 'spanischen Dach' das Galegische und Katalanische. Der Grad der Unabhängigkeit variiert dabei beträchtlich – etwa von einem (nach Kloss) 'scheindialektalisierten' Okzitanisch bis hin zum Katalanischen, das seit jeher einen hohen Ausbaugrad besessen hat und sich, zumal seit dem Ende der Franco-Ära (1975), weitgehend vom Spanischen emanzipiert hat.[19]

Was nun die in Abb. 3 dargestellten Dimensionen des einzelsprachlichen **Varietätenraums** betrifft, so sind sie in jeder Einzelsprache ganz **unterschiedlich ausgelastet**. Die spezifische Gestaltung des Varietätenraums hängt etwa von Tempo und Intensität der Überdachung oder von der Stärke der präskriptiven Norm ab. Sekundäre territoriale Expansionen der Sprachgemeinschaft durch Kolonialisierung etc. führen zu einer neuartigen diatopischen Variation, den **sekundären Dialekten** (z.B. *québécois*; *andaluz, canario*; lateinamerikanisches Spanisch zumindest bis zum 19. Jahrhundert, womit wir uns genauer in 5.3.1 befassen). Damit ist zugleich angedeutet, dass sich innerhalb einer bestimmten Einzelsprache die Gewichte im Varietätenraum verlagern können. So führen gesellschaftspolitische Entwicklungen dazu, dass sich die diastratische oder diatopische Variation verstärkt oder abschwächt.

Ein Vorgang, der gerade für die modernen Nationalsprachen typisch ist, besteht darin, dass in den letzten 100–200 Jahren die Distanzsprachen auf die nähesprachlichen Varietäten ausstrahlen, was wir als 'Reorganisation des Nähebereichs' bezeichnen (cf. 5.2.3; 5.4.3; 5.6.3);[20] dies führt zu einer Nivellierung der diatopischen Divergenzen, vor allem im morphosyntaktischen, aber auch im lexikalischen und lautlichen Bereich. So entstehen neue, der Nähesprache affine Varietäten mit reduzierter diatopischer Markierung, die **tertiären Dialekte** (*français régional, italiano regionale, español regional*).

Aus unseren Ausführungen in diesem Kapitel ergibt sich zwingend, dass bestimmte **einzelsprachliche** Erscheinungen, die in universal-funktionaler Hinsicht an und für sich konzeptionell völlig neutral sind, im Laufe der individuellen Sprachgeschichte in unterschiedlicher Weise konzeptionell festgelegt werden. So zeigen etwa die bekannten Reduktionsphänomene bei der Negation in unseren drei Sprachen eine völlig unterschiedliche Verteilung auf Varietäten und Konzeptionen (cf. 5.3.3, b10 und 5.5.1, b): etwa fr. Verb + *jamais* (statt *ne* + Verb + *jamais*) als 'gesprochen'; it. Verb + *mai* (statt *non* + Verb + *mai*) als diatopisch ('nördlich') markiert und indirekt 'gesprochen'; aber sp. *No* + Verb + *nunca* (oder natürlich *nunca* + Verb) als einzige Möglichkeit in allen Varietä-

---

[19] Cf. zu unseren drei Dachsprachen vor allem Bochmann 1989. – Die frankoprovenzalischen *parlers* unterscheiden sich auf Grund ihres minimalen Ausbaugrades praktisch nicht von französischen Dialekten; cf. Koch/Oesterreicher 2008a, 2588.

[20] In anderem theoretischen Rahmen wird hier auch von 'Destandardisierung' gesprochen; vgl. Mattheier 1997; Auer 1998.

ten. Solche offensichtlich kontingenten Merkmale der jeweiligen Nähe- und Distanzvarietäten machen als **Differenzqualitäten** die – historisch selbstverständlich wandelbare – Individualität der Einzelsprachen aus.

Da die Verteilung solcher einzelsprachlicher Merkmale auf das Nähe/Distanz-Kontinuum ein Produkt der historischen Entwicklung des Varietätenraums ist, stellen wir im Folgenden nicht nur den heutigen Bestand nähesprachlicher Merkmale des Französischen/Italienischen/Spanischen vor (5.3, 5.5 und 5.7), sondern skizzieren zunächst jeweils die Selektions- und Überdachungsprozesse (im Sinne von 5.1.1) und sonstige externe Bedingungen der Ausbildung des einzelsprachlichen Varietätenraums (5.2, 5.4 und 5.6).

5.1.4 Arbeitsaufgaben

1. Informieren Sie sich über den Diglossie-Begriff, wie ihn Ferguson (1959) verwendet; vergleichen Sie dies vor allem mit der Weiterentwicklung von Lüdi (1990); lesen Sie auf diesem Hintergrund Darstellungen des Verhältnisses von Romanisch und Latein im frühen Mittelalter in gängigen französischen, italienischen und spanischen Sprachgeschichten.
2. Diskutieren Sie, ausgehend von der in 5.1.1 verwendeten Begrifflichkeit, den heutigen Stand von Ausbau, Überdachung und Standardisierung in den verschiedenen romanischen Sprachen und Idiomen. Charakterisieren Sie den unterschiedlichen Status der jeweiligen diatopischen Varietäten mit Hilfe der Unterscheidung primärer/sekundärer/tertiärer Dialekt.
3. Erstellen Sie eine gesamtromanische Übersicht über die 'ältesten Sprachdenkmäler', die nicht nach Einzelsprachen geordnet ist, sondern nach Diskurstraditionen (cf. zur Anlage: Frank/Hartmann (eds.) 1997). Arbeiten Sie die konzeptionellen bzw. medialen Charakteristika dieser Diskurstraditionen heraus (Lokalisierung auf dem Nähe/Distanz-Kontinuum bzw. Formen des Medienwechsels etc.).

5.2 Die Diachronie des französischen Varietätenraums und des gesprochenen Französisch[21]

5.2.1 Expansion in den Distanzbereich hinein

Der romanische Sprachraum in Nordgallien war bekanntlich geprägt durch die starke fränkische Besiedlung und den sich daraus ergebenden Sprachkontakt, der die Abgrenzung zum Süden Galliens akzentuierte (hier später Okzitanisch; cf. 5.2.3 und 5.3.1, (3)). Um etwa 800 hatten die nordgalloromanischen volkssprachlichen Idiome vor allem im

---

[21] Cf. etwa Wartburg 1971; Caput 1972/75; Cohen 1973; Berschin et al. 2008; Hagège 1987; Chaurand (ed.) 1999; Lodge 1993; Tritter 1999; Huchon 2002; cf. auch Settekorn 1988; Ludwig, R. 1996b; Rey et al. 2007; mit varietätenlinguistischer Akzentuierung Schmitt 2003, 404–432.

lautlichen Bereich die innerhalb der Romania wohl gravierendsten Veränderungen durchgemacht. Schon dadurch waren sie in besonderem Maße vom Mittellatein entfernt.

Vertieft wurde diese Kluft im 9. Jhdt. durch die **Karolingische Reform**[22], die einen sowohl konzeptionellen als auch medialen Eingriff in das Latein als Distanzsprache darstellte. Zum einen wurde gegenüber dem Merowingerlatein, das auffällige Einflüsse aus der romanischen Volkssprache erfährt, die grammatikalische und orthographische 'Reinheit' des Lateins – zumindest der Intention nach – wiederhergestellt (karolingische *correctio*!); zum anderen wurde die bis dahin übliche Leseaussprache des Lateins, die stark von System und Norm der Phonie der (lokalen) romanischen Volkssprache bestimmt war (etwa [esa] für <*ipsa*>, [ka'petlu] für <*capitulum*>, [saɲta, santa] für <*sancta*>), durch eine der lateinischen Graphie nahe, wieder relativ einheitliche Leseaussprache ersetzt. Infolgedessen erreichte der Abstand zwischen der Distanzsprache Latein und der nordgalloromanischen Nähesprache ein solches Ausmaß, dass man nicht mehr von 'Diglossie' sprechen kann (Ende der *communication verticale* im Sinne Banniards 1992). Es lag eine Situation vor, die sich nicht mehr wesentlich von dem in 5.1.2 erwähnten **Bilingualismus** in bestimmten anderen Teilen der Romania unterschied.

Symptomatisch ist die Reaktion auf diese Situation in der Distanzdiskurstradition 'Predigt'. Im Rahmen der Diglossiesituation war jahrhundertelang den nur mit der vulgärlateinisch-romanischen Nähesprache vertrauten Laien der Zugang zur lateinischen Distanzsprache nicht völlig verwehrt gewesen. Im **Konzil von Tours** (813) wurde nunmehr verfügt, dass die Predigt in der *rustica romana lingua* zu halten sei; offensichtlich war den Laien die inzwischen 'geläuterte' lateinische Distanzsprache nicht mehr verständlich.

Es ist nicht zufällig, dass sich gerade von diesem Zeitpunkt an die volkssprachlichen Idiome unterschiedlicher Regionen der Nordgalloromania relativ rasch in eine Reihe von Distanzdiskurstraditionen vorwagten, die bislang dem Latein vorbehalten gewesen waren. Es sind die in 5.1.2 erwähnten Distanzdiskurstraditionen mit Medienwechsel: Eidesformel (*Serments de Strasbourg*, 842); Predigt (*Homélie sur Jonas*, 10. Jhdt.); geistliche Dichtung (*Cantilène de Sainte-Eulalie*, vermutlich 881; *Chanson de Saint-Léger*, 10. Jhdt.; *Passion du Christ*, Ende 10. Jhdt.; *Chanson de Saint-Alexis*, ca. 1040); geistliches Spiel (*Sponsus*, 11. Jhdt.). Daneben wurde Heldenepik aufgezeichnet (*Chanson de Roland*, Ende 11. Jhdt., nach 1086), die Reflexe einer älteren mündlichen Dichtung in der Volkssprache (cf. 5.1.2) enthält und ohne Vorläufer im lateinischen Gattungssystem ist. In dieser frühen Phase zeichnen sich als wichtigste Zentren der Verschriftlichung der Volkssprache bereits der pikardisch-wallonische und der anglonormannische Raum ab.[23]

---

[22] Cf. zum Folgenden etwa: Lüdtke, H. 1968, II, 78–88, 93–98; 2005, 630–722; Elcock 1975, 323–331; Wright 1982; Berschin/Berschin 1987, 1–8, 15–19.

[23] Zur genaueren regionalen Einordnung der angeführten Texte: pikardisch-wallonischer Raum – *Jonas, Eulalie, Léger*; (Anglo-)Normannisch – *Alexis, Roland*; Französisch mit okzitanischen Interferenzen – *Passion, Sponsus*. Umstritten ist die Herkunft der *Serments* (Poitevinisch?;

Schon im 12. Jahrhundert beobachten wir – sieht man einmal vom Bereich der Prosa ab – einen enormen Aufschwung der Textproduktion in der Volkssprache. Dieser Ausbauprozess erfolgte breit gestreut und plurizentrisch. Besonders produktiv waren der pikardisch-wallonische Raum, die Normandie und das normannische England, die Champagne, nicht aber die Ile-de-France. Hervorzuheben ist die diskurstraditionelle Spezialisierung bestimmter regionaler Sprachformen: man denke etwa an *chanson de geste* – vor allem (Anglo-)Normannisch, *roman courtois* – Champagnisch, *fabliaux* und erste *trouvères* – Pikardisch. Es versteht sich von selbst, dass die in der Volkssprache produktiven Diskurstraditionen in konzeptioneller Hinsicht keineswegs homogen sind. Erst ab ca. 1200 rang die Volkssprache dem Lateinischen in größerem Umfang auch Prosagattungen ab (Urkunde; Prosaroman, Erzählung; Historiographie etc.).[24] Alle diese Ausbauvorgänge in der Volkssprache vollzogen sich von Anfang an in engem Kontakt mit dem Latein und unter ständigen einzelsprachlichen Anleihen.

Nunmehr verstärkte sich auch die Notwendigkeit einer **Selektion** im Distanzbereich, vor allem im Zusammenhang mit der Fixierung des Königshofs in Paris und der damit beginnenden Zentralisierung. Dass bei dieser Selektion die Wahl gerade auf das **Französische** fiel, ergab sich aus dem wachsenden politischen, wirtschaftlichen und kulturellen Gewicht der Ile-de-France: Ausdehnung des *domaine royal*; religiöse Ausstrahlung von Saint-Denis; Auseinandersetzungen mit England und als Folge die Orientierung der Normandie zur Ile-de-France hin sowie wirtschaftliche Schwächung der Picardie. Im Gegensatz zu dieser durch nationalphilologische Interessen motivierten Einschätzung geht Cerquiglini (1991, 114–124) von einer wesentlich früheren Koineisierung im Distanzbereich aus, die, nach seiner Meinung, zur Grundlage der späteren Standardisierung wird. Lodge (2004) sieht in den demographischen Veränderungen auf Grund der massiven Zuwanderung nach Paris den Ausgangspunkt für die Herausbildung des Standards, der dementsprechend seinen Ursprung letztlich im Nähebereich besitzt. Am Ende des Hundertjährigen Krieges (1339–1453), der auch das Gefühl der nationalen Zusammengehörigkeit förderte, war die Vorrangstellung des Französischen unangefochten: der Name für die Varietät der Ile-de-France (*françois*) war zum Namen der überdachenden Standardsprache[25] geworden (cf. zu *toscano/italiano* 5.4.2; zu *castellano/español* 5.6.1). Das Tempo dieses sprachlichen Zentralisierungs- und Überdachungsprozesses war allerdings unterschiedlich je nach Region[26] und Diskurstradition. So war der Nordosten 'resisten-

---

Ostfranzösisch?), wobei man mit Cerquiglini (1991, 93–124) fragen kann, inwieweit solche Lokalisierungsversuch hier überhaupt sinnvoll sind. – Cf. Pfister 1973; insgesamt auch Tagliavini 1998, §§ 76–79; Moreno/Peira (eds.) 1979; Sampson (ed.) 1980; cf. vor allem die Dokumentation in Frank/Hartmann (eds.) 1997.

[24] Cf. Stempel 1972.

[25] So müssen sich heute die Sprachwissenschaftler zur Bezeichnung der Sprachform der Ile-de-France eines speziellen Ausdrucks bedienen: *francien*; zur Problematik dieses Begriffs cf. Bergounioux 1989; Cerquiglini 1991, 114–124.

[26] Dabei sehen wir hier zunächst vom okzitanischen Midi ab (cf. aber 5.2.3).

ter' gegenüber der Franzisierung als andere Gebiete; außerdem war die Franzisierung in der Literatur früher abgeschlossen (Anfang, spätestens Ende des 14. Jhdt.s) als in der Urkundensprache der Kanzleien, die vor allem einen regional begrenzten Kommunikationsradius hatten (15./16. Jhdt.).[27]

Die Zeit des Hundertjährigen Kriegs, also die Kernzeit des so genannten Mittelfranzösischen, stärkt zwar einerseits die (dia-)topische Fixierung des Standards, leitet jedoch anderseits eine nachhaltige Umorganisation des Verhältnisses zwischen Nähe- und Distanzbereich dadurch ein, dass Innovationen aus dem Nähebereich leichter in den Distanzbereich eindringen können, was dann zu Beginn des 17. Jahrhunderts sanktioniert wird; man kann hier aus gutem Grund von 'Restandardisierung' sprechen.[28]

Was den **intensiven Ausbau** der französischen Distanzsprache betrifft, so war dieser zu Beginn des 16. Jahrhunderts schon weit vorangetrieben. Beim **extensiven Ausbau** markiert dann etwa das Edikt von Villers-Cotterêts (1539) die Abkehr vom Latein auch in den letzten Distanzdiskurstraditionen des Gerichtswesens. Einen wichtigen äußeren Faktor für den extensiven Ausbau der Volkssprache stellte der Buchdruck dar (cf. 5.1.2). Im Zuge der Reformation (Calvin) wurde im französischen Sprachraum – anders als in Italien und Spanien – die Volkssprache auch in Bibelübersetzungen und theologischem Schrifttum verwendet. In den popularisierenden Wissenschaften (praktische Medizin und Chirurgie, Militärtechnik und -architektur, Geometrie und Mathematik) entwickelte sich im 16. Jahrhundert ein zunehmender Bedarf an Schriften in der Volkssprache. Zu beachten ist dann im 17. Jahrhundert der Übergang zur Volkssprache sogar in der Philosophie (Descartes). Es ist bekannt, dass in der europäischen Aufklärung das Französische zur internationalen Wissenschaftssprache avancierte (*le français langue universelle*).

5.2.2 Konsolidierung des Verhältnisses von Distanz- und Nähebereich

Diejenigen Idiome Nordfrankreichs (einschließlich des frankoprovenzalischen Sprachraums), die durch die Selektion des Französischen zur Distanzsprache vom Ausbau abgeschnitten waren, wurden nun durch die Überdachung endgültig zu Dialekten im Varietätenraum des Französischen. Wir besitzen aus dem 16. Jahrhundert Zeugnisse, die ein Bewusstsein von dieser Differenz von Standard und Dialekt spiegeln.[29] In diesem Jahrhundert rückte, nicht zuletzt im Blick auf den expandierenden Buchdruck, neben dem medialen Problem einer praktikablen Orthographie, die Kodifizierung der französischen

---

[27] Cf. Gossen 1967; Goebl 1970; Berschin et al. 2008, 190–211; Grübl (im Druck).
[28] Cf. allgemein Eckert 1986, 89, 340–353; Lusignan 1999, 95–109; zur Lexik: Stefenelli 1981, 171–201; Koch 2003b.
[29] Das gleiche gilt natürlich für die Differenz von Standard und okzitanischen *parlers* im Midi; man vergleiche etwa die köstliche Szene des *escolier limosin* in Rabelais' *Pantagruel*, Kap. 6.

Distanzsprache in den Vordergrund. Es entstanden die ersten wichtigen Grammatiken und Lexika des französischen Standards; 'Aussprache'-Regeln wurden erörtert. Wenn man in diesem Zusammenhang auch über Regionalismen diskutierte, so wurde dabei längst nicht mehr die Selektion der Sprachform der Ile-de-France als Distanzsprache in Frage gestellt oder gar eine Annäherung an die Nähesprache anvisiert. Ebenso zielte die Archaismus-Debatte nicht etwa auf eine puristische Rückkehr zu älteren Sprachzuständen (cf. demgegenüber das 16. Jhdt. in Italien; 5.4.2). Es ging vielmehr nur noch um den Toleranz-Spielraum bei der Kodifizierung und um eine vor allem lexikalische Bereicherung der Distanzsprache durch die Assimilation regional verschiedener Elemente und durch die Hereinnahme von Altem in das Neue (und natürlich um die Akzeptanz von Latinismen). Dass diese Diskussionen im Grunde Aspekte des internen Ausbaus (lexikalische Variation und Präzision) betreffen, wird besonders deutlich an den dichtungstheoretischen Auseinandersetzungen wie etwa in Du Bellays *Deffence et illustration de la langue françoise* (1549), einem Werk, das geprägt ist vom Bemühen, die Ausbaufähigkeit des Französischen – im Vergleich zum Latein und insbesondere zum Italienischen (cf. 5.4.2) – nachzuweisen.

War die präskriptive Norm im 16. Jahrhundert noch vergleichsweise flexibel gewesen im Verhältnis zu anderen – auch nähesprachlichen – Varietäten (cf. besonders Rabelais), so erfuhr sie seit dem Beginn des 17. Jahrhunderts in den literarischen Diskurstraditionen eine zunehmende Einengung.[30] Auf einer ersten Stufe wurden diatopische Abweichungen vom Sprachgebrauch der Hauptstadt, Archaismen, aber auch Neologismen und Fachtermini proskribiert (Malherbe). Auf einer zweiten Stufe wurde sodann eine rigorose diastratisch hohe Festlegung vorgenommen: Vaugelas bezog in seinen *Remarques* (1647) den *bon usage* vorrangig auf die *façon de parler de la plus saine partie de la cour*. Es wäre jedoch völlig verfehlt, *parler* hier im konzeptionellen Sinne von 'gesprochene Sprache', also 'Nähesprache' (cf. Abb. 3), zu interpretieren. Bezugspunkt für Sprechen **und** Schreiben war vielmehr – in direkter Weiterentwicklung von Castigliones *lingua cortigiana* (cf. 5.4.2) – das *raffinement* der medial natürlich mündlichen Diskurstradition 'höfische Konversation'. Sie war dem Ideal der *honnêteté* verpflichtet und schloss damit Unnatürlichkeit, Affektiertheit, Pedanterie und überhaupt: **extreme** Distanzsprachlichkeit aus. Sie war aber nichtsdestotrotz ein *bien (!) parler*,[31] blieb also weit von kommunikativer Nähe entfernt und stellte einen deutlich stilisierten, reflektierten Sprachgebrauch dar ("celare artem"![32]). Insofern ist es nicht überraschend, dass Vaugelas den *bon usage* auch auf die *plus saine partie des Autheurs du temps* bezog, eine klar distanzsprachliche Ausrichtung, die im Laufe des 17. Jahrhunderts immer deutlicher hervortrat (etwa bei Bouhours).

---

[30] Cf. Ayres-Bennett 2004.
[31] Bezeichnend der Untertitel von Vaugelas' *Remarques sur la langue françoise, utiles à ceux qui veulent bien parler et bien escrire*.
[32] Cf. Strosetzki 1978; Gauger 1986; Bader 1990; Stempel 2005.

Auf dieser Linie vollzog sich auch die endgültige rigide **Kodifizierung** der präskriptiven Norm (*Académie française*, gegründet 1635, Wörterbuch 1694). Damit hatte sich das *français classique* als für die folgenden Jahrhunderte stabiler Referenzpunkt der Distanzsprache konsolidiert. An diesem strengen Standard orientierte sich in der Folgezeit (fast) alles, was uns im graphischen Medium überliefert ist. Erstaunlich mag die Tatsache erscheinen, dass sogar in der Französischen Revolution Ansätze zu einem Abrücken von der klassischen Distanz (*faire peuple*) letztlich nicht durchdringen konnten.[33]

Was nun die Nähesprache betrifft, so war sie in Frankreich bis ins 19. Jahrhundert hinein weithin identisch mit dem – natürlich intern selber diastratisch/diaphasisch differenzierten – Dialekt bzw. mit der jeweiligen *langue minoritaire* (cf. 5.2.3). Bezeichnend ist die von der Macht der präskriptiven Norm diktierte Einstellung gegenüber diesen Varietäten und Idiomen. Sie werden seit dem 17. Jahrhundert entweder totgeschwiegen oder als *patois* abgewertet.[34] Dieser für die Sprachsituation in Frankreich so typische, sich aus einem unhistorischen Sprachverständnis ergebende Begriff vereinigte folgende Bestimmungsstücke in sich: 1. die betreffende Sprachform wird allein dem Nähebereich zugewiesen; 2. sie weicht von der präskriptiven Norm ab; 3. sie stellt *ipso facto* eine korrumpierte Sprachform dar.

Nur in Paris und seiner Umgebung als der 'Heimat' der französischen Distanzsprache galten andere Verhältnisse: hier existierte bereits eine Nähesprache, die gegenüber der Distanzsprache diatopisch nicht mehr markiert war.[35] Sie stand der starr fixierten präskriptiven Norm gegenüber, die die für eine Distanzsprache durchaus erforderliche Stabilität der Regeln (cf. 2.4.3) in einem Maße verabsolutierte, wie es im Spanischen und erst recht im Italienischen unbekannt war.

Die starre Kodifizierung konnte natürlich den lebendigen Sprachwandel im Nähebereich in keiner Weise verhindern. Sie führte vielmehr unweigerlich zu einem unflexiblen Verhältnis der Distanzsprache zur Nähesprache, mit dem Ergebnis, dass beide Bereiche immer weiter auseinanderdrifteten.

Beim heutigen Stand der französischen Varietäten stellen wir eine nicht diatopisch begründete **Bipolarität** von Nähe- und Distanzbereich, genauer von 'gesprochenem' und 'geschriebenem' Französisch im Sinne von 1b in Abb. 3, fest (und dies überall in Frankreich; cf. dazu 5.2.3 und 5.3.3). Die historische Genese dieses Zustands und das Tempo des Auseinanderdriftens können wir heute nicht in allen Einzelheiten nachzeichnen, weil diese durch die schon erwähnte präskriptive Ausrichtung (fast) alles graphisch Fixierten 'verdeckt' werden. Um einer Rekonstruktion der gleichsam unterirdischen einzelsprachlichen Entwicklungen näherzukommen, müssen wir auf graphisch fixierte Diskurse zurückgreifen, die wenigstens teilweise den Blick auf nähesprachliche Erschei-

---

[33] Cf. Oesterreicher 1990.
[34] Cf. Thomas 1953; Oesterreicher 1983.
[35] Wüest 1985 spricht hier vom *patois de Paris*; zu Demographie und historischer Dynamik der Alltagssprache in Paris cf. Lodge 2004, 193–248.

nungen freigeben. Als **Quellen** dieser Art kommen in Frage:[36] protokollartige Aufzeichnungen spontaner Rede; Briefe zwischen vertrauten, häufig auch wenig gebildeten Partnern; Tagebücher, Erinnerungen etc. von mäßig gebildeten Verfassern; Musterdialoge in frühen 'Sprachführern' ab dem 14. Jahrhundert (*manières de langage*); bestimmte literarische Diskurstraditionen wie insbesondere die Komödie bis hin zu dem deftigen *genre poissard*.[37] Aufschlussreich ist auch die Kritik puristischer Grammatiker und Lexikographen an nähesprachlichen 'Abweichungen' von der präskriptiven Norm (darunter die sog. *cacologies* des Typs *dites ..., ne dites pas ...*).[38]

Derartige Quellen wurden bei der neueren äußerst kontrovers geführten Diskussion über das **Alter des gesprochenen Französisch** daraufhin ausgewertet, wie weit einzelsprachliche Merkmale des Französischen, die heute als nähesprachlich, insbesondere als 'gesprochen i.e.S.' markiert sind (cf. das Ende von 5.3.3), bereits in früheren Jahrhunderten oder gar im Altfranzösischen nachweisbar sind. Die eine Partei betrachtet diese Phänomene als relativ junge Innovationen (*français avancé*), die andere hebt das hohe Alter und sogar den 'Konservatismus' des heutigen gesprochenen Französisch hervor.[39]

Das wohl wichtigste, in seiner Art einmalige Zeugnis zur Klärung dieser Frage stellt das nunmehr in den einschlägigen Teilen adäquat edierte *Journal d'Héroard*[40] dar. Die darin relativ authentisch festgehaltene spontane direkte Rede des Dauphin Louis XIII erhärtet den auch von anderen Quellen vermittelten Eindruck, dass ein Großteil der einzelsprachlichen Merkmale der heutigen Varietät 'gesprochenes Französisch' sich zu Beginn des 17. Jahrhunderts als Innovation noch nicht durchgesetzt hat (cf. im Einzelnen das

---

[36] Cf. Beiträge in Stimm (ed.) 1980; Ernst 1985; Schlieben-Lange 1983, 39s.; cf. auch 5.4.3, 5.6.2.

[37] Der realistische Roman des 17. Jahrhunderts (Sorel, Scarron, Furetière) darf als Quelle für unsere Fragestellung ebensowenig überschätzt werden wie der naturalistische Roman des 19. Jahrhunderts (Zola). Ähnliches gilt auch für die Satire und die Burleskdichtung.

[38] Verwertbar sind im Fall des Französischen unter Umständen auch Aufschlüsse, die sich aus den einzelsprachlichen Merkmalen des heutigen *québécois* sowie der Kreolsprachen auf französischer Grundlage ergeben. Diese Sprachformen sind sicherlich auf der Grundlage eines nähesprachlichen Französisch entstanden. Die Herkunft der Auswanderer und Siedler deutet dabei allerdings nicht in erster Linie auf das gesprochene Französisch der Ile-de-France, sondern auf ein *français atlantique*.

[39] Cf. etwa Hunnius 1975; 2003; 2008; Hausmann 1975 und 1979; Beiträge in Stimm 1980. Die Diskussion (cf. Greive 1984 und Hausmann 1992) krankt daran, dass (1) Archaismen und frühe Innovationen nicht klar unterschieden werden, (2) oft isolierte Belege im Sinne eines Sprachwandels in Norm oder System überinterpretiert werden, (3) nicht immer eindeutig zwischen universalen und einzelsprachlichen Fakten unterschieden wird (cf. Koch/Oesterreicher 2001, 590s.; Koch 2004, 614–619). – Das Konzept eines *français avancé* stammt von Henri Frei 1929; cf. dazu Gadet 1998.

[40] Cf. Ernst 1985; Prüßmann-Zemper 1986.

Ende von 5.3.3).[41] Es erscheint somit plausibel, dass sich erst seit dem 17. Jahrhundert eine zunehmende Spaltung zwischen dem Nähe- und dem Distanzbereich des Französischen (zunächst in Paris) vollzogen hat, die dann zu der schon erwähnten Bipolarität geführt hat.

5.2.3 Die Reorganisation des Nähebereichs

Zu Beginn des 16. Jahrhunderts war die Kenntnis der französischen Distanzsprache auf der Grundlage des Franzischen außerhalb der Ile-de-France minimal verbreitet. Man kann sie lediglich den wenigen Alphabetisierten zuerkennen, die insgesamt nicht mehr als 1% der Gesamtbevölkerung von etwa 20 Mio. ausmachten. In der Folgezeit nahm die Verbreitung der französischen Distanzsprache, häufig nur in passiver Form, nach und nach zu, jedoch vorwiegend im Norden (außer Nordosten) und in den Städten. Während dieser Prozess zunächst nicht notwendig den jeweiligen Nähebereich tangierte, können wir für das 18. Jahrhundert immerhin davon ausgehen, dass in den Städten Nordfrankreichs im Nähebereich die Dialekte abgelöst wurden von einer Sprachform, die in ihrer **einzelsprachlichen** Qualität dem Standard nicht sehr fern stand. Es hatten sich hier nämlich punktuell schon *français régionaux*, also tertiäre Dialekte (cf. 5.1.3), herausgebildet.

Noch zum Zeitpunkt der **Französischen Revolution**[42] stellte sich aber die Lage folgendermaßen dar: von den 25 Mill. Franzosen kannten mindestens 6 Mill. den Standard überhaupt nicht (vor allem auf dem Lande und im (okzitanischen) Süden); weitere 6 Mill. konnten keine längeren Gespräche im Standard führen; nicht mehr als 3 Mill. sprachen den Standard in etwa korrekt, wobei dessen schriftliche Beherrschung einer noch geringeren Zahl von Franzosen zugeschrieben werden konnte. Dies sind zumindest die Schätzungen, die der Abbé Grégoire in seinem *Rapport sur la nécessité et les moyens d'anéantir les patois et d'universaliser l'usage de la langue française* (1790) dem Nationalkonvent vorlegte. Es versteht sich von selbst, dass dieser Zustand mit den Idealen einer 'République, une et indivisible' unvereinbar war, der emphatisch geforderten *égalité* widersprach und der politischen Mitwirkung des mündigen *citoyen* im Wege stand. Die *patois* wurden entsprechend als Hort der Reaktion und als Relikte des Feudalismus gebrandmarkt.

---

[41] Das einzige Problem, das bei dieser Quelle zu bedenken ist, besteht darin, dass unter Umständen ein Dauphin doch an einer diastratisch etwas höheren und konservativeren Sprachform Anteil hatte.

[42] Cf. insgesamt zum Problem der Sprache in der Französischen Revolution: Balibar/Laporte 1974; Certeau et al. 1975; Trabant 1981; Schlieben-Lange 1981 und 1983, 64–77, 130–137 und 1996; auch Oesterreicher 1983 und 1990; zur Alphabetisierung in Frankreich cf. vor allem Furet/Ozouf 1977; auch Chervel 1977.

Nie zuvor in der französischen Geschichte war so sprachbewusst argumentiert und gehandelt worden, war so gezielt planerisch in das Sprachleben eingegriffen worden wie in der Revolutionszeit. Die damaligen Vorschläge und Maßnahmen spiegeln jedoch Widersprüche und Spannungen, die z.T. aus Fehleinschätzungen der historisch-konkreten kommunikativen Prozesse zwischen Nähe und Distanz resultierten. In universaler und diskurstraditioneller Hinsicht wurde einerseits etwa 'Volksnähe' angestrebt durch die Institutionalisierung der Diskussion und die nähesprachlich-dialogische Aufbereitung politischer Inhalte sogar in Druckerzeugnissen; andererseits ging die Unmittelbarkeit der in Paris stattfindenden Diskussion und Entscheidungsfindung in autoritären distanzsprachlichen Verlautbarungen verloren, die paradoxerweise gerade die Provinzbewohner erreichten. In einzelsprachlicher Hinsicht – und dies interessiert uns hier besonders – wurden zunächst vor allem für den Midi durchaus Übersetzungen von Gesetzen und Dekreten in die *patois* in Auftrag gegeben (Übersetzungsbüro Dugas); andererseits wurden radikale Maßnahmen geplant, um die *patois* auszumerzen und die Kenntnis des *français national* über eine Alphabetisierungskampagne durchzusetzen.

Mit dem letztgenannten Punkt ist im Grunde die Stoßrichtung der zentralistischen Sprachpolitik in Frankreich bis ins 20. Jahrhundert vorgegeben. Die Realisierung dieses Programms war freilich eine langfristige Aufgabe, die durch die voluntaristischen Eingriffe der Revolutionszeit nicht gelöst werden konnte (Instabilität in der Außen- und Innenpolitik, finanzielle Probleme, Lehrermangel).

Erst im Laufe des 19. Jahrhunderts wurden die Bedingungen geschaffen, die zu einer effektiven Zurückdrängung und partiellen Auslöschung der diatopischen Varietät innerhalb des Französischen führten. Die **Schulgesetzgebung** erfasste allmählich breitere Bevölkerungsschichten (kostenlose Volksschulbildung durch Guizot 1832–37; siebenjährige Schulpflicht durch Ferry 1881/82); bei der Alphabetisierungsrate kehrten sich die Zahlen von 1790 (10%) bis zum Beginn des 20. Jahrhunderts (knapp 90%) in etwa um. Diese Entwicklung führte zweifellos dazu, dass eine immer größere Zahl von Franzosen mit dem französischen Standard in Kontakt kam, ihn teilweise allerdings nur passiv beherrschte. Die *patois* sind in ihrer Existenz inzwischen stark gefährdet, am meisten die französischen Dialekte selbst.

Es stellt sich jedoch die Frage, ob die durch die Revolution initiierte Sprachpolitik entsprechend ihrer eigentlichen Intention überhaupt realisierbar war. Dieser Sprachpolitik liegt nämlich ein fundamentaler Widerspruch insofern zugrunde, als hier der Versuch gemacht wurde, das distanzsprachliche *français national* in den gesamten kommunikativ-konzeptionellen Raum der Sprachgemeinschaft zu implantieren (zur analogen Problematik in Italien cf. 5.4.3). Eigenartigerweise wurde nicht daran gedacht, eine nähesprachliche Varietät (etwa das schon in 5.2.2 erwähnte nähesprachliche Französisch von Paris) als Vehikel der *démocratisation* zu nutzen; vielmehr wurde versucht, eine letztlich 'aristokratische' Distanzvarietät bei allen Sprechern und in allen Sprechsituationen zu generalisieren – eigentlich eine Überbietung der elitären Sprachsituation im *Ancien Régime*.[43]

Die (nach)revolutionäre Sprachpolitik blieb zwar nicht ohne markante Auswirkungen auf den französischen Varietätenraum, doch ließ sich eine direkte Überführung des Standards vom Distanz- in den Nähebereich natürlich nicht bewerkstelligen. Dies erhellt schon aus der Betrachtung der Faktoren, die neben der Schulpflicht zu Verschiebungen im Varietätenraum geführt haben. Bekanntlich sind dies die allgemeine **Wehrpflicht**, die **Industrialisierung** und **Landflucht**, die **Bürokratie** und **zentrale Verwaltung** und schließlich die **Medien Presse, Rundfunk, Film und Fernsehen** – Kontexte also, in denen ja keineswegs nur Distanzsprachlichkeit herrscht.

Immerhin erfolgte ein massiver Einbruch einzelsprachlicher Merkmale der bisherigen Distanzsprache in den Nähebereich, der das gesamte Varietätensystem des Französischen, insbesondere im Nähebereich umstrukturierte.

Als erste wichtige Konsequenz ist festzuhalten, dass die **diatopischen** Unterschiede teilweise, aber nicht völlig nivelliert wurden. Es entstand nun auch außerhalb der Ile-de-France in allen frankophonen Gebieten Europas ein *français parlé*, das aber zunächst einmal immer auch ein *français régional*, also ein tertiärer Dialekt war (cf. 5.1.3). Die Bedeutung der diatopischen Dimension (4 in Abb. 3) hat sich mittlerweile unter dem unverändert starken Druck der präskriptiven Norm und der auch für den Nähebereich relevanten Zentralisierung immer mehr vermindert, so dass es heute in der *région parisienne* bereits kein *français régional* mehr gibt. In bestimmten Gebieten bleibt eine mehr oder weniger deutliche regionale Markierung des *français parlé* erhalten (etwa Nordostfrankreich, Belgien, Schweiz). Insbesondere dort, wo das Französische eine *langue minoritaire* überdacht hat (cf. 5.1.3), hält sich ein *français (parlé) régional*, das sehr ausgeprägte Spezifika aufweist (etwa das *francitan* im Midi, das Französische im Elsass, in den flämischen Gebieten und auf Korsika). Was nun die primären Dialekte des Französischen betrifft, so war ihre Vitalität in der typischen *patois*-Situation schon am Ende des 19. Jahrhunderts massiv zurückgegangen. Dieser Prozess setzte sich unaufhaltsam fort und führte dazu, dass es in einem ausgedehnten Gebiet um die Ile-de-France herum heute **keine** primären Dialekte mehr gibt.[44]

Eine ganz eigene Situation liegt beim Französischen in Amerika vor, insbesondere bei dem neuerdings stärker beachteten *québécois*, das aus einer Synthese nordwestfranzösischer diatopischer und standardnaher Merkmale entstanden ist. Wir haben es hier

---

[43] Cf. Oesterreicher 1990.
[44] Cf. insgesamt zur heutigen Diatopik in Frankreich: Müller 1985, 134–168; Berschin et al. 2008, 243–299; Desirat/Hordé 1976, 13–20; Holtus 1990, 587–593; Simoni-Aurembou 2003; Abalain 2007, 154–173; Weinhold 2008. Zur Diachronie der französischen Diatopik cf. Greub/Chambon 2008. – Zu den heutigen *langues minoritaires* in Frankreich cf. Bochmann 1989, 37–92; Kremnitz 1995 und weitere Beiträge in Kattenbusch (ed.) 1995a; Beiträge in Cerquiglini (ed.) 2003, 23–136, 173–190; Abalain 2007, 174–225.

mit einem – vitalen – sekundären Dialekt des Französischen zu tun (cf. 5.1.3), der in letzter Zeit verstärktes Interesse im Zusammenhang mit der Diskussion über eine mögliche Plurizentrik des Französischen gefunden hat.[45]

Der Verlust an Bedeutung, den die diatopische Dimension des Französischen in Europa erlitt, führte fast notwendig zu einer stärkeren Auslastung der übrigen Varietätendimensionen. Es verbreiteten sich im frankophonen Raum im Nähebereich nicht nur Merkmale der Distanzsprache, sondern gerade auch zahlreiche diatopisch nicht markierte Merkmale, die im Gegensatz zur präskriptiven Norm stehen.

Zunächst mag der Grad der 'Abweichung' vom Standard mit der sozialen Schichtzugehörigkeit korreliert haben, also **diastratisch** markiert gewesen sein (3 in Abb. 3). Die unverändert rigiden Anforderungen der präskriptiven Norm wurden jedoch immer mehr zum Problem auch für die sprachlich ohnehin an Einfluss verlierende Oberschicht und für die gehobene Mittelschicht, bei denen der Standard mehr und mehr nur noch unter den Bedingungen kommunikativer Distanz realisiert wurde und immer weniger auf den Nähebereich ausstrahlen konnte. Eine Rolle spielten in diesem Zusammenhang sicher auch gewisse gesellschaftliche Nivellierungs- und Demokratisierungsprozesse.

So lockerte sich seit dem 19. Jahrhundert die Bindung bestimmter 'Abweichungen' vom Standard an niedrige Gesellschaftsschichten.[46] Viele Divergenzen zwischen Nähe- und Distanzbereich verlagerten sich damit von der diastratischen Dimension längs der Varietätenkette mindestens in die **diaphasische** Dimension (2 in Abb. 3). Wenn es noch 1920 vielleicht gerechtfertigt gewesen sein mag, dass Henri Bauche alle massiven Abweichungen vom Standard (*langage populaire*) unmittelbar identifizierte mit dem *français tel qu'on le parle dans le peuple de Paris* (1920/²1946), so ist evident, dass viele dieser Abweichungen heute dem *français populaire* im Sinne eines Registers (oder *niveau de langue*) innerhalb der diaphasischen Dimension angehören. Das *français populaire* steht dabei in einer Reihe mit den höher markierten *français familier – courant – cultivé – littéraire* und mit den niedriger markierten *français vulgaire – argotique*.[47]

Ein Spezifikum der Varietätenentwicklung bis hin zum heutigen Französisch besteht nun aber gerade darin, dass bestimmte vom Standard abweichende Merkmale sogar ihre diaphasisch niedrige und überhaupt ihre diasystematische Markierung verlieren und voll in die Varietätendimension 'gesprochen–geschrieben' einrücken, also nunmehr **direkt** an die Kommunikationsbedingungen der Nähe gebunden sind (1b in Abb. 3). So betont schon Söll sehr zu Recht, dass der Varietätenbereich, in dem etwa das *passé simple* fehlt (cf. 5.3.3, b7), mit diasystematischen Kennzeichnungen wie 'régional', 'familier', 'relâ-

---

[45] Cf. etwa Dulong 1973; Wolf, L. 1987; Niederehe 1987; Hull 1979; Valdman 1979b; Barbaud 1984; Bollée 1990; Lüdi 1992; Mougeon/Beniak (eds.) 1994; Pöll 2001 und 2005; Erfurt 2003; Neumann-Holzschuh 2008.

[46] Cf. Söll 1970, 292s.; Müller 1985, 229–231. Allgemein zur Geschichte der diastratischen und diaphasischen Varietäten des Französischen Prüßmann-Zemper 2008, 2355–2362.

[47] Zum *argot* cf. 5.3.2, c.

ché' unzureichend erfasst wird und sich am adäquatesten auf den Nenner 'gesprochen' bringen lässt (Söll 1985, 34).[48]

Das immer stärkere Auseinanderklaffen von Nähe- und Distanzbereich, das in 5.2.2 vor allem im Blick auf Paris und seine Umgebung beschrieben wurde, mündet damit in eine extreme **Bipolarität** zwischen den beiden Varietäten 'gesprochen' und 'geschrieben' in ganz Frankreich. Man könnte hier von einer **diglossischen** Tendenz sprechen, die ansatzweise durchaus an die Entwicklung des Verhältnisses von gesprochenem und geschriebenem Latein erinnert (cf. 5.1.2, aber auch 5.3.3, c und 5.8). Auf diesen Sachverhalt zielen das puristische Schlagwort von der *crise du français* und die Aufrufe zur *défense de la langue française* ebenso wie die provokante These "le français langue morte"[49] (wobei in all diesen Fällen zwar von einer Krise der präskriptiven Norm des Französischen, nicht aber von einer Krise der Einzelsprache Französisch mit allen ihren Varietäten die Rede sein kann).

Bei nüchterner Betrachtung stellt sich heraus, dass sich seit ca. 1800 eben nicht, wie in der Revolutionszeit geplant, einfach nur der französische Standard *tel quel*, sondern die Bipolarität von Nähesprache ('gesprochen') und Distanzsprache ('geschrieben') generalisiert hat, wie sie sich seit dem *siècle classique* in Paris herausgebildet hatte (cf. 5.2.2). Trotz aller sprach- und normkritischen Beunruhigung, trotz aller konservativ-nostalgischen Sprachpflege auf der einen Seite und aller programmatischen Rufe nach Ablösung der bestehenden präskriptiven Norm auf der anderen Seite erweist sich diese Situation als relativ stabil.[50]

5.2.4 Arbeitsaufgaben

1. Verschaffen Sie sich einen schematischen Überblick über die wichtigsten Umschichtungen im Spannungsfeld von Nähe und Distanz, die auf dem Boden der Galloromania im Laufe der Sprachgeschichte stattgefunden haben. Tragen Sie die jeweilige Verteilung der Sprachformen im Nähe- und Distanzbereich um 500, 900, 1200, 1350, 1600, 1789 und heute in Parallelogramme nach dem Vorbild von Abb. 2 ein (Schraffuren, Symbole o.ä.).

---

[48] Zur konkrovers diskutierten Begründung einer eigenen Varietätendimension 'gesprochen–geschrieben', die sich von den drei diasystematischen Dimensionen unterscheidet, cf. einerseits ablehnend: Greive 1978; Steger 1987; Hunnius 1988; Albrecht 1986/1990, I, 81 und III, 67–72; Kiesler 1995; Schreiber 1999, 14–16; Kabatek 2000; Radtke 2001, 105s.; Dufter/Stark 2002; andererseits befürwortend: Söll 1985, 34 und *passim*; Koch/Oesterreicher 1994, 595s. und 2001, *passim*; Koch 1999 und 2005a; im Rahmen der Italianistik cf. Holtus 1984a; Berruto 1985a; 1993a; 1993b.

[49] Cf. Thérive 1923; Bally 1930; Queneau 1965; Bengtsson 1968. – Zum Problem der Norm im heutigen Französisch cf. auch Baum 1976; Christmann 1982; Ludwig, R. 1996b, 1493s.

[50] Koch 1997a, 235–246, und 2004, 622–626, mit Reserven bezüglich der Lexik; ein entschiedenes Plädoyer für diglossische Verhältnisse im Bereich der Morphosyntax führt Massot 2008.

2. Diskutieren Sie kritisch die – unhistorische – Sprachauffassung, die den sprachpolitischen Maßnahmen der Französischen Revolution zugrunde liegt.
3. Erläutern Sie die Konsequenzen der sog. *crise du français* für den muttersprachlichen und den fremdsprachlichen Französischunterricht (Söll 1969, Bally 1930).

5.3 Das heutige gesprochene Französisch und seine Stellung im Varietätenraum: lautlich, morphosyntaktisch und lexikalisch

Nach dieser diachronischen Skizze der Entstehung des heutigen französischen Varietätenraums werfen wir nun einen Blick auf eine Reihe einzelsprachlicher Phänomene, die für den Nähebereich typisch sind.[51] Entsprechend dem Ergebnis von 5.2.3 steht beim Französischen die diasystematisch nicht markierte Varietät **'gesprochen'**, also die Nähesprache i.e.S. (1b in Abb. 3), im Zentrum des Interesses. Die einschlägigen Phänomene werden deshalb in 5.3.3 möglichst vollständig dargestellt. Selbstverständlich sind auch im Französischen die diatopische, die diastratische und die diaphasische Variation für unsere Fragestellung relevant. Insofern nämlich als, wie in 2.4.2 beschrieben, auch die diasystematisch stark bzw. niedrig markierten Erscheinungen (2, 3, 4 in Abb. 3) sekundär in die Position 'gesprochen' einrücken können, gehören sie zur Nähesprache i.w.S. So wichtig es ist, diese ihre Affinität zu kommunikativer Nähe herauszustellen, so wenig darf man freilich bei der Markierung einzelsprachlicher Phänomene die unterschiedlichen Varietätendimensionen vermengen. Beim Blick in die einschlägige Literatur erleben wir immer wieder, dass als genuin 'gesprochen' (1b) markierte Erscheinungen bisweilen sogar als diatopisch (4) markiert ausgegeben werden; leider werden selbst universale Merkmale der Nähesprache (1a) des Öfteren unter den diasystematischen Varietäten geführt.

Da es nicht unsere Aufgabe ist, den gesamten Varietätenbestand des Französischen vorzustellen, lassen wir die primären Dialekte von vornherein beiseite. Außerdem beschränken wir uns insgesamt im diasystematischen Bereich (2, 3, 4) auf eine mehr exemplarische Darstellung. Dies ist im Falle des Französischen um so gerechtfertigter als hier die Bedeutung der diasystematisch markierten Erscheinungen für die Ausgestaltung des Nähebereichs viel geringer zu veranschlagen ist als im Italienischen und Spanischen (cf. 5.5 und 5.7).

In den folgenden Abschnitten 5.3.1/2/3 werden wir die zu besprechenden Phänomene jeweils nach ihrer Zugehörigkeit zum lautlichen, morphosyntaktischen und lexikalischen Bereich ordnen. Hinsichtlich des lautlichen Bereichs scheint sich ein besonderes Problem zu stellen. Wir haben bisher dem medialen Aspekt von Mündlichkeit und Schriftlichkeit kaum Aufmerksamkeit geschenkt, also etwa konzeptionell irrelevanten Fakten

---

[51] Cf. etwa Müller 1985; Gadet 1989; Prüßmann-Zemper 1990; Krassin 1994; Schmitt 2003, 432–440.

wie dem Gegenüber von phonisch [ilsɔ̃ʒɑ̃ti] und graphisch <*ils sont gentils*>. Ist es nun, in unserer konzeptionellen Perspektive, nicht inkonsequent, im Folgenden auch lautliche Phänomene einzubeziehen, die doch an das phonische Medium gebunden sind und im graphischen Medium ohnehin 'verschwinden'? Wenn man jedoch bedenkt, dass die Distanzsprache ja auch phonisch realisiert wird, so springt die Tatsache ins Auge, dass etwa die unterschiedlichen lautlichen Realisierungen [isɔ̃ʒɑ̃ti], [ilsonʒanti] oder [ilsɔ̃ʒɑ̃ti] konzeptionell – direkt oder indirekt – hochgradig bedeutsam sind (cf. auch 5.3.1, a und 5.5.5, b2) und folglich berücksichtigt werden müssen.

5.3.1 Französische Nähesprache im weiteren Sinne: diatopische Merkmale

Im Folgenden geht es um Merkmale **tertiärer** (*français régionaux*) und **sekundärer Dialekte**, die zur französischen Nähesprache i.w.S. gehören. Es sind hier in der Perspektive unserer Fragestellung vier Situationen zu unterscheiden:[52]

(1) In der *région parisienne* und in einem weiten Zentralbereich Nordfrankreichs ist die Nähesprache diatopisch (fast) neutral.

(2) Im übrigen Nordfrankreich (mit Wallonien und der Westschweiz) einschließlich des ursprünglich frankoprovenzalischen Raums ist die Nähesprache immer auch ein mehr oder weniger ausgeprägtes *français régional* (tertiärer französischer Dialekt, der das 'Substrat' eines primären französischen Dialekts enthält).

(3) In den ursprünglich flämischen Gebieten (im Département Nord, in Brüssel), im Elsass, im Midi und auf Korsika ist die Nähesprache immer auch ein sehr markantes *français régional* (tertiärer französischer Dialekt, der das 'Substrat' einer *langue ethnique* enthält).

(4) In Kanada (und in Louisiana) ist die Nähesprache ein – ebenfalls sehr markanter – sekundärer Dialekt des Französischen.

Wie im Spanischen ist bezüglich (4) die Frage aufgeworfen worden, ob nicht auch innerhalb der französischen Sprachgemeinschaft eine wie auch immer geartete Form der 'Plurizentrik' erkennbar ist. Für das traditionelle Normbewusstsein der europäischen Französischsprecher stellt allein schon dieser Gedanke eine Zumutung dar. Immerhin gibt es einige (wenige) Linguisten, die etwa im Französischen von Québec einen Regionalstandard erblicken, die also die Existenz eines eigenen Varietätenraums akzeptieren.[53]

---

[52] Cf. zu den *français régionaux*: Wolf, L. 1972 und 1983; Warnant 1973; Müller 1985, 147–168, 116–125; Malapert 1981; Taverdet 1990; Weinhold 2008, 84–86; zum *québécois* cf. oben Anm. 45; zum Französischen außerhalb Frankreichs insgesamt: Valdman (ed.) 1979a; 1990; Pöll 2001.

[53] Cf. etwa Lüdi 1992; Pöll 2005; auch Erfurt 2003; cf. auch die Diskussion zur Plurizentrik des Spanischen (5. 6. 2, bes. Anm. 198).

Da das Material hier am ergiebigsten ist, greifen wir bei unserer Exemplifikation lediglich auf Phänomene aus (3) und (4) zurück. Wie auch in unseren anderen beiden Sprachen (cf. 5.5.1 und 5.7.1) bietet der lautliche Bereich (a) jeweils die auffälligsten diatopischen Kennzeichen, gefolgt vom lexikalischen Bereich (c); am schwächsten ausgeprägt sind die morphosyntaktischen Besonderheiten (b). Selbstverständlich finden sich in den im Folgenden ausgewerteten Corpus-Ausschnitten 79*F und 80*F auch Phänomene, die nicht diatopisch, sondern nur als 'gesprochen' markiert sind. Sie werden in 5.3.3 berücksichtigt.

a) Lautlicher Bereich: Vorab ist nochmals grundsätzlich festzustellen, dass die diatopische Markierung nicht mit der Markierung 'gesprochen' **gleichzusetzen** ist. Man muss also durchaus damit rechnen, dass auch Distanzsprachen eine gewisse diatopische Variation aufweisen. Im Fall des Französischen ist aber (anders als im Italienischen und Spanischen; cf. 5.5 und 5.7) der Druck der präskriptiven Norm so stark, dass Regionalismen kaum in die Distanzsprache vordringen; eine charakteristische Ausnahme stellen allerdings selbst im Französischen die – besonders tief verwurzelten – lautlichen Realisierungsmuster, einschließlich der Intonation, dar. Dies bedeutet, dass für die im Folgenden erwähnten Erscheinungen jeweils im Einzelnen zu prüfen wäre, inwieweit die (phonisch realisierte) Distanzsprache ihnen gegenüber 'durchlässig' ist; generell ist aber von einer Ausdünnung diatopischer lautlicher Merkmale von kommunikativer Nähe zur Distanz hin auszugehen.

Zur Illustration diatopischer Merkmale, die in unserem Kontext relevant sind, sei zunächst einmal auf die hinreichend bekannten lautlichen Eigenheiten der Sprecher(innen) des *francitan* im Midi verwiesen, insbesondere: Realisierung des *e caduc* auch dort, wo es im Nordfranzösischen stumm bleibt; Schließung und schwache Nasalierung der Nasalvokale bei gleichzeitiger Artikulierung eines folgenden Nasalkonsonanten (cf. zu beidem das von Eschmann (1984, 81) aus seinem Corpus zitierte [sɛtəvjandə] statt [sɛtvjɑ̃d]; cf. zum *e caduc* auch 5.3.3, a1); ferner Nichtexistenz einer phonologischen Opposition /o/~ /ɔ/, /ø/~ /œ/, /e/~/ɛ/ (etwa [ʃɔzə]).

Nicht fehlen soll des Weiteren ein Hinweis auf das *québécois* (auch *joual* genannt).[54] Zwei typische Phänomene sind etwa die Palatalisierung von [t] und [d] vor [i], [y] und [ɥ] sowie [we] statt [wɑ]. Unsere entsprechend 3.2.1 orthographisch regularisierte Transkription 80*F zeigt beides natürlich nicht; das Originaltranskript verfährt hier uneinheitlich: <dit> für zu erwartendes [dzi] ($_{1,5,8}$), aber <moé> für [mwe] ($_{1,13}$).

Zur Veranschaulichung eines weniger bekannten, aber relativ gut erforschten *français parlé régional*, des *français de Bruxelles*, sei hier ein Ausschnitt aus den auch phonisch transkribierten Äußerungen einer französisch-flämisch zweisprachigen Brüsselerin vorgelegt, wobei die typische Intonation nicht erfasst ist:[55]

---

[54] Cf. etwa Robinson/Smith 1984, 286s.
[55] Cf. Baetens Beardsmore 1971, 103–108.

(79*F)

A [[...] j'étais contente n'est-ce pas je dis à mon mari "je		1
[ʒetɛ kõtã·t nɛspa ʒədɪ amõarɪ ʒə		
A [saurai pas aller au dîner" "mais si" dit-il "attendez à une		2
sorɛ pa aleʲ odɪnej mɛsɪ dɪtɪl atãdeʲ ayn		
A [heure c'est le dîner et après on se reposera" ce que j'ai fait		3
œ·r se lədɪneʲ eapre õsərposra səkə ʒeʲfɛ		
A [pour faciliter n'est-ce pas nous étions logés à l'hôtel Colbert		4
purfasɪlɪteʲ nɛspa nuzetjõ lɔ⊥ʒeʲ alɔ⊥tɛɫ kɔ⊥ɫbɛ·r		
A [rue de Lamartine cinq étages un très bon hôtel qui était		5
rydəlamartɪn sẽketa·ʒ œ̃trebõnɔ⊥tɛɫ kɪ etɛ		
A [donc renseigné par l'agence oui et nous voilà installés alors		6
dõk ˈrãseɲeʲ parlaʒã·s wɪʲ enuvwala ẽstaɫeʲ alɔ⊥r		
A [nous avons dîné je/ nous sommes allés reposer et le soir nous		7
nuzavõdɪneʲ ʒe/ nusɔmzaɫe rəpozeʲ eləswarnuz		
A [avons sorti le lendemain il fallait être prêt pour les		8
avõsɔ⊥rtɪ ləˈlãdəmẽ ɪlfaɫetɛtr prɛ purlez		
A [excursions dans les montagnes <ooh>¹ mais à une heure à midi		9
ɛkskyrsjõ dãlemõtaɲ o: mɛ aynœ·r amɪdɪ		
A [après le dîner jamais le matin		10
apre lədɪneʲ ʒame ləmatẽ]		

<!>¹   (BB, 439)

Angesichts der Sprachsituation in Brüssel, einer heute stark französisierten Stadt in ursprünglich flämischem Gebiet, ist es nicht überraschend, dass wir etwa auf folgende Merkmale stoßen, die im Wesentlichen flämischem Einfluss zuzuschreiben sind:[56] gelegentliche Anfangsbetonung (₆: *renseigné*; ₈: *lendemain*); Generalisierung eines [ɑ] *postérieur* (₂: *aller*; ₅: *Lamartine* etc.); Tendenz zur Diphthongierung des auslautenden [e] zu [eʲ] (₂: *dîner*; ₂: *attendez* etc.); Öffnung des [i] zu [ɪ] (₂: *"(mais) si" dit-il* etc.) oder seine Diphthongierung zu [ɪʲ] im Auslaut (₆: *oui*); das [ɔ⊥] mit mittlerem Öffnungsgrad (₄: *hôtel Colbert* etc.); häufig velares [ɫ] nach Vokal (₄: *hôtel Colbert* etc.). Schließlich stoßen wir hier auf das vom französischen Standard abweichende [r] *roulé* (₁,₃: *mari*; ₃: *reposera* etc.), das allerdings zahlreiche andere *français régionaux* ebenfalls kennen (Midi, Burgund, Savoyen etc.).

b) Morphosyntaktischer Bereich: Im Allgemeinen lässt sich sagen, dass hier das diatopische Element weniger stark zum Tragen kommt. Um so erstaunlicher ist es, dass unser kurzer Brüsseler Corpusausschnitt zwei auffällige morphosyntaktische Regionalismen aufweist, die wiederum auf Interferenzen mit dem Flämisch-Niederländischen

---

[56] Cf. Baetens Beardsmore 1971, 57–98.

beruhen:[57] schwankender Gebrauch von *tu* und *vous* für die 2. Person Singular (79*F,$_2$: *attendez*; gemeint ist der *mari* ($_1$)!); Verwendung von *avoir* als Auxiliar bei Bewegungsverben (79*F,$_{7,8}$: *nous avons sorti*; diese Tendenz existiert auch im wallonischen Französisch und in anderen *français régionaux*).

Ergiebiger noch ist Ausschnitt 80*F aus einem Corpus des *québécois* (Sherbrooke). A erzählt von einem lebensgefährlichen Unfall in seiner Jugend, der sich ereignete, als er mit einem Freund auf ein fahrendes Auto aufsprang, um ein Stück mitzufahren. Der Ausschnitt setzt an der Stelle ein, wo A's Freund (*Chose*) wieder abspringt.

(80*F)

A [[...] qu'est-ce que c'est j'aperçois Chose . <il>[1] dit "<moi>[2]	1
A [je débarque d'icitte je me rends pas à Sherbrooke" <il>[3]	2
A [débarque <eh saint sacrifice>[4] <me semble de voir ça hein>[5]	3
A [<trois quatre jambées <puis>[7] le gars dans le chemin>[6] <puis>[8]	4
A [<il>[9] était de même qu'<il>[10] roulait envoye <moi>[11] j'ai dit	5
A ["je lâche pas m'en vas a Sherbrooke amanché de même" avais mon	6
A [frère dans ce temps-là qui faisait du taxi <moi>[12] ça fait que	7
A [. j'ai dit "m'en reviendrai avec mon frère à onze heures c'est	8
A [toute m'as leur téléphoner pas qu'<ils>[13] soient inquiets à	9
A [maison <puis>[14] m'en vas descendre à onze heures avec mon	10
A [frère" mais j'ai faite à peu près . oh deux mille pieds	11
A [<moi>[15] encore pour eh . plus loin <puis>[16] là ben (xxx)	12
A [<je sais>[17] <plus>[18] rien <moi>[19] quand <ils>[20] m'ont réveillé	13
A [j'étais . j'étais à maison <puis>[21] le docteur était après me	14
A [laver avais toute la face toute . (xxx) dans ce temps-là y	15
A [avait pas d'<alsphate>[22] y avait rien que de la gravelle avais	16
A [toute le visage grafigné toute plein de sang <puis>[23] de	17
A [gravelle <puis>[24] toute qu'est-ce que tu veux [...]	18

< *il(s)* durchweg = [i] >[1,3,9,10,13,20]   < realisiert als [mwe] >[2,11,12,15,19]
< ! >[4,5,6]   < realisiert als [pi] >[7,8,14,16,21,23,24]   < realisiert als [ʃe] >[17]
< realisiert als [py] >[18]   < =*asphalte* >[22]   (ETL,VI, 6s.)

Zunächst einmal fallen die maskulinen Formen *toute* [tut] und *faite* [fɛt] ($_{9,11,17,18}$) sowie der fehlende Artikel bei *à maison* ($_{9-10}$) auf. Im Verbalbereich beachte man die Analogieform *m'en **vas** à Sherbrooke* ($_6$, auch $_{10}$), die im europäischen Französisch nicht diatopisch, sondern rein diastratisch (sehr niedrig) markiert ist; ferner das ungewöhnlich häufige Fehlen des unbetonten Subjektpronomens, insbesondere der 1. Person ($_6$: **Ø** *m'en vas à Sherbrooke*; $_{6-7}$: **Ø** *avais mon frère*; $_8$: **Ø** *m'en reviendrai*; $_{15}$: **Ø** *avais toute la face*;

---

[57] Cf. insgesamt Baetens Beardsmore 1971, 109–288.

auch ₃: **Ø** *me semble*); die Futurperiphrase **m'as** *leur téléphoner* (₉) für die 1. Person; die Periphrase *le docteur* **était** *après me laver* (₁₄₋₁₅) 'était en train de'. Schließlich ist das durchgängige [i] für <*il, ils*>, also nicht nur bei *il dit, il débarque* etc., sondern auch bei *il était* ein typischer Kanadismus ([ietɛ] statt [ilɛtɛ] des europäischen *français parlé*; cf. 5.3.3, b2).[58]

c) Lexikalischer Bereich: Wie zu erwarten, ist unser kanadischer Corpusausschnitt 80*F in dieser Hinsicht ausgesprochen ergiebig.[59] Er enthält zwar keine englischen Lehnwörter, die im *québécois* natürlich häufig sind, doch könnte etwa die archaisch anmutende Verwendung von *face* (₁₅; cf. aber auch ₁₇: *visage*) durch englischen Einfluss gestützt worden sein. Darüber hinaus finden wir eine Fülle französischer Kanadismen: *jambée* (₄) 'enjambée'; *amanché* (₆) 'accroché'; *grafigner* (₁₇) 'égratigner'; *saint sacrifice* (₃) als Fluch; *envoye* (₅) 'fais vite, vas-y'; *icitte* (₂) 'ici'; *de même* (₅,₆) 'comme ça'.

Unser Brüsseler Corpusausschnitt 79*F weist eine ganze Reihe wallonischer Belgizismen im Lexikon auf:[60] die Verwendung von *savoir* für *pouvoir* (₂); *renseigner* (₆) 'indiquer'; *dîner* 'déjeuner' (₉₋₁₀: *à midi après le dîner*; dieser Archaismus ist auch in anderen *français régionaux*, vor allem in der Westschweiz und sogar im *québécois* lebendig); bei *reposer* statt *se reposer* (₇: *nous sommes allés reposer*, cf. aber ₃: *on se reposera*) steht ein nichtreflexives niederländisches *rusten* im Hintergrund.

Dass diatopische Merkmale der in 5.3.1 beschriebenen Art sekundär in die niedrigen Varietäten aller anderen Varietätendimensionen einrücken können, wird in 5.3.2/3 nicht mehr eigens erwähnt.

5.3.2 Französische Nähesprache im weiteren Sinne:
diastratische und diaphasische Merkmale

Wir wenden uns nun den Merkmalen der 'Mittelzone' unseres Varietätenmodells in Abb. 3 zu, also den diastratisch und diaphasisch als niedrig markierten Varietäten, die ebenfalls zur Nähesprache i.w.S. gehören. Ohne den bedeutsamen Unterschied zwischen der diastratischen und der diaphasischen Varietätendimension unterlaufen zu wollen, exemplifizieren wir, in unserer letztlich auf die Dimension 'gesprochen-geschrieben' zielenden Perspektive, die Diastratik und die Diaphasik aus darstellungspraktischen Gründen zusammen. Dies ist im übrigen auch dadurch zu rechtfertigen, dass wir im doppelten Sinne eine intensive Dynamik zwischen beiden Varietätendimensionen feststellen: nicht nur in synchronischer Hinsicht werden ja Phänomene von der diastratischen in die diaphasische Dimension – und darüber hinaus – 'weitergereicht' (entspre-

---

[58] Cf. etwa Robinson/Smith 1984, 280–282; Bergeron 1981.
[59] Cf. etwa Bergeron 1981; Robinson/Smith 1984, 19–279.
[60] Cf. insgesamt Baetens Beardsmore 1971, 325–434.

chend der uns vertrauten Varietätenkette 3-2-1b in Abb. 3), sondern auch in diachronischer Hinsicht verlagern sich Phänomene regelmäßig in dieser Richtung, was eine richtige Form des Sprachwandels ist; cf. etwa 5.2.3 und die folgenden Bemerkungen zum Argot unter c). Zur Diaphasik bleibt noch anzumerken, dass das Französische – im Unterschied zu unseren beiden anderen Sprachen – eine sachlich gut begründete und terminologisch klare Registerskala besitzt; die uns hier interessierenden Registermarkierungen sind: *courant, familier, populaire, vulgaire* (man beachte, dass sich im Italienischen und Spanischen *popolare/popular* auf eine diastratische Markierung beziehen; cf. 5.5.2 und 5.7.2).

Wir ordnen die zu besprechenden Phänomene wieder nach den Ebenen (a) lautlich, (b) morphosyntaktisch und (c) lexikalisch.

a) Lautlicher Bereich: Abgesehen von den eigentlich diatopisch markierten Phänomenen, die sekundär diastratisch funktionieren, sind im Französischen keine wichtigen lautlichen Merkmale zu verzeichnen, die eindeutig diastratisch niedrig markiert sind.[61] Demgegenüber kann im Bereich der diaphasischen Kennzeichnung als Beispiel niedriger Markierung die Reduktion der *liaison consonantique*[62] genannt werden. Während im *français cultivé* die *liaison* in allen möglichen Fällen realisiert wird, nimmt ihre Realisierung entlang der Registerskala graduell ab, so dass im *français populaire* überhaupt nur noch die drei Konsonanten /-z-/, /-n-/ und /-t-/ betroffen sein können (*les enfants, on a, cet élève*). Aber selbst im *français familier* erzwingen die genannten Laute – bei syntaktisch 'lockereren' Fügungen – keineswegs die *liaison*:

(81*F)

A [mais il pensait à la joie qu'il aurait eue s'il avait   1
  [mɛ * i pɑ̃sɛ * ala ʒwa kilɔʀɛ *   y   silavɛ

A [mangé des saucisses avec des frites   2
   mɑ̃ʒe desosis   avɛkdefʀit]

(E, 38)

Vergleiche auch: 79*F,₂: [pɑ*ɑleʲ], ₉: [mɛ*aynœʀ] (aber ₈: [faɫɛtɛtʀ]); 88*F,₄,₅,₆,₇: [fo*jɛt], ₁₃: [sepɑ*yn]; ₂₃₋₂₄: [ʃʃɥi*ɑ̃tʀɑ̃] (aber ₁₉: [kɑ̃taʀiv]). Extrem ist das folgende Beispiel:

---

[61] Cf. immerhin Müller 1985, 183–186. – Die primär lexikalisch abweichenden Argots sind in lautlicher und morphosyntaktischer Hinsicht unergiebig.
[62] Zur Diskussion der diastratischen oder mit dem Einfluss der Schule verbundenen Aspekte der *liaison* cf. Armstrong 2001, 177–207.

(82*F)

A	[[...] et puis tu t'en vas <dans une>[1] gorge tu t'en vas	1
A	[<dans une>[2] forêt t'as les forêts de sapin t'as ces vallons-là	2
A	[[...]	3

< realisiert als [dã*yn] >[1,2]   (F, 796)

b) Morphosyntaktischer Bereich:[63] Als eindeutig diastratisch niedrig markiert können beispielsweise die Form *a(l)* für *elle* und die Verwendung von *y* für *lui* als unbetontes Personalpronomen der 3. Pers. Sg. (indirektes Objekt) gelten:

(83*F)

A	[[...] alors la dame **a** m'a regardé puis **al** a eu un petit rire [...]	1

(F, 817s.)

(84*F)

A	⌈ mais si j'**y** dis que je vous emmène avec moi il marchera	1
B	⌊ ah moi je ne veux	2
A	⌈ peut-être [...]	3
B	⌊ pas **y** aller	4

(Sch, 212)

Sekundär fungieren diese Erscheinungen auch als diaphasisch niedrig (wohl nicht höher als 'populaire'), tertiär natürlich dann sogar als 'gesprochen' (also nur als 'gesprochen i.w.S.'). Es gibt im Französischen in der Morphosyntax praktisch keine Erscheinungen, die genuin diaphasisch niedrig markiert sind.

Dies ist zum einen spezifisch für das Französische, insofern als das Gros der ursprünglich diaphasisch (oder eventuell sogar diastratisch) niedrig markierten morphosyntaktischen Phänomene – wir haben den Hintergrund dieser diachronischen Verschiebungen in 5.2.3 skizziert – seit dem 19. Jahrhundert aus der Diasystematik in die Nähesprache i.e.S. 'abgewandert' ist und nun zum 'gesprochen'-Pol innerhalb der schon verschiedentlich hervorgehobenen, für das Französische typischen Bipolarität gehört (cf. 5.3.3).

Zum anderen – und hier handelt es sich um einen Befund, den wir in Sprachgemeinschaften häufiger antreffen – ist bei bestimmten diastratisch niedrig markierten morphosyntaktischen Phänomenen die Bindung an eine niedrige soziale Schicht so stark, dass sie in die diaphasische Dimension, die von Sprechergruppen unabhängig ist, **nicht** ein-

---

[63] Cf. zum Folgenden etwa Frei 1929; Bauche 1946; Guiraud 1969 und Gadet 1992.

rücken können. Solche 'Blockierungen' gelten etwa für Relativkonstruktionen mit einem unveränderlichen *que*, das die jeweilige Aktantenfunktion nicht spezifiziert:

(85*F)

A ⌈	[...] et et la maison au-dessus du pharmacien		1
B ⌊		de .	2
A ⌈	anciennement X	ah	3
C ∣	bah c'est celle-là	c'est	4
D ⌊	eh bah oui	oui	5
A ⌈	celle-là **que** je parle		6
D ⌊	oui c'est celle-là		7

(F, 826)

Ebenfalls als diastratisch niedrig markierte Konstruktion blockiert ist die davon verschiedene Erscheinung des *décumul du relatif*, cf. den Typ *la nana **que** je **lui** ai donné mille balles* (resumierend zu solchen Konstruktionen in allen unseren drei romanischen Sprachen: unten 5.7.2.b).[64]

Auch bestimmte Nebensatztypen mit einem analogisch 'wuchernden' *que* bleiben rein diastratisch (niedrig) markiert; cf. 90*F,$_{3/5}$: *y a des grandes chances que je retourne où que j'étais l'année dernière*. Besonders extrem ist das folgende Beispiel (cf. dazu auch 5.3.3, b11, II):

(86*F)

A ⌈	[...] parce que où **que** c'est **que** c'est le plus chargé en	1
B ⌊	ah bah alors-là tu pourras a/	2
A [	général c'est le côté du soleil c'est le côté sud [...]	3

(F, 780)

c) Lexikalischer Bereich: Zur lexikalischen Diastratik gehören in erster Linie die Besonderheiten der Argots, die ja gerade lexikalischer Natur sind.[65] Das komplexe Gebiet der Argots, die als 'Gruppensprachen' von der Gaunersprache bis zur Sprache der Zuhälter und Prostituierten, des Sports, der Seeleute, Soldaten, Studenten, Schüler, Ärzte etc. reichen, muss in unserem Zusammenhang freilich außer Betracht bleiben. Hingewiesen sei jedoch darauf, dass natürlich längs der Varietätenkette argotische Lexeme sekundär auch in die niedrig markierte Diaphasik und schließlich in die Position 'gespro-

---

[64] Cf. Blanche-Benveniste 1990; Gadet 1995.
[65] Cf. vor allem Cellard/Rey 1980; Müller 1985, 213–222; Desirat/Horde 1976, 49–56; Radtke 1982; Calvet 1994; Colin 1996; Merle 2000; Material zu einem argotisch reich ausgestatteten Sinnbezirk in Rohr 1987.

chen' einrücken: dies gilt sowohl synchronisch, z.B. bei *grisbi* 'argent', *fac* 'faculté' (cf. 51*F,$_1$), wo auch in diaphasisch niedriger Verwendung die argotische Verankerung bestehen bleibt, als auch diachronisch, z.B. bei *fric* 'argent', *bac* 'baccalauréat', deren argotische Herkunft verblasst ist.

Sieht man von den Argots ab, so ist die Zahl der primär diastratisch markierten lexikalischen Erscheinungen im Französischen recht begrenzt. Als Beispiel sei immerhin die wohl in Analogie zu *se souvenir de* entstandene Verwendung von *se rappeler* genannt:

(87*F)

A [[...] quand il y avait le . le moulin d'Orgemont là quand il y	1
A [avait les ailes je m'**en** rapelle qu'on allait manger <tu t'**en**	2
A [rappelles>[1] y a . une trentaine d'années [...]	3

< realisiert als [ttɑ̃ʀapɛl]; cf. Ende von 5.5.3, b2 und vor allem 4.5 >[1]

(F, 767)

Dieses Phänomen findet sich dann auch in diaphasisch niedrigen Registern wieder.

Von den bisher in 5.3.2 besprochenen Bereichen ist der auffälligste die diaphasisch niedrig markierte Lexik. Hier gibt es im Französischen eine Fülle hochfrequenter, von allen Schichten benutzter Lexeme, die als *familier*, *populaire* oder gar *vulgaire* einzustufen sind.[66]

In den bisher zitierten Corpus-Ausschnitten finden sich für die Markierung *familier* (nach dem *Robert électronique* 1994) folgende Beispiele: 14*F,$_5$: *rouspéter*; 15*F,$_1$: *mécano*; 15*F,$_3$ und 27*F,$_2$: *flotte*; 22*F,$_3$: *dégueulasse*; 32*F,$_2$: *bagnole*; 32*F,$_{13}$: *dingue*; 45*F,$_4$: *se débrouiller*; 55*F,$_1$: *froid de canard*; 67*F,$_1$: *bosser*; 74*F,$_4$: *bazar* (bei diesem Wort wäre zu fragen, wie weit es schon auf dem Weg zu einem echten *passe-partout*-Wort ist (cf. 4.4.2) und damit in den Sog universaler Tendenzen des Nähesprechens gerät); 80*F,$_4$: *gars*; 88*F,$_{23}$: *copain*. Für die Markierung *populaire* können wir anführen: 64*F,$_3$: *total* 'finalement'.[67] —

---

[66] Zum Problem der Diaphasik und der Registermarkierung cf. etwa Stourdzé 1969; Müller 1985, 225–262; Désirat/Hordé 1976, 42–47; cf. auch Marouzeau 1954; Beispiele aus der aktuellen Varietätendynamik des Französischen in Krötsch/Oesterreicher 2002.

[67] Solche Markierungen sind selbstverständlich auch historischem Wandel unterworfen (cf. zum Varietätenwandel: Hausmann 1979; Koch 2005b, bes. 231–233), was sich, zumindest in vermittelter Form, auch in der Lexikographie niederschlägt. In diesem Sinne ist es hochinteressant, dass in der 1. Auflage des vorliegenden Buches unter Berufung auf Robert 1984 die Wörter *bagnole* und *bosser* noch als 'populaire' und das Wort *dégueulasse* noch als 'vulgaire' eingestuft wurden! – Inzwischen hat sich, nach Meinung der Lexikographen, offenbar in einem weiteren Fall eine Verschiebung (nach "oben") ergeben; so schätzt der Robert 2010 *total* 'finalement' nunmehr als 'familier' ein.

Zum Schluss dieses Abschnitts 5.3.2 noch zwei allgemeinere Bemerkungen: Was die diastratische Dimension betrifft, so fällt auf, dass unsere einschlägigen Beispiele größtenteils aus dem Corpus F stammen, das erkennbar die Sprache einer niedrigeren sozialen Schicht dokumentiert. Während die Schichtzugehörigkeit nicht unmittelbar auf die **universalen** Merkmale der Nähesprache bezogen werden konnte (cf. Kap. 4, besonders die Interpretation von 55*F*I*S in 4.3.5), schlägt sie hier natürlich voll zu Buche. – Was die diaphasische Dimension betrifft, so rücken bekanntlich niedrig markierte Phänomene auf Grund ihrer Affinität zum Nähebereich in die Position 'gesprochen' und hoch markierte Phänomene entsprechend in die Position 'geschrieben' ein. In anderer Perspektive bedeutet dies aber, dass die im Vorhergehenden verwendeten Registerkennzeichnungen *familier* etc. für bestimmte Erscheinungen gerade in konzeptioneller Sicht keine Fixpunkte darstellen können (nicht gemeint ist hiermit die – unbestrittene – Schwierigkeit, konkrete Phänomene eindeutig einem bestimmten Register zuzuordnen!). Auch wenn nämlich die interne Hierarchie der Register untereinander feststeht, so verschiebt sie sich doch als ganze vom Distanzbereich zum Nähebereich hin sukzessive nach 'oben': Wenn *flotte* im Distanzbereich *familier* ist, so wäre es im Nähebereich einfach *courant*; das im Distanzbereich als *vulgaire* zu kennzeichnende *dégueulasse* rückt im Nähebereich auf *populaire* etc., während sein 'Synonym' *répugnant* im Distanzbereich als *courant*, im Nähebereich aber bereits als *cultivé* einzustufen wäre.[68]

5.3.3 Französische Nähesprache im engeren Sinne: Merkmale der Varietät 'gesprochen'

Die von Ludwig Söll maßgeblich beförderte Einsicht, dass bestimmte einzelsprachliche Erscheinungen des Französischen genau nur als 'gesprochen' gekennzeichnet werden dürfen, wird zu Unrecht immer wieder in Zweifel gezogen.[69]

Der Grund für das hier vorliegende Missverständnis ist zum einen begrifflicher Natur: die Unterscheidung zwischen medialer und konzeptioneller Mündlichkeit wird nicht wirklich ernst genommen, so dass dann unvermeidlich Gegenbeispiele aus zwar phonisch realisierten, konzeptionell aber keineswegs völliger Nähe entsprechenden Corpora auftauchen (Schriftstellerinterviews, Radiogespräche; Formen eben doch nur literarisch fingierter Mündlichkeit wie Boulevardstücke, Romandialoge etc.).

Zum anderen wird übersehen, dass zwar einige der im Folgenden vorgestellten Phänomene im gesprochenen Französisch exklusiv gelten (cf. b1: *ça*; b7: Inexistenz des *passé simple*; b11: Fehlen der Inversionsfrage), dass die Mehrzahl dieser Phänomene im gesprochenen Französisch aber lediglich eine hohe Frequenz besitzt. Dies bedeutet, dass

---

[68] Zu dieser Relativität der Registermarkierung cf. Söll 1985, 190ss.; cf. auch das Ende von 5.5.2 und 5.7.2.
[69] Cf. oben Anm. 48.

neben den spezifisch 'gesprochenen' Erscheinungen auch deren 'geschriebene' Pendants vorkommen (z.B. b12: *faut*, aber auch *il faut*). Entscheidend ist jedoch, dass die Umkehrung nicht gilt: das geschriebene Französisch kennt die als gesprochen markierte Variante schlechterdings nicht (z.B. b12: nur *il faut*).

Nun zu den Phänomenen im Einzelnen. Wir beginnen mit dem **Lautlichen**:

a1) *Das e caduc*: Während in der Varietät 'geschrieben' in phonischer Realisierung das *e caduc* in bestimmten lautlichen Umgebungen regelmäßig realisiert wird (*je sais* [ʒəsɛ]; *ce n'est pas vrai* [sənɛpɑvʀɛ], bleibt es im gesprochenen Französisch in der größtmöglichen Zahl von Umgebungen stumm:[70]

(88*F)

A ⌈	tu sais y a des fois on retravaille pas tout de suite hein				1
	[tse	jadefwa ɔ̃ʀtʀavaj patudsɥit	ɛ̃		
B ∣	[…]			t'es	2
[				te	
C ⌊				oui	3
[				wi	
A ⌈		aah faut y être		faut y être	4
[		ɑː fojetᵏ		fojetᵏ	
B ∣	quand-même là ouais		faut y être oui		5
	[kɑ̃mɛmla we		fojet wi		
C ⌊	faut y être				6
	[fojetᵏ				
A ⌈	faut y être puis si si tu es en train de lire un petit				7
	[fojetᵏ pi si sityeɑ̃tʀɑ̃dliʀ			ɛ̃pti	
B ⌊	oui				8
	[wi				
A [	quelque chose faut faut que tu te planques quoi faut pas que				9
	[kɛlkəʃoz fo fo ktytplɑ̃k		kwa fopak		
A ⌈	le chef il te tombe dessus			hein c'est normal	10
	[ləʃef ittɔ̃bdəsy			ɛ̃ senɔʀmal	
B ∣		ah bah évidemment			11
[		ɑbɑevidamɑ̃			
C ⌊				ça c'est/	12
[				sase	

---

[70] Cf. zum *e instable* und zum sog. Dreikonsonantengesetz Klein 1973, 92–96; Gadet 1989, 81–88; Meisenburg/Selig 1998, 139–147; cf. aber auch Berschin et al. 2008, 291s.

```
A ⌈ t'es en t'es en tort alors malgré tout c'est pas une détente        13
  [teã    teã    tɔʀ alɔʀ malgʀetu  sepayndetãt
B ⌊ oui  eh bah oui  mm                                                  14
   [wi   ebɑwi      mm
B [ mm tandisque moi tu vois je mange dans l'usine moi je bouge          15
   [mm tãdiskəmwa tyvwa ʒəmãʒ  dãlyzin   mwaʒbuʒ
B [ pas de ma place je mets ma table j'ai une petite table à moi         16
   [pɑdmaplas   ʒmematab    ʒeynpətittablamwã
B ⌈ (xxx) je mets ma table tranquille je m'installe . et puis            17
  [      ʒmɛ  matab tʀãkil  ʒmɛ̃stal    epɥi
C ⌊                         mm                                           18
  [                         mm
B [ tranquillement je me mets à manger et puis quand arrive midi         19
   [tʀã::kilmã  ʒməmɛ    amãʒe epɥi kãtaʀivmidi
B [ et demi une heure moins vingt-cinq ou moins vingt que j'ai           20
   [edmi ynœʀ mwæ̃vætsɛ̃k   umwæ̃vɛ̃   kʒe
B [ fini bah je me je me rasseois tranquillement je range ma             21
   [fini bɑ:ʒmə  ʒməʀaswa   tʀãkilmã    ʒʀãʒma
B [ table je me rasseois tranquillement . y en a qui rentrent            22
   [tab ʒməʀaswa   tʀãkilmã    jãnakiʀãtᵏ
B [ y en a qui rentrent y a des copains qui rentrent ou je suis          23
   [jãnakiʀãt    jadɛkɔpɛ̃   kiʀãt    uʃʃɥi
B [ en train de lire mon journal puis alors des fois mon journal         24
   [ãtʀãdliʀ    mɔ̃ʒuʀnal pialɔʀ  defwa  mɔ̃ʒuʀnal
B [ on se le partage des fois en trois en quatre en cinq ou en           25
   [ɔ̃səlpaʀtaʒ   defwa ãtʀwa ãkat   ãsɛ̃k  uã
B [ six ((Gelächter)) enfin c'est pas . un/ on a chacun un               26
   [sis          ãfɛ̃  sepɑ    æ̃  ɔ̃naʃakæ̃  æ̃
B [ morceau ça tu sais hein alors on discute chacun notre morceau        27
   [mɔrso  sa tysɛ  æ̃  alɔʀ ɔ̃diskyt ʃakæ̃  nɔtmɔʀso
B [ alors y en a un qu'a les sports l'autre juste les faits divers       28
   [alɔʀ jãnaæ̃  kalɛspɔʀ  lot  ʒyst lefedivɛʀ
B [ y a l'autre qui parle pour l'emprunt                                 29
   [jalot    kipaʀl  puʀlãpʀæ̃ ]
```

(F, 812)

Im *québécois* liegen die Dinge ganz ähnlich; aus dem 80*F zugrundeliegenden Transkript läßt sich zumindest erschließen, dass *je sais* ($_{13}$) realisiert wird als [ʃe] (< [ʃʃe] < [ʒse]; cf. 88*F,$_{23}$: [ʃʃɥi]).

Nur im französischen Midi gelten radikal andere Bedingungen für das *français régional* (cf. 5.3.1, a). Damit wird zwar zugegebenermaßen die Reichweite des Verstummens des *e caduc* eingeschränkt, doch wäre es verfehlt, dieses Merkmal deshalb als Regionalismus des Nicht-Midi zu betrachten. Es existiert nämlich in der Varietät 'gesprochen' eine 'Normalform' für das ganze Sprachgebiet, die lediglich in einer bestimmten Region durch ein stark diatopisches Merkmal außer Kraft gesetzt wird. Wir können hier von einer **Insel-Konstellation** sprechen. Sie wird uns auch noch an anderer Stelle begegnen (cf. 5.3.3, b2, b7; 5.5.3, b4, b8, c und 5.7.3, a).

a2) *Der Typ* **quat'**, **tab'** *etc.*: Während in der Varietät 'geschrieben' in phonischer Realisierung nachkonsonantisches [-ʀə] und [-lə] auf jeden Fall realisiert wird (zumindest als [-ʀ] und [-l]), tritt hier im gesprochenen Französisch vor Konsonant oder am Ende des *mot phonétique* häufig ein völliges Verstummen ein; vergleiche 88*F,$_5$: [fojɛt]; $_{16,17,22}$: [tab] (aber natürlich: [tablamwɑ] ($_{16}$)); $_{22,23}$: [ʀɑ̃t$^{(ə)}$]; $_{25}$: [kat]; $_{27}$: [nɔt]; $_{28,29}$: [lot].

Der eigentliche Schwerpunkt der Besonderheiten des gesprochenen Französisch liegt eindeutig im morphosyntaktischen Bereich:[71]

b1) **Ça**: Statt *cela* erscheint im gesprochenen Französisch praktisch ausschließlich *ça*. Aus der Fülle der Belege aus unseren Corpusausschnitten seien nur die folgenden angeführt: 1*F,$_1$: **ça** *c'était*; 4*F,$_{1-2}$: *je me suis fiée à* **ça**; 19*F,$_8$: *comme* **ça**; 60*F,$_{2/4}$: **ça** *se mange avec du machin*; 63*F,$_9$: *c'était où* **ça**; 80*F,$_3$: *de voir* **ça**.

Seltener und bislang möglicherweise diaphasisch (niedrig) markiert ist: **çui(-là)**; cf. 64*F,$_{1-2}$: *mais qu'est-ce qu'il fait* **çui-là**.

b2) *Allomorphien in der Personalmarkierung* ([i] *und* [il], [i] *und* [iz], [ty] *und* [t]): Die Personalmarkierung der 3. Pers. Sg. und Pl. Mask. erscheint im gesprochenen Französisch normalerweise in Form jeweils zweier Allomorphe, die in unseren orthographisch regularisierten Transkripten nicht zum Ausdruck kommen (cf. 3.2.1), aus den Originalcorpora aber teilweise erschließbar sind. Vor Konsonant wird im Sg. und Pl. [i] realisiert, z.B. 64*F,$_2$: *il fait* [ifɛ] und *il va* [iva]; 15*F,$_1$: *ils viennent* [ivjɛn]; 55*F,$_{5/7,9}$: *ils n'ont pas* [inɔ̃pɑ]; $_{7,8}$: *ils sont* [isɔ̃]. Vor Vokal hat der Sg. [il], z.B. 19*F,$_4$: *il a appelé* [ila-]; $_6$: *il avait* [ilavɛ]; der Pl. zeigt hier [iz], z.B. 1*F,$_8$: *ils étaient* [izetɛ]; $_{10}$: *ils en avaient pas* [izɑ̃navɛpɑ]; 55*F,$_7$: *ils ont pas* [izɔ̃pɑ]. Seltener sind Realisierungen wie: 27*F,$_2$: *il manque* [ilmɑ̃k]; 14*F,$_{4-5}$: *qu'ils osent rouspéter* [ilzoz-], allerdings unmittelbar neben *qu'ils osent parler* [izoz-] (cf. zur *spelling prononciation* bei *il(s)* das Ende von 5.3.3).

Die ganz anderen Verhältnisse in Kanada (cf. 5.3.1, b) durchkreuzen allerdings auch hier das einheitliche Bild im Sinne der Insel-Konstellation entsprechend 5.3.3, a1.

---

[71] Cf. vor allem Söll 1985; ferner Sauvageot 1962; Müller 1985, 95–104; Gadet 1989, 109–180; Blanche-Benveniste et al. 1990, 39–111; Blanche-Benveniste 1997, 137–146; auch Frei 1929 und Bauche 1946.

Bei der 2. Pers. Sg. ist eine Tendenz zur Allomorphie ([ty] vor Konsonant, [t] vor Vokal) mindestens genauso ausgeprägt wie bei der 3. Pers.: 60*F,$_1$: *mais qu'est-ce que* ***t'**as*; 76*F,$_1$: *si **t'**achètes*; 82*F,$_2$: ***t'**as les forêts de sapin **t'**as ces vallons-là*; 88*F,$_{2/5}$: ***t'**es quand même là*. – Auffällig ist die gelegentliche Verwendung von [t] auch vor Konsonant: 87*F,$_{2-3}$: *tu t'en rappelles* realisiert als [ttãʀapɛl]; 88*F,$_1$: *tu sais* als [tse]. Dabei handelt es sich aber wohl um Prestoformen; cf. 4.5.

b3) *Relativum* **qu'** *statt* **qui**: Verschiedentlich wird das Subjekt-Relativpronomen *qui* zu *qu'* reduziert: 58*F,$_{22}$: *le dossier **qu'**était **qu'**était fendu*; 88*F,$_{28}$: *y en a un **qu'**a les sports*. In der Varietät 'gesprochen' sind *qui* und *qu'* Allomorphe, wobei letzteres nur vor Vokal vorkommen kann (aber nicht muss; cf. etwa 58*F,$_7$: *ma chaise d'enfant qui est ma chaise à moi*). Demgegenüber ist die Verwendung von *qu(e)* auch vor Konsonant (z.B. *dimanche **que** vient*) diaphasisch als 'populaire' markiert.

b4) *Die Typen* **de** / **des bons vins**: Während die präskriptive Norm des Französischen im Singular inzwischen auch den Typ **du** *bon vin* neben **de** *bon vin* akzeptiert, schreibt sie für den Plural nach wie vor den Typ **de** *bons vins* vor. Er ist im gesprochenen Französisch nicht inexistent:

(89*F)

A [moi j'aime bien <Fouras>[1] j'y ai passé ***de*** bonnes vacances		1
A [là-bas		2
< Küstenstädtchen in der Charente-Maritime >[1]		(F, 792)

Der Typ ***des*** *bons vins* ist jedoch längst hochfrequent:

(90*F)

A ⌈ [...] <où c'est que tu vas en vacances toi>[1]		1
B ⌊	j'en sais rien	2
A ⌈ <t'en sais rien>[2]	<u>ah</u> moi y a **des**	3
B ⌊	non et toi <où que tu vas>[3]	4
A [grandes chances que je retourne où que j'étais l'année		5
A [dernière [...]		6
< ? >[1,2,3]		(F, 791)

Vergleiche 91*F,$_1$: *c'est **des** vrais bains de boue*.[72]

b5) *Accord bei* **c'est** + *Plural*: Es ist eine Besonderheit des Neufranzösischen, dass beim Verb *être* ein Demonstrativpronomen als Subjekt obligatorisch im Singular steht, wäh-

---

[72] Cf. Hunnius 1978.

rend das Prädikativum singularisch oder pluralisch sein kann. Im geschriebenen Französisch besteht dabei eine Numeruskongruenz zwischen Prädikativum und der Form von *être*, also *c'est mon frère / ce **sont** mes frères*. Das gesprochene Französisch weitet die Verwendung von *c'est* so aus, dass es sowohl bei singularischem als auch bei pluralischem Prädikativum steht:

(91*F)

    A [**c'est** des vrais bains de boue ((Gelächter))   1

                                                                             (F, 793)

Vergleiche auch 22*F,$_1$: *c'est pas des pizzas qu'on achète dans le commerce ça* (cf. auch 4.4.3).[73]

b6) *Accord des **participe passé***: Durch die gesamte Diachronie des Französischen hindurch stellt die Genus- und Numeruskongruenz des Partizip Perfekt mit dem direkten Objekt beim Hilfsverb *avoir* einen prekären Bereich dar, der im Altfranzösischen noch großen Frequenzschwankungen unterworfen war und im 16./17. Jahrhundert durch eine präskriptive Regelung strikt normiert wurde. Diese Regelung erwies sich im Laufe der Jahrhunderte in dem Maße als immer künstlicher, als sie in einer wachsenden Zahl von Fällen phonisch irrelevant wurde und nur noch eine graphische Repräsentation erfuhr (*je l'ai vu* [vy] / *je l'ai vue* [vy]). Neben diesen bloß medial problematischen Fällen gibt es jedoch auch heute noch eine begrenzte Zahl von Partizipien, bei denen der Genus-Accord ein konzeptionelles Problem darstellt. Auch in der phonisch realisierten Distanzsprache wird nämlich heute nach wie vor zwischen *je l'ai écrit* [ekri] und *je l'ai écrite* [ekrit] etc. unterschieden. Im gesprochenen Französisch besteht hingegen eine allerdings nicht völlig einheitliche Tendenz,[74] auch in diesen wenigen Fällen auf einen Accord zu verzichten (cf. einerseits 92*F,$_5$, andererseits 93*F,$_2$).

(92*F)

    A ⌈ [...] une vigne vierge murale   1
    B | mais alors au mur de la maison hein   2
    C ⌊   de la maison alors   3
    A ⌈ de la maison   4
    B ⌊ de la maison c'est à dire qu'on l'avait mise euh le long du   5
    B [mur des des voisins   6

                                                                             (F, 784)

---

[73] Gleiches gilt natürlich im gesprochenen Französisch für die einzelsprachliche Realisierung der *mise en relief* mit *c'est ... qui/que*, die jedoch konzeptionell neutral ist (cf. das Ende von 4.3.4); cf. Riegel et al. 1994, 430–432.
[74] Cf. zu Details: Audibert-Gibier 1992; Branca-Rosoff 2007.

(93*F)

>A [oui mais cette maison maintenant à côté de l'autre <hein>[1]   1
>A [quand on a vu Z **la petite maison** qu'il a fait [...]   2
><?>[1]   (F, 833)

Vergleiche auch 58*F,[7/10]: *ma **chaise** à moi qu'on m'a offert*.

b7) *Passé simple* und *passé composé*: Das wohl bekannteste Charakteristikum des gesprochenen Französisch ist das völlige Fehlen des *passé simple*, dessen – narrative – Funktion vom *passé composé* mit übernommen wird.[75] In unseren Corpusausschnitten begegnen uns etwa die folgenden Belege für ein narratives *passé composé* (nicht berücksichtigt sind also Verwendungen dieses Tempus als *perfectum praesens*): 1*F,[1,2,11]; 3*F,[1,2]; 9*F,[1,2]; 17*F,[2]; 33*F,[8/9]; 45*F,[(1),2,6,7]; 64*F,[1,3]; 65*F,[3,4]; 79*F,[3,7,7–8]: *ce que j'ai fait, nous avons dîné, nous sommes allés reposer, nous avons sortis*; 80*F,[5,8,11,13]: *moi j'ai dit, j'ai dit, j'ai faite, quand ils m'ont réveillé*.

Im Rahmen unserer Systematik dürfte es klar sein, dass das Problem der einzelsprachlichen Ersetzung des *passé simple* durch das *passé composé* auf einer völlig anderen Ebene liegt als das universale Phänomen des narrativen Präsens, das, wie wir gesehen haben, natürlich auch im Französischen auftritt (cf. 4.2.2).

Es wird häufig behauptet, dass im *français parlé régional* des Midi das *passé simple* – wohl durch Interferenz mit dem Okzitanischen – noch durchaus vital sei.[76] Wenn dies so wäre, hätten wir es hier wiederum mit einem Fall von einer Insel-Konstellation zu tun (cf. 5.3.3, a1). Es müsste aber überprüft werden, wie weit diese Einschätzung heute überhaupt noch gilt. Für Toulouse jedenfalls stellt Séguy fest: "Contrairement à une légende tenace le prétérit français est aussi mort à Toulouse qu'il l'est à Paris: du moins dans l'usage courant et depuis une quinzaine d'années" (1978, 42 n.). Möglicherweise ist das Fehlen des *passé simple* bereits ein generelles, uneingeschränkt gültiges Kennzeichen des gesprochenen Französisch.

Gleichzeitig mit dem Verlust des *passé simple* wird im gesprochenen Französisch auch das *passé antérieur* (Typ *il eut chanté*) aufgegeben. An seine Stelle tritt das *passé surcomposé* (Typ *il a eu chanté*) und damit ein temporales Ausdrucksmuster, das eine ganze Reihe paralleler *surcomposé*-Bildungen eröffnet (cf. die extreme Form in 64*F,[3/4]: *il avait été arrivé à être éjecté*). Ob *surcomposé*-Formen im Französischen als genuin 'gesprochen' eingeordnet werden können oder aber als diastratisch/diaphasisch niedrig, vielleicht sogar als diatopisch markiert zu gelten haben, ist von der Forschung bisher nicht eindeutig beantwortet.[77]

---

[75] Cf. auch Weinrich 1982, 173–178.
[76] Cf. etwa Wartburg 1971, 269; Müller 1985, 165; Berschin et al. 2008, 153 n. 55; vorsichtiger ist Kremnitz 1981, 185.
[77] Cf. etwa Holtus 1984b; Jolivet 1984.

b8) *Futur simple* und *futur composé*: Ein weiteres auffälliges Phänomen im Tempusbereich stellt die Ausweitung des Gebrauchs des *futur composé* (Typ *je vais chanter*) über den Funktionsbereich 'futur proche' hinaus dar: es rückt in den Bereich ein, der ursprünglich dem *futur simple* vorbehalten war (Typ *je chanterai*).[78] Innerhalb von 64*F liegt zunächst durchaus noch die Funktion des 'futur proche' vor ($_{2/3}$: *dis il **va se noyer** là-dedans*); kurz danach stellen wir eine mit dem *futur simple* identische Funktion fest ($_{6/7}$: *c'est pour ça que maintenant ils **vont obliger** les ceintures*; cf. auch 67*F,$_{1/2}$: *ils **vont** me **faire** bosser* etc.).

Es ist allerdings zu betonen, dass das *futur simple* im gesprochenen Französisch noch keineswegs 'tot' ist. Relativ häufig tritt es nach wie vor bei verneinten Verbformen sowie bei einzelnen Verben auf (*être*; ferner Modalverben[79] wie *devoir, vouloir* etc.: cf. 33*F,$_{10-11}$: *alors **faudra** que tu viennes me rechercher*; 79*F,$_{1-2}$: *je **saurai** pas aller au dîner*).

b9) *Konjunktiv*: Es ist bekannt, dass selbst im geschriebenen Französisch der *subjonctif imparfait* zu Gunsten anderer Konjunktivformen (Präsens, *passé composé*) zurücktritt. Im gesprochenen Französisch existiert er inzwischen überhaupt nicht mehr; cf. 25*F,$_4$: *faudrait que ça **soit** plus tard* (statt *fût*); 15*F,$_1$: *je voudrais que les mécanos ils **viennent*** (statt *vinssent*; dass *viennent* hier – nach *vouloir* – mit einiger Wahrscheinlichkeit als Konjunktiv zu interpretieren ist, wird weiter unten klar werden).

Abgesehen von diesem rein morphologischen Aspekt des Bestandes der Konjunktivformen ergibt sich nun – allerdings nur im gesprochenen Französisch – das syntaktische Problem des Konjunktivgebrauchs überhaupt. In der Tat wird in einigen Bereichen, in denen die präskriptive Norm den Konjunktiv verlangt (so etwa nach verneinten und fragenden Verben des Glaubens/Meinens, nach Verben der Gemütsbewegung, nach konzessiven Konjunktionen etc.), im gesprochenen Französisch häufig der Indikativ gesetzt:

(94*F)
  A [[...] mais je n'ai pas l'impression ... que vous **êtes** mariés   1

                      (L, 32s.)

Vergleiche auch: 51*F,$_1$: *et les Allemands tu crois qu'ils en **ont** pas des facs*; vergleiche jedoch 61*F,$_1$: *c'est drôle qu'on **ait** pas encore fait une gare dans ce coin-là*.

Festzuhalten ist allerdings, dass in einem Kernbereich volitiv-finaler Verwendungen der Konjunktiv auch im gesprochenen Französisch als stabil gelten kann:

---

[78] Ein weiterer Konkurrent ist übrigens das *praesens (pro futuro)* (cf. Ludwig, R. 1988a, 96–129); zu beachten ist dabei allerdings dessen universal motivierter Charakter (cf. in Kap. 4 die Anm. 19).

[79] Vielleicht besteht das Bestreben, die Kombination Auxiliar+Infinitiv+Infinitiv zu vermeiden (*je vais pouvoir manger, je vais le faire manger*).

(95*F)

A [<où que c'est que tu veux que j'**aille** hein>¹   1
  < ? >¹   (F, 791)

Vergleiche auch 33*F,₂: ***pour que** ça **aille** plus vite*; ₁₀₋₁₁: ***faudra** que tu **viennes** me rechercher*; 25*F,₄: ***faudrait** que ça **soit** plus tard*; wohl auch 15*F,₁: *je **voudrais** que les mécanos ils **viennent***.

b10) *Negation*: Betrachtet man die Entwicklung der Negation des Prädikats vom Altfranzösischen zum Neufranzösischen, so stellt man eine eigentümliche Verschiebung vom präverbalen zum postverbalen Bereich fest (*ne sai / je ne sais → je ne sais pas → je sais **pas***[80]). *Ne* ... als alleinige Negationsmarkierung ist im modernen Französisch nur noch in diastratisch/diaphasisch sehr hoch markierten Varietäten in genau festgelegten Fällen möglich (*je **ne** saurais vous dire*; *il **ne** cesse d'intriguer* etc.). Während im gesprochenen Französisch diese Möglichkeit nicht mehr existiert, kommt die zweigliedrige Negation *ne ... pas* etc. durchaus vor, wie unsere Corpora zeigen (cf. etwa 2*F,₁: *on **ne** nous a **jamais** parlé de stages*; 46*F,₁₋₃: *le Grand Palais **personne ne** sait que ça existe [...] notre bâtiment **n'a pas** été fermé le lundi*). Bei *on* und *en* vor einer vokalisch anlautenden Verbform ist bei phonischer Realisierung auf Grund der französischen Liaisonbedingungen nicht entscheidbar, ob noch eine zweigliedrige Negation vorliegt (1*F,₉: [kɔmlɔ̃nɑ̃tɑ̃dɛʀjɛ̃]; 3*F,₁: [ɔ̃nɑ̃napɑtʀomɑke]).

Die statistischen Auswertungen zur Negation, die inzwischen in der Forschung vorliegen, ergeben eindeutig ein klares Übergewicht der einfachen Negation mit *...pas* im gesprochenen Französisch. Aus der Fülle der Beispiele in unseren Corpusausschnitten seien nur einige angeführt: 1*F,₁: *à l'Odéon j'y suis **pas** allé*; 20*F,₃: *vous voulez **pas** essayer de la laver*; 32*F,₁₁: *je sais **plus** trop*; 55*F,₁₁₋₁₃: *ah y a **qu'une** chose que j'ai cette année dans mon arbre **jamais** j'ai vu mon abricotier aussi beau*; 79*F,₁₋₂: *je saurai **pas** aller au dîner*; 80*F,₆: *je lâche **pas***; ₁₆: *y avait **rien que** de la gravelle.*[81]

Verschiedene Untersuchungen korrelieren den Gebrauch von *...pas* oder *ne...pas* mit sozialen Parametern. So wurde beispielsweise festgestellt[82], dass bei Sprechern der Arbeiterklasse das *ne* in 90,8% der Fälle nicht erscheint, während dies in der Mittelschicht bei 83,6% und in der Oberschicht bei 80,7% der Fall ist. Auf den ersten Blick könnte man dies als Indiz für eine diastratische Markierung verstehen. Man darf jedoch nicht übersehen, dass es im geschriebenen (graphischen wie phonischen) Französisch keinerlei Belege (= 0%!) für das Fehlen von *ne* gibt, während im gesprochenen Französisch in *allen* sozialen Schichten das Fehlen in mindestens 80% aller Fälle festgestellt werden

---

[80] Zur typologischen Interpretation des Phänomens cf. etwa Harris, M.B. 1978, 25–29, 118.
[81] Zur Erforschung der Variablen, die den Erhalt bzw. Ausfall von *ne* im gesprochenen Französisch steuern könnten, cf. Ashby 1976; Lüdicke 1982; Dufter/Stark 2002.
[82] Cf. Coveney 2002, 86 und Gadet 2003, 68.

kann! Daher sind die hierfür entscheidenden Faktoren in allererster Linie offensichtlich die kommunikative Nähe und Distanz.[83] Alles in allem bieten uns die genannten Zahlen freilich einen interessanten Hinweis auf eine zusätzliche, durch diastratische Faktoren bedingte 'Modulation' des konzeptionellen Profils der Negation ohne *ne*.

Die hohe Frequenz von *pas* als alleinigem Negationsmorphem beim Prädikat begünstigt seinen Einsatz als Negator auch einzelner Wörter – eine Verwendung, in der *non* jetzt mehr und mehr verdrängt wird. So ist etwa nach der präskriptiven Norm *"Pas moi!"* schon völlig korrekt (afr. noch *je non*). Im gesprochenen Französisch entwickelt sich *pas* sogar zu einer Art Negationsmorphem für Adjektive und Partizipien; cf. etwa 32*F,$_3$: *une fumée **pas** possible*; 45*F,$_3$: *les poubelles **pas** ramassées*.

b11) *Interrogation*: Üblicherweise wird bei Interrogativsätzen zwischen (I) Satzfragen (ja/nein-Fragen) und (II) Wortfragen (Ergänzungsfragen) unterschieden. Beide Fragetypen werfen in unserer Perspektive Probleme auf.[84]

(I) Bei der **direkten Satzfrage** verfügen die verschiedenen Varietäten des Französischen insgesamt über drei Ausdrucksmittel, die funktionell und konzeptionell keineswegs gleichwertig sind.

Die **Inversionsfrage** des Typs *Es-tu content? / Ton père est-il content?* stellt im geschriebenen Französisch den unmarkierten Fragetyp dar. Sie ist im gesprochenen Französisch heute praktisch inexistent; unberührt davon bleibt ein höfliches *pourriez-vous?* wie in 101*F,$_1$.

Was die **Intonationsfrage**[85] betrifft, so hat sie im Französischen schon immer existiert. Unabhängig von der Konzeption stellte sie früher in allen Varietäten einen markierten Fragetyp dar, der eine bejahende Antwort voraussetzte – ganz ähnlich übrigens wie im Lateinischen, Deutschen oder Englischen. Erst in neuerer Zeit verdrängte die Intonationsfrage im gesprochenen Französisch die Inversionsfrage, wurde also zumindest in dieser Varietät des Französischen zum unmarkierten Fragetyp, der genau den Verhältnissen im gesprochenen und geschriebenen Italienisch und Spanisch entspricht (frz./it./sp. *Ton père est content? / Tuo padre è contento? / ¿Tu padre está contento?*). Hier aus unseren Corpusausschnitten einige Belege, die durchweg mit Frageintonation gekennzeichnet sind: 20*F,$_3$: *vous voulez pas essayer de la laver*; 40*F,$_1$: *vous êtes tou-*

---

[83] In diese Richtung weisen u.E. Überlegungen von Armstrong 2001, 121–175.
[84] Cf. etwa Pohl 1965; Behnstedt 1973; Greive 1974; Seelbach 1985; Coveney 2002, 91–244. Cf. insgesamt auch Weinrich 1982, 734–775. Eine nicht primär varietätenlinguistische funktionale Interpretation findet sich in Mosegaard Hansen 2001. – Die Alternativfragen (Typ *Est-ce que tu viens d'arriver ou est-ce que tu veux sortir?*) schlagen wir hier den Satzfragen zu; cf. Pohl 1965, 504. – Den Fragetyp *Tu viens-ti?*, der als *rustique* gilt, behandeln wir hier natürlich nicht.
[85] Gemeint ist hier eine Markierung der Frage, die nur durch Intonation erfolgt. Selbstverständlich haben alle anderen Fragetypen neben ihrer expliziten Markierung jeweils *auch* eine Frageintonation.

tes deux de la région; 51*F,$_1$: *et les Allemands tu crois qu'ils en ont pas des facs*; 54*F,$_1$: *je peux en avoir cinq comme hier*; $_4$: *des voltaire vous voulez*.

Bezüglich des einzelsprachlichen Status der Intonationsfrage im heutigen gesprochenen Französisch sind unseres Erachtens zwei Missverständnisse abzuwehren. Es wird (a) die Häufigkeit der Intonationsfrage im gesprochenen Französisch gern mit dem medial phonischen Charakter der Intonation begründet. Ein Blick auf das schon erwähnte Italienische und Spanische (und andere (nicht-)romanische Sprachen) belehrt uns jedoch, dass die Intonationsfrage medial indifferent ist (im graphischen Medium dann eben nur durch Fragezeichen markiert) und dass sie konzeptionell in jeder Sprache im Prinzip beliebig festgelegt werden kann. Daraus ergibt sich auch bereits die Fragwürdigkeit des gerade neuerdings unternommenen Versuchs (b), für die Häufigkeit der Intonationsfrage im heutigen gesprochenen Französisch eine Art universal-konversationsanalytischer Rechtfertigung zu finden: Anknüpfung an viel Vorinformation, Beiläufigkeit, Voraussetzung einer bejahenden Antwort etc. So relevant diese Überlegungen für das diachronische Problem der Ausweitung des Gebrauchs der Intonationsfrage im gesprochenen Französisch auch sein mögen, so wenig ist doch in synchronischer Perspektive zu übersehen, dass im heutigen gesprochenen Französisch ein neuartiges System der Fragefunktionen vorliegt, in dem sowohl die unmarkierte als auch die das 'ja' voraussetzende Frage materiell einheitlich durch die Intonation gekennzeichnet werden.[86]

Nicht unmarkiert innerhalb des Systems der Fragefunktionen im heutigen gesprochenen Französisch ist die sogenannte ***est-ce que***-Frage, die hier gerade nicht, wie lange Zeit angenommen, den häufigsten Typ darstellt. Es besteht mittlerweile weitestgehend Einigkeit, dass dieser Fragetyp insofern als markiert zu betrachten ist, als er einen spezifischen semantischen Wert besitzt; er ist zugeschnitten auf ein 'ausdrücklicheres' Fragen und auf ein stärkeres, echtes Informationsbedürfnis, was, wie in unseren folgenden Beispielen, häufig mit einem Themenwechsel einhergeht:

(96*F)

A ⌈	<alors vous allez jusqu'où alors quel côté>[1]	ouh	1
B ⌊	Z . Albi peut-être		2
A ⌈	. il veut bien aller loin quand c'est .		3
C ⌊	non mais pas au/ .		4
A ⌈	<à Z>[2]		5
C ⌊ aujourd'hui aujourd'hui on veut aller jusqu'à ce petit .			6

---

[86] Cf. zu (a) und (b) insgesamt etwa: Foulet 1921, 244; Weinrich 1982, 737; Stempel/Fischer 1985; die interessante konversationsanalytische Anbindung der Intonationsfrage an alltagsrhetorische Begriffe wie 'Identitätsprojektion' bei Stempel/Fischer wird nur synchronisch diskutiert, könnte aber, wie angedeutet, in diachronischer Perspektive sicherlich fruchtbar gemacht werden.

```
A ⌈              <vous coucherez à Z alors dites>³                    7
B ⌊ ah . c'est possible                          ouais ouais          8
A ⌈ oui (xxx) à Z je suis née à Z        voilà                        9
B ⌊                       ah bon       vous connaissez le pays       10
B ⌈ <est-ce qu'y/ . est-ce qu'y a beaucoup de gens qui parlent       11
A ⌈            ah oui                             moi                12
B ⌊ encore le . le patois ici>⁴   <vous aussi vous le parlez>⁵       13
A ⌈ je peux vous le parler ((Lachen)) si vous le comprenez vous      14
A ⌈ serez bien embarrassés de me répondre peut-être ah non parce     15
A ⌈ que le patois quand même c'est bien un peu perdu ça              16
  < ? >¹,²,³,⁴,⁵                                            (E, 88s.)
```

Im geschriebenen Französisch wird die hier vorgestellte Fragefunktion durch die Inversionsfrage mit abgedeckt, doch ist auch *est-ce que* in dieser Funktion hier nicht inexistent. Daneben wird *est-ce que* (*est-ce que je chante?/mens?* etc.) im geschriebenen Französisch auch in unmarkierten Fragen dort verwendet, wo Formen wie *chanté-je?* [ʃɑ̃teʒ], *menté-je?* [mɑ̃tɛʒ] vermieden werden sollen (im gesprochenen Französisch dafür natürlich einfach: *je chante?*; *je mens?*).

(II) Bei der **direkten Wortfrage** wird im Unterschied zur Satzfrage in jedem Fall die Interrogation primär durch ein **Fragewort** (*qui, où, comment* etc.) markiert. Als zusätzliche Markierung können im Französischen insgesamt alle drei in (I) beschriebenen Ausdrucksverfahren verwendet werden: Inversion, Intonation und *est-ce que*. Das Feld ist jedoch wesentlich unübersichtlicher als bei der Satzfrage, weil noch weitere Verfahren hinzukommen.

Die Wortfrage mit **Inversion**, die im geschriebenen Französisch die Normalform ist, existiert im gesprochenen Französisch heute praktisch nicht mehr.

Demgegenüber ist die Nutzung allein der **Intonation** hier gang und gäbe, allerdings schwerpunktmäßig bei bestimmten Fragewörtern, insbesondere *où?, comment?, pourquoi?*:

(97*F)
```
        A [ <où vous étiez>¹ [...]                                    1
          < ? >¹                                              (E, 47)
```

Gerade bei diesen Fragewörtern kann auch *est-ce que* hinzutreten und den in (I) beschriebenen markierten Fragetyp bilden. Man beachte im folgenden Beispiel, wo A gerade von einem Zahnarztbesuch erzählt, die 'Selbstunterbrechung' mit Themenwechsel in Zeile (₇) und die nachdrückliche Wiederholung in Zeile (₉), weil die Gesprächspartner nicht reagieren:

(98*F)

```
A [ [...] alors je lui ai demandé combien de fois il faudra que        1
A ⌈ je vienne encore          alors il m'a dit trois quatre fois        2
B ⌊            <alors>¹                                    <sans        3
A ⌈      ouais alors il m'a dit encore une fois pour finir cette        4
B ⌊ blague>²                                                            5
A [ dent-là et ensuite il y en a encore deux en dessous . à             6
A ⌈ soigner ... bon ... <où est-ce qu'il est passé le gâteau>³          7
B ⌊                                        <ça va>⁴                     8
A ⌈           hé ho <où est-ce qu'il est le gâteau>⁵                    9
C ⌊ ça va oui ça va bien                                euh            10
A ⌈                                   le │ gâteau de riz               11
B │               <le quoi>⁶                                           12
C ⌊ je l'ai laissé dans la cuisine je vais aller le chercher│          13
B [ ah oui [...]                                                       14
```

< ? >^{1,2,4,5,6}   < erstaunter Ausruf >²   (L, 17)

Bei den Fragewörtern *qui* und *que* ist der Zusatz von *est-ce que* inzwischen sowohl im gesprochenen als auch im geschriebenen Französisch möglich und unmarkiert; vergleiche 58*F,₁: **qu'est-ce que** *c'est que son histoire de chaise-là* und 64*F,₁/₂: *mais* **qu'est-ce qu'***il fait celui-là*. Abstrahiert man in derartigen Fällen von der etymologisierenden Graphie, so kann man inzwischen bereits neue Fragepronomina [kiɛski], [kiɛsk(ə)], [kɛski], [kɛsk(ə)] ansetzen. Diese Grammatikalisierung ermöglicht sogar schon Reduktionsformen der folgenden Art:

(99*F)

```
A [ <qu'est-ce que tu allais faire là-bas>¹                  1
  [ kɛs         talɛ      fɛʀ    labɑ     ]
```

< ? >¹   (F, 797)

Als Variante von *est-ce que* nach Fragewort tritt auch *c'est que* auf; vergleiche 90*F,₁: *où* **c'est que** *tu vas en vacances toi*. Während dieser Fragetyp noch als 'gesprochen' gelten kann, muss das *où* **que** *tu vas* in 90*F,₄ als diastratisch/diaphasisch niedrig eingestuft werden (cf. übrigens den 'Lokalsatz' *où* **que** *j'étais l'année dernière* in 90*F,₅₋₆; cf. dazu 5.3.2, b). Extrem auch *où que c'est que* in 95*F,₁.

Ein besonders auffälliger, ganz eigener Typ der Wortfrage, der keine diastratisch/diaphasisch niedrige Markierung mehr trägt, aber nur im gesprochenen Französisch existiert, ist durch die Endstellung des Fragewortes gekennzeichnet: man vergleiche etwa 63*F,₉: *alors c'était* **où** *ça* und 96*F,₁: *alors vous allez jusqu'***où**.

Bezüglich der **indirekten** Frage gilt es hinsichtlich des Typs (II), d.h. der **Satzfrage**, auf eine interessante Tendenz im gesprochenen Französisch hinzuweisen, durch die die für das Französische charakteristische formale Unterscheidung zwischen direkter und indirekter Frage aufgehoben wird. Verschiedentlich wird in der Tat der Typ *je me demande ce qu'il fait* im gesprochenen Französisch durch *je me demande **qu'est-ce qu'il fait*** ersetzt.[87]

b12) *Status der **unbetonten Personalpronomina***: Bekanntlich zeichnet sich die (Subjekt-)Konjugation im Neufranzösischen gegenüber derjenigen im Altfranzösischen und in den allermeisten anderen romanischen Sprachen und Idiomen durch die obligatorische Setzung präverbaler Subjektmorpheme aus ('unbetonte Subjektpronomina' oder besser: Subjektsklitika)[88] nfr. ***tu** chantes* vs. afr. *chantes*, sp. *cantas*, it. *canti* etc.

In einem eng umgrenzten Bereich, nämlich bei unpersönlichem *falloir* und *y avoir*, hat sich im gesprochenen Französisch – im Gegensatz zum geschriebenen Französisch – diese generelle Tendenz nicht durchsetzen können. Sehr häufig sind Konstruktionen wie 23*F,$_{5/6}$: *Ø faut quand même pas exagérer*; 33*F,$_{10-11}$: *Ø faudra que tu viennes me rechercher*; 1*F,$_4$: *Ø y avait de la fumée*; 3*F,$_2$: *pendant une semaine Ø y en a plus eu*; 80*F,$_{16}$: *Ø y avait rien que de la gravelle*. Daneben finden sich allerdings auch im gesprochenen Französisch durchaus Konstruktionen wie *il y avait un hôtel-là* (32*F,$_{14/15}$).

Sieht man von den isolierten, erstarrten Ausdrücken *faut* etc., *y a* etc. ab, so ist das gesprochene Französisch diejenige Varietät, die den Schub zur präverbalen Subjektkonjugation am weitesten vorantreibt. Schon im geschriebenen Französisch wird (außer im *passé simple*) die Subjektsperson – in phonischer Realisierung – weithin nur von dem präverbalen Morphem eindeutig markiert; vergleiche etwa den Präsens Indikativ von *aimer*: [ʒ/ty/il/ɛl/ilz/ɛlz-ɛm] vs. [nuz-ɛmɔ̃/vuz-ɛme] etc.[89] Das gesprochene Französisch geht hier einen Schritt weiter, indem es – und dieses Faktum ist medial indifferent – ***nous** aimons* häufig durch ***on** aime* ersetzt (entsprechend in anderen Tempora und Modi: ***on** aimait*, ***on** aimera*, ***on** aimerait* etc.). Dieses ***on**=**nous*** ist uns begegnet in 3*F,$_1$: *nous on avait fait le plein ça va **on** en a pas trop manqué*; 38*F,$_{1-2}$: *le plus qu'**on** a eu c'est soixante-dix à peu près des abricots dessus*; 79*F,$_3$: *et après **on** se reposera*; interessant auch der Versprecher in 65*F,$_3$: *quand **on** a/ je suis arrivé là-bas*.[90]

Dass im gesprochenen Französisch auch noch *nous* anzutreffen ist (10*F,$_1$: ***nous** faisons ça pour la caméra invisible*), berührt in keiner Weise die Einordnung von *on=nous* als 'gesprochen'. Selbst wenn für das eindeutig weniger frequente *nous* eine gegenüber

---

[87] Cf. Brunet 1995, 58.
[88] Zu den Grammatikalisierungsphänomenen in diesem Bereich cf. Givón 1984/90, I, 360–363; Lehmann 1995; Detges 2003a.
[89] Cf. genauer Dubois/Lagane 1973, 237–259, bes. 240.
[90] Cf. etwa Grafström 1969; Muller 1970; Müller 1985; jetzt auch Fløttum et al. 2007.

on=nous andersartige semantische Funktion nachgewiesen werden könnte,[91] entspräche dies eben einfach einer spezifischen Strukturierung des Pronominalbereichs, die im geschriebenen Französisch völlig fehlt. Geht man hingegen weiterhin von einer funktionellen Äquivalenz beider Pronomina aus, so würde es sich – wie bei vielen der bisher besprochenen Phänomene – lediglich um ein Frequenzproblem handeln.

Ein anderes Problem stellt das Nebeneinander von *on=nous* und *on=on* im gesprochenen Französisch dar (zu letzterem cf. etwa 2*F,$_1$: **on** *ne nous a jamais parlé de stages*; ferner das im Folgenden zitierte *on voit*). Interessant und möglicherweise auch diachronisch instruktiv sind Grenzfälle, die den gleitenden Übergang zwischen beiden Verwendungen veranschaulichen: 14*F,$_{2-3}$: *et qu'on voit en France comme* **on** *est libre.*

Fassen wir noch einmal die französische Subjektkonjugation insgesamt in den Blick. Die eingangs erläuterte Obligatorik der präverbalen Subjektklitika gilt in allen Varietäten des Französischen uneingeschränkt für die 1. und 2. Pers. Sg. und Pl. Sie **müssen** auch dann gesetzt werden, wenn ein sog. 'betontes' Personalpronomen vorausgeht: *moi je chante; vous, vous chantez* etc. Anders in der 3. Pers. Das präverbale Subjektsklitikum, das hier obligatorisch ist, wenn kein anderer Subjektsausdruck existiert (*il chante* etc.), wird im geschriebenen Französisch nicht gesetzt, wenn ein nominales Subjekt (Substantiv, betontes Pronomen etc.) auftritt: *lui chante, l'oiseau chante* etc. Man kann hier von **komplementärer Subjektkonjugation** sprechen.

Hinsichtlich des gesprochenen Französisch wird immer wieder die These vertreten, dass es eine starke Tendenz aufweise, das präverbale Subjektsklitikum auch in der 3. Pers. in allen Fällen obligatorisch zu machen: *lui il chante, l'oiseau il chante* etc. In diesen Fällen könnte dann von **supplementärer Subjektkonjugation** gesprochen werden.[92]

Unbestritten ist im gesprochenen Französisch die Bevorzugung des Typs *lui il chante* (bzw. *il chante lui*), obwohl auch *lui chante* vorkommt.[93] Man vergleiche daraufhin Zeile $_3$ und $_6$ im folgenden Corpus-Ausschnitt:

(100*F)

A [	mais quand il faut passer tout l'été à Paris c'est pas drôle		1
A [	quand-même	c'est dur	2
B |	ah mais **lui** préfère ça		3
C [		ah c'est dur <hein>^{1}	4

---

[91] Greive (1978, 42–45) deutet hier einen subtilen Unterschied an, den er aber terminologisch irreführend als 'thematisches' *on* vs. 'rhematisches' *nous* fasst.

[92] Cf. hierzu und zum Folgenden: Hunnius 1977; Bossong 1980; Lambrecht 1981; Sankoff 1982; Körner 1983; Jacob 1990; Oesterreicher 1996b, 300–303; ferner Gülich 1982; Seelbach 1982; cf. auch Fradin 1990; Riegel et al. 1994, 426–430; unter dem Aspekt der Grammatikalisierung: Detges 2003a; Bossong 2008, 44s., 170s.; Ewert-Kling 2010, 257–270.

[93] Cf. Ashby 1980.

```
A ⌈              c'est trop dur                                          5
B ⌊ mais c'est dur          oui mais lui il est dans le bureau il est    6
B [ dessinateur [...]                                                    7
< ? >¹                                                        (F, 799s.)
```

Weit weniger klar sind die Verhältnisse beim Typ *l'oiseau il chante* bzw. *il chante l'oiseau*. Es drängt sich hier auf, eine Querverbindung zum universal nähesprachlichen Phänomen der Segmentierung mit pronominaler Wiederaufnahme oder Vorwegnahme und Kongruenz herzustellen (4.3.4, Typ (d) und (d')). So hatten wir eine derartige Konstruktion in 22*F,$_{3/5}$ als Rechtsversetzung identifiziert (***elles*** sont dégueulasses ***celles de Genthy Cathiard***). Verschiedentlich ist nun aber gezeigt worden, dass sich in der Diachronie aus segmentierten Konstruktionen dieser Typik einzelsprachliche Konjugationsmuster grammatikalisieren können, indem die pronominale Wiederaufnahme eine Generalisierung erfährt, so dass das Pronomen den Charakter eines Konjugationsmorphems erhält. Für das gesprochene Französisch stellt sich damit die Frage, ob die Grammatikalisierung im Falle der Subjektsaktanten bereits bis zu einer supplementären Subjektkonjugation fortgeschritten ist. Eine empirische Untersuchung hat jedoch gezeigt, dass im gesprochenen Französisch die Konstruktionen mit pronominaler Wiederaufnahme des Subjekts (wie *je voudrais que **les mécanos ils** viennent* (15*F,$_1$) in der Mehrheit der Fälle als Segmentierung interpretiert werden muss, während der Typ ohne pronominale Wiederaufnahme (cf. 1*F,$_{5/6}$: *alors dans les petites loges **les gens** étaient bien installés*) selbst in dieser 'fortschrittlichen' Nähe-Varietät (*français avancé*) noch fest verankert ist.[94]

Während die eben diskutierten Fragen der präverbalen Subjektmarkierung nur das Französische betreffen, stellt sich bezüglich der anderen Aktantenfunktionen ein gesamtromanisches Problem. Sowohl im Französischen als auch im Italienischen und Spanischen haben sich nämlich verbnahe Klitika für das direkte Objekt, indirekte Objekt etc. herausgebildet[95]: *je **le lui** donne* (gegenüber *je donne **ça à lui**, je donne **le livre à son père***; zum Italienischen und Spanischen cf. 5.5.3, b9 und 5.7.3, b). Auch diese Klitika können die betreffenden Aktanten (Substantive, betonte Pronomina etc.) am Verb 'doppeln'. Hier ein Beispiel für das direkte Objekt:

(101*F)
```
        A [ [...] <pourriez-vous euh garder la clé>¹ car la voiture je    1
        A [ l'ai fermée [...]                                              2
        < ? >¹                                                    (Sch, 206)
```

---

[94] Cf. Koch 1993b, 182–186; Coveney 2003.
[95] Zu Grammatikalisierungsphänomenen in diesem Bereich cf. Givón 1984/90, I, 360–363; Lehmann 1995; Ewert-Kling 2010, 257–265, 270–273.

Vergleiche auch 63*F,₂: *alors là on l'a bien **le bleu** là*; oder, als Beispiel für einen Lokalaktanten: 89*F,₁/₂: *j'y ai passé de bonnes vacances **là-bas***. Angesichts solcher Beispiele wird schon seit längerer Zeit die Frage der Existenz einer romanischen **Objektkonjugation** diskutiert, also einer Konjugation des Verbs nicht nur in Kongruenz mit dem Subjekt, sondern gleichzeitig auch mit den vom Subjekt verschiedenen Aktanten. Da sich die Objektkonjugation als typologisch relevante, neue Tendenz im romanischen Verbalsystem präsentiert, ist es nicht verwunderlich, dass sie als Spezifikum gerade des 'français avancé', also insbesondere des gesprochenen Französisch angesehen wird.[96]

Wie schon bei der Frage der supplementären Subjektkonjugation ist aber auch hier die Existenz von Segmentierungen der entsprechenden Aktanten (4.3.4, Typ (d) und (d')) zu beachten: 1*F,₁₀₋₁₁: ***des porte-voix** ils **en** avaient pas*; 51*F,₁: *les Allemands tu crois qu'ils **en** ont pas **des facs***. Auch hier wäre zu prüfen, ob sich aus solchen universal nähesprachlichen Konstruktionen tatsächlich schon ein einzelsprachlicher Konjugationstyp grammatikalisiert hat. Im gesprochenen Französisch sind nämlich die – im geschriebenen Französisch exklusiv verwendeten – Konstruktionen ohne Klitika keineswegs selten (cf. etwa 55*F,₂: *je regarde **la salade***; 32*F,₁₄: *on arrive **dans un petit village*** etc.). Die Daten zeigen, dass sogar in den Corpora des gesprochenen Französisch z.B. beim nominalen direkten Objekt in postverbaler Position nur in 3,8% der Fälle eine pronominale Wiederaufnahme stattfindet. Demgegenüber steigt der Prozentsatz bei präverbalen Objekten auf 62,2%. Interessant in dieser Hinsicht ist die Tatsache, dass die verbleibenden 37,8% ohne pronominale Wiederaufnahme dem Konstruktionstyp *les fleurs, j'aime* (cf. b13) entsprechen, der ausschließlich im gesprochenen Französisch erscheint. Insgesamt ist unbestreitbar, dass im gesprochenen wie im geschriebenen Französisch die anaphorische Wiederaufnahme eines betonten pronominalen Objekts, sei dieses präverbal oder postverbal, immer obligatorisch ist (cf. **lui je vois* oder **je vois lui*).[97] Damit haben wir es in diesem Fall mit einer **supplementären Objektkonjugation** im Sinne von Bossong (1980) zu tun. Dies zeigt deutlich, dass die Existenz einer Objektkonjugation für jede einzelne romanische Sprache gesondert nachgewiesen werden muss. Diesbezüglich gibt es natürlich enorme Unterschiede, besonders zwischen dem Französischen und dem Spanischen (cf. zum Italienischen und Spanischen 5.5.3., b9 und 5.7.3., b).

b13) ***Initialstellung des direkten Objekts***: Das Altfranzösische mit seiner beträchtlichen Freiheit bei der Stellung der Satzglieder kannte sehr wohl die Initialstellung des direkten Objekts. Was das Neufranzösische betrifft, so wird oft genug daraufhingewiesen, in welch starkem Maße es die SVO-Folge generalisiert hat. Erst in jüngerer Zeit hat die

---

[96] Cf. hierzu und zum Folgenden: Heger 1966; Rothe 1966; Bossong 1980; Körner 1983; Oesterreicher 1996b, 300–303; zurückhaltender Gülich 1982; cf. ferner die Literatur oben in Anm. 95.

[97] Cf. Koch 1993b, 172–180 und Büchi 1998.

Forschung gezeigt, dass dies nur für das geschriebene Französisch gilt. Im gesprochenen Französisch sind, wie wir bereits im Abschnitt b12 gesehen haben, Sätze mit initialem direkten Objekt durchaus gängig (allerdings nur, wenn das Subjekt ein 'unbetontes Pronomen' ist).[98] Sie erscheinen in zwei unterschiedlichen Formen. Der erste Typ mit rhematischem direktem Objekt (*des voltaire vous voulez?* (54*F,₄)) stellt wohl einen Archaismus dar. Der zweite Typ mit thematischem direktem Objekt (*les fleurs j'aime*) weist – unbeschadet seines einzelsprachlich französischen Charakters – Affinitäten zur Segmentierung auf (cf. 4.3.3, (d)). Er unterscheidet sich von ihr allerdings durch das Fehlen der pronominalen Wiederaufnahme, was übrigens ein starkes Argument gegen die Existenz einer generellen Objektkonjugation im gesprochenen Französisch ist (cf. b12).

b14) *(il y a) X qui*: Kurz sei noch auf einen für das Französische besonders typischen, als 'gesprochen' markierten Konstruktionstyp eingegangen, der vorliegt in 1*F,₄/₅: ***moi qui*** supporte pas la fumée; 9*F,₁/₂: ***il y a les piquets de grève qui*** sont venus pour empêcher de faire cours; 33*F,₃: *CRAC* ***la grand-mère qui*** s'amène; 58*F,₁₇/₁₉: ***y a deux générations qui*** sont passées dessus (daneben auch *voilà X qui*). Ohne dass hier auf die – je nach Kontext variierenden – Diskursfunktionen dieses Konstruktionstypen eingegangen werden kann, sei betont, dass es sich in allen Fällen um **markierte Thematisierungen** und nicht etwa um Rhematisierungen handelt, wie häufig behauptet wird (man vergleiche etwa den Unterschied zu rhematisierendem ***c'est moi qui*** supporte pas la fumée oder ***c'est les piquets de grève qui*** sont venus ... etc.).

c) Noch eine Bemerkung zum **lexikalischen** Bereich: Die Mehrzahl der für das gesprochene Französisch i.w.S. kennzeichnenden Lexeme ist eindeutig primär diaphasisch markiert (cf. 5.3.2, c). Man kann nicht ausschließen, dass es bereits einige Lexeme gibt, die jede diaphasische Markierung abgelegt haben und nunmehr als genuin 'gesprochen' zu betrachten sind. Zu denken wäre hier möglicherweise an *bouquin* oder *rigoler*:

(102*F)

A [[...] y avait pas beaucoup de monde au cours il faut dire	1
A [parce qu'y en avait qui avaient déjà commencé à faire la grève	2
A [le prof a **rigolé** quand on lui a dit ça mais . c'est tout [...]	3

(E, 18)

Dennoch sind aber *livre* und *rire* im gesprochenen Französisch selbstverständlich nach wie vor möglich. Eine extreme Situation läge dann vor, wenn bestimmte 'Synonyme' ohne Überschneidung jeweils auf das gesprochene oder das geschriebene Französisch

---

[98] Cf. etwa Frei 1979; Stempel 1981; Pohl 1984; Krötsch/Sabban 1990; Sabio 1995.

verteilt wären (cf. die Diskussion zur Diglossie in 5.1.2 und 5.8.). Ist vielleicht das Gegenüber von *flic* und *agent de police* schon in diesem Sinne zu beurteilen? —

Wie schon in 5.2.2 angedeutet, spielt in neuerer Zeit bei der Diskussion über das **gesprochene Französisch** die Frage nach dem **Alter** der entsprechenden, insbesondere morphosyntaktischen Erscheinungen eine große Rolle. Die inzwischen verfügbaren Quellen (insbesondere das *Journal d'Héroard*) ergeben für die von uns behandelten **morphosyntaktischen** Phänomene folgendes Bild. Das heutige gesprochene Französisch zeigt nur sehr wenige, punktuelle **Archaismen/Konservatismen**: b12 (*y a, faut*); b13 (*des voltaire vous voulez*). Es enthält eine Reihe von **frühen Innovationen**, die ein beträchtliches Alter aufweisen (mindestens vor 1600), die aber keinesfalls als 'konservativ' zu werten sind: b1 (*ça*); b2 ([i] vs. [il]); b3; b10; b14. Die klare Mehrzahl der morphosyntaktischen Erscheinungen, die das heutige gesprochene Französisch quantitativ und funktionell charakterisieren, sind jedoch **Innovationen jüngeren Datums** (ab 17. Jhdt.): b6; b7; b8; b9 (einschließlich der Inexistenz des *subjonctif imparfait*); b10 (nur: Aufgabe von alleinigem *ne* ...); b11; b12 (Obligatorium von Subjektsklitika; präverbale Subjektkonjugation und Objektkonjugation, sofern existent); vermutlich auch: b2 ([ty] vs. [t]); b4; b12 (*on=nous*).

Im lautlichen Bereich ergibt sich demgegenüber ein ganz eigenartiger Befund. Bestimmte schon im 17. Jahrhundert im gesprochenen (und sogar teilweise im geschriebenen!) Französisch vollzogene Innovationen (z.B. *avec* [avɛ], *finir* [fini], *neuf* [nø], *ciel* [sjɛ]) sind sogar im heutigen gesprochenen Französisch wieder zurückgenommen ([avɛk], [finiʀ], [nœf], [sjɛl]).[99] Dieser Befund lässt sich nur dadurch erklären, dass sich im geschriebenen Französisch mit seiner Affinität zur graphischen Realisierung eine ***spelling pronunciation*** durchsetzte, der sich dann unter dem bekanntermaßen extremen präskriptiven Normdruck selbst das gesprochene Französisch anschloss (außer bei *il*; cf. b2).

5.3.4 Arbeitsaufgaben

1. Werten Sie im Hinblick auf einzelsprachliche Merkmale der französischen Nähesprache i.w.S. das Referenz-Corpus in 7.1 aus. Zu welcher Dimension des Varietätenraums (nach Abb. 3, Ebenen 1b, 2, 3, 4) gehören die betreffenden Phänomene?
2. Stellen Sie wichtige nähesprachliche Erscheinungen zusammen, die in folgenden Publikationen verzeichnet sind: Frei 1929, Bauche 1946, Sauvageot 1962, Müller 1975, Krassin 1994, Armstrong 2001, Coveney 2002. Gruppieren Sie sie nach ihrer Stellung im Varietätenraum (1b, 2, 3, 4, aber auch 1a, entsprechend Abb. 3).
3. Überprüfen Sie die Berücksichtigung von Phänomenen des 'gesprochenen' Französisch in Ihnen bekannten Lehrwerken, Grammatiken und Wörterbüchern.

---

[99] Cf. Schmitt 1984.

4. Stellen Sie die Argumente zusammen, die in der Diskussion um die Annahme einer vierten Varietätendimension ('gesprochen–geschrieben') allgemein und für das Französische angeführt werden (cf. oben Anm. 48). Wägen Sie die unterschiedlichen Standpunkte gegeneinander ab.

5.4 Die Diachronie des italienischen Varietätenraums und des gesprochenen Italienisch[100]

5.4.1 Expansion in den Distanzbereich hinein

Die – schon von ihren Substratbedingungen her sehr unterschiedlichen – Gebiete des heutigen Italien erlebten nach der Ostgotenherrschaft und der kurzen byzantinischen Herrschaft über das ganze Land eine unbeständige und uneinheitliche Geschichte: von Anfang an administrative, ökonomische, ekklesiastische und kulturelle Vertiefung der geographischen Apennin-Grenze mit Orientierung der nördlichen Gebiete nach Gallien hin; wachsendes Gewicht des sich seit dem 8. Jahrhundert zum Riegel quer durch die Halbinsel entwickelnden Kirchenstaates; Gegensatz zwischen Frankenreich/Kaiserreich (in Norden und Mitte) und byzantinischen Reichsteilen in Sardinien und im Süden (Kalabrien und Südapulien sogar bis ins 11. Jahrhundert; Sizilien ist seit dem 9. Jahrhundert arabisch).

Diese historischen Bedingungen prägten zunächst einmal die starke Zersplitterung der romanischen Idiome, die die Nähesprache ausmachten (***volgari***). Eine extrem scharfe Kontrastlinie verlief längs des Apennin ('La Spezia-Rimini').

Eine eigentümliche Situation im Nähe- und Distanzbereich ergab sich in den lange Zeit byzantinischen Gebieten Salento, Kalabrien, Sizilien und Sardinien. Einem mehr oder weniger vitalen Romanisch als Nähesprache stand im Salento, in Kalabrien und in Sizilien das Griechische als Distanzsprache gegenüber. Ferner förderte der **Bilingualismus** zwischen dem Romanischen als ausschließlicher Nähesprache und dem griechischen distanzsprachlichen 'Dach' die frühe Verwendung des *volgare* in den Distanzdiskurstraditionen der Urkunden in einer in konzeptioneller wie auch in graphischer Hinsicht zunächst noch griechisch geprägten *volgare-scripta* (*Carta rossanese*, Kalabrien, 1104, in griechischen Buchstaben). In Sizilien verkomplizierte sich die Situation noch durch die Anwesenheit des Arabischen und des Hebräischen. In Sardinien waren die Präsenz und der exemplarische Charakter des Griechischen eher theoretischer Natur (immerhin gibt es die *Carta cagliaritana*, 1070–80, in griechischen Buchstaben). Hier

---

[100] Cf. insgesamt: Migliorini 1978; Durante 1981; Gensini 1982; Bruni 1984; Bruni (ed.) 1989–2003; Bruni (ed.) 1992/95; Bochmann 1988; Koch 1988b, 200–202, und 1988c; Krefeld 1988; Metzeltin 1988; Muljačić 1988; Beccaria et al. 1989; Coletti 1993; Marazzini 2002; Beiträge in Serianni/Trifone (eds.) 1993/94, I; Serianni (ed.) 2002 und 2003.

erscheint ab dem Ende des 11. Jahrhunderts unter dem Einfluss der Benediktinerklöster eine überraschend frühe und vitale volkssprachliche Textproduktion, die Modellen des Lateinischen folgt (Privilegien, *Condaghes*, etc.).[101]

Ganz anders in den übrigen Gebieten Italiens, wo das Latein traditionell schon immer eine stärkere Stellung als in der ganzen sonstigen Romania hatte. Mit Sicherheit war man sich auch hier der einzelsprachlichen Differenzen zwischen Nähe- und Distanzsprache bewusst, aber doch stets nur im Sinne einer **Diglossie** zwischen der *lingua latina* und der *lingua vulgaris* (nicht *romana*![102]), die länger als anderswo wie Varietäten **einer** Sprache empfunden wurden.[103] Diese geringere Diskrepanz zwischen Latein und italienischem *volgare*, die freilich nach Regionen zu differenzieren wäre (man denke an norditalienische *volgari*, die sich z.T. galloromanischen Charakteristika annähern), und die erwähnte starke diatopische Zersplitterung festigten zweifellos die Fixierung auf das Latein als Distanzsprache, zumal für überregionale Kommunikationsbedürfnisse. Die Karolingische Reform (cf. 5.2.1) zeitigte hier – anders als in Frankreich – keinen unmittelbaren, kräftigen Vorstoß des *volgare* in den Distanzbereich.

Zu diesem einzelsprachlichen Faktor tritt ein diskurstraditioneller: es fehlte in Italien zunächst an breitenwirksamen, zur Distanz tendierenden Traditionen (in phonischer oder graphischer Realisierung), die Ausdruck einer bestehenden oder aufkommenden Volks- und/oder Laienkultur gewesen wären (Heldenepik, höfische Dichtung, laienbezogene religiöse Dichtung etc.).[104]

So finden wir vom 9. bis zur Mitte des 12. Jahrhunderts nur spärliche, geographisch stark gestreute Schriftzeugnisse im *volgare*.[105] Zum Teil sind dies nicht einmal Distanzdiskurse, sondern – unterschiedlich motivierte – kurze Diskurse, die zu kommunikativer Nähe tendierten und damit – per definitionem unberührt von der Karolingischen Reform – an die nähesprachlich orientierte *scripta latina rustica* anknüpfen konnten (cf. 5.1.2): z.B. die römischen Inschriften in der *Catacomba di Commodilla* (1. Hälfte 9. Jhdt.) und in *S. Clemente* (Ende 11. Jhdt.); die *Testimonianze di Travale* (Toskana, 1158). Zum Teil handelt es sich aber um Diskurse mit Tendenz zu kommunikativer Distanz: das *Indovinello veronese* (Ende 8./Anfang 9. Jhdt.) und die *Postilla amiatina* (südliche Toskana, 1087) als 'Kleinstdichtungen'; mit dem in 5.1.2 erwähnten Medienwechsel die

---

[101] Cf. Sabatini 1968, 353ss.; Vàrvaro 1981; Blasco 1993; Tagliavini 1998, § 84.

[102] Cf. 5.2.1; in Italien ist *lingua romana* gleich *lingua latina*. Zum Verhältnis von *volgare* und Latein in Italien cf. Klein 1957; Kristeller 1984.

[103] Nach Banniard (1992, 485–492) soll die Phase der *communication verticale* im Norden und im Zentrum Italiens zwischen 900 und 950 ausgelaufen sein – in beträchtlicher Diskrepanz zu Raible 1993, 236s. und Lüdtke, H. 2005, 640, 734–741, die diesen Zeitpunkt sogar ins 13. Jahrhundert legen.

[104] Cf. Raible 1993.

[105] Cf. etwa Vidossi 1956; Tagliavini 1998, § 85; Castellani 1976; Moreno/Peira (eds.) 1979; Sampson (ed.) 1980; Petrucci 1994; cf. vor allem die reiche Dokumentation in Frank/Hartmann (eds.) 1997.

Placiti campani (960/963) und die *Formula di confessione umbra* (1075–80). Das romanisch-griechische *Glossario di Monza* vom Anfang des 10. Jahrhunderts nimmt eine Sonderstellung ein.

Erst ab der zweiten Hälfte des 12. Jahrhunderts manifestiert sich das *volgare* in einzelnen Urkunden(-teilen), Predigten (z.B. *Sermoni subalpini*, Piemont) und religiösen Dichtungen: z.B. *Ritmo cassinese* (Monte Cassino); *Ritmo di S. Alessio* (Marken); dann 1224–26 der *Cantico delle creature* des Hl. Franziskus (Umbrien).

Selbstverständlich beherrschte das Latein völlig die im 12. Jahrhundert expandierenden fachlichen Distanzdiskurstraditionen der Rechtswissenschaft und der *ars dictaminis*, in denen etwa Bologna zu einem Zentrum von europäischem Rang wurde. Verschlossen blieben dem *volgare* aber lange Zeit auch die weltlichen literarischen Diskurstraditionen, die allerdings im Italien des 11./12. Jahrhunderts selbst in lateinischer Sprache wenig zu bieten hatten.

Längst entfalteten sich inzwischen mit der **französischen** *chanson de geste* und der **provenzalischen** Troubadourlyrik dem Latein fernstehende literarische Diskurstraditionen, in denen europäische Volkssprachen bereits machtvoll in den Distanzbereich vordrangen – mit Rezipienten und sogar Produzenten im literarisch 'unterwickelten' Italien. Das Französische wurde auch in italienischer Sachprosa verwendet (z.B. Brunetto Latinis *Livres dou tresor*, vor 1266). So stand das *volgare* als immer noch überwiegende Nähesprache im 13. Jahrhundert nicht nur dem Latein, sondern auch dem Französischen und Provenzalischen als Distanzsprachen gegenüber.

Der einzelsprachliche Beitrag dieser drei Distanzsprachen, den die im 13. Jahrhundert aufblühende Dichtungstradition im *volgare* von den allerersten Vorboten an (*Ritmo laurenziano*, Toskana, Mitte 12., evtl. 13. Jhdt.) widerspiegelte, kristallisierte sich zum ersten Mal bei der *Scuola siciliana* um Friedrich II. und hielt sich über die Sikulotoskaner und den *Dolce stil novo* bis zu Dante und Petrarca als (distanz-)diskurstraditionelle Konstante durch, die den jeweiligen diatopischen Fundus der *volgare*-Dichtung (Sizilien, Toskana, Bologna) überlagerte.

Diese große dichterische *volgare*-Filiation reiht sich ein in den polyzentrischen Ausbau von *volgare-scriptae* (Sizilien, Rom, Umbrien, Toskana, Venedig und Norditalien), der plötzlich im 13. Jahrhundert im Klima neuer religiöser Impulse (umbrische Lauden, norditalienische Lehrdichtung) und sozioökonomischer Faktoren (aufstrebende bürgerliche Laienkultur in Nord- und Mittelitalien mit neuen kommunikativen Bedürfnissen in Recht, Beredsamkeit, Wissensvermittlung und Literatur) erfolgte. Die meisten *volgare-scriptae* waren sprachlich stark regional, aber nicht unbedingt lokal markiert. Schwach diatopisch (und stark latinisierend) war lediglich die sog. *koiné padana*.

Die Toskana präsentierte sich einerseits als sogar intern polyzentrisch, was die schon zahlreichen kommunalen, kaufmännischen oder privaten Schriftstücke zeigen, die konzeptionell allerdings vielfach zu kommunikativer Nähe tendieren. Andererseits brachte sie den weitgehendsten **intensiven Ausbau** eines *volgare* hervor in Form der im Kern florentinischen Meisterwerke der *Tre Corone* (Dante, Petrarca, Boccaccio), die hinfort ein gewichtiges Modell darstellten (zumindest Dante und Petrarca für poetische Diskurstraditionen); sie bewirkten allerdings zunächst noch nicht die endgültige **Selektion** eines Distanz-*volgare*.

Der mit Petrarca beginnende **Humanismus** restaurierte nämlich ab dem Ende des 14. Jahrhunderts die Stellung des **Lateins** als überdachender Distanzsprache der hohen Literatur und machte den **extensiven Ausbau** der *volgari* teilweise sogar rückgängig. Die stark regional geprägten *volgari* 'sanken' zurück in die nähesprachliche und/oder lokale Literatur und Gebrauchsprosa. Dies gilt gerade auch für das Florentinische, das in dieser Zeit als Nähesprache erhebliche Innovationen gegenüber dem Stand des 14. Jahrhunderts durchmachte, so dass das aktuelle gesprochene Florentinisch jetzt deutlich vom Florentinisch der *Tre Corone* abwich (cf. auch 5.4.2).

Die anhaltende politische Zersplitterung Italiens erschwerte die Überdachung durch ein bestimmtes *volgare* auch in nichtliterarischen Distanzdiskurstraditionen. Immerhin verbreitete sich im 14. und vor allem im 15. Jahrhundert in den norditalienischen Signorien und am römischen Hof als **Kanzleisprache** ein schwach diatopisches, stark latinisierendes Distanz-*volgare*, das eine Verbindungslinie zwischen der *koiné padana* und der späteren *lingua cortigiana* herstellte (cf. 5.4.2).

Die humanistische Zurückdrängung des *volgare* in der Literatur korrespondierte nicht nur mit einer Expansion der alten Distanzsprache Latein, sondern auch mit einer Auseinandersetzung um deren Qualität, die zugunsten eines elitären ciceronianischen Ideals entschieden wurde. Die damit drastisch vertiefte Kluft zum *volgare* versetzte dem Latein letztlich den Todesstoß.

Im Rahmen der auf die Literatursprache bezogenen *Questione della lingua* (cf. 5.4.2) wogte die Auseinandersetzung Latein vs. *volgare* zwar im 15. und noch im 16. Jahrhundert, aber in der Praxis wendete sich das Blatt ab der Mitte des 15. Jahrhunderts zugunsten des *volgare*. Ab Ende des 15. Jahrhunderts legten die ökonomischen Interessen, die sich an die neue mediale Technik des Buchdrucks knüpften, eine Hinwendung zum *volgare* und zu der entsprechenden (wachsenden) Leserschaft nahe. Ferner hatte in der aristokratischen, durchaus auch humanistisch geprägten Gesellschaft der Renaissancehöfe das Latein keine Funktion mehr.

Ausgesprochen langwierig gestaltete sich in Italien der extensive Ausbau des *volgare* in zwei anderen distanzsprachlichen Bereichen: als hohe Wissenschaftssprache wich das Latein trotz der Vorstöße Brunos (2. Hälfte 16. Jhdt.) und vor allem Galileis (Anfang 17. Jhdt.) erst gegen Ende des 18. Jahrhunderts merklich zurück (teilweise schon in Konkurrenz zum Französischen als internationaler Wissenschaftssprache); die Kirche hielt in der Liturgie und bei der Bibel (trotz existierender *volgare*-Übersetzungen!), zumal nach dem gegenreformatorischen Konzil von Trient, am Latein fest.

5.4.2 Konsolidierung des Verhältnisses von Distanz- und Nähebereich

Ab Mitte des 15. Jahrhunderts fasste das *volgare* im literarischen Distanzbereich wieder Tritt, wurde im Rahmen eines *umanesimo volgare* wieder stärker (extensiv und) intensiv ausgebaut, wobei unabdingbares Hilfsmittel natürlich das Latein (noch etwas unorganisch bei dem Pionier Alberti), inzwischen aber auch das Modell der *Tre Corone* war (s.u.).

Dringend stellte sich jetzt das Problem der endgültigen **Selektion** einer bestimmten *volgare*-Varietät. Zur Wahl standen längst nicht mehr alle im 13. Jahrhundert distanzsprachlich aktiven *volgari* (cf. 5.4.1), sondern nur noch drei *volgare*-Varietäten, die alle – z.T. auch schon 'überdachend' – in literarischen Diskurstraditionen eingesetzt wurden und ab dem Beginn des 16. Jahrhunderts in der **Questione della lingua**[106] Gegenstand lebhafter Kontroversen waren. Im Wesentlichen gab es nur noch die Alternative 'schwache regionale Ausprägung vs. Florentinisch' (cf. zum Sardischen, Venezianischen, Piemontesischen und weiter unten).

Einerseits gab es das stark latinisierende, schwach regional ausgeprägte, an die *koiné padana* (cf. 5.4.1) anknüpfende Modell der *lingua cortigiana* (Vertreter: Trissino, Castiglione mit seinem *Il Cortegiano*, u.a.; literarische Verbreitung: norditalienische Signorien, mit einer Variante am römischen Hof). Insofern hierbei die reflektierte Diskurstradition der höfischen Konversation Pate stand, ging es auf universaler Ebene keinesfalls um eine Varietät ausgeprägter kommunikativer Nähe;[107] auch auf einzelsprachlicher Ebene handelte es sich bei diesem Modell nicht um eine Varietät, die mit irgendeinem nähesprachlichen *volgare* identisch war. Der Eklektizismus beinhaltete zwar eine gewisse Offenheit gegenüber einzelsprachlichen Elementen nähesprachlicher *volgari*, aber ebenso gegenüber Elementen des distanzsprachlichen Lateins.

Beim Florentinischen andererseits existierten mittlerweile wiederum zwei in diachronischer Hinsicht differenzierte Varietäten. Zunächst einmal blieb das inzwischen archaische Florentinisch der **Tre Corone** ein Modell mit nunmehr klassischem Rang (Vertreter: Bembo mit den *Prose della volgar lingua*, Salviati, u.a.; literarische Verbreitung: weithin in Italien). Daneben stand jetzt allerdings das Modell des aktuellen Florentinisch (Vertreter: Machiavelli mit seinem *Discorso o Dialogo intorno alla nostra lingua*, Martelli; literarische Verbreitung: nur Toskana). Es suchte zwar die einzelsprachlichen Unterschiede zwischen der weiterentwickelten Nähesprache (cf. 5.4.1) und der Distanzsprache der Florentiner zu vermindern, war aber allen anderen Italienern fremd.[108]

---

[106] Cf. hierzu außer den bereits zitierten sprachgeschichtlichen Darstellungen besonders Vitale 1978; auch Drusi 1995.
[107] Cf. hierzu genauer Bader 1990.
[108] Wie Maaß 2002 zeigt, ist das bereits in der zweiten Hälfte des Quattrocento zunehmende sprachliche Selbstbewusstsein von Florenz nicht einfach als Vorläufer eines panitalienischen Normbewusstseins zu verstehen.

Trotz dieser Uneinheitlichkeiten hatte die literarische Distanzsprache Italiens im 15./16. Jahrhundert bereits einen beachtlichen intensiven Ausbau erreicht, der ihr externen Einfluss auf andere Literatursprachen wie auf das längst vereinheitlichte Spanisch und Französisch verschaffte. Intern fehlte Italien aber nach wie vor die politische Zentralisierung, die die Selektion einer einheitlichen Distanzsprache zur **Überdachung** endgültig hätte festschreiben können (polyzentrische Konstellation der Mächte Mailand – später spanisch –, Venedig, Florenz, Kirchenstaat, Aragon/Spanien).

Wenn sich im Laufe des 16. Jahrhunderts – in der Praxis weit schneller als in der Theorie – das von Bembo propagierte *Tre Corone*-Modell zunehmend durchsetzte und von Salviati und der 1582/83 gegründeten *Accademia della Crusca* (*Vocabolario*, ¹1612) sanktioniert wurde, so war dies nicht zuletzt eine Selektion im Interesse der **Kodifizierung** (Grammatiken, Wörterbücher), die seit Beginn des Jahrhunderts durch die Revolution im Bereich des graphischen **Mediums** in Gang gekommen war: der Buchdruck bedurfte einer einheitlichen überregionalen Norm der Distanzsprache, und das traditionsreiche *Tre Corone*-Modell bot hier auch nichttoskanischen Textproduzenten die größte **Sicherheit**.

Entscheidend für den Durchbruch des *Tre Corone*-Modells ist mehr sein diskurstraditioneller Charakter (*letterarietà*) und weniger seine objektive einzelsprachliche Beschaffenheit (*fiorentinità*). Dies erklärt möglicherweise, warum sich in Italien die gerade von den Befürwortern der *lingua cortigiana* verwendete Bezeichnung *lingua italiana* (für 'Standard' vs. *dialetto*) durchsetzte, nicht aber das in der *Questione della lingua* anfänglich auftauchende Etikett *lingua toscana* (cf. zu *français* 5.2.1, zu *castellano* 5.6.1).

Der Nachteil der Entscheidung für das *Tre Corone*-Modell bestand darin, dass eine künstlich archaisch gehaltene, diatopisch stark festgelegte Varietät als Distanzsprache eingesetzt wurde. Der **Varietätenraum** des Italienischen begann sich damit nun immer deutlicher so zu organisieren, dass über der reichen diatopischen Vielfalt der nähesprachlichen Idiome (jetzt primäre 'Dialekte') an die Stelle des Lateins eine (fast) ebenso von der Synchronie abgehobene neue Standardsprache (präskriptive Norm) trat: eine von vornherein wieder auf **Diglossie** angelegte Situation (Standard vs. Dialekt; solange das Lateinische noch eine wesentliche Rolle spielte, bestand sogar Triglossie). Selbst in der Toskana unterschieden sich jetzt Nähesprache (Dialekt oder *vernacolo*) und Distanzsprache endgültig, nachdem sich auch Verfechter des aktuell-florentinischen Modells im Laufe des 16. Jahrhunderts der *Tre Corone*-Linie zunehmend angenähert hatten (cf. Varchis Zurückweisung des Standpunktes "che così si debba scrivere a punto come si favella").

Von der 'toskanozentrischen', auf die *imitatio* der Klassiker ausgerichteten Organisation der Literatursprache war von nun an in irgendeiner Weise alle Kommunikation betroffen, die sich im graphischen Medium im *volgare* abspielte. Nichtliterarisches Schrifttum und Schrifterzeugnisse mit Elementen kommunikativer Nähe gerieten aus dieser Optik heraus in eine marginale Position, blieben aber von der neuen Varietätenordnung keineswegs unberührt. So konnten sich etwa die Distanzdiskurstraditionen der **Kanzleisprache** immer weniger der Toskanisierung entziehen. Bei der diatopisch markierten literarischen Schriftlichkeit ließ sich jetzt ein völliges Umschwenken der Perspektive verzeichnen: während bislang die (verbleibenden) dialektalen/regionalen Merkmale solcher Texte Ausdruck unvollkommener Annäherung an das Florentinische (oder an die *lingua cortigiana*) gewesen waren, kam ab dem 16./17. Jahrhundert ein Typ von Dialektliteratur auf, in dem – gebildete – Schreiber in bewusster Opposition zur präskriptiven Norm, oft in realistisch-stilisierender Absicht, die ausgeprägte diatopische Markierung geradezu suchten (Croce: ***letteratura dialettale riflessa***).[109]

In verschiedenen Gegenden Italiens war jedoch aufgrund der politischen Zersplitterung die sprachliche Situation weitaus komplexer.

Mit der aragonesischen (ab dem 13./14./15. Jahrhundert), später dann spanischen Herrschaft in Sizilien/Sardinien/Süditalien übernahm das **Katalanische** (besonders in Sardinien), später das **Spanische** wichtige distanzsprachliche Funktionen: als Kanzleisprache und seit dem *Siglo de Oro* auch als Literatursprache. Das damit koexistierende Italienisch deckte in den betreffenden Gebieten erst ab dem 18. Jahrhundert allmählich den ganzen Distanzbereich ab.

Daneben hielten sich regionale Ansätze zu einer autochthonen *volgare*-Distanzsprache neben der standarditalienischen bzw. katalanischen/spanischen Überdachung: Sardisch (Urkundensprache, Volks- und ansatzweise Kunstdichtung); Venezianisch (Kanzleisprache bis ins 16. Jahrhundert; öffentliche Rede in Recht und Politik, Sachprosa, Literatur bis ins 18./19. Jhdt.); Neapolitanisch; Sizilianisch; Friaulisch (Volksdichtung ab 14. Jhdt. belegt; Kunstdichtung ab 16. Jhdt.); auch Piemontesisch. In diesen Fällen stellt sich die Frage, ob es überhaupt legitim ist, die gerade genannten Idiome und ihre Territorien in einen 'italienischen Varietätenraum' einordnen zu wollen. Es ist nämlich davon auszugehen, dass zumindest in einigen dieser Gebiete nicht eine einfache Dichotomie zwischen 'Standard' und 'Dialekt' existiert, sondern dass man von einem dreifach geschichteten Kommunikationsraum ausgehen muss, der eine *lingua alta* (toskanisch-italienischer Standard), eine *lingua media* (z.B. das teilausgebaute Neapolitanisch und Venezianisch) und schließlich den jeweiligen Alltagsdialekt umfasst.[110] Die Ansätze zum Ausbau rechtfertigen – über die rein innersprachlichen Besonderheiten hinaus – zumindest beim Sardischen und Friaulischen eine Verortung außerhalb des italienischen Varietätenraums[111] (cf. aber zum *italiano regionale* 5.4.3).

---

[109] In der Toskana, wo es nur um eine gewollt rustikale Markierung gehen kann, reichen Ansätze dieser Art in die 2. Hälfte des 15. Jahrhunderts zurück (Lorenzo il Magnifico, *Nencia di Barberino*).

[110] Cf. vor allem Vàrvaro 1981 und Bruni (ed.) 1992/95; auch Muljačić 1983, 1993 und im Druck; Oesterreicher 2004b; Eufe 2006.

[111] Von italienischen Linguisten werden sie jedoch teilweise wie italienische Dialekte behandelt. Umgekehrt wird aber, wie nach dem hier Ausgeführten ersichtlich, der Status des Veneziani-

Obwohl im 16. Jahrhundert das Problem der Selektion einer überdachenden präskriptiven Norm für weite Teile Italiens eine erste Lösung gefunden hatte, war die *Questione della lingua* damit noch keineswegs abgeschlossen. Lediglich der Spielraum der Diskussion hatte sich verringert, nachdem die *Crusca* als Sachwalterin der Distanzsprache eingesetzt war: es ging nunmehr nur noch um den Grad der möglichen Abweichungen vom *Tre Corone*-Modell. Mit dieser Einschränkung und mit Nuancierungen je nach den sich verändernden (kultur-)historischen Bedingungen hielten sich die bekannten drei Grundpositionen in der *Questione della lingua* bis zum Beginn des 19. Jahrhunderts durch.

Das puristische Modell der *Crusca*, das sich trotz aller Erweiterungen auch in den späteren Auflagen von deren *Vocabolario* (^{4}1729–38) behauptete, wurde – in den verschiedensten Teilen Italiens – weiter aller Kritik zum Trotz praktiziert und verteidigt (z.B. Di Capua; Brüder Gozzi; Cesari).

Wenn der Purismus sowohl in seiner diatopischen (Florenz) als auch in seiner diachronischen (14. Jhdt.) Festlegung von den Vertretern eines anticruscanischen, eklektisch-liberalen Modells (z.B. Magalotti; Gebrüder Verri; Cesarotti) kritisiert wurde, so ging es dabei inzwischen noch weniger als bei der *lingua cortigiana* (s.o.) um eine Annäherung an die aktuellen nähesprachlichen Varietäten, sondern lediglich um eine realistischere Einschätzung all jener sprachlichen Elemente, die im Laufe der Jahrhunderte in die Tradition der italienischen Distanzsprache eingeflossen waren oder deren Einbeziehung in diese Tradition wünschenswert erschien (auch Neologismen und vor allem seit dem 18. Jhdt. Gallizismen).

Ein direkter Anschluss der Distanzsprache an die Nähesprache in Form des aktuellen gesprochenen Florentinisch war nach dem 17. Jahrhundert nicht mehr denkbar.

In der 1. Hälfte des 18. Jahrhunderts brachte der Mailänder Manzoni die traditionelle *Questione della lingua* ihrem Abschluss näher. Während er in der ersten Fassung der *Promessi Sposi* (*Fermo e Lucia*, 1821–23) noch einer eklektischen Literatursprache mit Lombardismen, Archaismen, Gallizismen und Latinismen zuneigte, orientierte er sich insbesondere bis zur dritten Fassung seines berühmten Romans (1840–42) um:[112] Verzicht auf archaische und diaphasisch sehr hoch markierte Elemente und auf Lombardismen; Vereinheitlichung auf der Grundlage der **gesprochenen** Sprache der **gebildeten Florentiner**, womit unter der Hand einzelsprachliche Einflüsse aus der an den *Tre Corone* orientierten distanzsprachlichen Tradition gesichert waren. Entscheidend war für Manzoni die Abkehr vom traditionellen rhetorisch überladenen Stil der Distanz (dis-

---

schen und des Piemontesischen als italienischer Dialekte zu wenig problematisiert: cf. Muljačić 1983. Zu den heutigen Minderheitensprachen in Italien cf. insgesamt Olmi 1986; Bochmann 1989, 92–138; Telmon 1992; Kattenbusch 1995b und weitere Beiträge in Kattenbusch (ed.) 1995a; Bonamore 2004; Toso 2008; zu Korsika cf. 5.2.3.

[112] Cf. etwa Serianni 1986; Vitale 1992.

kurstraditioneller Aspekt) und die Hinwendung zu einem lebendigen *uso* als einzelsprachlichem Kriterium auch für die Distanzsprache.

Selbst wenn sich bestimmte sehr weitgehende Zugeständnisse an das aktuelle Florentinisch nicht durchsetzten (z.B. *ova* statt *uova*), trug Manzoni nicht unwesentlich dazu bei, den florentinischen Charakter der **Phonologie** und **Morphologie** des italienischen Standards zu festigen, selbst in den Punkten, in denen eklatante Gegensätze zu den meisten Dialekten bestehen. Die standarditalienische **Lexik** ist trotz des häufigen Vorrangs toskanischer Formen entsprechend Manzonis Programm in viel stärkerem Maße ein Mischprodukt der jahrhundertelangen Entwicklung der Distanzsprache geworden. Gerade in dieser Hinsicht ist die Kritik Ascolis gerechtfertigt, der – als Vertreter der historischen Sprachwissenschaft – gegen Manzonis Voluntarismus die gewachsene Tradition der Distanzsprache ins Feld führte, die sich in der Praxis keineswegs ausschließlich aus toskanischen Beiträgen gespeist hatte.[113]

5.4.3 Die Reorganisation des Nähebereichs

Bis zum Beginn des 19. Jahrhunderts hatte sich die *Questione della lingua* und die darin anvisierte Sprachvarietät (*'italiano'*) auf den Distanzbereich beschränkt: "L'Italiana è lingua letteraria: fu scritta sempre e non mai parlata" (Foscolo 1953, 334). Obwohl das Sprachproblem auch von Manzoni sehr intensiv als literarisches erlebt wurde, sah er doch als einer der ersten in dieser Deutlichkeit die Bemühung um eine 'italienische Sprache' als gesamtgesellschaftliches Problem, wie es sich im *Risorgimento* angesichts der noch nicht erreichten, aber erstrebten politischen Einigung Italiens erstmals besonders drastisch stellte. Damit geriet nun auch der Nähebereich zumindest in den Blick.

Im Wesentlichen bestand zu Manzonis Zeiten noch die Diglossiesituation Standard (Distanzsprache) – Dialekt (Nähesprache), freilich mit bestimmten regionalen Unterschieden. So war in der **Toskana** und in anderen Gebieten **Mittelitaliens** trotz aller Divergenzen ein gleitender Übergang zwischen Standard und Dialekt/*vernacolo* herstellbar. Eine ganz außergewöhnliche Situation hatte sich in **Rom** ergeben.[114] Durch den Einfluss der Medici-Päpste, durch die Mischung einer riesigen Zahl von Klerikern, Gewerbetreibenden und Arbeitskräften, die aus den unterschiedlichsten Regionen zuwanderten, und durch eine bescheidene, aber breitenwirksame Alphabetisierung toskanisierte sich ab dem 16. Jahrhundert nicht nur die Distanzsprache, sondern auch die Nähesprache. Der ursprünglich meridional geprägte römische Dialekt nahm erstens mittelitalienische Züge an und sank zweitens herab auf eine diastratisch niedrige Ebene; als gängige Nähesprache fungierte damit bereits ein römisches *italiano regionale*, ein tertiärer Dialekt (cf. 5.1.3). Rom war in dieser Hinsicht anderen Gebieten Italiens weit voraus.

---

[113] Cf. Castellani 1986.
[114] Cf. hierzu etwa De Mauro 1970a, 24ss., und Ernst 1970 und 1997.

Um uns ein notwendigerweise indirektes Bild von Entwicklungen im Nähebereich vor der Einigung im übrigen Italien zu machen, müssen wir wie beim Französischen graphisch fixierte Diskurse der Vergangenheit mit Tendenz zu kommunikativer Nähe als Informationsquellen heranziehen. Hier kommen etwa in Frage:[115] protokollartige Aufzeichnungen von spontaner Rede, Beleidigungen etc.; Briefe zwischen vertrauten, häufig auch wenig gebildeten Personen (*semicolti*), bis zurück zu Kaufmannsbriefen des 13.–15. Jahrhunderts; Tagebücher, Erinnerungen etc. von mäßig gebildeten Verfassern; fachsprachliches Schrifttum mit starkem Praxisbezug; Musterdialoge in frühen 'Sprachführern' ab dem 15. Jahrhundert; bestimmte literarische Diskurstraditionen wie insbesondere die Komödie. Hinzu kommen metasprachliche Beobachtungen, seien es punktuelle Aussagen von Grammatikern und Lexikographen über nähesprachlich markierte Abweichungen von der präskriptiven Norm, seien es allgemeine Hinweise auf Sprachvarietäten der Nähe.

Sicher lassen sich auf Grund des interregionalen Kontakts von Kaufleuten, Handwerkern etc. auch in eher nähesprachlichen Schriftzeugnissen schon ab etwa 1400 gewisse Interferenzen feststellen (und Ähnliches muss es in phonisch realisierten Diskursen gegeben haben). Aber es handelt sich hier nicht um eine stabile, panitalienische, stets nur auf das Toskanische hin orientierte Varietät.

Insgesamt ergibt sich aus den oben genannten Quellen für die Zeit vor der Einigung, dass die italienische Nähesprache, selbst wo sie einmal vom regelrechten Dialekt abwich, in ihrer diatopischen Markierung meist nicht bis zu einem *italiano regionale* reduziert werden konnte.

Immerhin muss seit dem 18. Jahrhundert und verstärkt dann im *Risorgimento* in Neapel und in Norditalien auf Grund immer intensiverer Italianisierungsanstrengungen (Puoti, Cherubini) im Nähebereich eine Art *italiano regionale* existiert haben.[116] Aber die Zahl der Sprecher dieser neuen Varietät war immer noch sehr gering.

Was völlig fehlte, war eine panitalienische diastratisch/diaphasisch niedrig markierte Varietät (2 und 3 in Abb. 3) und erst recht eine *koiné* des Nähebereichs, die als 'gesprochen' i.e.S. einzustufen gewesen wäre (1b in Abb. 3). Die oben genannten objektsprachlichen Quellen enthalten normalerweise zwar universale (entsprechend 1a in Abb. 3; cf. Kap. 4) und eventuell diatopisch-einzelsprachliche Merkmale der Nähesprache, sie können aber – anders als im Französischen – im Italienischen nur in sehr begrenztem Maße

---

[115] Cf. im Einzelnen Radtke 1984; Koch 1988b, 200; De Blasi 1982; Folena 1983; Sabatini 1983; Bruni 1984, 408–418, und (ed.) 1992/95; D'Achille 1990; Librandi 2004; Testa 2008, 2412–2416 und verschiedene Beiträge in Holtus/Radtke (eds.) 1985; cf. auch 5.2.2 und 5.6.2. Zu einer systematischen Typologisierung derartiger Texte cf. Koch 2003a, 106–113; Oesterreicher 1996a; 1997a und 2004a.

[116] Cf. Lüdtke, J. 1985 und Weidenbusch 2002.

als Quellen zur Geschichte der heute als ausschließlich 'gesprochen' i.e.S. markierten einzelsprachlichen Phänomene dienen (cf. genauer das Ende von 5.5.3).[117]

Der entscheidende Einschnitt für dynamische Entwicklungen im Nähebereich des Italienischen war die **staatliche Einigung** (1861).[118] Nach neueren Schätzungen lag zu diesem Zeitpunkt – angesichts einer Alphabetisierungsrate von im Landesdurchschnitt 22% mit erheblichem Nord-Süd-Gefälle – die Zahl der *italofoni* bei rund 10% von 25 Millionen Einwohnern.[119] Obwohl der Terminus *italofono* weder zwischen Produktion und Rezeption noch zwischen distanzsprachlichem und nähesprachlichem 'Italienisch' unterscheidet, vermittelt die Zahl doch eine Vorstellung davon, wie wenige Italiener vermutlich bei der Einigung im Nähebereich ein *italiano regionale* verwendet oder sich einer solchen Varietät angenähert haben.

Mit der politischen Einigung schien nun der Zeitpunkt gekommen, eine **Nationalsprache** zu verbreiten. Als Ort gezielter Eingriffe ins Sprachverhalten der (zukünftigen) Bürger kam in erster Linie die **Schule** in Frage. Das ehrgeizige Programm der Alphabetisierung und Spracherziehung war jedoch sowohl in institutioneller als auch in methodischer Hinsicht zunächst nicht wirklich erfolgreich.

Institutionell wurde die dreijährige Schulpflicht, vorbereitet durch die Turiner *Legge Casati* (1859), erst durch die *Legge Coppino* (1877) für ganz Italien festgeschrieben (achtjährige Schulpflicht dann – theoretisch – mit der *Riforma Gentile* von 1923). Die Realität war jedoch von massenhaftem Unterlaufen der Schulpflicht und von vielfach ungenügenden standardsprachlichen Kenntnissen der Lehrer der *scuola elementare* geprägt. So konnte man die Alphabetisierung nicht fünfzig und nicht einmal hundert Jahre[120] nach der italienischen Einigung als völlig abgeschlossen ansehen.

In methodischer Hinsicht trat nach der Einigung immer deutlicher hervor, dass das Verhältnis von Nähe- und Distanzsprache zu unproblematisch gesehen wurde. Man verkannte die Tatsache, dass die Verbreitung einer existierenden Distanzsprache als Nationalsprache aller Bürger nicht ohne Konsequenzen einerseits für diese Sprachvarietät selbst, andererseits für die Ausgestaltung des Nähebereichs bleiben konnte (zur analogen Problematik in Frankreich cf. 5.2.3). Insbesondere die dogmatischen Manzonianer bedachten bei ihrem Programm der Ausrottung der *malerba dialettale* nicht, dass dadurch die existierende Distanzsprache auch in den für **alle** Bürger unabdingbaren Nähebereich hätte einrücken müssen. Selbstverständlich konnte aber die präskriptive Norm diese Transposition nicht unverändert überstehen.

---

[117] Cf. Schweickard 1983; auch Testa 2008, 2412–2416.
[118] Cf. besonders De Mauro 1970a.
[119] So Castellani 1982, der damit De Mauros Zahl von 2,5% (1970a, 43) kräftig revidiert.
[120] Im Landesdurchschnitt 60% Alphabetisierte 1911; rund 92% im Jahre 1961. Das Nord-Süd-Gefälle blieb bestehen. In der heutigen Zeit stellt sich wiederum das Problem der *analfabeti di ritorno*, die auf knapp 10 Millionen geschätzt werden. – Zur Bedeutung der Schule für die Veränderungen im gesprochenen Italienisch des 19. und 20. Jahrhunderts cf. De Blasi 2004.

Dass dennoch in großem Umfang einzelsprachliche Merkmale aus dem Distanzbereich in den Nähebereich strömten, ist in starkem Maße auch außerschulischen Faktoren zuzuschreiben, die im Gefolge der italienischen Einigung wirksam wurden, ohne dass dabei gezielt ins Sprachverhalten der Bürger eingegriffen oder gar ausdrücklich ein distanzsprachliches Italienisch anvisiert wurde.

Die **Industrialisierung** und **Verstädterung** führte zum einen zu inneritalienischen Wanderungsbewegungen (vor allem vom Süden in das *triangolo industriale* und nach Rom), zum anderen, seit dem 2. Weltkrieg, zu einer 'Verbürgerlichung' der Werte des Proletariats; beides legte ein Zurücktreten des Dialekts zugunsten eines *italiano regionale* nahe.[121] Ähnliches gilt für die Entfernung aus dem heimatlichen Milieu im **Militärdienst**. Nach De Mauro wird im 1. Weltkrieg, wo Italiener der verschiedensten Regionen zusammengewürfelt sind, zum ersten Mal sogar ein *italiano popolare* greifbar (s.u.).

Modelle für neue, an die Distanzsprache angelehnte nähesprachliche Varietäten boten sich der Masse der Italiener aber auch durch die Kontakte mit der neuen nationalen **Bürokratie** und natürlich durch die **Medien** Presse, Rundfunk, Film und Fernsehen.

Der **Nähebereich des Italienischen** gestaltete sich dementsprechend vom 19. zum 20. Jahrhundert in starkem Maße um, weil neue Varietäten entstanden, die mit der alten Distanzsprache zwar nicht identisch, aber doch enger als die Dialekte verwandt sind und so die frühere Diglossiesituation (cf. 5.2.2) überbrücken. Der Varietätenraum 'füllt' sich damit, wenn auch zögerlicher als im Französischen und Spanischen, mehr und mehr auf (cf. Abb. 3).

In der **diatopischen** Dimension ist die Verwendung des Dialekts nach neueren Umfragen noch tief verwurzelt, geht aber stetig zurück, in den letzten Jahren sogar immer deutlicher: 1982 lag der ausschließliche Dialektgebrauch in der Familie bei 46,75%, mit Freunden und Kollegen bei 23% im Landesdurchschnitt.[122] Im Jahre 2006 ist der ausschließliche Dialektgebrauch in der Familie auf 16% gefallen, mit Freunden liegt er noch bei 13,2%.[123]

Besonders dialektfreudig sind der Süden (mit inzwischen rückläufiger Tendenz) und vor allem das Veneto, ferner, wie zu erwarten, Bewohner ländlicher Gegenden sowie Angehörige einer niedrigen sozialen Schicht. Eine Option, die in der jüngsten Vergangenheit eher an Attraktivität zu gewinnen scheint, ist die Mischung von Standardsprache und Dialekt in der Kommunikation (1987–88: 25%; 2000: 32,9%; 2006: 32,5% im Landesdurchschnitt). Das, was die Italiener laut Umfrage sprechen, wenn sie nicht Dialekt sprechen ('*italiano*'), kann – außer bei einer verschwindend kleinen Minderheit – nur ein *italiano parlato regionale* sein (cf. 5.5.1). In der Tat haben sich in allen Regionen Italiens, einschließlich der vom italienischen Standard jetzt endgültig überdachten Gebiete

---

[121] Cf. zu den – kontroversen – Details etwa De Mauro 1970a, 63–88; Grassi 1964.
[122] Cf. DOXA 1982; cf. auch Berruto 1994, 27; Sobrero 1997, 46–50.
[123] Cf. ISTAT 2007.

Sardinien, Friaul und seit 1919 Alto Adige jeweils *italiani regionali*[124] herausgebildet, die im Nähebereich als tertiäre italienische Dialekte (cf. 5.1.3 und 5.5.1) neben dem primären italienischen Dialekt bzw. der autochthonen Sprache stehen.

Was die **diastratische** Dimension betrifft, so entstand wohl schon ab dem 1. Weltkrieg eine neue Varietät, die Sprechern unterer Schichten zuzuordnen ist: das *italiano popolare*. Seine Sprecher bewegen sich überwiegend im Bereich kommunikativer Nähe (und können im graphischen Medium kommunikative Distanz nur unvollkommen erreichen[125]). Im *italiano popolare* treten erstmals Phänomene auf, die von der präskriptiven Norm abweichen und zugleich diatopisch nicht markiert sind (*italiano popolare unitario*; cf. 5.5.2). Freilich umfasst das *italiano popolare*, das von ursprünglichen Dialektsprechern gesprochen wird, gemäß Abb. 3 außerdem immer auch diatopische Merkmale (*italiano popolare regionale*).

In der **diaphasischen** Dimension weisen die dem Nähepol affinen, niedrigen Register auch bereits diatopisch neutrale Merkmale auf, etwa in der Lexik (cf. 5.5.2).

Im Gegensatz zu dem Bild, das uns die weiter oben genannten Quellen zur Vorgeschichte des Nähebereichs des Italienischen vermitteln, kann man nun heute auch bereits Merkmale eines *italiano parlato* identifizieren (1b in Abb. 3), die sich auf keine der anderen Varietätendimensionen zurückführen lassen (cf. 5.5.3).

Wie in 5.5 zu zeigen sein wird, prägt allerdings nach wie vor das diatopische Moment die italienische Nähesprache in sehr starkem Maße.[126]

Die Ausweitung des Benutzerkreises des nichtdialektalen Italienisch und die Abweichungen vom florentinisch-toskanischen Standard sind im 20. Jahrhundert Ausdruck einer neuen Dynamik im gesamten Varietätenraum. War noch vor und nach dem 2. Weltkrieg von einem "asse Firenze – Roma" die Rede, so wird in der *Nuova questione della lingua*[127] immer deutlicher, dass für die bisher ungelösten Probleme bei der Vereinheitlichung sowohl der Distanz- als auch der Nähesprache (insbesondere in Lautung und Lexik) ausgeprägte Toskanismen inzwischen zu provinziell wären. Der Blick richtete sich einerseits verstärkt auf **Rom** als die Hauptstadt und das Zentrum von Radio, Fernsehen und Film, andererseits auf die wirtschaftlich starke Achse **Mailand–Turin**. Pasolini, der 1964 Letztere als das neue sprachliche Ausstrahlungszentrum prognostizierte, sollte Recht behalten: in den achtziger Jahren war nicht mehr zu übersehen, dass etwa in Mailand die Entregionalisierung weiter als anderswo vorangekommen (wenn auch nicht

---

[124] Zu diesem Begriff: Pellegrini 1975 (ferner unten Anm. 135); in historischer Perspektive auch De Mauro 1970a, 142–147; Radtke 1988; Bernhard/Gerstenberg 2008. Zu Alto Adige cf. 5.5.1, (4) und (5).

[125] So etwa in den als Quelle beliebten Kriegsgefangenenbriefen (cf. Spitzer 1921). Zum Begriff des *italiano popolare* cf. unten Anm. 149. Zur Geschichte der italienischen Diastratik und Diaphasik cf. D'Achille 2008.

[126] Cf. Sornicola 2005.

[127] Cf. Parlangèli 1971; Vitale 1978, 613–621.

vollständig) war und dass vom industrialisierten Nordwesten (= rund 25% aller Italienischsprecher) die entscheidenden Impulse für Distanz- wie Nähesprache ausgingen, während Rom seinerseits provinziell zu werden drohte.[128]

Nachdem einmal das toskanozentrische Monopol in der Nähesprache gebrochen ist, stellt sich nun auch die Frage, inwieweit panitalienische 'Abweichungen' der Nähesprache wiederum in die Distanzsprache einfließen können. Verschiedene Linguisten glauben in diesem Sinne eine neue Varietät identifizieren zu können, die unter Einbeziehung bislang als 'gesprochen' markierter Merkmale als gleichermaßen gemäßigte Nähe- und Distanzsprache fungieren kann: *italiano dell'uso medio* (Sabatini); *italiano tendenziale* (Mioni); *neo-standard* (Berruto).[129] Die relative Flexibilität der präskriptiven Norm im Italienischen lässt dies als nicht undenkbar erscheinen (cf. auch 5.5.3). Generell kann man in jüngerer Zeit im italienischen Varietätenraum eine Dynamik feststellen, die gekennzeichnet ist durch ein Abrücken einerseits von hohen Registern der Diaphasik und andererseits von starker primärer Dialektalität.[130]

5.4.4 Arbeitsaufgaben

1. Verschaffen Sie sich einen schematischen Überblick über die wichtigsten Umschichtungen im Spannungsfeld von Nähe und Distanz, die auf dem Boden der Italoromania im Laufe der Sprachgeschichte stattgefunden haben. Tragen Sie die jeweilige Verteilung der Sprachformen im Nähe- und Distanzbereich um 500, 1000, 1250, 1350, 1450, 1600, 1861 und heute in Parallelogramme nach dem Vorbild von Abb. 2 ein (Schraffuren, Symbole o.ä.).
2. Zeigen Sie, wo eine inadäquate (weil unhistorische) Sicht des Verhältnisses von Nähe- und Distanzbereich die Sprachdiskussion und die sprachpolitischen Maßnahmen im 19. Jahrhundert belastet: diskutieren Sie das Problem des italienischen Standards vor der politischen Einigung (Auseinandersetzung Ascolis mit Manzoni) sowie das Problem der geplanten Verdrängung des Diatopischen durch den Standard nach der Einigung.
3. Untersuchen Sie, inwieweit die präskriptive Norm des Italienischen ein Produkt puristischer Abgrenzung gegenüber der Nähesprache ist und inwieweit sie eine gewisse Offenheit gegenüber der Nähesprache zeigt.

---

[128] Cf. etwa Todisco 1984, 33–47; Galli de' Paratesi 1985; Beiträge in Jacobelli (ed.) 1987; jetzt auch Cortelazzo, M.A. 2000. Dass selbst in der heutigen florentinischen Varietät des Italienischen ein vorsichtiges Abrücken von lokalen Spezifika im Gange ist, zeigt Atelmi 1989.
[129] Cf. Sabatini 1985; Mioni 1983; Berruto 1987, 62 und Coveri et al. 1998, 156–158.
[130] Cf. Sobrero 1997, 42s.; Scholz 1997, 64–67.

5.5 Das heutige gesprochene Italienisch und seine Stellung im Varietätenraum: lautlich, morphosyntaktisch und lexikalisch

Nach der diachronischen Skizze der Entstehung des heutigen italienischen Varietätenraums kommen wir nun zu den einzelsprachlichen Phänomenen, die für den Nähebereich typisch sind.

Wie schon in 5.4.3 angedeutet, spielt innerhalb der italienischen Nähesprache i.w.S. die **diatopische** Dimension nach wie vor die entscheidende Rolle (4 in Abb. 3). Daneben ist aber inzwischen auch die 'Mittelzone' unseres Varietätenmodells, nämlich die diastratische und diaphasische Variation (3 und 2 in Abb. 3) zu berücksichtigen. Schließlich lässt sich bereits eine ganze Reihe diasystematisch nicht markierter, als **'gesprochen'** einzustufender Erscheinungen identifizieren (Nähesprache i.e.S. entsprechend 1b in Abb. 3).

Erst in neuester Zeit findet in der italianistischen Sprachwissenschaft ein Klärungsprozess statt, durch den Phänomene der Nähesprache i.w.S. präziser einer der vier genannten Dimensionen zugewiesen werden.[131] Lange genug wurden nämlich als genuin 'gesprochen' (1b) markierte Phänomene (oder gar universale Merkmale der Nähesprache entsprechend 1a) den diasystematischen Varietäten bis hin zur diatopischen Dimension (4) zugeschlagen. Noch heute begegnen uns in der Literatur derartige Vermengungen der – trotz aller Affinitäten – im Prinzip streng zu trennenden Varietätendimensionen.

Obwohl die diatopische Dimension im Italienischen von primordialer Bedeutung ist, kann es uns hier nicht um eine dialektologische Darstellung der ganzen Vielfalt der Variation gehen. Die primären Dialekte bleiben ganz ausgespart (cf. allerdings einzelne entsprechende Elemente in 77*I und 104*I).[132] Aber auch die tertiären Dialekte (*italiani regionali*) können ebenso wie die diastratisch/diaphasisch niedrigen Varietäten nur exemplarisch behandelt werden. Im Zentrum soll dagegen die relativ überschaubare Anzahl nur als 'gesprochen' markierter Phänomene stehen.

In den folgenden Abschnitten 5.5.1/2/3 werden wir die zu besprechenden Phänomene jeweils nach ihrer Zugehörigkeit zum lautlichen, morphosyntaktischen und lexikalischen Bereich ordnen. Hinsichtlich des lautlichen Bereichs scheint sich ein besonderes Problem zu stellen. Wir haben bisher dem medialen Aspekt von Mündlichkeit und Schriftlichkeit kaum Aufmerksamkeit geschenkt, also etwa konzeptionell irrelevanten Fakten wie der Doppeldeutigkeit von graphisch <venti> gegenüber phonisch [venti] 'zwanzig'

---

[131] Cf. zur Klarstellung besonders Holtus 1984a; Berretta 1988; Koch 1988b; mit anderer Akzentuierung Radtke 2003.

[132] Cf. zur primärdialektalen Diatopik des Italienischen: Tagliavini 1998, § 68; Devoto/Giacomelli 1973; Bruni 1984, 289–327; Grassi et al. 1997, 71–85, 89–160; Maiden/Parry (eds.) 1997; Coveri et al. 1998, 34–42; Cortelazzo, M. (ed.) 2002; Marcato 2002, 171–207; Tempesta 2005, 43–81.

oder [vɛnti] 'Winde'. Ist es nun, in unserer konzeptionellen Perspektive, nicht inkonsequent, im Folgenden auch lautliche Phänomene einzubeziehen, die doch an das phonische Medium gebunden sind und im graphischen Medium ohnehin 'verschwinden'? Wenn man jedoch bedenkt, dass die Distanzsprache ja auch phonisch realisiert werden kann, so springt die Tatsache ins Auge, dass etwa die unterschiedlichen lautlichen Realisierungen [venti], [vendi] oder gar [vɛndi] für 'zwanzig' konzeptionell – direkt oder indirekt – durchaus bedeutsam sind (cf. 5.5.1, a) und folglich berücksichtigt werden müssen.

5.5.1 Italienische Nähesprache im weiteren Sinne: diatopische Merkmale

Die primären Dialekte des Italienischen können selbstverständlich als 'gesprochen' fungieren (und Teil der italienischen Nähesprache i.w.S. werden). Aus rein praktischen Gründen – die Dialektologie stellt insgesamt ein zu umfangreiches Untersuchungsgebiet dar – beschäftigen wir uns im Folgenden ausschließlich mit den Merkmalen **tertiärer Dialekte** (*italiani regionali*), die in ganz Italien und im Tessin ein nahezu unvermeidliches Ingrediens der Nähesprache i.w.S. sind (sofern nicht ein primärer Dialekt gesprochen wird). Zu beachten ist, dass es im Italienischen, anders als im Französischen (5.3.1) und Spanischen (5.7.1), eine diatopisch völlig neutrale Zone praktisch nicht gibt (cf. jedoch (5)). Insgesamt treffen wir auf folgende fünf Situationen:

(1) Wie schon in 5.4.3 angedeutet, sind im industriellen Nordwesten Italiens (insbesondere Mailand) die diatopischen Charakteristika der Nähesprache relativ am stärksten abgebaut. Aber auch hier kann man noch von einem *italiano regionale* sprechen.

(2) Obwohl die italienische Distanzsprache toskanische Wurzeln hat, ist die Nähesprache in der Toskana heute diatopisch stark markiert (cf. 5.4.2). Dieses *vernacolo*, das genetisch eigentlich nur als primärer Dialekt verstanden werden kann, wird von den Sprechern auf Grund seiner Nähe zum Standard wohl eher wie ein tertiärer Dialekt empfunden und nähert sich einem solchen auch zunehmend an.

(3) Im weitaus größten Teil Italiens ist die Nähesprache ein oft sehr ausgeprägtes *italiano regionale* (tertiärer italienischer Dialekt, der das 'Substrat' eines primären italienischen Dialekts enthält). In Mittelitalien ähnelt die Situation vielfach derjenigen der Toskana (2), da zwischen dem primären Dialekt und dem *italiano regionale* ein gleitender Übergang besteht.

(4) In Sardinien, Friaul und Alto Adige ist das *italiano regionale* ein tertiärer italienischer Dialekt, der das 'Substrat' eines nicht zum italienischen Diasystem ge-

hörenden Idioms enthält. Dieses *italiano regionale* kann schwächer (z.B. Sardinien[133]) oder sehr stark ausgeprägt sein (z.B. deutsches Substrat in Alto Adige).

(5) Eine eigenartige Situation hat sich in Alto Adige ergeben, wo neben dem *italiano regionale* der deutschsprachigen Bewohner (4) dasjenige der italienischen Bevölkerungsteile steht, das auf Grund der Zuwanderung aus den unterschiedlichsten Regionen bereits auf dem Standard basiert, also die Bezeichnung *italiano regionale* eigentlich kaum mehr verdient.[134]

Im Folgenden werden Beispiele aus den Situationen (1)–(4) geboten, da (5) bisher durch kein Corpus dokumentiert ist. Wie auch in unseren anderen beiden Sprachen (cf. 5.3.1; 5.7.1) sind die diatopischen Kennzeichen am stärksten im lautlichen (a), noch relativ stark im lexikalischen (c) und am schwächsten im morphosyntaktischen Bereich (b) ausgeprägt.[135]

Es sei noch einmal daran erinnert, dass die diatopische Markierung mit der Markierung 'gesprochen' nicht gleichzusetzen ist. Für die Einzelsprache Italienisch, in deren historischer Genese das diatopische Element ständig präsent war (cf. 5.4), ist es nun gerade charakteristisch, dass auch die Distanzsprache von diatopischen Differenzen durchzogen ist. Dies gilt jedenfalls für den lautlichen (a) und auch für den lexikalischen Bereich (c), wo wir sehen werden, dass bis heute in bestimmten Punkten eine Nivellierung des diatopischen Elements in der Distanzsprache nicht realisiert ist.

Selbstverständlich finden sich in den im Folgenden ausgewerteten Corpus-Ausschnitten 103*I–111*I auch Phänomene, die nicht diatopisch, sondern nur als 'gesprochen' markiert sind. Sie werden im Abschnitt 5.5.3 berücksichtigt.

a) Lautlicher Bereich: Hier zeigt sich am deutlichsten, dass die Ausmerzung diatopischer Charakteristika selbst in der italienischen Distanzsprache bei weitem nicht realisiert ist. Der diatopisch neutrale *accento della RAI* ist noch heute weitgehend ein rein präskriptives Konstrukt.[136] Mittlerweile hat man sogar den Eindruck, dass bedingt durch die Regionalisierung und die Kommerzialisierung der audiovisuellen Medien dieser Akzent sogar an Wirkkraft verloren hat. In der Alltagskommunikation wird die Standardlautung allenfalls von 3%, bei strengen Maßstäben sogar nur von 1% der Italiener realisiert; alle übrigen haben einen 'Akzent', der von sehr starker Regionalität bis zu einer groben diatopischen Markierung (Norden/Sardinien/Toskana/Mitte/Süden) reichen kann, wobei am 'hartnäckigsten' die Intonation ist. Die Intensität des regionalen Akzents ist

---

[133] Zur Diskussion über das – in seiner Spezifik allerdings teilweise unterschätzte – *italiano regionale sardo* cf. Loi Corvetto 1983.

[134] Cf. Kramer 1983.

[135] Cf. allgemein zu den *italiani regionali*: Sobrero 1978, 108–110, 120–125, 135–143 und 1988; Cortelazzo, M. 1974; Canepari 1983, 49–103; Bruni 1984, 88–101; Telmon 1990; 1993; Coveri et al. 1998, 42–56; Tempesta 2005, 101–108. Zur Bedeutung der Diatopik für das gesprochene Italienisch: Radtke 1981.

[136] Cf. Canepari 1983, 45–49; Beccaria 1988, 134–136.

gestaffelt nach Parametern wie: sozialer Status, Bildungsgrad, Alter (stärkerer Medienkonsum und größere Mobilität der Jugendlichen), Geschlecht (ausgeprägtere Standardisierungsbemühung bei den Frauen), schließlich wiederum geographische Herkunft (Nordwesten/Rest: cf. oben Punkt (1)) und dann natürlich Nähe/Distanz. Letzterer Zusammenhang bedürfte noch einer genaueren Erforschung: wie weit reduzieren italienische Sprecher tatsächlich ihre lautlichen Regionalismen, wenn sie sich – bei phonischer Realisierung – im Distanzbereich bewegen? Man kann aber sicher davon ausgehen, dass im Nähebereich die regionalen lautlichen Merkmale stärker zum Durchbruch kommen. Andererseits ist zu berücksichtigen, dass bestimmte Merkmale wie z.B. die phonologische Struktur im Bereich der E- und O- sowie auch der S-Laute so stark internalisiert sind, dass sie bei den Sprechern über das gesamte konzeptionelle Kontinuum hinweg wirksam sind (cf. unten).

Was nun einzelne diatopisch markierte Phänomene betrifft, so ist zuerst einmal an die bekannten nähesprachlichen lautlichen Toskanismen zu denken.[137] Sie sind natürlich in unserer entsprechend 3.2.1 orthographisch regularisierten Transkription der Corpus-Ausschnitte nicht erkennbar. So müssen wir bei den florentinischen Sprechern weithin die intervokalische *gorgia toscana* unterstellen mit Lautungen wie [nonɔˈmiːhahaˈɸiː-θo] für *non ho mica capito* (1*I,$_{22/24}$; andere einschlägige Fälle in: 5*I; 6*I; 7*I; 9*I; 10*I; 20*I; 28*I; 29*I; 47*I; 50*I; 53*I; 54*I; 69*I; 72*I). In der Regel (Ausnahme Cr in einigen ganz extremen Fällen: z.B. 50*I,$_5$: *mangiata* [manˈdʒaːθa]) abstrahieren auch die Original-Corpustranskripte hiervon ebenso konsequent wie von den toskanischen Varianten [ʃ] bzw. [ʒ] für intervokalisches [tʃ] bzw. [dʒ], die wir etwa in 69*I,$_1$: *alle ciliege* unterstellen können ([ʃ] für [tʃ] auch bis hinein in meridionale *italiani regionali*). Inkonsequenterweise erfassen die Original-Transkripte demgegenüber sehr wohl florentinisches [ɔ] für [wɔ] (so bei 7*I,$_1$: *può*; 10*I,$_5$: *vuole*; 50*I,$_1$ und $_3$: *vuoi*; $_4$: *buona*; 57*I,$_1$: *vuoi*), ferner etwa [a] für [ai] in *hai* (7*I,$_1$).

Wir nehmen uns nun noch je einen Ausschnitt aus phonisch transkribierten Corpora des italienischen Nordens und Südens vor. Zunächst eine Kostprobe einer Bologneser Sprecherin:

(103*I)

A	[[...] ecco	se si	va a Bolo/	in centro	nelle̱	nove		1
	[ˈɛkko	s̱e s̱i	ˈva a boˈlo/	iɲˈtse:ŋtro	ˈnelle::	ˈnɔ:ve		
A	[nove e mezzo	si vedon	già	molti	locali	pubblici		2
	ˈnɔ:ve e ˈmeδδzo	si ˈveːdoŋ	dẓa	ˈmoːlti	loˈkaːli	ˈpubblits̱i		
A	[chiusi e quello	fa molta	tristezza	ecco .				3
	ˈkjuːẓi e ˈkwello	ˈfa ˈmoːlta	triˈs̱teϑϑs̱a	ˈɛkko				

---

[137] Cf. etwa Canepari 1983, 56–59.

```
A [ i portici/   anche quel  modo  di  passeggiare   sotto                    4
    i 'pɔːrtitsi 'aːŋke kwel 'mɔdo di passe'dʒaːre  'ṣotto
A [ i portici/ . piove  nevica   si è riparati   insomma                      5
    i 'pɔːrtitsi/ 'pjɔve 'neːvika ṣi 'ɛripa'raːti iŋ'ṣomma
A [ aiuta  anche a vivere . a vivere   in  una   certa                        6
    a'juːta 'aŋke a 'viːvere a 'viːvere in 'uːna 'tsɛrta
A [ maniera .  ci si sente  un po'  protetti  e adesso  dicono                7
    ma'ɲjeːra tsi ṣi 'ṣeːŋte um-'pɔ pro'tɛtti e a'dɛṣṣo 'diːkono
A [ invece che_ . contengono   tanti   veleni   e che sarebbe                 8
    iŋ'veːtse keː  koŋ'teːŋgono 'taːŋti ve'leːni e ke sa'rɛbbe
A [ bene  stare  in casa   invece   che andare   a passeggiare .              9
    'beːne 'staːre iŋ'kaːza iŋ'veːtse ke aŋ'daːre a paṣṣe'ddʒaːre
A [ ((lacht)) adesso  si  è rovesciato  tutto  quanto [...]                  10
    a'dɛṣṣo ṣi 'ɛroveṣ'jaːto 'tutto 'kwaːŋto ]
```

(RV, 79)

Das *italiano (parlato) di Bologna* ist geprägt von Interferenzen mit dem primären Bologneser Dialekt, die teilweise auch in anderen *italiani regionali settentrionali* anzutreffen sind, teilweise aber eine eigene Spezifik aufweisen:[138] Fehlen des *raddoppiamento sintattico*[139] ($_1$: *se si va a Bolo/* ; $_2$: *già molti*; $_3$: *fa molta* etc.); Realisierung von /n/ als [ŋ] auch vor dentalen und alveolaren Konsonanten ($_1$: *in centro*; $_2$: *si vedon già*; $_5$: *insomma* etc.); Aufgabe der phonologischen Opposition /s/~/z/ bei phonetisch einheitlich stimmhafter Realisierung zwischen Vokalen ($_3$: *chiusi*; $_9$: *casa*; cf. demgegenüber 104*I,$_7$ etc.); Verschiebung der Artikulationsstellen einerseits der S-Laute nach hinten, andererseits der alveopalatalen Frikative/Affrikaten nach vorn, so dass sich beides vielfach etwa im postalveolaren Bereich trifft (einerseits: *se, si* ($_1$); *sente* ($_7$) etc.; *chiusi* ($_3$); *casa* ($_9$); andererseits: *centro* ($_1$); *pubblici* ($_2$) etc.; *già* ($_2$); *passeggiare* (4) etc.; [ʃ] wird durch [ṣ], vor [a] und dunklen Vokalen jedoch durch [ṣj] ersetzt: *rovesciato* ($_{10}$)); anstelle der dentalen Affrikaten [ts], [dz] nur angedeuteter dentaler Verschluss mit alveolarer Fortsetzung [ϑs], [δz] wie in *tristezza* ($_3$); *mezzo* ($_2$); häufige Vokallängung in betonter geschlossener Silbe außer vor Geminaten ($_1$: *centro*; $_2$: *molti*; $_5$: *portici*; $_4$: *anche*; $_7$: *sente* etc.).

Hinsichtlich des Vokalismus ist weiterhin einzugehen auf das Problem der Opposition /e/~/ɛ/ und /o/~/ɔ/. Während Letztere im *italiano di Bologna* relativ solide zu sein scheint (cf. 103*I,$_2$: *molti*; $_4$: *sotto* etc. gegenüber $_1$: *nove*; $_5$: *piove* etc.), hat Erstere hier nur ein geringes *rendement fonctionnel* wegen häufiger Realisierung von [e] statt [ɛ]

---

[138] Cf. Rizzi/Vincenzi 1987, 13–29.
[139] Die nicht phonotaktisch bedingten Geminaten existieren hingegen ($_1$: *ecco*; $_1$: *nelle*; $_2$: *mezzo* etc.) – außer eventuell bei Geminatenhäufung (*passeggiare* ($_4$, aber: $_9$)).

(vor allem vor Nasal + Konsonant und bei [je]: *centro* ($_1$); *sente* ($_7$); *contengono* ($_8$); *maniera* ($_7$); cf. ferner *bene* ($_9$); andererseits umgekehrt: *se*($_1$)).

Schließlich noch eine Bemerkung zum *troncamento*, das in unserem Corpus-Ausschnitt vorkommt (103*I,$_2$: *si vedon già*). Es handelt sich hier um eine allgemein norditalienische, aber auch toskanische Tendenz im gesprochenen Italienisch i.w.S. (cf. 1*I,$_4$: *l'indoman giorno la chiamavan tutti*; 6*I,$_5$: *eran tanto*; 55*I,$_5$: *mi son messo*; 57*I,$_1$: *tienla*; 64*I,$_1$: *far la guerra*; 105*I,$_{3-4}$: *ammazzar il maiale*; 110*I,$_7$: *seguiscon le*; 119*I,$_{4-5}$: *ci vuol due*; aber auch bei einem sardischen Sprecher in 106*I,$_1$: *mi son deciso*). Zu beachten ist, dass andererseits das *troncamento* im geschriebenen Italienisch heute gerade nicht mehr die Regel darstellt, sondern als diaphasisch hoch bewertet wird.[140]

Nun eine Kostprobe aus dem meridionalen Bereich (Neapel):

(104*I)[141]

```
A [ dei problemi    attuale come    ne parla . insomma ... bene ...           1
  [dei p(r)obbləmə attuale kommə ne parlə ndzommə  bbene

A [ ne parla bene ... come dei dei problemi . per esempio/ .                  2
    ne parla bbene  kome dei dei probbləmə presempjə

A [ perché se un ci  stesse/ . mo' ci vo' . se io non comprasse               3
    pekke se ən-tʃə stesse  mo tʃə vo s-iə noŋ-komprasse

A ['o giornale . non potesse  sapere quello  che avesse successo .            4
   o ddʒornale nom-potesse sapere kwello k-avesse  suttʃesso

A [ per esempio in altre   parti  dell'Italia . dal mondo ... così            5
    presempjə  in altre partə dell-italja dal mondə  kosi

A [ pure la la televisione  è l'informazione .   che ci fa sapere             6
    pure la la televisjone e-ll-imformattsjone ke-ttʃi fa sapere

A [ appunto quello  che succede  in casa  nostra e quello   che               7
    appunto kwellə ke-ssuttʃede iŋ-kasa nostrə e-kkwellə ke-

A [ succede   pure fuora  casa nostra . però mi sembra che nuie               8
    ssuttʃede pure fworə kasa nostrə pero mi sembrə ke-nnujə

A [ c'interessammo   chiù dei problema   di fuora  casa . che i               9
    tʃ-interessammə kkju dei probbləma di fworə kasə ke i

A [ problema   di casa nostra ... <eh>[1] . noi per esempio    ci            10
    probbləma di kasa nostrə    e       -nnoi presempjo tʃi
```

---

[140] Auf einem anderen Blatt stehen natürlich die Fälle von *troncamento*, die in allen Varietäten des Italienischen obligatorisch sind (z.B. 103*I,$_4$: *quel modo*).

[141] Es sei darauf hingewiesen, dass in der phonetischen Original-Transkription auf die Unterscheidung von [e] und [ɛ] sowie von [o] und [ɔ] zugunsten der einheitlichen, aber unspezifischen Notation [e] und [o] bewusst verzichtet wurde.

A [guardiamo   quello   che succede   per esempio nel Congo [...]   11
   gwardjamo kwello ke-ssuttʃede presempjo   nel koŋgo]

<!>[1]   (So, 247)

Die Interferenzen mit verbreiteten Eigenschaften meridionaler Dialekte sind unübersehbar. Punktuell bricht hier – wie auch auf morphosyntaktischer Ebene (cf. b) – sogar der reine primäre Dialekt durch: die Lautung [**kkj**u] ($_9$) liegt eindeutig 'unterhalb' der Schwelle des tertiären Dialekts.[142] Oberhalb dieser Schwelle und damit im Bereich des *italiano regionale* liegen hingegen:[143] Abschwächung unbetonter (End-)Vokale bis hin zu [ə] ($_1$: *problemi*; $_1$: *come*; $_1$: *parla*; $_2$: *per esempio* etc.); Geminierung des intervokalischen /dʒ/ und /b/ ($_4$: *'o **g**iornale*; $_2$: *ne parla **b**ene*; cf. auch: *pro**b**lemi* ($_1$)); Aufgabe der phonologischen Opposition /s/~/z/ bei phonetisch einheitlicher stimmloser Realisierung auch zwischen Vokalen ($_{2,5}$: *per esempio*; $_5$: *così*; $_6$: *televisione*; $_{8,9,10}$: *casa*); nach /n/ Affrizierung des S-Phonems und Sonorisierung ($_1$: *insomma*).

Zum Abschluss der Betrachtung des lautlichen Bereichs sei entsprechend unseren Vorüberlegungen nochmals betont: es ist nicht gesagt, dass die Distanzsprache für die hier erwähnten diatopisch markierten Phänomene – bei phonischer Realisierung – völlig undurchlässig ist, wohl aber dass diese in der Distanzsprache 'verdünnt' auftreten. Auf jeden Fall sind in diesem Bereich noch weitere genauere Untersuchungen notwendig.

b) Morphosyntaktischer Bereich: Anders als im lautlichen und im lexikalischen Bereich bleiben hier diatopisch markierte Phänomene völlig aus dem Distanzbereich ausgeschlossen. Selbst die gesprochene Sprache i.w.S. zeigt sich im morphosyntaktischen Bereich relativ schwach diatopisch markiert, da sich im Italienischen wie in anderen Sprachen die tertiären Dialekte in der Regel gerade in diesem Bereich besonders eng an den Standard anschließen.

Nichtsdestoweniger weist das gesprochene Italienisch der Toskana vergleichsweise ausgeprägte diatopische Besonderheiten auf, da hier die Grenze zwischen primärem und tertiärem Dialekt verschwimmt (s.o. (2)). Zu erwähnen wären etwa folgende Erscheinungen: *i* + *raddoppiamento sintattico* als Artikel Mask. Sg. (28*I,$_1$: *i'registratore* [irre-]; 57*I,$_1$: *su i'coso*; 116*I,$_1$: *i'pollice*; entsprechend zu interpretieren: 1*I,$_7$ und $_{14}$: *i'lupo*); Kurzformen für die unbetonten Possessiva (1*I,$_5$: *la **su**' mamma*); *icché* für *che (cosa)* (7*I,$_1$); verkürzte Negation *un* (1*I,$_7$; 20*I,$_1$; 29*I,$_4$; 47*I,$_{1,4,12}$; 69*I,$_{14}$); Kurzform des Infinitivs (1*I,$_7$: *porta-gli*; 5*I,$_3$: *bisogna vede'*; 7*I,$_1$: *da fa'*; dies auch in Süditalien); *-ano* in der 3. Pers. Pl. Ind. Präs. Akt. (53*I,$_1$: *chied**ano***); verschiedene Besonderheiten in der Markierung der grammatischen Person bei Verben und Pronomina. Zum letzten Punkt gehört vor allem die Existenz klitischer Subjektpronomina (1*I,$_{10}$: ***la** vede*; $_{11}$: ***la***

---

[142] Ganz ähnlich übrigens die meridionale Lautung [kwannə] in 115*I,$_1$, die interessanterweise gleich anschließend durch das diatopisch neutrale [kwando] korrigiert wird.
[143] Cf. etwa Canepari 1983, 70–73.

sente; 29*I,₅: *l'è*; 47*I,₆: ***e' tornerà***; 116*I,₁: *l'è* etc.; cf. auch Anm. 166); in diesem Zusammenhang ist auch *te* als betontes Subjektpronomen – neben dem klitischen *tu* – zu sehen (47*I,₉/₁₁: *e **te** quando **tu** ceni*; cf. 1*I,₁₃; 7*I,₁; 69*I,₁), ferner der Typ *(noi) si canta* für *(noi) cantiamo*:

(105*I)

A [io sabato andai in campagna con la mamma e il babbo perché eh		1
A [un un suo/ un contadino che stava lassù ci ave/ ci aveva		2
A [telefonato del paese che **noi si** andasse lassù a ammazzar il		3
A [maiale e allora quando **si** fu arrivati il mio babbo disse [...]		4

(St, 365)

Dass die Morphosyntax auch in unserem meridionalen Corpusausschnitt 104*I ein sehr starkes diatopisches Kolorit aufweist, ist teilweise dadurch bedingt, dass einfach Elemente beibehalten werden, die ausschließlich dem primären Dialekt angehören: *'o giornale* (₄); ***nuie** ci interess**ammo*** (₈₋₉); *vo'* = *vuole* (₃); gleiches gilt für *sape* = *sa* in 77*I,₁,₂. Daneben erkennen wir aber auch diatopische Merkmale, die durchaus bis ins *italiano regionale* vordringen bzw. gerade die für den tertiären Dialekt typische Spannung zwischen Anforderungen des Standards und diatopischen 'Abweichungen' spiegeln: Unsicherheiten in der Nominalflexion auf Grund lautlicher Verdumpfung des Endvokals (104*I,₁: *dei problemi attuale*; ₉: *dei problema*; cf. dazu a); ähnlich in der Verbflexion: *comprasse* (₃); die irreale hypothetische Periode mit Konjunktiv Imperfekt in Protasis und Apodosis (₃₋₄: *se io non comprasse o giornale non potesse sapere*; dann sogar – wahrscheinlich durch Modusattraktion – *quello che avesse successo* (₄)); die verkürzte Negation *un* (₃; cf. oben zum Toskanischen). Weitere Merkmale meridionaler *italiani regionali* sind z.B.: höfliches *Voi* für *Lei* (120*I,₄); *so'* für *sono* (41*I,₅; 120*I,₅; dies auch in Rom und in der Toskana) sowie die differentielle Markierung mit *a* für das persönliche direkte Objekt, die wir im Übrigen ebenfalls im sardischen *italiano regionale* finden, wie folgende Äußerung eines Sarden zeigt:

(106*I)

A [[...] poi mi son deciso anch'io arrivando a una certa età che		1
A [uno non può disporre neanche di 100 lire per . per invitare		2
A [a una birra **a** un amico [...]		3

(Ro, 166)

Ein in zahlreichen *italiani regionali* vertretenes Phänomen ist *si* anstelle des reflexiven *ci*,[144] hier bei einem lombardischen Sprecher:

(107*I)

A [[...] a Castagnovizza abbiamo preso il paese di Castagnovizza	1
A [il 1° novembre del 1916 e abbiamo dovuto ritirar**si** [...]	2

(FP, 407)

Auch die nördlichen *italiani regionali* besitzen selbstverständlich ihre morphosyntaktischen Eigenheiten, die durch dialektale Phänomene angeregt sind: z.B. *dove me = vicino a me* im Piemont (33*I,$_6$); *nelle nove nove e mezzo* in Bologna (103*I,$_{1-2}$); *seguiscon(o)* im Tessin (110*I,$_7$). Weit verbreitet im Norden sind etwa das Fehlen des Artikels vor Possessiva (113*I,$_1$: *suo papà*)[145] und die Verwendung postverbaler negativer (bzw. negativierter) Pronomina und Adverbien ohne präverbales *non* wie bei folgenden beiden lombardischen Sprechern (cf. auch 5.5.3, b11):

(108*I)

A [[...] lui sul momento è restato lì di sale e mi ha detto	1
A [**niente** [...]	2

(FP, 161)

(109*I)

A [[...] allora siamo rimasti/ arrivati là a Santa Croce la	1
A [mattina dove abbiamo preso il primo trenino che andava su	2
A [**mi ricordo più** a che ora insomma verso le otto le nove **mi**	3
A [**ricordo più** bene [...]	4

(Ro, 112)

Das augenfälligste Merkmal nördlicher *italiani regionali* ist zweifellos die Verwendung des *passato prossimo* als des typischen narrativen Tempus statt des *passato remoto* (cf. 48*I,$_{passim}$; 55*I,$_{passim}$; 64*I; 107*I,$_{1,2}$; 109*I,$_{1,2}$). Man stelle daneben die konsequente Verwendung des *passato remoto* etwa bei toskanischen Sprechern (1*I,$_{passim}$; 105*I,$_{1,4}$). Im äußersten Süden fehlt hingegen gerade das *passato prossimo* im Dialekt, so dass im

---

[144] Genannt werden nördliche und/oder mittlere *italiani regionali*: cf. etwa Sobrero 1978, 120; Berretta 1985, 127; Beccaria 1988, 113. Das Phänomen ist jedoch offensichtlich nicht so weit verbreitet, dass es dem *italiano popolare* schlechthin zugewiesen werden könnte.

[145] Bei Verwandtschaftsbezeichnungen erscheint im Standarditalienischen zwar grundsätzlich kein Artikel vor dem Possessivum; eine der Ausnahmen hiervon stellen jedoch Koseformen dar, so dass an der zitierten Stelle gerade ein Artikel zu erwarten wäre.

italiano regionale Unsicherheiten im Umgang mit diesem Tempus bestehen. In gesamtitalienischer Perspektive zeichnet sich freilich ab, dass das *passato prossimo* auch in Mittel- und Süditalien expandiert[146] (cf. das rein narrative *ci siamo messi* eines Sprechers aus der Gegend von Tarent in 115*I,5,6). Jetzt schon den Verlust des *passato remoto* im 'gesprochenen' Italienisch i.e.S. zu vermelden (analog zum Verlust des *passé simple* im Französischen; cf. 5.3.3, b7), wäre jedoch verfrüht.

Alle vorgestellten morphosyntaktischen Phänomene rücken entsprechend 2.4.2, Abb. 3 natürlich längs der Varietätenkette als niedrig markiert in weitere Dimensionen des einzelsprachlichen Varitätenraums ein. Einige dieser Phänomene können nun aber nicht weiter als bis in die diastratische Dimension rücken und bleiben im Rahmen des *italiano popolare* 'blockiert' (cf. zu derartigen Blockierungen: 5.3.2, b): *dei problema*; *se comprasse, potesse*; *invitare a un amico*; *abbiamo dovuto ritirarsi*; *dove me*; *mi ricordo più*. Wiederum regional gestaffelt ist die Einordnung etwa bei *te* als betontem Objektpronomen, das nicht nur in der Toskana (s.o.), sondern auch im Norden vorkommt (cf. 114*I,7), aber nur in letzterem Gebiet im *italiano popolare* blockiert bleibt.

c) Lexikalischer Bereich:[147] Wie im lautlichen Bereich sind auch hier die diatopischen Divergenzen selbst in der italienischen Distanzsprache nicht völlig beseitigt. Beim Lexikon erklärt sich dies ganz einfach aus der Tatsache, dass der Nähebereich des Italienischen jahrhundertelang von den primären Dialekten beherrscht wurde, während die Distanzsprache in erster Linie als Literatursprache eine völlig abgehobene Existenz führte (cf. 5.4.3). Die Kommunikation über Gegenstände der Alltagskultur spielte sich im Wesentlichen im primären Dialekt und außerhalb der Reichweite der Distanzsprache ab, die vorrangig einen Wortschatz für literarische Ausdrucksabsichten entwickeln musste, während die alltägliche Sachkultur vernachlässigt wurde oder allenfalls mit einem Vorrat an – oft regional – variierenden Bezeichnungen erfasst werden konnte.[148] Besonders nach der italienischen Einigung und im Zuge der zunehmenden Ausstrahlung der Distanzsprache auf den Nähebereich wurde es jedoch unumgänglich, sich bei der Kommunikation über Gegenstände der Sachkultur anderer Varietäten als des primären Dialekts zu bedienen (*italiano popolare, italiano parlato* und sogar *italiano scritto*). Da ein entsprechender national einheitlicher Wortschatz hierfür aber in vielen Fällen nicht zur Verfügung stand, blieb den Sprechern/Schreibern nichts anderes übrig, als auf das dialektale bzw. regionale Vokabular zurückzugreifen.

So wird verständlich, dass im Bereich der alltäglichen Sachkultur bestimmte ***geosinonimi*** für diatopische Divergenzen im Lexikon sorgen, die **konzeptionell neutral**

---

[146] Cf. Sornicola 2005, 31s. – Dass die Bereitschaft zur Verwendung des *passato remoto* nach wie vor von Norden nach Süden zunimmt (mit überraschenderweise leicht reduzierten Werten für Sizilien), erhellt tendenziell aus einer Untersuchung von Bertinetto (1996), die freilich nicht – streng varietätenlinguistisch – den spontanen Sprachgebrauch untersucht.

[147] Cf. etwa Rüegg 1956; De Felice 1977; Telmon 1993, 129–141; Coveri et al. 1998, 51–56.

[148] Cf. De Mauro 1970a, 29s., 162.

sind, also bis in die Distanzsprache hineinreichen: allgemeines *comodino* neben nördlichem *tavolino da notte* 'Nachttisch'; allgemeines *stampella* neben toskanischem *gruccia* 'Krücke'; nördliches *anguria* neben toskanischem und mittelitalienischem *cocomero* und südlichem *melone d'acqua* 'Wassermelone' etc. Bei genauer Betrachtung finden wir hier – wenn auch in reduziertem Maßstab und unter anderen Detailbedingungen – eine Situation, die für die spanische Sprachgemeinschaft generell von größter Bedeutung ist. Bestimmte territoriale Verteilungen von Varianten – hier nur innerhalb des Wortschatzes – sind heutzutage letztlich neutral gegenüber der Differenz zwischen kommunikativer Nähe und Distanz, d.h. der (Schrift-)Standard enthält gleichberechtigte Varianten, die somit nicht als 'diatopisch' (und überhaupt nicht als diasystematisch), sondern nur als 'topisch' zu gelten haben (cf. 5.7.1; zu den oft im Zusammenhang mit den *geosinonimi* genannten Varianten *adesso/ora/mo'*, wo sich die Dinge deutlich anders verhalten, cf. das Folgende sowie 5.5.3, c).

Streng zu trennen von dieser Art *geosinonimi* sind diejenigen, bei denen einem Lexem des Standards ein diatopisch markiertes gegenübersteht, das dann indirekt als diastratisch/diaphasisch niedrig und schließlich als **'gesprochen'** markiert ist.

Auch auf dieser Ebene gibt es durchaus Toskanismen, die sich nicht innerhalb des Standards durchgesetzt haben wie *il tocco* 'ein Uhr' (47*I,$_7$).

Meridional markiert sind in 104*I: *starci* für *esserci* ($_3$; cf. auch 65*I,$_3$; ferner *stare* für *essere* in 2*I,$_3$); *fuora* für *fuori* ($_{8,9}$; aber auch in anderen *italiani regionali*); *mo'* (für *adesso/ora*; cf. 5.5.3, c), das in 104*I,$_3$ Bestandteil der insgesamt wiederum stark diatopisch markierten Wendung *mo' ci vo'* 'è proprio il caso di dire' ist. Typisch meridional auch *tenere* für *avere* in 115*I,$_2$ und 120*I,$_{1/2}$.

Für ein nördliches *italiano regionale* seien Beispiele angeführt, in denen Einflüsse aus dem Tessiner Dialekt durchschimmern, so *sbassarsi* für *abbassarsi* (114*I,$_1$) und auffällige Verbindungen von Verben mit bestimmten Adverbien:

(110*I)

A [[...] eh io frequento . il calci<u>o</u> **sono dentro** nella squadra di		1
A [calcio ... vado <u>a</u> allo stand di X andiamo a sparare eh al		2
A ⎡ sabato mattina di solito non mi		3
B ⎣ <organizzate qualcos'altro>[1]		4
A [viene in mente niente . i motori e così ah sempre dietro <no>[2]		5
A ["'sto Kwasaki" "'sta Yamaha" tutte quelle cose lì .		6
A [seguiscon le corse . si discute . quello là questo qui .		7
A [adesso ho 18 anni la **tiro qua** anch'io . siamo apprendisti		8
A [**abbiamo qua** tutti i motorini <no>[3] [...]		9
< ? >[1,2,3]		(B, 181)

Vergleiche ferner *logiata* (nach mailändisch *lugià*) für *allogiata* in 74*I,$_2$.

Schließlich noch ein Beispiel aus Friaul, wo sich das *guardare di stupido* des *italiano regionale* an das autochtone *uardâ di stùpit* anlehnt:

(111*I)

    A [[...] perché se uno non ha la macchina lo **guardano di stupido**   1
    A [a dir la verità <no>[1] ... senz'altro [...]   2
    < ? >[1]

    (Ro, 151)

Es dürfte deutlich geworden sein, dass das Italienische diejenige unserer drei Sprachen ist, in der die Nähesprache i.w.S. am stärksten diatopisch geprägt ist. *Italiano parlato* ist immer auch *italiano parlato regionale*.

Dass diatopische Merkmale, wie sie in 5.5.1 beschrieben wurden, sekundär in die niedrigen Varietäten der anderen Varietätendimensionen einrücken können, wird in 5.5.2/3 nicht mehr eigens erwähnt. Es sei jedoch an die Blockierung einiger diatopisch markierter morphosyntaktischer Phänomene innerhalb des *italiano popolare* erinnert.

5.5.2 Italienische Nähesprache im weiteren Sinne: diastratische und diaphasische Merkmale

Die diastratisch und diaphasisch als niedrig markierten Varietäten, die ebenfalls zur Nähesprache i.w.S. gehören, machen die 'Mittelzone' unseres Varietätenmodells in Abb. 3 aus. Dass wir diese Mittelzone im folgenden Abschnitt zusammenfassen, heißt nicht, dass wir den bedeutsamen Unterschied zwischen der diastratischen und der diaphasischen Varietätendimension verwischen wollen. Diese Vorgehensweise rechtfertigt sich vielmehr durch unsere Darstellungsweise, die vorrangig die Dimension 'gesprochen/geschrieben' im Auge hat, aber auch durch die im doppelten Sinne feststellbare intensive Dynamik zwischen beiden Varietätendimensionen: zum einen werden in synchronischer Hinsicht Phänomene längs der uns vertrauten Varietätenkette 3-2-1b (Abb. 3) von der diastratischen in die diaphasische Dimension 'weitergereicht', zum anderen ergibt die diachronische Verlagerung von Phänomenen in dieser Richtung eine regelrechte Form des Sprachwandels (cf. die folgenden Bemerkungen zu den *gerghi* unter c).

Von großer Bedeutung für die Erforschung der diastratischen Variation ist die 'Entdeckung' des ***italiano popolare*** in den letzten Jahrzehnten gewesen.[149] Es handelt sich hier um eine genuin diastratische Varietät (cf. zu ihrer Diachronie 5.4.3), zu der es bei-

---

[149] Zum Begriff des *italiano popolare* cf. De Mauro 1970b; Cortelazzo, M. 1969/72, III; Radtke 1979; Berruto 1983; 1987, 105–138; 1993b, 56–68; Coveri et al. 1998, 95–99; Tempesta 2005, 108–110; cf. auch oben Anm. 125.

spielsweise im Französischen kein echtes Pendant gibt (wo *populaire* ein Register der Diaphasik meint; cf. 5.3.2).

Recht vorläufig ist bislang der Begriffsapparat zur Benennung der italienischen **Diaphasik**, wo als Bezeichnungen für niedrige Varietäten etwa *italiano familiare/colloquiale* sowie *registro informale/trascurato/basso* in wenig klarer Relation zueinander stehen.[150] Wir begnügen uns deshalb im Folgenden in der Regel mit der Angabe 'diaphasisch niedrig'. Zwischen dieser Markierungsstufe und dem sehr niedrigen Register *volgare*, das in Wörterbüchern verwendet wird, besteht eine offensichtliche terminologische Lücke, die man gelegentlich durch die Verwendung des Terminus *popolare* zu schließen versucht, der jedoch dann nicht mit der diastratischen Interpretation von *italiano popolare* verwechselt werden darf. (Die diaphasisch hohen Register *formale/accurato/ricercato* etc. interessieren uns hier nicht vorrangig.)

Wir ordnen die zu besprechenden Phänomene wieder nach den Ebenen (a) lautlich, (b) morphosyntaktisch und (c) lexikalisch.

a) Lautlicher Bereich: Lautliche Merkmale, die genuin diastratisch oder diaphasisch markiert sind, gibt es im Italienischen nicht. Wir haben hier lediglich genuin diatopisch markierte Phänomene, die natürlich sekundär als diastratisch niedrig und tertiär als diaphasisch niedrig funktionieren.

b) Morphosyntaktischer Bereich:[151] Typisch für diesen Bereich ist es, dass die meisten vom Standard abweichenden Phänomene hier innerhalb des *italiano popolare* 'blockiert' bleiben und wegen der Bindung an eine niedrige soziale Schicht **nicht** einfach längs der Varietätenkette in die diaphasische Dimension oder gar in die Position 'gesprochen' einrücken können (cf. zu derartigen 'Blockierungen' 5.3.2, b). Dies gilt beispielsweise für: *ci* anstelle von *gli* (33*I,$_2$; 124*I,$_1$); *suo* anstelle von *loro* (113*I,$_1$); *avere* statt *essere* als Hilfsverb im *passato prossimo* (104*I,4: *quello che avesse successo*); redundantes *che* als allgemeine Subordinationsmarkierung (33*I,$_3$: *perché che*). Geradezu prototypisch sind analogische Formen wie *vadi*, *venghi* im Konjunktiv Präsens:

(112*I)
   A [...] "no io non voglio che tu **vadi** in compagnia [...]" [...]   1

                          (A, 102)

Gleichfalls im *italiano popolare* blockiert ist die Relativkonstruktion mit unveränderlichem *che*, das die jeweilige Aktantenfunktion innerhalb des Relativsatzes nicht spezifiziert (56*I,$_1$: *eravamo in altri posti che c'era dei contadini*; ebenso 66*I,$_1$; 106*I,$_{1-2}$). Davon zu unterscheiden ist die Zerlegung des Relativums in unveränderliches *che* und

---

[150] Cf. auch Berruto 1987, 139–152; 1993b, 70–80; Tempesta 2005, 85–87.
[151] Cf. etwa Berruto 1983 und 1993b, 56–70; Berretta 1988, 766s. und Coveri et al. 1998, 96–98.

ein Personal- oder Possessivpronomen, die im Französischen als *décumul du relatif* bezeichnet wird.

(113*I)

A [[...] io ho due nipoti **che suo** papà il tempo della guerra è	1
A [stato richiamato carabiniere [...]	2

(A, 104)

Cf. auch: 61*I,₅: *i stivali **che li** portavo qua*.¹⁵² Dieses Phänomen ist teilweise noch im *italiano popolare* blockiert, teilweise rückt es jedoch schon längs der Varietätenkette ins gesprochene Italienisch i.e.S. weiter (cf. 5.5.3, b5; cf. insgesamt zu Nichtstandardformen der Relativumkonstruktionen im Italienischen Alfonzetti 2002; resumierend zu solchen Konstruktionen in allen unseren drei romanischen Sprachen, cf. unten 5.7.2.b).

Die massive Blockierung morphosyntaktischer Phänomene im *italiano popolare* hat zwei Konsequenzen.

Zum einen ist die Zahl der morphosyntaktischen Phänomene des *italiano popolare*, die längs der Varietätenkette in die diaphasische Dimension und schließlich sogar in die Position 'gesprochen' einrücken können, nicht sehr umfangreich. Zu nennen wären hier beispielsweise immerhin: *noialtri* / *voialtri* für *noi* / *voi* (cf. 56*I,₃) oder die Konstruktion von *c'è* und anderen Existenzprädikaten ohne Numeruskongruenz, also in einer zwischen Subjekt und direktem Objekt changierenden Aktantenfunktion¹⁵³ (cf. 56*I,₁: *c'era **dei** contadini*; auch 9*I,₁: *come lui n'esisterà pochi*; 119*I,₄₋₅: *ci **vuol** due tre anni*; dazu die Anm. 28 in Kap. 4).

Zum anderen gibt es im Italienischen praktisch keine morphosyntaktischen Erscheinungen, die genuin diaphasisch niedrig markiert sind.¹⁵⁴

c) Lexikalischer Bereich: Lexikalische Diastratik manifestiert sich im Italienischen vorrangig in den sog. *gerghi*, die sich ja in erster Linie durch lexikalische Charakteris-

---

[152] Am Rande sei darauf hingewiesen, dass sich von dieser Form des Relativums leicht eine Brücke zum *che polivalente* (cf. 4.3.5) schlagen lässt.

[153] Cf. Koch 2003c, 157–159, 171s.

[154] Der Unterschied zwischen den beiden Anredeformen *tu* und *Lei* wird zu Unrecht bisweilen im Kontext der Diaphasik genannt. *Tu* vs. *Lei* stellt vielmehr im Italienischen eine funktionale Opposition dar, deren Terme nicht sinnvoll verschiedenen Varietäten zugewiesen werden können. Sehr wohl als diaphasische Varianten sind hingegen höfliches *Voi* (Pl.) vs. *Loro* oder *Lei* vs. *Ella* aufzufassen, wobei *Loro* und erst recht *Ella* einem hohen Register und damit der Distanzsprache i.w.S. entsprechen, während *Lei* und *Voi* (Pl.) als diaphasisch neutral gelten können (zur Verwendung von *Loro* in 2*I,₂ cf. unten das Ende von 5.5.2). – Zu regionalem *Voi* für *Lei* cf. 5.5.1, b.

tika auszeichnen.[155] Die Problematik dieser 'Gruppensprachen', die von der Gaunersprache bis zur Sprache der Zuhälter und Prostituierten, der Homosexuellen, der Drogenabhängigen, der Studenten, der Schauspieler, der Kasernen, des Sports etc. reicht, gestaltet sich noch komplexer als die Problematik der französischen Argots, insofern im Italienischen die Lexik der *gerghi* nicht selten diatopisch begrenzt ist. Von Interesse für die überregionale Diastratik wird ein Wort aber erst in dem Augenblick, in dem es seine diatopische Markierung abstreift: z.B. ursprünglich venetisches *naia* / *naja* 'servizio militare' oder ursprünglich piemontesisches *riga* 'prigione di rigore' (cf. 33*I,$_{13}$; dies ist einer von vielen ursprünglichen Piemontesismen im *gergo di caserma*). Wichtig ist sodann, dass Lexeme der *gerghi* natürlich längs der Varietätenkette auch in die niedrig markierte Diaphasik und schließlich in die Position 'gesprochen' einrücken. Dies gilt zum einen in synchronischer Hinsicht, nämlich bei Wörtern, deren Verankerung im *gergo* auch in (sekundär) diaphasisch niedriger Verwendung spürbar bleibt, z.B. bei den schon genannten *naia* und *riga* (*gergo di caserma*) oder bei *mate* 'matematica' (*gergo studentesco*). Andererseits haben wir in diachronischer Hinsicht Wörter, deren Herkunft aus einem *gergo* verblasst ist und die primär in der diaphasischen Dimension funktionieren, z.B. *bidone* 'imbroglio, truffa' (aus dem *gergo* der Hausierer; jetzt einfach diaphasisch niedrig zwischen *familiare* und *volgare*[156]); *lanterne* 'occhi, occhiali' (aus der alten *lingua furbesca*; jetzt *familiare*); *bestiale* 'eccezionale, incredibile' (cf. 78*I,$_1$; ursprünglich aus dem *gergo di caserma*; jetzt *familiare*; s.u.).

Abgesehen von den *gerghi* hat die niedrige Diastratik im Italienischen wenige genuine Erscheinungen zu bieten. Immerhin können als typisch für das *italiano popolare* Deformationen wie *concorso* für *corso* (38*I,$_1$) oder *suggestione* für *soggezione* (55*I,$_{12}$) genannt werden. Diese Phänomene sind im *italiano popolare* blockiert und werden nicht längs der Varietätenkette 'weitergereicht'.

Was nun die genuine Diaphasik betrifft, so verfügt das Italienische inzwischen auch hier über einen Vorrat an 'niedrig' markierten, diatopisch neutralen lexikalischen Elementen[157] wie etwa familiäres *stufo, (così ...) cosà* oder *un sacco di*:

(114*I)

A [[...] bisogna sempre star sotto gli altri . abassar<u>si</u> . andare		1
A [avanti se no succede il tractrac . in famiglia bisogna stare		2
A [sempre seguire quella linea perché se vado . un <u>po'</u> fuori ...		3
A [dicono "quella lì è sviata" e qua e là . "bisogna metterla in		4
A [qualche collegio" e così . se magari penso . "ah domani non		5

---

[155] Cf. etwa Prati 1978; Marcato 1988; Radtke 1989; Sanga 1993; zum Folgenden auch Forconi 1988; Berruto 1993b, 70–84 und Coveri et al. 1998, 100–105, 162–167.
[156] In Zingarelli 1983 als *popolare* eingestuft, was aber mit der eigentlich diastratischen Varietätenbezeichnung *(italiano) popolare* kollidiert; cf. den Anfang von 5.5.2.
[157] Cf. besonders Albrecht 1979.

A [vado qui non vado là . son **stufa** voglio cambiare" . mi dicono		6
A ["ma <u>oh</u> ... se fanno gli altri così non vedo perché te dovresti		7
A [fare **cosà**" [...]		8

(B, 184)

(115*I)

A [mi ricordo <quando ero>¹ . <quando ero>² giovane <no>³ più o	1
A [meno potevo tenere diciotto diciannove anni che andavano a	2
A [mare un **sacco di** ragazzi allora fare 'na gara di . <nuoto>⁴ se	3
A [non che io veramente sapevo nuotare benino proprio diciamo ...	4
A [allora ci siamo messi in fila tre quattro ragazzi per fare	5
A ['sta gara qua e ci siamo messi a nuotare <no>⁵ [...]	6

< realisiert als [kwannəˈɛːrə] >¹   < realisiert als [kwandoˈɛːro] >²
< ? >³,⁵   < realisiert als [ˈnwɔːdo] >⁴   (M, 22)

Vergleiche auch: familiäres *figliolo/-a* 'figlio/-a' (20*I,₁,₂); *ripigliare* (59*I,₁₃); *bestiale* (78*I,₁; dazu schon weiter oben). Die heutige diatopische Neutralität solcher Elemente schließt nicht aus, dass in bestimmten Fällen eine ehemals vorliegende diatopische Markierung überregionaler Verbreitung gewichen ist, wie etwa bei dem – wohl als *volgare* einzustufenden – *troiaio* 'luogo molto sporco' (29*I,₅), das aus der Toskana stammt. —

Zum Schluss noch eine allgemeine Bemerkung zur diaphasischen Dimension. Die hier niedrig markierten Phänomene rücken bekanntlich auf Grund ihrer Affinität zum Nähebereich in die Position 'gesprochen' ein, während diaphasisch hoch markierte Phänomene in die Position 'geschrieben' weitergereicht werden. In anderer Perspektive bedeutet dies aber, dass Registerkennzeichnungen wie *familiare* etc. einer bestimmten sprachlichen Erscheinung gerade unter konzeptionellem Aspekt keineswegs als konstantes Merkmal zugewiesen werden können. Unabhängig von der nicht nur terminologischen, sondern auch sachlichen Schwierigkeit, ein konkretes Phänomen eindeutig einem bestimmten Register zuzuweisen, verschiebt sich nämlich die Registerskala als ganze vom Distanzbereich zum Nähebereich hin sukzessive nach 'oben':[158] Wenn etwa *questo quadro è bello un cavolo* im Distanzbereich eine Position zwischen *familiare* und *volgare* einnimmt, so rückt es im Nähebereich auf *familiare*; *questo quadro è bello un cazzo*, das im Distanzbereich *volgare* ist, wäre dann im Nähebereich nur noch zwischen *volgare* und *familiare* anzusiedeln (cf. zu diesen Negationsverstärkungen auch 5.5.3, b11). Die Höflichkeitsform *Loro*, die schon im Distanzbereich durchaus formell ist (cf. Anm. 154), muss im Nähebereich als *ricercato* gelten (cf. 2*I,₂).

---

[158] Zu dieser Relativität der Registermarkierung cf. Söll 1985, 190ss.; vgl. auch das Ende von 5.3.2 und 5.7.2.

5.5.3 Italienische Nähesprache im engeren Sinne:
Merkmale der Varietät 'gesprochen'

Die recht dynamische italianistische Forschung zeigt immer deutlicher, dass bestimmte von der präskriptiven Norm abweichende Phänomene nicht, wie zunächst angenommen, als diastratisch niedrig markiert (entsprechend 3 in Abb. 3), sondern letztlich als 'gesprochen' i.e.S. (1b in Abb. 3) zu werten sind.

Die Dynamik der Forschung wird noch verstärkt durch die (mögliche) Dynamik ihres Objektes selbst, also des Gefüges der italienischen Varietäten. Mittlerweile diskutiert man nämlich, ob nicht bestimmte als 'gesprochen' geltende Erscheinungen bereits Bestandteil einer neuen, offeneren Standardvarietät sind (*italiano dell'uso medio* o.ä; cf. die Schlussbemerkung von 5.4.3) und somit durchaus schon Zugang zum Distanzbereich haben.

Bei bestimmten Fakten ist dies inzwischen sicher unstrittig, etwa bei *in strada* für *in istrada*, **a** *Orvieto* für **ad** *Orvieto*, **con gli** *amici* für **cogli** *amici*, **cosa?** für *che (cosa)?* oder *l'anno* **che** *sono nato* für *l'anno* **in cui** *sono nato*. Die jeweils an zweiter Stelle genannte Form gilt hier selbst innerhalb der Distanzsprache bereits als diaphasisch (z.T. sehr) hoch markiert.

Bei vielen der im Folgenden zusammengestellten Fakten ist die Diskussion noch im Gange. Zum einen steht eine genaue konzeptionelle Abgrenzung gegenüber dem Distanzpol bislang aus. Zum anderen bleiben tatsächlich die zukünftigen Entwicklungen im Italienischen selbst abzuwarten. In jedem Fall können diese Erscheinungen aber heute schon als typisch für die Varietät 'gesprochen' gelten.

Nun zu den Phänomenen im Einzelnen.[159]

a) *Lautlicher Bereich:* Die lautlichen Phänomene sind im Italienischen zu stark diatopisch geprägt, als dass sich panitalienische Merkmale der Varietät 'gesprochen' benennen ließen. Abweichungen von der präskriptiven Norm hinsichtlich der Opposition /e/~/ɛ/ und /o/~/ɔ/ sind zwar außerhalb der Toskana die Regel, aber sie sind, sei es auf phonetischer, sei es auf phonologischer Ebene, regional wiederum sehr unterschiedlich ausgeprägt, so dass man sie hier nicht anführen kann (cf. 5.5.1, a).

Die Mehrzahl der Merkmale des gesprochenen Italienisch i.e.S. sind **morphosyntaktischer** Natur.

b1) *Ungebräuchliche Pronominalformen:* Im gesprochenen Italienisch praktisch inexistent sind *vi* als Variante von *ci* (z.B. *non vi andrò*; in unseren Corpus-Ausschnitten tatsächlich nicht belegt) und das Demonstrativum *ciò* (*ciò è impossibile*), das durch *questo*

---

[159] Cf. verschiedene Beiträge in Holtus/Radtke 1985, besonders: Sabatini 1985, 157–169; Berruto 1985a; ferner Berruto 1987, 65–84; 1993b, 40–56; Berretta 1988, 764s., 771; 1994a; Beccaria 1988, 121–130; Koch 1988b, 195–197; Coveri et al. 1998, 247–255.

oder *quello* ersetzt wird. Die determinative Funktion (*ciò che* ...) übernimmt meist *quello* (cf. 4*I,₄: *quel che*; 32*I,₉ und 104*I,₄,₇,₁₁: *quello che*; aber 8*I,₈: *ciò che*).

b2) *Gli–le–loro:* Als klitisches Personalpronomen für das indirekte Objekt der 3. Pers. erscheint *gli* mittlerweile in beiden Numeri und Genera, also statt *loro* (cf. 56*I,₃; hier dringt es auch bereits in den Distanzbereich vor) und statt *le* (cf. 1*I,₃,₅; 50*I,₁; 51*I,₁; 69*I,₆; *le* für höfliches *Lei* ist hiervon nicht betroffen). Auf diese Weise wird zum einen das vom Typ her störende einzige postverbale Pronomen der Reihe beseitigt (*mi/ti/gli/le/ci/vi piace*, aber *piace loro* → *gli piace*), zum anderen eine bestehende Allomorphie analogisch ausgeglichen (**glielo** *dà* (sc. *a lei*), aber *le dà il pane* → **gli** *dà il pane*).

b3) *System der Pronomina der 3. Pers.:* Das komplexe System der sog. betonten Pronomina der 3. Pers. (Typen *egli/lui/esso*) wird nicht beibehalten. Es existiert nurmehr der Typ *lui*, der aber von Haus aus auf Personen beschränkt ist (für Nicht-Personen im geschriebenen Italienisch: Typ *esso*; z.T. allenfalls auch der Plural *loro*). Die hier entstehende Lücke wird häufig durch Demonstrativa geschlossen (cf. 11*I,₁: *quelli*, das sich auf Filme o.ä. bezieht; zum universalen Hintergrund der Verwendung von Demonstrativpronomina statt Personalpronomina cf. 4.4.4). Andererseits ist eine Ausweitung der Funktion von *lui* auf Nicht-Personen im gesprochenen Italienisch nicht mehr kategorisch auszuschließen. In jedem Fall wird aber die Opposition 'Person'/'Nicht-Person' geschwächt, eine Tendenz, die sich auch an einer anderen Stelle des Pronominalsystems andeutet, nämlich bei der Verwendung von *gli* statt *ci*, etwa in *puoi metter***glielo** (sc. *nel risotto*).[160]

b4) *Demonstrativa:* In materieller Hinsicht fällt das häufige *'sto/'sta* für *questo/questa* auf, das in den unterschiedlichsten Regionen anzutreffen ist (cf. 33*I, ₄,₇; 110*I,₆; 115*I,₆).

Was das System der Demonstrativa betrifft, so weist es im geschriebenen Italienisch nach der präskriptiven Norm drei Stufen auf: *questo/codesto/quello*, während man für das gesprochene Italienisch nur von einer Zweistufigkeit (*questo/quello*) ausgehen kann. Bezüglich der Toskana ergibt sich jedoch eine Insel-Konstellation (entsprechend 5.3.3, a1), da hier *codesto* auch in der Nähesprache lebendig ist. Im folgenden Beispiel rekapituliert eine Mutter mit ihrem Kind, wie die einzelnen Finger der Hand heißen:

(116*I)

    A [<come si chiama **codesto**>¹ dunque questo l'è i'pollice indice   1
    A [medio anulare e mignolo   2
    < ? >¹   (St, 391)

---

[160] Cf. Berretta 1985, 122; Berruto 1987, 74s.; Thun 1986, 235ss.

b5) *Relativa:* Völlig ungebräuchlich ist im gesprochenen Italienisch das Relativum *il quale*. Die genuin diastratisch markierte Zerlegung des Relativums, wie sie im *italiano popolare* ganz selbstverständlich auftritt (cf. 5.5.2, b), wird im gesprochenen Italienisch i.e.S. wesentlich zurückhaltender eingesetzt. Begünstigend sind etwa die Bedingungen, dass noch Lexemmaterial zwischen *che* und das Pronomen beim Verb tritt (*il libro **che** lui non voleva comprarlo*; cf. aber 117*I,₂: *un apparecchio **che** noi abbiamo in istituto*) oder dass die oblique Form (*di, a, ...*) *cui* umgangen werden soll wie in folgendem Beispiel eines Kosmetikers, der im Radio spricht (also keinesfalls ein *italiano popolare* realisiert):

(117*I)

A [[...] e infatti parlando dell'idromassaggio . l'idromassaggio	1
A [è un apparecchio che noi abbiamo in istituto . è un	2
A [apparecchio **che ne** abbiamo parlato anche tante altre volte qua	3
A [in radio [...]	4

(RV, 92s.)

Typischer noch für das gesprochene Italienisch i.e.S. ist die Relativkonstruktion mit Personalpronomen beim Verb trotz eines 'korrekten' Relativpronomens an der Spitze des Satzes (hier von demselben Sprecher wie in 117*I):

(118*I)

A [[...] quindi tutte queste cose messe insieme una con l'altra	1
A [possono dare poi . eliminare anche certi problemi **di cui ne**	2
A [abbiamo parlato altre volte [...]	3

(RV, 93)

b6) *Verstärkung von Adjektiven und Substantiven:* Das gesprochene Italienisch verfügt über eigene Elemente zur Verstärkung von Adjektiven (***gran** bello* u.a.). Daneben hat sich das an sich universale Verfahren der verstärkenden Wiederholung (cf. 4.4.5) bei Adjektiven und Adverbien in Form der Verdoppelung quasi grammatikalisiert:

(119*I)

A [[...] io ho parlato con diverse famiglie che erano quindici	1
A [anni qui che sono rientrate in Italia e che non sono più	2
A [rivedute si sono stabilite m'hanno detto "guardi il problema	3
A [è i figli però anche loro **piano piano** si riadattano però ci	4
A [vuol due tre anni non è il problema dei genitori i genitori	5
A [ormai sono venuti grandi là ormai sanno press'a poco com'è	6

```
A ⌈ anche tanti anni che è via" è quello il problema            7
B ⌊                                          eh un tirocinio    8
A ⌈              si il tirocinio anche noi genitori lo          9
B ⌊ un tirocinio lo fai <no>¹                                  10
A [ dobbiamo farlo [...]                                       11
    < ? >¹                                                (Ro, 128)
```

Eine Intensivierung der Bedeutung können auch Substantive durch Verdoppelung erfahren (z.B. *un caffè caffè*).

b7) *Futur und Konditional:* In Anm. 19 in Kap. 4. wurde am Rande auf das universal nähesprachliche Phänomen des *praesens pro futuro* hingewiesen (cf. für das Italienische: 22*I,$_2$: *dopo ti si **dà** tutti gli ossolini*; 114*I,$_{5-6}$: *domani non **vado** qui non **vado** là*). Im gesprochenen Italienisch liegt aber darüber hinaus möglicherweise bereits eine einzelsprachliche Tendenz zum Abbau des Futurs als Tempus zugunsten des Präsens vor[161] (und entsprechend des *futuro anteriore* zugunsten des *passato prossimo*). In modaler Verwendung ist das Futur hingegen durchaus lebendig (cf. 9*I,$_1$: *come lui n'esisterà pochi*; 20*I,$_{2-3}$: *si **starà** a vedere eh qualche santo ci **aiuterà***; weniger deutlich in 5*I,$_{1-2}$: *un po' di lezione tu le **farai***).

Parallel dazu scheint sich auch die temporale Qualität des *condizionale passato* zu reduzieren, das in seiner Funktion eines *futuro nel passato* teilweise durch das Imperfekt ersetzt wird (z.B. *mi ha detto che **veniva*** statt *mi ha detto che **sarebbe venuto***),[162] aber seine modale Funktion beibehält (65*I,$_3$: *vorrebbe*; 75*I,$_2$ und 103*I,$_8$: *sarebbe*; 114*I,$_7$: *dovresti*; im Bereich der höflichen Abschwächung allerdings wiederum in Konkurrenz mit dem Imperfekt: cf. in 4*I nebeneinander: *volevo* ($_2$) und *vorrei* ($_3$); zum Irrealis s.u. b8).

b8) *Konjunktiv:* Der Gebrauch des Konjunktivs ist im gesprochenen Italienisch allgemein im Rückgang begriffen[163], wie folgendes Beispiel deutlich zeigt. A, ein kampanischer Bauer, erzählt von seinem unehelichen Sohn, der von einer anderen Familie aufgenommen wurde. Gesprächspartner B ist sardischer Herkunft. Das Gespräch findet in einem Zug zwischen Salerno und Paola statt. So erklärt sich wohl der Meridionalismus *voi* für *Lei* ($_4$) aus seinem Munde (cf. 5.5.1, b).

---

[161] Cf. Berretta 1994b. Bemerkenswert ist demgegenüber die Tendenz zur Grammatikalisierung neuer Futurformen im gesprochenen Französisch (5.3.3, b8).
[162] Das einfache *condizionale*, das nach der präskriptiven Norm in dieser temporalen Funktion nicht auftritt (**mi ha detto che verrebbe*), ist im heutigen Italienisch ohnehin nur noch eine reine Modusform.
[163] Cf. Schneider 1999; mit Beobachtungen zur Abhängigkeit des Konjunktivgebrauchs von kommunikativen Parametern wie der Dialogizität/Monologizität: Lombardi Vallauri 2003.

(120*I)

A [[...] adesso tiene . ((zählt mit den Fingern seiner beiden		1
A [Hände)) tiene trentun anni ((seufzt, schüttelt den Kopf,		2
A ⌈ lächelt))		3
B ⌊ <quindi Voi adesso siete contento che vostro figlio		4
A ⌈ beh da un lato so' contento da un altro lato		5
B ⌊ **sta bene**>[1]		6
A [scontento [...]		7
< ? >[1]		(Lo, 76)

Vergleiche auch: 33*I,$_5$: *cos'erano*, wo ein Konjunktiv sehr gut möglich wäre. Dennoch ist der Konjunktiv durchaus präsent: 39*I,$_1$: *legga*; 74*I,$_4$: *facciano*; 105*I,$_3$: *si andasse*; 112*I,$_1$: *vadi* (zu letzterer morphologischer Form cf. 5.5.2, b). Um seine tatsächliche Vitalität zu ermessen, müsste man allerdings genauer nach einzelnen Anwendungsbereichen differenzieren. So ist, wie auch unsere Beispiele belegen, der Konjunktiv nach volitiven Verben (und finalem *perché*) stabiler als in indirekten Fragesätzen oder nach Ausdrücken der Bewertung (oder gar nach *verba putandi*). Des Weiteren beobachten wir beim Konjunktivabbau eine Insel-Konstellation (entsprechend 5.3.3, a1), da dieser Modus im nördlichen und toskanischen gesprochenen Italienisch eindeutig vitaler ist.

Ein besonderer Gebrauch des Konjunktivs liegt in der Protasis der irrealen hypothetischen Periode vor, wo die präskriptive Norm die Typen *se potessi, lo farei* (Gegenwart) und *se avessi potuto, lo avrei fatto* (Vergangenheit) zum Modell erhebt. Das gesprochene Italienisch favorisiert demgegenüber einen einheitlichen Typ mit dem Indikativ Imperfekt in der Protasis sowie in der Apodosis, für den Irrealis sowohl der Gegenwart (121*I) als auch der Vergangenheit (122*I):

(121*I)

A [[...] se av**evo** l'età per amare io ora **ero** all'Esattoria della	1
A [Cassa di Risparmio di Viareggio [...]	2
	(Lo, 101)

(122*I)

A [[...] è venuta dentro la fiamma se ven**iva** lì mor**ivamo** tutti	1
A [io ero dentro al ricovero che mi aveva portato la signorina	2
A [l'infirmiera che mi voleva bene mi veniva a vedere lì mi ha	3
A [salvato la vita [...]	4
	(FMR, 64)

Andere vom Standard abweichende Lösungen zum Ausdruck der irrealen hypothetischen Periode im gesprochenen Italienisch i.w.S. sind diatopisch markiert (z.B. der in 104*I,$_{3-4}$ vorliegende Typ mit Konjunktiv Imperfekt in Protasis und Apodosis: cf. 5.5.1, b).

b9) *Status und Gebrauch der **unbetonten Personalpronomina**:* Im Italienischen haben sich verbnahe Klitika ('unbetonte' Personalpronomina) für das direkte Objekt, indirekte Objekt etc. herausgebildet: **glielo** *do* (gegenüber *do* **questo a lui** / *do* **il libro a suo padre**).

Diese Klitika können im Italienischen (wie im Spanischen) bei einer Verbindung Hilfsverb + Infinitiv im Prinzip entweder in Proklise zum Hilfsverb oder in Enklise zum Infinitiv treten: *lo devo fare* oder *devo farlo*. Im gesprochenen Italienisch scheint nun der proklitische Typ deutlich häufiger zu sein als der enklitische[164] (cf. etwa 49*I,$_1$: **vi** *potete integrare*; 61*I,$_7$: **mi** *dovette fare*; 122*I,$_3$: **mi** *veniva a vedere*; aber auch z.B. 55*I,$_{10-11}$: *volevo tirar**lo** su*).

Die sowohl pro- als auch enklitische, also doppelte Setzung des unbetonten Pronomens (cf. 119*I,$_{9/11}$: **lo** *dobbiamo far**lo***) ist wohl eher auf der universalen Ebene des Nähesprechens als Planungsschwäche – im Rahmen der einzelsprachlichen Gegebenheiten – einzuschätzen (etwa als Kontamination im Sinne von 4.3.2; cf. ganz parallel sp. **te** *vengan a abrir**te*** in 127*S,$_7$).

Unabhängig von diesen Spezialproblemen gehen im Italienischen wie auch im Spanischen und Französischen (cf. 5.3.3, b12) die Klitika generell eine so enge Verbindung mit dem Verb ein, dass sie als Bestandteil des verbalen Syntagmas anzusehen sind. Es ist nun ohne weiteres möglich, dass ein nominaler Aktant im Satz (Substantiv, betontes Pronomen etc.) in seiner Funktion von einem entsprechenden Klitikum innerhalb des verbalen Syntagmas 'gedoppelt' wird.[165]

Wenn der betreffende Aktant eine Endstellung im Satz einnimmt, so ist diese pronominale Wiederaufnahme im geschriebenen Italienisch ausgeschlossen, im gesprochenen Italienisch dagegen durchaus gängig (cf. etwa 59*I,$_{11}$: *non ce l'ha ancora nessuno **il brevetto***; 29*I,$_{16}$: **mi** *va bene il bicchiere **a me***). Die pronominale Wiederaufnahme bei einem Aktanten in Spitzenstellung wird in der geschriebenen Sprache zumindest stark gemieden, während auch sie in der gesprochenen Sprache häufig ist (cf. etwa 55*I,$_{4-5}$: *oramai **il mio conto** lo sapevo*; 69*I,$_6$: ***a lei** gli fanno l'effetto un po' di/*). Hier stellt sich die Frage, ob das gesprochene Italienische an der schon seit längerem diskutierten **Objektkonjugation** teilhat, ob also die Tendenz besteht, das Verb nicht nur in Kongruenz

---

[164] Cf. genauer Berretta 1986.
[165] Cf. insgesamt zu diesem Problemkomplex etwa: Gossen 1954; Bossong 1980; Berruto 1985b und 1986; Oesterreicher 1996b, 298–303. Zu den Grammatikalisierungsphänomenen in diesem Bereich: Givón 1984/90, I, 360–363; Lehmann 1995.

mit dem Subjekt (im Falle des Italienischen durch Personalendungen), sondern auch in Kongruenz mit anderen Aktanten (eben durch die Klitika) zu konjugieren.

Zu bedenken ist hier, dass der Satztyp mit Kongruenz durch pronominale Wiederaufnahme auch eine der Ausprägungen des universal nähesprachlichen Phänomens der Segmentierung darstellt (4.3.4, Typ (d) und (d')): *in Albania ci sono stato* (48*I,$_4$); *gli ho dato un spintone **alla barca*** (51*I,$_1$); auch ***dei problemi attuale*** *come ne parla* (104*I,$_1$). Nun ist bekannt, dass segmentierte Konstruktionen dieser Typik in der Diachronie zu einzelsprachlichen Konjugationsmustern grammatikalisiert werden können, indem die pronominale Wiederaufnahme eine Generalisierung erfährt, so dass das Pronomen den Charakter eines Konjugationsmorphems annimmt. Es stellt sich somit die Frage, ob eine Grammatikalisierung dieser Art im gesprochenen Italienisch – als der 'fortschrittlichsten' Varietät ('*italiano avanzato*') – bereits erkennbar ist. Dabei darf freilich nicht übersehen werden, dass ja selbst in gesprochenen Diskursen die – in geschriebenen Diskursen verabsolutierten – Konstruktionen ohne Klitika durchaus frequent sind (cf. etwa 41*I,$_3$: *io non ho avuto l'opportunità*; 33*I,$_2$: *e mi manda all'ospedale*). Ehe man dem gesprochenen Italienisch also eine Tendenz zur Objektkonjugation zuschreibt, bedürfte es noch genauerer Untersuchungen zur Frequenz und zur Verteilung der Konstruktionen mit Klitika (ein Problem, das für jede einzelne romanische Sprache gesondert zu untersuchen ist; cf. zum Französischen 5.5.3, b12).[166] Die uns verfügbaren Daten zeigen, dass auch in Corpora des gesprochenen Italienisch beim nominalen direkten Objekt in postverbaler Stellung nur 4,9% der Fälle eine pronominale Wiederaufnahme aufweisen. Wenn es sich hingegen um präverbale Objekte handelt, steigt der Prozentsatz auf 78,1% an. Was den berühmt-berüchtigten Typ *a me (mi) piace / (mi) piace a me* betrifft, so lässt sich feststellen, dass die pronominale Wiederaufnahme in 74,2% bzw. 63,2% der Fälle erfolgt, in denen ein präverbales bzw. postverbales Objekt erscheint, dass durch ein betontes Pronomen ausgedrückt wird. Allgemein gilt, dass man im gesprochenen Italienisch hier Tendenzen zur Objektkonjugation beobachtet, die besonders präverbale und/oder pronominale Objekte betreffen. Im Unterschied jedoch zum Französischen und Spanischen hat selbst im gesprochenen Italienisch in keinem Bereich bislang eine vollständige Grammatikalisierung stattgefunden (5.3.3, b9 und 5.7.3, b4).[167]

---

[166] Am Rande sei vermerkt, dass im gesprochenen Toskanisch – zusätzlich zu den hier geschilderten Verhältnissen im gesprochenen Italienisch allgemein – die Wiederaufnahme auch des Subjekts durch Klitika existiert; cf. etwa 1*I,$_{26}$: *e la nonna e la bambina le stanno bene*; 1*I,$_{18}$: *la gli dice la bambina*. Dies kann einerseits im Sinne der Segmentierung (4.3.4, Typ (d) und (d')) interpretiert werden, ist aber andererseits in der Perspektive einer möglicherweise grammatikalisierten präverbalen Subjektkonjugation zu diskutieren (cf. zum Französischen 5.3.3, b12).

[167] Cf. Bossong 1980; Koch 1993b, 172–180 und 1994b; Büchi 1998; zum Italienischen im Vergleich zum Spanischen: Zamora Muñoz 2002.

b10) *Der Typ **mi bevo un caffè**:* Sehr verbreitet ist im gesprochenen Italienisch die Verwendung eines Reflexivpronomens, das nach Art eines *dativus ethicus* die Verbbedeutung mit einer Nuance 'emotionale Beteiligung, Genuss etc.' versieht: *noi [...] **ci** guardiamo quello che succede [...] nel Congo* ($104*I_{10-11}$).

b11) *Negationsverstärkungen:* Gerade das gesprochene Italienisch kennt, aus Gründen, die im Bereich der Universalien nähesprachlicher Semantik liegen (cf. 4.4.5), eine Fülle von Verstärkungen der Negation wie *mica, affatto, un tubo, un cazzo, un cavolo* (zur einzelsprachlich diaphasischen Abstufung cf. 5.5.2, c):

(123*I)

> A [[...] adesso c'è la mia futura suocera che mi dice sempre che io   1
> A [devo imparare a cucinare <e io invece **non** imparo **un cavolo**>[1] [...]   2
> < ! >[1]
>   (Lo, 39)

Vergleiche auch $1*I_{22/24}$: **non** ho **mica** capito; $47*I_{,1}$: i'babbo **un** ci ha **mica** orario. Auf einzelsprachlicher Ebene ist nun im gesprochenen Italienisch unverkennbar, dass die Negationsverstärkung selbst schon als vollgültige Negation ohne anschließendes *non* verwendet werden kann wie etwa bei vorangestelltem *mica*:

(124*I)

> A [[...] allora ci ho chiesto "voglio sapere addov'è" e **mica** lo   1
> A [sapeva [...]   2
>   (Lo, 75)

Entsprechend: *questo quadro è bello **un cavolo/un tubo*** etc. und sogar das wegen seiner Ambiguität kritisierte *questo quadro è **affatto** bello*. Zu beachten ist, dass die Unterdrückung von *non* in diesen Fällen nicht mit den regional norditalienischen Negationen ohne *non* gleichzusetzen ist (cf. 5.5.1, b).

b12) *Verschiedenes:* Es seien noch einige Einzelphänomene genannt, die in der Diskussion um das gesprochene Italienisch eine Rolle spielen.

Hingewiesen wird immer wieder auf die Vielzahl von Funktionen, die *che* übernehmen kann. Neben das *che polivalente* und das relativische invariable *che* (zu deren völlig andersartigem Hintergrund cf. 4.3.5 und 5.5.2, b) tritt hier etwa das exklamative *che*, z.B. in: ***che** bello!*; ***che** orecchioni **che** nasone **che** occhioni **che** boccone!* ($1*I_{,18-19}$); auch der Typ ***che** botta **che** ho preso!*. Die Konjunktion *che* zeigt ferner eine freiere Verwendbarkeit (statt *del fatto che* o.ä.), z.B. in *tener conto che ... , parla che ...*

Bekannt ist das häufige *come mai?* (oder auch *com'è che?*) neben *perché?*:

(125*I)

    A [[...] certo che il nostro corpo/ <lo dicevano i nostri   1
    A [ufficiali>[1] "siete stati fortunati perché siete con i cavalli   2
    A ⌈ <perché se no>[2]"   3
    B ⌊   <come mai Lei era andato in cavalleria>[3]   4

    < ! >[1,2]   < ? >[3]   (FMR, 12)

Im Bereich der hypotaktischen Konjunktionen sind *poiché / giacché* und *affinché* ausgesprochen selten (dafür *siccome / dato che* bzw. *perché* + Konjunktiv).

c) Zum Schluss noch ein Blick auf **lexikalische** Erscheinungen: Bemerkenswert ist, dass im Italienischen eine Reihe lexikalischer Fakten existiert, die sich eindeutig am besten als 'gesprochen i.e.S.' charakterisieren lassen, also kein diaphasisches Problem mehr darstellen.

Hierher gehört etwa das adjektivisch verwendete *niente* in Verbindungen des Typs ***niente** frutta oggi?*.

Sehr frequent ist auch die lexikalische Integration von *ci* und *avere*:[168] *i'babbo un **ci ha** mica orario* ($47*I_1$); *non **ce l'ha** ancora nessuno il brevetto* ($59*I_{11}$; cf. auch $20*I_2$; $29*I_{6,14}$; $55*I_{12}$; $69*I_1$; $75*I_3$; völlig generalisiert ist *averci* freilich noch nicht: cf. $20*I_1$; $32*I_{2,9}$ etc.). Im mailändischen Teil des LIP-Corpus konnte eine direkte Korrelation zwischen dem Gebrauch von *averci* und bestimmten konzeptionellen Parametern festgestellt werden. Die Resultate ergeben ein Verhältnis von 21% : 79% bezüglich *averci* : *avere* in deutlich nähesprachlichen Dialogen, 5% : 95% in gemäßigt nähesprachlichen Dialogen; in phonisch realisierten Monologen gibt es keine Belege.[169]

In ähnlicher Weise sind durch Integration von *ci* völlig neue Verben entstanden wie *entrarci* (z.B. *cosa c'entriamo noi?*), *volerci* (cf. $10*I_{5-6}$: ***ci vuole** un posto*; teilweise auch unpersönlich: cf. $119*I_{4-5}$: ***ci vuol** due tre anni*; dazu auch 5.5.2, b).

Wie in 4.4.4 erwähnt, existiert im Nähesprechen eine universale Tendenz zu 'unpräziser' personaler Referenz mit Hilfe unpersönlicher bzw. unpersönlich verwendeter finiter Verbformen. In allen unseren drei Sprachen kann dabei die 3. Pers. Pl. eingesetzt werden. Im gesprochenen Italienisch hat sich diese generalisierende Form bei *dire* einzelsprachlich verfestigt zu *dicono che ...* (cf. v.a. $103*I_{7-8}$: *adesso **dicono** invece che contengono tanti veleni*) oder gar *dice che ...* im Sinne von *si dice che ...*

Ein weiterer als 'gesprochen' markierter lexikalisierter unpersönlicher Ausdruck ist *mi sa che ...* für *mi sembra che ...*:

---

[168] Cf. vor allem Christmann 1984.
[169] Cf. Koch 1994a, 202–207 und Koch 2009.

(126*I)

A [e poi **mi sa che** anche il disegno di attirare la gente è un   1
A ⌈ po' troppo è oserei dire quasi volgare [...]   2
B ⌊ po' dopo   3

                                                                                           (Cd, 111)

Eingegangen sei schließlich noch auf *ora* (= *adesso*), das typischerweise im geschriebenen, nicht aber im gesprochenen Italienisch verwendet wird. Allerdings haben wir es hier hinsichtlich des Toskanischen mit einer Insel-Konstellation (im Sinne von 5.3.3, a1) zu tun, weil dort im Gesprochenen *ora* völlig normal ist (cf. 1*I_{12}; 6*$I_{,5}$; 72*$I_{,1}$; 121*$I_{,1}$). —

Wie schon in 5.4.3 angedeutet, sind die tendenziell nähesprachlichen italienischen Quellen früherer Jahrhunderte – anders als im Falle des Französischen – nicht recht geeignet, vom Alter der als gesprochen i.e.S. markierten Erscheinungen ein adäquates Bild zu vermitteln. Sie enthalten zwar universal nähesprachliche Merkmale, lassen ansonsten aber vor allem diatopische 'Abweichungen' von der (sich herausbildenden) Distanzsprache erkennen. Natürlich begegnet uns in Schriftzeugnissen der Vergangenheit auch eine ganze Reihe der in 5.5.3 vorgestellten Phänomene (b2; b3; b5; b8; b9 (Aktantendoppelung durch Klitikum); b12 (*che orecchioni!*); ferner übrigens aus 5.5.2, b: *c'era dei contadini*; Hilfsverb *avere* statt *essere*), doch ihre Präsenz ist interessanterweise gerade nicht auf nähesprachliche Schriftzeugnisse beschränkt, sondern reicht bis weit in die hohe Literatur hinein (Dante, Petrarca, Boccaccio, Manzoni, Pascoli u.a.).[170] Dies lässt sich nur dadurch erklären, dass die heutige präskriptive Norm des Italienischen Ergebnis eines langwierigen, wechselvollen Prozesses ist, in dessen Verlauf zahlreiche Polymorphien und konkurrierende Strukturierungen auftraten, und dass sich oft erst relativ spät – wenn überhaupt – eine Regelform in der präskriptiven Norm durchsetzte, während die anderen Lösungen in den Nähebereich verbannt wurden. Genau dies belegt die Longitudinalstudie von D'Achille 1990 für die folgenden Phänomene: Dislokationen/Segmentierungen, unveränderliche Relativa mit oder ohne Wiederaufnahme, *constructiones ad sensum*, irreale Konditionalgefüge des Typs *se lo sapevo non venivo*, *lui / lei / loro* in Subjektfunktion, der Typ *averci* (wobei nur Letzterer relativ 'jungen' Datums ist). Als entscheidender Faktor für die Marginalisierung dieser Formen und ihren Ausschluss aus deutlich distanzorientierten Texten erweist sich die Normierung durch Bembo und die *Crusca*. Damit wurde eindeutig die Gelegenheit einer Restandardisierung der präskriptiven Norm 'verschenkt'.[171]

---

[170] Cf. Sabatini 1985, passim; Nencioni 1987, 15–23; Sabatini 1990; Coveri et al. 1998, 245–247.
[171] Ähnliche Ergebnisse für weitere Phänomene finden sich in Patota 1990 und Palermo 1997.

5.5.4 Arbeitsaufgaben

1. Werten Sie im Hinblick auf einzelsprachliche Merkmale der italienischen Nähesprache i.w.S. das Referenz-Corpus in 7.2 aus. Zu welcher Dimension des Varietätenraums (nach Abb. 3, Ebenen 1b, 2, 3, 4) gehören die betreffenden Phänomene?
2. Stellen Sie wichtige nähesprachliche Erscheinungen zusammen, die in Spitzer 1921, Cortelazzo 1969/72, III, 25–43, 50–117, Sobrero 1978, 101–154, Mioni 1983 und Radtke 2003 verzeichnet sind. Gruppieren Sie sie nach ihrer Stellung im Varietätenraum (1b, 2, 3, 4, aber auch 1a, entsprechend Abb. 3).
3. Überprüfen Sie die Berücksichtigung von Phänomenen des 'gesprochenen' Italienisch in Ihnen bekannten Lehrwerken, Grammatiken und Wörterbüchern.
4. Stellen Sie die Argumente zusammen, die in der Diskussion um die Annahme einer vierten Varietätendimension ('gesprochen–geschrieben') allgemein und für das Italienische angeführt werden (cf. in diesem Abschnitt die Anm. 48 und 131). Wägen Sie die unterschiedlichen Standpunkte gegeneinander ab.

5.6 Die Diachronie des spanischen Varietätenraums und des gesprochenen Spanisch[172]

5.6.1 Expansion in den Distanzbereich hinein

Wie in den anderen romanischen Sprachräumen waren auch auf der Iberischen Halbinsel um etwa 800 n. Chr. die *romances peninsulares*, also die romanischen Volkssprachen, nirgends im distanzsprachlichen Bereich anzutreffen. In den nicht von den Mauren beherrschten christlichen Gebieten des Nordens besetzte das Lateinische alle Distanzdiskurstraditionen; dieses Verhältnis von romanischen Nähesprachen und einer – mehr oder weniger – elaborierten lateinischen Distanzsprache ist in diesem Kapitel schon verschiedentlich als **Diglossie**situation beschrieben worden (cf. 5.1.2, 5.2.1, 5.4.1). Sodann ist auf die seit der arabischen Eroberung – 711 wurde die Westgotenherrschaft (seit 507) beendet – im Süden und im Zentrum, also dem größten Teil der Iberischen Halbinsel, teilweise herrschende Zweisprachigkeit zu verweisen (**Bilingualismus**): die politischen Verhältnisse und die überlegene arabische Kultur führten dazu, dass neben dem soziokulturell hoch bewerteten, im konzeptionellen Gesamtbereich funktionierenden **Arabisch** ein regional differenziertes **Mozarabisch** der christlichen Romanen eigentlich nur als ein gesprochenes, fast völlig auf nichtformelle, nähesprachliche Kommunikations-

---

[172] Cf. zum Folgenden vor allem Menéndez Pidal 2005 und Beiträge in Cano Aguilar (ed.) 2004; Martínez González/Torres Montes 2003; cf. auch Tovar 1968; Elcock 1975; Lapesa 1980; Candau 1985; Cano Aguilar 1988; Bollée/Neumann-Holzschuh 2003; Beiträge in Jacob/Kabatek (eds.) 2001. Im Blick auf die Sprachgeschichte der gesamten Iberischen Halbinsel cf. Echenique Elizondo/Sánchez Méndez 2005; Fernández-Ordóñez 2011; auch Veny 2003; Lorenzo Vázquez 2003; Wesch 2003.

situationen beschränktes romanisches Idiom weiterlebte. Es sei hier schon darauf hingewiesen, dass das mozarabische *romance* bei der Eroberung von Zaragoza (1118) und auch von Valencia (1230) noch gesprochen wurde; bei der Eroberung von Córdoba und Sevilla (1236 bzw. 1248) fanden die christlichen Eroberer jedoch keine Bevölkerung mehr vor, die *mozárabe* sprach. Für die folgende Darstellung ist das Mozarabische daher nur noch indirekt relevant.

Die *romances peninsulares* sind aus den genannten Gründen im Prinzip nicht schriftlich überliefert. Unter ganz bestimmten kommunikativen Bedingungen (aber auch verursacht durch Nachlässigkeit und Unbildung) gibt es allerdings auch vor 1000 n. Chr. in den Zeugnissen einer lateinischen und arabischen (auch hebräischen) Schriftlichkeit vereinzelt durchaus Reflexe der romanischen Nähesprachen; die Erscheinungen betreffen den Lautstand, die Morphosyntax und das Lexikon. Vor allem in lateinischen Urkunden und Predigten lässt sich so ein erstes sporadisches Eindringen von Elementen der romanischen Volkssprachen in den Distanzbereich feststellen.

Grundsätzlich ist zu betonen, dass die *romances*, auch wenn sie medial nur 'phonisch' realisiert wurden, keineswegs *in toto* dem Nähebereich zugeordnet werden dürfen: ein konzeptionell relativ elaboriertes, distanzsprachliches Romanisch muss nämlich für bestimmte volkstümliche Diskurstraditionen durchaus vorausgesetzt werden – ganz unabhängig davon, ob diese dann später schriftlich aufgezeichnet wurden oder nicht (cf. etwa Gebete, Merkverse, Sprichwörter, Rätsel, Wunschformeln, 'Volkslieder', 'Heldendichtung' etc.).

Ein noch völlig diglossisches Bewusstsein spiegeln die Glossen (*Glosas Emilianenses*, *Glosas Silenses*; 2. Hälfte 10. Jhdt.; navarro-aragonesisch), die im übrigen auch Dokumente ganz spezifischen kommunikativen Zuschnitts darstellen (es handelt sich ja eigentlich nicht um fortlaufende 'Texte'). Sieht man von ihnen ab, so werden auf der Pyrenäenhalbinsel erste Sprachdenkmäler in den verschiedenen iberoromanischen Idiomen erst um 1000 n. Chr. greifbar.[173] Natürlich besaß keines der fünf konkurrierenden *romances* – also **Galegisch(-Portugiesisch), Asturisch-Leonesisch, Kastilisch, Navarro-Aragonesisch, Katalanisch** – dabei ursprünglich eine Priorität (für das Mozarabische gelten die oben angedeuteten Bedingungen und das Baskische spielt in unserem Zusammenhang keine Rolle). Zu nennen sind etwa folgende Zeugnisse: das kurze *documento leonés* (ca. 980); die mozarabischen *Ḫarǧas* (sp. *jarchas*) (11. Jhdt.), also romanische Schlussstrophen in den arabischen oder hebräischen *Muwaššaḥāt*; die Gesetzessammlung *Fuero de Avilés* (ca. 1155; asturisch, mit Okzitanismen); das Fragment einer Übersetzung des *Forum Iudicum* (1. Hälfte 12. Jhdt.; katalanisch); der *Cantar de Mio Cid* (vor 1200; kastilisch); der *Auto de los Reyes Magos* (2. Hälfte 12. Jhdt.; kasti-

---

[173] Cf. hierzu etwa Tagliavini 1998, § 81; zu den Zeugnissen: Menéndez Pidal 1965; Gifford/Hodcroft 1966; auch Moreno/Peira (eds.) 1979; Sampson (ed.) 1980; cf. jetzt vor allem die Dokumentation in Frank/Hartmann (eds.) 1997; cf. auch Bustos Tovar 1993 und 2004b; Ariza 2004 und Franchini 2004.

lisch); das Streitgedicht *Disputa del alma y el cuerpo* (um 1200; kastilisch); der *Fuero de Madrid* (um 1200; kastilisch); die *Noticia de Torto* (um 1200; galegisch); eine König Sancho I zugeschriebene *Cantiga* (vor 1200; galego-portugiesisch); die *Homilies d'Organyà* (Ende 12. Jhdt.; katalanisch, mit Okzitanismen); *La Fazienda de Ultramar* (wohl Anfang 13. Jhdt.; kastilisch). Erwartungsgemäß sind bei diesem Einrücken ursprünglicher Nähesprachen in den Distanzbereich Diskurstraditionen mit Medienwechsel besonders stark vertreten (cf. 5.1.2).

Bemerkenswert bei dieser Expansion der iberoromanischen Idiome in den distanzsprachlichen Bereich hinein ist insgesamt die von Anfang an existierende breite Streuung der Diskurstraditionen, wobei die juristischen und religiösen Prosatexte (ab ca. 1150) Hervorhebung verdienen; auffällig ist weiterhin der Anteil nicht-juristischer und nicht-religiöser, vor allem literarischer Texte. Natürlich wäre dieser **extensive Ausbau**[174] in den einzelnen Sprachräumen in Abhängigkeit von historisch-politischen und soziokulturellen Variablen genauer zu charakterisieren. Nur drei Hinweise: Das Fehlen literarischer Texte im Katalanischen bis ca. 1300 lässt sich durch das Prestige des *Altokzitanischen* (Altprovenzalischen) erklären – die katalanischen Dichter benutzten ausschließlich das Okzitanische; dass Heldenlieder nur kastilisch vorliegen, ist sicherlich mit der Rolle Kastiliens bei der *Reconquista* in Verbindung zu bringen; das Galegische ist (bis ins 14. Jhdt.) als die Kunstsprache der Lyrik zu betrachten, etc.

Der angedeutete Ausbauprozess wurde im 13. Jahrhundert – polyzentrisch – massiv fortgesetzt, wobei die Imitation lateinischer und arabisch-hebräischer Diskurstraditionen, auch fremdromanischer, vor allem galloromanischer Vorbilder, zu einer Multiplikation der 'Gattungen' führte und den **intensiven Ausbau** weiter zügig vorantrieb. Die Vielfalt dieser 'Gattungen', die jeweils spezifische konzeptionelle Reliefs aufweisen, stellte an die sprachliche Kompetenz der Produzenten/Rezipienten ganz unterschiedliche Anforderungen. Dass gerade auch die literarischen Bemühungen (etwa des *mester de clerecía*) wichtig wurden, kann an dieser Stelle nur angedeutet werden. Bemerkenswert ist die Entwicklung der Prosagattungen im Kastilischen:[175] hier ist vor allem Alfons X., der Weise, zu nennen (Regierungszeit 1252–1284), der Übersetzungen und Kompilationen von juristischen, historischen und wissenschaftlichen Werken veranlasst hat, die die kastilische Prosa zu einer erstaunlichen Präzision, Flexibilität und Variabilität, kurz zu distanzsprachlicher Leistungsfähigkeit geführt haben (etwa *Siete Partidas*, *Primera Crónica General de España*, *General Estoria*, *Libros del saber de Astronomía*, *Libro de las Cruzes*, *Lapidario*; cf. auch den *Libro de Ajedrez*): "La prosa castellana quedaba de-

---

[174] Cf. besonders Beiträge in Cano Aguilar (ed.) 2004; auch Elcock 1975, 410–459; Lapesa 1980, vor allem Kap. VIII und IX.

[175] Cf. beispielsweise Lapesa 1980, 237–248; Bossong 1982; Fernández Ordóñez 2004; Kabatek 2005.

finitivamente creada" (Lapesa 1980, 245). In den anderen iberoromanischen Idiomen findet sich nur im Werk des Katalanen Ramón Llull Vergleichbares.[176]

Wichtig ist die Tatsache, dass diese umfängliche Prosaproduktion und die mit ihr verbundene Standardisierung (cf. 5.1.1) – Grundlage war dabei nicht mehr das Kastilische von Altkastilien, sondern das von **Toledo** (schon 1035 erobert)[177] – die Verbreitung des Kastilischen favorisierte. Alfons benutzte es auch als offizielle Sprache in königlichen Dokumenten (nur mit dem Ausland wurde lateinisch verkehrt).[178] Sicher spielte bei der Verwendung des Kastilischen im juristischen Bereich auch der große 'Rechtsbedarf' bei der *repoblación* der Grenzregionen eine wichtige Rolle (das Lateinische kam für die Neusiedler nicht in Frage). Als Folge dieser Prozesse 'kastilianisierte' sich die zuerst noch galegisch beeinflusste leonesische Urkundensprache (Asturien, León und Galizien gehörten seit 1035 zum Königreich Kastilien); Navarra und Aragón besaßen eine eigene königliche Kanzlei, was den Kastilianisierungsprozess insgesamt nur verzögern, nicht jedoch verhindern konnte.

Das schon im 13. Jhdt. sichtbare und sich im 14./15. Jahrhundert weiter akzentuierende Übergewicht der Textproduktion im kastilischen Idiom ist letztlich natürlich in engstem Zusammenhang mit der führenden Rolle Kastiliens bei der **Reconquista** des Zentrums und des Südens der Halbinsel zu sehen. Dabei wurde das Kastilische nämlich zu einer Sprache mit maximalem Kommunikationsradius. Seine Verbreitung in den eroberten Gebieten gerade auch als **gesprochene Sprache**, also im Nähebereich, führte, bedingt durch die unterschiedliche Herkunft der Neusiedler, zu Ausgleichstendenzen, die die relative Einheitlichkeit des Kastilischen in den Kolonisierungsgebieten erklären. Eine Folge der von Kastilien durchgeführten Reconquista ist weiterhin die Auslöschung der 'Reste' des Mozarabischen sowie im 13. und 14. Jahrhundert auch die Verdrängung und Marginalisierung der asturisch-leonesischen und navarro-aragonesischen Varietäten, die ja im Verlauf der Reconquista zunächst ebenfalls nach Süden getragen worden waren.[179]

Gerade im Blick auf die Situation im Französischen und Italienischen ist besonders hervorzuheben, dass im Königreich Kastilien das Kastilische nicht nur als Basis einer Standardsprache **früh** endgültig **selegiert** und – durch die Reconquista – **maximal verbreitet** worden ist, sondern dass zu Beginn des 14. Jahrhunderts mit dem *castellano drecho* zugleich schon eine **leistungsfähige Distanzsprache** entstanden ist. Nach der Vereinigung von Kastilien und Aragón und dem Fall von Granada (1492), der letzten maurischen Besitzung, kam der sprachliche Zentralisierungs- und Überdachungsprozess dann

---

[176] Ramón Llull "may indeed be truthfully claimed as the first to have composed in a Romance tongue serious literature of science and philosophy" (Elcock 1975, 454).
[177] Cf. Kabatek 1999.
[178] Cf. dazu González Ollé 1978.
[179] Cf. Baldinger 1972, 22–61; Entwistle 1980, 180–216; Berschin et al. 2005, 88–90; zur sprachlichen Situation cf. Penny 2004, Kap. 4, bes. 180–210.

im 16. Jahrhundert rasch zu einem Abschluss; alle anderen Varietäten – das Portugiesische im Königreich Portugal ist hier natürlich auszuklammern und für das Katalanische gelten Sonderbedingungen – wurden verdrängt und vom teilweise schon weit gediehenen Ausbau abgeschnitten; sie sanken somit als Dialekte in den Nähebereich zurück: das *castellano* wurde so zum **Spanischen**.[180]

5.6.2 Konsolidierung des Verhältnisses von Distanz- und Nähebereich

Die auf Grund der beschriebenen historischen Prozesse erfolgte **frühe Selektion** des Kastilischen als Distanzsprache, die **Überdachung** aller anderen iberoromanischen (und nichtromanischen) Idiome im Königreich Kastilien und die **Verdrängung** bestimmter Varietäten sogar als Nähesprachen (teilweise sogar ihre Auslöschung) führte im 16. Jahrhundert zu folgendem sprachlichen Zustand:[181] Das als ein Dialekt des Portugiesischen zu betrachtende **Galegische** wurde, im Verhältnis zum überdachenden Kastilisch, zur reinen Nähesprache ohne Schriftgebrauch, das Sprachgebiet blieb aber weitgehend intakt; beim ebenfalls in den nähesprachlichen Bereich verdrängten **Asturisch-Leonesischen** war – etwa im Vergleich zur Ausdehnung im 13. Jahrhundert – eine starke Reduktion des Verbreitungsgebiets eingetreten, die sich in der Folgezeit fortsetzen sollte; im Laufe des 16. Jahrhunderts verschwand das **Navarresische**, und das **Aragonesische** büßte sukzessive weite Teile seines ursprünglichen Verbreitungsgebiets ein. Sogar das **Katalanische**, das ja im 14./15. Jahrhundert eine erstaunliche literarische Blüte erlebte, verschwand aus dem literarisch-kulturellen Distanzbereich, sank aber keineswegs völlig in den Nähebereich zurück: Bedingt durch die politische Sonderstellung Kataloniens blieb das Katalanische nämlich in Rechtsprechung und Verwaltung weiterhin in Gebrauch; auch Predigt und Katechese blieben katalanisch (die 'Rückkehr' des Katalanischen in den literarischen Distanzbereich vollzog sich erst mit der **Renaixença** des 19. Jhdt.s).[182] Kurz, das Kastilische als Distanzsprache besaß eine maximale Verbreitung und feste Verankerung fast im gesamten Staatsgebiet, wobei nach wie vor die zwischen der altkastilischen Varietät und den südlichen Varietäten stehende Sprache Neukastiliens, genauer: die überregional anerkannte Sprache des Hofes von Toledo als Vorbild galt (zum Spanischen und Katalanischen in Italien cf. 5.4.2).

Eines der folgenreichsten Ereignisse der spanischen Sprachgeschichte, das auf seine Art ebenfalls massiv zur Konsolidierung des kastilischen Standards beigetragen hat, ist im hier anvisierten Zeitraum natürlich die Verbreitung des Spanischen in der Neuen

---

[180] Cf. Lapesa 1980, 297–299; jetzt vor allem Menéndez Pidal 2005, 667–811.
[181] Cf. etwa Tovar 1968, 13–67; auch die Angaben in Berschin et al. 2005, 44–67.
[182] Cf. Kailuweit 1997; Kremnitz 2003.

Welt.[183] Die **Hispanisierung Amerikas** 'bestätigt' den berühmten Ausspruch Nebrijas in dem an die Königin gerichteten Prolog zu seiner *Gramática castellana* von 1492, die übrigens kurz vor der Entdeckung Amerikas erschienen war: "siempre la lengua fue compañera del imperio" (Nebrija 1946, I, 5).[184] Ohne dass dies hier diskutiert werden könnte, sei doch immerhin auf die erstaunliche Tatsache der **relativen Einheitlichkeit** des distanzsprachlichen amerikanischen Spanisch bis heute hingewiesen.[185] Die von der kastilischen Norm abweichenden Kennzeichen des amerikanischen Spanisch müssen im Zusammenhang mit den verschiedenen Formen des 'sekundär-dialektalen' Reconquista-Kastilisch, insbesondere des sog. *español meridional*, gesehen werden (die Differenzqualitäten des amerikanischen Spanisch lassen sich nämlich fast ausnahmslos auch in den süd(west)spanischen Varietäten des Spanischen antreffen); im Blick auf die Verbreitung gerade dieses *español meridional* in Hispanoamerika spricht man auch gerne von einem *español atlántico*.[186] Diesbezüglich werden wir weiter unten sehen, dass der Terminus 'sekundäre Dialekte', den man bis zur Unabhängigkeit der amerikanischen Territorien problemlos auf die hispanoamerikanischen Varietäten anwenden kann, wichtige begriffliche Präzisierungen erforderlich macht, wenn man über den Zeitraum zwischen dem 19. Jahrhundert bis heute spricht (5.3.1).

Wenn man die bisher genannten Punkte berücksichtigt und weiterhin beachtet, dass sich Spanien im 16. und 17. Jahrhundert auf dem Höhepunkt seiner politischen und militärischen Macht befand, dass es eine unvergleichliche kulturelle Blüte erlebte (*siglos de oro*: **Renaissance** und **Barock**), die auch zu einem ausgeprägten sprachlichen Selbstbewusstein führte,[187] versteht man leicht, dass das Spanische/Kastilische als Distanzsprache in eben diesem Zeitraum den externen und internen Ausbau und die Standardisierung in allen ihren Teilaspekten zügig vorangetrieben hat.

Schon in den ersten Jahrzehnten des 16. Jahrhunderts erlebte das Spanische gegenüber dem **Lateinischen** eine starke Aufwertung, die sich – verglichen etwa mit den Verhältnissen in Frankreich – unter anderem an einer massiven Zurückdrängung des Lateinischen in der Buchproduktion[188] ablesen lässt: Eindeutig gilt dies für den Bereich der

---

[183] Cf. etwa Entwistle 1980, Kap. 7, bes. 275–286; Berschin et al. 2005, 95–106; zu den sprachlichen Aspekten cf. Rivarola 1986; 1990; 1996; 2001 und 2004; Eberenz 1983 und 1998; de Granda 1994a und 1994b; Lüdtke, J. 1994b und 1998; Oesterreicher 1994; Schmidt-Riese 1997; Sánchez Méndez 2003 und die Beiträge in Oesterreicher et al. (eds.) 1998; cf. auch Rojas Mayer 2000. Zur Entdeckung und Kolonisierung Hispanoamerikas aus geschichtswissenschaftlicher Perspektive cf. auch Chaunu 1969; Konetzke 1983; Morales Padrón 1988.

[184] Cf. hierzu Asensio 1960.

[185] Cf. etwa Berschin et al. 2005, 102s.

[186] Cf. dazu Catalán 1958; Alonso 1961, 7–60; Salvador 1981; Frago Gracia 1994; Cano Aguilar 1996; Oesterreicher et al. (eds.) 1998.

[187] Cf. Bahner 1966; Terracini 1979; cf. auch Bleiberg 1951; Gauger 2004 und andere Kap. über die spanischen Siglos de Oro in Cano Aguilar 2004; insgesamt Lapesa 1980, Kap. XI und XII.

[188] Cf. Norton 1966; auch Febvre/Martin 1958 und Eisenstein 1979.

Literatur und Musik, für die Historiographie, die Medizin u.a., erwartungsgemäß jedoch nicht für die Rechtswissenschaft; bezüglich der Verwendung in bestimmten religiösen Diskurstraditionen stand das Spanische – hier liegt eine Wirkung des Konzils von Trient vor (cf. 5.4.1) – unter beträchtlichem Rechtfertigungszwang. Natürlich blieb das Lateinische und die Kenntnis der antiken Autoren ein wichtiges Korrektiv auch für die die Volkssprache favorisierenden Autoren der Renaissance. Relatinisierungstendenzen spielen im 16. Jahrhundert im Zusammenhang mit dem internen Ausbau des Spanischen dementsprechend in der Aussprache, der Syntax und dem Lexikon eine große Rolle. Bekannt sind auch die lexikalischen Bereicherungen, die das Spanische durch **Italianismen**, **Gallizismen** und die sog. **Indigenismen** erfuhr.[189]

Im Bemühen um eine **Kodifizierung** des Spanischen wurden 'Aussprache'-Regeln diskutiert und Vorschläge zur Regulierung der Orthographie gemacht, der ja im Zeitalter des expandierenden Buchdrucks besondere Bedeutung zukam. Die nach Nebrijas *Gramática* (1492) und seinem *Vocabulario* (1495) im Laufe des 16. Jahrhunderts entstandenen Grammatiken dürfen in ihrer Wirkung nicht überschätzt werden, da sie meist zum Erlernen des Spanischen bestimmt waren, in der Regel nur orthographische und morphologische Probleme behandelten und häufig nur eine sehr geringe Verbreitung erfuhren; teilweise sind sie nicht einmal gedruckt worden. Die Wörterbücher dienen anfangs ebenfalls praktisch-pädagogischen Zwecken, wobei der *Tesoro de la lengua castellana o española* von Covarrubias (1611) allerdings eine Ausnahme darstellt. Für den grammatischen und lexikalischen Bereich wurde dann die Arbeit der Akademie im 18. Jahrhundert entscheidend.

Bedeutsam für die Bestimmung einer Norm im Spanischen waren die Versuche, **Stilideale** zu formulieren und Regeln für den **guten Sprachgebrauch** zu geben.[190] Besonderes Gewicht kam im 16. Jahrhundert dem sog. *llaneza*-Ideal zu, das von Italien, nämlich von Castigliones *Il Cortegiano* beeinflusst ist (cf. 5.4.2). Dieses Stilideal ist von fast allen Autoren – wenn auch aus unterschiedlichen Motiven – befolgt worden (cf. vor allem Boscán, Garcilaso de la Vega, Santa Teresa, Fray Luis de León). Juan de Valdés hat dieses Ideal in seinem Manuskript gebliebenen *Diálogo de la lengua* (um 1535) folgendermaßen formuliert: "el estilo que tengo me es natural, y sin afetación ninguna escrivo como hablo, solamente tengo cuidado de usar de vocablos que signifiquen bien lo que quiero dezir, y dígolo quanto más llanamente me es possible, porque a mi parecer en ninguna lengua stá bien el afetación" (Valdés 1535 [1928], 150).[191] Die Tatsache, dass die Forderung eines *huír la afectación* direkt mit Verweisen auf Sprichwörter gestützt wurde (cf. etwa die Rolle der *refranes* im *Don Quijote* von Cervantes), darf nicht überraschen: In dieser Phase kam – im Unterschied zu Italien – literarischen Vorbildern bei der Diskussion einer präskriptiven Norm noch keinerlei Bedeutung zu.

---

[189] Cf. etwa Lapesa 1980, 408–414; Entwistle 1980, 287–294.
[190] Cf. Terracini 1979; Lapesa 1980, 303–326; Bader 1990; cf. auch Rivarola 1998.
[191] Cf. Gauger 2004; Stempel 2005.

Auch wenn sich demgegenüber im 17. Jahrhundert – Cervantes steht bekanntlich zwischen den 'Zeiten'[192] – mit dem **Barock** extrem distanzsprachliche Modelle in der Literatur verbreiteten (cf. Góngora, Quevedo, Gracián), blieb das *llaneza*-Ideal mit seiner Betonung von Natürlichkeit und Klarheit, etwa bei Lope de Vega, durchaus wirksam.[193]

Die 1713 gegründete *Real Academia Española*[194], deren Devise *Limpia, fija y da esplendor* lautet, leistete schließlich den entscheidenden Beitrag zur Fixierung der präskriptiven Norm des Spanischen mit dem sog. *Diccionario de Autoridades* (1726–39; mit fast 40.000 Einträgen), der *Ortografía* (1741) und der *Gramática de la lengua castellana* (1771), die in dem seit 1780 obligatorischen Grammatikunterricht noch vor der Erlernung des Lateinischen in allen Schulen eingesetzt wurde. Dabei ist jedoch die vergleichsweise 'liberale', **flexible**, gemäßigt distanzsprachliche **Normierung** hervorzuheben. Diese markiert zwar den guten Sprachgebrauch; da aber veraltete Sprachformen, diatopische, diastratische und diaphasische Abweichungen, die ja bei den *autoridades* der klassischen Literatur vorkamen, durchaus mit aufgezeichnet wurden, blieb der **Varietätenraum des Spanischen** als Hintergrund der präskriptiven Norm immer sichtbar. Dies verhinderte eine totale Isolierung, Hypostasierung und Rigidisierung der präskriptiven Norm (etwa nach französischem Vorbild).

Auch die zeitweilig heftigen Kontroversen im 18. und 19. Jahrhundert über die Rechtfertigung bzw. die puristische Ablehnung der Verwendung von Neologismen, syntaktischen Archaismen, Xenismen (besonders Gallizismen), der Kampf gegen rhetorische Erstarrung und den sprachlichen Schwulst im Namen des *buen gusto*, die Diskussion um die Anpassung der Distanzsprache an neue literarisch-kommunikative Erfordernisse (cf. *romanticismo*, *realismo*; Journalismus) – alle diese sprachgeschichtlich wichtigen Ereignisse stellten letztlich nie eine Gefährdung des beschriebenen distanzsprachlichen, relativ flexibel normierten Sprachmodells dar: Indem dabei jeweils der normative Spielraum 'ausgelotet' wurde, bestätigten diese Kontroversen indirekt die 'Liberalität' der spanischen präskriptiven Norm.[195]

Wenn wir nun die **Nähesprachen** in Spanien seit dem 16. Jahrhundert betrachten, so sind natürlich einmal (cf. den Beginn dieses Abschnitts) das Katalanische, Baskische und Galegische zu nennen, auf der anderen Seite das primär-dialektale Leonesisch-Asturische und Aragonesische, das Altkastilische sowie die sekundär-dialektalen Ausgleichs- und Übergangsvarietäten des Kastilischen (*riojano*, *murciano*, *extremeño*, *andaluz*, *canario*), die allesamt Nähesprachen des Spanischen sind. Die Idiome beider sprachlichen

---

[192] Cf. die Arbeiten von Blecua, Frenk, Pascual y Rojo, die zusammen mit dem Text des Quijote in der Edition erschienen sind, mit der die *Real Academia Española de la Lengua* 2004 das vierhundertjährige Jubiläum des ersten Teils des Werks gefeiert hat.
[193] Cf. etwa Lapesa 1980, Kap. XII.
[194] Cf. Gemmingen-Obstfelder 1982; Candau 1985, 220–226.
[195] Cf. Lapesa 1980, Kap. XIV; Candau 1985, 226–241.

Gruppierungen waren intern alle selber noch mehr oder weniger diatopisch, diastratisch und diaphasisch differenziert. Allein im Neukastilischen gab es schon früh eine Nähesprache, die diatopisch nicht mehr markiert war.[196]

Ohne dass in der historischen Entwicklung Einschnitte oder gar Brüche auszumachen wären, gilt, dass die spanischen Nähesprachen heute in der – allerdings an extremen Unterschieden armen – Diatopik verankert sind.

Noch eine wichtige Anmerkung zum heutigen Spanischen in Amerika: Für bestimmte lautliche, morphosyntaktische und lexikalische Erscheinungen kann für Lateinamerika der spanische Standard nicht postuliert werden, weil in Spanien diatopisch stark und/oder diastratisch/diaphasisch als niedrig markierte Erscheinungen – Erscheinungen also, die zum **gesprochenen** Spanisch i.w.S. gehören – im amerikanischen Spanisch auch voll in den distanzsprachlichen Bereich eingerückt sind; sie sind – im Unterschied zu den Verhältnissen in Spanien – als exklusiv gültige Sprachregeln absolut normgerecht und gegenüber der Nähe-/Distanz-Unterscheidung mithin **neutral**. Es ist also völlig ungerechtfertigt, bestimmte in Spanien diasystematisch markierte oder gar unbekannte Erscheinungen des amerikanischen Spanisch **generell** als **Amerikanismen** oder **Regionalismen** einfach in die Varietätenkette einrücken zu lassen – eben weil nicht in jedem Fall ein gesamtspanischer Standard existiert; auch dort, wo man mit einer *norma hispánica* (vs. *norma castellana*)[197] operiert, besteht die Gefahr, dass die Verhältnisse in Spanien und Lateinamerika nivelliert werden. Man denke nur an den ausschließlichen Gebrauch von *ustedes* für höfliche und nicht-höfliche 2. Pers. Pl., der in Hispanoamerika der präskriptiven Norm entspricht, aber im europäischen Spanisch ein dialektales Merkmal des Kanarischen und West-Andalusischen darstellt (cf. auch unten 5.3.1).[198] Andererseits kann die Opposition zwischen /s/ und /θ/, die in Spanien voll und ganz der kastilischen präskriptiven Norm entspricht, in Hispanoamerika eine eindeutig diasystematische Markierung annehmen, z.B. als *dialectal* oder *provinciano*. Man muss also einsehen, dass der entscheidende Punkt hier nicht die bloße Existenz eines sprachlichen Phänomens ist, sondern sein Status, der sich über seine Position im jeweiligen Varietätenraum definiert.

---

[196] Cf. Zamora Vicente 1974, 287–348; Lapesa 1980, Kap. XV.
[197] Cf. etwa Marcos Marín 1983, 215.
[198] Zum Spanischen in Amerika cf. den Überblick bei Rosenblat 1965; Lope Blanch 1968; Malmberg 1970, 119–210; Lapesa 1980, Kap. XVII; Candau 1985, 250–284; Kubarth 1987; Lipski 1996; Noll 2009; Penny 2004, 211–263. Leider wird in keinem dieser Werke die Frage der Plurizentrik ernsthaft angegangen; auch fehlt ein theoretisch-methodologisches Instrumentarium für eine überzeugende Beschreibung der Verhältnisse. So bleibt der Status der entsprechenden Phänomene undurchschaubar. Manche Werke ordnen das amerikanische Spanisch sogar unter der Rubrik *dialectología hispánica* ein; cf. etwa Alvar 1996. Ebenfalls inakzeptabel ist die Verwendung des Begriffs 'Plurizentrik' bei Thompson 1992. Cf. demgegenüber die Diskussion in Lara 1990; 1996; 1999 und 2004; Gleßgen 1996/97; Bierbach 2000; Oesterreicher 2000; 2002a; 2006; Lebsanft 2004; Caravedo 2005; cf. auch Perissinotto 2005.

Leider hat sich die Einsicht in diesen plurizentrischen Charakter des Spanischen noch nicht überall durchgesetzt, so dass Beispiele für einen heute durch nichts mehr zu rechtfertigenden Euro- bzw. Spanienzentrismus noch gang und gäbe sind; indirekt fördern übrigens gerade solche Positionen die Angst vor einer **Sprachspaltung**,[199] die die spanischsprachige Welt umtreibt und zu leidenschaftlichen Diskussionen geführt hat. Zu den Faktoren, die ein solches Auseinanderbrechen der europäischen und hispanoamerikanischen Distanzsprache verhindern und die ein Bewusstsein von sprachlicher Zusammengehörigkeit stützen, gehören beispielsweise die Alphabetisierung, die Massenmedien, kulturelle Beziehungen, eine lebendige Literatur, die Arbeit der Sprachakademien etc. Besondere Bedeutung kommt der spanischen Buchproduktion zu, die in den Siebzigerjahren mit 21.000 Titeln 60% der gesamten spanischsprachigen Neuerscheinungen ausmachte.[200] Andererseits ist jedoch auch festzustellen, dass die **Einheit** des Spanischen langfristig nicht auf der Basis einer puristischen, eurozentrischen Sprachlenkung zu bewahren ist, sondern nur unter der Bedingung einer Anerkennung bestimmter konkurrierender präskriptiver (Teil-)Normen für das außereuropäische Spanisch. Ähnliches gilt übrigens für die Plurizentrik des Englischen in Europa, Amerika und auf anderen Kontinenten (cf. Clyne 1992).

Für die spanischsprachige Welt und speziell die Variation innerhalb des Spanischen lässt sich eine sehr stabile Plurizentrik prognostizieren, die keine großen Brüche oder Verwerfungen aufweist. Der Wille zur Einheit, die man keinesfalls mit Einheitlichkeit verwechseln darf, besteht bei fast allen Spanischsprechern. Außerdem gibt es klare Indizien, dass die Marktgesetze diese Einheit im Bereich der audio-visuellen Medien und der Literatur weiter stärken. Es geht hier ganz klar um Prozesse der Vereinheitlichung, die aufmerksam zu beobachten sind.

Erst die Zukunft wird schließlich zeigen, in welchem Ausmaß das in diesem Abschnitt skizzierte Verhältnis von Nähe- und Distanzbereich Modifikationen erfährt durch die vom demokratischen Spanien in der Verfassung von 1978 dekretierte Anerkennung der Minderheitensprachen.[201] Die Verfassung bestimmt zwar das Spanische als Staatssprache ("El castellano es la lengua española oficial del Estado"), durch die sog. *co-oficialidad* wurden den Minderheitensprachen in den einzelnen *Comunidades Autónomas* aber gerade im distanzsprachlichen Bereich Entwicklungsmöglichkeiten eingeräumt, von denen man während der Franco-Diktatur nur träumen konnte. Dass die einzelnen ko-offiziellen Idiome – man vergleiche etwa das Baskische oder das Galegische mit dem

---

[199] Cf. dazu etwa Lope Blanch 1968, 7–12.
[200] Cf. Berschin et al. 2005, 118–123 und 296.
[201] Cf. Berschin et al. 2005, 44–54; Winkelmann 1995 und weitere Beiträge in Kattenbusch (ed.) 1995a; Castillo Lluch/Kabatek 2006.

Katalanischen – wegen der unterschiedlichen 'Startbedingungen' ganz verschiedene Erfolgschancen besitzen, versteht sich nach unseren Ausführungen von selbst.[202]

5.6.3 Die Reorganisation des Nähebereichs

Wir haben gesehen, dass im Verlauf des 16. Jahrhunderts die Kenntnis der aus dem Kastilischen entstandenen spanischen Distanzsprache im Königreich schon maximal verbreitet worden war. Die bei der *repoblación* der eroberten Gebiete eingetretene Bevölkerungsmischung und die dabei aufgetretenen sprachlichen Ausgleichstendenzen betrafen aber nicht nur die spanische Distanzsprache, sondern führten immer auch zur Verwendung des Kastilischen als Nähesprache. Außerdem implizierte die beschriebene Verdrängung (und sogar Auslöschung) bestimmter iberoromanischer Idiome in den betroffenen Gebieten zwangsläufig eine frühe Konsolidierung des Kastilischen im Nähebereich. Im weitaus größten Teil Spaniens wird seit jeher mithin ein dem Standard nahes Spanisch gesprochen – dies ist ein wichtiger Unterschied etwa zum Französischen vor dem 19. Jahrhundert und zum Italienischen (cf. 5.2.3; 5.4.3), der auch erklärt, warum es in Spanien nie einer zentralistisch-voluntaristischen Sprachpolitik zur Durchsetzung der Kenntnis und des Gebrauchs der *lengua nacional* bedurft hat.[203]

Was den Nähebereich angeht, so ist festzuhalten: Die alt- und besonders die neukastilischen Varietäten – sie werden auch als 'konservativ' bezeichnet – sind vom Standard ohnehin nicht weit entfernt. Die 'progressiven' sekundären Dialekte im Süden weisen neben den erwartbaren lexikalischen Besonderheiten (Innovationen, aber auch Archaismen) zwar im phonischen Bereich die bekannten – systembezogen teilweise gravierenden (cf. 5.7.1, a) – Abweichungen vom Standard auf; da aber die Morphosyntax dabei nur in einigen Punkten tangiert wird, besteht für den Standard keine 'Gefahr'. Was schließlich die primären Dialekte angeht, so beläuft sich die Zahl der 'echten' Sprecher

---

[202] Anregend gerade in diesem Zusammenhang Ninyoles 1977; cf. auch Siguan 1992; Moreno Cabrera 2000. Detaillierte konzeptionell-mediale und generationsbezogene Kompetenzprofile für Sprecher in Katalonien entwickelt Münch (2006) in einer sprachpolitischen Perspektive.

[203] Zu beachten sind aber die sprachpolitischen Maßnahmen während der Regierungszeit von Karl III., vor allem die *Real Cédula* vom 23.6.1768, auch die vom 10.5.1770 (cf. Lüdtke, J. 1989); etwas anders liegen die Dinge natürlich in Amerika, wo sowohl die Interessen der katholischen Kirche als auch die der Krone sprachpolitische Maßnahmen erforderlich machten, die aber ursprünglich gerade nicht auf eine sprachliche Zwangsassimilation der Indios abzielten (cf. dazu genauer Konetzke 1964 und Buffa 1974). In bestimmten Gebieten Lateinamerikas füllten bei der Indiobevölkerung noch in der ersten Hälfte des 19. Jahrhunderts die Indiosprachen den Nähebereich voll aus; erst im Laufe des 19. Jahrhunderts kann man hier überhaupt von einer wirklichen Verbreitung des Spanischen sprechen. Seit dem 20. Jahrhundert – und dies vollzieht sich mit unerhörter Akzeleration – ist ein dramatischer Rückzug der Indiosprachen aus dem Nähebereich festzustellen; die sozioökonomischen und soziokulturellen Gründe dieses Prozesses liegen auf der Hand.

des Aragonesischen, nach den wenigen verfügbaren Daten, heute nur noch auf ca. 10.000, und für die stark kastilianisierten *bables* der *llengua asturiana* können 'Kenntnisse' bei ca. 400.000 Spaniern angenommen werden; ein Gegensatz zum Kastilischen wird von den Sprechern beider Sprachformen normalerweise nicht empfunden.[204]

Nur im Nordwesten (*gallego* und Restzone des *asturo-leonés*), in Teilen des Baskenlands (*euskadi*), im Nordosten (Restzone des *aragonés*) und im Osten des spanischen Staatsgebiets (*catalán* und *valenciano*) ist also der Nähebereich vorwiegend bzw. auch von Idiomen besetzt, die vom Spanischen mehr oder weniger abweichen.[205] Diese Sprachformen werden auch Minderheitensprachen oder 'lenguas étnicas' genannt.

Seit dem Ende des 19. Jahrhunderts werden durch Schulunterricht (die Schulpflicht wird zwar schon 1857 gesetzlich verankert, 'greift' aber erst viel später; weitere Gesetze 1883, 1901 und 1909), Industrialisierung, Militärdienst (Wehrpflicht seit 1876), Bürokratie und Verwaltung, schließlich durch Presse, später Rundfunk, Film und Fernsehen die einzelsprachlichen Merkmale des Standards im Nähebereich noch stärker wirksam; bestehende diatopische Unterschiede werden dadurch weiter eingeebnet.

Wie in 5.1.3 ausgeführt, ist bei dieser Konstellation die Herausbildung von tertiären Dialekten zu erwarten, also die Entstehung eines *español regional*, eines *español de las provincias*.[206] Entscheidend ist: Dieses *español hablado regional* ist keineswegs auf das Verbreitungsgebiet der spanischen Dialekte beschränkt, sondern betrifft natürlich gerade auch die Sprecher des Galegischen, des Baskischen und des Katalanischen bzw. die Bewohner der entsprechenden Sprachgebiete, die sich der *lengua nacional* bedienen. Weiterhin ist darauf aufmerksam zu machen, dass die Grenzen des jeweiligen *español regional* – beim Aragonesischen oder Baskischen wird dies etwa besonders deutlich – mit

---

[204] Nach der letzten soziolinguistischen Untersuchung in Asturien (mit einer Million Einwohnern) ergab sich: "el número de quienes saben hablar asturiano se eleva a la mitad de la población (49%), aunque no todos ellos están alfabetizados. Quienes saben leer asturiano se limitan a uno de cada cinco (22,2%), de los cuales, además, no todos son capaces de escribirlo. Estos últimos se reducen a algo menos de uno de cada diez asturianos (7,6%)" (Llera/San Martín Antuña 2003, 133). Für diese Fragen zum Asturianischen verweisen wir auf die *Academia de la Llingua Asturiana* (www.academiadelallingua.com). Die Zahlen zu den Aragonesisch-Sprechern sind demgegenüber weit weniger verlässlich. Die normalerweise genannte Zahl von 10.000 stammt aus einer Frage, die die aragonesische Regierung in der Volkszählung des Jahres 1981 gestellt hat und in der die Befragten darüber Auskunft geben sollten, ob sie eine spezifisch aragonesische Sprachform benutzen oder kennen. Demgegenüber nimmt eine der Verteidigung des Aragonesischen gewidmete Website (www.charrando.com) an, dass entsprechend den positiven Antworten aus einer Untersuchung 11.824 Personen das Aragonesische benutzen und 17.653 es kennen. Es ist jedoch notwendig, eine ernsthafte soziolinguistische Untersuchung zu dieser Frage durchzuführen, bevor man irgendwelche Zahlen ins Spiel bringt.

[205] Cf. Berschin et al. 2005, 39–67; Bochmann 1989, 139–182; Veny 2003; Lorenzo-Vázquez 2003; Wesch 2003.

[206] Cf. Gargallo Gil/Torres Torres 2008, 2566–2570.

dem heutigen Verbreitungsgebiet der primären (oder sekundären) Dialekte bzw. dem der Minderheitensprache keineswegs zusammenfallen müssen (cf. 5.7.1).

Für den spanischen Varietätenraum bedeutet dies, dass – wenn man vom Zentrum absieht – das gesprochene Spanisch in jedem Fall eine mehr oder weniger ausgeprägte regionale Markierung (im Sinne von Dimension 4 in Abb. 3) aufweist; hinzu kommen die diastratisch und diaphasisch niedrig markierten Varietäten (3 und 2 in Abb. 3).[207] Wir werden im folgenden Abschnitt sehen, dass im Nähebereich des Spanischen einzelsprachliche Merkmale fast völlig fehlen, die im Gegensatz zur präskriptiven Norm stehen und gleichzeitig nicht (mehr) diasystematisch markiert sind. Dies bedeutet: das *español hablado*, das natürlich alle universalen Merkmale gesprochener Sprache (1a in Abb. 3) aufweist,[208] erfüllt einzelsprachlich vor allem die Bedingungen von 'gesprochen' **im weiteren Sinn**; im Unterschied zum Italienischen und vor allem zum Französischen spielen Merkmale, die der Dimension 1b zugehören, eine ganz untergeordnete Rolle (cf. 5.7.3).

Für das amerikanische Spanisch stellt sich die oben beschriebene Problematik einer Reorganisation des Nähebereichs in ganz anderer Weise: 1. dem relativ einheitlichen distanzsprachlichen Spanisch steht in den einzelnen Ländern Lateinamerikas eine extreme Diversifikation spanischer Nähevarietäten gegenüber; ihre Erforschung lässt noch sehr zu wünschen übrig;[209] 2. im Nähebereich wären vor allem auch die verschiedenen Indiosprachen[210] und ihr Verhältnis zu der jeweiligen spanischen Nähesprache zu berücksichtigen; Sprachformen wie das *castellano serrano* (auch *castellano andino*) wären als Form eines *español regional* bestimmter Andenstaaten zu charakterisieren;[211] schließlich sollte 3. der gerade unsere Zeit kennzeichnende dramatische Verdrängungsprozess der Indiosprachen – es geht teilweise direkt um das Überleben dieser Idiome – nicht mit dem harmlosen Etikett 'Reorganisation des Nähebereichs' versehen werden, was ja geradezu zynisch klingt![212]

---

[207] Cf. Sánchez Miret 2008, 2366–2371.
[208] Dies zeigen auch die Fakten, die Cano Aguilar (2008) bei seiner historischen Betrachtung des Gesprochenen im kastilischen Bereich anführt.
[209] Cf. dazu vor allem 5.7.1.
[210] Etwa die folgenden Sprachen sind hier wichtig: *quechua, aimara, chibcha, araucano/mapuche, guaraní, nahuatl, maya-quiché, otomí*; cf. genauer Tovar 1961.
[211] Zu Peru cf. exemplarisch Escobar 1978; Rivarola 1986 und 2000; Cerrón-Palomino 1987; cf. auch Garatea Grau 2009.
[212] In seinem *Catálogo de las lenguas de América del Sur* stellt Tovar lakonisch fest (1961, 10): "Cuando ello ha sido posible he dado algunos datos sobre estadística de hablantes de lenguas indígenas. Muchas veces no podemos saber si un dialecto está extinto ya o pervive todavía […]"; cf. auch Berschin et al. 2005, bes. 27–33; vor allem auch López García 2005.

5.6.4 Arbeitsaufgaben

1. Verschaffen Sie sich einen schematischen Überblick über die wichtigsten Umschichtungen im Spannungsfeld von Nähe und Distanz, die auf dem Boden der Iberoromania im Laufe der Sprachgeschichte stattgefunden haben. Tragen Sie die jeweilige Verteilung der Sprachformen im Nähe- und Distanzbereich um 500, 800, 1100, 1250, 1400, 1600 und heute in Parallelogramme nach dem Vorbild von Abb. 2 ein (Schraffuren, Symbole o.ä.).
2. Sammeln Sie Indizien für die relative Liberalität und Flexibilität des spanischen Standards im Verhältnis zur Nähesprache seit ca. 1500 (Bedeutung der *refranes*, *llaneza*-Ideal, Rolle der *Real Academia Española*, etc.).
3. Untersuchen Sie, welche Rolle nähesprachliche Varietäten in der Geschichte der spanischen Literatur spielen (u.a. Berceo, Arcipreste de Hita, *La Celestina*, pikaresker Roman, Cervantes, Lope de Vega, Quevedo, Valle-Inclán, Delibes, Cela).

5.7 Das heutige gesprochene Spanisch und seine Stellung im Varietätenraum: lautlich, morphosyntaktisch und lexikalisch

Nach dieser diachronischen Skizze der Entstehung des heutigen spanischen Varietätenraums werfen wir nun einen Blick auf eine Reihe einzelsprachlicher Phänomene, die für den Nähebereich kennzeichnend sind.

Wie schon in 5.6.3 angesprochen, stehen beim Spanischen gerade die diasystematisch markierten Varietäten, genauer: die diatopisch stark sowie diastratisch und diaphasisch als niedrig markierten Varietäten im Zentrum des Interesses – also die Nähesprache im weiteren Sinn (4, 3 und 2 in Abb. 3). Da es natürlich unmöglich ist, den gesamten Varietätenraum des Spanischen hier vorzustellen, müssen wir uns mit einer exemplarischen Darstellung begnügen, die wichtige Phänomene veranschaulicht (5.7.1/2). Erscheinungen, für die eine Einstufung als 'gesprochen' in Frage kommt (Nähesprache i.e.S. entsprechend 1b in Abb. 3), sollen in 5.7.3 besprochen werden.

Im Spanischen ist es somit besonders wichtig, das Funktionieren der auf den Affinitäten der genannten Varietätentypen beruhenden **Varietätenkette** herauszuarbeiten; dies darf aber nicht dazu führen, dass die Unterschiede zwischen den Varietätendimensionen durch die bloße Kennzeichnung von Phänomenen als 'nähesprachlich' verwischt werden. Es ist in diesem Zusammenhang allerdings nicht zu bestreiten, dass die präzise Zuordnung bestimmter Erscheinungen zu einer der vier Dimensionen gerade im Spanischen häufig diskutabel ist. Dies liegt aber nicht allein an der Komplexität der einzelsprachlichen Bestückung des Varietätenraums und der relativen Liberalität der präskriptiven Norm des Spanischen, die diasystematische 'Bewertungen' erschweren, sondern – und dies sei schon hier betont – vor allem daran, dass sich die spanische Sprachwissenschaft kaum systematisch mit dem **Zusammenwirken der einzelnen Dimensionen** der Sprachvarietät beschäftigt hat. Das Resultat dieser Vernachlässigung ist eine Vielzahl äußerst ungenauer und auch widersprüchlicher Markierungsvorschläge für lautliche, grammatische und lexikalische Erscheinungen im heutigen Spanisch. Vor allem fließen in einem verwaschenen Begriff von *vulgarismo/vulgar* nicht nur diastratische, diaphasische und bestimmte diatopisch markierte Phänomene zusammen, sondern sogar universale Merkmale der Nähesprache im Sinne von 1a werden ihm subsumiert.[213]

In den folgenden Abschnitten 5.7.1/2/3 werden wir die zu besprechenden Phänomene jeweils nach ihrer Zugehörigkeit zum lautlichen (a), morphosyntaktischen (b) und lexikalischen Bereich (c) ordnen. Was den lautlichen Bereich betrifft, so scheint sich ein besonderes Problem zu stellen. Wir haben bisher dem medialen Aspekt von Mündlichkeit und Schriftlichkeit kaum Aufmerksamkeit geschenkt, also etwa konzeptionell irrelevanten Fakten wie dem Gegenüber von phonisch [bo'tar] und graphisch <botar> vs. <votar>. Ist es nun, in unserer konzeptionellen Perspektive, nicht inkonsequent, im Folgenden auch lautliche Phänomene einzubeziehen, die doch an das phonische Medium gebunden sind und im graphischen Medium ohnehin 'verschwinden'? Wenn man jedoch bedenkt, dass die Distanzsprache ja auch phonisch realisiert wird, so leuchtet sofort ein, dass die unterschiedlichen lautlichen Realisierungen etwa von <¿qué has votado/botado?>, nämlich als [keasbo'taðo], [keasbo'tao], [kasbo'tao] bzw. [ka^{h}bo'tao], konzeptionell – direkt oder indirekt – hochgradig bedeutsam sind (cf. jeweils (a) in 5.7.1/2/3); derartige lautliche Phänomene müssen folglich berücksichtigt werden.[214]

An dieser Stelle ist noch einmal zu erinnern an ein für den spanischen Varietätenraum charakteristisches Problem, das wir nur kurz ansprechen können (cf. 5.2.2). Es wurde schon betont, dass in Hispanoamerika für bestimmte lautliche, morphosyntaktische und lexikalische Phänomene nicht einfach die Gültigkeit des europäisch-spanischen Standards postuliert werden darf. Wir nennen hier als Beispiele nur den *seseo* (cf. 5.6.2 und 5.7.1, a), das *tratamiento unificado* (cf. 5.6.2 und 5.7.1, b) oder die spezifische Bedeutung von Wörtern wie *ubicar*, *platicar*, *chacra* (cf. 5.7.1, c), ferner *pararse*, *carro*, *plata* etc.. Im Unterschied zum Status, den diese Phänomene in Spanien besitzen, unterliegen sie in ihren jeweiligen amerikanischen Verbreitungsgebieten eigenen Regeln, die völlig der präskriptiven Norm entsprechen. Sie sind also neutral gegenüber der Unterscheidung zwischen kommunikativer Nähe und Distanz. Dementsprechend rücken diese Phänomene *nicht* als 'regional' markiert in die Varietätenkette ein. Obschon sie durchaus 'topisch' sind (sie weisen ja eine eindeutig territorial-geographische Verteilung auf), können sie nicht als 'diatopisch' betrachtet werden, d.h. als diasystematisch markiert. De facto entsprechen sie dem, was man unter 'Regionalstandard' versteht. Es ist davon auszugehen, dass dieser Standard in seinem jeweiligen Verbreitungsgebiet seinerseits als Referenzpunkt für alle diasystematisch markierten Erscheinungen funktioniert, wobei sich neue diasystematische Markierungen ergeben, die nicht mit denen des europäischen

---

[213] Cf. jeweils passim Darstellungen etwa von Muñoz Cortés 1958 bis Casado 1988; cf. auch den hilflosen Versuch von Vigara Tauste 1980, 14s., sich im terminologischen Wirrwarr zurecht zu finden.

[214] Cf. mit anderer Perspektive auch Geckeler 1978.

Spanisch übereinstimmen. Genau in diesem Sinne müssen wir das Spanische als eine 'plurizentrische' Sprache konzipieren.[215]

5.7.1 Spanische Nähesprache im weiteren Sinne: diatopische Merkmale

Obwohl die **primären** Dialekte des Spanischen natürlich voll in die Position 'gesprochen' einrücken können (und damit Teil der spanischen Nähesprache i.w.S. werden), soll es aus rein praktischen Gründen – die Dialektologie stellt ja ein umfangreiches eigenes Forschungsgebiet dar – im Folgenden allein um die Merkmale **tertiärer** und **sekundärer Dialekte** gehen, die ebenfalls zur spanischen Nähesprache gehören. Die wichtigsten, aber eben keineswegs systematisch verwendeten Kennzeichnungen dieser Varietäten sind *dialectal, regional, provinciano, rústico* (cf. auch 5.7.2); im Folgenden werden die Merkmale als 'diatopisch' bezeichnet. Es sind in der Perspektive unserer Fragestellung folgende Situationen zu unterscheiden (cf. dazu unsere Ausführungen in 5.6.2/3):[216]

(1) Im Zentrum Spaniens (Madrid und Neukastilien) ist die Nähesprache diatopisch (fast) neutral; im zentralen Nordspanien wird eine diatopische Markierung etwas deutlicher sichtbar.

(2) Im Süden Spaniens (mit den Kanarischen Inseln) bilden die Nähesprache eine Reihe – vor allem in lautlicher Hinsicht sehr markanter – sekundärer Dialekte des Spanischen (*español meridional*).[217]

(3) Im Nordosten und Nordwesten Spaniens ist die Nähesprache auch ein mehr oder weniger ausgeprägtes *español regional* (tertiärer Dialekt, der das 'Substrat' eines primären spanischen Dialekts, also Aragonesisch bzw. Asturisch-Leonesisch, enthält).

(4) Im Baskenland, in Galicien, in Katalonien, auf den Balearen und in Valencia ist die Nähesprache immer auch ein markantes *español regional* (tertiärer Dialekt, der das 'Substrat' der jeweiligen nichtspanischen Idiome enthält).[218]

(5) In Amerika schließlich wird die Nähesprache im Wesentlichen ebenfalls von einer Reihe sehr markanter sekundärer Dialekte des Spanischen gebildet. Wie schon weiter oben und in 5.6.2 betont, müssen diese aber auf regionale Standards,

---

[215] Zum heutigen Zeitpunkt scheint es uns möglich, drei Regionalstandards in Hispanoamerika zu unterscheiden: Mexiko, Buenos Aires mit den La Plata-Staaten sowie die Andenstaaten; cf. Oesterreicher 2002a und 2006.
[216] Nicht behandelt wird das Spanische in den USA, auf den Philippinen, in Nordafrika, Israel etc.; cf. dazu Berschin et al. 2005, 16–39.
[217] Cf. Narbona Jiménez/Ropero Núñez (eds.) 1997; Narbona Jiménez et al. 2003; Narbona Jiménez (ed.) 2009.
[218] Cf. etwa Echenique Elizondo 1996; Wesch 1992; Sinner 2004; Münch 2006.

und nicht einfach auf die *norma castellana*, bezogen werden;[219] die sich daraus ergebenden Probleme unterscheiden das Spanische radikal vom Italienischen und letztlich auch vom Französischen.

Bei unserer Exemplifikation der Diatopik können wir auf Corpora zurückgreifen, die die gut dokumentierten Situationen (2) und (5) repräsentieren; Phänomene aus (3) und (4) können wir hingegen nur erwähnen, da diese Situationen in den Corpora nicht repräsentiert sind. Trotz der beachtlichen Streuung der Herkunft unserer Corpora ist unser Material hinsichtlich diatopischer Merkmale, die für die Nähesprache relevant sind, leider insgesamt nicht sehr ergiebig (*habla culta*!).

Vorab ist nochmals grundsätzlich festzustellen, dass **diatopische** Markierungen nicht in jedem Falle mit der Markierung 'gesprochen' i.w.S. **gleichzusetzen** sind. Man muss nämlich durchaus damit rechnen, dass auch Distanzsprache eine gewisse diatopische Variation aufweist. Gerade für das Spanische mit seiner relativ flexiblen präskriptiven Norm (im Französischen ist dies anders; cf. 5.3) gilt, dass bestimmte diatopische Merkmale nicht von vornherein 'ausgefiltert' werden, sondern durchaus in den Distanzbereich vordringen können (**Durchlässigkeit** der Distanzsprache); in diesen Fällen wird ein Sprecher/Schreiber von den Hörern/Lesern einfach identifiziert, etwa als 'X kommt aus Andalusien'.

Besonderes Augenmerk ist bei der folgenden Darstellung auf den schon in 5.6.2 angesprochenen Unterschied zwischen einer in Spanien gültigen präskriptiven Norm (*norma castellana*) und der so genannten *norma hispánica* zu richten. Dabei ist aber zu beachten, dass diese Unterscheidung einen wichtigen Punkt verwischt: Erscheinungen, die im europäischen Spanisch diatopisch oder diastratisch markiert sind und damit sekundär in den Bereich der gesprochenen Sprache (i.w.S.) einrücken können, sind in Hispanoamerika nämlich häufig gar nicht oder anders diasystematisch markiert. Für bestimmte Länder Lateinamerikas typische Teil-Normen in Lautung, Grammatik und Lexikon dürfen damit gar nicht auf unser Problem des gesprochenen Spanisch bezogen werden.[220]

Bei diesen Regionalismen (*americanismos*, teilweise wäre aber genauer von *mejicanismos*, *peruanismos* etc. zu sprechen) handelt es sich mithin um zwar klar räumlich verteilte Erscheinungen des Spanischen (insofern sind sie 'topisch'); aus genau diesem Grund sind sie nur in einem plurizentrischen Modell der Variation unterzubringen. Folglich müsste ein eigenes Modell des Varietätenraums nicht für das Spanische in Amerika insgesamt entworfen werden, sondern vielmehr für verschiedene Untertypen des latein-

---

[219] Diese Tatsache relativiert die Brauchbarkeit des Begriffs 'sekundärer Dialekt' in unserem Zusammenhang nicht unbeträchtlich und zeigt deutlich dessen diachronische Implikationen.

[220] Wie wir noch sehen werden, handelt es sich um einen frommen Wunsch, wenn Lapesa feststellt: "No ha llegado a afectar a la unidad del sistema lingüístico ninguna de las diferencias existentes entre el habla americana y la española, ni entre la de unos y otros países hispánicos del Nuevo Mundo" (1980, 599); vgl. dazu Oesterreicher 2009; cf. auch 5.8.

amerikanischen Spanisch – immer im Bezug auf bestimmte Phänomene aus dem Distanz- und dem Nähebereich. Gerade auch hinsichtlich dieser Fragen, die also nicht nur die **Verbreitung**, sondern den **Status** der Erscheinungen im entsprechenden Varietätenraum betreffen, lässt der Forschungsstand sehr zu wünschen übrig.[221]

Festzuhalten ist also, dass hinsichtlich der Variation des Spanischen im Raum strikt drei Fälle/Konstellationen unterschieden werden müssen:

(A) diatopische Merkmale – und dieser Fall interessiert uns natürlich am meisten – rücken in die Varietätenkette ein und gehören damit zum gesprochenen Spanisch i.w.S., zur Nähesprache;

(B) diatopische Merkmale können bis in den Distanzbereich vorrücken, werden dort toleriert (diese Durchlässigkeit der Distanzsprache kann als ein Resultat einer flexiblen Normierung betrachtet werden);

(C) ('topische') Merkmale eines regional gültigen Standards entsprechen der oben bereits beschriebenen Situation der Plurizentrik; sie sind also für unsere konzeptionelle Fragestellung irrelevant und müssen jeweils ausgegrenzt werden.[222]

Damit die nähesprachlich relevanten Fälle (A) und (B) deutlich hervortreten können, bleibt in unserer Darstellung in der Regel die Hispanoamerika betreffende Konstellation (C) zunächst einmal außer Betracht. Allerdings ist diese Konstellation zur Interpretation anderer Phänomene präsent zu halten.

Wie in unseren anderen Sprachen (cf. 5.3.1; 5.5.1) bietet der lautliche Bereich (a) jeweils die auffälligsten diatopischen Kennzeichen, gefolgt vom lexikalischen Bereich (c); beachtlich sind jedoch auch Art und Zahl der morphosyntaktischen Besonderheiten (b). Selbstverständlich finden sich in den im Folgenden ausgewerteten Corpus-Ausschnitten 127*S bis 155*S auch Phänomene, die nicht diatopisch, sondern anders diasystematisch markiert sind; auf diese Phänomene wird dann in den folgenden Abschnitten Bezug genommen.

a) Lautlicher Bereich: Bekanntlich sind die lautlichen Realisierungsmuster, einschließlich der Intonation, besonders tief in der Sprecherkompetenz verwurzelt. Wenn man von der Situation (1) absieht, sind in den spanischen Nähesprachen gerade im lautlichen Be-

---

[221] Fast alle Darstellungen des lateinamerikanischen Spanisch 'sündigen' gerade in dieser Hinsicht: Auffällige lautliche und grammatische Erscheinungen sowie lexikalisches Material werden einfach gesammelt, ohne dass jeweils die genaue Verbreitung und die diasystematische Markierung der Phänomene angegeben würde; auch die Frage, inwieweit die Erscheinungen Norm- oder Systemunterschiede repräsentieren (cf. 2.4.3), wird regelmäßig übergangen. Dass dies natürlich unsere gerade an der konzeptionellen Qualität der Phänomene interessierte Darstellung und Argumentation erheblich erschwert, versteht sich von selbst.

[222] Für diesen Fall gibt es Parallelen im Verhältnis von Portugiesisch und Brasilianisch (auch Englisch und Amerikanisch); im Italienischen sind im Bereich des Lexikons immerhin bestimmte *geosinonimi* vergleichbar: cf. 5.5.1, c.

reich diatopische Markierungen – wenn auch unterschiedlich stark ausgeprägt – omnipräsent. Da diese Phänomene aber nicht notwendig auf den Nähebereich beschränkt bleiben müssen, ist für die Erscheinungen jeweils im Einzelnen zu prüfen, inwieweit die (phonisch realisierte) Distanzsprache ihnen gegenüber 'durchlässig' ist. Generell ist aber von einer sukzessiven Ausdünnung diatopischer lautlicher Merkmale von kommunikativer Nähe zur Distanz hin auszugehen.

Wegen der durchgehend orthographischen Transkription der spanischen Corpora können im Folgenden bestimmte lautliche Phänomene strenggenommen nicht belegt werden; mit der notwendigen Vorsicht bei der Interpretation lassen sich einige der von uns zugrunde gelegten Corpora aber trotzdem zur Illustration bestimmter regionaler Besonderheiten und diatopischer Merkmale benutzen.

Wir beginnen mit Hispanoamerika: Wie besprochen, sind außerhalb Spaniens alle regionalen Abweichungen dann nicht auf unsere Problematik zu beziehen, wenn sie eigene Standards bilden, also gar kein direkter Bezug zur präskriptiven Norm des europäischen Spanisch etabliert werden kann (Fall C). Dies gilt etwa für die (zu postulierende) Realisierung von <Zamora> durch A in 23*$S_{,1}$: [sa'mora]. A ist nämlich Peruaner; B, der aus Zamora kommt und seit fast fünfzig Jahren in Madrid lebt, unterscheidet selbstverständlich [s] und [θ]. In allen unseren lateinamerikanischen Corpora, also HCBA, HCBo, HCC, HCMex und HCS, ist jeweils der *seseo* anzusetzen. Auch beim *yeísmo*, bei der Aspiration von silben- und wortauslautendem -s und anderen Erscheinungen liegt in Lateinamerika teilweise ein abweichender Standard vor. Während aber der *seseo* in Hispanoamerika allgemein gilt,[223] sind etwa beim *yeísmo* bekanntlich nach Zonen unterschiedliche Verhältnisse in Rechnung zu stellen: Bestimmte Gebiete haben keinen *yeísmo* (die Opposition zwischen /ʎ/ und /j/ bleibt bestehen), andere besitzen unterschiedliche Standardrealisierungen des aus der Aufgabe der Opposition resultierenden Phonems ([j] oder [ʒ]), wieder andere Zonen bewahren zwar die phonologische Opposition, aber als [ʒ] vs. [j].[224]

In fast allen Zonen gibt es – und dies ist strikt von dem beschriebenen Fall (C) zu unterscheiden – dann weitere diatopisch oder diastratisch markierte Varianten. Es versteht sich von selbst, dass wir diese diatopische Variation im lautlichen Bereich des *español en América* nicht nachzeichnen können (obwohl sie genau dem uns interessierenden Fall (A) entspricht). Hier müsste man unter anderem sprechen über die Realisierung von [ʒ] als [ʃ], die Assibilierung von [r], besonders von [rr] (*carro* etc.), die Lenisierung von [x], die Realisierung von [tr] als Frikativ (*cuatro* etc.), den Schwund von auslautendem -n bei Nasalierung des vorhergehenden Vokals (etwa in *vienen*), die Konfusion der Vokale *e* und *i* bzw. *o* und *u*, das Verstummen unbetonter Vokale vor -s (etwa in *somos*), Umakzentuierungen von oxytonen Wörtern (*árroz* etc.).[225] Diese Phänomene rücken also in

---

[223] Cf. Lapesa 1980, 565–568.
[224] Cf. Lapesa 1980, 569–571.
[225] Cf. etwa Alonso 1961, 123–267; Lapesa 1980, Kap. XVII, passim; Canfield 1981.

die Varietätenkette etwa des Spanischen der La Plata-Staaten, Perus, Mexikos etc. ein. "Todos estos fenómenos, por supuesto, no son sólo geográficos, sino también sociales: en los hablantes cultos disminuyen o desaparecen, y son más frecuentes en los analfabetos, hablantes de lenguas indígenas y núcleos más pobres de la sociedad" (Marcos Marín 1983, 232). Es versteht sich von selbst, dass wir diese Erscheinungen in unseren lateinamerikanischen Corpora, die weitestgehend die *habla culta* repräsentieren, nicht erwarten dürfen.

Die zwei Corpora aus Spanien, die – wenn sie phonetisch transkribiert wären – diatopisch einschlägige Fakten zeigen würden, sind HUS und Ber. So ist etwa bei den Corpus-Belegen der *habla urbana culta de Sevilla* (cf. etwa 148*S) durchaus von einer klar diatopisch markierten Abweichung vom kastilischen Standard auszugehen; klar ist auch, dass es sich bei diesem *sevillano culto* (als einer Form des *andaluz culto*) um einen tertiären Dialekt, also um ein *español regional* handelt. Bei den mit Sicherheit vorliegenden lautlichen Merkmalen handelt es sich im Wesentlichen um den *yeísmo* (mindestens realisiert als [j]), den *seseo* und die Aspiration von silben- und wortauslautendem -s (sowie -z); hinzu kommt als gesamtspanisches nähesprachliches Phänomen, besonders bei -*ado*, das Verstummen des intervokalischen -*d*- (cf. 5.7.2). Auch intonatorische Besonderheiten können vorausgesetzt werden.

Es wäre nun aber völlig verfehlt, diese typischen phonischen Merkmale des Andalusischen einfach als nähesprachlich interpretieren zu wollen; ganz im Gegenteil liegt hier nämlich der oben unter (B) charakterisierte Fall vor: Die diatopischen Merkmale reichen nämlich bis in den Distanzbereich hinein. Bei dieser 'Akzeptanz' spielt, neben der Liberalität der präskriptiven Norm des Spanischen, sicherlich auch die Verbreitung dieser Phänomene in Hispanoamerika eine wichtige Rolle (*norma hispánica*). Trotzdem handelt es sich bei diesen Phänomenen in Spanien eindeutig um diatopische Varianten, die – im Unterschied zu Lateinamerika – der Situation (B) entsprechen.[226]

Allein die stärker diatopisch markierten Erscheinungen des *andaluz*, die in die Varietätenkette einrücken, sind als nähesprachlich zu betrachten (Fall A). Hier kommen zu den schon erwähnten Merkmalen des *andaluz* noch Phänomene wie beispielsweise der Schwund auslautender Konsonanten (außer flexivischem -s: *sé* < *ser*, *autó* < *autor*, *viví* < *vivir*, *andalú* < *andaluz*, $e^h pa\tilde{n}ó$ < *español* etc.) und des intervokalischen -*d*-, auch vor *r* (*pue* < *puede*, *pare* < *padre* etc.), die Neutralisation von vorkonsonantischem /r/ und /l/ ($arguno^h$, *sordao*, *álbo* etc.), die Reduktion der Affrikata [tʃ] oder die Aspiration des Anlauts etwa bei *hierro*.[227] Dieses *andaluz* wird (irreführend) gerne auch *andaluz popular* genannt – es ist jedoch klar, dass es sich dabei einfach um das *andaluz* als einen sekundären Dialekt des Spanischen handelt; sekundär kann diese Varietät dann natürlich diastratisch (etwa *popular*) und diaphasisch (etwa *familiar*) markiert sein. In Anbetracht

---

[226] Cf. Cano Aguilar et al. 1998; Cano Aguilar/González Cantos 2000; Narbona Jiménez (ed.) 2009.
[227] Cf. Zamora Vicente 1974, 287–325; Lapesa 1980, 499–513; Ariza Viguera 1997.

der sorgfältigen Auswahl der Informanten für das Corpus HUS ist aber nun auszuschließen, dass dieses solche diatopisch extrem markierte Merkmale des Andalusischen enthält. Im Corpus Ber ist die Wahrscheinlichkeit ebenfalls nicht sehr groß (Offiziere!), dass die phonetische Transkription Phänomene dieses *andaluz* zeigen würde.[228]

Was nun die nähesprachlichen Varietäten angeht, die den Situationen (3) und (4) entsprechen und von unseren Corpora nicht repräsentiert werden, so müssen einige Andeutungen genügen.[229] Generell gilt, dass die verschiedenen Formen des Regionalspanisch ihre unverwechselbaren intonatorischen Charakteristika haben; darauf kann hier nicht eingegangen werden. Kennzeichen des *español regional* des Nordwestens ist etwa die 'übertriebene' Öffnung oder Schließung von e und o (also [ˈpwɛðe], [ˈpɔko], [ˈmontis], [ˈmeðju]) und die Aspiration von <h>, teilweise bis hin zu [x]; in Navarra wird etwa der Nexus [tr] assibiliert (etwa zu [ˈotso]), und in Aragón führt der 'Widerwille' gegen proparoxytonale Wortbetonung zu Wortformen wie [katoˈliko] oder [paˈxaro] etc.

Für die Situation (4) seien einige lautliche Kennzeichen des in den katalanischen Gebieten gesprochenen Regionalspanisch[230] genannt: starke Öffnung der Vokale und Verdumpfung des unbetonten *a* zu einer Art [ə] (etwa in *Barcelona*), Velarisierung des silben- und wortauslautenden *-l* und des vorangehenden *a* (etwa in *fatal*), Sonorisierung von wortauslautendem *-s* vor Vokal (etwa in *losotros*) und Realisierung des auslautenden *-d* als [t] (etwa in *verda**d***); teilweise, vor allem in Valencia, wird <v> labiodental realisiert (etwa in *v*aca, *v*er).

Gerade bei den eben genannten diatopischen Merkmalen des Regionalspanisch, die an sich dem Fall (A) entsprechen, wäre im Sinne unserer Überlegungen zu Beginn dieses Kapitels nicht nur zu prüfen, wie weit sie längs der Varietätenkette als niedrig mar-

---

[228] Zur Veranschaulichung des Unterschieds zwischen den erwähnten beiden Formen des Andalusischen geben wir eine Textprobe der distanzsprachlichen südspanischen Varietät (*andaluz culto*) und der stark diatopisch markierten nähesprachlichen Varietät wieder. Die Texte stammen vom andalusischen Schriftsteller Vaz de Soto, der nachweisen möchte, dass man auch andalusisch **schreiben** (!) kann (wir geben daher seine 'Transkription' wieder; <j> notiert die Aspiration von [s]). Die Textprobe ist bei Berschin et al. 2005, 66, abgedruckt:
"1) Algunoj lejtorej no ejtán de acuerdo conmigo en que se pueda ejcribir en andaluj. ¡Puej claro que se puede ejcribir en andaluj! ... Lo que yo he dicho y sojtengo ej que no se puede ejcribir en andaluj con la ortografía vigente – común para el andaluj, el cajteyano y demaj modalidadej del español –, y el intento resiente de Manuel Barrioj en ejte mijmo periódico no pasó de ser, sin duda, en la intensión del autor, un divertimento.
2) Argunoj lejtorej no ejtán de acuerdo conmigo en que se pueda ejcribí en andalú. ¡Poj claro que se pue ejcribí en andalú! ... Lo que yo he dicho y sojtengo ej que no se pue ejcribí en andalú con la ortografía vigente – común pa el andalú, er cajteyano y demaj modalidadej del ejpañó –, y el intento resiente de Manué Barrioj en ejte mijmo periódico no pasó de sé, sin duda, en la intensión del auto, un divertimento."

[229] Cf. dazu etwa Lapesa 1980, 476–478.

[230] Cf. Sinner 2004.

kiert im Varietätenraum vorrücken, sondern auch zu klären, ob und in welcher Form sie in die phonisch realisierte Distanzsprache 'einsickern' können (dies wäre dann natürlich als Fall (B) zu betrachten).

b) Morphosyntaktischer Bereich: Wir beginnen mit Hispanoamerika, weil wiederum zuerst einmal die regional verbreiteten Formen und Konstruktionen auszugrenzen sind, die hinsichtlich der 'gesprochen/geschrieben'-Unterscheidung deshalb neutral sind, weil sie in bestimmten Zonen exklusiv gelten, also einfach Regelformen sind (Fall C); erst dann können die Konstellationen (A) und (B) betrachtet werden.

Ein erster Phänomenbereich regionaler Standardformen umfasst die unter den Stichworten *voseo* und *tratamiento unificado* bekannten Erscheinungen.[231] Beim *voseo* geht es darum, dass in bestimmten Gebieten Hispanoamerikas die Form *vos* der europäischen *tú*-Form entspricht, wobei für die Verb-Endung der 2. Pers. Sg. Präs. verschiedene Realisierungen existieren (cf. etwa *tomas, tomás, tomáis*; das unbetonte oblique Pronomen *te* bleibt erhalten, s.u. 7). Etwa für Argentinien typisch sind die indikativischen Regelformen *(vos) tomás/comés/vivís*, im Konjunktiv (wie im europäischen Spanisch) *tomes/comas/vivas*, im Imperativ *tomá/comé/viví* (Fall C):

(127*S)

A [	**mirá vos** le fuistes . a enseñar el mecanismo de la puerta .	1
A [	en materia de puertas lo más original para mi modo de ver es	2
A [	la que ha puesto Z en su casa **vos tocás** la campanilla . y	3
A [	empieza un sonido musical . de varillas metálicas que se	4
A [	chocan entre sí y así **vos <apretés>**[1] el botón con fastidio con	5
A [	apuro con rabia eso no sale de su ritmo . y **tenés** . que	6
A [	aguantarte que vengan a abrirte cuando les da la gana [...]	7

< statt *apretás* >[1]   (HCBA, II, 380)

Wichtig für unsere Fragestellung ist nun aber eine Konstellation, die wir mit unseren Corpora nicht exemplifizieren können: Dort, wo der *tuteo* der präskriptiven Norm entspricht, also etwa in Chile (cf. etwa 137*S,₃,₅), rückt der *voseo* natürlich als diatopisch und/oder diastratisch markiert in die Varietätenkette ein und entspricht mithin der Kennzeichnung 'gesprochen'; der *voseo* entspricht hier der Konstellation (A).

Als *tratamiento unificado* bezeichnet man die in Lateinamerika generalisierte Aufgabe der im europäischen Spanisch funktionierenden Opposition zwischen *vosotros tenéis* und *ustedes tienen*: Einheitlich wird *ustedes tienen* realisiert. Mit *vosotros* 'ver-

---

[231] Cf. etwa Kany 1951, 55–91; Lapesa 1980, 577–581; Marcos Marín 1983, 238–240; Kubarth 1987, 37–40 und passim; Berschin et al. 2005, 192–194. Cf. zur Anredeproblematik innerhalb der spanischen Sprachgemeinschaft insgesamt jetzt Hummel et al. (eds.) 2010.

schwindet' auch *os*, dem analog *a ustedes* entspricht. Im folgenden Corpus-Ausschnitt duzt A seine Gesprächspartner, sodass das Phänomen deutlich hervortritt:

(128*S)

    A ⌈ <no te gustaría una niña>¹   1
    B ⎮   <ay es por lo que me muero>²   2
    C ⌊   es lo que   3
    A ⌈   [...] y respecto a la educación que les **van** a   4
    C ⌊ estamos buscando [...]   5
    A [a dar a los niños <**piensan** que varíe o en que piensan que varíe   6
    A [respecto a la que sus papás les dieron **a ustedes**>³   7

    < ? >¹,³   < ! >²   (HCMex, 163s.)

Diese Erscheinung entspricht natürlich der Konstellation (C). Es ist aber zu beachten, dass der *tratamiento unificado* auch im *canario* existiert. Gegenüber Lateinamerika ist die Erscheinung dort klar als gesprochen i.w.S. markiert (Fall A); die Erscheinung bleibt aber wohl in der diastratischen Dimension blockiert.[232]

Auch auffällige Unterschiede in der Verwendung der Vergangenheitstempora im europäischen und amerikanischen Spanisch sind für unsere Fragestellung nicht relevant, da der hispanoamerikanische Gebrauch (die sog. *indefinido*-Präferenz)[233] nicht nach nähe- und distanzsprachlichen Kriterien differenziert ist (also Fall C). Wiederum ist aber zu berücksichtigen, dass die Verwendung des *pretérito indefinido* an Stelle des Perfekts aber eben auch die Formen des *español regional* des spanischen Nordwestens kennzeichnet, womit die Erscheinung dort natürlich in die Varietätenkette einrückt und als nähesprachlich markiert zu betrachten ist (Fall A).[234] Interessant ist, dass dieser *indefinido*-Gebrauch – wobei diese Erscheinung wohl unabhängig von der Diatopik ist (sonst würde es sich wieder um Fall (B) handeln) – in Spanien auch in Presse und Rundfunk um sich greift (cf. *Llegó a Madrid el equipo de la Juventus* oder *Oyeron ustedes 'Los clásicos de la canción'* etc.).[235]

Wir erwähnen noch zwei auffällige Beispiele für den uns eigentlich nicht interessierenden Fall (C): In weiten Teilen Amerikas ist die Verwendung von *recién* als autonomes Adverb die Regel (also ohne obligatorisch nachfolgendes Partizip wie im europäischen Spanisch, etwa *recién llegado*); ähnliches gilt für die Verwendung von *acá* im Sinne von *aquí* etwa in Argentinien:

---

[232] Cf. Zamora Vicente 1974, 347.
[233] Cf. Kany 1951, 161–164; Berschin et al. 2005, 226–229.
[234] Cf. etwa Zamora Vicente 1974, 208; Lapesa 1980, 476.
[235] Cf. Casado 1988, 85.

(129*S)

A [y . vos tenés **acá** . por ejemplo en la Argentina que hay .	1
A [ponchos . así . todos negros o o otros . así . tonos que no .	2
A [digamos . no no se justifican porque . hay toda una una	3
A [creencia así en/ de acuerdo al tono del poncho . más o menos	4
A [te ubica dentro de una región <entendés>¹	5
B [claro	6
<?>¹ (HCBA, II, 75)	

Erst auf dem Hintergrund der Konstellation (C) mit den jeweiligen regionalen Teil-Normen sind bestimmte Fakten überhaupt in ihrem konzeptionell relevanten Status (diatopisch entsprechend Konstellation (A); diastratisch; diaphasisch) zu beurteilen. Man denke etwa an lateinamerikanische Phänomene wie Richtungsangaben mit *(d)onde* statt *a*, die Konstruktion *media loca, medios dormidos*, der Gebrauch von *lo más* oder *no más*, die in bestimmten Varietäten anzutreffende Morphologisierung des analytischen Futurs etwa als *yo **vocantar***, abweichende 'Auxiliarisierungen' (***mandarse** mudar* etc.) oder die Ausweitung des Gebrauchs von Verbalperiphrasen (*Vamos pronto, que los niños **han de estar** despiertos* etc.).[236]

Wir gehen nun zu den diatopischen Merkmalen im Varietätenraum Spaniens über, für die, wie gesagt, unsere Corpora kaum Belege bieten; einige Hinweise müssen genügen. Auf das *tratamiento unificado* im *canario* und die spezifische Verwendung des *pretérito indefinido* im Regionalspanischen des Nordwestens haben wir schon hingewiesen (bei beiden Phänomenen haben wir in Spanien die Konstellation (A) festgestellt).

Ein diatopisch markiertes Phänomen, das ebenfalls (A) entspricht und als 'gesprochen' i.w.S. einzustufen ist, lässt sich im *español regional* des Baskenlands und der angrenzenden Provinzen Burgos und Santander ausmachen; es geht um die Verwendung des *condicional* in der Protasis von Bedingungssätzen (cf. etwa *Si trabajarías más, ganarías mejor jornal*).[237] Im Regionalspanisch der katalanischsprachigen Gebiete fallen die folgenden Konstruktionen auf: *la mayoría **de** automovilistas* (statt *de los*); *me afeito **cada** día* (statt *todos los días*); schließlich auffällig häufiges *detrás **mío**, delante **tuyo*** (statt *detrás de mí*), was heutzutage jedoch schon überall in Spanien zu finden ist.[238]

Zum Abschluss noch ein Wort zu den Diminutiven, die an der Grenze zum lexikalischen Bereich stehen. Gerade in diesem Bereich unterscheiden sich amerikanisches und europäisches Spanisch ja ebenfalls signifikant. Es wäre nun im Einzelnen zu prüfen, wo für unsere Fragestellung irrelevante unterschiedliche Gebrauchsnormen vorliegen (Fall

---

[236] Mit den Angaben etwa bei Kany 1951, 34–36, 363–366 oder Alonso 1962, 457–459 ist in dieser Hinsicht wenig anzufangen.
[237] Cf. Muñoz Cortés 1958, 107s.; Lapesa 1980, 480.
[238] Cf. Carnicer 1969, 11–113; Casado 1988, 58, 62s.

C) beziehungsweise wo diaphasische, also für die gesprochene Sprache i.w.S. relevante Markierungen anzusetzen sind (cf. dazu 5.7.2). Während etwa in 77*S,4: *un poquito bajito* die Verwendung der Diminutive wohl auch im kolumbianischen Spanisch diaphasisch markiert sein dürfte, ist in Lateinamerika etwa *ahorita* weithin schon als Regelform zu betrachten (Fall C).

Alle in diesem Abschnitt der Konstellation (A) subsumierten morphosyntaktischen Phänomene können im Prinzip längs der Varietätenkette als niedrig markiert, also 'gesprochen' (i.w.S.), in andere Varietätendimensionen des Varietätenraums vorrücken; allerdings sind die angegebenen Blockierungen zu beachten.

c) Lexikalischer Bereich: Auch hier gilt es, zunächst diejenigen topisch markierten Elemente auszugrenzen, die Fall (C) entsprechen und konzeptionell irrelevant sind. Es handelt sich dabei um die bekannten Fälle, in denen kein gesamtspanisches Standardwort existiert oder in bestimmten Sprachräumen unterschiedliche Gebrauchsnormen herrschen.[239] Ein extremes Beispiel liegt mit *clavadista* 'Felsenspringer' in 141*S,3 vor. Wir geben drei Corpus-Ausschnitte mit typisch amerikanischen Lexemen, die als konzeptionell völlig neutral betrachtet werden müssen: *chacra* 'Bauernhof, Farm' und *voltearse* 'sich umdrehen' sind dabei gesamtamerikanisch, *cachetada* 'Ohrfeige' ist nicht mehr überall gebräuchlich und *reportarse* 'sich zur Verfügung von jemandem halten' ist schließlich auf Zentralamerika (Mexiko, Puerto Rico etc.) beschränkt – was für unsere Fragestellung natürlich ebenfalls irrelevant ist.

(130*S)

A [[...] esa vieja hospitalidad que tenía antes el criollo el	1
A [el tipo de campo que vos te . parabas en un camino y entrabas	2
A [en una **chacra** y te recibían como si fueras realmente el Cristo	3
A [<no>[1] eso . en cierto modo Buenos Aires todavía lo ha/ lo	4
A [tiene es decir no lo ha perdido <no>[2] [...]	5
< ? >[1,2]	(HCBA, I, 66)

(131*S)[240]

A [[...] porque ya te digo que me da unas contestaciones que se	1
A [me ha quedado en la mano la **cachetada** porque digo yo le doy	2
A [una **cachetada** o **se voltea** y me la regresa o yo me caigo ahí	3
A [de un coraje [...]	4
	(HCMex, 407)

---

[239] In Berschin et al. 2005, 292–294 sind in einer schönen Übersicht wichtige Beispiele zusammengestellt; cf. auch bestimmte italienische *geosinonimi* in 5.5.1, c. – Für die im Folgenden angeführten amerikanischen Lexeme cf. Academia chilena 1978; Santamaría 1978.

[240] Es handelt sich um die Klage einer Mutter über ihre 'schwierige' Tochter.

(132*S)

A ⌈ [...] <acuerdáte>[1] que de eso dependemos de tu mamá		1
B ⌊	sí yo sí	2
B [este domingo/ . porque <fíjate>[2] que lo malo es que yo no		3
B [puedo saber si va el chofer hasta el sábado porque él siempre		4
B [**se reporta** el sábado <ves>[3] y entonces el sábado yo le digo		5
B [que vaya o que no vaya o mi mamá le dice <no>[4] [...]		6

< man beachte die unterschiedlichen Imperativformen >[1,2]
< ? >[3,4]   (HCMex, 47s.)

Zu dieser Gruppe von Lexemen gehören auch *ubicar* (137*S,$_9$) und *platicar* (141*8,$_1$), das im europäischen Spanisch eher selten ist und intransitiv gebraucht wird und das in Mexiko mit der Bedeutung 'mit jemandem über etwas sprechen' zum hochfrequenten transitiven Verb wird (etwa *Le platicó la acción a su amigo*)[241] etc.

Wiederum ist festzuhalten: Die Feststellung dieser gesamtamerikanischen oder zonal verteilten, konzeptionell absolut neutralen 'Normalformen' – entsprechend Konstellation (C) – ist im Rahmen unserer Fragestellung allein insofern von großer Bedeutung, als dadurch überhaupt erst diatopisch, diastratisch und diaphasisch markierte Lexeme in Hispanoamerika fassbar und beschreibbar werden können, **die zur Nähesprache gehören**.[242] Hier wäre nun zu erwarten, dass wir auf Phänomene stoßen, die unserer Konstellation (A) entsprechen. Die Großräumigkeit des spanischen Sprachgebiets macht die Situation jedoch noch weit komplexer. So sind etwa die Lexeme *machucárselas* 'trabajar en alguna cosa' (154*S,$_3$; chilenisch) oder *pachanga* 'juerga' (155*S,$_2$; mexikanisch) sicherlich diatopisch festgelegt; sie sind jedoch aus der Sicht des Chilenen bzw. Mexikaners in erster Linie diaphasisch – wohl *familiar* – markiert (cf. auch 5.7.2). Nichtlateinamerikanische Spanischsprecher interpretieren diese Formen irrtümlicher-, aber verständlicherweise im Sinne der Konstellation (A). Selbstverständlich gibt es in Lateinamerika aber auch kleinräumig verteilte Besonderheiten (z.B. peruanische Andinismen wie *wawa* 'Kind'), bei denen für alle Spanischsprecher eindeutig die Konstellation (A) vorliegt. Derartige Erscheinungen sind aber in unseren amerikanischen Corpora der *habla culta* der Hauptstädte erwartungsgemäß nicht repräsentiert.

---

[241] Cf. Carnicer 1977, 111.
[242] Gerade in dieser Hinsicht sind nahezu alle Wörterbücher der Amerikanismen, Mexikanismen, Peruanismen etc. völlig unbefriedigend; dies gilt auch für an sich wichtige Arbeiten wie Haensch/Werner 1978, Sala et al. 1982 sowie Wotjak/Zimmermann (eds.) 1994. Theoretischer ausgerichtet sind demgegenüber die wichtigen lexikographischen Aktivitäten von Fernando Lara (1990 und 1996) zur Lexik des mexikanischen Spanisch.

In Spanien liegt demgegenüber der Fall (A) in der Regel klar zu Tage: Eindeutig nähesprachlich ist beispielsweise das andalusische *mijilla* 'kleine Portion von etwas' im folgenden Corpus-Ausschnitt:[243]

(133*S)

A [[...] pues lo que te estaba diciendo era que hablando así que		1
A [nos iba a dar el coñazo el capitán Buenaventura como realmente		2
A [lo/ me lo dio coño que luego no me dejó hablar de verdad		3
A [estaba/ me llamó X y no me dejó hablar con ella tuve que		4
A [colgar el teléfono y vino éste y llegó Z y lo dejé una **mijilla**		5
A [con él bueno pues estaba empeñado en que colgara el teléfono		6
A [bueno pues hablando de esto con un sargento digo yo digo		7
A ["esta noche nos va a dar el coñazo el capitán Buenaventura		8
A [porque se va a ajumar" [...]		9

(Ber, 177)

Die Darstellung der Diatopik hat gezeigt, dass für das Spanische in großem Ausmaß gerade regionale Merkmale kennzeichnend sind, die deshalb nichts mit der Varietätenkette zu tun haben, weil sie konzeptionell neutrale Regelformen darstellen (Konstellation C). Die auch im Spanischen überall – wenn auch nicht so massiv wie im Italienischen – zahlreich vorhandenen, als 'gesprochen' markierten diatopischen Merkmale werden in unseren vorwiegend der Sprachform der *habla culta* von Großstädten gewidmeten Corpora natürlich nicht in dem für unsere Fragestellung an sich wünschenswerten Umfang sichtbar. Dass diatopische Merkmale sekundär auch in die niedrigen Varietäten der anderen Varietätendimensionen einrücken können (Konstellation A) und teilweise sogar bis in den Distanzbereich vordringen (Konstellation B), ist besprochen worden.

5.7.2 Spanische Nähesprache im weiteren Sinne: diastratische und diaphasische Merkmale

Wir wollen uns nun den diastratisch und diaphasisch als niedrig markierten Varietäten zuwenden, die ebenfalls zur Nähesprache i.w.S. gehören (cf. den 'linken' Bereich der Dimensionen 3 und 2 in Abb. 3). Ohne den bedeutsamen Unterschied zwischen den beiden Varietätendimensionen einebnen zu wollen, exemplifizieren wir die Diastratik und die Diaphasik des Spanischen zusammen in einem Teilkapitel. Dies ist schon deshalb gerechtfertigt, weil beide Varietätendimensionen sowohl in synchronischer als auch in diachronischer Hinsicht eine besonders intensive Beziehung aufweisen. In der Diachro-

---

[243] Cf. Zamora Vicente 1974, 317; Alcalá Venceslada 1980; auch Ariza Viguera 2002.

nie der Einzelsprache – und dabei handelt es sich natürlich um eine richtige, eigenständige Form des Sprachwandels – 'wandern' Phänomene regelmäßig in dieser Richtung, was im Folgenden an verschiedenen Punkten deutlich werden wird. In der Synchronie werden im Varietätenraum Phänomene von der diastratischen in die diaphasische Dimension 'weitergereicht'. Dies entspricht einfach der uns vertrauten Varietätenkette.[244] Gerade beim letzten Punkt ist die schon verschiedentlich angesprochene Liberalität der spanischen präskriptiven Norm wichtig: Sie zeigt sich gerade darin, dass – im Unterschied zum Italienischen (5.5.2) oder gar zum Französischen (5.3.2) – (primär oder sekundär) diastratisch als niedrig markierte Erscheinungen häufig *nicht* blockiert werden, sondern in der Varietätenkette bis in die niedrig markierte Diaphasik vorrücken können.

Es sei jedoch nicht verschwiegen, dass auch die schon zu Beginn dieses Kapitels angesprochene Forschungslage eine solche Darstellung nahelegt: Ungenaue und widersprüchliche Markierungsvorschläge in Grammatiken und Wörterbüchern verhindern teilweise die eindeutige Zuordnung der Phänomene zu einer der beiden Varietätendimensionen und verunmöglichen häufig auch innerhalb einer Varietätendimension eine abgestufte Kennzeichnung.[245] So wird etwa *provinciano* oder *rústico* (cf. 5.7.1) zusammen mit Kennzeichnungen wie *plebeyo*, *inculto*, *popular* und *vulgar* für diastratisch niedrig markierte Varietäten verwendet (*jergal* und *argot* sind der Bezeichnung von Gruppen- und Sondersprachen vorbehalten).

Im Bereich der Diaphasik ist das Durcheinander ebenso groß: Wenn man überhaupt Unterscheidungen macht, begnügt man sich häufig mit dem allzu pauschalen Gegenüber von *informal* vs. *formal*; andere, kaum gegeneinander abgegrenzte Kennzeichnungen in der Diaphasik sind *vulgar* (s.o.!), *descuidado*, *familiar*, *informal*, *habitual*, *coloquial*, *hablado*. Im Folgenden begnügen wir uns im Bereich der niedrig markierten Diastratik mit der Kennzeichnung *popular*.[246] Im Bereich der Diaphasik verwenden wir die Registerkennzeichnungen *vulgar*, *familiar* und *coloquial*, wobei sicherlich zwischen *vulgar* und *familiar* eine allzu große Lücke klafft (die diaphasisch hoch bewerteten Markierungen *formal*, *literario*, *habla esmerada* etc. interessieren als distanzsprachliche Varietäten hier ja nicht; zu *hablado* cf. 5.7.3).[247] Dass unsere Zuordnungen aus den angedeuteten Gründen als tentativ gelten müssen, sei ausdrücklich betont.

---

[244] Cf. López Serena 2007b und 2007c.

[245] Aufschlussreich in dieser Hinsicht wäre etwa ein Vergleich von Casares 1977, Vox 1987 und Moliner 1998. Mittlerweile lassen sich lexikalische Markierungen auch corpuslinguistisch stützen: cf. Clavería Nadal 2005. Insgesamt zur lexikalischen Diaphasik des Spanischen: Tejera 1989.

[246] Es ist zu beachten, dass hier im Spanischen (wie im Italienischen) ein Terminus Anwendung findet, der im Französischen in der Diaphasik und nicht in der Diastratik verwendet wird; cf. 5.3.2 und 5.5.2.

[247] Wir vermeiden also Kennzeichnungen des Typs *lenguaje popular rústico*, *habla descuidada y vulgar* etc.; cf. Casado 1988, 61, 81.

Schon hier soll hervorgehoben werden, dass – gerade im Unterschied zum Französischen – im Spanischen die Dimensionen 3 und 2 der Abb. 3, also die 'Mittelzone' des Varietätenmodells, ausgesprochen reich bestückt sind; eine Erklärung dafür wird in 5.8 angedeutet.

Die Darstellung der hier interessierenden Phänomene gliedert sich wiederum nach den Bereichen (a) lautlich, (b) morphosyntaktisch und (c) lexikalisch.

a) Lautlicher Bereich: Wir haben schon in 5.7.1 bedauert, dass die Corpora wegen ihrer orthographischen Notation in lautlicher Hinsicht keine brauchbare Auswertungsgrundlage abgeben; aus diesem Grund müssen wir uns auch hier auf einige wenige Bemerkungen beschränken.

Wenn wir von den klar diatopisch markierten Phänomenen absehen, die sekundär diastratisch funktionieren, sind im Spanischen immerhin eine ganze Reihe lautlicher Merkmale zu verzeichnen, die genuin **diastratisch** als niedrig, also als *popular*, markiert sind. Es handelt sich unter anderem um Schwankungen bei der Realisierung von unbetonten Vokalen (*ceviles, sigún, menumento, sepoltura*), um die Hiat-Reduktion (*rial* etc.), Umakzentuierungen (*ráiz, bául* etc.), Vereinfachungen von Konsonantengruppen und Hyperkorrektionen (*istancia, dotor* bzw. *acsurdo, alvertir* etc.), Lautsubstitutionen des Typs *güeno, agüela* oder *Jelipe, juerte/huerte* etc. Beispiele aus der 'Satzphonetik' wären etwa *cara 'e ladrón, pol camino*,[248] wohl auch [tase'ɣuro]. Diese lautlichen Merkmale sind, mit vergleichbarer Markierung, weithin auch in Hispanoamerika verbreitet.[249] Auch der Schwund von intervokalischem *-d-* ist als ein insgesamt noch diastratisch markiertes Merkmal zu betrachten, wobei aber Unterschiede in der Bewertung und Verbreitung etwa von *-ado, -ido, -ada* und *-ida* festzustellen sind: Gerade [ao] als Realisierung von *-ado* dürfte aber in Spanien und Teilen Lateinamerikas schon in die (niedrig markierte) Diaphasik eingerückt sein.[250] Ebenfalls differenzierter zu beurteilen, weil einen Übergangsbereich zwischen diastratischer und **diaphasischer** Markierung repräsentierend, ist der folgende Corpus-Beleg: Während [to] ($_8$) wohl noch als *popular* markiert ist, muss man bei [pa] ($_{2,3}$) schon eine niedrige diaphasische Markierung annehmen:

(134*S)

A [[...] los españoles nada el español no quiere cocina no quiere		1
A [nada el español es un tío <**para**>¹ la calle trabajar en su		2
A [oficio y la mujer <**para**>² trabajar en el suyo eso del mandilito		3

---

[248] Bei *Eso es pal gato* oder *echao palante* handelt es sich um Fälle 'wiederholter Rede'; cf. etwa Carnicer 1969, 228s.

[249] Cf. Lapesa 1980, 466–470 und 597s.; Marcos Marín 1983, 232, 246, 252.

[250] Cf. Navarro Tomás 1980, 101s.; auch Lorenzo 1980, 56s.

```
A ⌈ de todos los americanos hay muy pocos españoles                              4
B ⌊                                                        <no quieren que       5
A ⌈                   <eh>⁴                                sí quieren que        6
B ⌊ tenga cocinera>³        <no no quieren que tenga co/ >⁵                      7
A [ tenga cocinera y que tenga servidumbre y si <esto>⁶ es posible               8
A [ te alcanzan a ello lo que no <quieren es que . <qué tal está                 9
A [ usted>⁷>⁸ lo que no quieren sabe usted es que . esos hombres .              10
A [ que llegue y que diga "oye fulano pon la mesa oye fulano que                11
A [ se ha hecho pis el niño llévalo" eso no . y que se ponga a fregar           12
A [ los cacharros                                                               13
```

< realisiert als [pa] >[1,2]   < ? >[3,4,5,7]   < realisiert als [to] >[6]
< dreht sich zur Tür und spricht zu C >[8]   (CV, 106s.)

Vergleiche auch 149*S,[3,5]: *escaleras* **parriba** ... *escaleras* **pabajo** und 154*S,[3-4]: **pa** *poder*. Festzuhalten bleibt, dass das Spanische – im Unterschied zum Italienischen und Französischen – eine ganze Reihe eindeutig diastratisch als niedrig markierter lautlicher Merkmale aufzuweisen hat.

b) Morphosyntaktischer Bereich: Auch wenn es bei einigen der im Folgenden beschriebenen Phänomene nicht immer ganz eindeutig ist, welcher Varietätendimension sie zuzurechnen sind, überraschen doch die insgesamt zahlreichen 'Deblockierungen' klar diastratisch niedrig markierter Phänomene. Im Unterschied etwa zum Italienischen und Französischen bewegen sich als *popular* gekennzeichnete Erscheinungen mit relativer 'Leichtigkeit' in der Varietätenkette. Dass hier ein besonders wichtiger Bereich von der Liberalität der spanischen Norm 'profitiert', soll unsere Darstellung zeigen.

Sicherlich in der niedrigen Diastratik blockiert bleiben 'Barbarismen' wie *haiga* (statt *haya*; cf. 74*S,[5,6]: *haigan*), Formen wie *más mejor/más menor* etc., wohl auch das folgende *cuentando*:

(135*S)

```
A [ [...] o sea eso lo/ . hace como quince días fue que yo me enteré            1
A [ que fue l/ . el presidente no sé qué de la . de la compañía y eso           2
A [ y nos estaba cuentando todo lo que ellos habían pasado <no>¹                3
```
< ? >[1]   (HCC, 27)

Sowohl in Spanien als auch in Hispanoamerika sind die diastratisch markierten Formen des *pretérito indefinido* der 2. Pers. Sg. auf *-s* zwar proskribiert, erfreuen sich jedoch durchaus einer gewissen Verbreitung, sind also keineswegs strikt blockiert:

(136*S)

A	⌈ <cuántas escalas **hicistes** entonces>[1]	dos escalas en Portugal	1
B	⌊	dos	2
A	[y . y después a Madrid ya <no>[2] así <qué bien>[3] lo **pasastes**		3
A	[estupendamente claro en el avión . os dan bien de comer [...]		4

<　?　>[1,2]　　　　<　!　>[3]　　　　　　　　　　　　(CV, 110s.)

Vergleiche auch 127*S,[1]: *fuistes* und 143*S,[8]: *oístes*.

Im Pronominalbereich gibt es erwartungsgemäß bei den direkten und indirekten Objekten diastratisch relevante Phänomene, die zur gesprochenen Sprache i.w.S. gezählt werden müssen.[251] So ist der *loísmo*, also die Verwendung von *lo/los* beim indirekten Objekt, generell niedrig markiert (*popular*). Im folgenden Beispiel berichtet eine Sozialarbeiterin:

(137*S)

A	[[...] yo estoy convencida que a través de . de casos no vamos		1
A	[a poder seguir trabajando que es necesario trabajar en grupo		2
A	[y tú puedes abarcar un/ . hacer un trabajo mucho más eficaz		3
A	[pero el caso no . no se puede desechar <mm>[1] porque cuando		4
A	[llega un individuo con problemas tú no . no **lo** puedes decir		5
A	["lo siento mucho señor yo no **lo** atiendo" <mm>[2] o hay ciertos		6
A	[campos profesionales que son netamente casi en trabajo de		7
A	⌈ casos te pongo yo en siquiatría por ejemplo <mm>[3]		8
B	⌊	ya ubicada la	9
A	⌈	ehm . claro [...]	10
B	⌊ asistente social en asuntos de tipo		11

<　?　>[1,2,3]　　　　　　　　　　　　　　　　　　　　(HCS, 60)

Auch der *leísmo de cosa* und der *laísmo*, die gerade in Kastilien und im Norden der Extremadura sehr verbreitet sind, bleiben als *popular* markiert und sind eigentlich diastratisch blockiert:

(138*S)

A	[pues este crecimiento en Madrid yo **le** veo normal <no>[1] [...]	1

<　?　>[1]　　　　　　　　　　　　　　　　　　　　　　(HCM, 91)

Vergleiche auch 32*S,[7]: *no **le** sé hacer* und 34*S,[4]: ***la** gusta a usted*.

---

[251] Cf. Lapesa 1968.

Der *leísmo de persona* ist im Singular hingegen als Prestigeform, die von der kastilischen *habla culta*, aber auch von vielen nicht-kastilischen Autoren favorisiert wird/wurde, keinerlei Gebrauchsbeschränkungen unterworfen.[252] Vergleiche etwa 144*S,₂,₃: *había venido su marido en viaje de negocios y ella **le** acompañaba*.

Ebenfalls diastratisch niedrig markiert ist in Spanien die Verwendung des Artikels bei Eigennamen; vergleiche etwa 153*S,₉,₁₀: ***la** Marisol*.[253]

Gleiches gilt für die Verwendung der Verben *hacer* und *haber* im Konstruktionstyp *Hicieron unos días estupendos* oder *Habían terrenos vacíos*; kurios ist der folgende Fall, wo beim Verb *haber* zunächst beim Plural *presiones* keine Kongruenz erfolgt, später dann aber *habían* erscheint:

(139*S)

A [[...] en el trabajo no he sentido ningún' cambio . de gobierno		1
A ⌈ o sea no se ha hecho sentir el cambio de gobierno		2
B ⌊	no hay	3
A ⌈ de ningún tipo	tampoco	4
B ⌊ presiones ni nada de eso	<antes habían>¹	5

<?>¹   (HCC, 313)

Vergleiche auch 143*S,₅: *habían dos rehenes*. Zu beachten ist, dass dieser Konstruktionstyp, der auch in Spanien weit verbreitet ist, in Lateinamerika offenbar schon als normgerecht betrachtet werden muss (in diesem Fall wäre die Konstruktion natürlich konzeptionell neutral).[254] Sicherlich diastratisch blockiert bleibt aber in jedem Falle die folgende als *popular* zu kennzeichnende Verwendung von *hacer*:

(140*S)

A [[...] precisamente en esa época ha**cen veinticinco años** fundamos	1
A [a X una agencia de publicidad muy chiquitita entonces [...]	2

(HCC, 92)

Bei den Pronomina gibt es weitere diastratisch als niedrig markierte Phänomene. Vor allem die Reihenfolge mehrerer Pronomina und die Stellung des Pronomens beim Imperativ sind hier zu nennen; man vergleiche etwa die absolut diastratisch blockierten Typen *me se ha caído una cosa* bzw. *¡me ponga una cerveza!*. (Unvergessen ist ja der Ausruf des Oberstleutnant (Tte.Col.) Tejero der Guardia Civil in den Cortes beim Putschversuch im Februar 1981: *¡se sienten coño!*.) Ebenfalls blockiert sind die Imperative

---

[252] Cf. *Esbozo* 1973, 424s.; Berschin et al. 2005, 194–196 (mit instruktivem Schaubild).
[253] Cf. Casado 1988, 61.
[254] Cf. etwa Kubarth 1987, 41; Koch 2003c, 164–167, 171ss.

¡márchesen! oder ¡márchensen!. Auch 'Ausstrahlungsphänomene' sind zu vermelden: *al irsen ellos* oder *¡váyansen a estudiarsen las lecciones!*.[255] Unsere Corpora der *habla culta* zeigen diese diastratisch als sehr niedrig markierten Fakten aber natürlich nicht; cf. aber 74*S,$_{6/8}$: ***a mí me se murió [...] mi padre***.

Unklar ist, welchen Status in Lateinamerika die weitverbreitete Konstruktion 'Präposition + Subjektspronomen', also der Typ *para yo* hat;[256] als *familiar* ist, auch in Spanien, *de ... yo* im folgenden Beispiel einzuschätzen, in dem das Pronomen weit von der Präposition entfernt steht:

(141*S)

A [bueno de la natación te puedo platicar muchas cosas yo el deporte		1
A [de la natación lo seguí porque mi mamá durante mucho tiempo fue		2
A [<clavadista>[1] [...] eh . durante el lapso entre el nacimiento		3
A [**de** mi hermano mayor y **yo** mi mamá compitió y posteriormente a		4
A [mi nacimiento siguió compitiendo [...]		5

< Felsenspringer, etwa in Acapulco >[1]   (HCMex, 11)

Auch der diastratisch markierte, aber weitverbreitete Konstruktionstyp *se vende paraguas, se necesita aprendizas* etc. (statt *venden, necesitan*) sei hier wenigstens erwähnt.[257] Schwer zu beurteilen sind die Fälle der sog. Pseudoreflexivität: während ein *te regresas* gerade in Amerika als 'normal' gilt und auch in Spanien akzeptiert wird (cf. etwa 152*S,$_1$: *yo no **me** puedo venir*), muss man sich fragen, ob der Typ *se vino un viaje* im folgenden Corpus-Ausschnitt nicht als *popular* markiert ist und diastratisch blockiert bleibt:

(142*S)

A [[...] después de que me di cuenta que realmente . pues . no iba	1
A [yo a hacer nada en Ingeniería porque no era lo que me gustaba	2
A [**se** vino un viaje a Puerto Rico en el que me fui yo como entrenador	3
A [[...]	4

(HCMex, 16)

Ebenfalls diastratisch niedrig blockiert bleibt das Fehlen der Kongruenz beim Reflexivum, etwa in 53*S,$_1$: *¿**te vas** a Alemania a casarse?*.

---

[255] Cf. etwa Muñoz Cortés 1958, 32, 92; *Esbozo* 1973, 425–427; Candau 1985, 275; Casado 1988, 68.
[256] Cf. Lapesa 1980, 584.
[257] Cf. Oesterreicher 1991, 365–367; 1992; Mendikoitxea 1999; Cartagena 2005; zum Folgenden Kany 1951, 189–192.

Was den *dequeísmo* betrifft, also die Verwendung von *de que* an Stelle von einfachem *que*, so ist, wenn man Verbreitung und 'Träger' der Erscheinung betrachtet, eine Zuordnung zur Diastratik sicher nicht möglich;[258] diese Erscheinung – und das spiegelbildliche Phänomen des *queísmo*, nämlich das Fehlen von *de* dort, wo ein *de que* normgerecht wäre – ist wohl als diaphasisch niedrig markiert zu betrachten:

(143*S)

A [bueno yo . yo oí en el radio **de que** uno de los rehenes . había		1
A [logrado escaparse por una ventana pero antes había tratado de		2
A [suicidarse <no>¹ lo cual me hace creer que bueno que el pobre		3
A [debe de haber estado sufriendo horrores también oí **de que** .		4
A [habían dos rehenes que eran dos mujeres las cuales las querían		5
A ⌠ cambiar por diplomáticos pero más nada		6
B ⌡ ahora dime una cosa		7
B [este/ . no . no . no oístes más . la noticia que fuera un poco más		8
B [profunda qué había ocurrido [...]		9
< ? >¹		(HCC, 238)

Diastratisch blockiert bleibt demgegenüber der Typ *no me hagas de reír*.

Was die Relativkonstruktionen betrifft, so stoßen wir in allen romanischen Sprachen auf morphologische Lösungen, die in der einen oder anderen Weise vom traditionellen Typ der 'lateinischen' Syntax (*qui — quae — quod*) abweichen, in dem ein dekliniertes Pronomen gleichzeitig die syntaktische Relation im Verhältnis zum übergeordneten Satz (Hypotaxe) wie auch die Funktion ausdrückt, die es im Relativsatz einnimmt. In den großen romanischen Sprachen – für das Rumänische gelten andere Bedingungen – stellt sich diesbezüglich immer ein Varietätenproblem, insofern sich in den jeweiligen präskriptiven Normen eher die Relikte von Kasusformen (v.a. sp. *quien*, *cuyo*) oder latinisierende analytische Rekonstruktionen (sp. *el cual*, *del cual*, *al cual* etc.) durchgesetzt haben. Demgegenüber erscheinen in den Nähevarietäten i.w.S. überall Konstruktionstypen, die zu den eben genannten in klarer Konkurrenz stehen.[259] Trotz der beträchtlichen Parallelen in den romanischen Sprachen handelt es sich in diesem Fall nicht um universale Merkmale der Nähesprache, wie ein typologischer Blick auf diesen Sachbereich zeigt: Die Übereinstimmungen zwischen den Nähevarietäten der romanischen Sprachen ergeben sich vielmehr aus den gemeinsamen Wurzeln im Vulgärlatein und sind daher eher als historisch-kontingent zu beurteilen; in typologischer Sicht entsprechen sie weit verbreiteten Mustern, die sich selbst in den Distanzvarietäten anderer

---

[258] Cf. etwa Náñez 1984; auch Kany 1951, 353–354.
[259] Cf. Blanche-Benveniste 1990 und Schafroth 1993; cf. auch Kiesler 1999.

Sprachen finden.[260] In unserem Kontext ist von Interesse der Varietätenstatus der betreffenden 'nähesprachlichen' Relativkonstruktionen in den jeweiligen Einzelsprachen. Im Spanischen wie im Französischen (5.3.2, b) und im Italienischen (5.5.2, b und 5.5.3, b5) gibt es im Wesentlichen zwei Klassen einschlägiger 'nähesprachlicher' Relativkonstruktionen. Erstens stoßen wir auf ein unveränderliches *que*, das ausschließlich Hypotaxe anzeigt, aber nicht die syntaktische Funktion des Relativums im untergeordneten Satz. Im *Esbozo de una nueva gramática de la lengua española* de la Real Academia (1973, 529) wird diese Form – in recht schlichter Weise – als Resultat der "rapidez del habla coloquial" angesehen[261] (cf. dazu einen Beleg aus dem Corpus HCM, 221: *pero . yo de cualquier cosa **que** les pudiese hablar con tiempo . pues nada . necesitaría unas cuantas cintas*).

Einen anderen Varietätenstatus, nämlich als diastratisch niedrig markiert, hat ein Untertyp mit der Funktion einer Ortsangabe: cf. 82*S,₂: *el tipo de campo **que** vos te parabas* (dies ist nicht mit dem polyvalenten *que* zu verwechseln; cf. 4.3.5). In 5.7.3, b2 kommen wir auf den variationellen Status dieser Phänomene zurück.

Ein zweiter Typ von Relativkonstruktionen, der diaphasisch als *coloquial* markiert ist, zeichnet sich dadurch aus, dass die Hypotaxe durch *que* markiert wird, während die syntaktische Relation im untergeordneten Satz durch ein bestimmtes Pronomen ausgedrückt wird (*lo*, *la*, *le*, *su*, etc.); in der französischen Linguistik wird dieser Konstruktionstyp als *décumul du relatif* bezeichnet:

(144*S)

A [[...] hice amistad durante durante el recorrido por la <Alhambra>¹	1
A [con una señora de de El Ecuador **que** había venido **su** marido en	2
A [viaje de negocios y ella le acompañaba [...]	3
< maurischer Königspalast in Granada >¹ (HCM, 378)	

Cf. auch das Beispiel 37*S,₄: *un país **que** yo no **lo** conozco*.

Als *coloquial* eingestuft wird zumeist auch die hochfrequente Verwendung des Infinitivs als Imperativ des Plurals (cf. aber auch 5.7.3, b):[262] Im folgenden Beispiel hänseln zwei Freundinnen (eine davon ist A) die verliebte Marta (B):

(145*S)

A ⌈ [...] <qué sientes tú Martica>¹ vamos a ver esa insensatez de		1
B ⌊	<ay	2

---

[260] Cf. Lehmann 1984, 85–97 und Givón 1984/90, vol. 2, 655s.
[261] Cf. hierzu genauer Lorenzo 1980, 239s.
[262] Cf. Carnicer 1969, 212–214; Lorenzo 1980, 131; cf. auch Berschin et al. 2005, 209.

```
A ⌈ de                        una altura celeste <qué sientes qué        3
B ⌊ déjame en paz>² ahora no tengo nada                                   4
A ⌈ sientes Martica>³                                                      5
B ⌊            <dejarme en paz>⁴                                           6

< ? >¹,³    < ! >²    < !; fast schreiend >⁴                    (CV, 128s.)
```

Vergleiche auch 60*S,₄: *oye bajar a abrirme el portal*.

Im nähesprachlichen Spanisch absolut gängig ist schließlich der Gebrauch bestimmter Adjektive und Substantive in Adverbfunktion;[263] typisch ist das folgende als *coloquial* markierte Beispiel. A berichtet vom projektierten Abbruch einer Psychoanalyse und die Aufforderung des Psychoanalytikers, die Behandlung doch nicht sofort zu beenden:

(146*S)

```
A [ [...] yo digo "bueno muy muy bien voy a venir entonces               1
A ⌈ después de las vacaciones   vengo un vengo un mes más y              2
B ⌊                    sí                                                 3
A [ después si yo dejo después de ese mes <estamos fenómeno>¹"          4
A [ me dice "mire un día más pero lo importante es que usted no         5
A [ rompa hoy"                                                            6

< ? >¹                                                      (HCBA: II, 58)
```

Vergleiche auch 155*S,₄₋₅: *nosotros nos llevamos* **perfecto** und das davon etwas verschiedene 138*S,₁: *yo le veo* **normal**.

Wiederum an der Grenze zwischen Morphosyntax und Lexikon sei auf die Diminutive zurückgekommen (cf. Ende von 5.7.1, b), deren Funktionen sich ja im diaphasischen Bereich besonders deutlich ausprägen (cf. nochmals 77*S,₄: *lo buscamos un poquito bajito para hacer labor y educar y elevar*).

Ohne dass im Vorstehenden in jedem einzelnen Falle absolute Klarheit über die Markierungen zu erreichen war, kann man doch festhalten, dass das Spanische eine Reihe von genuin diastratisch und diaphasisch niedrig markierten morphosyntaktischen Erscheinungen zu bieten hat, die natürlich zum *español hablado* gehören.

c) Lexikalischer Bereich: Diastratische Markierungen im Lexikon sind auch im Spanischen vor allem im Bereich der 'Gruppensprachen' greifbar (auf die Berührungspunkte mit der Fachsprachenproblematik können wir hier nicht eingehen). Diese Argots oder *jergas* bilden ja eben fast ausschließlich eine eigene Lexik aus, haben also in phonetischer und morphosyntaktischer Hinsicht kaum etwas zu bieten. Im Spanischen besitzen,

---

[263] Cf. Lorenzo 1980, 72; auch Berschin et al. 2005, 249.

ähnlich wie im Französischen und im Italienischen, Soldaten, Ärzte, Seeleute, Viehhändler, Zuhälter und Prostituierte, Schüler und Studenten, der Sport, die Drogenszene, die Aussteiger, die Gauner und Zuchthäusler jeweils ihren *argot*. Wenn man die Ausstrahlung der geographisch zu lokalisierenden Sprachformen wie des *lunfardo* (Sondersprache bestimmter Bewohner von Buenos Aires) oder des *cheli* (Szenensprache der Madrider Jugend) hinzunimmt und noch zwei in ihrer Art einzigartige Sondersprachen – nämlich das Zigeunerspanische (*caló*) und den zur Welt des Stierkampfs gehörigen *argot taurino* – berücksichtigt, so ergibt sich für den als *jergal* zu markierenden Bereich der Diastratik des Spanischen ein äußerst buntes Bild.[264]

Wir geben ein Beispiel für den *argot militar*; im folgenden Corpus-Ausschnitt bedeuten *castillo* und *chiquero* 'prisión militar', genauer 'cárcel' bzw. 'calabozo' (cf. auch 5.5.2).

(147*S)[265]

A [<bueno>[1] castizamente vamos a llamarle al pan pan y al vino		1
A [vino y y estuvo <y a las putas putas>[2] pues y		2
B [y a las putas putas		3
A [total estuvo con ellas y cuando le pareció pues les pegó dos		4
A [bofetadas a dos de ellas las hostió las echó a la		5
B [las hostió		6
A [calle no y a otra a la tercera la cogió pistola en mano y		7
A [la obligó a meterse en pelotas en la habitación del del del		8
A [capellán o sea del cura no joder ((allgemeines Lachen))		9
A [comprende tú coño cuando cuando el cura entró y vio a la tía		10
A [en pelotas en lo alto de la cama <comprendes>[3]		11
B [<ay la virgen María>[4]		12
A [((allgemeines Lachen)) claro o sea que la impresión/ claro		13
A [en seguida se imaginó que era eso pero es que ahí no/ lo		14
A [gracioso es que no acaba ahí la cosa coño es que la la		15
A [putada más gorda fue que cuando ya salió de ese arresto cogió		16
A [a dos o tres monjas que iban por la calle y las obligó a		17
A [meterse en la residencia ((risa general)) dice "coño		18
A [como antes me han metido en un **castillo** porque he traído		19
A [aquí a las tres fulanas coño ahora traigo a tres a tres monjas		20

---

[264] Cf. etwa Clavería 1951; Cela 1974/75; Teruggi 1978; León 1981; Umbral 1983; Nieto Manjón 1987; zum historischen Aspekt cf. etwa Alonso Hernández 1976.

[265] A, der als Reserveoffizier eine Wehrübung ableistet, hat auf Wache von seinem Unteroffizier die Geschichte von einem Hauptmann gehört, der sich viel herausnehmen konnte, weil sein Onkel General war; A erzählt die Geschichte im Kreise seiner Kameraden weiter (cf. Berschin 1989).

A [a ver qué coño pasa" y otra vez el tío al **chiquero** o sea   21
A [que fue/ o sea que el tío tuvo que/ tenía que ser un borde de   22
A [esos de de miedo vamos un borde el tío y me contó varias   23
A [cosas pero ésa fue que se me quedó más grabado porque el tío/   24
A [el detalle coño que después de lo de lo que había hecho pues   25
A [llegar el tío a meter allí tres monjas pero pistola en mano   26
A [o sea el tío estaba chalado perdido ((lacht)) [...]   27

< lachend >[1,2]   < ? >[3]   < !; spaßhaft >[4]   (Ber, 178)

Für den Militärdienst so typische Wörter wie *bicho* 'recluta' oder *escaqueo* 'hecho o acción de librarse de una orden' gehören ebenfalls zum *argot militar* und bleiben, wenn sie in der Varietätenkette etwa in die niedrig markierte Diaphasik weiterrücken, fest im *argot* verankert. Demgegenüber ist bei *rancho* 'comida que se da a los soldados y a los presos' die gruppensprachliche Herkunft verblasst; es ist heute keinesfalls mehr als *jergal* markiert und kann – wenn man von bestimmten, etwa pejorativen Verwendungen absieht – konzeptionell einfach als neutral betrachtet werden.

(148*S)
A [la gente que no es de Sevilla dicen mucho que en Sevilla son   1
A [muy **forofos** de su tierra de sus cosas   2

(HUS, 159)

Auch *forofo* war ursprünglich ein Wort aus dem Sportargot ('seguidor apasionado de un equipo de fútbol, etc.'). Das Wort ist heute einfach als *familiar* zu kennzeichnen. Demgegenüber sind *el crono* 'tiempo' oder gar *gregario* 'ciclista que tiene la misión de ayudarle al mejor de su equipo' klar dem *argot del deporte* bzw. dem *argot ciclista* zuzuordnen.

Der Übergang diastratisch-gruppensprachlicher Elemente in die Diaphasik (oder in die diaphasische 'Neutralität') lässt sich auch an zwei aus dem Schüler- und Studentenargot stammenden Wörtern verfolgen: Während *chuleta* 'papelito con apuntes que se lleva oculto a los exámenes' (cf. 32*S,$_{10}$) wohl überhaupt nicht mehr diaphasisch markiert ist, bleibt *empollar* 'meditar o estudiar un asunto con mucho detenimiento' (cf. 151*S,$_3$) immerhin als *familiar* gekennzeichnet. Demgegenüber sind Wörter wie *cerapio* 'cero' oder *matracas* 'matemáticas' nach wie vor eindeutig als *jergal*, nämlich als *argot estudiantil* bzw. *argot escolar*, markiert.

Ein nicht gruppensprachliches, diastratisch als *popular* zu qualifizierendes Beispiel bietet folgender Corpus-Ausschnitt:

(149*S)

A ⌈	[...] ayer que estuvimos de compras todo .	1
B ⌊	todo el día en la	2
A ⌈	todo el día de compras mire usted escaleras <para arriba>[1]	3
B ⌊	calle	4
A [	escaleras <para abajo>[2] porque no sólo fue **decidir esta cuna**	5
A [	cuando **decidimos esta cuna** habíamos visto ya el <Corte Inglés	6
A [	Galerías de Arapiles Galerías Preciados>[3] en fin ya lo	7
A [	habíamos visto todo [...]	8

< realisiert als [paˈrriβa] >[1]   < realisiert als [paˈβaxo] >[2]
< Madrider Kaufhäuser >[3]   (CV, 78s.)

Vergleiche ebenfalls diastratisch markiertes 134*S,₈₋₉: *si esto es posible* **te alcanzan a ello**.

Schon im Corpus-Ausschnitt 147*S ist uns ein spezifisch spanisches Problem begegnet, das schwierig zu fassen ist: es handelt sich um die sogenannten *tacos*. Darunter sind Wörter und Wendungen aus dem sexuellen Bereich zu verstehen, die – bislang fast ausschließlich – von Männern verschiedenster sozialer Herkunft gebraucht werden. In dieser Hinsicht würde es sich um eine Art von 'biologisch' motiviertem gruppensprachlichem Phänomen handeln, das man zur Diastratik rechnen könnte. Andererseits ist aber natürlich nicht zu bestreiten, dass die *tacos* einen klaren Bezug zu dem ausgesprochen niedrig markierten Register *vulgar* besitzen. Man vergleiche in dieser Hinsicht auch den folgenden Corpus-Ausschnitt (zur Situation cf. oben 147*S; cf. auch 4.1.6):

(150*S)

A [	[...] este tío pues entre las muchas barrabasadas que hizo	1
A [	pues fue/ cogió/ un día se ajumó cogió a tres a tres fulanas	2
A ⌈	<**coño** tres putas **joder**>[1] ya está no	3
B ⌊	qué **coño** a tres putas	4
A ⌈	puede ser uno fino bueno **leche**	5
B ⌊	no puede ser	6

< !; erregt >[1]   (Ber, 177)

Im Bereich der als *vulgar* markierten Diaphasik können noch die folgenden schon zitierten Beispiele genannt werden: 147*S,₂,₃ und 150*S,₄: *putas* 'prostitutas'; 147*S,₅,₆: *hostiar* 'golpear'; ₁₁: *en pelotas* 'en cueros, desnudo'; ₁₆: *putada* 'mala pasada'; 133*S,₂,₈: *dar el coñazo* 'molestar'.

Demgegenüber sind die in den folgenden Corpus-Ausschnitten hervorgehobenen Wörter und Wendungen sicherlich einfach als *familiar* markiert zu betrachten, was nicht bedeutet, dass sie nicht jeweils noch in eigenen konnotativen Bezügen stehen:

(151*S)

A [en filosofía existe quizás un mayor porcentaje de personas que		1
A [tengan intereses culturales pero también existe una gran		2
A [cantidad de gente que va a **empollar** solamente <no>^{1} y que se		3
A ⌈ sabe todo de memoria pero que		4
B ⌊ sí que después no sabe de nada		5
A [después no tienen cultura		6
< ? >^{1}	(HUS, 161)	

(152*S)

A [[...] yo no me puedo venir . con la moto desde mi casa porque		1
A ⌈ es que llego aquí . hecha un verdadero no sé lo		2
B ⌊ sí es verdad sí		3
A [que quieras <no>^{1} o sea lo que quieras eso llego hecha con		4
A ⌈ todos los pelos alborotados como un/ . como una bruja		5
B ⌊ y encima		6
B [llegarás casi con la cara negra porque tengo oído que como en		7
A ⌈ es realmente (xxx) es cierto		8
B ⌊ Madrid hay tantísima **porquería**		9
A ⌈ entonces		10
B ⌊ cuando vas en moto llegas a casa te pasas la toalla		11
B [y te sale toda negra		12
< ? >^{1}	(HCM, 346)	

(153*S)

A [<ay el italiano>^{1} <mire usted que hasta sus películas me	1
A ⌈ **estomagan**>^{2} <fíjese>^{3} este ((fragende Handbewegung)) Gasman	2
B ⌊ <Gasman>^{4}	3
A [ése ése es el tío más pedante que yo he visto en el cine oiga	4
A ⌈ usted no no ((Lachen)) alguna vez (xxx) sí sabe	5
B ⌊ pero es buen mozo	6
A [que . que ya ve usted me fui a ver el . "El estafador" <ay>^{5} .	7
A [cuando vi que la había visto ya dije <"gracias a Dios">^{6} **cogí y**	8
A [me salí no me gusta nada oiga usted me pasa con la <Marisol>^{7}	9

A [aquí en España a mí la Marisol no me gusta nada nada nada [...]   10

< ! >[1,2,3,5,6]   < Vittorio Gassman, italienischer Schauspieler >[4]
< berühmter spanischer Kinderstar der 1970er Jahre >[7]   (CV, 104s.)

Wie schon angesprochen (cf. 5.7.1, c), besitzt das Spanische in Amerika natürlich seine eigenen diaphasisch markierten lexikalischen Elemente, die im Unterschied zu den konzeptionell neutralen Lexemen als 'gesprochen i.w.S.' zu gelten haben; wir geben zwei Beispiele: chilenisches *machucárselas* 'trabajar duro en una cosa' und mexikanisches *pachanga* 'juerga':

(154*S)

A [y ahí como que empecé a despertar un poco la . la inquietud   1
A [por todo el problema social de . de Chile y a darme cuenta que   2
A [realmente había que . que **machucárselas** un poco <para>[1]   3
A [poder realmente trabajar o sea con los conocimientos que tenía   4
A [por mi cuenta o por . por el contacto diario con la gente me   5
A [estaba limitando en cuanto al trabajo que yo podía realizar y   6
A [de ahí mi inquietud y me hicieron/ . me decidí y entré a   7
A [estudiar Servicio Social <pues>[2]   8

< realisiert als [pa] >[1]   < realisiert nur als [p] >[2]   (HSC, 52s.)

(155*S)

A [pues en la oficina pues ya sabes es una agencia de viajes es muy   1
A [divertido es pura **pachanga** allí ((Gelächter)) sí pues somos   2
A [seis muchachas y el pobre del gerente ((Gelächter)) que todo   3
A [el día nos peleamos con él y demás bueno entre nosotros nos   4
A [llevamos perfecto [...]   5

(HCMex, 43s.)

Ohne dass wir auf die einzelnen Fälle hier noch eingehen könnten, sollen abschließend noch einige Beispiele, die uns in unseren bisherigen Corpus-Ausschnitten begegnet sind, aufgelistet werden; sie werden alle den Registern *familiar* oder *coloquial* zugeordnet. Vergleiche etwa 19*S,[1]: *(coger un) truquillo*; 54*S,[1]: *jaleos*; 67*S,[4]: *un rollazo*; 70*S,[3]: *rematadísima*; 133*S,[9] und 150*S,[2]: *ajumar*; 134*S,[12]: *se ha hecho pis el niño*; 147*S,[16]: *(la putada más) gorda*; [22]: *un borde*; [23]: *de miedo*; [27]: *chalado perdido*; 150*S,[1]: *barrabasadas*; 147*S,[20] und 150*S,[2,3]: *tres fulanas*.

Zum Abschluss noch ein Hinweis zur Registermarkierung (cf. auch 5.3.2 und 5.5.2), der auch für Lateinamerika gilt: Verschiedentlich ist die Tatsache angesprochen worden, dass diaphasisch niedrig markierte Phänomene auf Grund ihrer Affinität zum Nähebereich in die Position 'gesprochen' einrücken können (hoch markierte entsprechend in die Position 'geschrieben'). Unabhängig von dem sachlichen und terminologischen Problem, wie viele und welche Kennzeichnungen die interne Graduierung dieser Dimension zum Ausdruck bringen, ist darauf hinzuweisen, dass Registerkennzeichnungen gerade nicht an einzelnen Erscheinungen 'kleben', sondern dass sie sich mit der gesamten Skala von Werten, je nach der Verwendung im Nähe- oder im Distanzbereich, verschieben:[266] So rutscht etwa ein im nähesprachlichen Kontext als *familiar* markiertes *chalado* (cf. 147*S,$_{27}$), im Distanzbereich verwendet, auf eine Markierungsstufe ab, die wohl zwischen *familiar* und *vulgar* liegt. Ähnliches gilt für die beschriebene Aufgabe der Kongruenz beim Reflexivum (cf. 53*S,$_1$: *te vas a casarse*). Zu beachten ist, dass diese Registerverschiebung auch in umgekehrter Richtung funktioniert. Man stelle sich nur den Satz *Se sentía enfermo,* **mas** *tuvo que aguantar la ceremonia hasta el final* in einem nähesprachlichen Kontext vor...

5.7.3 Spanische Nähesprache im engeren Sinne:
Merkmale der Varietät 'gesprochen'?

Dass die spanische Sprachwissenschaft mit der Kategorisierung der sprachlichen Varietäten ihre Schwierigkeiten hat, ist schon verschiedentlich angeklungen; eine einzelsprachliche Varietätendimension 'gesprochen' i.e.S. wird nirgends diskutiert.[267] In der deutschen Hispanistik ist man dieser Frage nachgegangen, hat aber festgestellt, dass es – im Unterschied zu den Verhältnissen im Französischen, wo die system- und normbezogenen Differenzen zwischen *français parlé* und *français écrit* ja ins Auge springen – im Spanischen keinerlei Berechtigung für eine Unterscheidung eigener einzelsprachlicher Varietäten 'gesprochen' und 'geschrieben' gibt.[268] Wir wollen nun eine Reihe von Erscheinungen vorstellen und dabei zu zeigen versuchen, dass es immerhin einige Phänomene gibt, die als Kandidaten für die Markierung 'gesprochen' in Frage kommen, also nach unserer Meinung tatsächlich in die Dimension Ib des spanischen Varietätenraums einrücken.

Im Verlauf unserer Darstellung mussten wir immer wieder als Manko der spanischen Corpora herausstellen, dass brauchbare diatopisch markierte Corpora für die Konstellationen (A) und (B) (cf. 5.7.1) sowie Belege für diastratisch niedrig markierte Varietäten (cf. 5.7.2) weitestgehend fehlten. Dieses Faktum erweist sich nun für unsere jetzige Fragestellung als ausgesprochen glücklicher Umstand. Wenn wir von Ber und CV absehen, sind nämlich alle hier verwendeten spanischen Corpora zwar in ihrer Mehrzahl diato-

---

[266] Zu dieser Relativität der Registermarkierung cf. Söll 1985, 190ss.; cf. auch das Ende von 5.3.2 und 5.5.2.
[267] Zu den universellen Merkmalen cf. aber Criado de Val 1980, 13–65; Lorenzo 1980, 29–49.
[268] Cf. etwa Berschin 1980.

pisch markiert, entsprechen aber eben dem Fall (C) einer konzeptionellen Neutralität; sie sind weiterhin diastratisch ziemlich homogen, so dass die konzeptionell relevante Variation sich in nennenswertem Umfang eigentlich nur im Bereich der Diaphasik findet. Wenn es im Spanischen genuin 'gesprochene' Merkmale gäbe – so müssten sie uns dort begegnet sein! Im Folgenden wollen wir daher den Abschnitt 5.7.2 noch einmal 'überprüfen' und nach Merkmalen und Erscheinungen suchen, die deshalb aus der Diaphasik auszuscheiden wären, weil sie nicht mehr registermarkiert sind, sondern nur noch als 'gesprochen' gekennzeichnet werden können (diese Erscheinungen machen also die eben beschriebene Verschiebung der Registermarkierungen nicht mit). Für diese Erscheinungen kann der Terminus *(español) hablado* i.e.S. reserviert werden.

a) Zuerst zu den **lautlichen** Phänomenen: Wie wir gesehen haben, sind zahlreiche nähesprachliche lautliche Merkmale des Spanischen primär diatopisch, diastratisch und diaphasisch markiert; sie können sekundär teilweise auch in die Position *hablado* (i.w.S.) einrücken. Als genuin 'gesprochen' lassen sich demgegenüber jedoch wohl die folgenden Erscheinungen qualifizieren. Im Unterschied zum Verstummen des intervokalischen *-d-* (cf. 5.7.2) ist der Schwund des auslautenden *-d* und auch *-j* (etwa in *verda**d***, *relo**j***) in ganz Spanien als bloß sprechsprachliche Erscheinung zu beurteilen.[269] Interessanterweise handelt es sich beim Erhalt des auslautenden *-d* im *español regional* der katalanischsprachigen Gebiete (cf. 5.7.1, a) um ein Beispiel für die **Insel-Konstellation** (cf. 5.3.3, a1 und 5.5.3, a).

b) Was die **Morphosyntax** angeht, so muss man für das nähesprachliche Spanisch in jedem Fall den Verlust des diaphasisch hoch bewerteten, auch distanzsprachlich seltenen 'synthetischen' Plusquamperfekts auf *-ra* konstatieren (cf. etwa *Confirmó las noticias que ya **diera** el ministro hace unos días*; *Fracasó en la ayuda que me **prestara***).[270] Dies gilt natürlich in noch stärkerem Maß für den Konjunktiv Futur (cf. etwa *Sea lo que fuere*), der selbst in der Distanzsprache – außer im fachsprachlichen Kontext der Rechtssprache – nicht mehr vorkommt.[271] Mindestens die folgenden drei morphosyntaktischen Erscheinungen können unseres Erachtens jedoch als genuin 'gesprochen' gewertet werden:

b1) *Der Infinitiv steht für den Imperativ der 2. Pers. Plural:* Diese eindeutig als 'gesprochen' zu kennzeichnende Erscheinung liegt in 60*S,4: *¡oye baj**ar** a abrirme el portal!*

---

[269] Cf. die Einschätzungen von Muñoz Cortés 1958, 60; Navarro Tomás 1980, 102s.; Berschin et al. 1987, 143; cf. auch die Hyperkorrektionen des Typs *saluz, Madriz, Valladoliz* etc.; cf. dazu Lapesa 1980, 478.

[270] Sogar der *Esbozo* spricht von einer "restauración literaria, ajena a la lengua hablada" (1973, 480); cf. auch Söll 1985, 122. Für Lateinamerika gelten teilweise andere Regeln; cf. Kany 1951, 170–174.

[271] Cf. *Esbozo* 1973, 481s.; dazu genauer Eberenz 1983.

oder in 145*S,₆: *¡dejarme en paz!* vor (die Regelformen sind bekanntlich *bajad* bzw. *dejad*).²⁷²

b2) ***Que** anstelle von **cuyo***: Die fast gänzliche Vermeidung von *cuyo* und sein 'Ersatz' durch *que* kann ebenfalls als typisch für das *español hablado* gelten; man vergleiche etwa 144*S,₂₋₃: *una señora de El Ecuador **que** había venido su marido*. Die viel weitergehenden Typen wie 130*S,₂: *el tipo de campo **que** vos te parabas* bleiben hingegen, auch wenn sie bis in die niedrig markierte Diaphasik vorrücken, wohl diastratisch verankert. Bezeichnend dafür, wie Sprecher sich in der Nähe des 'Korrekten' bewegen, sind Fälle wie 31*S,₆₋₇: *en un país como el nuestro **en el que** estamos en un rinconcito de Europa* und vor allem die Korrektur in 31*S,₂₆₋₂₇: *la coyuntura que estamos pasando o **que . en la que** está España*.²⁷³

b3) *Die Verwendung bestimmter Adjektive und Substantive in **Adverbfunktion***: Auch hier muss man sich fragen, ob eine diaphasische Markierung (etwa als *coloquial*) noch gerechtfertigt werden kann; vergleiche etwa 155*S,₄₋₅: *nosotros nos llevamos **perfecto*** oder 146*S,₄: *estamos **fenómeno***.²⁷⁴

b4) *Direkte/indirekte Objektklitika:* An dieser Stelle soll die Aufmerksamkeit auf die Tatsache gelenkt werden, dass ein Problem, das uns im Französischen und im Italienischen ausführlich beschäftigt hat, im Spanischen keinerlei Relevanz für die Sprachvariation besitzt. Es handelt sich um die Frage, ob die Wiederaufnahme eines direkten oder indirekten Objekts durch ein präverbales Klitikum als Zeichen einer vorrangig mündlichen Objektkonjugation interpretiert werden kann (cf. 5.3.3., b12 und 5.5.3, b9). So sind im Spanischen die Konstruktionen des direkten Objekts mit belebtem Referenten wie *al presidente le/lo conozco, le/lo conozco al presidente, a mi hermano le doy todo, le doy todo a mi hermano* teils möglich und teils obligatorisch. Da sie aber auf jeden Fall in der präskriptiven Norm akzeptabel sind, ergibt sich – abgesehen von möglichen Frequenzunterschieden – keinerlei signifikante Korrelation mit dem Nähe-Distanz-Kontinuum.²⁷⁵

Was die Verteilung der Phänomene betrifft, so gilt: während b1 und b2 im *español hablado* fast exklusiv gelten, ist dies bei b3 keineswegs der Fall. Alle drei Erscheinun-

---

[272] Cf. vor allem Carnicer 1969, 212–214; Berschin et al. 1987, 209. Es braucht nicht zu überraschen, dass der *Esbozo* hier eine abweichende Meinung vertritt: "Tanto en España como en América se ha extendido bastante el vulgarismo de emplear el infinitivo por el imperativo" (1973, 460).

[273] Cf. besonders Lorenzo 1980, 239s.

[274] Cf. Lorenzo 1980, 72, der hier u.a. *alto, bajo, fácil, rápido, duro, limpio, blanco, pronto, temprano, recio, firme, largo, fatal* bzw. *horror, fenómeno, cantidad, bomba* verzeichnet.

[275] Cf. etwa Barrenechea/Orecchia 1970; Silva-Corvalán 1984; Suñer 1989. Unter dem Aspekt der Grammatikalisierung solcher Konstruktionen cf. Ewert-Kling 2010, 257–262, 273–284; zum Spanischen im Vergleich zum Italienischen cf. Zamora Muñoz 2002.

gen sind aber umgekehrt – und das ist das entscheidende Kriterium – in der Distanzsprache nicht vertreten.

Wohl im Blick auf die morphosyntaktischen Verhältnisse im Französischen werden in der Diskussion der Merkmale des nähesprachlichen Spanisch auch Phänomene wie das Verhältnis von 'analytischem' und 'synthetischem' Futur, der Gebrauch der Vergangenheitstempora, die sogenannte *es que*-Frage und auch die Verteilung der Wiederaufnahme unbetonter Objektspronomina am Verb ('Objektkonjugation') diskutiert. Nachdem aber für keine der genannten Erscheinungen im heutigen Spanisch signifikante Verteilungen im Sinne des eben erwähnten Kriteriums einer konzeptionellen Differenz (Nähe vs. Distanz) vorliegen, scheiden sie – so interessant sie in anderen Hinsichten auch sein mögen – aus unserer Betrachtung aus.[276]

c) Was schließlich den **Bereich der Lexik** betrifft, so haben wir gesehen, dass die das gesprochene Spanisch i.w.S. kennzeichnenden Lexeme in großer Zahl sowohl diatopisch und diastratisch als auch diaphasisch markiert sind. Für das europäische Spanisch kann man nun die Frage stellen, ob Lexeme wie *pitillo*, *chucho*, *bici* etc. nicht aus der Diaphasik herausgenommen werden müssen und einfach die Markierung 'gesprochen' erhalten sollten. Auch hier gilt natürlich wieder, dass *cigarillo*, *perro*, *bicicleta* etc. selbstverständlich auch im gesprochenen Spanisch vorkommen – für *pitillo* etc. trifft die Umkehrung aber eben nicht zu.

Alles was in diesem Abschnitt besprochen wurde, darf – dies ist ja auch als ein Resultat unserer Ausführungen in 5.7.1/2 zu betrachten – in keinem Fall einfach auf Lateinamerika übertragen werden: Dies gilt wegen der dort ganz eigenen Rahmenbedingungen sicher für die lautlichen und lexikalischen Phänomenen; aber auch bei den in b) genannten morphosyntaktischen Erscheinungen wäre die endgültige Einschätzung als 'gesprochen' ebenfalls nochmals zu kontrollieren.

Wir wollen zusammenfassen: Das Spanische – und diese Feststellung gilt auch wieder für Hispanoamerika – zeichnet sich dadurch aus, dass es im Nähebereich in den drei diasystematischen Dimensionen, und zwar hinsichtlich der lautlichen, der morphosyntaktischen und der lexikalischen Erscheinungen, relativ gleichmäßig 'bestückt' ist; eine als 'gesprochen' i.e.S. zu kennzeichnende Varietätendimension existiert zwar, sie stellt jedoch – auch wenn unsere angeführten Belege noch weiter ergänzt würden – gegenüber den Phänomenen mit starker diatopischer und niedriger diastratischer und diaphasischer Markierung eine qualitativ und quantitativ vergleichsweise zu vernachlässigende Größe dar.

---

[276] Zur Einschätzung des spanischen Futurs cf. Söll 1968 und Berschin 1980; zu den Vergangenheitstempora cf. Berschin et al. 2005, 220ss.; zum Problem der 'Objektkonjugation' cf. die in 5.3.3, b12 und 5.5.3, b9 angegebene Literatur; zur sog. *es que*-Frage cf. Gili y Gaya 1961; Py 1971; auch Berschin et al. 2005, 275s.; cf. auch 4.1.7 (26*S,$_7$).

5.7.4 Arbeitsaufgaben

1. Werten Sie im Hinblick auf einzelsprachliche Merkmale der spanischen Nähesprache i.w.S. das Referenz-Corpus in 7.3 aus. Zu welcher Dimension des Varietätenraums (nach Abb. 3, Ebenen 1b, 2, 3, 4) gehören die betreffenden Phänomene?
2. Stellen Sie die wichtigsten nähesprachlichen Erscheinungen zusammen, die in Carnicer 1969 und 1977, Beinhauer 1978, Criado de Val 1980, Lorenzo 1980, Vigara Tauste 1980 und 1992, Blasco Ferrer 1988; Briz/GrupoVal.Es.Co 1995 verzeichnet sind. Gruppieren Sie sie nach ihrer Stellung im Varietätenraum (1b, 2, 3, 4, aber auch 1a, entsprechend Abb. 3).
3. Überprüfen Sie die Berücksichtigung von Phänomenen des 'gesprochenen' Spanisch in Ihnen bekannten Lehrwerken, Grammatiken und Wörterbüchern.
4. Stellen Sie die Argumente zusammen, die in der Diskussion um das Spanische als plurizentrische Sprache angeführt werden. Wägen Sie die unterschiedlichen Standpunkte, auch im Vergleich zu anderen Weltsprachen, gegeneinander ab.

5.8 Versuch einer Konklusion

5.8.1 Die einzelsprachlichen Merkmale des gesprochenen Französisch/Italienisch/ Spanisch im Vergleich

Wir haben in den Abschnitten 5.2/4/6 die sehr unterschiedlichen **sprachexternen** historisch-politischen, ökonomischen, soziokulturellen, institutionellen und medialen Faktoren beleuchtet, die die individuellen Sprachgeschichten des Französischen/Italienischen/Spanischen geprägt haben. Es dürfte klar geworden sein, dass diese Faktoren gerade auch für das jeweils **ganz andersartige** Verhältnis von Distanz- und Nähebereich in den drei Sprachen verantwortlich sind. In **sprachinterner** Hinsicht bedeutet dies, dass die einzelsprachlichen Merkmale der Nähesprache (wie auch der Distanzsprache) insofern als **historisch-kontingent** angesehen werden müssen, als sie eben gerade nur aus diesen historischen Gegebenheiten heraus verstanden werden können. Die Vergleichbarkeit der an sich inkommensurablen Sprachgeschichten und sprachlichen Fakten sollte durch die Verwendung der einheitlichen, in 2 und 5.1 entwickelten Begrifflichkeit gewährleistet werden.

Die spezifische Nutzung und Auslastung der Dimensionen des Varietätenraums in unseren drei Sprachen sollen in einer an Abb. 6 angelehnten Kontrastierung (Abb. 7) grob veranschaulicht werden (die 'Bestückung' der Dimensionen wird schematisch von 'weiß' (minimal) bis 'dunkelgrau' (maximal) graduiert; die Dreiteilung des Feldes 4 im Französischen und Spanischen soll das uneinheitliche Profil der Diatopik (cf. 5.3.1; 5.7.1) wiedergeben). Auch die Frage der Plurizentrik kommt in Abb. 7 zum Ausdruck, insofern für das Spanische mehr als ein Varietätenraum über eine gestaffelte Darstellung abgebildet wird. Im Falle des Französischen ist diese Möglichkeit nur angedeutet.

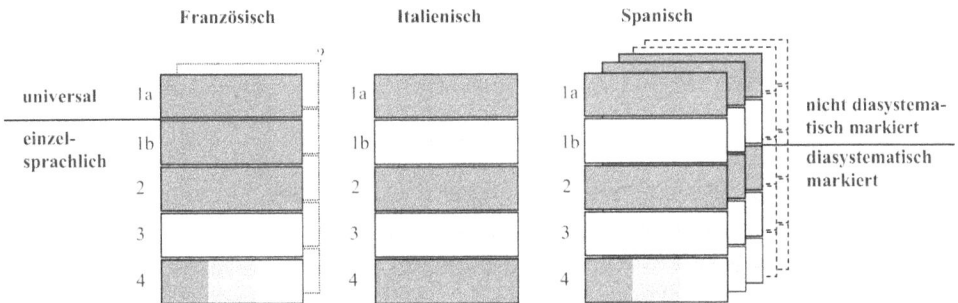

Abb. 7: Die Auslastung der Varietätendimensionen im Französischen, Italienischen und Spanischen

Angesichts der an unseren drei Sprachgeschichten ablesbaren hohen historisch-kulturellen Bedeutung des Spannungsverhältnisses zwischen Nähe- und Distanzsprache stellt sich uns – und damit richten wir unseren Blick auf die heutige Synchronie – unabweisbar die Frage nach dem jeweiligen Grad der **Diskrepanz** zwischen dem **Nähebereich** und dem **Distanzbereich** als ganzen. Wichtig ist zunächst einmal, dass diese Frage sinnvoll überhaupt nur auf der einzelsprachlichen Ebene für historisch-kontingente sprachliche Fakten gestellt werden kann, da hinsichtlich der universalen Merkmale der Nähe- und Distanzsprache per definitionem keine wesentlichen Unterschiede zwischen Einzelsprachen bestehen können (entsprechend 1a in Abb. 3 und Abb. 4).

Des Weiteren beobachten wir nun eine interessante Balance innerhalb jedes – im Detail ganz unterschiedlich ausgestalteten – einzelsprachlichen Varietätenraums. In keiner unserer drei Sprachen wird darauf verzichtet, zumindest eine oder zwei der Dimensionen 1b, 2, 3 und 4 zur massiven Differenzierung von Nähe- und Distanzsprache i.w.S. zu nutzen. Es scheint, dass alle drei Sprachen sich ihre einzelsprachlichen Unterschiede zwischen Nähe- und Distanzbereich in irgendeiner Weise 'sichern', wobei die individuelle Sprachgeschichte jeweils andere Varietätendimensionen in den Vordergrund schiebt.

In einer engeren Perspektive stellt sich nun aber vor allem die Frage nach dem jeweiligen Grad der **Diskrepanz** zwischen den Varietäten **'gesprochen'** und **'geschrieben'** i.e.S. (nur Dimension 1b).

Hierher gehört das Problem etwaiger **diglossischer** Tendenzen, die ebenfalls stets nur die einzelsprachlich-kontingenten Fakten betreffen.[277] Wie virulent solche Überlegungen sind, zeigt – außer dem uns bekannten Beispiel des spätantiken und frühmittelalterlichen Lateins (s.u.) – die aktuelle Diskussion über die Frage, ob bestimmte Sprachen bereits zwei unterschiedliche 'Grammatiken' für die Varietäten 'gesprochen' und 'geschrieben' besitzen: bezeichnend etwa Queneaus Gegenüberstellung von *français écrit langue morte* vs. *néo-français* (1965), Massots Begriffspaar *français classique*

---

[277] Oft genug stützt sich übrigens die puristische Klage über den 'Sprachverfall' ausgerechnet auf universale Unterschiede zwischen Nähe- und Distanzsprache!

tardif vs. *Français démotique* (2008, 120s.) oder Berrutos Frage *L'italiano parlato ha un'altra grammatica?* (1985a).

Dass eine solche Fragestellung im Spanischen nicht einmal diskutiert wird, kann nach unseren Ausführungen in 5.7 nicht überraschen. Die für das Spanische vielfach beschworene Gefahr der **Sprachspaltung** (peninsulares/amerikanisches Spanisch) berührt nur eine konzeptionell neutrale topische Varianz, wie sie für plurizentrische Sprachen typisch ist.

Auch im **Italienischen** wäre es unzulässig, den einzelsprachspezifischen, nach wie vor weithin bestehenden krassen Gegensatz zwischen primären Dialekten und dem Standard mit der Diskrepanz zwischen 'gesprochenem' und 'geschriebenem' Italienisch i.e.S. auf eine Stufe zu stellen. Ebensowenig dürfen natürlich die markanten Unterschiede zwischen den tertiären Dialekten (*italiani regionali*) und dem Standard an diese Problematik angeschlossen werden. Im oben anvisierten Sinne relevant bleiben also nur die in 5.5.3, b1–b12 vorgestellten, als genuin 'gesprochen' markierten Erscheinungen.

Diese Fakten lassen sich am besten bewerten, indem man das Italienische mit dem Französischen vergleicht. Zwei Gesichtspunkte sind für die Beurteilung der Diskrepanzen wichtig: Wie tief reichen die Diskrepanzen? Wie umfangreich sind sie?

Die **Tiefe der Diskrepanzen** bemisst sich danach, ob sie, im Sinne Coserius, nur die **Norm** oder sogar das **System** der Sprache tangieren (cf. 2.4.3).[278] So gehört etwa das Gegenüber von fr. *... pas* vs. *ne ... pas* (5.3.3, b10) ebenso wie it. 'nur *ci*' vs. '*ci* oder *vi*' (5.5.3, b1) nur auf die Normebene. Systemunterschiede liegen hingegen vor bei fr. *passé composé/imparfait* vs. *Passé composé/passé simple/imparfait* (5.3.3, b7) und ebenso bei it. *lui* vs. *lui/esso/egli* (5.5.3, b3). Eine genauere – hier nicht mögliche – Durchmusterung aller relevanten Phänomene in den beiden Sprachen würde u.E. zeigen, dass das Italienische dem Französischen hinsichtlich der 'Tiefe' der Diskrepanzen nicht unbedingt nachsteht.

Ergiebiger für die vergleichende Betrachtung der Diskrepanz von 'gesprochen' und 'geschrieben' in unseren beiden Sprachen ist zweifellos der **Umfang** der betroffenen Phänomene: Wie viele grammatische Teilbereiche werden tangiert? Wie zentral sind die jeweiligen Phänomene? Wie frequent sind die betroffenen grammatikalischen Kategorien? Die Antwort auf diese Fragen zeigt uns den gravierenden Unterschied zwischen dem Französischen und dem Italienischen: Im Italienischen spielen neben eher peripheren Erscheinungen (5.5.3, b6, b11, b12) vorwiegend Einzelbereiche von Norm und System der Pronomina eine Rolle (5.5.3, b1, b2, b3, b4, b5, auch b9, b10). Im **Französischen** haben wir es zwar ebenfalls mit zahlreichen Fakten des Pronominalbereichs zu tun (5.3.3, b1, b2, b3, b12), entscheidend sind jedoch die fundamentalen, hochfrequenten Verb- und Satzkategorien, die die Diskrepanzen zwischen 'gesprochen' und 'geschrieben' so auffällig machen (5.3.3, b7, b8, b9, b10, b11, auch b13; im Italienischen allen-

---

[278] Selbstverständlich können nach dem Kriterium Norm/System in unseren drei Sprachen auch diatopische Unterschiede gegenüber dem Standard bewertet werden.

falls 5.5.3, b7, b8). In diesen in der Kommunikation allgegenwärtigen Erscheinungen wird die typische Bipolarität des Französischen manifest: die eigentliche Wurzel der *crise du français*. Diese Bipolarität erzeugt bei den Sprechern des Französischen einen 'Leidensdruck', den die Sprecher des Italienischen und gar des Spanischen in dieser Form nicht kennen.

In der Tat ist die schon erwähnte Spannung zwischen den primären Dialekten und dem Standard im Italienischen ganz anderer Natur. Sie tendiert sogar dazu, wenn auch sehr langsam, abgebaut zu werden (cf. 5.4.3). Demgegenüber zeigt das Französische diglossische Tendenzen, die sich langfristig nur verschärfen können. Eine ausgesprochene **Diglossie**situation, wie sie das Lateinische ab der spätlateinischen Epoche kennzeichnet, liegt allerdings im gegenwärtigen Französisch noch nicht vor, da die (i.e.S.) nähesprachliche und die distanzsprachliche Lexik – anders als die Morphosyntax – bislang nicht wirklich auseinanderklaffen (cf. 5.2.3 und 5.3.3, c).[279]

5.8.2 Arbeitsaufgaben

1. Vergleichen Sie die unterschiedliche Chronologie der Vereinheitlichungsprozesse im Distanz- und Nähebereich unserer drei Sprachen. Berücksichtigen Sie, soweit relevant: Beginn und Dauer von Verschriftlichungsversuchen, Ausbau, Überdachung, Selektion, Kodifizierung, Bildung sekundärer Dialekte; Ausstrahlung der Distanzsprache auf den Nähebereich, Bildung tertiärer Dialekte, Entdialektalisierung, Nivellierung der Nähesprache. Erstellen Sie ein synoptisches Schema der Verhältnisse in den drei Sprachen.
2. Präzisieren Sie kontrastierend die spezifische Nutzung und Auslastung der Dimensionen des Varietätenraums in unseren drei Sprachen entsprechend Abb. 3 und Abb. 4. Verfolgen Sie insbesondere die Varietätenkette im Nähebereich.
3. Machen Sie deutlich, wie unterschiedlich sich in unseren drei Sprachen nähesprachliche Markierungen innerhalb grammatischer Phänomenbereiche wie Kongruenz des Partizip Perfekt, Erzähltempora, Konjunktivgebrauch, Fragesatztypen, 'Objektkonjugation', OVS-Stellung etc. verteilen.

---

[279] Cf. Koch 1997a, 235–246 und 2004, 622–626; mit Akzent auf der Morphosyntax Massot 2008.

6   Ausblick

Nachdem wir in Kap. 2 ein theoretisches Rüstzeug gewonnen und in Kap. 3 einen Blick auf Forschungsgeschichte und Methodologie geworfen hatten, konnten wir uns in Kap. 4 den Bereich der universalen Merkmale der gesprochenen Sprache erschließen, um dann in Kap. 5 die einzelsprachlichen Merkmale des gesprochenen Französisch/Italienisch/Spanisch in ihrer historischen Genese zu verfolgen und in ihrem synchronen Bestand durchzumustern. Am Ende unseres Weges bietet es sich an, Verbindungslinien unseres Themas zu benachbarten linguistischen und anwendungsbezogenen Domänen anzudeuten und dabei den Wert unserer Beschäftigung mit dem gesprochenen Französisch/Italienisch/Spanisch rückblickend einzuschätzen.

Die Erforschung des gesprochenen Französisch/Italienisch/Spanisch ist *ipso facto* ein Beitrag zur **Varietätenlinguistik** dieser Sprachen. Es dürfte deutlich geworden sein, in welchem Sinne das Nähe/Distanz-Kontinuum sogar das 'Herzstück' des einzelsprachlichen Varietätenraums darstellt (cf. Abb. 6). Damit ist für die Varietätenlinguistik ein fruchtbares Arbeitsfeld vorstrukturiert: Die universalen und einzelsprachlichen 'Anteile' an der nähesprachlichen Markierung konkreter Erscheinungen müssen genau bestimmt werden (cf. etwa 4.4.3; 5.5.3, b11); statt katalogartiger Erfassung sprachlicher Erscheinungen einzelner Varietäten muss in stärkerem Maße die synchrone und diachrone Dynamik zwischen den Varietäten erforscht werden (Varietätenkette, Markierungsverschiebungen im Varietätenraum etc.; andererseits Blockierungen der Dynamik: cf. vor allem 5.3.2, b; 5.5.2, b; 5.7.2, b); dabei ist jedoch prinzipiell auf einer klaren Abgrenzung der verschiedenen Varietätendimensionen zu bestehen – insbesondere bei 'diastratisch', 'diaphasisch' und 'gesprochen/geschrieben', wo der Nähebereich insgesamt häufig undifferenziert als 'Substandard' etikettiert wird.

Selbstverständlich könnte sich das vorgeschlagene Modell des Varietätenraums auch an **anderen romanischen** Sprachen bewähren, die traditionell gegenüber unseren drei Sprachen in der Forschung eher zurückstehen.[1] Gleiches gilt natürlich für **nichtromanische** Sprachen. Für **alle Sprachen** wäre es reizvoll, über die allgemeine Modellierung des Varietätenraums hinaus die universalen Merkmale der Nähesprache im Detail vergleichend zu erforschen (1a in Abb. 6; cf. Kap. 4).

Im Interesse der Romanistik läge es übrigens, die genannten Gesichtspunkte auch auf das Lateinische zu applizieren. Schon aus den knappen Hinweisen in 5.1.2 ersehen wir, dass die Romanistik im Grunde eines ausgearbeiteten Gesamtbildes des lateinischen Varietätenraums bedarf, in dem das **Vulgärlatein** als Nähesprache i.w.S. Gestalt gewinnt. Darüber hinaus ergäben sich für die Vulgärlatein-Forschung neue Impulse, wenn man sich systematisch der Ebene 1a des Varietätenraums im Sinne von Abb. 6 zuwenden

---

[1] Cf. immerhin zum Katalanischen Wesch 1994 sowie zum Portugiesischen Brauer-Figueiredo 1999.

würde: Die in Kap. 4 für unsere drei romanischen Sprachen aufgewiesenen universalen textuell-pragmatischen, syntaktischen und semantischen Merkmale der Nähesprache finden sich nicht zufällig ganz analog in den sog. Quellen zur Kenntnis des Vulgärlateins wieder.[2]

Alle diese Überlegungen betreffen in irgendeiner Weise Mündlichkeit und Schriftlichkeit als Bestandteile der Varietätenproblematik. Das Phänomen der sprachlichen Variation ist, wie schon in 2.4.1 betont, genuiner Ausdruck der Historizität der menschlichen Sprachen.[3] Das bedeutet zugleich, dass Sprachvarietäten und sprachliche Diachronie nicht unabhängig voneinander gedacht werden können. Wenn für einzelsprachliche Varietätenräume das Verhältnis von Mündlichkeit und Schriftlichkeit konstitutiv ist, so sind auch für die Geschichte der Sprachen die Kategorien Nähe und Distanz fundamental. Daraus ergibt sich unabweisbar die Forderung, die Prinzipien der herkömmlichen **Sprachgeschichtsschreibung** zu überwinden, die sich einseitig an der Geschichte der Distanzsprache (Literatursprache, Schriftsprache, Hochsprache, Standard, präskriptive Norm) orientierte. Wir haben daher in 5.1/2/4/6 den Versuch unternommen, die Geschichte der Nähesprachen und die Dynamik der Varietätenräume, soweit es uns hier möglich war, durchgängig in die Darstellung der Geschichte des Französischen, Italienischen und Spanischen zu integrieren.[4]

Neben diesen 'externen' Aspekten der Sprachgeschichte sind im Zusammenhang mit Mündlichkeit und Schriftlichkeit auch 'interne' Probleme der sprachlichen Diachronie, also des **Sprachwandels**, zu diskutieren. So wird häufig die Meinung vertreten, dass gerade die Mündlichkeit *movens* des Sprachwandels sei, dass mündliche Varietäten die Spitze des sprachlichen 'Fortschritts' repräsentierten (*français avancé*, auch *italiano avanzato*), während die geschriebene Sprache nur mit Verzögerung dem Innovationsdruck nachgebe.[5] Diese Sichtweise konkretisiert sich teilweise im Rekurs auf ein Prinzip 'Vereinfachung' (auch: Tendenz zur 'Natürlichkeit'), dem – als Motor der Innovation – in der Mündlichkeit ein quasi-universaler Status zuerkannt wird.[6]

Zunächst einmal ist zu bedenken, dass sich ja auch in der Schriftlichkeit, oder angeregt durch die Schriftlichkeit, sprachliche Innovationen vollziehen (cf. alle Ausbaupro-

---

[2] Cf. zu diesen Quellen: Tagliavini 1998, § 46; Iliescu/Slusanski 1991; zum Aspekt ihrer 'Mündlichkeit' genauer Koch 1995b und Oesterreicher 1995. Es ist bezeichnend, dass wir in Kapitel 4 häufiger auf Hofmann 1951 verweisen konnten.

[3] Cf. Oesterreicher 2001.

[4] Cf. die Anregungen in Schlieben-Lange 1983, 115–137 sowie die Hinweise in Koch/Oesterreicher 1985, 32s.; 1994; 2008a; Koch 1997a; 2003a, 113–118; 2010; Oesterreicher 2004a; cf. ferner Oesterreicher et al. (eds.) 1998.

[5] Cf. hierzu Blanche-Benveniste/Jeanjean 1987, 29–37. – Die mündlichen Varietäten erscheinen deshalb Sprachtypologen vielfach als besonders interessant: man sieht in ihnen Indikatoren des typologischen Wandels; cf. etwa Harris, M.B. 1978, passim.

[6] Angedeutet in: Lüdtke, J. 1968, I, 43–45; Söll 1985, 57; prononcierter etwa in Bennett 1980; Berruto 1983 und 1985a; zur Kritik: Ernst 1983; Koch 1986, 141s.; cf. auch Sornicola 2005.

zesse, journalistische oder bürokratische Neologismen, *spelling pronunciation*; nicht zuletzt natürlich Reorganisationen des Nähebereichs insgesamt: cf. 5.2.3; 5.4.3; 5.6.3).

Was nun andererseits die Spezifika mündlicher Varietäten betrifft, so enthalten diese unbestreitbar eine große Zahl innovatorischer Elemente. Die schon relativ gut dokumentierte interne Sprachgeschichte des gesprochenen Französisch zeigt etwa, dass die überwältigende Mehrheit seiner Charakteristika jüngere oder auch ältere Innovationen darstellen. Dennoch darf nicht übersehen werden, dass daneben manche Archaismen stehen.[7] Wenn also zwar die – auch vertretene – These vom konservativen Charakter etwa des gesprochenen Französisch weit überzogen ist, so bleibt doch festzuhalten, dass mündliche Varietäten keinesfalls global mit dem Etikett 'progressiv' versehen werden dürfen.[8]

Schon diese Sachlage falsifiziert die Annahme des oben erwähnten quasi-universalen Innovationsprinzips 'Vereinfachung', das in mündlichen Varietäten wirksam sein soll. Mit dieser Kategorie lassen sich im Übrigen Veränderungen immer nur *ex post* beschreiben. Zu viele einzelsprachliche Phänomene der Nähesprache i.w.S. sind nämlich mit dem Begriff 'Vereinfachung' gar nicht interpretierbar (z.B. Interferenzphänomene wie sie in tertiären Dialekten vorliegen) oder widersprechen ihm regelrecht (cf. etwa den Typ it. *non ce l'abbiamo* statt *non l'abbiamo* (5.5.3, c)). Im Hinblick auf den Sprachwandel zeigt dies zugleich, dass er sich mit Hilfe eines allgemeinen Prinzips wie 'mündliche Vereinfachung' nicht fassen lässt.

Nach unserer Auffassung besteht allerdings durchaus ein – ganz anderer – wesentlicher Zusammenhang zwischen konzeptioneller Mündlichkeit und Sprachwandel. Es gibt nämlich eine ganze Reihe auffälliger, immer wiederkehrender Typen von Innovationen, deren Ort die Nähesprache ist: An einer großen Zahl von Phänomenen kann nachgewiesen werden, dass letztlich universale Tendenzen des Nähe**sprechens** (expressiv-affektive Steigerung und Drastik; geringe paradigmatische Differenzierung etc.; cf. 4.4.5 und 4.4.2) zahlreiche Innovationen **induzieren**,[9] die dann in einem zweiten Schritt zu rein einzelsprachlichen innovatorischen Merkmalen der Nähesprache werden;[10] zu denken wäre hier etwa an die Prozesse, die eine Rolle gespielt haben bei den in 4.4.6, (3) angeführten Beispielen oder bei der Entstehung bestimmter Typen der Subjekt- oder Objektkonjugation (cf. 5.3.3, b12; 5.5.3, b9).

---

[7] Wie aus dem Ende von 5.3.3 ersichtlich, sind lediglich *y a/faut* (b12) und eventuell der Typ *des voltaire vous voulez* (b13) Archaismen; cf. zur Diskussion 5.2.2 mit Anm. 39.

[8] Zur kontroversen Diskussion der Beziehungen zwischen Sprachwandel und Mündlichkeit/Schriftlichkeit cf. Koch/Oesterreicher 1996 und 2001, 590s.; Hunnius 2003; Koch 2004.

[9] Cf. Koch/Oesterreicher 1996, 74–89; 2003b, 218–226; Oesterreicher 2006. Zur zentralen Bedeutung expressiv-nähesprachlicher Strategien für Grammatikalisierungsprozesse cf. Detges 1999, 2003a und 2003b.

[10] Das bedeutet, dass sie später durchaus auch in die Distanzsprache aufsteigen können!

Die in diesem Buch behandelte Thematik 'gesprochene Sprache' ist nicht nur für theoretisch-linguistische Probleme relevant, sondern es sind auch anwendungsbezogene Bereiche der Sprachbetrachtung unmittelbar anschließbar.

Man kann heutzutage wahrlich nicht mehr sagen, dass die **Fremdsprachendidaktik** von der Problematik 'Mündlichkeit und Schriftlichkeit' keine Notiz nähme. Der ehemals vorwiegend text- und übersetzungsbezogene Unterricht auf der Grundlage kanonischer literarischer Texte ist in den modernen Fremdsprachen seit den siebziger Jahren eindeutig zurückgedrängt worden. In einem möglichst einsprachigen Unterricht, in dem audiovisuelle Stimuli, Rollenspiele etc. authentische Sprechsituationen simulieren, soll eine sprechsprachliche Kompetenz erworben werden, die aktive, spontane, dialogische Sprachverwendung erlaubt. Auch nähesprachliche Varietäten haben ihren Platz im Unterricht. Der Unterricht wird freilich durch die Berücksichtigung konzeptioneller Varianz für den Schüler keineswegs leichter. Dieser muss nunmehr alternative Regeln erlernen und in der Lage sein, sie situationsadäquat anzuwenden. Stärker bedacht werden sollte auch die Komplexität der vielfältigen medial-konzeptionellen Konstellationen, mit denen der Schüler konfrontiert wird: Aufsatzschreiben, Vorlesen, Nacherzählen, Diktatschreiben, Radiohören, Gehörtes nacherzählen, spontaner Dialog etc. (cf. Kap. 2.1/2.3).

Bedeutsam sind die in unserer Darstellung verwendeten Kategorien schließlich für die **Sprachkritik**. Sie wird noch heute häufig in traditioneller Weise als eine puristische **Sprachpflege** betrieben, die auf die Bewahrung der präskriptiven Norm, auf die Abwehr des 'schlechten', nachlässigen Sprachgebrauchs zielt (dies entspricht übrigens nach wie vor auch dem Verständnis weiter Teile der an Sprachlichem interessierten Öffentlichkeit). Gestützt auf die nichtwertende Haltung der deskriptiven Sprachwissenschaft gegenüber allen Varietäten (cf. 3.1.4), hat sich nun aber in neuerer Zeit eine Sprachnormenkritik entwickelt, die gerade die präskriptive Norm grundsätzlich in Frage stellt.

Beide Richtungen übersehen freilich, dass das Nähe/Distanz-Kontinuum anthropologisch durch vielfältige kommunikative Parameter und Versprachlichungsstrategien fundiert ist (cf. 2.3.1/2.3.2). Während der Purismus den Nähepol rundweg abwertet, diskreditiert die Sprachnormenkritik pauschal den Distanzpol.

Dies führt dann dazu, dass nicht nur die einzelsprachlichen Phänomene der Nähe bzw. der Distanz kritisiert werden (was auf Grund ihres konventionellen Charakters im Prinzip möglich ist; cf. Kap. 5), sondern dass irrtümlicherweise auch so verfahren wird, als ob universale Phänomene der Nähe bzw. der Distanz (cf. Kap. 4) überhaupt einer Kritik zugänglich wären. Dabei übersieht der Purismus, dass die Versprachlichungsstrategien des Nähesprechens ebensowenig reglementiert werden können wie die ihnen zugrundeliegenden universalen Kommunikationsbedingungen: Insofern ist es sinnlos, im Nähesprechen etwa *hesitation-phenomena* oder *passe-partout*-Wörter ausmerzen zu wollen oder den 'Rückgang der Hypotaxe' zu beklagen. Umgekehrt verkennt die an sich mit emanzipatorischem Anspruch auftretende Sprachnormenkritik, dass die universalen Kommunikationsbedingungen des Distanzsprechens nicht nur unaufhebbar sind, sondern dass die ihnen entsprechenden Versprachlichungsstrategien auch ein unverzichtbares zivilisatorisch-emanzipatorisches Potenzial darstellen: So ist etwa ein verzögerungsfreier, lexikalisch-semantisch präziser, syntaktisch integrierter Ausdruck in einzigartiger Weise auf die Versprachlichung komplexer Sachverhalte zugeschnitten.

Das mündige, seiner selbst bewusste Individuum kann nur als ein Subjekt gedacht werden, das in seinem Kommunikationsverhalten die Fülle der sprachlichen Möglichkeiten zu nutzen vermag, die das Kontinuum zwischen Nähe und Distanz eröffnet.

7 Referenz-Corpora

7.1 Französisches Referenz-Corpus

F 1974, Teil-Corpus Nr. 3, S. 819–820.

Die Gesprächspartner wissen zwar von der Aufnahme, unterhalten sich jedoch ausgesprochen zwanglos. Der Hauptinformant A ist Auto- und Flugzeugmechaniker in Rente (geb. 1899) und lebt seit jeher im Großraum Paris (vor allem Argenteuil und Clichy). Die Gesprächspartnerin B stammt aus einer Familie im Jura. C, eine Verwandte von A, beteiligt sich nur sporadisch an der Unterhaltung. Im Rahmen unseres Ausschnitts erzählt A von zwei Autounfällen, die sich in der Gegend ereignet haben.

Bei unserer Transkription ist zu beachten, dass die unterschiedlichen Realisierungen des *e muet* (cf. 5.3.3, a1) keinen Kommentar erhalten; sehr wohl sind dagegen Realisierungen wie [pov] für *pauvre* erfasst (cf. 5.3.3, a2). Weiterhin war auf der Basis des Original-Transkripts an bestimmten Stellen nicht zu entscheiden, ob Frage- bzw. Ausruf-Intonationen anzusetzen sind, z.B. in *qu'est-ce qu'elle fait sur le trottoir* ($_{7-8}$) bzw. *la pauvre voiture* ($_9$); ähnlich $_{2/4,10,25,30,33-34,35,39}$ bzw. $_{22-23}$.

(156*F)

A [[...] parce que y en a vous savez quand c'est une <deux chevaux>[1]		1
A ⌈ hein y a la toile eh ben (xxx) ah quand est-ce c'est la semaine		2
B ⌊ ah		3
A [dernière oui la semaine dernière j'arrive le matin il était <peut-être>[2]		4
A [à peu près vers six heures un quart <sur le>[3] quai de Clichy		5
A [ah je vois une <DS>[4] dis donc je dis "qu'est-ce qu'<elle>[5]		6
A [fait <sur le>[6] <trottoir>[7]" il était <peut-être>[8] à peu près <u>ah</u>		7
A [à cent <mètres>[9] oh j'arrive oh la <pauvre>[10] voiture qu'est-ce		8
A [qu'<ils>[11] avaient dû <prendre>[12] TOUT l'avant défoncé tout		9
A [le côté droit ROUE arrachée les portières TOUT TOUT arraché		10
A [jusqu'au BOUT hein alors il l'avait/ mais <ils>[13] <ont été>[14]		11
A [asssez/ . les gens qui l'avaient/ <ils>[15] se sont dit "<tiens>[16] on va		12
A ⌈ pas gêner la circulation" <ils sont>[17] arrivés à la . transporter <sur		13
B ⌊ oui mais y a eu		14
A ⌈ le>[18] <trottoir>[19] oui mais alors comme⌉ Beaujon était pas		15
B ⌊ certainement des des blessés ⌉		16
A [loin je me suis dit "<tiens>[20] les/ ceux qui la conduisaient		17
A [<ils>[21] sont sûrement un petit peu plus haut <ils>[22] ont dû		18
A [sûrement à Beaujon hein" c'était à quoi à cent cinquante		19

A ⌈	<mètres>²³ de Beaujon <u>ah</u> mais la <pauvre>²⁴ voiture		20
B ⌊	<bah>²⁵		21
A ⌈	qu'est-ce qu'<il>²⁶ y avait mis		22
B ⌊	il a encore bien calculé son coup		23
A ⌈ oui	ah bah une fois j'en vois un		24
B |	hein juste à côté de l'hôpital		25
C ⌊	oui		26
A [	un matin c'était . euh y a combien trois mois juste avant mon		27
A [	accident j'arrive j'entends/ . j'étais en/ au garage là euh de vélos		28
A [	je passe par là ça coupe tout d'un coup <j'entends>²⁷ broum broum		29
A [	je dis "qu'est-ce qui se passe" hein on était à deux on sort d'un		30
A [	seul coup qu'est-ce qu'on voit une voiture qu'avait par-dessus le		31
A [	parapet/ qu'était plongée dans la Seine <u>ah</u> c'était un soldat il a eu		32
A [	le temps de sauter de sa voiture hein alors on voyait les feux rouges		33
A [	encore à l'arrière qu'est-ce qu'on fait on téléphone tout de suite		34
A [	aux pompiers hein alors les pompiers tirent la voiture m/ moi		35
A [	j'étais rentré à l'atelier alors j'ai demandé les renseignements		36
A [	<ils>²⁸ ont tiré la voiture mais <ils>²⁸ ont dit "c'est drôle il est		37
A [	il est <peut-être>³⁰ noyé ils est <peut-être>³¹ noyé on a vu RIEN		38
A [	pas de conducteur personne" alors après on a su que c'était un		39
A [	soldat qui se dépêchait de rentrer <il>³² se dépêchait de rentrer		40
A ⌈	il a loupé son virage ah dis donc il a fait un saut écoute		41
B ⌊ ah voilà			42
A [	le mur bien ça fait/ . deux <trottoirs>³³ y a bien autour des deux		43
A [	<trottoirs>³⁴ y a bien cinquante à soixante centi<mètres>³⁵ hein		44
A [	il (est) arrivé à monter les deux et à <descendre>³⁶ le quai		45
A [	<je sais>³⁷ pas comment qu'il a fait avec une traction hein il a		46
A ⌈	il a passé les/ <u>ah</u> <jj jj>³⁸ pas non		47
B ⌊	il est noyé ah non		48

< 2 CV, die berühmte 'Ente' von Citroën >¹ < realisiert als [tɛt] >²
< [syll] >³,⁶,¹⁸ < Limousine von Citroën >⁴ < [ɛ] >⁵ < [tRətwaR] >⁷,¹⁹,³³,³⁴
< [ptɛt] >⁸,³⁰,³¹ < [mɛt] >⁹, ²³ ³⁵ < [pov] >¹⁰,²⁴ < [iz] >¹¹,¹³,²²,²⁸,²⁹
< [pRɑ̃d] >¹² < [ɔᵗte] >¹⁴ < [j] >¹⁵,²¹,²⁶,³² < ideolektal realisiert als [kᴚæ̃] >¹⁶,²⁰
< realisiert als [izɔ̃] >¹⁷ < ! >²⁵ < realisiert als [ʒ(æ̃)tɑ̃]; Versprecher? >²⁷
< [dɛsɑ̃d] >³⁶ < [ʃʃɛ] >³⁷ < macht das Geräusch nach: [ʒʒ ʒʒ] >³⁸

(F 1974, 819s.)

7.2 Italienisches Referenz-Corpus

St 1970, Teil-Corpus Nr. 10, S. 385–386.

Ein Ehepaar unterhält sich abends in seiner Wohnung. Beide interagieren völlig spontan, obwohl sie wissen, dass ein Tonband mitläuft. Der Mann (B) geht hin und her; die Frau (A; sie heißt Anna) sitzt am Bett des kranken Kindes, das bei diesem Gesprächsabschnitt nicht beteiligt ist. Sie wohnen in San Frediano, wo das *vernacolo fiorentino* noch lebendig ist.

Die Frau (A) beaufsichtigt (als *custode*) tagsüber einen öffentlichen Spielplatz, der bei ihrer Wohnung liegt. Ihre Kollegin Carla (sie wird gleich zu Beginn zitiert) will sich vom Arzt krankschreiben lassen. A soll dann für sie beim Arbeitgeber (*Pubblica Istruzione*) den Krankenschein abgeben. Bei dieser Gelegenheit will A aber selber zwei Tage Urlaub nehmen, sodass eine Vertretung notwendig wird. Als Grund will A die bevorstehende Niederkunft ihrer Schwester ($_{34-35}$) anführen. Es handelt sich hier um die in den Zeilen $_{19ss.}$ zitierte Frau (in Wirklichkeit nur eine Freundin von A?), die in ihrem hochschwangeren Zustand Hilfe braucht, weil fast alle ihre Verwandten entweder krank sind oder aber nicht helfen wollen.

(157*I)

A [	lei dice "stastera io <quande>[1] viene Raimondi i'dottore e prendo	1
A [	e sento se mi mette in cassa malattia se mi mette in cassa malattia/	2
A [	perché io non ho più febbre ho fatto la penicillina però un ho più	3
A [	febbre se mi mette in cassa malattia" dice "io prendo e ti telefono	4
B [	hm	5
A [	e te domattina tu vai alla Pubblica Istruzione tu mi porti i' i' mi'	6
A [	certificato in più tu li dici che io mi trovo in casa della Maria cioè	7
A [	in via <dei>[2] Serragli hn anzi in casa della Silvia in via <dei>[3]	8
A [	Serragli X perché in casa sola un ci potevo stare perché un avevo	9
A [	nessuno che mi porgeva un bicchier d'acqua" e con questo lei la	10
A [	m'ha detto che s'è i'caso l'andrebbe tre giorni in cassa malattia	11
A [	ora senti o lui un è venuto ancora perché vedo che un m'ha	12
A [	telefonato <[...]>[4]	13
B [	<[...]>[4] tu lo sai che/ te un tu ti <puoi>[5]/ a/ addietro	14
A [	<insomma>[7]	15
B [	tu un ti <puoi>[6] ritirare ai'punto che tu <sei>[8] ora un c'è mica da	16
A [	ma poi <poverino>[9] è bell'è	17
B [	dire che lei la possa pigliare e chiamar qualchedun altro	18
A [	tutto impaurita dice "<ma come Anna anche i'tu'bambino e' si	19
A [	sente male>[10]" dice "io mi sento morire ci ho i'mi' <suocero>[11]	20

```
A ⌈ a letto colla febbre                    colla febbre alta la              21
B ⌊              no ma poi i'fatto l'è questo qui <ma che è>¹²                 22
A ⌈ Rosanna colla febbre alta"                                                23
B ⌊ si sa <quande>¹³ n'ha pres/ <quande>¹⁴ n'ha presa una e la piglian        24
A ⌈ "la mi'<suocera>¹⁵ dice "ancora l'arranca dimmi te" dice "io un ho        25
B ⌊ tutti                                                                     26
A ⌈ che la speranza di/ "                                                     27
B ⌊              ma i'fatto l'è che se la va in cassa malattia                 28
A ⌈              hm                                                           29
B ⌊ la la cosa la Carla che la doveva esse' bell'e andata <per conto>¹⁶       30
A ⌈         ma lei la fa sempre le cose così         (xxx)                    31
B ⌊ mio <va bene>¹⁷                    va bene ma ti                          32
A ⌈                    eh moh ma domattina                                    33
B ⌊ potran mandare una sostituta <no>¹⁸                                       34
A [ <quande>¹⁹ porto i'certificato li dico "mandatemi una sostitituta         35
A [ <eh>²⁰ perché io ci ho una mi' sorella che partorisce <e' ci ho du'       36
A [ giorni di permesso li piglio in <quei>²² du' giorni>²¹" io ni dico        37
A ⌈ così ni dico "'na mi'sorella/ "                                           38
B ⌊              ma sai loro un possan mica un possan                         39
B [ mica dir che tu ci <hai>²³ che tu ci <hai>²⁴ due giorni di permesso       40
B [ a cosare <che tu <vuoi>²⁶ che interessi laggiù alla Pubblica              41
B [ 'Istruzione>²⁵ <alla>²⁷ Pubblica 'Istruzione <un>²⁸ interessa nulla       42
B [ di quest'affare che qui te di quest'/ di quest'affare qui te un gli       43
B [ devi (di') proprio nulla laggiù sennò tu ti/ <quande>²⁹/ tu ti tiri la    44
A ⌈              io un mi tiro zappa <sui>³¹ piedi di nulla                   45
B ⌊ zappa <sui>³⁰ piedi                                                      46
B [ <invece>³² bisogna tu ni dica "siccome questa qui l'è a/ l'è malata       47
B [ mandatemi un'altra custode che possa sostitui' questa che qui"            48
```

< zu interpretieren als *quand'e*' ? >[1,13,14,19,29]   < realisiert als [de] >[2,3]
< Auslassung im Originaltranskript >[4]   < [pɔ] >[5]   < [pɔi] >[6]   < ['somma] >[7]
< im Originaltranskript *sai* (Druckfehler?) >[8]   < [poeˈriːna] >[9]
< ? >[10,12,17,18,20,25]   < [ˈsɔtʃer(o)] >[11]   < [ˈsɔtʃera] >[15]   < [pekˈkonto] >[16]
< ! >[21]   < [kwe] >[22]   < [a] >[23,24]   < [ˈvɔi] >[26]   < realisiert als [la] >[27]
< [n] >[28]   < [su] >[30,31]   < [ˈveːtʃe] >[32]   (St 1970, 385s.)

7.3 Spanisches Referenz-Corpus

CV 1980, Teil-Corpus Nr. 3, S. 96–97.

Drei Frauen unterhalten sich völlig spontan in einem fast leeren Madrider Stadtbus; es handelt sich um sehr gute Freundinnen, die sich schon lange kennen; B und C stammen aus Madrid, A ist aus der Provinz von Madrid; A ist Hausfrau, B Angestellte und C Friseuse.

Das Thema der Unterhaltung ist, wie schlimm sich bestimmte Leute während des Bürgerkriegs aufgeführt haben; A erzählt – sehr lebendig und engagiert – dazu eine Geschichte aus ihrem Geburtsort in der Nähe von Cuenca. Die Frauen wissen nichts von der Aufzeichnung ihres Gesprächs. Das Teil-Corpus ist vollständig wiedergegeben.

(158*S)

```
A [  <ahí>[1] sabes que había un cuadro de <arriba abajo>[2] era pues <así .        1
A [  enorme>[3] y le decían la Gloria y aquél era el cuadro de la Gloria            2
B |                                                              <mira>[4]          3
C [                                                              <ah>[5]            4
A [      pero . cuando la guerra/ pues . hubo allí en nuestro pueblo un chico       5
C [ <sí>[6]                                                                         6
A [  que había estado aquí en Madrid de botones pero <se espabiló>[7] tanto .       7
A [  que fue ya demasiado pues él sabía la <firma>[8] y sabía todo y el cuadro      8
A [  desapareció porque se lo puso en los camiones . y eso/                         9
B [                                                       <anda>[9] seguro         10
A [            <pues bien que la hubo>[10] mira él estuvo preso el chico           11
B [ que hubo faena                                                                 12
A [  y el marido de aquella señora y eso . se llevaron la plata que había en       13
A [  la iglesia en fin que se ensuciaron bastante las manos con todo aquello       14
A [  pero cuando pasó la guerra pues . la madre/ el padre murió la madre           15
A [  pues empezó a negociar algo que no era de un jornal que salía aquello         16
A [  porque puso una tienda de droguería y puso . un taller de ebanistería         17
A [  que/ era el chico aquel y le pusieron una tienda y a la tienda <la            18
A [  tienda de la Gloria>[11] porque al pueblo no se la dimos sí pues el           19
B |                                                           ((Lachen))           20
C [                                                           ((Lachen))           21
A [  pueblo ni aunque basto no se chupaba los dedos y claro . se reía <yo          22
A [  estaba haciendo churros>[12] al frente de la plaza y veía cuando esos         23
A [  llevaban debajo las cosas de/ . pues . por ejemplo el cáliz                   24
C [                                                       <vaya con los            25
```

283

```
A ⌈              y por ejemplo varias cosas de valor yo allí <sudando>¹⁴ como .    26
C ⌊ marranos>¹³                                                                    27
A [ como una negra allí sudando a chorros y los otros . robando por allí           28
A [ lo que podían seguir vuestro camino decía yo . que algún día os tomarán        29
A ⌈ cuentas        a mí me decían "aún vas a enfermar tú de tanto trabajar         30
B |         <ah sí>¹⁵                                                              31
C ⌊         <ah sí>¹⁶                                                              32
A [ vas a enfermar ahí porque tu marido . como no ha querido ser nunca de          33
A [ ningún partido . pues <tú a trabajar>¹⁷" pero yo decía "pues esa es mi         34
A [ salud y cojo mi dinero limpio y <mis manos>¹⁸ están limpias . y toda           35
A [ mi familia" no me molestaron para nada . pero a todos aquellos <sí             36
A ⌈ sí>¹⁹                sí hicieron buenas casas que tienen ya                    37
B ⌊   <viven en el pueblo todavía>²⁰                                               38
A [ ellos . y se pusieron todos bien puestos pero <Dios mío>²¹ <cuántas            39
A [ molestias tuvieron esa pobre gente>²² nosotros nada teníamos . pero            40
A ⌈ ellos             sí sí sí . me enseñó un día la madre la casa                 41
B ⌊      <mira qué vergüenza>²³                                                    42
A [ y yo como había visto yo tanto . dice "ven acá Manuela <tus hijos              43
A ⌈ albañiles>²⁴ y no te la han hecho como la que yo tengo"                        44
C ⌊                                                        <y no le                45
A ⌈        sí le dije "<ay hija si mis hijos hubieran tenido lo                    46
C ⌊ dijistes nada>²⁵                                                               47
A ⌈ que los tuyos>²⁶"                                                              48
B |        ((Lachen))                                                              49
C ⌊        ((Lachen))                                                              50
```

< im Geburtsort von A >¹   < zeigt con beiden Armen die Größe des Bildes >²,³
< ! >⁴,⁵,⁹,¹⁰,¹³,¹⁵,¹⁶,¹⁷,¹⁹,²¹,²²,²³,²⁶   < ? >⁶,²⁰,²⁵   < realisiert als [spaβi'lo] >⁷
< das Bild war von einem bekannten Maler signiert >⁸
< ! ; der Name kommt natürlich vom geraubten Bild >¹¹
< A war *churrera*, bevor sie nach Madrid kam >¹²   < gestisch verstärkt >¹⁴
< zeigt und bewegt ihre Hände expressiv >¹⁸
< die Söhne von A waren Maurer im betreffenden Ort >²⁴   (CV, 96s.)

8 Literatur

A = Arnuzzo 1976.
Abalain, Hervé (2007): *Les français et les langues historiques de la France*, Paris: Gisserot.
Academia Chilena (1978): *Diccionario del habla chilena*, Santiago de Chile: Ed. Universitaria.
Accademia della Crusca (ed.) (1987): *Gli italiani parlati. Sondaggio sopra la lingua di oggi (Firenze, 29 marzo–31 maggio 1985)*, Florenz: Accademia della Crusca (Incontri del Centro di studi di grammatica italiana).
Ágel, Vilmos (2000): *Valenztheorie*, Tübingen: Narr.
Ágel, Vilmos/Hennig, Mathilde (2006): *Grammatik aus Nähe und Distanz. Theorie und Praxis am Beispiel von Nähetexten 1650–2000*, Tübingen: Niemeyer.
Ágel, Vilmos/Hennig, Mathilde (2007): "Überlegungen zur Theorie und Praxis des Nähe- und Distanzsprechens", in: Vilmos Ágel/Mathilde Hennig (eds.), *Zugänge zur Grammatik der gesprochenen Sprache*, Tübingen: Niemeyer (Reihe germanistische Linguistik, 269), 179–214.
Ágel, Vilmos/Hennig, Mathilde (eds.) (2010): *Nähe und Distanz im Kontext variationslinguistischer Forschung*, Berlin/New York: de Gruyter (Linguistik – Impulse und Tendenzen, 35).
Agard, Frederick B. (1984): *A Course in Romance Linguistics*, I: *A Synchronic View*, Washington, D.C.: Georgetown University Press.
Albrecht, Jörn (1970): *Le français langue abstraite*, Tübingen: Narr (Tübinger Beiträge zur Linguistik, 10).
Albrecht, Jörn (1977): "Wie übersetzt man eigentlich *eigentlich*?", in: Harald Weydt (ed.), *Aspekte der Modalpartikeln. Studien zur deutschen Abtönung*, Tübingen: Niemeyer (Konzepte der Sprach- und Literaturwissenschaft, 23), 19–37.
Albrecht, Jörn (1979): "Italiano non-aulico unitario?", in: *Italienische Studien* 2, 145–160.
Albrecht, Jörn (1986/90): "'Substandard' und 'Subnorm'. Die nicht-exemplarischen Ausprägungen der 'Historischen Sprache' aus varietätenlinguistischer Sicht", in: Holtus/Radtke (eds.) 1986, I, 65–88; 1990, III, 44–127.
Albrecht, Jörn (2003): "Die Standardsprache innerhalb der Architektur europäischer Einzelsprachen", in: Ammon (ed.) 2003, 11–30.
Albrecht, Jörn/Lüdtke, Jens/Thun, Harald (eds.) (1988): *Energeia und Ergon. Sprachliche Variation, Sprachgeschichte, Sprachtypologie. Studia in honorem Eugenio Coseriu*, 3 vol., Tübingen: Narr (Tübinger Beiträge zur Linguistik, 300).
Alcalá Venceslada, Antonio (1980): *Vocabulario andaluz*, Madrid: Gredos (Biblioteca Románica Hispánica, V, 8).
Alcoba, Santiago (ed.) (2000): *La expresión oral*, Barcelona: Ariel.
Alfonzetti, Giovanna (2002): *La relativa non-standard. Italiano popolare o italiano parlato?* Palermo: Centro di Studi Filologici e Linguistici Siciliani (Materiali e ricerche dell'Atlante Linguistico della Sicilia, 12).
Alisova, Tatjana B. (1965): "Relative limitative e relative esplicative nell'italiano popolare", in: *Studi di Filologia Italiana* 23, 299–333.
Allan, Keith/Burridge, Kate (1991): *Euphemism and Dysphemism. Language Use as Shield and Weapon*, New York: Oxford University Press.
Alonso, Amado (^{2}1961): *Estudios lingüísticos. Temas hispanoamericanos*, Madrid: Gredos (Biblioteca Románica Hispánica, II, 12).
Alonso, Martín (1962): *Evolución sintáctica del español. Sintaxis histórica del español desde el Iberorromano hasta nuestros días*, Madrid: Aguilar.

Alonso Hernández, José Luis (1976): *Léxico del marginalismo del Siglo de Oro*, Salamanca: Universidad de Salamanca (Acta Salmanticensia/Filosofía y Letras, 99).
Altmann, Hans (1981): *Formen der 'Herausstellung' im Deutschen. Rechtsversetzung, Linksversetzung, Freies Thema und verwandte Konstruktionen*, Tübingen: Niemeyer (Linguistische Arbeiten, 106).
Alvar, Manuel (1969): *Variedad y unidad del español*, Madrid: Ed. Prensa Española.
Alvar, Manuel (1996): *Manual de dialectología hispánica: el español de América*, Barcelona: Ariel.
Alvar Ezquerra, Manuel (ed.) (2001): *Gramática española. Enseñanza e investigación*, vol. 7: *Lingüística con corpus. Catorce aplicaciones sobre el español*, Salamanca: Editorial de la Universidad de Salamanca.
Ammon, Ulrich (ed.) (2003): *Sprachstandards*, Tübingen: Niemeyer (= *Sociolinguistica* 17).
Ammon, Ulrich/Dittmar, Norbert/Mattheier, Klaus J. (eds.) (1987/88): *Sociolinguistics/Soziolinguistik. An International Handbook of the Science of Language and Society/Ein internationales Handbuch zur Wissenschaft von Sprache und Gesellschaft*, 2 vol., Berlin/New York: de Gruyter (Handbücher zur Sprach- und Kommunikationswissenschaft, 3).
Antos, Gerd (1982): *Grundlagen einer Theorie des Formulierens: Textherstellung in geschriebener und gesprochener Sprache*, Tübingen: Niemeyer (Reihe Germanistische Linguistik, 39).
Ariza Viguera, Manuel (1997): "Fonética y Fonología del andaluz", in: Narbona/Ropero (eds.) 1997, 123–161.
Ariza Viguera, Manuel (2002): "¿Qué es eso del léxico andaluz?", in: Antonio Martínez González (ed.), *Las hablas andaluzas ante el siglo XXI*, Almería: Instituto de Estudios Almerienses, 57–69.
Ariza Viguera, Manuel (2004): "El castellano primitivo: los documentos", in: Cano (ed.) 2004, ñ*aprile 1976*, Pisa: Pacini, 83–105 [enthält das Corpus A].
Aschenberg, Heidi (1999): *Kontexte in Texten. Umfeldtheorie und literarischer Situationsaufbau*, Tübingen: Niemeyer (Beihefte zur Zeitschrift für romanische Philologie, 295).
Asensio, Eugenio (1960): "La lengua compañera del imperio. Historia de una idea de Nebrija en España y Portugal", in: *Revista de Filología Española* 43, 399–413.
Ashby, William J. (1976): "The loss of the negative morpheme ne in Parisian French", in: *Lingua* 39, 119–137.
Ashby, William J. (1980): "Prefixed conjugation in Parisian French", in: Herbert J. Izzo (ed.), *Italic and Romance. Linguistic Studies in Honour of Ernst Pulgram*, Amsterdam: Benjamins (Amsterdam Studies in the Theory and History of Linguistic Science, 4, 18), 195–207.
Asociación de Academias de la Lengua Española (2010): *Diccionario de Americanismos*, Madrid: Santillana.
Atelmi, Donella (1989): "Caratteristiche fonetiche e morfosintattiche nella varietà fiorentina di italiano", in: *Rivista italiana di dialettologia* 13, 47–73.
Audibert-Gibier, Monique (1992): "Etude de l'accord du participe passé sur des corpus de français parlé", in: *Langage et société* 61, 7–30.
Auer, Peter (1998): "Dialect levelling and the standard varieties in Europe", in: *Folia Linguistica* 32, 1–9.
Auroux, Sylvain (ed.) (1989/1992/2000): *Histoire des idées linguistiques*, vol. 1: *La naissance des métalangages en Orient et Occident*; vol. 2: *Le développement de la grammaire occidentale*; vol. 3: *L'hégémonie du comparatisme*, Lüttich: Mardaga.
Austin, John L. (1962): *How To Do Things With Words*, Oxford: Oxford University Press.
Avalle, D'Arco Silvio (ed.) (1965): *Latino 'circa romançum' e 'rustica romana lingua'. Testi del VII, VIII e IX secolo*, Padua: Antenore (Vulgares eloquentes, 2).

Ayres-Bennett, Wendy (2004): *Sociolinguistic variation in seventeenth-century France: methodology and case studies*, Cambridge: Cambridge University Press.

B = Bianconi 1980.

Back, Michael (1991): *Die synchrone Prozeßbasis des natürlichen Lautwandels*, Stuttgart: Steiner (Zeitschrift für Dialektologie und Linguistik, Beihefte, 71).

Bader, Eugen (1990): "CELARE ARTEM: Kontext und Bedeutung der stilistischen Anweisung 'Schreibe, wie du redest!' im 16./17. Jahrhundert (Italien, Spanien, Frankreich)", in: Wolfgang Raible (ed.), *Erscheinungsformen kultureller Prozesse. Jahrbuch 1988 des Freiburger Sonderforschungsbereiches 'Übergänge und Spannungsfelder zwischen Mündlichkeit und Schriftlichkeit'*, Tübingen: Niemeyer (ScriptOralia, 13), 197–215.

Baetens Beardsmore, Hugo (1971): *Le français régional de Bruxelles*, Brüssel: Presses Universitaires de Bruxelles (Conférences et Travaux, 3) [enthält das Corpus BB].

Báez San José, Valerio (1988): *Fundamentos críticos de la gramática de dependencias*, Madrid: Ed. Síntesis (Lingüística, 8).

Báez San José, Valerio (2002): *Desde el hablar a la lengua: prolegómenos a una teoría de la sintaxis y la semántica textual y oracional*, Málaga: Ed. Ágora (Cuadernos de lingüística, 16).

Bahner, Werner (1966): *La lingüística española del siglo de oro. Aportaciones a la conciencia lingüística en la España de los siglos XVI y XVII*, Madrid: Ciencia Nueva.

Baldinger, Kurt (^{2}1972): *La formación de los dominios lingüísticos en la Península Ibérica*, Madrid: Gredos (Biblioteca Románica Hispánica, I, 10).

Baldinger, Kurt (^{2}1977): *Teoría semántica. Hacia una semántica moderna*, Madrid: Ed. Alcalá (französische Übersetzung: *Vers une sémantique moderne*, Paris: Klincksieck 1984 (Bibliothèque française et romane, A, 46)).

Balibar, Renée/Laporte, Dominique (1974): *Le français national. Politique et pratique de la langue nationale sous la Révolution Française*, Paris: Hachette.

Bally, Charles (1930): *La crise du français. Notre langue maternelle à l'école*, Neuchâtel: Delachaux & Niestlé (Neuauflage von 2004, besorgt von Jean-Paul Bronckart, Jean-Louis Chiss und Christian Puech, Genf: Droz).

Bally, Charles (^{4}1965): *Linguistique générale et linguistique française*, Bern: Francke.

Banniard, Michel (1992): *Viva voce: Communication écrite et orale du IVe au IXe siècle en Occident latin*, Paris: Institut des Etudes Augustiniennes.

Barbaud, Philippe (1984): *Le choc des patois en Nouvelle-France. Essai sur l'histoire de la francisation au Canada*, Québec: Presses de l'Université de Québec.

Barrenechea, Ana Mª (ed.) (1987): *El habla culta de la ciudad de Buenos Aires. Materiales para su estudio*, 2 vol., Buenos Aires: Universidad Nacional de Buenos Aires [= Corpus HCBA].

Barrenechea, Ana Mª/Orecchia, Teresa (1970): "La duplicación de objetos directos e indirectos en el español hablado de Buenos Aires", in: *Romance Philology* 26, 58–83.

Bauche, Henri (^{2}1946): *Le langage populaire. Grammaire, syntaxe et dictionnaire du français tel qu'on le parle dans le peuple avec tous les termes d'argot usuel*, Paris: Payot.

Baum, Richard (1976): "Zum Problem der Norm im Französischen", in: Hausmann (ed.) 1983, 366–410.

Baum, Richard (1987): *Hochsprache, Literatursprache, Schriftsprache. Materialien zur Charakteristik von Kultursprachen*, Darmstadt: Wissenschaftliche Buchgesellschaft (Impulse der Forschung, 49).

Bazzanella, Carla (1990): "Phatic connectives as interactional cues in contemporary spoken Italian", in: *Journal of Pragmatics* 14, 629–647.

Bazzanella, Carla (1994): *Le facce del parlare. Un approccio pragmatico al italiano parlato*, Scandicci: La Nuova Italia (Biblioteca di Italiano e otre, 17).

BB = Baetens Beardsmore 1971.

Beaman, Karen (1984): "Coordination and subordination revisited: syntactic complexity in spoken and written narrative discourse", in: Deborah Tannen (ed.), *Coherence in Spoken and Written Discourse*, Norwood, N.J.: Ablex (Advances in Discourse Processes, 12), 45–80.

Beauchemin, Normand/Martel, Pierre/Théorêt, Michel (eds.) (1973–81): *Echantillon de textes libres, No I–VI*, 6 vol., Sherbrooke: Université (Recherches sociolinguistiques dans la région de Sherbrooke; Documents de travail, 8, 9, 10, 12, 16, 17) [= Corpus ETL].

Beaugrande, Robert-Alain de/Dressler, Wolfgang Ulrich (1981): *Introduction to Text Linguistics*, London: Longman (Longman Linguistics Library, 26).

Beccaria, Gian Luigi (1988): *Italiano. Antico e Nuovo*, Mailand: Garzanti.

Beccaria, Gian Luigi/Del Popolo, Concetto/Magazzini, Claudio (1989): *L'italiano letterario. Profilo storico*, Turin: UTET.

BD = Biggs/Dalwood 1976.

Behaghel, Otto (1927): "Geschriebenes Deutsch und gesprochenes Deutsch (1899)", in: Otto Behaghel, *Von deutscher Sprache. Aufsätze, Vorträge und Plaudereien*, Lahr: Schauenburg, 11–34.

Behnstedt, Peter von (1973): *Viens-tu? Est-ce que tu viens? Tu viens? Formen und Strukturen des direkten Fragesatzes im Französischen*, Tübingen: Narr (Tübinger Beiträge zur Linguistik, 41).

Beinhauer, Werner (^{3}1978): *El español coloquial*, Madrid: Gredos (Biblioteca Románica Hispánica, II, 72).

Bengtsson, Sverker (1968): *La défense organisée de la langue française. Etude sur l'activité de quelques organismes qui depuis 1937 ont pris pour tâche de veiller à la correction et à la pureté de la langue française*, Uppsala: Almqvist & Wiksell (Studia Romanica Upsaliensia, 4).

Benincà, Paola/Frison, Lorenza/Salvi, Giampaolo (^{2}2001): "L'ordine degli elementi della frase e le costruzioni marcate", en: Lorenzo Renzi/Giampaolo Salvi/Anna Cardinaletti (eds.), *Grande grammatica italiana di consultazione*, vol. 1: *La frase. I sintagmi nominale e preposizionale*, Bologna: Il Mulino, 129–239.

Bennett, William A. (1980): "*Langage populaire* and language drift", in: *Neophilologus* 64, 321–332.

Ber = Berschin 1981.

Berger, Peter L./Luckmann, Thomas (1966): *The Social Construction of Reality. A Treatise in the Sociology of Knowledge*, Harmondsworth: Penguin Books Inc.

Bergeron, Léandre (1981): *Dictionnaire de la langue québécoise*, Montréal: VLB Editeur.

Bergounioux, Gabriel (1989): "Le francien (1815–1914): la linguistique au service de la patrie", in: *Mots* 19, 23–40.

Berkenbusch, Gabriele (1988): *Sprachpolitik und Sprachbewußtsein in Barcelona am Anfang dieses Jahrhunderts. Versuch einer Rekonstruktion auf der Grundlage mündlicher und schriftlicher Quellen am Beispiel des Erziehungswesens*, Frankfurt a.M.: Lang (Europäische Hochschulschriften; Reihe 24, Ibero-Romanische Sprachen und Literaturen, 28).

Bernhard, Gerald/Gerstenberg, Annette (2008): "Storia delle varietà regionali ed urbane nella Romania: Italoromania", in: Ernst et al. (eds.) 2003–2008, 2541–2551.

Bernstein, Basil (1960/61): "Social structure, language, and learning", in: *Educational Research* 3, 163–176.

Berretta, Monica (1985): "'Ci' vs. 'gli': un microsistema in crisi?", in: Franchi De Bellis/Savoia (eds.) 1985, 117–133.

Berretta, Monica (1986): "Struttura informativa e sintassi dei pronomi atoni: condizioni che favoriscono la 'risalita'", in: Stammerjohann (ed.) 1986, 71–83.

Berretta, Monica (1988): "Linguistica delle varietà", in: *LRL* IV, 762–774.
Berretta, Monica (1994a): "Il parlato italiano contemporaneo", in: Serianni/Trifone (eds.) 1994, II, 239–270.
Berretta, Monica (1994b): "Il futuro italiano nella varietà nativa colloquiale e nelle varietà di apprendimento", in: *Zeitschrift für romanische Philologie* 110, 1–36.
Berruto, Gaetano (1983): "La natura linguistica dell'italiano popolare", in: Holtus/Radtke (eds.) 1983, 86–106.
Berruto, Gaetano (1985a): "Per una caratterizzazione del parlato: l'italiano parlato ha un'*altra* grammatica?", in: Holtus/Radtke (eds.) 1985, 120–151.
Berruto, Gaetano (1985b): "'Dislocazioni a sinistra' e 'grammatica' dell'italiano parlato", in: Franchi De Bellis/Savoia (eds.) 1985, 59–82.
Berruto, Gaetano (1986): "Le dislocazioni a destra in italiano", in: Stammerjohann (ed.) 1986, 55–69.
Berruto, Gaetano (1987): *Sociolinguistica dell'italiano contemporaneo*, Rom: La Nuova Italia Scientifica (Studi Superiori Nuova Italia Scientifica, 33, Lettere).
Berruto, Gaetano, (1993a): "Le varietà del repertorio", in: Sobrero (ed.) 1993, 3–36.
Berruto, Gaetano (1993b): "Varietà diamesiche, diastratiche, diafasiche", in: Sobrero (ed.) 1993, 37–92.
Berruto, Gaetano (1994): "Scenari sociolinguistici per l'Italia del Duemila", in: Holtus/Radtke (eds.) 1994, 23–45.
Berruto, Gaetano (2005): "Italiano parlato e communicazione mediata dal computer", in: Klaus Hölker/Christiane Maaß (eds.), *Aspetti dell'italiano parlato*, Münster: LITVerlag (Romanistische Linguistik, 6), 137–156.
Berschin, Helmut (1980): "Gesprochenes und geschriebenes Spanisch", in: *Hispanorama* 24, 173–178 [enthält das Corpus Ber].
Berschin, Helmut (1989): "A propósito de una muestra del español hablado", in: Julio Borrego Nieto/José Jesús Gómez Asencio/Luis Santos Ríos (eds.), *Philologica I. Homenaje a D. Antonio Llorente*, Salamanca: Universidad, 39–50.
Berschin, Helmut/Berschin, Walter (1987): "Mittellatein und Romanisch", in: *Zeitschrift für Romanische Philologie* 103, 1–19.
Berschin, Helmut/Felixberger, Josef/Goebl, Hans ([2]2008): *Französische Sprachgeschichte. Lateinische Basis, interne und externe Geschichte, sprachliche Gliederung Frankreichs. Mit einer Einführung in die historische Sprachwissenschaft*, Darmstadt: Wissenschaftliche Buchgesellschaft.
Berschin, Helmut/Fernández-Sevilla, Julio/Felixberger, Josef ([3]2005): *Die spanische Sprache. Verbreitung, Geschichte, Struktur*, Hildesheim/Zürich/New York: Olms.
Bertinetto, Pier Marco (1996): "La distribuzione del Perfetto Semplice e del Perfetto Composto nelle diverse varietà di italiano", in: *Romance Philology* 49, 383–419.
Bianconi, Sandro (1980): *Lingua matrigna*, Bologna: Il Mulino (Studi linguistici e semiologici, 12) [enthält Corpus B].
Biber, Douglas (1988): *Variation Across Speech and Writing*, Cambridge: Cambridge University Press.
Biber, Douglas (1995): *Dimensions of Register Variation. A Cross-linguistic Comparison*, Cambridge: Cambridge University Press.
Biber, Douglas/Conrad, Susan/Reppen, Randi (eds.) (1998): *Corpus Linguistics. Investigating Language Structure and Use*, Cambridge: Cambridge University Press.
Bierbach, Mechthild, (2000): "Spanisch – eine plurizentrische Sprache? Zum Problem von *norma culta* und Varietät in der hispanophonen Welt", in: *Vox Romanica* 59, 143–170.

Biggs, Patricia/Dalwood, Mary (eds.) (1976): *Les Orléanais ont la parole. Teaching Guide and Tapescript*, London: Longman [= Corpus BD].

Bilger, Mireille (ed.) (2000): *Corpus. Méthodologie et application linguistiques*, Paris: Champion (Bibliothèque de l'Institut de Linguistique Française. Les français parlés – textes et études, 3).

Bilger, Mireille (2002): "Corpus de français parlé: recueil et analyse", in: Pusch/Raible (eds.) 2002, 45–58.

Blakemore, Diane (2002): *Relevance and Linguistic Meaning. The Semantics and Pragmatics of Discourse Markers*, Cambridge: Cambridge University Press (Cambridge Studies in Linguistics, 99).

Blanche-Benveniste, Claire (1990): "Usages normatifs et non normatifs dans les relatives en français, espagnol et en portugais", in: Johannes Bechert/Giuliano Bernini/Claude Buridant (eds.), *Toward a Typology of European Languages*, Berlin/New York: de Gruyter (Empirical Approaches to Language Typology, 8), 317–335.

Blanche-Benveniste, Claire (1997): *Approches de la langue parlée en français*, Paris: Ophrys.

Blanche-Benveniste, Claire/Bilger, Mireille/Rouget, Christine/van den Eynde, Karel (1990): *Le français parlé. Études grammaticales*, Paris: CNRS Éditions.

Blanche-Benveniste, Claire/Jeanjean, Colette (1987): *Le français parlé. Transcription et édition*, Paris: Didier.

Blanche-Benveniste, Claire/Rouget, Christine/Sabio, Frédéric (2002): *Choix de textes de français parlé. 36 extraits*, Paris: Champion (Bibliothèque de l'Institut de Linguistique Française. Les français parlés – textes et études, 5).

Blank, Andreas (1997): *Prinzipien des lexikalischen Bedeutungswandels am Beispiel der romanischen Sprachen*, Tübingen: Niemeyer (Beihefte zur romanischen Philologie, 285).

Blasco, Mylène (1995): "Dislocation et thématisation en français parlé", in: *Recherches sur le français parlé* 13, 45–65.

Blasco Ferrer, Eduardo (1988): "La tipología del español coloquial", in: *Romanistisches Jahrbuch* 39, 255–273.

Blasco Ferrer, Eduardo (1993): "Les plus anciens monuments de la langue sarde. Histoire, genèse, description typologique et linguistique", in: Selig et al. (eds.) 1993, 109–148.

Blecua, José Manuel (2004): "El *Quijote* en la historia de la lengua española", in: Real Academia Española (ed.) 2004, 1115–1122.

Bleiberg, German (1951): *Antología de elogios de la lengua española*, Madrid: Ed. Cultura Hispánica.

Bloomfield, Leonard (^{2}1935): *Language*, London: Allen & Unwin.

Bochmann, Klaus (1988): "Italienisch: Diglossie und Polyglossie", in: *LRL* IV, 269–286.

Bochmann, Klaus (1989): *Regional- und Nationalitätensprachen in Frankreich, Italien und Spanien*, Leipzig: Verlag Enzyklopädie.

Bochmann, Klaus/Dumbrava, Vasile (eds.) (2000): *Limba Română vorbită în Moldova istorică*, vol. 2: *Texte*, Leipzig: Leipziger Universitätsverlag.

Bolívar, Adriana/Bentivoglio, Paola (eds.) (1997): *Actas del I coloquio latinoamericano de analistas del discurso*, Caracas: Universidad Central de Venezuela.

Bollée, Annegret (1990): "Frankophonie IV. Regionale Varianten des Französischen außerhalb Europas I", in: *LRL* V,1, 740–767.

Bollée, Annegret/Neumann-Holzschuh, Ingrid (2003): *Spanische Sprachgeschichte*, Stuttgart etc.: Klett.

Bonamore, Daniele (2004): *Lingue minoritarie, lingue nazionali, lingue ufficiali nella Legge 482/1999*, Mailand: Franco Angeli.

Bosco, Cristina/Bazzanella, Carla (2002): "Contextualization in spoken language corpora", in: Pusch/Raible (eds.) 2002, 19–30.

Bosque, Ignacio/Demonte, Violeta (eds.) (1999): *Gramática descriptiva de la lengua española*, 3 vol., Madrid: Espasa-Calpe/Real Academia Española.

Bossong, Georg (1980): "Aktantenfunktionen im romanischen Verbalsystem", in: *Zeitschrift für Romanische Philologie* 96, 1–22.

Bossong, Georg (1982): "Las traducciones alfonsíes y el desarrollo de la prosa científica castellana", in: Wido Hempel (ed.), *Actas del Coloquio hispano-alemán Ramón Menéndez Pidal. Madrid, 31 de marzo a 2 de abril de 1978*, Tübingen: Niemeyer, 1–14.

Bossong, Georg (2008): *Die romanischen Sprachen. Eine vergleichende Einführung*, Hamburg: Buske.

Branca-Rosoff, Sonia (2007): "Les accords du participe passé en français: notes pour une recherche", in: Abecassis, Michëel/Ayosso, Laure/Vialleton, Elodie (eds.), *Le français parlé au 21ème siècle: Normes et variations dans les discours et en interaction. Annales du Colloque d'Oxford (juin 2005)*, vol. 2, Paris: L'Harmattan, 61–74.

Brauer-Figueiredo, Maria de Fátima (1999): *Gesprochenes Portugiesisch*, Frankfurt a.M.: Teo Ferrer de Mesquita.

Bres, Jacques (1999): "Textualité narrative orale, genres du discours et temps verbal", in: Barbéris, Jeanne-Marie (ed.), *Le français parlé. Variétés et discours*, Montpellier: Université Paul-Valéry, 107–133.

Brinkmann, Hennig (1974): "Reduktion in gesprochener und geschriebener Rede", in: Hugo Moser (ed.), *Gesprochene Sprache*, Düsseldorf: Schwann (Sprache der Gegenwart, 26), 144–162.

Briz, Antonio (1994): "Hacia un análisis argumentativo de un texto coloquial. La incidencia de los conectores pragmáticos", in: *Verba* 21, 369–399.

Briz, Antonio (1996): *El español coloquial: Situación y uso*, Madrid: Arco/Libros (Cuadernos de Lengua Española).

Briz, Antonio (1998): *El español coloquial en la conversación. Esbozo de pragmagramática*, Barcelona: Ariel.

Briz, Antonio/Grupo Val.Es.Co (1995): *La conversación coloquial. Materiales para su estudio*, Valencia: Universitat de València (Cuadernos de filología; Anejo, 16).

Briz, Antonio/Grupo Val.Es.Co (eds.) (2002): *Corpus de conversaciones coloquiales*, Madrid: Arco/Libros (Oralia; Anejo, I).

Briz, Antonio/Gómez Molina, José/Martínez Alcalde, Mª José/Grupo Val.Es.Co (eds.) (1996): *Pragmática y gramática del español hablado. Actas del II Simposio sobre análisis del discurso oral*, Valencia: Universidad de Valencia/Libros Pórtico.

Briz, Antonio et al. (eds.) (1997): *Sobre l'oral i l'escrit*, Valencia: Universitat de València, Facultat de Filologia.

Brucart, José María (1999): "La elipsis", in: Bosque/Demonte (eds.) 1999, vol. 2, 2789–2863.

Brumme, Jenny/Wesch, Andreas (eds.) (1999): *Normen und Subnormen in Geschichte und Gegenwart. Methoden ihrer Rekonstruktion und Beschreibung*, Wien: Praesens (Schriften zur diachronen Sprachwissenschaft, 7).

Brunet, Jacqueline (1995): "La subordination: chronique d'un déclin annoncé", in: *Revue romane* 34, 57–68.

Brunot, Ferdinand (1966–69): *Histoire de la langue française des origines à nos jours*, 13 vol., Paris: Colin.

Bruni, Francesco (1984): *L'italiano. Elementi di storia della lingua e della cultura. Testi e documenti*, Turin: UTET.

Bruni, Francesco (ed.) (1989–2003): *Storia della lingua italiana*, 10 vol., Bologna: Il Mulino.

Bruni, Francesco (ed.) (1992/95): *L'italiano nelle regioni*, 2 vol., Turin: UTET.
Büchi, Eva (1998): "La conjugaison objective et les langues romanes", in: Giovanni Ruffino (ed.), *Atti del XXI Congresso Internazionale di Linguistica e Filologia Romanza, Palermo 1995*, vol. 2, Tübingen: Niemeyer, 91–105.
Bühler, Karl (^{2}1965): *Sprachtheorie. Die Darstellungsfunktion der Sprache*, Stuttgart: Fischer.
Buffa, Josefa Luisa (1974): "Política lingüística de España en América", in: *Romànica* (La Plata) 7, 7–47.
Buridant, Claude/Demonet, Marie-Luce (eds.) (2006): *L'interjection: jeux et enjeux*, Paris: Larousse (= *Langages* 161).
Burkhardt, Armin (1982): "Gesprächswörter. Ihre lexikologische Bestimmung und lexikographische Beschreibung", in: Wolfgang Mentrup (ed.), *Konzepte zur Lexikographie. Studien zur Bedeutungserklärung in einsprachigen Wörterbüchern*, Tübingen: Niemeyer, 138–171 (Reihe Germanistische Linguistik, 38).
Burr, Elisabeth (ed.) (2005): *Tradizione & Innovazione. Il parlato: teoria – corpora – linguistica dei corpora. Atti del VI Convegno SILFI, Duisburg, 28 giugno – 2 luglio 2000*, vol. 1, Florenz: Franco Cesati Editore (Quaderni della Rassegna, 43).
Bustos Tovar, José Jesús de (1993): "L'oralité dans les anciens textes castillans", in: Selig et al. (eds.) 1993, 247–262.
Bustos Tovar, José Jesús de (1995): "De la oralidad a la escritura", in: Cortés (ed.) 1995, 11–28.
Bustos Tovar, José Jesús de (1996): "Aspectos semánticos y pragmáticos de la comunicación oral", in: Briz et al. (eds.) 1996, 37–49.
Bustos Tovar, José Jesús de (1997): "Organización textual y oralidad", in: Briz et al. (eds.) 1997, 7–24.
Bustos Tovar, José Jesús de (2004a): "La escisión latín-romance. El nacimiento de las lenguas romances", in: Cano (ed.) 2004, 259–290.
Bustos Tovar, José Jesús de (2004b): "Las Glosas Emilianenses y Silenses", in: Cano (ed.) 2004, 291–307.
Bustos Tovar, José Jesús de/Charadeau, Patrick/Girón Alconchel, José Luis/Iglesias Recuero, Silvia/López Alonso, Covadonga (eds.) (2003): *Lengua, discurso, texto. I Simposio internacional de análisis del discurso*, 2 vol., Madrid: Universidad Complutense/Visor.
Callebat, Louis (ed.) (1995): *Latin vulgaire – latin tardif IV. Actes du IVe colloque international sur le latin vulgaire et tardif, Caen, 2–5 septembre 1994*, Hildesheim/Zürich/New York: Olms-Weidmann.
Calvet, Louis-Jean (1994): *L'argot*, Paris: PUF (Que sais-je? 700).
Candau de Cevallos, María del C. (1985): *Historia de la lengua española*, Potomac, Maryland: Scripta Humanistica (Scripta humanistica, 13).
Canepari, Luciano (^{2}1983): *Italiano standard e pronunce regionali*, Padua: CLEUP.
Canfield, Delos L. (1981): *Spanish Pronunciation in the Americas*, Chicago/London: University of Chicago Press.
Cano Aguilar, Rafael (1988): *El español a través de los tiempos*, Madrid: Arco/Libros.
Cano Aguilar, Rafael (1996): "Lenguaje 'espontáneo' y retórica epistolar en cartas de emigrantes españoles a Indias", in: Kotschi et al. (eds.) 1996, 375–404.
Cano Aguilar, Rafael (ed.) (2004): *Historia de la lengua española*, Barcelona: Ariel.
Cano Aguilar, Rafael (2008): "Historia de la lengua oral en la Romania: español", in: Ernst et al. (eds.) 2003–2008, 2439–2446.
Cano Aguilar, Rafael/González Cantos, María Dolores (2000): *Las hablas andaluzas*, Sevilla: Junta de Andalucía/Consejería de Educación y Ciencia.

Cano Aguilar, Rafael/Narbona, Antonio/Morillo, Ramón (1998): *El español hablado en Andalucía*, Barcelona: Ariel.
Caput, Jean-Pol (1972/75): *La langue française. Histoire d'une institution*, 2 vol., Paris: Larousse.
Caravedo, Rocío (1999): *Gramática española. Enseñanza e investigación*, vol. 6: *Lingüística del corpus. Cuestiones teórico-metodológicas aplicadas al español*, Salamanca: Editorial de la Universidad de Salamanca.
Caravedo, Rocío (2005): "La realidad subjetiva en el estudio del español de América", in: Noll/Symeonidis (eds.) 2005, 17–31.
Carnicer, Ramón (1969): *Sobre el lenguaje de hoy*, Madrid: Ed. Prensa Española.
Carnicer, Ramón (1977): *Tradición y evolución en el lenguaje actual*, Madrid: Ed. Prensa Española.
Cartagena, Nelson (2005): "Propiedades y frecuencia de los tipos *se venden casas* y *se vende casas* en el español peninsular y americano", in: Noll/Symeonidis (eds.) 2005, 341–353.
Casado, Manuel (1988): *El castellano actual. Usos y normas*, Pamplona: EUNSA (NT lengua y literatura, 3).
Casares, Julio (^{2}1977): *Diccionario ideológico de la lengua española. Desde la idea a la palabra; desde la palabra a la idea*, Barcelona: Gili.
Castellani, Arrigo (^{2}1976): *I più antichi testi italiani. Edizione e commento*, Bologna: Pàtron.
Castellani, Arrigo (1982): "Quanti erano gl'italofoni nel 1861?", in: *Studi Linguistici Italiani*, N.S. 1, 3–26.
Castellani, Arrigo (1986): "Consuntivo della polemica Ascoli-Manzoni", in: *Studi Linguistici Italiani*, N.S. 5, 105–129.
Castilho, Ataliba Teixeira de/Preti, Dino (eds.) (1986/87): *A linguagem falada culta na cidade de São Paulo*, vol. 1: *Elocuções formais*; vol. 2: *Diálogos entre dois informantes*, São Paulo: T.A. Queiroz.
Castillo Lluch, Mónica/Kabatek, Johannes (eds.) (2006): *Las lenguas de España. Política lingüística, sociología del lenguaje e ideología desde la transición hasta la actualidad*, Madrid/Frankfurt a.M.: Iberoamericana/Vervuert.
Catalán, Diego (1958): "Génesis del español atlántico. Ondas varias a través del océano", in: *Revista de Historia canaria* 24, 233–242.
Cd = Cordin 1987.
Cela, Camilo José (1974/75): *Diccionario secreto*, 2 vol., Madrid: Alianza Editorial.
Cellard, Jacques/Rey, Alain (1980): *Dictionnaire du français non conventionnel*, Paris: Hachette.
Cerquiglini, Bernard (1991): *La naissance du français*, Paris: Presses Universitaires de France (Que sais-je? 2576).
Cerquiglini, Bernard (ed.) (2003): *Les langues de France*, Paris: Presses Universitaires de France.
Cerrón-Palomino, Rodolfo (1987): "Unidad y diferenciación lingüística en el mundo andino", in: *Lexis. Revista de lingüística y literatura* (Lima) 11, 71–104.
Certeau, Michel de/Julia, Dominique/Revel, Jacques (1975): *Une politique de la langue. La Révolution Française et les patois: l'enquête de Grégoire*, Paris: Gallimard.
Chafe, Wallace L. (1982): "Integration and involvement in speaking, writing and oral Literature", in: Deborah Tannen (ed.), *Spoken and Written Language: Exploring Orality and Literacy*, Norwood, N.J.: Ablex, 35–53 (Advances in Discourse Processes, 9).
Chafe, Wallace L. (1985): "Linguistic differences produced by differences between speaking and writing", in: David R. Olsen et al. (eds.), *Literacy, Language and Learning*, Cambridge: Cambridge University Press, 105–123.
Chaunu, Pierre (1969): *Conquête et exploitation des nouveaux mondes (16e siècle)*, Paris: Presses Universitaires de France.

Chaurand, Jacques (ed.) (1999): *Nouvelle histoire de la langue française*, Paris: Seuil.
Chervel, André (1977): *... et il fallut apprendre à écrire à tous ces petits français. Histoire de la grammaire scolaire*, Paris: Payot.
Christl, Joachim (1992): *Gliederungssignale oder Sprechersignale? Eine Untersuchung am Beispiel des gesprochenen Spanisch von San Miguel de Tucumán/Argentinien*, Hamburg: Dr. Kovać.
Christmann, Hans Helmut (1978): "Gesprochene Sprache von heute oder alte Sprachstufen als 'wahrer' Gegenstand der Linguistik? Zur historischen Sprachwissenschaft des 19. Jahrhunderts und ihrer 'Überwindung'", in: *Zeitschrift für Romanische Philologie* 94, 549–562.
Christmann, Hans Helmut (1982): "Das Französische der Gegenwart: zu seiner Norm und seiner 'défense'", in: Hausmann (ed.) 1983, 411–440.
Christmann, Hans Helmut (1984): "Signor Rossi, ce l'ha l'acqua?", in: Holtus/Radtke (eds.) 1984a, 395–403.
Clavería, Carlos (1951): *Estudios sobre los gitanismos del español*, Madrid: C.S.I.C./Instituto Miguel de Cervantes (*Revista de Filología Española*, Anejo, 53).
Clavería Nadal, Gloria/Torruella i Casañas, Joan (2005): "Base de datos para un corpus de documentaciones léxicas", in: Pusch et al. (eds.) 2005, 215–228.
Clyne, Michael (ed.) (1992): *Pluricentric Languages. Differing Norms in Different Nations*, Berlin/New York: Mouton de Gruyter (Contributions to the sociology of language, 62).
Cohen, Marcel (⁴1973): *Histoire d'une langue: le français. Des lointaines origines à nos jours*, Paris: Éditions Sociales.
Coletti, Vittorio (1993): *Storia dell'italiano letterario. Dalle origini al Novecento*, Turin: Einaudi (Piccola Biblioteca Einaudi, 582).
Colin, Jean-Paul/Mével, Jean-Pierre (1996): *Dictionnaire de l'argot*, Paris: Larousse.
Collovà, Patrizio/Petrini, Dario (1981/82): "Lingua, dialetto e commutazione di codice: interazioni verbali in un negozio del luganese", in: *Rivista Italiana di Dialettologia* 5/6, 257–293 [enthält das Corpus CP].
C-ORAL-ROM = Cresti/Moneglia 2005
Cordin, Patrizia (1987): "Il parlato regionale: analisi di un campione", in: Accademia della Crusca (ed.) 1987, 91–112 [enthält das Corpus Cd].
Cortelazzo, Manlio (1969/72): *Avviamento critico allo studio della dialettologia italiana*, vol. I und III, Pisa: Pacini.
Cortelazzo, Manlio (1974): "Prospettive di studio dell'italiano regionale", in: AA.VV., *Italiano oggi. Lingua letteraria e lingue speciali*, Triest: LINT, 19–33.
Cortelazzo, Manlio (ed.) (2002): *I dialetti italiani. Storia struttura uso*, Turin: UTET.
Cortelazzo, Michele A. (2000): "La lingua italiana di fine millennio", in: Michele A. Cortelazzo, *Italiano d'oggi*, Padua: Esedra, 9–24 (Lingua contemporanea, 1).
Cortés Rodríguez, Luis (2002): *Los estudios del español hablado entre 1950 y 1999. Períodos, disciplinas y corrientes*, Madrid: Arco/Libros (Anejo de la revista *Oralia*).
Cortés Rodríguez, Luis (ed.) (1995): *El español coloquial. Actas del I Simposio sobre análisis del discurso oral, Almería, 23–25 de noviembre de 1994*, Almería: Universidad de Almería, Servicio de Publicaciones.
Coseriu, Eugenio (1955/56): "Determinación y entorno. Dos problemas de una lingüística del hablar", in: *Romanistisches Jahrbuch* 7, 29–51.
Coseriu, Eugenio (³1973): "Sistema, norma y habla (1952)", in: id., *Teoría del lenguaje y lingüística general: cinco ensayos*, Madrid: Gredos (Biblioteca Románica Hispánica, II, 61), 11–113.

Coseriu, Eugenio (1978): "Das sogenannte Vulgärlatein und die ersten Differenzierungen in der Romania", in: Reinhold Kontzi (ed.), *Zur Entstehung der romanischen Sprachen*, Darmstadt: Wissenschaftliche Buchgesellschaft (Wege der Forschung, 162), 257–291.

Coseriu, Eugenio (1980): "'Historische Sprache' und 'Dialekt'", in: Albrecht/Lüdtke/Thun (eds.) 1988, I, 54–61.

Coseriu, Eugenio (^{2}1981): *Textlinguistik. Eine Einführung*. Hrsg. und bearb. von Jörn Albrecht, Tübingen: Narr (Tübinger Beiträge zur Linguistik, 109).

Coseriu, Eugenio (2008): *Lateinisch – Romanisch. Vorlesungen und Abhandlungen zum sogenannten Vulgärlatein und zur Entstehung der romanischen Sprachen*. Bearb. und hrsg. von Hansbert Bertsch, Tübingen: Narr (Schriften des Eugenio-Coseriu-Archivs, 1).

Cosnier, Jacques/Kerbrat-Orecchioni, Catherine (eds.) (1987): *Décrire la conversation*, Lyon: Presses Université de Lyon [enthält das Corpus DC].

Coulmas, Florian (1982): *Über Schrift*, Frankfurt a.M.: Suhrkamp (suhrkamp taschenbuch wissenschaft, 378).

Coulmas, Florian (1985): *Sprache und Staat. Studien zur Sprachplanung und Sprachpolitik*, Berlin/New York: de Gruyter (Sammlung Göschen, 2501).

Coveney, Aidan (^{2}2002): *Variability in Spoken French. A Sociolinguistic Study of Interrogation and Negation*, Bristol/Portland, OR: Elm Bank Publications.

Coveney, Aidan (2003): "Le redoublement du sujet en français parlé: une approche variationniste", in: Anita Berit Hansen/Maj-Britt Mosegaard Hansen (eds.), *Structures linguistiques et interactionnelles dans le français parlé. Actes du colloque international, Université de Copenhague du 22 au 23 juin 2001*, Kopenhagen: Museum (= Etudes Romanes 54), 111–143.

Coveri, Lorenzo/Benucci, Antonella/Diadori, Pierangela (1998): *Le varietà dell'italiano. Manuale di sociolinguistica italiana*, Rom: Bonacci (I libri dell'arco, 6).

CP = Collovà/Petrini 1981/82.

Cr = Cresti 1987.

CREA = Real Academia Española 1998.

Cresti, Emanuela (1987): "L'articolazione dell'informazione nel parlato", in: Accademia della Crusca (ed.) 1987, 27–90 [enthält Corpus Cr].

Cresti, Emanuela (ed.) (2000): *Corpus di italiano parlato*, 2 vol., Florenz: Accademia della Crusca.

Cresti, Emanuela/Moneglia, Massimo (eds.) (2005): *C-ORAL-ROM*, Amsterdam: Benjamins (=Studies in corpus linguistics, 15).

Criado de Val, Manuel (ed.) (1980): *Estructura general del coloquio*, Madrid: SGEL (Colección 'lengua coloquial', 1) [= Corpus CV].

CV = Criado de Val 1980.

D'Achille, Paolo (1990): *Sintassi del parlato e tradizione scritta della lingua italiana. Analisi di testi dalle origini al secolo XVIII*, Rom: Bonacci (I volgari d'Italia, 4).

D'Achille, Paolo (2008): "Le varietà diastratiche e diafasiche delle lingue romanze dal punto di vista storico: italiano", in: Ernst et al. (eds.) 2003–2008, vol. 3, 2334–2355.

Dardel, Robert de (1983): *Esquisse structurale des subordonnants conjonctionnels en roman commun*, Genf: Droz (Publications romanes et françaises, CLXV).

DC = Cosnier/Kerbrat-Orecchioni 1987.

De Blasi, Nicola (1982): *Tra scritto e parlato. Venti lettere mercantili meridionali e toscane del primo quattrocento*, Neapel: Liguori (Romanica Neapolitana, 10).

De Blasi, Nicola (2004): "L'italiano parlato e la scuola tra ottocento e novecento", in: Van Deyck et al. (eds.) 2004, 25–53.

De Felice, Emidio (1977): "Definizione del rango, nazionale o regionale, dei geosinonimi italiani", in: Theodor Ebneter et al. (eds.), *Italiano d'oggi. Lingua nazionale e varietà regionali*, Triest: LINT, 107–118.

De Mauro, Tullio (^{2}1970a): *Storia linguistica dell'Italia unita*, Bari: Laterza.

De Mauro, Tullio (1970b): "Per uno studio del italiano popolare unitario", in: Annabella Rossi (ed.), *Lettere da una tarantata*, Bari: De Donato, 43–75.

De Mauro, Tullio (1970c): "Tra Thamus e Theuth. Note sulla norma parlata e scritta, formale e informale nella produzione e realizzazione dei segni linguistici", in: *Bollettino del Centro di Studi Filologici e Linguistici Siciliani* 11, 167–179.

De Mauro, Tullio/Mancini, Federico/Vedovelli, Massimo/Voghera, Miriam (1993): *Lessico di frequenza dell'italiano parlato*, Mailand: Etaslibri [beiliegend: das Corpus LIP].

Derrida, Jacques (1967): *De la grammatologie*, Paris: Editions de Minuit.

Désirat, Claude/Hordé, Tristan (1976): *La langue française au 20e siècle*, Paris: Bordas.

Detges, Ulrich (1999): "Wie entsteht Grammatik? Kognitive und pragmatische Determinanten der Grammatikalisierung von Tempusmarkern", in: Jürgen Lang/Ingrid Neumann-Holzschuh (eds.), *Reanalyse und Grammatikalisierung in den romanischen Sprachen*, Tübingen: Niemeyer (Linguistische Arbeiten, 410), 31–52.

Detges, Ulrich (2003a): "Du sujet parlant au sujet grammatical. L'obligatorisation des pronoms sujets en ancien français dans une perspective pragmatique", in: *Verbum* 25, 307–333.

Detges, Ulrich (2003b): "La grammaticalisation des constructions de négation dans une perspective onomasiologique, ou: la déconstruction d'une illusion optique", in: Andreas Blank/Peter Koch (eds.), *Kognitive romanische Onomasiologie und Semasiologie*, Tübingen: Niemeyer (Linguistische Arbeiten, 467), 213–233.

Deutschmann, Olaf (1953): *Untersuchungen zum volkstümlichen Ausdruck der Mengenvorstellung im Romanischen*, vol. 3: *Die indirekte Bezeichnung der unbestimmten großen Menge*, Hamburg: Preilipper.

Devoto, Giacomo/Giacomelli, Gabriella (1973): *I dialetti delle regioni d'Italia*, Florenz: Sansoni.

Dijk, Teun A. van (^{4}1986): *Text and Context. Explorations in the Semantics and Pragmatics of Discourse*, London: Longman (Longman Linguistics Library, 21).

Dittmar, Norbert/Schlieben-Lange, Brigitte (eds.) (1982): *Die Soziolinguistik in romanischsprachigen Ländern/La sociolinguistique dans les pays de langue romane*, Tübingen: Narr (Tübinger Beiträge zur Linguistik, 150).

Donegan, Patricia J./Stampe, David (1979): "The study of Natural Phonology", in: Daniel A. Dinnsen (ed.), *Current Approaches to Phonological Theory*, Bloomington: Indiana University Press, 126–173.

DOXA (1982): "I dialetti", in: *Bolletino della Doxa* 36/10, 61–67.

Drescher, Martina/Frank-Job, Barbara (eds.) (2006): *Les marqueurs discursifs dans les langues romanes. Approches théoriques et méthodologiques*, Frankfurt a.M. etc.: Lang.

Dressler, Wolfgang U. (^{2}1973): *Einführung in die Textlinguistik*, Tübingen: Niemeyer (Konzepte der Sprach- und Literaturwissenschaft, 13).

Dressler, Wolfgang U. (1975): "Methodisches zu Allegro-Regeln", in: Wolfgang Dressler et al. (eds.), *Phonologica 1972*, München: Fink, 219–231.

Drusi, Riccardo (1995): *La lingua 'cortigiana romana': note su un aspetto della questione cinquecentesca della lingua*, Venedig: Il Cardo.

Duarte, Maria Eugênia Lamoglia/Callou, Dinah (eds.) (2002): *Para a história do português brasileiro*, vol. IV: *Notícias de corpora e outros estudos*, Río de Janeiro: UFRJ-Letras/FAPERJ.

Dubois, Jean (1967): *Grammaire structurale du français. Le verbe*, Paris: Larousse.

Dubois, Jean/Lagane, René (1973): *La nouvelle grammaire du français*, Paris: Larousse.

Dürscheid, Christa (2003): "Medienkommunikation im Kontinuum von Mündlichkeit und Schriftlichkeit. Theoretische und empirische Probleme", in: *Zeitschrift für Angewandte Linguistik* 38, 37–56.

Dufter, Andreas/Jacob, Daniel (eds.) (2010): *Syntaxe, structure informationnelle et organisation du discours dans les langues romanes*, Frankfurt a.M.: Lang (Studia Romanica et Linguistica, 33).

Dufter, Andreas/Stark, Elisabeth (2002): "La variété des variétés: combien de dimensions pour la description?", in: *Romanistisches Jahrbuch* 53, 81–108.

Duggan, Joseph J. (1973): *The Song of Roland. Formulaic Style and Poetic Craft*, Berkeley, etc.: University of California Press.

Duggan, Joseph J. (1989): *The Cantar de mio Cid. Poetic Creation in Its Economic and Social Contexts*, Cambridge: Cambridge University Press (Cambridge Studies in Medieval Literature, 5).

Dulong, Gaston (1973): "Histoire du français en Amérique du Nord", in: Thomas A. Sebeok (ed.), *Current Trends in Linguistics*, X: *Linguistics in North America*, Den Haag/Paris: Mouton, 407–421.

Durante, Marcello (1981): *Dal latino all'italiano moderno*, Bologna: Zanichelli (Fenomeni linguistici, 1).

E = Eschmann 1984.

Eberenz, Rolf (1983): "*Sea como fuere*. Zur Geschichte des spanischen Konjunktiv Futur", in: *Vox Romanica* 42, 181–201.

Eberenz, Rolf (1998): "La reproducción del discurso oral en las actas de la Inquisición (siglos XV y XVI)", in: Oesterreicher/Stoll/Wesch (eds.) 1998, 243–266.

Echenique Elizondo, María Teresa (1996): "La lengua castellana hablada en el País Vasco", in: Briz et al. (eds.) 1996, 65–74.

Echenique Elizondo, María Teresa/Sánchez Méndez, Juan (2005): *Las lenguas de un reino: historia lingüística hispánica*, Madrid: Gredos (Biblioteca Románica Hispánica, III, 85).

Echenique Elizondo, María Teresa/Sánchez Méndez, Juan et al. (eds.) (2002): *V Congreso internacional de historia de la lengua española, Valencia, 31 de enero – 4 de febrero de 2000*, Madrid: Gredos.

Eckert, Gabriele (1986): *Sprachtypus und Geschichte. Untersuchungen zum typologischen Wandel des Französischen*, Tübingen: Narr (Tübinger Beiträge zur Linguistik, 265).

Ehlich, Konrad (1979): *Verwendungen der Deixis beim sprachlichen Handeln. Linguistisch-philologische Untersuchungen zum hebräischen deiktischen System*, 2 vol., Frankfurt a.M. etc.: Lang.

Ehlich, Konrad (1986): *Interjektionen*, Tübingen: Niemeyer (Linguistische Arbeiten, 111).

Ehlich, Konrad (1994): "Funktion und Struktur schriftlicher Kommunikation", in: Günther/Ludwig (eds.) 1994, vol. 1, 18–41.

Ehlich, Konrad (2007): *Sprache und sprachliches Handeln*, vol. 1: *Pragmatik und Sprachtheorie*; vol. 2: *Prozeduren des sprachlichen Handelns*; vol. 3: *Diskurs – Narration – Text – Schrift*, Berlin/New York: de Gruyter.

Eisenstein, Elizabeth L. (1979): *The Printing Press as an Agent of Change: Communications and Cultural Transformations in Early Modern Europe*, 2 vol., Cambridge: Cambridge University Press.

Elcock, William D. (^{2}1975): *The Romance Languages*, London: Faber & Faber.

Entwistle, William J. (^{3}1980): *Las lenguas de España: castellano, catalán, vasco y gallego–portugués*, Madrid: ISTMO (Colección fundamentos, 30).

Erfurt, Jürgen (2003): "Plurizentrischer Sprachausbau und die Herausbildung von Standardvarietäten in Moldova und Québec", in: *Quo Vadis Romania?* 22, 8–21.
Ernst, Gerhard, (1970): *Die Toskanisierung des römischen Dialekts im 15. und 16. Jahrhundert*, Tübingen: Niemeyer (Beihefte zur Zeitschrift für Romanische Philologie, 121).
Ernst, Gerhard (1983): "Was passiert, wenn eine Sprache vereinfacht wird?", in: Holtus/Radtke (eds.) 1983, 107–116.
Ernst, Gerhard (1985): *Gesprochenes Französisch zu Beginn des 17. Jahrhunderts. Direkte Rede in Jean Héroards 'Histoire particulière de Louis XIII' (1605–1610)*, Tübingen: Niemeyer (Beihefte zur Zeitschrift für Romanische Philologie, 204).
Ernst, Gerhard (1997): "La *Toskanisierung*, un quarto di secolo dopo", in: Maurizio Dardano/Paolo D'Achille/Claudio Giovannardi/Antonia G. Mocciaro (eds.), *Roma e il suo territorio. Lingua, dialetto e società*, Rom: Bulzoni, 11–28.
Ernst, Gerhard/Gleßgen, Martin-Dietrich/Schmitt, Christian/Schweickard, Wolfgang (eds.) (2003–2008): *Romanische Sprachgeschichte/Histoire linguistique de la Romania. Ein internationales Handbuch zur Geschichte der romanischen Sprachen/Manuel international d'histoire linguistique de la Romania*, 3 vol., Berlin/New York: de Gruyter (Handbücher zur Sprach- und Kommunikationswissenschaft, 23/1–3).
Erzgräber, Willi/Goetsch, Paul (eds.) (1987): *Mündliches Erzählen im Alltag, fingiertes mündliches Erzählen in der Literatur*, Tübingen: Narr (ScriptOralia, 1).
Esbozo (1973) = Real Academia Española, *Esbozo de una nueva gramática de la lengua española*, Madrid: Espasa-Calpe.
Eschmann, Jürgen (ed.) (1984): *Texte aus dem 'français parlé'*, Tübingen: Narr (Tübinger Beiträge zur Linguistik, 257) [= Corpus E].
Escobar, Alberto (1978): *Variaciones sociolingüísticas del castellano en el Perú*, Lima: Instituto de Estudios Peruanos (Peru Problema, 18).
Esgueva, Manuel/Cantarero, Margarita (eds.) (1981): *El habla de la ciudad de Madrid. Materiales para su estudio*, Madrid: C.S.I.C./Instituto 'Miguel de Cervantes' (La norma lingüística culta de la lengua española hablada en Madrid, 1) [= Corpus HCM].
ETL = Beauchemin/Martel/Théorêt 1973–81.
Eufe, Rembert (2006): *'Sta lengua ha un privilegio tanto grando'. Status und Gebrauch des Venezianischen in der Republik Venedig*, Frankfurt a.M. etc.: Lang (VarioLingua, 26).
Ewert-Kling, Karin (2010): Left Detachment *und* Right Detachment *im gesprochenen Französischen und Spanischen. Eine formale und funktionale Analyse mit einem Ausblick auf Grammatikalisierungstendenzen*, Frankfurt a.M. etc.: Lang (Studia Romanica et Linguistica, 32).
F = François 1974.
Fe = Feldmann 1984.
Febvre, Lucien/Martin, Henri-Jean (1958): *L'apparition du livre*, Paris: Michel.
Feldmann, Ute (1984): *Pragmatische Aspekte im fremdsprachlichen Diskurs: Zur Verwendung von Gambits bei Spaniern und bei fortgeschrittenen Spanischlernern*, Heidelberg: Seminar für Sprachlehrforschung der Ruhr-Universität Bochum (Manuskripte zur Sprachlehrforschung, Bochum, 24) [enthält das Corpus Fe].
Ferguson, Charles (1959): "Diglossia", in: *Word* 15, 325–340.
Fernández-Ordóñez, Inés (2004): "Alfonso X el Sabio en la historia del español", in: Cano (ed.) 2004, 381–422.
Fernández-Ordóñez, Inés (2011): *La lengua de Castilla y la formación del español*. Discurso leído el día 13 de febrero de 2011 en su recepción pública a la Real Academia Española y contestación de D. José Antonio Pascual, Madrid: Real Academia Española.

Ferreiro, Emilia (ed.) (2002): *Relaciones de (in)dependencia entre oralidad y escritura*, Barcelona: Gedisa (Colección LeA, 21).

Fiehler, Reinhard (2011): "Wie kann man über Gefühle sprechen? Sprachliche Mittel zur Thematisierung von Erleben und Emotionen", in: Lisanne Ebert/Carola Gruber/Benjamin Meisnitzer/Sabine Rettinger (eds.), *Emotionale Grenzgänge. Konzeptualisierungen von Liebe, Trauer und Angst in Sprache und Literatur*, Würzburg: Königshausen Neumann, 17–33.

Fløttum, Kjersti/Jonasson, Kerstin/Norén, Coco (2007): *On: pronom à facettes*, Brüssel: De Boek & Larcier/Ed. Duculot.

FMR = Foresti/Morisi/Resca 1982.

Folena, Gianfranco (1983): "Le lingue della commedia e la commedia delle lingue", in: Paola Benincà et al. (eds.), *Scritti linguistici in onore di Giovan Battista Pellegrini*, Pisa: Pacini, 1485–1513.

Fontana, Sandro/Pieretti, Maurizio (eds.) (1980): *La Grande Guerra. Operai e contadini lombardi nel primo conflitto mondiale*, Mailand: Silvana Ed. [= Corpus FP].

Forconi, Augusta (1988): *La mala lingua. Dizionario dello 'slang' italiano. I termini e le espressioni gergali, popolari, colloquiali*, Mailand: Sugarco Ed. (Tasco, 133).

Foresti, Fabio/Morisi, Paola/Resca, Maria (eds.) (1982): *Era come a mietere. Testimonianze orali e scritte di soldati sulla Grande Guerra con immagini inedite*, San Giovanni in Persiceto: Strada Maestra (Quaderni della Biblioteca comunale G.C. Croce) [= Corpus FMR].

Foscolo, Ugo (1953): *Saggi e discorsi critici*, Florenz: Le Monnier.

Foulet, Lucien (1921): "Comment ont évolué les formes de l'interrogation", in: *Romania* 47, 243–348.

FP = Fontana/Pieretti 1980.

Fradin, Bernard (1990): "Approche des constructions à détachement: inventaire", in: *Revue Romane* 25, 3–34.

Frago Gracia, Juan Antonio (1994): *Andaluz y español de América: historia de un parentesco lingüístico*, Sevilla: Junta de Andalucía.

Franchi De Bellis, Annalisa/Savoia, Leonardo Maria (eds.) (1985): *Sintassi e morfologia della lingua italiana d'uso. Teorie e applicazioni descrittive. Atti del XVII Congresso internazionale di Studi. Urbino, 11–13 settembre 1983*, Rom: Bulzoni (Società di Linguistica Italiana, 24).

Franchini, Enzo (2004): "Los primeros textos literarios: del Auto de los Reyes Magos al Mester de Clerecía", in: Cano (ed.) 2004, 325–353.

François, Denise (1972): "La notion de norme en linguistique. Attitude descriptive. Attitude prescriptive", in: Jeanne Martinet (ed.), *De la théorie linguistique à l'enseignement de la langue*, Paris: Presses Universitaires de France (Le Linguiste, 12), 145–159.

François, Denise (1974): *Français parlé. Analyse des unités phoniques et significatives d'un corpus recueilli dans la région Parisienne*, 2 vol., Paris: SELAF (Société d'études linguistiques et anthropologiques de France, 2) [enthält das Corpus F].

François, Denise (1975): "Les auxiliaires de prédication", in: *La linguistique* 11/1, 33–40.

Frank, Barbara/Haye, Thomas/Tophinke, Doris (eds.) (1997): *Gattungen mittelalterlicher Schriftlichkeit*, Tübingen: Narr (ScriptOralia, 99).

Frank, Barbara/Hartmann, Jörg (eds.) (1997): *Inventaire systématique des premiers documents des langues romanes. Avec la collaboration de Heike Kürschner*, 5 vol., Tübingen: Narr (ScriptOralia, 100).

Frazier, Lyn (2009): "Explorations in ellipsis. The grammar and processing of silence", in: Sam Featherston/Susanne Winkler (eds.), *The Fruits of Empirical Linguistics*, vol. 2: *Product*, Berlin/New York: Mouton de Gruyter (Studies in Generative Grammar, 102), 75–102.

Frei, Henri (1929): *La grammaire des fautes*, Paris etc.: Geuthner etc.

Frei, Henri (1979): "Définition du type 'Les marocaines, vous aimez?'", in: Manfred Höfler/Henri Vernay/Lothar Wolf (eds.), *Festschrift Kurt Baldinger zum 60. Geburtstag*, Tübingen: Niemeyer, 300–303.

Frenk, Margit (2004): "Oralidad, escritura, lectura", in: Real Academia Española (ed.) 2004, 1138–1144.

Fritz, Gerd (1982): *Kohärenz: Grundfragen der linguistischen Kommunikationsanalyse*, Tübingen: Narr (Tübinger Beiträge zur Linguistik, 164).

Furet, François/Ozouf, Jacques (1977): *Lire et écrire. L'alphabétisation des Français de Calvin à Jules Ferry*, 2 vol., Paris: Minuit.

Gabriel, Christoph (2007): *Fokus im Spannungsfeld von Phonologie und Syntax. Eine Studie zum Spanischen*, Frankfurt a.M.: Vervuert (Iberoamericana, Editionen, B, 7).

Gadet, Françoise (1989): *Le français ordinaire*, Paris: Colin.

Gadet, Françoise (1992): *Le français populaire*, Paris: Presses Universitaires de France (Que sais-je?, 1172).

Gadet, Françoise (1995): "Les relatives non standard en français parlé: le système et l'usage", in: Leth Andersen/Skytte (eds.) 1995, 141–162.

Gadet, Françoise (1998): "Le 'français avancé' à l'épreuve de ses données", in: Mireille Bilger/Françoise Gadet/Karel van den Eynde (eds.), *Analyse linguistique et approches de l'oral. Recueil d'études offert en hommage à Claire Blanche-Benveniste*, Leuven/Paris: Peeters (Orbis; Supplementa, 10), 59–68.

Gadet, Françoise (2003): *La variation sociale en français*, Paris: Ophrys.

Gadet, Françoise (2008): "*Ubi scripta et volant et manent*", in: Stark/Schmidt-Riese/Stoll (eds.) 2008, 513–529.

Galli de' Paratesi, Nora (1985): *Lingua toscana in bocca ambrosiana. Tendenze verso l'italiano standard: un'inchiesta sociolinguistica*, Bologna: Il Mulino (Studi linguistici e semiologici, 23).

Garatea Grau, Carlos (2009): "Dinamismo urbano, espacio de praxis y cambio. A propósito del español de Lima", in: *Neue Romania* 39, 155–169.

Gargallo Gil, José Enrique/Torres Torres, Antonio (2008): "Evolución de variedades regionales y urbanas en la Romania: Iberorromania", in: Ernst et al. (eds.) 2003–2008, 2566–2574.

Gauger, Hans-Martin (1986): "'Schreibe wie du redest!'. Zu einer stilistischen Norm", in: *Sprachnormen in der Diskussion. Beiträge vorgelegt von Sprachfreunden*, Berlin: de Gruyter, 21–40.

Gauger, Hans-Martin (2004): "La conciencia lingüística en la Edad de Oro", in: Cano (ed.) 2004, 681–699.

Gauger, Hans-Martin/Oesterreicher, Wulf/Windisch, Rudolf (1981): *Einführung in die romanische Sprachwissenschaft*, Darmstadt: Wissenschaftliche Buchgesellschaft.

Geckeler, Horst (1978): "'Phonischer Code' und 'skripturaler Code' auch für die Beschreibung des Spanischen?", in: *Iberoromania* 8, 11–29.

Geckeler, Horst et al. (eds.) (1981): *Logos Semantikos. Studia linguistica in honorem Eugenio Coseriu*, 5 vol., Berlin/Madrid: de Gruyter/Gredos.

Gemmingen-Obstfelder, Barbara von (1982): "Limpia, fija y da esplendor: Zur Frage des guten Sprachgebrauchs im 'Diccionario de Autoridades'", in: Peter Wunderli/Peter Müller (eds.), *Romania historica et Romania hodierna. Festschrift für Olaf Deutschmann zum 70. Geburtstag*, Frankfurt a.M.: Lang (Studia romanica et linguistica, 15), 61–75.

Genaust, Helmut (1975): "*Voici* und *voilà*. Eine textsyntaktische Analyse", in: Michael Schecker/Peter Wunderli (eds.), *Textgrammatik. Beiträge zum Problem der Textualität*, Tübingen: Niemeyer (Konzepte der Sprach- und Literaturwissenschaft, 17), 79–106.

Gensini, Stefano (1982): *Elementi di storia linguistica italiana*, Bergamo etc.: Minerva Italica.

Giesecke, Michael (1991): *Der Buchdruck in der Frühen Neuzeit. Eine historische Fallstudie über die Durchsetzung neuer Informations- und Kommunikationstechniken*, Frankfurt a.M.: Suhrkamp.

Gifford, Douglas J./Hodcroft, Frederick William (eds.) (^{2}1966): *Textos lingüísticos del Medioevo español*. Preparados con introducciones y glosario, Oxford: Dolphin.

Gil, Alberto/Scherer, Hans (1984): *Physis und Fiktion. Kommunikative Prozesse und ihr literarisches Abbild in* El Jarama *von Rafael Sánchez Ferlosio*, Kassel: Reichenberger (problemata semiotica, 3).

Gili y Gaya, Samuel (1961): "Es que...? Estructura de la pregunta general", in: *Studia Philologica. Homenaje ofrecido a D. Alonso*, vol. 2, Madrid: Gredos, 91–98.

Givón, Talmy (1979): *On Understanding Grammar*, New York etc.: Academic Press.

Givón, Talmy (1984/1990): *Syntax. A Functional-Typological Introduction*, 2 vol., Amsterdam/Philadelphia: Benjamins.

Gleßgen, Martin-Dietrich (1996/1997): "Variedades ejemplares y no ejemplares en el español americano: el caso de México", in: *Anuario de lingüística hispánica* 12/13 [= Studia Hispanica in honorem Germán de Granda. Homenaje al Dr. Germán de Granda], vol. 2, 597–627.

Gloy, Klaus (1975): *Sprachnormen I. Linguistische und soziolinguistische Analysen*, Stuttgart-Bad Cannstatt: Frommann-Holzboog (problemata, 46).

Glück, Helmut (1987): *Schrift und Schriftlichkeit. Eine sprach- und kulturwissenschaftliche Studie*, Stuttgart: Metzler.

Goebl, Hans (1970): *Die normandische Urkundensprache. Ein Beitrag zur Kenntnis der nordfranzösischen Urkundensprachen des Mittelalters*, Wien etc.: Böhlau.

Goetsch, Paul (1985): "Fingierte Mündlichkeit in der Erzählkunst entwickelter Schriftkulturen", in: *Poetica* 17, 202–218.

González Ollé, Fernando (1978): "El establecimiento del castellano como lengua oficial", in: *Boletín de la RAE* 58, 229–280.

González Ollé, Fernando (^{3}1982): *Textos para el estudio del español coloquial*, Pamplona: Ed. Universidad de Navarra.

Gossen, Carl Theodor (1954): *Studien zur syntaktischen und stilistischen Hervorhebung im modernen Italienisch*, Berlin: Akademie-Verlag (Veröffentlichungen des Instituts für Romanische Sprachwissenschaft, 12).

Gossen, Carl Theodor (1967): *Französische Skriptastudien. Untersuchungen zu den nordfranzösischen Urkundensprachen des Mittelalters*, Wien etc.: Böhlau.

Grafström, Ake (1969): "*On* remplaçant *nous* en français", in: *Revue de Linguistique Romane* 33, 270–298.

Granda, Germán de (1994a): *Español de América, español de África y hablas criollas hispánicas. Cambios, contactos y contextos*, Madrid: Gredos.

Granda, Germán de (1994b): "El proceso de koineización en el período inicial de desarrollo del español de América", in: Lüdtke (ed.) 1994, 87–108.

Grassi, Corrado (1964): "Comportamento linguistico e comportamento sociologico (a proposito di una recente pubblicazione)", in: *Archivio Glottologico Italiano* 49, 40–66.

Grassi, Corrado/Sobrero, Alberto A./Telmon, Tullio (1997): *Fondamenti di dialettologia italiana*, Rom/Bari: Laterza (Manuali Laterza, 82).

Greenberg, Joseph H. (^{2}1966): "Some Universals of Grammar With Particular Reference to the Order of Meaningful Elements", Joseph H. Greenberg (ed.), *Universals of Language*, Cambridge, Mass./London: MIT Press, 73–113.

Greive, Artur (1974): *Neufranzösische Formen der Satzfrage im Kontext*, Wiesbaden: Steiner (Akademie der Wissenschaften und der Literatur, Mainz, Abhandlungen der geistes- und sozialwissenschaftlichen Klasse, 1974, 3).

Greive, Artur (1978): "Zur Linguistik des gesprochenen Französisch", in: *Archiv für das Studium der Neueren Sprachen* 215, 33–48.

Greive, Artur (1984): "Remarques sur l'histoire du français parlé", in: *Cahiers de l'Institut de Linguistique* 10, 65–76.

Greub, Yan/Chambon, Jean-Pierre (2008): "Histoire des variétés régionales dans la Romania: français", in: Ernst et al. (eds.) 2003–2008, 2552–2565.

Grice, Herbert P. (1975): "Logic and conversation", in: Peter Cole/Jerry L. Morgan (eds.), *Syntax and Semantics*, vol. 3: *Speech Acts*, New York etc.: Academic Press, 41–58.

Grübl, Klaus (im Druck): "Zum Begriff der Koine(isierung) in der historischen Sprachwissenschaft", in: Sarah Dessí Schmid/Jochen Hafner/Sabine Heinemann (eds.), *Koineisierung und Standardisierung in der Romania*, Heidelberg: Winter (Studia Romanica, 166).

Gülich, Elisabeth (1970): *Makrosyntax der Gliederungssignale im gesprochenen Französisch*, München: Fink (Structura, 2).

Gülich, Elisabeth (1982): "La phrase segmentée en français et en allemand: une technique particulière à la communication orale", in: *Didactique des langues étrangères. Français, allemand. Actes du colloque tenu à l'Université Lyon II en mars 1981*, Lyon: Presses Universitaires de Lyon, 33–66.

Gülich, Elisabeth (2008): "Reformulierungen", in: Kolboom et al. (eds.) 2008, 359–367.

Gülich, Elisabeth/Kotschi, Thomas (eds.) (1985): *Grammatik, Konversation, Interaktion. Beiträge zum Romanistentag 1983*, Tübingen: Niemeyer (Linguistische Arbeiten, 153).

Gülich, Elisabeth/Kotschi, Thomas (1986): "Reformulierungshandlungen als Mittel der Textkonstitution", in: Wolfgang Motsch (ed.), *Text, Satz, sprachliche Handlung*, Berlin: Akademie-Verlag, 199–262.

Gülich, Elisabeth/Raible, Wolfgang (1977): *Linguistische Textmodelle. Grundlagen und Möglichkeiten*, München: Fink (UTB, 130).

Günther, Hartmut (1988): *Schriftliche Sprache. Strukturen geschriebener Wörter und ihre Verarbeitung beim Lesen*, Tübingen: Niemeyer (Konzepte der Sprach- und Literaturwissenschaft, 40).

Günther, Hartmut/Ludwig, Otto (eds.) (1994/1996): *Schrift und Schriftlichkeit/Writing and Its Use. Ein interdisziplinäres Handbuch internationaler Forschung/A Interdisciplinary Handbook of International Research*, 2 vol., Berlin/New York: de Gruyter (Handbücher für Sprach- und Kommunikationswissenschaft, 10.1/2).

Guiraud, Pierre (^{2}1969): *Le français populaire*, Paris: Presses universitaires de France (Que sais-je? 1173).

Haarmann, Harald (1988): "Allgemeine Strukturen europäischer Standardsprachenentwicklung", in: Mattheier (ed.) 1988, 10–51.

Habert, Benoît/Nazareno, Adeline/Salem, André (1997): *Les linguistiques de corpus*, Paris: Colin.

Haensch, Günther/Werner, Reinhold (1978): "Un nuevo diccionario de americanismos: proyecto de la Universidad de Augsburgo", in: *Thesaurus* 33, 1–40.

Hagège, Claude (1987): *Le français et les siècles*, Paris: Jacob.

Hardt, Daniel (2008): "VP ellipsis and constraints on interpretation", in: Johnson (ed.) 2008, 15–29.

Harris, Martin B. (1978): *The Evolution of French Syntax. A Comparative Approach*, London: Longman.

Harris, Roy (1980): *The Language Makers*, Ithaca, N.Y.: Cornell University Press.

Haugen, Einar (1983): "The implementation of corpus planning: theory and practice", in: Juan Cobarrubias/Joshua A. Fishman (eds.), *Progress in Language Planning*, Berlin etc.: Mouton (Contributions to the Sociology of Language, 31), 269–289.

Hausmann, Franz Josef (1975): "Gesprochenes und geschriebenes Französisch", in: *Romanistisches Jahrbuch* 26, 19–45.

Hausmann, Franz Josef (1979): "Wie alt ist das gesprochene Französisch? Dargestellt speziell am Übergang von *j'allons* zu *on y va*", in: *Romanische Forschungen* 91, 431–444.

Hausmann, Franz Josef (ed.) (1983): *Die französische Sprache von heute*, Darmstadt: Wissenschaftliche Buchgesellschaft (Wege der Forschung, 496).

Hausmann, Franz Josef (1992): "L'âge du français parlé actuel: bilan d'une controverse allemande", in: G.E.H.L.F. (ed.), *Grammaire des fautes et français non conventionnels*, Paris: Presses de L'Ecole Normale Supérieure, 355–362.

Havelock, Eric A. (1986): *The Muse Learns to Write. Reflections on Orality and Literacy from Antiquity to the Present*, New Haven, Conn.: Yale University Press.

Havers, Wilhelm (1925): "Der sog. 'Nominativus pendens'", in: *Indogermanische Forschungen* 43, 207–257.

Havers, Wilhelm (1931): *Handbuch der erklärenden Syntax. Ein Versuch zur Erforschung der Bedingungen und Triebkräfte in Syntax und Stilistik*, Heidelberg: Winter (Indogermanische Bibliothek, I, 1, 20).

Havránek, Boruslav (1971): "Die Theorie der Schriftsprache", in: Edvard Beneš/Josef Vachek (eds.), *Stilistik und Soziolinguistik. Beiträge der Prager Schule zur strukturellen Sprachbetrachtung und Spracherziehung*, Berlin: List (Berichte und Untersuchungen aus der Arbeitsgemeinschaft für Linguistik und Didaktik der deutschen Sprache und Literatur, A, 1), 19–37.

Hazaël-Massieux, Marie-Christine (1993): *Écrire en créole. Oralité et écriture aux Antilles*, Paris: L'Harmattan.

HCBA = Barrenechea 1987.

HCBo = Otálora de Fernández/González Alonso 1986.

HCC = Rosenblat 1979.

HCM = Esgueva/Cantarero 1981.

HCMex = Lope Blanch 1971.

HCS = Rabanales Ortiz/Contreras 1979.

Heger, Klaus (1963): *Die Bezeichnung temporaldeiktischer Begriffskategorien im französischen und spanischen Konjugationssystem*, Tübingen: Niemeyer (Beihefte zur Zeitschrift für Romanische Philologie, 104).

Heger, Klaus (1966): "La conjugaison objective en français et en espagnol", in: *Langages* 3, 19–39.

Heger, Klaus (^{2}1976): *Monem, Wort, Satz und Text*, Tübingen: Niemeyer (Konzepte der Sprach- und Literaturwissenschaft, 8).

Heidolph, Karl Erich et al. (1981): *Grundzüge einer deutschen Grammatik*, Berlin: Akademie-Verlag.

Held, Gudrun (1983): "'*Kommen Sie doch!*' oder '*Venga pure!*'", in: Maurizio Dardano et al. (eds.), *Parallela*, Tübingen: Narr (Tübinger Beiträge zur Linguistik, 216), 316–336.

Held, Gudrun (1985): "*Ma, dico, sei proprio dura, eh!*", in: Holtus/Radtke (eds.) 1985, 300–327.

Henne, Helmut (1980): "Probleme einer historischen Gesprächsanalyse. Zur Rekonstruktion gesprochener Sprache im 18. Jahrhundert", in: Horst Sitta (ed.), *Ansätze zu einer pragmatischen Sprachgeschichte*, Tübingen: Niemeyer (Germanistische Linguistik, 21), 89–102.

Henne, Helmut/Rehbock, Helmut (⁴2001): *Einführung in die Gesprächsanalyse*, Berlin/New York: de Gruyter (Sammlung Göschen, 2212).

Hennig, Mathilde (2006): *Grammatik der gesprochenen Sprache in Theorie und Praxis*, Kassel: Kassel University Press.

Henry, Albert (²1977): *Etudes de syntaxe expressive. Ancien français et français moderne*, Paris: Presses Universitaires de France (Université libre de Bruxelles. Travaux de la Faculté de philosophie et lettres, 19).

Herman, Joseph (1996): "Les variétés du latin", in: *LRL* II, 1, 44–61.

Hidalgo Downing, Raquel (2003): *Tematización en el español hablado. Estudio discursivo sobre el español peninsular*, Madrid: Gredos (Biblioteca Románica Hispánica, II, 429).

Hindelang, Götz (²1994): *Einführung in die Sprechakttheorie*, Tübingen: Niemeyer (Germanistische Arbeitshefte, 27).

Hö = Hölker 1988.

Hölker, Klaus (1988): *Zur Analyse von Markern: Korrektur- und Schlußmarker des Französischen*, Stuttgart: Steiner (Zeitschrift für französische Sprache und Literatur, Beihefte, N.F., 15) [enthält das Corpus Hö].

Hörmann, Hans (1976): *Meinen und Verstehen. Grundzüge einer psychologischen Semantik*, Frankfurt a.M.: Suhrkamp.

Hofmann, Johann B. (³1951): *Lateinische Umgangssprache*, Heidelberg: Winter.

Holtus, Günter (1984a): "Codice parlato e codice scritto", in: *Il dialetto dall'oralità alla scrittura. Atti del XVII Convegno per gli studi dialettali italiani. Catania/Nicosia, 28 sett. 1981*, vol. 1, Pisa: Pacini, 1–12.

Holtus, Günter (1984b): "L'emploi des formes surcomposées dans les variétés linguistiques du français et l'attitude des grammairiens", in: *Französisch heute* 5, 312–329.

Holtus, Günter (1990): "Französisch: Gliederung der Sprachräume", in: *LRL* V,1, 571–595.

Holtus, Günter/Radtke, Edgar (eds.) (1983): *Varietätenlinguistik des Italienischen*, Tübingen: Narr (Tübinger Beiträge zur Linguistik, 202).

Holtus, Günter/Radtke, Edgar (eds.) (1984a): *Umgangssprache in der Iberoromania. Festschrift für Heinz Kröll*, Tübingen: Narr (Tübinger Beiträge zur Linguistik, 235).

Holtus, Günter/Radtke, Edgar (eds.) (1984b): "Der Begriff 'Umgangssprache' in der Romania und sein Stellenwert für die Iberoromanistik", in: Holtus/Radtke (eds.) 1984a, 1–22.

Holtus, Günter/Radtke, Edgar (eds.) (1985): *Gesprochenes Italienisch in Geschichte und Gegenwart*, Tübingen: Narr (Tübinger Beiträge zur Linguistik, 252).

Holtus, Günter/Radtke, Edgar (eds.) (1986–90): *Sprachlicher Substandard*, 3 vol., Tübingen: Niemeyer (Konzepte der Sprach- und Literaturwissenschaft, 43–45).

Holtus, Günter/Radtke, Edgar (eds.) (1994): *Sprachprognostik und das 'italiano di domani'. Prospettive per una linguistica 'prognostica'*, Tübingen: Narr (Tübinger Beiträge zur Linguistik, 384).

Holtus, Günter/Schweickard, Wolfgang (1991): "Zum Stand der Erforschung der historischen Dimension gesprochener Sprache", in: *Zeitschrift für Romanische Philologie* 107, 547–574.

Horn, Laurence A./Ward, Gregory (eds.) (2004): *Handbook of Pragmatics*, Oxford: Blackwell.

Huchon, Mireille (2002): *Histoire de la langue française*, Paris: Librairie Générale Française (Le livre de poche, 542).

Hull, Alexander (1979): "Affinités entre les variétés du français", in: Valdman (ed.) 1979, 165–180.

Hummel, Martin/Kluge, Bettina/Vázquez Laslop, María Eugenia (eds.) (2010): *Formas y fórmulas de tratamiento en el mundo hispánico*, México, D.F./Graz: Colegio de México/Karl-Franzens-Universität.

Hunnius, Klaus (1975): "Archaische Züge des langage populaire", in: Hausmann (ed.) 1983, 345–365.
Hunnius, Klaus (1977): "Frz. *je*: ein präfigiertes Konjugationsmorphem? Ein Forschungsbericht zur Frage der Prädetermination", in: *Archiv für das Studium der Neueren Sprachen und Literaturen* 129 (214), 37–48.
Hunnius, Klaus (1978): "Teilungsartikel + Adjektiv. Ein Beitrag zur Kenntnis des gesprochenen Französisch", in: *Linguistik und Didaktik* 33, 97–106.
Hunnius, Klaus (1988): "Français parlé – ein problematisches Konzept", in: *Zeitschrift für Romanische Philologie* 104, 336–346.
Hunnius, Klaus (2003): "Vulgärlatein und gesprochenes Französisch. Zur Entstehung des Konzepts des *français avancé*", in: *Zeitschrift für Romanische Philologie* 119, 510–519.
Hunnius, Klaus (2008): "Geschichte der gesprochenen Sprache in der Romania: Französisch", in: Ernst et al. (eds.) 2003–2008, 2424–2433.
HUS = Pineda 1983.
Iliescu, Maria/Slusanski, Dan (1991): *Du latin aux langues romanes. Choix de textes traduits et commentés (du IIe siècle avant J.C. jusqu'au Xe siècle après J.C.*, Wilhelmsfeld: Egert.
Illich, Ivan (1984): *Schule ins Museum. Phaidros und die Folgen*, Bad Heilbrunn, Obb.: Klinkhardt (Schriftenreihe zum Bayerischen Schulmuseum Ichenhausen, 3.1).
IS = Stempel 1987.
ISTAT (2007): "La lingua italiana, i dialetti e le lingue straniere. Anno 2006", http://www.istat.it/salastampa/comunicati/non_calendario/20070420_00/testointegrale.pdf
Jacob, Daniel (1990): *Markierung von Aktantenfunktionen und 'Prädetermination' im Französischen. Ein Beitrag zur Neuinterpretation morphosyntaktischer Strukturen in der französischen Umgangssprache*, Tübingen: Niemeyer (Beihefte zur Zeitschrift für Romanische Philologie, 231).
Jacob, Daniel/Kabatek, Johannes (eds.) (2001): *Lengua medieval y tradiciones discursivas en la Península Ibérica: descripción gramatical – pragmática histórica – metodología*, Frankfurt a.M./Madrid: Vervuert (Lingüística Iberoamericana, 12).
Jacobelli, Jader (ed.) (1987): *Dove va la lingua italiana?*, Rom/Bari: Laterza (Saggi tascabili Laterza, 121).
Jakobson, Roman (1974): "Zwei Seiten der Sprache und zwei Typen aphatischer Störungen", in: id., *Aufsätze zur Linguistik und Poetik*. Hrsg. und eingeleitet von Wolfgang Raible, München: Nymphenburger (Sammlung Dialog, 71), 117–141.
Jakobson, Roman (1981): "Linguistics and poetics (1960)", in: Roman Jakobson, *Selected Writings*, vol. 3, Den Haag/Paris: Mouton, 18–51.
Johnson, Kyle (ed.) (2008): *Topics in Ellipsis*, Cambridge: Cambridge University Press.
Jolivet, Remi (1984): "L'acceptabilité des formes verbales surcomposées", in: *Le Français Moderne* 52, 159–176.
Joseph, John Earl (1987): *Eloquence and Power. The Rise of Language Standards and Standard Languages*, London: Frances Pinter.
Jucker, Andreas H./Fritz, Gerd/Lebsanft, Franz (eds.) (1999): *Historical Dialogue Analysis*, Amsterdam/Philadelphia: Benjamins (Pragmatics and Beyond; New Series, 66).
Kabatek, Johannes (1994): "'Wenn Einzelsprachen verschriftet werden, ändern sie sich.' Gedanken zum Thema Mündlichkeit und Schriftlichkeit", in: Gabriele Berkenbusch/Christine Bierbach (eds.), *Soziolinguistik und Sprachgeschichte: Querverbindungen. Brigitte Schlieben-Lange zum 50. Geburtstag von ihren Schülerinnen und Schülern überreicht*, Tübingen: Narr (Tübinger Beiträge zur Linguistik, 398), 175–187.

Kabatek, Johannes (1999): "Von Burgos nach Toledo: altkastilischer Normenkonflikt und Probleme der Rekonstruktion", in: Brumme/Wesch (eds.) 1999, 115–130.

Kabatek, Johannes (2000): "L'oral et l'écrit – quelques aspects théoriques d'un 'nouveau' paradigme dans le canon de la linguistique romane", in: Wolfgang Dahmen et al. (eds.), *Kanonbildung in der Romanistik und in den Nachbardisziplinen. Romanistisches Kolloquium XIV*, Tübingen: Narr (Tübinger Beiträge zur Linguistik, 449), 305–320.

Kabatek, Johannes (2005): *Die Bolognesische Renaissance und der Ausbau romanischer Sprachen. Juristische Diskurstraditionen und Sprachentwicklung in Südfrankreich und Spanien im 12. und 13. Jahrhundert*, Tübingen: Niemeyer (Beihefte zur Zeitschrift für romanischen Philologie, 321).

Kailuweit, Rolf (1997): *Vom EIGENEN SPRECHEN. Eine Geschichte der spanisch-katalanischen Diglossie in Katalonien (1759–1859)*, Frankfurt a.M. etc.: Lang (Variolingua, 4).

Kailuweit, Rolf (2009): "Konzeptionelle Mündlichkeit!? Überlegungen zur Chat-Kommunikation anhand französischer, italienischer und spanischer Materialien", in: *Philologie im Netz* 48, 1–19.

Kalverkämper, Hartwig (1981): "Der Bestand der Textlinguistik", in: *Deutsche Sprache* 9, 224–270, 329–379.

Kany, Charles E. (^{2}1951): *American-Spanish Syntax*, Chicago: Chicago University Press (span. Übersetzung: *Sintaxis hispanoamericana*, Madrid: Gredos 1976 (Biblioteca Románica Hispánica, II, 136)).

Kattenbusch, Dieter (ed.) (1995a): *Minderheiten in der Romania*, Wilhelmsfeld: Egert (Pro lingua, 22).

Kattenbusch, Dieter (1995b): "Die Lage der Minderheiten in Italien", in: id. (ed.) 1995, 95–116.

Kennedy, Graeme (1998): *An Introduction to Corpus Linguistics*, London/New York: Longman.

Kiesler, Reinhard (1995): "Français parlé = französische Umgangssprache?", in: *Zeitschrift für romanische Philologie* 111, 375–406.

Kiesler, Reinhard (1999): "Ein vernachlässigtes Gebiet der Romanistik: der Vergleich romanischer Umgangssprachen", in: Brumme/Wesch (eds.) 1999, 23–34.

Kiesler, Reinhard (2006): *Einführung in die Problematik des Vulgärlateins*, Tübingen: Niemeyer (Romanistische Arbeitshefte, 48).

Klein, Hans-Wilhelm (1957): *Latein und Volgare in Italien. Ein Beitrag zur Geschichte der italienischen Nationalsprache*, München: Hueber (Münchner Romanistische Arbeiten, 12).

Klein, Hans-Wilhelm (^{4}1973): *Phonetik und Phonologie des heutigen Französisch*, München: Hueber.

Klöden, Hildegard (2002): "Romanistische Korpuslinguistik: Leistungen, Grenzen, Perspektiven", in: Pusch/Raible (eds.) 2002, 7–18.

Kloss, Heinz (^{2}1978): *Die Entwicklung neuer germanischer Kultursprachen seit 1800*, Düsseldorf: Schwann (Sprache der Gegenwart, 37).

Koch, Peter (1985): "Gesprochenes Italienisch und sprechsprachliche Universalien", in: Holtus/Radtke (eds.) 1985, 42–73.

Koch, Peter (1986): "Sprechsprache im Französischen und kommunikative Nähe", in: *Zeitschrift für französische Sprache und Literatur* 96, 113–154.

Koch, Peter (1988a): "Norm und Sprache", in: Albrecht/Lüdtke/Thun (eds.) 1988, vol. 2, 327–354.

Koch, Peter (1988b): "Italienisch: Gesprochene und geschriebene Sprache", in: *LRL* IV, 189–206.

Koch, Peter (1988c): "Italienisch: Externe Sprachgeschichte I", in: *LRL* IV, 343–360.

Koch, Peter (1993a): "Pour une typologie conceptionnelle et médiale des plus anciens documents/monuments des langues romanes", in: Selig et al. (eds.) 1993, 39–81.

Koch, Peter (1993b): "Le 'chinook' roman face à l'empirie. Y a-t-il une conjugaison objective en français, en italien et en espagnol et une conjugaison subjective prédéterminante en français?", in: Gerold Hilty (ed.), *Actes du XXe Congrès International de Linguistique et Philologie Romanes, Zurich, 6–11 avril 1992*, Tübingen/Basel: Francke, vol. 3, 169–190.

Koch, Peter (1994a): "Prime esperienze con i corpora LIP", in: Tullio De Mauro (ed.), *Come parlano gli italiani*, Scandicci: La Nuova Italia, 201–216.

Koch, Peter (1994b): "L'italiano va verso una coniugazione oggettiva?", in: Holtus/Radtke (eds.) 1994, 175–194.

Koch, Peter (1995a): "Subordination, intégration syntaxique et 'oralité'", in: Leth Andersen/Skytte (eds.) 1995, 13–42.

Koch, Peter (1995b): "Une langue comme toutes les autres: latin vulgaire et traits universels de l'oral", in: Callebat (ed.) 1995, 125–144.

Koch, Peter (1997a): "Diglossie in Frankreich?", in: Winfried Engler (ed.), *Frankreich an der Freien Universität. Geschichte und Aktualität*, Stuttgart: Steiner (Beihefte zur Zeitschrift für französische Sprache und Literatur, N.F., 23), 219–249.

Koch, Peter (1997b): "Diskurstraditionen: zu ihrem sprachtheoretischen Status und ihrer Dynamik", in: Frank/Haye/Tophinke (eds.) 1997, 43–79.

Koch, Peter (1997c): "Graphé. Ihre Entwicklung zur Schrift, zum Kalkül und zur Liste", in: Peter Koch/Sybille Krämer (eds.), *Schrift, Medien, Kognition. Über die Exteriorität des Geistes*, Tübingen: Stauffenburg (Probleme der Semiotik, 19), 43–81.

Koch, Peter (1999): "'Gesprochen/geschrieben' – eine eigene Varietätendimension?", in: Norbert Greiner/Joachim Kornelius/Giovanni Rovere (eds.), *Texte und Kontexte in Sprachen und Kulturen. Festschrift für Jörn Albrecht*, Trier: Wissenschaftlicher Verlag Trier, 141–168.

Koch, Peter (2003a): "Romanische Sprachgeschichte und Varietätenlinguistik", in: Ernst et al. (eds.) 2003, vol. 1, 102–124.

Koch, Peter (2003b): "Lexikalische Restandardisierung im Französischen", in: *Rostocker Beiträge zur Sprachwissenschaft* 13, 207–235.

Koch, Peter (2003c): "From subject to object and from object to subject: (de)personalization, floating and reanalysis in presentative words", in: Giuliana Fiorentino (ed.), *Romance Objects. Transitivity in Romance Languages*, Berlin/New York: Mouton de Gruyter (Empirical Approaches to Language Typology, 27), 153–185.

Koch, Peter (2004): "Sprachwandel, Mündlichkeit und Schriftlichkeit", in: *Zeitschrift für Romanische Philologie* 120, 605–630.

Koch, Peter (2005a): "'Parlato/scritto' quale dimensione centrale della variazione linguistica", in: Burr (ed.) 2005, vol. 1, 41–56.

Koch, Peter (2005b): "Sprachwandel und Sprachvariation", in: Schrott/Völker (eds.) 2005, 229–254.

Koch, Peter (2008a): "Le Latin – une langue pas tout à fait comme les autres? Le problème de la diglossie en gaule septentrionale", in: Marieke Van Acker/Rika Van Deyck/Marc Van Uytfanghe (eds.), *Latin écrit – Roman oral? De la dichotomisation à la continuité*, Turnhout: Brepols (Corpus Christianorum Lingua Patrum, 5), 43–67.

Koch, Peter (2008b): "Le Latin – langue diglossique?", in: Peter von Moos (ed.), *Zwischen Babel und Pfingsten. Sprachdifferenzen und Gesprächsverständigung in der Vormoderne (8.–16. Jh.)/Entre Babel et Pentecôte. Différences linguistiques et communication orale avant la modernité (VIIIe–XVIe siècle)*, Münster etc.: LITVerlag (Gesellschaft und individuelle Kommunikation in der Vormoderne/Société et communication individuelle avant la modernité, 1), 287–316.

Koch, Peter (2009): "I generi del/nel parlato", in: Luisa Amenta/Giuseppe Paternostro (eds.), *I parlanti e le loro storie. Competenze linguistiche, strategie comunicative, livelli di analisi*, Pa-

lermo: Centro di Studi Filologici e Linguistici Siciliani (Materiali e ricerche dell'Atlante Linguistico della Sicilia, 22), 21–38.
Koch, Peter (2010): "Sprachgeschichte zwischen Nähe und Distanz: Latein – Französisch – Deutsch", in: Ágel/Hennig (eds.) 2010, 155–206.
Koch, Peter/Oesterreicher, Wulf (1985): "Sprache der Nähe – Sprache der Distanz. Mündlichkeit und Schriftlichkeit im Spannungsfeld von Sprachtheorie und Sprachgeschichte", in: *Romanistisches Jahrbuch* 36, 15–43.
Koch, Peter/Oesterreicher, Wulf (1994): "Schriftlichkeit und Sprache", in: Günther/Ludwig (eds.) 1994, I, 587–604.
Koch, Peter/Oesterreicher, Wulf (1996): "Sprachwandel und expressive Mündlichkeit", in: *Zeitschrift für Literaturwissenschaft und Linguistik* 102, 64–96.
Koch, Peter/Oesterreicher, Wulf (2001): "Langage parlé et langage écrit", in: *LRL* I,2, 584–627.
Koch, Peter/Oesterreicher, Wulf (2007): "Schriftlichkeit und kommunikative Distanz", in: *Zeitschrift für germanistische Linguistik* 35, 346–375.
Koch, Peter/Oesterreicher, Wulf (2008a): "Comparaison historique de l'architecture des langues romanes" in: Ernst et al. (eds.) 2003–2008, vol. 3, 2575–2610.
Koch, Peter/Oesterreicher, Wulf (2008b): "Mündlichkeit und Schriftlichkeit von Texten", in: Nina Janich (ed.), *Textlinguistik. 15 Einführungen*, Tübingen: Narr, 199–215.
König, Brigitte (2002): *Speech Appeal. Metasprache und fingierte Mündlichkeit im Werk von Mario Vargas Llosa*, Tübingen: Narr (Romanica Monacensia, 60).
Körner, Karl Hermann (1983): "La conjugaison objective de type roman et la langue française", in: *Verbe et phrase dans les langues romanes. Mélanges Louis Mourin*, Genf: Droz (Romanica Gandensia, 20), 121–134.
Kolboom, Ingo/Kotschi, Thomas/Reichel, Edward (eds.) (^{2}2008): *Handbuch Französisch. Sprache – Literatur – Kultur – Gesellschaft für Studium und Lehre*, Berlin: Schmidt.
Konetzke, Richard (1964): "Die Bedeutung der Sprachenfrage in der spanischen Kolonisation Amerikas", in: *Jahrbuch für Geschichte von Staat, Wirtschaft und Gesellschaft Lateinamerikas* 1, 72–116.
Konetzke, Richard (1983): *Lateinamerika. Entdeckung, Eroberung, Kolonisation. Gesammelte Aufsätze von Richard Konetzke*, Köln/Wien: Böhlau (Lateinamerikanische Forschungen; Beihefte zum Jahrbuch für Geschichte von Staat, Wirtschaft und Gesellschaft Lateinamerikas, 10).
Kotschi, Thomas (2001): "Grammatikmodelle I. Dependenzgrammatik", in: *LRL* I,1, 322–369.
Kotschi, Thomas/Oesterreicher, Wulf/Zimmermann, Klaus (eds.) (1996): *El español hablado y la cultura oral en España e Hispanoamérica*, Frankfurt a.M./Madrid: Vervuert/Iberoamericana (Bibliotheca Ibero-Americana, 59).
Kramer, Johannes (1983): "La lingua italiana in Alto Adige", in: Holtus/Radtke (eds.) 1983, 61–68.
Krassin, Gudrun (1994): *Neuere Entwicklungen in der französischen Grammatik und Grammatikforschung*, Tübingen: Niemeyer (Romanistische Arbeitshefte, 38).
Krefeld, Thomas (1988): "Italienisch: Periodisierung", in: *LRL* IV, 748–762.
Krefeld, Thomas (2004): *Einführung in die Migrationslinguistik. Von der* Germania italiana *in die* Romania multipla, Tübingen: Narr.
Kremnitz, Georg (1981): "De l'occitan au français (par le francitan). Etapes d'une substitution linguistique", in: Geckeler et al. (eds.) 1981, vol. 5, 183–195.
Kremnitz, Georg (1995): "Sprachliche Minderheiten in Frankreich heute", in: Kattenbusch (ed.) 1995a, 81–94.
Kremnitz, Georg (2003): "Zwei Sprachen, zwei Wege. Bemerkungen zum Schicksal der okzitanischen und katalanischen Renaissance ab 1800", in: *Quo Vadis Romania?* 22, 95–102.

Kristeller, Paul Oskar (1984): "Latein und Volkssprache im Italien des 14. und 15. Jahrhunderts", in: *Deutsches Dante Jahrbuch* 59, 7–35.

Krötsch, Monique (1998): "Problème de mise en chaîne en français: 'rupture' syntaxique ou indice de gestion réussie?", in: *Romanistisches Jahrbuch* 49, 30–40.

Krötsch, Monique/Oesterreicher, Wulf (2002): "Dynamique des configurations actancielles. Modifications des constructions verbales en français non standard", in: *Syntaxe et sémantique* (Caen) 4 (*Valence: perspectives allemandes*. Sous la direction de Peter Blumenthal et Peter Koch), 109–137.

Krötsch, Monique/Sabban, Annette (1990): "'Bleu, je veux'. Remarques sur la focalisation en français", in: *Zeitschrift für Romanische Philologie* 106, 80–98.

Kubarth, Hugo (1987): *Das lateinamerikanische Spanisch. Ein Panorama*, München: Hueber.

L = Ludwig 1988b.

Labov, William (1970): "The study of language in its social context", in: *Studium generale* 23, 30–87.

Lambrecht, Knud (1981): *Topic, Antitopic and Verb Agreement in Non-Standard French*, Amsterdam: Benjamins (Pragmatics and Beyond, II, 6).

Lambrecht, Knud (1994): *Information Structure and Sentence Form. Topic, Focus, and the Mental Representations of Discourse Referents*, Cambridge: Cambridge University Press (Cambridge Studies in Linguistics, 71).

Lapesa, Rafael (1968): "Sobre los orígenes y evolución del leísmo, laísmo y loísmo", in: *Festschrift Walther v. Wartburg zum 80. Geburtstag*, vol. 2, Tübingen: Niemeyer, 523–551.

Lapesa, Rafael (^{8}1980): *Historia de la lengua española*, Madrid: Gredos (Biblioteca Románica Hispánica, III, 45).

Lara, Luis Fernando (1990): *Dimensiones de la lexicografía. A propósito del 'Diccionario del español de México'*, México D.F.: El Colegio de México.

Lara, Luis Fernando (1996): *Diccionario del español usual en México*, México D.F.: El Colegio de México.

Lara, Luis Fernando (1999): "Normas lingüísticas: pluralidad y jerarquía", in: *Español Actual* 71, 13–20.

Lara, Luis Fernando (2004): *Lengua histórica y normatividad*, México, D.F: El Colegio de México.

Lausberg, Heinrich (^{6}1979): *Elemente der literarischen Rhetorik. Eine Einführung für Studierende der klassischen, romanischen, englischen und deutschen Philologie*, München: Hueber.

Lebsanft, Franz (2004): "Plurizentrische Sprachkultur in der spanischsprachigen Welt", in: *Romanische Sprachwissenschaft. Zeugnisse für Vielfalt und Profil eines Faches. Festschrift für Christian Schmitt*, vol. 1, Frankfurt a.M. etc.: Lang, 205–220.

Lehmann, Christian (1984): *Der Relativsatz: Typologie seiner Strukturen, Theorie seiner Funktionen, Kompendium seiner Grammatik*, Tübingen: Narr (Language universals series, 3).

Lehmann, Christian (1995): *Thoughts on grammaticalization*, München: Lincom Europa (LINCOM studies in theoretical linguistics, 1).

Leth Andersen, Hanne/Skytte, Gunver (eds.) (1995): *La subordination dans les langues romanes. Actes du colloque international, Copenhague 5.5.–7.5.1994*, Kopenhagen: Munksgaard (= Etudes Romanes, 34).

León, Victor (^{2}1981): *Diccionario de argot español y lenguaje popular*, Madrid: Alianza Editorial (El libro de bolsillo Alianza Editorial, 766).

Levinson, Stephen C. (^{2}1997): *Pragmatics*, Cambridge: Cambridge University Press.

Librandi, Rita (2004): "Varietà intermedie di italiano in testi preunitari", in: Van Deyck et al. (eds.) 2004, 77–103.

Lichem, Klaus (1981): "Bemerkungen zu den Gliederungssignalen im gesprochenen Italienisch", in: Christoph Schwarze (ed.), *Italienische Sprachwissenschaft*, Tübingen: Narr (Ergebnisse und Methoden moderner Sprachwissenschaft, 8), 61–82.

Linell, Per (2005): *The Written Language Bias in Linguistics. Its Nature, Origins and Transformations*, London: Routledge (Routledge advances in communication and linguistic theory, 5).

LIP = De Mauro/Mancini/Vedovelli/Voghera 1993.

Lipski, John M. (1996): *El español de América*, Madrid: Cátedra (Lingüística).

Llera Ramo, Francisco J./San Martín Antuña, Pablo (2003): *II Estudio sociolingüístico de Asturias 2002*, Oviedo: Academia de la Llingua Asturiana.

Lo = Loy 1981.

Lodge, R. Anthony (1993): *French: from Dialect to Standard*, London/New York: Routledge.

Lodge, R. Anthony (2004): *A Sociolinguistic History of Parisian French*, Cambridge: Cambridge University Press.

Loi Corvetto, Ines (1983): *L'italiano regionale di Sardegna*, Bologna: Zanichelli (Fenomeni Linguistici, 3).

Lombardi Vallauri, Edoardo (2003): "Vitalità del congiuntivo nell'italiano parlato", in: Nicoletta Maraschio/Teresa Poggi Salani (eds.), *Italia linguistica anno mille – Italia linguistica anno duemila. Atti del XXXIV Congresso internazionale di studi della Società di Linguistica Italiana, Firenze 19–21 ottobre 2000*, Rom: Bulzoni (Pubblicazioni della Società di Linguistica Italiana, 45), 609–634.

Lope Blanch, Juan M. (1968): *El español de América*, Madrid: Alcalá (Colección Aula Magna, 10).

Lope Blanch, Juan M. (ed.) (1971): *El habla de la ciudad de México. Materiales para su estudio*, México D.F.: Universidad Nacional Autónoma de México (Publicaciones del Centro de Lingüística Hispánica, 3) [= Corpus HCMex].

Lope Blanch, Juan M. (1986): *El estudio del español hablado culto. Historia de un proyecto*, México D.F.: Universidad Nacional Autónoma de México (Publicaciones del Centro de Lingüística Hispánica, 22).

López García, Angel (1999): "Relaciones paratácticas e hipotácticas", in: Bosque/Demonte (eds.) 1999, vol. 3, 3507–3547.

López García, Angel (2005): "El avance del español americano dentro de sus fronteras: ideología y sociolingüística", in: Noll/Symeonidis (eds.) 2005, 163–177.

López Morales, Humberto (1996): "Corpora orales hispánicos", in: Briz et al. (eds.) 1996, 137–145.

López Serena, Araceli (2002): "Reseña de Peter Koch y Wulf Oesterreicher (1990), *Gesprochene Sprache in der Romania: Französisch, Italienisch, Spanisch*, Tübingen: Max Niemeyer, X+ 266 págs. (Romanistische Arbeitshefte, 31)", in: *Lexis. Revista de lingüística y literatura* (Lima) 26/1, 255–271.

López Serena, Araceli (2005): "Las limitaciones de la lingüística del código: ¿constricciones epistemológicas o escriptismo velado?", in: Mª del Carmen Cazorla Vivas et al. (eds.), *Estudios de historia de la lengua e historiografía lingüística. Actas del III Congreso Nacional de la Asociación de Jóvenes Investigadores de Historiografía e Historia de la Lengua Española. Jaén, 27, 28 y 29 de marzo de 2003*, Madrid: C.E.R.S.A., 255–264.

López Serena, Araceli (2006): "La edición como construcción del objeto de estudio. El ejemplo de los corpus orales", in: Lola Pons Rodríguez (ed.), *Historia de la Lengua y Crítica Textual*, Madrid/Frankfurt a.M.: Iberoamericana/Vervuert, 211–237.

López Serena, Araceli (2007a): *Oralidad y escrituralidad en la recreación literaria del español coloquial*, Madrid: Gredos (Biblioteca Románica Hispánica, II, 449).

Massot, Benjamin (2008): *Français et diglossie. Décrire la situation linguistique française contemporaine comme une diglossie: arguments morphosyntaxiques*, Diss. Université Paris 8 Vincennes-Saint Denis.

Mattheier, Klaus J. (ed.) (1988): *Standardisierungsentwicklungen in europäischen Nationalsprachen: Romania, Germania*, Tübingen: Niemeyer (= *Sociolinguistica* 2).

Mattheier, Klaus J. (1997): "Über Destandardisierung, Umstandardisierung und Standardisierung in modernen europäischen Standardsprachen", in: Mattheier/Radtke (eds.) 1997, 1–9.

Mattheier, Klaus J./Radtke, E. (eds.) (1997): *Standardisierung und Destandardisierung europäischer Nationalsprachen*, Frankfurt a.M. etc.: Lang (VarioLingua, 1).

McEnery, Tony/Wilson, Andrew ([2]2001): *Corpus Linguistics*, Edinburg: Edinburgh University Press.

Meibauer, Jörg ([2]2008): *Pragmatik. Eine Einführung*, Tübingen: Stauffenburg (Stauffenburg-Einführungen, 12).

Meier, Sandra Maria (2008): *'È bella, la vita!' Pragmatische Funktionen segmentierter Sätze im italiano parlato*, Stuttgart: Ibidem-Verlag (Romanische Sprachen und ihre Didaktik, 20).

Meisenburg, Trudel (1996): *Romanische Schriftsysteme im Vergleich. Eine diachronische Studie*, Tübingen: Narr (ScriptOralia, 82).

Meisenburg, Trudel/Selig, Maria (1998): *Phonetik und Phonologie des Französischen*, Stuttgart etc.: Klett.

Menéndez Pidal, Ramón ([5]1964): *Orígines del español*, Madrid: Espasa-Calpe.

Menéndez Pidal, Ramón (ed.) (1965): *Crestomatía del español medieval*, vol. 1. Acabada y revisada por R. Lapesa y Mª Soledad de Andrés, Madrid: Gredos.

Menéndez Pidal, Ramón (2005): *Historia de la Lengua española*, 2 vol., Madrid: Real Academia Española/Fundación Menéndez Pidal [Ausgabe besorgt von Diego Catalán].

Mendikoitxea, Amaya (1999): "Construcciones con *se*: Medias, pasivas e impersonales", in: Bosque/Demonte (eds.) 1999, 1631–1722.

Merchant, Jason (2008): "Variable island repair under ellipsis", in: Johnson (ed.) 2008, 132–153.

Merlan, Aurelia (2001): *Sintaxă limbii române. Relaţii sintactice şi conectori*, Iaşi: Editură Universitatea.

Merle, Pierre (2000): *Argot, verlan et tchatches*, Toulouse: Milan (Les essentiels Milan, 85).

Metzeltin, Michael (1988): "Italienisch: Externe Sprachgeschichte II", in: *LRL* IV, 361–379.

Meyer-Hermann, Reinhard (ed.) (1982): *Spanisch II*, Bielefeld: Fakultät für Linguistik und Literaturwissenschaft der Univ. Bielefeld (Bielefelder Text-Corpora romanischer Sprachen, vol. IV) [= Corpus MH].

Meyer-Hermann, Reinhard/Rieser, Hannes (eds.) (1985): *Ellipsen und fragmentarische Ausdrücke*, 2 vol., Tübingen: Niemeyer (Linguistische Arbeiten, 148).

MH = Meyer-Hermann 1982.

Migliorini, Bruno ([5]1978): *Storia della lingua italiana*, Florenz: Sansoni.

Mihatsch, Wiltrud (2006): *Kognitive Grundlagen lexikalischer Hierarchien untersucht am Beispiel des Französischen und Spanischen*, Tübingen: Niemeyer (Linguistische Arbeiten, 506).

Mihatsch, Wiltrud (2010): *'Wird man von hustensaft wie so ne art bekifft?' Approximationsmarker in romanischen Sprachen*, Frankfurt a.M.: Klostermann (Analecta Romanica, 75).

Mioni, Alberto M. (1983): "Italiano tendenziale: osservazioni su alcuni aspetti della standardizzazione", in: *Scritti linguistici in onore di Giovan Battista Pellegrini*, vol. 1, Pisa: Pacini, 495–517.

Miralles, Joan (1995): *Un poble, un temps*, Palma de Mallorca: Miquel Font.

Moliner, María ([2]1998): *Diccionario de uso del español*, 2 vol., Madrid: Gredos.

Mondéjar, José (²2001): *Dialectología andaluza. Estudios*. Editado por Pilar Carrasco y Manuel Galeote, 2 vol., Málaga: Universidad.

Montgomery, Thomas (1977): "The 'Poema de Mio Cid': oral art in transition", in: Alan D. Deyermond (ed.), *'Mio Cid' Studies*, London: Tamesis Books (Colección Támesis, A, 59), 91–112.

Morales Padrón, Francisco (1988): *Atlas histórico cultural de América*, 2 vol., Las Palmas de Gran Canaria: Comisión de Canarias para la Conmemoración del V Centenario del Descubrimiento de América/Gobierno de Canarias.

Morel, Mary-Annick (1991): *Intégration syntaxique et cohérence discursive*, Paris: Larousse.

Moreno, Jesús/Peira, Pedro (eds.) (1979): *Crestomatía románica medieval*, Madrid: Cátedra.

Moreno Cabrera, Juan Carlos (1999): "Las funciones informativas: Las perífrasis de relativo y otras construcciones perifrásticas", in: Bosque/Demonte (eds.) 1999, vol. 3, 4245–4302.

Moreno Cabrera, Juan Carlos (2000): *La dignidad e igualdad de las lenguas. Crítica de la discriminación lingüística*, Madrid: Alianza.

Mosegaard Hansen, Maj-Britt (1998): *The Function of Discourse Particles. A Study with Special Reference to Spoken Standard French*, Amsterdam/Philadelphia: Benjamins (Pragmatics and Beyond; N.S., 53).

Mosegaard Hansen, Maj-Britt (2001): "Syntax in interaction. Form and function of yes/no interrogatives in spoken standard French", in: *Studies in Language* 25, 463–520.

Mougeon, Raymond/Beniak, Edouard (eds.) (1994): *Les origines du français québécois*, Sainte-Foy, Québec: Les Presses de l'Université Laval (Langue française au Québec, première section, Monographies linguistiques, 11).

Müller, Bodo (1975): *Das Französische der Gegenwart. Varietäten, Strukturen, Tendenzen*, Heidelberg: Winter (überarbeitete und erweiterte französische Übersetzung: *Le français d'aujourd'hui*, Paris: Klincksieck 1985 (Bibliothèque française et romane, A, 47)).

Müller-Lancé, Johannes (2006): *Latein für Romanisten. Ein Lehr- und Arbeitsbuch*, Tübingen: Narr.

Münch, Christian (2006): *Sprachpolitik und gesellschaftliche Alphabetisierung. Zur Entwicklung der Schreibkompetenz in Katalonien seit 1975*, Frankfurt a.M. etc.: Lang (VarioLingua, 29).

Muljačić, Žarko (1983): "Italienischfundierte 'Ausbausprachen' und (andere) romanische 'Ausbausprachen' in Italien", in: *Italienisch* 9, 10–24.

Muljačić, Žarko (1986): "L'enseignement de Heinz Kloss. (Modifications, implications, perspectives)", in: *Langages* 83, 53–63.

Muljačić, Žarko (1988): "Italienisch: Sprachnormierung und Standardsprache", in: *LRL* IV, 286–305.

Muljačić, Žarko (1993): "Il veneto da lingua alta (LA) a lingua media (LM)", in: *Rivista di Studi Italiani* (Toronto) 11/2, 44–61.

Muljačić, Žarko (im Druck): "Le vicende delle sei lingue medie d'Italia più notevoli dal Cinquecento al secondo Ottocento", in: Elisabeth Burr (ed.), *Tradizione & Innovazione. Dall'italiano, lingua storica e funzionale, alle altre lingue. Atti del VI Convegno SILFI, Duisburg, 28 giugno – 2 luglio 2000*, vol. 2, Florenz: Franco Cesati Editore (Quaderni della Rassegna, 59).

Muller, Charles (1970): "Sur l'emploi personnel de l'indéfini *on*", in: *Revue de Linguistique Romane* 34, 48–55.

Muñoz Cortés, Manuel (1958): *El español vulgar*, Madrid: Ministerio de Educación Nacional.

Na = Narbona 1996b.

Náñez Fernández, Emilio (1984): "Sobre dequeísmo", in: *Revista de Filología Española* 2, 239–248.

Narbona Jiménez, Antonio (1991): "Sintaxis coloquial y análisis del discurso", in: *Revista Española de Lingüística* 21/2, 187–204.
Narbona Jiménez, Antonio (1996a): "Sintaxis del español coloquial: algunas cuestiones prévias", in: Briz et al. (eds.) 1996, 157–175.
Narbona Jiménez, Antonio (1996b): "Sintaxis y pragmática en el español coloquial", in: Thomas Kotschi et al. (eds.) 1996, 223–243 [enthält das Corpus Na].
Narbona Jiménez, Antonio (2003): "Oralidad: los datos y las gramáticas", in: Bustos Tovar et al. (eds.) 2003, 13–25.
Narbona Jiménez, Antonio (ed.) (2009): *La identidad lingüística de Andalucía*, Sevilla: Junta de Andalucía (= Centro de Estudios Andaluces).
Narbona Jiménez, Antonio/Ropero Núñez, Miguel (eds.) (1997): *El habla andaluza. Actas del Congreso del Habla Andaluza, Sevilla, 4–7 marzo 1997*, Sevilla: Seminario Permanente del Habla Andaluza.
Narbona Jiménez, Antonio/Cano, Rafael/Morillo-Velarde, Ramón (^{2}2003): *El español hablado en Andalucía*, Sevilla: Fundación José Manuel Lara.
Navarro Tomás, Tomás (^{20}1980): *Manual de pronunciación española*, Madrid: C.S.I.C./Instituto Miguel de Cervantes (Publicaciones de la Revista de Filología Española, 3).
Nebrija, Antonio de (1946): *Gramática castellana*. Texto establecido sobre la edición 'princeps' de 1492 por P. Galindo Romeo y L. Ortiz Muñoz con una introducción, notas y facsímil, 2 vol., Madrid: Edición de la Junta del Centenario.
Nencioni, Giovanni (1976): "Parlato–parlato, parlato–scritto, parlato–recitato", in: *Strumenti Critici* 10, 1–56.
Nencioni, Giovanni (1987): "Costanza dell'antico nel parlato moderno", in: Accademia della Crusca (ed.) 1987, 7–25.
Neumann-Holzschuh, Ingrid (2008): "Das Französische in Nordamerika", in: Kolboom et al. (eds.) 2008, 109–119.
Niederehe, Hans-Josef (1987): "La situation linguistique de la France à l'aube de la colonisation du Canada", in: Hans-Josef Niederehe/Lothar Wolf (eds.), *Français du Canada – Français de France*, Tübingen: Niemeyer, 189–200.
Nieto Manjón, Luis (1987): *Diccionario ilustrado de términos taurinos*. Prólogo de Camilo José Cela, Madrid: Espasa-Calpe (Colección La Tauromaquia, 4).
Ninyoles, Rafael (1977): *Cuatro idiomas para un estado. El castellano y los conflictos lingüísticos en la España periférica*, Madrid: Ed. Cambio 16.
Noll, Volker (^{2}2009): *Das amerikanische Spanisch: ein regionaler und historischer Überblick*, Tübingen: Niemeyer (Romanistische Arbeitshefte, 46).
Noll, Volker/Zimmermann, Klaus/Neumann-Holzschuh, Ingrid (eds.) (2005): *El español en América: Aspectos teóricos, particularidades, contactos*, Frankfurt a.M./Madrid: Vervuert/Iberoamericana (Lengua y Sociedad en el Mundo Hispánico/Language and Society in the Hispanic World, 11).
Noll, Volker/Symeonidis, Haralambos (eds.) (2005): *Sprache in Iberoamerika. Festschrift für Wolf Dietrich zum 65. Geburtstag*, Hamburg: Helmut Buske Verlag.
Norton, Frederick J. (1966): *Printing in Spain (1501–1520)*, Cambridge: Cambridge University Press.
Ochs, Elinor (1979): "Planned and unplanned discourse", in: Talmy Givón (ed.), *Syntax and Semantics*, vol. 12: *Discourse and Syntax*, New York etc.: Academic Press, 51–80.
Oesterreicher, Wulf (1979): *Sprachtheorie und Theorie der Sprachwissenschaft*, Heidelberg: Winter (Reihe Siegen, 15).

Oesterreicher, Wulf (1983): "'Historizität' und 'Variation' in der Sprachforschung der französischen Spätaufklärung – auch: ein Beitrag zur Entstehung der Sprachwissenschaft", in: Bernard Cerquiglini/Hans Ulrich Gumbrecht (eds.), *Der Diskurs der Literatur- und Sprachhistorie. Wissenschaftsgeschichte als Innovationsvorgabe*, Frankfurt a.M.: Suhrkamp, 167–205 (stw, 411).

Oesterreicher, Wulf (1988): "Sprechtätigkeit, Einzelsprache, Diskurs und vier Dimensionen der Sprachvarietät", in: Albrecht/Lüdtke/Thun (eds.) 1988, vol. 2, 355–386.

Oesterreicher, Wulf (1990): "'Die Sprache der Freiheit' – Varietätenlinguistische Präzisierungen zur Historiographie von Sprachpolitik und Sprachauffassung der Französischen Revolution", in: Werner Hüllen (ed.), *Understanding the Historiography of Linguistics. Problems and Projects*, Münster: Nodus, 117–136.

Oesterreicher, Wulf (1991): "Verbvalenz und Informationsstruktur", in: Peter Koch/Thomas Krefeld (eds.), *Connexiones Romanicae. Dependenz und Valenz in romanischen Sprachen*, Tübingen: Niemeyer (Linguistische Arbeiten, 268), 349–384.

Oesterreicher, Wulf (1992): "SE im Spanischen. Pseudoreflexivität, Diathese und Prototypikalität von semantischen Rollen", in: *Romanistisches Jahrbuch* 43, 237–260.

Oesterreicher, Wulf (1993): "'Verschriftung' und 'Verschriftlichung' im Kontext medialer und konzeptioneller Schriftlichkeit", in: Ursula Schaefer (ed.), *Schriftlichkeit im frühen Mittelalter*, Tübingen: Narr, 267–292.

Oesterreicher, Wulf (1994): "El español en textos escritos por semicultos. Competencia escrita de impronta oral en la historiografía indiana", in: Jens Lüdtke (ed.) 1994a, 155–190.

Oesterreicher, Wulf (1995): "L'oral dans l'écrit. Essai d'une typologie à partir des sources du latin vulgaire", in: Callebat (ed.) 1995, 145–157.

Oesterreicher, Wulf (1996a): "Lo hablado en lo escrito: reflexiones metodológicas y aproximación a una tipología", in: Kotschi et al. (eds.) 1996, 317–340.

Oesterreicher, Wulf (1996b): "Gemeinromanische Tendenzen V: Morphosyntax", in: *LRL* II,1, 273–309.

Oesterreicher, Wulf (1996c): "Gemeinromanische Tendenzen VI: Syntax", in: *LRL* II,1, 309–355.

Oesterreicher, Wulf (1997a): "Types of orality in text", in: Egbert Bakker/Ahuria Kahane (eds.), *Written Voices, Spoken Signs. Tradition, Performance, and the Epic Text*, Cambridge, Mass.: Harvard University Press, 190–214.

Oesterreicher, Wulf (1997b): "Zur Fundierung von Diskurstraditionen", in: Frank et al. (eds.) 1997, 19–41.

Oesterreicher, Wulf (1998): "Grenzen der Arbitrarietät. Zum Verhältnis von Laut und Schrift", in: Andreas Kablitz/Gerhard Neumann (eds.), *Mimesis und Simulation*, Freiburg i.Br.: Rombach, 221–233.

Oesterreicher, Wulf (2000): "Plurizentrische Sprachkultur — der Varietätenraum des Spanischen", in: *Romanistisches Jahrbuch* 51, 281–311.

Oesterreicher, Wulf (2001): "Historizität — Sprachvariation, Sprachverschiedenheit, Sprachwandel", in: Martin Haspelmath/Ekkehard König/Wulf Oesterreicher/Wolfgang Raible (eds.), *Language Typology and Language Universals/Sprachtypologie und sprachliche Universalien/La typologie des langues et les universaux linguistiques*, vol. 2, Berlin/New York: de Gruyter (Handbücher zur Sprach- und Kommunikationswissenschaft, 20.2), 1554–1595.

Oesterreicher, Wulf (2002a): "El español, lengua pluricéntrica — perspectivas y límites de una autoafirmación lingüística nacional en Hispanoamérica. El caso mexicano", in: *Lexis. Revista de lingüística y literatura* (Lima) 26/2, 275–304.

Oesterreicher, Wulf (2002b): "Autonomización del texto y recontextualización. Dos problemas fundamentales en las ciencias del texto", in: Eduardo Hopkins Rodríguez (ed.), *Homenaje Luis Jaime Cisneros*, Lima: Pontificia Universidad Católica del Perú, vol. 1, 343–387.

Oesterreicher, Wulf (2004a): "Textos entre inmediatez y distancia comunicativas. El problema de lo hablado escrito en el Siglo de Oro", in: Cano (ed.) 2004, 729–769.

Oesterreicher, Wulf (2004b): "Plurilinguismo en el Reino de Nápoles (siglos XVI y XVII)", in: *Lexis. Revista de lingüística y literatura* (Lima) 28/2, 217–257.

Oesterreicher, Wulf (2005): "Talleres de la memoria — textos, espacios discursivos y realidad colonial", in: Robert Folger/Wulf Oesterreicher (eds.), *Talleres de la memoria – Reivindicaciones y autoridad en la historiografía indiana de los siglos XVI y XVII*, Münster: LITVerlag (Pluralisierung und Autorität, 5), VII–XXVIII.

Oesterreicher, Wulf (2006): "Mudança linguística e recursos de expressividade na língua falada", in: Guiomar Ciapuscio/Konstanze Jungbluth/Dorothee Kaiser/Célia Lopes (eds.), *Sincronía y diacronía de tradiciones discursivas en Latinoamérica*, Madrid/Frankfurt a.M.: Iberoamericana/Vervuert (Bibliotheca Ibero-Americana, 107), 253–281.

Oesterreicher, Wulf (2009): "Acerca de una observación de Lapesa sobre el español de América: 'No ha llegado a afectar a la unidad del sistema lingüístico ninguna de las diferencias existentes entre el habla americana y la española'", in: José Jesús de Bustos/Rafael Cano (eds.), *La obra de Lapesa desde la Filología actual*, Madrid: Sociedad Estatal de Conmemoraciones Culturales, 441–460.

Oesterreicher, Wulf (2010): "Sprachliche Daten und linguistische Fakten – Variation und Varietäten. Bemerkungen zu Status und Konstruktion von Varietäten, Varietätenräumen und Varietätendimensionen", in: Ágel/Hennig (eds.) 2010, 23–62.

Oesterreicher, Wulf/Stoll, Eva/Wesch, Andreas (eds.) (1998): *Competencia escrita, tradición discursiva y variedades lingüísticas. Aspectos del español europeo y americano en los siglos XVI y XVII. Coloquio internacional, Friburgo de Brisgovia, 26–28 de septiembre de 1996*, Tübingen: Narr (ScriptOralia, 12).

Olmi, Massimo (1986): *Italiani dimezzati. Le minoranze etno-linguistiche no proteste*, Neapel: Ed. Dehonianem.

Ong, Walter J. (1982): *Orality and Literacy. The Technologizing of the Word*, London/New York: Methuen.

Otálora de Fernández, Hilda/González, Alonso G. (eds.) (1986): *El habla de la ciudad de Bogotá. Materiales para su estudio. Selección y transcripción de muestras de H. Otálora de Fernández y A. González G.*, Bogotá: Instituto Caro y Cuervo (Publicaciones del Instituto Caro y Cuervo, 75) [= Corpus HCBo].

Palermo, Massimo (1997): *L'espressione del pronome personale soggetto nella storia dell'italiano*, Rom: Bulzoni.

Parlangèli, Oronzo (1971): *La nuova questione della lingua*, Brescia: Paideia.

Pascual, José Antonio (2004): "Los registros lingüísticos del *Quijote*: la distancia irónica de la realidad", in: Real Academia Española (ed.) 2004, 1130–1138.

Patota, Giuseppe (1990): *Sintassi e storia della lingua italiana: tipologia delle frasi interrogative*, Rom: Bulzoni.

Payrató, Lluís (^{3}1996): *Català col·loquial. Aspectes de l'ús corrent de la llengua catalana*, Valencia: Universidad.

Pellegrini, Giovanni Battista (1975): "Tra lingua e dialetto in Italia", in: id., *Saggi di linguistica italiana. Storia, struttura, società*, Turin: Boringhieri, 11–54.

Penny, Ralph (2004): *Variación y cambio en español*. Versión española de Juan Sánchez Méndez, Madrid: Gredos (Biblioteca Románica Hispánica, II, 438).

Perissinotto, Giorgio (2005): "Hacia una norma colectiva para el español de los Estados Unidos de Norteamérica", in: Noll et al. (eds.) 2005, 113–131.

Perrot, Jean (1998): "Visée communicative", in: Jack Feuillet (ed.), *Actance et Valence dans les langues de l'Europe*, Berlin/New York: Mouton de Gruyter (Empirical Approaches to Language Typology; Eurotyp, 20-2), 607–661.

Petrucci, Livio (1994): "Il problema delle Origini e i più antichi testi italiani", in: Serianni/Trifone (eds.) 1993/1994, vol. 3, 5–73.

Pfister, Max (1973): "Die sprachliche Bedeutung von Paris und der Ile-de-France vor dem 13. Jahrhundert", in: *Vox Romanica* 32, 217–253.

Pilch, Herbert (1979): "Pour une syntaxe de la langue parlée: la construction anglaise à redoublement", in: Bela Brogyani (ed.), *Studies in Diachronic, Synchronic, and Typological Linguistics. Festschrift for O. Szemerényi on the Occasion of his 65th Birthday*, vol. 2, Amsterdam: Benjamins, 655–661 (Amsterdam studies in the theory and history of linguistic science, IV; Current issues in linguistic theory, 11).

Pineda Pérez, Miguel Ángel (ed.) (1983): *Material de encuestas para el estudio del habla urbana culta de Sevilla*, Sevilla: Universidad (Sociolingüística andaluza, 2) [= Corpus HUS].

Pistolesi, Elena (2004): *Il parlar spedito. L'italiano di chat, e-mail e sms*, Padua: Esedra.

Pöll, Bernhard (2001): *Francophonies périphériques: histoire, statut et profil des principales variétés du français hors de France*. Trad. de Christian Ollivier en colaboración con el autor, Paris: L'Harmattan.

Pöll, Bernhard (2005): *Le français pluricentrique? Etudes sur la variation diatopique d'une langue standard*, Frankfurt a.M. etc.: Lang.

Poggi, Isabella (1981): *Le interiezioni*, Turin: Boringhieri.

Poggi Salani, Teresa (1977): "Tra cultura e lingua", in: *Rivista Italiana di Dialettologia* 1, 79–98 [enthält das Corpus PS].

Pohl, Jacques (1965): "Observations sur les formes d'interrogation dans la langue parlée et dans la langue écrite non littéraire", in: Georges Straka (ed.), *Actes du Xe Congrès International de Linguistique et Philologie Romanes*, vol. 2, Paris: Klincksieck, 501–513.

Pohl, Jacques (1984): "Documents pour servir à l'étude des phrases du type *Les fleurs, j'aime*", in: *Romanistisches Jahrbuch* 35, 36–58.

Polo, José (1995): "Lo oral y lo escrito: lengua hablada, lengua escrita, escritura de la lengua y dicción de la lengua", in: Cortés Rodríguez (ed.), 73–99.

Pop, Sever (1950): *La dialectologie. Aperçu historique et méthodes d'enquêtes linguistiques*, I: *Dialectologie romane*, Leuven/Gembloux: Université Catholique.

Portolés, José (1993): "La distinción entre los conectores y otros marcadores del discurso en español", in: *Verba* 20, 141–170.

Portolés, José (1995): "Del discurso oral a la gramática: la sistematización de los marcadores discursivos", in: Cortés Rodríguez (ed.) 1995, 147–172.

Poyatos, Fernando (1996): "La lengua hablada como realidad verbal-no verbal: nuevas perspectivas", in: Briz et al. (eds.) 1996, 215–224.

Prati, Angelico (^{2}1978): *Voci di gerganti, vagabondi e malviventi studiate nell'origine e nella storia*, Pisa: Giardini.

Preti, Dino/Urbano, Hudinilson (eds.) (1988): *A linguagem falada culta na cidade de São Paulo*, vol. 3: *Entrevistas*, São Paulo: T.A. Queiroz/FAPESP.

Prüßmann-Zemper, Helga Else (1986): *Entwicklungstendenzen und Sprachwandel im Neufranzösischen. Das Zeugnis des Héroard und die Genese des gesprochenen Französisch*, Dissertation Bonn.

Prüßmann-Zemper, Helga Else (1990): "Varietätenlinguistik des Französischen", in: *LRL* V, 1, 830–843.
Prüßmann-Zemper, Helga Else (2008): "Die diastratischen und diasituativen Varietäten der romanischen Sprachen aus historischer Sicht: Französisch und Okzitanisch", in: Ernst et al. (eds.) 2003–2008, 2355–2365.
PS = Poggi Salani (1977).
Pulgram, Ernst (1950): "Spoken and written Latin", in: *Language* 26, 458–466.
Pusch, Claus D. (2002): "A survey of spoken language corpora in Romance", in: Pusch/Raible (eds.) 2002, 245–264.
Pusch, Claus D./Raible, Wolfgang (eds.) (2002): *Romanistische Korpuslinguistik/Romance Corpus Linguistics. Korpora und gesprochene Sprache/Corpora and Spoken Language*, Tübingen: Narr (ScriptOralia, 126).
Pusch, Claus D./Kabatek, Johannes/Raible, Wolfgang (eds.) (2005): *Romanistische Korpuslinguistik II/Romance Corpus Linguistics II. Korpora und diachrone Sprachwissenschaft/Diachronic Linguistics*, Tübingen: Narr (ScriptOralia, 130).
Py, Bernard (1971): *La interrogación en el español hablado en Madrid*, Brüssel: Aimav (Collection d'études linguistiques, 4).
Quasthoff, Uta M. (1980): *Erzählen in Gesprächen. Linguistische Untersuchungen zu Strukturen und Funktionen am Beispiel einer Kommunikationsform des Alltags*, Tübingen: Narr (Kommunikation und Institution, 1).
Queneau, Raymond (^{2}1965): "Ecrit en 1955", in: id., *Bâtons, chiffres et lettres*, Paris: Gallimard (collection idées, 70), 65–94.
Quilis, Antonio (1983): *La concordancia gramatical en la lengua española hablada en Madrid*, Madrid: C.S.I.C./Instituto Miguel de Cervantes (La norma lingüística culta de la lengua española hablada en Madrid, 3).
Quilis, Antonio (1985): "El estudio coordinado de la lengua española hablada en Hispanoamérica y en España", in: *Actes du XVIIe Congrès International de Linguistique et Philologie Romanes*, vol. 7, Aix-en-Provence: Université de Provence, 317–328.
Ra = Radtke 1983.
Rabanales Ortiz, Ambrosio/Contreras, Lidia (eds.) (1979): *El habla culta de Santiago de Chile. Materiales para su estudio*, vol. 1, Santiago de Chile: Universidad de Chile/Facultad de Filosofia y Letras [= Corpus HCS].
Radtke, Edgar (1979): "Zur Bestimmung des Italiano Popolare", in: *Romanistisches Jahrbuch* 30, 43–58.
Radtke, Edgar (1981): "Gesprochenes Gegenwartsitalienisch zwischen Dialektalität und Standardisierung", in: *Italienisch* 3, 33–50.
Radtke, Edgar (1982): "Die Rolle des Argot in der Diastratik des Französischen", in: *Romanische Forschungen* 94, 151–166.
Radtke, Edgar (1983): "Gesprochenes Italienisch zwischen Varietätenlinguistik und Gesprächsanalyse", in: Holtus/Radtke (eds.) 1983, 170–194 [enthält das Corpus Ra].
Radtke, Edgar (1984): "Zur Quellenlage für die Erforschung des gesprochenen Italienisch in der Sprachgeschichte vor 1860", in: *Italienisch* 12, 20–28.
Radtke, Edgar (1988): "Regionale Vereinheitlichung und Diversifikation von Varietäten", in: Ammon/Dittmar/Mattheier (eds.) 1988, vol. 2, 1493–1506.
Radtke, Edgar (1989): "Gerghi di lingua italiana vs. gerghi dialettali? Nuovi processi di gergalizzazione nell'italiano contemporaneo e nelle varietà dialettali", in: Günter Holtus/Michael Metzeltin/Max Pfister (eds.), *La dialettologia italiana oggi. Studi offerti a M. Cortelazzo*, Tübingen: Narr (Tübinger Beiträge zur Linguistik, 335), 141–149.

Radtke, Edgar (2001): "L'emotività come categoria nelle ricerche sul parlato", in: Maurizio Dardano/Adriana Pelo/Antonella Stefinlongo (eds.), *Scritto e Parlato. Metodi, testi e contesti. Atti del Colloquio internazionale di studi (Roma, 5–6 febbraio 1999)*, Rom: Aracne, 99–109.

Radtke, Edgar (2003): "Italienisch", in: Roelcke (ed.) 2003, 359–384.

Raible, Wolfgang (1971): "'Thema' und 'Rhema' im französischen Satz", in: *Zeitschrift für romanische Philologie* 81, 208–244.

Raible, Wolfgang (1983): "Zur Einleitung", in: Helmut Stimm/Wolfgang Raible (eds.), *Zur Semantik des Französischen*, Wiesbaden: Steiner (Beihefte zur Zeitschrift für französische Sprache und Literatur, Neue Folge, 9), 1–24.

Raible, Wolfgang (1992): *Junktion. Eine Dimension der Sprache und ihre Realisierungsformen zwischen Aggregation und Integration*, Heidelberg: Winter.

Raible, Wolfgang (1993): "Die Anfänge der italienischen Schriftkultur", in: *Romanische Forschungen* 105, 232–255.

Raible, Wolfgang (1994): "Orality and literacy", in: Günther/Ludwig (eds.) 1994, vol. 1, 1–17.

Raible, Wolfgang (1998): *Medienwechsel. Erträge aus zwölf Jahren Forschung zum Thema 'Mündlichkeit und Schriftlichkeit'*, Tübingen: Narr (ScriptOralia, 113).

Raible, Wolfgang (2006): *Medien-Kulturgeschichte. Mediatisierung als Grundlage unserer kulturellen Entwicklung.* Heidelberg: Winter (Schriften der Philosophisch-historischen Klasse der Heidelberger Akademie der Wissenschaften, 36).

Rath, Rainer (1979): *Kommunikationspraxis. Analysen zur Textbildung und Textgliederung im gesprochenen Deutsch*, Göttingen: Vandenhoek & Ruprecht (Kleine Vandenhoek-Reihe, 1452).

Real Academia Española (ed.) (1998): *CREA – Corpus de Referencia del Español actual*, Madrid: Real Academia Española.

Real Academia Española (ed.) (2004): Miguel de Cervantes, *Don Quijote de la Mancha*. Edición del IV Centenario, Madrid: Real Academia Española/Asociación de Academias de la Lengua Española/Alfaguara.

Reich, Ulrich (2002): "Erstellung und Analyse von Korpora in diskursvariationeller Perspektive: Chancen und Probleme", in: Pusch/Raible (eds.) 2002, 31–44.

Reichenkron, Günter (1965): *Historische latein-altromanische Grammatik*, vol. I: *Einleitung. Das sogenannte Vulgärlatein und das Wesen der Romanisierung*, Wiesbaden: Harrassowitz.

Rey, Alain/Duval, Frédéric/Siouffi, Gilles (2007): *Mille ans de langue française. Histoire d'une passion*, Paris: Perrin.

Richter, Michael (1983): "A quelle époque a-t-on cessé de parler latin en Gaule? A propos d'une question mal posée", in: *Annales* 38, 439–449.

Riegel, Martin/Pellat, Jean-Christoph/Rioul, René (1994): *Grammaire méthodique du français*, Paris: PUF.

Rivarola, José Luis (1986): *Lengua, comunicación e historia del Perú*, Lima: Editorial Lumen (Colección PRISMA, 1).

Rivarola, José Luis (1990): *La formación lingüística de Hispanoamérica*, Lima: Pontificia Universidad Católica del Perú.

Rivarola, José Luis (1996): "La base lingüística del español de América. ¿Existió una *koiné* primitiva?", in: *Lexis. Revista de lingüística y literatura* (Lima) 20, 577–595.

Rivarola, José Luis (1998): "El discurso de la variación en el *Diálogo de la lengua* de Juan de Valdés", in: Oesterreicher/Stoll/Wesch (eds.) 1998, 83–108.

Rivarola, José Luis (2000): *Español andino. Textos de bilingües de los siglos XVI y XVII*, Madrid/Frankfurt a.M.: Iberoamericana/Vervuert (Textos y documentos españoles y americanos, 1).

Rivarola, José Luis (2001): *El español de América en su historia*, Valladolid: Universidad.

Rivarola, José Luis (2004): "La difusión del español en el Nuevo Mundo", in: Cano (ed.) 2004, 799–823.
Rizzi, Elena/Vincenzi, Giuseppe Carlo (1987): *L'italiano parlato a Bologna. Fonologia e morfosintassi*, Bologna: CLUEB [enthält das Corpus RV].
Ro = Rovere 1977.
Robert (^{2}1984): *Le Petit Robert. Dictionnaire alphabétique et analogique de la langue française*, dir. par Alain Rey et Josette Rey-Debove, Paris: Le Robert.
Robert (2010): *Le nouveau Petit Robert. Dictionnaire alphabétique et analogique de la langue française*, Nouvelle édition du Petit Robert de Paul Robert; texte remanié et amplifié sous la dir. de Josette Rey-Debove et Alain Rey, Paris: Dictionnaires Le Robert.
Robert électronique (1994) = *Le Robert électronique. Outil d'aide à la rédaction sur la base du Grand Robert de la langue française*, Paris: Dictionnaires Le Robert.
Robinson, Sinclair/Smith, Donald (1984): *Practical Handbook of Quebec and Acadian French/ Manuel pratique du français québécois et acadien*, Toronto etc.: Anausi.
Roelcke, Thorsten (ed.) (2003): *Variationstypologie/Variation Typology. Ein sprachtypologisches Handbuch der europäischen Sprachen in Geschichte und Gegenwart/A Typological Handbook of European Languages Past and Present*, Berlin/New York: de Gruyter.
Rohr, Kerstin Ingeburg (1987): *Geldbezeichnungen im Neufranzösischen unter besonderer Berücksichtigung des Argot*, Tübingen: Niemeyer (Beihefte zur Zeitschrift für romanische Philologie, 214).
Rojas Mayer, Elena M. (2000): *Documentos para la historia lingüística de Hispanoamérica. Siglos XVI a XVIII*, Madrid: Real Academia Española.
Rojo, Guillermo (2004): "Cervantes como modelo lingüístico", in: Real Academia Española (ed.), 2004, 1122–1130.
Rosenblat, Ángel (^{2}1965): *El castellano de España y el castellano de América. Unidad y diferenciación*, Caracas: Cuadernos del Instituto de Filología 'Andrés Bello'.
Rosenblat, Ángel (ed.) (1979): *El habla culta de Caracas. Materiales para su estudio*, Caracas: Instituto de Filología 'Andrés Bello' [= Corpus HCC].
Rossari, Corinne (1994): *Les opérations de reformulation. Analyse du processus et des marques dans une perspective contrastive français-italien*, Bern etc.: Lang (Sciences pour la communication, 40).
Rothe, Wolfgang (1966): "Romanische Objektkonjugation", in: *Romanische Forschungen* 78, 530–547.
Roulet, Eddy/Auchlin, Antoine/Moeschler, Jacques/Rubattel, Christian/Schelling, Marianne (1985): *L'articulation du discours en français contemporain*, Bern etc.: Lang (Sciences pour la communication, 11).
Rovere, Giovanni (ed.) (1977): *Testi di italiano popolare. Autobiografie di lavoratori e figli di lavoratori emigrati. Analisi sociolinguistica*, Rom: Centro Studi Emigrazione [= Corpus Ro].
Rüegg, Robert (1956): *Zur Wortgeographie der italienischen Umgangssprache*, Dissertation, Universität Köln (Kölner romanistische Arbeiten, N.F., 7).
RV = Rizzi/Vincenti 1987.
Sabatini, Francesco (1968): "Dalla 'scripta latina rustica' alle 'scriptae' romanze", in: *Studi medievali*, Ser. 3, 9, 320–358.
Sabatini, Francesco (1983): "Prospettive sul parlato nella storia linguistica italiana (con una lettura dell' 'Epistola Napoletana' del Boccaccio)", in: Federico Albano Leoni et al. (eds.), *Italia linguistica: idee, storia, strutture*, Bologna: Il Mulino (Studi linguistici e semiologici, 18), 167–201.

Sabatini, Francesco (1985): "L''italiano dell'uso medio': una realtà tra le varietà linguistiche italiane", in: Holtus/Radtke (eds.) 1985, 154–184.

Sabatini, Francesco (1990): "Una lingua ritrovata: l'italiano parlato", in: Vincenzo Lo Cascio (ed.), *Lingua e cultura italiana in Europa*, Florenz: Le Monnier, 260–276.

Sabio, Frédéric (1995): "Micro-syntaxe et macro-syntaxe. L'exemple des 'compléments antéposés' en français", in: *Recherches sur le français* 13, 111–155.

Sacks, Harvey/Schegloff, Emanuel A./Jefferson, Gail (1974): "A simplest systematics for the organization of turn-taking for conversation", in: *Language* 50, 696–735.

Sadock, Jerrold (2004): "Speech acts", in: Horn/Ward (eds.) 2004, 53–73.

Sala, Marius/Munteanu, Dan/Neagu, Valeria/Şandru-Olteanu, Tudora (1982): *El español de América*, vol. 1: *Léxico*, Bogotá: Instituto Caro y Cuervo (Publicaciones del Instituto Caro y Cuervo, 61).

Salvador, Gregorio (1981): "Discordancias dialectales en el español atlántico", in: Manuel Alvar (ed.), *Primer simposio internacional de la lengua española (1978)*, Las Palmas de Gran Canaria: Ediciones del Excelentísimo Cabildo Insular de Gran Canaria, 351–362.

Samper Padilla, José Antonio/Hernánez Cabrera, Clara Eugenia/Troya Déniz, Magnolia (eds.) (1998): *Macrocorpus de la norma lingüística culta de las principales ciudades del mundo hispánico*, Las Palmas de Gran Canaria: Universidad de Las Palmas de Gran Canaria.

Sampson, Rodney (ed.) (1980): *Early Romance Texts. An Anthology*, Cambridge: Cambridge University Press.

Sánchez, Aquilino (ed.) (1995): *CUMBRE. Corpus lingüístico del español contemporáneo. Fundamentos, metodología y aplicaciones*, Madrid: SGEL.

Sánchez, Aquilino/Cantos, Pascual (eds.) (2001): *Corpus CUMBRE del español contemporáneo de España e Hispanoamérica. Extracto de dos millones de palabras*, Madrid: SGEL.

Sánchez Méndez, Juan P. (2003): *Historia de la lengua española en América*, Valencia: Tirant lo Blanch.

Sánchez Miret, Fernando (2008): "Las variedades diastráticas y diafásicas en las lenguas románicas desde un punto de vista histórico: Iberorromania", in: Ernst et al. (eds.) 2003–2008, 2366–2378.

Sanga, Glauco (1993): "Gerghi", in: Sobrero (ed.) 1993, 151–189.

Sankoff, Gillian (1982): "Usage linguistique et grammaticalisation: les clitiques sujets en français", in: Dittmar/Schlieben-Lange (eds.) 1982, 81–85.

Santamaría, Francisco J. (^{3}1978): *Diccionario de mejicanismos*, México, D.F.: Porrúa.

Saussure, Ferdinand de (1916): *Cours de linguistique générale*, Lausanne: Payot.

Sauvageot, Aurélien (1962): *Français écrit, français parlé*, Paris: Larousse.

Scaglione, Aldo (ed.) (1984): *The Emergence of National Languages*, Ravenna: Longo (Speculum Artium, 11).

Sch = Scherer 1984.

Schaefer, Ursula (1992): *Vokalität. Altenglische Dichtung zwischen Mündlichkeit und Schriftlichkeit*, Tübingen: Narr (ScriptOralia, 39).

Schafroth, Elmar (1993): *Zur Entstehung und vergleichenden Typologie der Relativpronomina in den romanischen Sprachen. Mit besonderer Berücksichtigung des Substandards*, Tübingen: Niemeyer (Beihefte zur Zeitschrift für Romanische Philologie, 246).

Schegloff, Emanuel A./Jefferson, Gail/Sacks, Harvey (1977): "The preference for self-correction in the organization of repair in conversation", in: *Language* 53, 361–382.

Scherer, Hans Siegfried (1984): *Sprechen im situativen Kontext. Theorie und Praxis der Analyse spontanen Sprachgebrauchs*, Tübingen: Stauffenberg (Romanica et Comparatistica, 3) [enthält das Corpus Sch].

Schiffrin, Deborah (1988): *Discourse Markers*, Cambridge: Cambridge University Press.
Schiller, Annette (1992): *Die* présentatifs *im heutigen Französisch. Eine funktionale Studie ihrer Vielfalt*, Frankfurt a.M. etc.: Lang.
Schlieben-Lange, Brigitte (1981): "Die Französische Revolution und die Sprache", in: *Zeitschrift für Literaturwissenschaft und Linguistik* 11/41, 90–123.
Schlieben-Lange, Brigitte (1983): *Traditionen des Sprechens. Elemente einer pragmatischen Sprachgeschichtsschreibung*, Stuttgart: Kohlhammer.
Schlieben-Lange, Brigitte (1996): *Idéologie, révolution et uniformité de la langue*, Lüttich: Mardaga.
Schmitt, Christian (1984): "Variété et développement linguistiques. Sur les tendences évolutives en français moderne et en espagnol", in: *Revue de Linguistique Romane* 48, 397–437.
Schmitt, Christian (1988): "Typen der Ausbildung und Durchsetzung von Nationalsprachen in der Romania", in: Mattheier (ed.) 1988, 73–116.
Schmitt, Christian (2003): "Französisch", in: Roelcke (ed.) 2003, 400–448.
Schneider, Stefan (1999): *Il congiuntivo tra modalità e subordinazione. Uno studio sull'italiano parlato*, Rom: Carocci (Ricerche, 59).
Schneider, Stefan (2002): "An online database version of the LIP corpus", in: Pusch/Raible (eds.) 2002, 201–208.
Scholz, Arno (1997): "Das Varietätenspektrum des Italienischen im Wandel", in: Mattheier/Radtke (eds.) 1997, 61–86.
Schreiber, Michael (1999): "Zum Verhältnis der Unterscheidungen 'Standard/Nonstandard' und 'gesprochen/geschrieben' im Französischen und Spanischen", in: Brumme/Wesch (eds.) 1999, 11–22.
Schrott, Angela/Völker, Harald (eds.) (2005): *Historische Pragmatik und historische Varietätenlinguistik*, Göttingen: Göttinger Universitätsverlag.
Schweickard, Wolfgang (1983): "Zur Diskussion um die Historizität gesprochener Sprache: *français parlé* und *italiano parlato*", in: Holtus/Radtke (eds.) 1983, 211–231.
Schwitalla, Johannes (1997): *Gesprochenes Deutsch. Eine Einführung*, Berlin: Schmidt (Grundlagen der Germanistik, 33).
Scotti-Rosin, Michael (1994): "Portugiesisch: Gesprochene Sprache und geschriebene Sprache", in: *LRL* VI,2, 308–313.
Searle, John R. (1969): *Speech Acts. An Essay in the Philosophy of Language*, Cambridge: Cambridge University Press.
Seelbach, Dieter (1982): "Dislokation im französischen Satz und Text", in: *International Review of Applied Linguistics in Language Teaching* 20, 193–216.
Seelbach, Dieter (1985): "Fokussierung mit der *est-ce que*-Frage", in: Gülich/Kotschi 1985, 277–312.
Séguy, Jean (^{2}1978): *Le français parlé à Toulouse,* Toulouse: Privat.
Selig, Maria (1992): *Die Entwicklung der Nominaldeterminanten im Spätlatein. Romanischer Sprachwandel und lateinische Schriftlichkeit*, Tübingen: Narr (ScriptOralia, 26).
Selig, Maria (1993): "Le passage à l'écrit des langues romanes – état de la question", in: Selig et al. (eds.) 1993, 9–29.
Selig, Maria (2006): "Die Anfänge der Überlieferung der romanischen Sprachen: Quellentypen und Verschriftungsprinzipien", in: Ernst et al. (eds.) (2003–2008), vol. 2, 1924–1944.
Selig, Maria/Frank, Barbara/Hartmann, Jörg (eds.) (1993): *Le passage à l'écrit des langues romanes*, Tübingen: Narr (ScriptOralia, 46).
Serianni, Luca (1986): "Le varianti fonomorfologiche dei *Promessi sposi* 1840 nel quadro dell'italiano ottocentesco", in: *Studi Linguistici Italiani* N.S. 12, 1–63.

Serianni, Luca (ed.) (2002): *La lingua nella storia d'Italia*, Rom: Società Dante Alighieri/Libri Scheiwiller.
Serianni, Luca (2003): "Storia esterna delle lingue romanze: italiano", in: Ernst et al. (eds.) 2003–2008, 774–791.
Serianni, Luca/Trifone, Pietro (eds.) (1993/94): *Storia della lingua italiana*, 3 vol., Turin: Einaudi.
Settekorn, Wolfgang (1988): *Sprachnorm und Sprachnormierung in Frankreich. Einführung in die begrifflichen, historischen und materiellen Grundlagen*, Tübingen: Niemeyer (Romanistische Arbeitshefte, 30).
Siguan, Miquel (1992): *España plurilingüe*, Madrid: Alianza (Alianza Universidad, 701).
Silva-Corvalán, Carmen (1984): "Topicalización y prágmática del español", in: *Revista Española de Lingüística* 14, 1–19.
Simoni-Aurembou, Marie-Rose (2003): "Les langues d'oïl", in: Cerquiglini (ed.) 2003, 137–172.
Sinner, Carsten (2002): "Análisis contrastivo de un corpus oral de diferentes variedades del castellano: aspectos cuantitativos y cualitativos", in: Pusch/Raible (eds.) 2002, 279–292.
Sinner, Carsten (2004): *El Castellano de Cataluña. Estudio empírico de aspectos léxicos, morfosintácticos, pragmáticos y metalingüísticos*, Tübingen: Niemeyer (Beihefte zur Zeitschrift für romanische Philologie, 320).
So = Sornicola 1981.
Sobrero, Alberto A. (1978): *I padroni della lingua. Profilo sociolinguistico della lingua italiana*, Neapel: Guida (La terra deportata, 7).
Sobrero, Alberto A. (1988): "Italiano regionale", in: *LRL* IV, 732–748.
Sobrero, Alberto A. (ed.) (1993): *Introduzione all'italiano contemporaneo. La variazione e gli usi*, Rom/Bari: Laterza.
Sobrero, Alberto A. (1997): "Varietà in tumulto nel repertorio linguistico italiano", in: Mattheier/Radtke (eds.) 1997, 41–59.
Söll, Ludwig (1968): "Synthetisches und analytisches Futur im modernen Spanisch", in: *Romanische Forschungen* 80, 239–248.
Söll, Ludwig (1969): "Die Krise der französischen Sprache – Realität oder Illusion?", in: Hausmann (ed.) 1983, 270–285.
Söll, Ludwig (1983): "Aspekte der französischen Gegenwartssprache [1970]", in: Hausmann (ed.) 1983, 286–305.
Söll, Ludwig (^{3}1985): *Gesprochenes und geschriebenes Französisch*, Berlin: Schmidt (Grundlagen der Romanistik, 6).
Sornicola, Rosanna (1981): *Sul parlato*, Bologna: Il Mulino (Studi linguistici e semiologici, 13) [enthält das Corpus So].
Sornicola, Rosanna (2005): "Italiano parlato, dialetto parlato, parlato", in: Burr (ed.) 2005, 25–39.
Sperber, Hans (^{3}1965): *Einführung in die Bedeutungslehre*, Bonn: Dümmler.
Sperber, Dan/Wilson, Deirdre (^{2}1995): *Relevance. Communication and Cognition*, Oxford: Blackwell.
Spitzer, Leo (1921): *Italienische Kriegsgefangenenbriefe. Materialien zu einer Charakteristik der volkstümlichen italienischen Korrespondenz*, Bonn: Hanstein [it. Neuausgabe: *Lettere di prigionieri di guerra italiani 1915–1918*, Turin: Boringhieri 1976].
Spitzer, Leo (1922): *Italienische Umgangssprache*, Bonn/Leipzig: Schroeder.
St = Stammerjohann 1970.
Stainton, Robert J. (2004): "The pragmatics of non-sentences", in: Horn/Ward (eds.) 2004, 266–287.

Stammerjohann, Harro (1970): "Strukturen der Rede", in: *Studi di Filologia Italiana* 28, 295–397 [enthält das Corpus St].

Stammerjohann, Harro (1977): "Elementi di articolazione dell'italiano parlato", in: *Studi di Grammatica Italiana* 6, 109–120.

Stammerjohann, Harro (1980): "Zur Abtönung im Italienischen", in: *Italienisch* 3, 27–37.

Stammerjohann, Harro (ed.) (1986): *Tema-Rema in Italiano/Theme-Rheme in Italian/Thema-Rhema im Italienischen*, Tübingen: Narr (Tübinger Beiträge zur Linguistik, 287).

Stark, Elisabeth (1997): *Voranstellungsstrukturen und 'topic'-Markierung im Französischen. Mit einem Ausblick auf das Italienische*, Tübingen: Narr (Romania Monacensia, 51).

Stark, Elisabeth (2008): "Wortstellung und Informationsstruktur", in: Kolboom et al. (eds.) 2008, 311–318.

Stark, Elisabeth/Schmidt-Riese, Roland/Stoll, Eva (eds.) (2008): *Romanische Syntax im Wandel*, Tübingen: Narr.

Steel, Brian (1976): *Manual of Colloquial Spanish*, Madrid: SGEL.

Stefenelli, Arnulf (1981): *Geschichte des französischen Kernwortschatzes*, Berlin: Schmidt (Grundlagen der Romanistik, 10).

Steger, Hugo (1987): "Bilden 'gesprochene Sprache' und 'geschriebene Sprache' eigene Sprachvarietäten?", in: Hugo Aust (ed.), *Wörter, Schätze, Fugen und Fächer des Wissens. Festgabe für Theodor Lewandowski zum 60. Geburtstag*, Tübingen: Narr, 35–58.

Steger, Hugo/Deutrich, Karl-Helge/Schank, Gerd/Schütz, Eva (1974): "Redekonstellation, Redekonstellationstyp, Textexemplar, Textsorte im Rahmen eines Sprachverhaltensmodells. Begründung einer Forschungshypothese", in: Hugo Moser (ed.), *Gesprochene Sprache. Jahrbuch 1972 des Instituts für deutsche Sprache*, Düsseldorf: Schwann (Sprache der Gegenwart, 26), 39–97.

Stempel, Wolf-Dieter (1972): "Die Anfänge der romanischen Prosa", in: Hans Robert Jauss et al. (eds.), *Grundriß der romanischen Literaturen des Mittelalters*, vol. 1: *Généralités*, Heidelberg: Winter, 585–601.

Stempel, Wolf-Dieter (1980): "Alltagsfiktion", in: Konrad Ehlich (ed.), *Erzählen im Alltag*, Frankfurt a.M.: Suhrkamp (suhrkamp taschenbuch wissenschaft, 323), 385–402.

Stempel, Wolf-Dieter (1981): "'L'amour, elle appelle ça', 'L'amour tu ne connais pas'", in: Geckeler et al. (eds.) 1981, vol. 4, 351–367.

Stempel, Wolf-Dieter (1983): "Ich vergesse alles", in: Manfred Faust/Roland Harweg/Werner Lehfeldt/Götz Wienold (eds.), *Allgemeine Sprachwissenschaft, Sprachtypologie und Textlinguistik. Festschrift für Peter Hartmann*, Tübingen: Narr, 87–98.

Stempel, Wolf-Dieter (1987): "Die Alltagserzählung als Kunst-Stück", in: Erzgräber/Goetsch (eds.) 1987, 105–135 [darin Corpus Igel/Stempel IS: 122–135].

Stempel, Wolf-Dieter (2005): "'Natürliches' Schreiben – Randbemerkungen zu einer stilkritischen Konjunktur im 16. Jahrhundert", in: Daniel Jacob/Thomas Krefeld/Wulf Oesterreicher (eds.), *Sprache, Bewußtsein, Stil. Theoretische und historische Perspektiven*, Tübingen: Narr, 135–154.

Stempel, Wolf-Dieter/Fischer, Renate (1985): "Die französische Intonationsfrage in alltagsrhetorischer Perspektive", in: Gülich/Kotschi (eds.) 1985, 239–268.

Stimm, Helmut (ed.) (1980): *Zur Geschichte des gesprochenen Französisch und zur Sprachlenkung im Gegenwartsfranzösischen*, Wiesbaden: Steiner (Zeitschrift für französische Sprache und Literatur, Beiheft N.F., 6).

Stourdzé, Colette (1969): "Les niveaux de langue", in: *Le Français Moderne* 65, 18–21.

Street, Brian V. (1984): *Literacy in Theory and Practice*, Cambridge: Cambridge University Press.

Strosetzki, Christoph (1978): *Konversation. Ein Kapitel gesellschaftlicher und literarischer Pragmatik im Frankreich des 17. Jahrhunderts*, Frankfurt a.M.: Lang (Studia romanica et linguistica, 7).

Stubbs, Michael (1996): *Text and Corpus Analysis. Computer-assisted Studies of Language and Culture*, Oxford: Blackwell (Language in Society, 23).

Suñer, Margarita (1989): "Dialectal variation and clitic-doubled objects", in: Carl Kirschner/Janet A. DeCesaris (eds.), *Studies in Romance Linguistics*, Amsterdam/Philadelphia: Benjamins, (Current Issues in Linguistic Theory, 60), 377–395.

Svartvik, Jan (ed.) (1992): *Directions in Corpus Linguistics. Proceedings of Nobel Symposium 82, Stockholm, 4–8 August 1991*, Berlin: Mouton de Gruyter (Trends in Linguistics; Studies and Monographs, 65).

Tagliavini, Carlo (^{2}1998): *Einführung in die romanische Philologie*, Tübingen/Basel: Francke.

Taverdet, Gérard (1990): "Francophonie II. Variétés régionales du français en Europe I. France", in: *LRL* V,1, 704–716.

Telmon, Tullio (1990): *Guida allo studio degli italiani regionali*, Alessandria: Ed. dell'Orso (Corsi universitari, 5).

Telmon, Tullio (1992): *Le minoranze linguistiche in Italia*, Alessandria: Ed. dell'Orso.

Telmon, Tullio (1993): "Varietà regionali", in: Sobrero (ed.) 1993, 93–149.

Tejera, Maria Josefina (1989): "Estilos o registros de lengua", in: *Actas del VII Congreso de ALFAL. Homenaje a Pedro Henríquez Ureña*, vol. 2, Santo Domingo: Asociación de Lingüística y Filología de América Latina, Filial Dominicana, 197–216.

Tempesta, Immaculata (2005): *Fra norma e varietà. Aspetti e problemi della lingua italiana*, San Donato Milanese: Graphis.

Terracini, Lore (1979): *Lingua come problema nella letteratura spagnola del Cinquecento (con una frangia cervantina)*, Turin: Stampatori.

Teruggi, Mario E. (^{2}1978): *Panorama del lunfardo*, Buenos Aires: Cabargon.

Tesnière, Lucien (^{3}1969): *Eléments de syntaxe structurale*, Paris: Klincksieck.

Testa, Enrico (2008): "Storia della lingua parlata nella Romania: italiano", in: Ernst et al. (eds.) 2003–2008, 2412–2424.

Thérive, André (1923): *Le français, langue morte?*, Paris: Plon.

Thomas, Jacques (1953): "Dialecte et patois. Esquisse d'une étude sémantique", in: *Romanica Gandensia* 1, 93–117.

Thompson, R.W. (1992): "Spanish as a pluricentric language", in: Clyne (ed.) 1992, 45–70.

Thun, Harald (1986): *Personalpronomina für Sachen*, Tübingen: Narr (Tübinger Beiträge zur Linguistik, 262).

Todisco, Alfredo (1984): *Ma che lingua parliamo. Indagine sull'italiano di oggi*, Mailand: Longanesi (Il Cammeo, 83).

Tschida Alexander (1995): *Kontinuität und Progression. Entwurf einer Typologie sprachlicher Information am Beispiel des Französischen*, Wilhelmsfeld: Egert (Prolingua, 25).

Toolan, Michael (1996): *Total Speech. An Integrational Linguistic Approach to Language*, Durham/London: Duke University Press.

Toso, Fiorenzo (2008): *Le minoranze linguistiche in Italia*, Bologna: Il Mulino.

Tovar, Antonio (1961): *Catálogo de las lenguas de América del Sur. Enumeración, con indicaciones tipológicas, bibliografía y mapas*, Buenos Aires: Ed. Sudamericana.

Tovar, Antonio (1968): *Lo que sabemos de la lucha de lenguas en la península ibérica*, Madrid: Del Toro.

Trabant, Jürgen (1981): "Die Sprache der Freiheit und ihre Feinde", in: *Zeitschrift für Literaturwissenschaft und Linguistik* 11/41, 70–89.

Trabant, Jürgen (1986): "Gedächtnis und Schrift: Zu Humboldts Grammatologie", in: *Kodikas* 9, 293–315.

Tristram, Hildegard L.C. (1988): "Aspects of tradition and innovation in the *Táin Bó Cuailinge*", in: Richard Matthews/Joachim Schmole-Rostosky (eds.), *Papers on Language and Medieval Studies. Presented to Alfred Schopf*, Frankfurt a.M.: Lang, 19–38.

Tritter, Jean-Louis (1999): *Histoire de la langue française*, Paris: Ellipses.

Uldall, Hans J. (1944): "Speech and writing", in: *Acta Linguistica* 4, 11–16.

Ullmann, Stephen (^{2}1957): *Principles of Semantics. A Linguistic Approach to Meaning*, Glasgow/Oxford: Jackson/Blackwell.

Ullmann, Stephen (^{2}1972): *Grundzüge der Semantik. Die Bedeutung in sprachwissenschaftlicher Sicht*, Berlin: de Gruyter.

Umbral, Francisco (^{2}1983): *Diccionario cheli*, Barcelona: Grijalbo.

Uytfanghe, Marc van (1989): "Les expressions du type *Quod vulgo vocant* dans des textes latins antérieurs au Concile de Tours et aux Serments de Strasbourg: témoignages lexicologiques et sociolinguistiques de la 'langue rustique romaine'?", in: *Zeitschrift für Romanische Philologie* 105, 28–49.

Uyfanghe, Marc van (1999): "La diglossie dans les études latino-romanes: concept opératoire ou source de malentendu?", in: Hubert Petersmann/Rudolf Kettemann (eds.), *Latin vulgaire – latin tardif V*, Heidelberg: Winter (Bibliothek der Klassischen Altertumswissenschaften, NF, 2, 105), 59–60.

Vachek, Josef (1976): "Zum Problem der geschriebenen Sprache [1939]", in: Jürgen Scharnhorst/Erika Ising (eds.), *Grundlagen der Sprachkultur. Beiträge der Prager Linguistik zur Sprachtheorie und Sprachpflege*, vol. 1, Berlin: Akademie Verlag (Sprache und Gesellschaft, 8/1), 229–239.

Valdés, Juan de (1928): *Diálogo de la lengua*, Madrid: Ed. de 'La lectura'.

Valdmann, Albert (ed.) (1979a): *Le français hors de France*, Paris: Champion.

Valdman, Albert (1979b): "Créolisation, français populaire et le parler des isolats francophones d'Amérique du Nord", in: Valdman (ed.) 1979, 181–197.

Van Acker, Marieke (2010): "La transition latin/langues romanes et la notion de 'diglossie'", in: *Zeitschrift für romanische Philologie* 126, 1–38.

Van Deyck, Rika/Sornicola, Rosanna/Kabatek, Johannes (eds.) (2004): *La variabilité en langue. Langue parlée et langue écrite dans le présent et dans le passé*, Gent: Communication & Cognition (Studies in Language, 8).

Van Deyck, Rika/Sornicola, Rosanna/Kabatek, Johannes (eds.) (2005): *La variabilité en langue. Les quatre variations*, Gent: Communication & Cognition (Studies in Language, 9).

Vàrvaro, Alberto (1972): "Storia della lingua: passato e prospettive di una categoria controversa", in: *Romance Philology* 26, 16–51 und 509–531.

Vàrvaro, Alberto (1981): *Lingua e storia in Sicilia*, Palermo: Sellerio (Prisma, 38).

Veny, Joan (2003): "Historia externa del catalán", in: Ernst et al. (eds.) 2003–2008, 840–852.

Vick, Marion (1985): *Hesitationsphänomene im Französischen*, Trier: Wissenschaftlicher Verlag Trier.

Vidossi, Giuseppe (1956): "L'Italia dialettale fino a Dante", in: Antonio Viscardi et al. (eds.), *Le Origini. Testi latini, italiani, provenzali e franco-italiani*, Mailand/Neapel: Ricciardi (La letteratura italiana. Storia e testi, 1), XXXIII–LXXI.

Vigara Tauste, Ana María (1980): *Aspectos del español hablado. Aportaciones al estudio del español coloquial*, Madrid: SGEL.

Vigara Tauste, Ana María (1992): *Morfosintaxis del español coloquial. Esbozo estilístico*, Madrid: Gredos (Biblioteca Románica Hispánica, II, 376).

Vigara Tauste, Ana María (1996): "Sobre deixis coloquial", in: Briz et al. (eds.) 1996, 257–267.
Vitale, Maurizio (²1978): *La questione della lingua*, Palermo: Palumbo.
Vitale, Maurizio (²1992): *La lingua di Alessandro Manzoni. Giudizi della critica ottocentesca sulla prima e seconda edizione dei 'Promessi sposi' e le tendenze della prassi correttoria Manzoniana*, Mailand: Cisalpino (Testi e studi, 7).
Voghera, Miriam (1992): *Sintassi e intonazione nell'italiano parlato*, Bologna: Il Mulino.
Vox (1987): *Vox. Diccionario general ilustrado de la lengua española*. Nueva redacción dirigida por Manuel Alvar Ezquerra. Prólogos de D. R. Menéndez Pidal y D. S. Gili Gaya, Barcelona: Bibliograf.
Vulpe, Magdalena (1980): *Subordonarea în fraza în Dacoromână vorbită*, Bukarest: Ed. Ştiinţifică şi Enciclopedică.
Vulpe, Magdalena (1989): "Roumain: langue parlée et langue écrite", in: *LRL* III, 165–175.
Waltereit, Richard (2001): "Modal particles and their functional equivalents: A speech-act theory approach", in: *Journal of Pragmatics* 33, 1391–1417.
Waltereit, Richard (2006): *Abtönung. Zur Pragmatik und historischen Semantik von Modalpartikeln und ihren funktionalen Äquivalenten in romanischen Sprachen*, Tübingen: Niemeyer (Beihefte zur Zeitschrift für romanische Philologie, 338).
Warnant, Léon (1973): "Dialectes du français et français régionaux", in: *Langue Française* 18, 100–125.
Warning, Rainer (1983): "Der inszenierte Diskurs. Bemerkungen zur pragmatischen Relation der Fiktion", in: Dieter Henrich/Wolfgang Iser (eds.), *Funktionen des Fiktiven*, München: Fink (Poetik und Hermeneutik, 10), 183–206.
Wartburg, Walther v. (¹⁰1971): *Evolution et structure de la langue française*, Bern: Francke (Bibliotheca romanica, X, 1).
Watzlawick, Paul/Beavin, Janet H./Jackson, Don D. (1967): *Pragmatics of Human Communication. A Study of Interactional Patterns, Pathologies, and Paradoxes*, New York: Norton.
Weidenbusch, Waltraud (2002): *Das Italienische in der Lombardei in der ersten Hälfte des 19. Jahrhunderts. Schriftliche und mündliche Varietäten im Alltag*, Tübingen: Narr.
Weinhold, Norbert (2008): "Diatopische Varietäten des Französischen", in: Kolboom et al. (eds.) 2008, 82–91.
Weinrich, Harald (³1977): *Tempus. Besprochene und erzählte Welt*, Stuttgart: Kohlhammer.
Weinrich, Harald (1982): *Textgrammatik der französischen Sprache*, Stuttgart: Klett.
Wesch, Andreas (1992): "Grammatische und lexikalische Aspekte des Spanischen von Barcelona", in: *Iberoromania* 35, 1–14.
Wesch, Andreas (1994): "Elemente des gesprochenen Katalanisch", in: Axel Schönberger/Klaus Zimmermann (eds.), *De orbis Hispani linguis litteris historia moribus. Festschrift Dietrich Briesemeister zum 60. Geburtstag*, Frankfurt a.M.: Domus Editoria Europaea, 309–332.
Wesch, Andreas (2003): "Externe Sprachgeschichte des Portugiesischen", in: Ernst et al. (eds.) 2003–2008, 880–894.
Weydt, Harald (1969): *Abtönungspartikel. Die deutschen Modalwörter und ihre französischen Entsprechungen*, Bad Homburg v.d.H.: Gehlen (Linguistica et Litteraria, 4).
Weydt, Harald (ed.) (1983): *Partikeln und Interaktion*, Tübingen: Niemeyer (Reihe Germanistische Linguistik, 44).
Wilhelm, Raymund (2001): "Diskurstraditionen", in: Hapselmath et al. (eds.) 2001, vol. 1, 467–478.
Winkelmann, Otto (1995): "Die Lage der romanischen Minderheitensprachen in Spanien", in: Kattenbusch (ed.) 1995a, 61–79.

Wolf, Alois (1988): "Die Verschriftlichung von europäischen Heldensagen als mittelalterliches Kulturproblem", in: Heinrich Beck (ed.), *Heldensage und Heldendichtung in Germanien*, Berlin/New York: de Gruyter, 305–328.
Wolf, Lothar (1972): "Le français régional. Essai de définition", in: *Travaux de linguistique et de littérature* 10/1, 171–177.
Wolf, Lothar (1983): *Le français régional d'Alsace. Etudes critiques des alsacianismes*, Paris: Klincksieck (Bibliothèque française et romane; série A: Manuels et études linguistiques, 45).
Wolf, Lothar (1987): *Französische Sprache in Kanada*, München: Vögel (Schriften der Philosophischen Fakultäten der Universität Augsburg, 32).
Wotjak, Gerd/Zimmermann, Klaus (eds.) (1994): *Unidad y variación léxicas en el español de América*, Frankfurt a.M.: Vervuert.
Wright, Roger (1982): *Late Latin and Early Romance in Spain and Carolingian France*, Liverpool: Cairns.
Wüest, Jakob (1985): "Le 'patois de Paris' et l'histoire du français", in: *Vox Romanica* 44, 234–258.
Wunderli, Peter (1965): "Die ältesten romanischen Texte unter dem Gesichtswinkel von Protokoll und Vorlesen", in: *Vox Romanica* 24, 44–64.
Wunderlich, Hermann (1894): *Unsere Umgangsprache in der Eigenart ihrer Satzfügung*, Weimar/Berlin: Felber.
Zamora Muñoz, Pablo (2002): "Dislocazione a destra e a sinistra nell'italiano e nello spagnolo colloquiale parlato: frequenza d'uso, funzioni e parametri linguistici", in: *Studi Italiani di Linguistica Teorica e Applicata* 31, 447–470.
Zamora Vicente, Alonso (^{2}1974): *Dialectología española*, Madrid: Gredos (Biblioteca Románica Hispánica, III, 8).
Zingarelli (^{11}1983): *Il nuovo Zingarelli. Vocabulario della lingua italiana*, a cura di M. Dogliotti e L. Rosiello, Bologna: Zanichelli.
Zubizarreta, María Luisa (1999): "Las funciones informativas: tema y foco", in: Bosque/Demonte (eds.) 1999, vol. 3, 2415–4244.
Zumthor, Paul (1983): *Introduction à la poésie orale*, Paris: Seuil.
Zumthor, Paul (1987): *La lettre et la voix. De la 'littérature' médiévale*, Paris: Seuil.

www.ingramcontent.com/pod-product-compliance
Lightning Source LLC
Chambersburg PA
CBHW080917100426
42812CB00007B/2304